ADVOCACIA E ÉTICA
NOVOS TEMAS
De acordo com o Código de Ética e Disciplina da OAB
e Código de Processo Civil

Alexandre Figueiredo de Andrade Urbano
Luiz Fernando Valladão Nogueira
Rogério Vieira Santiago
COORDENADORES

ADVOCACIA E ÉTICA

NOVOS TEMAS

De acordo com o Código de Ética e Disciplina da OAB
e Código de Processo Civil

Del Rey editora

Belo Horizonte
2017

Impresso no Brasil | Printed in Brazil

EDITORA DEL REY LTDA
www.delreyonline.com.br

Editor: Arnaldo Oliveira

Editor Adjunto: Ricardo A. Malheiros Fiuza

Editora Assistente: Waneska Diniz

Revisão: RESPONSABILIDADE DO AUTOR

Diagramação / Capa: Alfstudio

Editora / MG
Rua dos Goitacases, 71 - Centro
Belo Horizonte-MG – CEP 30190-050
Tel.: (31) 3284-5845 - 3284 3284
editora@delreyonline.com.br

A244 Advocacia e ética: novos temas - de acordo com o Código de Ética e Disciplina da OAB e Código de Processo Civil. / Coordenadores: Alexandre Figueiredo de Andrade Urbano, Luiz Fernando Valladão Nogueira, Rogério Vieira Santiago. Belo Horizonte: Del Rey, 2017.

XII + 832 p.
ISBN: 978-85-384-0494-1

1. Brasil. [Código de ética e disciplina da Ordem dos Advogados do Brasil (2015)]. 2. Código de ética, Brasil. 3. Advocacia, Brasil. 4. Advocacia, estatuto, Brasil. 5. Ordem dos Advogados do Brasil (OAB). 6. Brasil. [Código de processo civil (2015)]. I. Urbano, Alexandre Figueiredo de Andrade (Coord.). II. Nogueira, Luiz Fernando Valladão (Coord.). III. Santiago, Rogério Vieira (Coord.).

CDU: 347.965.8(81)(094)

SUMÁRIO

Parte I
Código de Ética e Disciplina da OAB

Parte II
Código de Processo Civil

1
O EXERCÍCIO DA ADVOCACIA E SUA FUNÇÃO SOCIAL

Marjorie Wanderley Cavalcanti
Advogada

1 INTRODUÇÃO

Com a promulgação da Constituição Federal de 1988 e a mudança de paradigma para o Estado Democrático Brasileiro, o exercício da advocacia foi elencado como uma das funções essências à Justiça, colaborando conjuntamente com o Poder Judiciário para a composição dos conflitos sociais.

Acompanhando o posicionamento constitucional, o Código de Ética e Disciplina da Ordem dos Advogados do Brasil, recentemente alterado pela Resolução nº 02/2015 do Conselho Federal da OAB, igualmente considera ser o advogado indispensável à administração da Justiça, tendo como dever do ofício atuar de forma compatível com a elevada função social que exerce.

Nesse sentido, considerando as mudanças na dinâmica social, tornou-se necessário adequar o papel do advogado e sua função no ordenamento jurídico brasileiro. A principal inovação na regulamentação foi a introdução do advogado como executor de atividades dotadas de função social, atuando em defesa dos direitos do cidadão.

Outro ponto objeto de modernização pelo novo Código de Ética foi a inclusão entre os deveres dos advogados da defesa da ordem jurídica e do Estado Democrático de Direito, bem como a defesa da moralidade pública.

Assim, considerando a necessidade de modernização e atualização das práticas advocatícias, tendo em vista a dinamicidade das transformações sociais e as alterações legislativas, dentre as atribuições do advogado elenca-se a defesa da Justiça e a pacificação social de forma judicial ou extrajudicial, por meios alternativos de autocomposição (conciliação, mediação e arbitragem).

Desta forma, dentre os imperativos para a conduta do advogados, o Código de Ética estabeleceu os seguintes mandamentos: "lutar sem receio pelo primado da Justiça; pugnar pelo cumprimento da Constituição e pelo respeito à Lei, fazendo com que o ordenamento jurídico seja interpretado com retidão; proceder com lealdade e boa-fé em suas relações profissionais e em todos os atos do ofício".

Diante do exposto, analisaremos no Código de Ética e Disciplina da OAB o capítulo dos princípios fundamentais, especialmente o artigo 2º, que estabelece ser o advogado indispensável à justiça e ser o exercício da advocacia uma função social.

2 O ADVOGADO E O EXERCÍCIO DA ADVOCACIA

A palavra advogado tem origem no termo em latim "*advocatu*", que é composto pela partícula "*ad*", que significa para junto, e "*vocatus*", que se refere a chamado, invocado. Assim, em seu sentido semântico, advogado é aquele que é invocado para auxiliar ou ajudar outrem.

O advogado é o profissional graduado em direito e especializado em ciências jurídicas, habilitado para prestar consultoria e assistência jurídica, defendendo os interesses do seu cliente judicialmente ou extrajudicialmente.

A doutrina pátria conceitua o advogado da seguinte forma:

> (...) para João Monteiro é o jurisconsulto que aconselha as partes litigantes, esclarece os juízes e dirige a causa, alegando, de fato e direito, o que convenha aos interesses do constituinte. Já para Teixeira de Freitas advogado é a pessoa do juízo que, por seus conhecimentos de jurisprudência, instrui e patrocina seus constituintes. (SODRÉ, 1975 apud LUIZ AMARAL, 1985, p. V).

Nesse sentido, o advogado é aquele profissional que patrocina e defende os interesses de seu cliente de forma técnica e parcial, levando aos autos os argumentos jurídicos e provas necessárias ao convencimento do Poder Judiciário para decidir o conflito de interesse objeto da demanda.

Importante salientar que, diferentemente do Magistrado, o advogado não necessita ser imparcial; ao contrário, torna-se necessária a sua parcialidade para a defesa exclusiva dos interesses de uma das partes, autor ou réu.

A doutrina pátria corrobora com esse entendimento. Veja-se:

> "(...)o advogado, na defesa judicial dos interesses do cliente, age com legítima *parcialidade institucional.* O encontro de parcialidades institucionais opostas constitui fator de equilíbrio e instrumento da imparcialidade do juiz". (Grinover, Cintra e Dinamarco,2015, p. 257)

Os requisitos para ser advogado estão previstos no art. 8º da Lei 8.906/94 (Estatuto da OAB), quais sejam, possuir diploma ou certidão de graduação em Direito em instituição de ensino autorizada e credenciada, bem como a aprovação no Exame de Ordem. Deve o advogado, ainda, estar em gozo com suas obrigações eleitorais e militares, possuir idoneidade moral, não exercer atividade incompatível com a advocacia e prestar compromisso perante o Conselho da OAB.

Assim, a atividade da advocacia é privativa do profissional que preencha os requisitos mencionados (artigo 3º da Lei 8.906/94) e consiste na postulação perante os órgãos do Poder Judiciário e atividades de consultoria, assessoria e defesa jurídica dos clientes, nos termos do artigo 1º da Lei 8.906/94.

No exercício da advocacia, o profissional possui imunidades para exercer sua função, nos termos do artigo 7º, §2º da Lei 8.906/94, tais como o exercício livre da profissão no território nacional; inviolabilidade de seu escritório ou local de trabalho; livre acesso às dependências dos órgãos do Poder Judiciário (sala de audiências, seções, secretarias); livre acesso aos autos do processo; dirigir-se pessoalmente aos membros do Judiciário, sempre objetivando o interesse da parte.

Ressalta-se que o advogado possui garantia à inviolabilidade por seus atos e manifestações no exercício da profissão, de forma relativa, respeitados os limites legais.

Conclui-se, pois, que a advocacia, observadas as exigências necessárias para o seu exercício, promove a assistência, consultoria e defesa jurídica do jurisdicionado, sendo indispensável à administração dos conflitos sociais.

3 NOVOS RUMOS DA ADVOCACIA

No Paradigma do Estado Democrático de Direito, introduzido pela Constituição da República de 1988, houve uma revisão do papel do Advogado, deixando de exercer o papel de mero defensor para se tornar agente de promoção social e do efetivo acesso à Justiça.

Nessa concepção o advogado deixa de ser um mero profissional vinculado ao processo e na defesa do cliente, para ser um profissional que exerce um *munus* público, com efetiva função social.

Verifica-se essa mudança de paradigma no preceito contido no artigo 133 da Carta Magna, que elenca o exercício da advocacia como uma função indispensável à administração da Justiça.

Pelos princípios processuais da demanda e da inércia, a parte tem o direito de acesso à justiça (artigo 5º, XXXV da CR/88 e artigo 3º do NCPC). Todavia, o Poder Judiciário somente atua mediante prévia provocação da parte ou interessado (artigo 2º do NCPC), por meio do exercício constitucional da Ação, que será, necessariamente, exercido por advogado.

Todavia, a essencialidade da advocacia não se limita ao ajuizamento de demandas. Observa-se que o advogado velará a todo momento pela defesa do estado democrático de direito, da cidadania, moralidade pública, Justiça e paz social, nos termos do artigo 2º do Código de Ética e Disciplina.

Assim, o texto constitucional, ao equiparar a advocacia às demais funções essenciais à justiça, atribui ao advogado a função de velar pelo respeito ao estado democrático de direito, ou seja, pelo respeito aos regramentos jurídicos, princípios fundamentais, competências e procedimentos previstos no ordenamento jurídico brasileiro.

Observa-se, ainda, que dentre as atribuições da advocacia encontra-se a defesa da moralidade pública, ou seja, a observância dos princípios e regras morais, individuais ou coletivos estabelecidos no ordenamento jurídico pátrio. Assim, deverá o advogado observar as regras dispostas no Código de Ética e Disciplina da OAB, bem como exigir dos indivíduos e da própria Administração Pública condutas morais e observância a preceitos éticos, em estrita observância à legalidade.

Por fim, ao efetivar o acesso à Justiça, levando os conflitos de interesses ao Judiciário, o advogado promove a cidadania e exige a correta aplicação do Direito, defendendo a Justiça e promovendo a paz social, contribuindo para a resolução dos conflitos por meio do convencimento do julgador.

Diante dessa nova concepção do exercício do ofício do advogado, passaremos a analisar a função social da advocacia.

4 A FUNÇÃO SOCIAL DA ADVOCACIA

Um dos principais objetivos do presente estudo é demonstrar que a advocacia é uma função social. Para tanto, torna-se necessário analisar a dicotomia sobre a qual se funda essa função social. O primeiro ponto de análise é a garantia constitucional do acesso à Justiça, que representa o direito de ação e o seu exercício por meio do advogado, obrigatoriamente. O segundo elemento de estudo será a análise da advocacia como função essencial à Justiça, na qual necessariamente o advogado exercerá uma função pública (*munus público*) para a pacificação social, representando verdadeira função social.

4.1 O ACESSO À JUSTIÇA

A garantia constitucional do acesso à Justiça encontra-se elencada entre os direitos fundamentais e trata-se de um direito essencial ao exercício da cidadania.

O acesso à Justiça encontra-se previsto no ordenamento jurídico brasileiro, no artigo 5º, XXXV, da Constituição Federal, que dispõe: *"a lei não excluirá da apreciação do Poder Judiciário lesão ou ameaça de direito"*. Trata-se do princípio constitucional do direito de ação ou da inafastabilidade da apreciação do Poder Judiciário.

No âmbito internacional encontra-se disposto na Convenção Interamericana sobre Direitos Humanos - Pacto de São José da Costa Rica, do qual o Brasil é signatário:

> Toda pessoa tem direito de ser ouvida, com as devidas garantias e dentro de um prazo razoável, por um juiz ou tribunal competente, independente e imparcial, estabelecido anteriormente por lei, na apuração de qualquer acusação penal contra ela, ou para que se determinem seus direitos ou obrigações de natureza civil, trabalhista, fiscal ou de qualquer natureza (Artigo 8º, 1 da Convenção Interamericana sobre Direitos Humanos - São José da Costa Rica)

Saliente-se que o acesso à Justiça vai além da mera provocação do Poder Judiciário, com o rompimento da inércia; engloba também a consultoria jurídica, o aconselhamento, a representação, bem como a defesa judicial e extrajudicial do interessado, proporcionando uma verdadeira justiça social.

Assim, para se efetivar o verdadeiro acesso à Justiça, deve-se viabilizar seu alcance ao maior número de pessoas possíveis, proporcionando uma defesa de forma adequada, ou seja, com a devida assistência técnica.

Embora exista enorme avanço na consolidação do direito de ação e do acesso à Justiça, advindos a partir da previsão constitucional, tornam-se necessários para a completa efetividade destes direitos sociais fundamentais: o efetivo direito à informação, tanto para o jurisdicionado quanto para o advogado, e a existência de defesa técnica, por profissional técnico responsável (advogado).

Constitui, assim, garantia ao acesso igualitário à Justiça, a defesa, representação, aconselhamento por meio do preparo profissional, técnico e ético do advogado.

Observa-se inclusive que o advogado é imprescindível ao exercício constitucional do direito de ação, visto que somente o profissional habilitado, bacharel em Direito e inscrito na OAB, possui a capacidade técnico-formal para praticar atos processuais em juízo, nos termos do artigo 103 do NCPC[1].

Destaca-se, também, que a não observância da exigência de profissional técnico representa ausência de pressuposto processual de validade subjetivo das partes (capacidade postulatória) e enseja a nulidade do processo, nos termos dos artigos 1° e 3° da Lei 8.906/94 (Estatuto da Advocacia e Ordem dos Advogados do Brasil).

Assim, o advogado, no exercício da sua função, representando o interesse jurídico da parte, com a postulação das pretensões e defesas realiza e efetiva o direito constitucional do acesso à Justiça.

4.2 A ADVOCACIA COMO FUNÇÃO ESSENCIAL À JUSTIÇA

A Constituição de 1988, que priorizou entre as garantias fundamentais o acesso à Justiça como exercício da cidadania, dispôs sobre as funções essenciais à Justiça, que coexistem com o Poder Judiciário para possibilitar a pacificação social dos conflitos.

Nesse sentido, pela primeira vez foi atribuído à advocacia o *status* constitucional, institucionalizando-a como uma das funções essenciais à Justiça, nos termos do capítulo IV, seção III da Constituição Federal.

Desta forma, a advocacia encontra-se em patamar de igualdade com as carreiras do Ministério Público, Advocacia Pública e Defensoria Pública, todas elas consideradas funções essenciais à Justiça, atuando conjuntamente com o Poder Judiciário na composição dos conflitos sociais.

1 Art. 103. A parte será representada em juízo por advogado regularmente inscrito na Ordem dos Advogados do Brasil.

Assim dispõe a Constituição Cidadã (CR/88):

> Art. 133 - O advogado é indispensável à administração da justiça, sendo inviolável por seus atos e manifestações no exercício da profissão, nos limites da lei.

Verifica-se que o texto da Constituição reforça a necessidade de constituição de advogado para a composição dos conflitos sociais por meio do processo judicial, já que é o profissional técnico qualificado para ser o intermediário entre a parte e o juiz.

Nesse sentido é o entendimento de Maria Sylvia Zanella de Pietro:

> (...)Essa qualificação da advocacia, seja pública ou privada, como *função essencial à Justiça* é inteiramente justificável na medida em que os conflitos de interesses têm que ser levados ao Judiciário, necessariamente, por meio de advogado, a ele cabendo a tarefa de lutar pela correta aplicação do Direito. Seja agindo como profissional liberal, seja agindo como empregado da empresa privada, seja como advogado público, ele atua como intermediário entre a parte e o juiz. Precisamente por ser o advogado o intermediário obrigatório entre as partes e o juiz, por ser quem fundamenta os pedidos e instrui o processo, é que sua função é considerada como *serviço público*, pelo Estatuto da OAB (artigo 2º), e *indispensável à administração da Justiça*, pela própria Constituição. (DI PIETRO, 2006)

É relevante ressaltar que, em regra, a outorga de poderes ao advogado é obrigatória nas demandas judiciais, ressalvando-se tão somente a Justiça do Trabalho e os Juizados Especial, hipóteses em que é permitido as partes postular, em juízo, sem o patrocínio do advogado.

Verifica-se que o texto constitucional que disciplina a advocacia como *função essencial à administração da Justiça* foi reiterado no Código de Ética e Disciplina da OAB. Veja:

> Art. 2º O advogado, indispensável à administração da Justiça, é defensor do Estado democrático de direito, da cidadania, da moralidade pública, da Justiça e da paz social, subordinando a atividade do seu Ministério Privado à elevada função pública que exerce.

A expressão "*administração da justiça*" prevista no artigo 133 da CR/88 e no artigo 2º do Código de Ética e Disciplina da OAB possui o significado de gerir, com a observância das normas jurídicas, os conflitos de interesses sociais, chegando-se ao conceito de justo.

Nesse sentido, a advocacia pode ser considerada função indispensável a administração da justiça, visto que compete ao advogado, por meio da estrutura existente no ordenamento jurídico brasileiro, buscar a defesa do interesse da parte e da sociedade, exigindo a observância das normas e garantias constitucionais.

Verifica-se que a legislação infraconstitucional também estabelece que o advogado presta um serviço público e exerce função pública (*munus* público) seja em seu ministério privado, seja no curso do processo judicial, ao postular os interesses de seu cliente e contribuir para o convencimento do julgador (art. 2º, §§1º e 2º da Lei 8.906/94).

Portanto, conclui-se que a qualificação da advocacia como função essencial à Justiça se justifica, visto que promove o acesso à Justiça, por meio do ajuizamento de demandas e por ser considerada um serviço público e função social, nos termos do art. 2º, §1º, da Lei 8.906/94[2] e do art. 2º do Código de Ética e Disciplina da OAB, sendo indispensável à Justiça, por ser o intermediário entre as partes e o Poder Judiciário para a composição e pacificação social dos conflitos.

5 O EXERCÍCIO DA ADVOCACIA NO NOVO CÓDIGO DE ÉTICA PROFISSIONAL DO ADVOGADO

Feitas as necessárias análises da função social da advocacia, por se tratar de um serviço público e por ser uma função essencial à Justiça, que promove o efetivo acesso à Justiça, passaremos a estudar, detalhadamente, o artigo 2º do Código de Ética e Disciplina da OAB.

Como já exposto, o referido dispositivo reiterou alguns conceitos já existentes na Constituição Federal (art. 133 da CR/88), dentre eles a essencialidade do advogado para a administração de justiça.

Todavia o Código de Ética da OAB inovou ao atribuir entre as funções do advogado a de defender o Estado Democrático de Direito.

> Art. 2º. O advogado, indispensável à administração da Justiça, é defensor do estado democrático de direito, (...).

Entende-se, de forma geral, que sem o advogado não há Justiça, visto que o exercício da advocacia é essencial para a concretização dos valores do Estado de Direito.

---

2 Art. 2º O advogado é indispensável à administração da justiça.
§ 1º No seu ministério privado, o advogado presta serviço público e exerce função social.

Desta forma, o advogado, como guardião da aplicação do Direito, mediante a sua observância e efetivação, velará pela observância das normas introduzidas pelo paradigma do Estado Democrático de Direito.

Assim, o advogado garantirá a observância das garantias fundamentais constitucionais, tais como o direito de ação, os princípios do contraditório e ampla defesa, isonomia, imparcialidade, juiz natural, devido processo legal, entre outras, seja no processo judicial, administrativo ou no procedimento arbitral.

Outra novidade contida no Código de Ética foi a qualificação do advogado como "defensor da cidadania". Assim, o artigo 2°, *caput* e parágrafo único, inciso IX, do Código de Ética e Disciplina, sintetiza a ideia da advocacia como promoção da cidadania ao dispor:

> Art. 2°. O advogado, indispensável à administração da Justiça, é defensor do estado democrático de direito, da cidadania (...).
>
> Parágrafo único – São deveres do advogado:
>
> IX – pugnar pela soluções dos problemas da cidadania e pela efetivação dos seus direitos individuais, coletivos e difusos, no âmbito da comunidade.

O direito à cidadania é um dos fundamentos do Estado Brasileiro, previsto no artigo 1°, II da CR/88 e um dos pilares da Ordem Jurídica. O conceito de cidadania é a participação integral do indivíduo nas decisões políticas, ou seja, trata-se da participação integral dos cidadãos na sociedade, exercendo seus direitos políticos.

Verifica-se que ao promover a estrita observância das regras jurídicas e dos princípios constitucionais, o advogado torna-se "defensor da cidadania", visto que garante a observância aos direitos fundamentais individuais, coletivos e difusos, por meio da sua capacidade postulatória, viabilizando as medidas judiciais necessárias, bem como a efetivação da participação democrática do cidadão.

Observa-se, ainda, que o *caput* do artigo 2° do Código de Ética impõe ao advogado a função de resguardar pela moralidade pública. Entende-se como moralidade pública a moralidade administrativa, ou seja, o dever de observância pelo administrador público, no exercício da sua função, das regras de conduta ética, boa-fé, lealdade, razoabilidade, probidade, que representam o conceito de bom administrador.

Nesse sentido, é o entendimento da doutrina brasileira:

> Pelo princípio da moralidade administrativa, não bastará ao administrador o cumprimento da estrita legalidade, ele deverá respeitar os princípios

éticos de razoabilidade e justiça, pois a moralidade constitui pressuposto de validade de todo ato administrativo praticado (MORAES, 2005, p. 296).

Ressalte-se que o advogado deve exigir o efetivo cumprimento da moralidade pública, bem como a observância dos princípios morais individual, social e profissional, nos termos do artigo 1º do Código de Ética da OAB.

> Art. 1º. O exercício da advocacia exige conduta compatível com os preceitos deste Código, do Estatuto, do Regulamento Geral, dos Provimentos e com os demais princípios da moral individual, social e profissional.

Desta forma, o Código de Ética, visando a observância dos princípios morais individuais pelo advogado, apresenta no parágrafo único do artigo 2º os deveres morais do advogado.

> Art. 2º. O advogado, indispensável à administração da Justiça, é defensor do estado democrático de direito, da cidadania, da moralidade púbica (...).
>
> Parágrafo único. São deveres do advogado:
>
> I - Preservar, em sua conduta a honra, a nobreza e a dignidade da profissão, zelando pelo seu caráter de essencialidade e indispensabilidade;
>
> II – Atuar com destemor, independência, honestidade, decoro, veracidade, lealdade e dignidade e boa-fé;
>
> (...)
>
> IV – Abster-se de:
>
> utilizar de influência indevida, em seu benefício ou do cliente;
>
> (...)
>
> d) emprestar concurso ao que atentem contra a ética, a moral, a honestidade e a dignidade da pessoa humana;

Por fim, o citado dispositivo sob estudo elenca entre as atribuições do advogado a defesa da Justiça e da Paz Social, classificando o seu ofício como função social.

A defesa da Justiça pelo advogado consiste na exigência da ordem jurídica, preservação dos direitos e estrita observância à legalidade.

Já a pacificação social, que deve ser defendida pelo exercício da advocacia, trata-se da busca do equilíbrio nas relações sociais, com a composição dos conflitos seja pelos meios alternativos de composição de conflitos (conciliação, mediação, arbitragem), seja por intermédio da jurisdição (justa composição da lide, por meio da subsunção da norma, aplicação do direito ao caso concreto).

Nesse sentido, observa-se que o artigo 2º do Código de Ética dispõe entre os deveres do advogado, apenas os que se relacionam com a defesa da Justiça e da paz social, num rol apenas exemplificativo.

> Art. 2º. Parágrafo único. São deveres do advogado:
>
> (...)
>
> V - contribuir para o aprimoramento das instituições, do Direito e das leis;
>
> VI - estimular, a qualquer tempo, a conciliação e a mediação entre os litigantes, prevenindo, sempre que possível, a instauração de litígios;
>
> VII - desaconselhar lides temerárias, a partir de um juízo preliminar de viabilidade jurídica;
>
> (...)
>
> X - adotar conduta consentânea com o papel de elemento indispensável à administração da Justiça;

Desta forma, entende-se que, no exercício da advocacia o procurador deve promover a Justiça, zelando pela observância do Direito, e promover a paz social, composição dos conflitos, por meio de um encontro de soluções justas de forma judicial ou extrajudicial.

Diante do exposto, conclui-se que o Código de Ética da OAB, em consonância com o texto da Constituição, elencou a advocacia como função essencial à administração da Justiça, reforçou a ideia de ser o exercício da advocacia um *munus público* (função pública) com repercussão social (função social), atribuindo deveres ao advogado, tais como a defesa do estado democrático de direito, da cidadania, da moralidade pública, da Justiça e da paz social.

6 CONCLUSÃO

Por todo o exposto, ao longo do presente estudo, conclui-se que o advogado, ao ter suas atividades elevadas no plano Constitucional Federal, entre aquelas essenciais à administração da Justiça, assumiu conjuntamente com as demais carreiras o ônus de contribuir para aplicação da Ordem Jurídica e para a realização da pacificação social.

Assim, por meio do assessoramento, consultoria jurídica e ajuizamento de demandas judiciais, o advogado promove o efetivo exercício da cidadania e do acesso à Justiça.

Desta forma, no seu ofício, o advogado, primeiramente, deve servir à sociedade (*munus público*) em busca da Justiça, Ordem Jurídica, legalidade, defesa do Estado Democrático de Direito e, posteriormente, ao indivíduo, apresentando meios de composição da lide, com a consequente pacificação social.

O exercício da advocacia exige do profissional uma postura proativa, combativa e fiel aos regramentos jurídicos, garantindo a observância da Lei com a sua aplicação de forma coerente e justa.

Compete, ainda, à advocacia defender a moralidade pública e individual, observando no desempenho da função os parâmetros morais e éticos existentes, bem como os deveres impostos pelo Código de Ética e Disciplina da OAB.

Verifica-se, assim, que o exercício da advocacia é um serviço público, visto que o advogado exerce função pública (*munus público*), seja na atuação extrajudicial (consultoria, conciliação, mediação, arbitragem), seja no curso do processo judicial, ao postular os interesses de seu cliente e contribuir para a composição do conflito e para o convencimento do julgador.

Portanto, conclui-se que se deve institucionalizar a advocacia como função essencial à administração da Justiça, visto que colabora conjuntamente com a função jurisdicional para administração dos conflitos sociais e, por ser a intermediária entre as partes e o Poder Judiciário, para a composição e pacificação social dos conflitos. Por fim, a advocacia ao promover o direito à cidadania, efetivando o acesso à Justiça, defendendo a aplicação das Leis, dos princípios fundamentais do Estado Democrático de Direito e por ser um ofício dotado de função pública e repercussão social, nos termos do art. 2º do Código de Ética e Disciplina da OAB, torna o direito do jurisdicionado a ter assistência de advogado, um Direito que, para exercício pleno das pretensões dele, se torna, na prática, indisponível.

7 REFERÊNCIAS BIBLIOGRÁFICAS

ALVIM, José Eduardo Carreira. **Teoria Geral do Processo.** 11ª ed. Rio de Janeiro: Forense, 2007.

AMARAL, Luiz. **Legislação do Advogado.** 15. ed. Brasília: Ministério da Justiça, 1985.

BRASIL. Constituição Federal (1988). In: **Códigos Conjugados Saraiva.** Org. Luiz Roberto Curia, Lívia Céspedes e Juliana Nicoletti:. 13ª. ed. São Paulo: Saraiva, 2015.

BRASIL. Código de Ética e Disciplina da Ordem dos Advogados do Brasil. In: **Códigos Conjugados Saraiva.** Org. Luiz Roberto Curia, Lívia Céspedes e Juliana Nicoletti:. 13ª. ed. São Paulo: Saraiva, 2015.

BRASIL. Decreto nº 678 de 06 de novembro de 1992. Promulga a **Convenção Americana sobre Direitos Humanos (Pacto de São José da Costa Rica)**, assinada em San José, Costa Rica, em 22 de novembro de 1969. Diário Oficial da República Federativa do Brasil, Brasília, 09 nov. 1992. Disponível em: <https://www.cidh.oas.org/basicos/portugues/c.convencao_americana.htm>

BRASIL. Lei nº 8.906 de 04 de julho de 1994. **Estatuto da Advocacia e Ordem dos Advogados do Brasil (OAB).** Disponível em:< http://www.planalto.gov.br/ccivil_03/_ato2015-2018/2015/lei/l13105.htm>. Acesso em: 13 ago. 2016.

BRASIL. Lei nº 13.105 de 16 de março de 2015. **Código de Processo Civil.** Disponível em:< http://www.planalto.gov.br/ccivil_03/_ato2015-2018/2015/lei/l13105.htm>. Acesso em: 14 ago. 2016.

CARVALHO FILHO, José Santos. **Manual de Direito Administrativo.** Rio de Janeiro, Lumen Jures, 17ª ed., 2007.

CINTRA, Antônio Carlos de Araújo. GRINOVER, Ada Pellegrini. DINAMARCO, Cândido Rangel. **Teoria Geral do Processo.** 31. ed. São Paulo. Malheiros, 2015.

DI PIETRO, MARIA SYLVIA ZANELLA. **A Advocacia Pública como Função Essencial à Justiça.** Publicado em 18de agosto de 2006. Disponível em: <http://www.conjur.com.br/2016-ago-18/interesse-publico-advocacia-publica-funcao-essencial-justica>. Acesso em: 27ago.2016.

LEAL, Rosemiro Pereira. **Teoria Geral do Processo.** 6ª ed. São Paulo: IOB Thomson, 2005.

MORAES, Alexandre de. **Direito Constitucional**. São Paulo: Atlas, 2005.

NERY JR, Nelson. **Princípios do processo civil na constituição federal**. 8. ed. São Paulo: Revista dos Tribunais, 2004.

NUNES, Dierle José Coelho. **Processo jurisdicional democrático**. Curitiba: Juruá, 2008.

SILVA, Ovídio Araújo Baptista da. **Teoria Geral do Processo Civil**. 5ª ed. rev. e atual. São Paulo: Revista dos Tribunais,2009.

2

O PAPEL DO ADVOGADO NA VIDA POLÍTICA BRASILEIRA: *limites éticos*

Jadir Vicente Pereira Júnior

Advogado

1 INTRODUÇÃO

Sob a égide da Lei 8.906[1], de 04 de julho de 1994, o Conselho Federal da Ordem dos Advogados do Brasil decidiu pela edição do terceiro Código de Ética e Disciplina da advocacia brasileira, através da Resolução n.º 02/2015, publicada no Diário Oficial da União no dia 04 de novembro de 2015.

O novo diploma pretende adequar a disciplina profissional à atual realidade social vivenciada pela classe, inovando quanto à autorização do exercício da advocacia *"pro bono"*[2], estabelecimento de maior rigor ético aos dirigentes da Ordem, agilidade na apuração do cometimento de infrações éticas e disciplinares e sua punição, permissão de publicidade dos serviços advocatícios por meios eletrônicos e instituição do princípio ético de estímulo aos meios extrajudiciais de resolução de conflitos.

O relacionamento do advogado com a política também não passou despercebido da moderna diretriz deontológica jurídica, seja quando este estiver na chefia do Poder Executivo e membro do Poder Legislativo (situações geradoras de incompatibilidade e impedimento), seja na postulação a órgãos do Poder Judiciário e da Administração Pública e suas entidades – sobremodo após

1 Dispõe sobre o Estatuto da Advocacia e a Ordem dos Advogados do Brasil (OAB).

2 NCED. Art. 30. [...]

§ 1º Considera-se advocacia "pro bono" a prestação gratuita, eventual e voluntária de serviços jurídicos em favor de instituições sociais sem fins econômicos e aos seus assistidos, sempre que os beneficiários não dispuserem de recursos para a contratação de profissional.

a edição da Resolução nº 23.463[3], de 15 de dezembro de 2015, pelo Tribunal Superior Eleitoral, que prevê a obrigatoriedade de constituição de advogado para a prestação de contas[4].

Portanto, este ensaio, partindo-se de pesquisa sistemática realizada através da revisão bibliográfica das obras relacionadas na referência, objetiva analisar as recentes normas ético-jurídicas que direcionam a atuação do advogado na política, apresentar os seus conceitos e institutos jurídicos nucleares (inclusive arrimando-se no Estatuto da Advocacia e da Ordem dos Advogados do Brasil), rever alguns dos fatos históricos que marcaram a importância do advogado na construção da ordem política, formação do espaço público e da redemocratização do Brasil, bem como formar referencial teórico.

2 O ADVOGADO, A ÉTICA E A POLÍTICA: *dependência ou coexistência?*

A evolução dos fatos na história política contemporânea brasileira laureiam a classe dos advogados como fervorosos defensores da ordem democrática e das garantias e liberdades individuais.

Vitimada pelas inúmeras tentativas de ceifar o seu papel constitucional de patronos da Ordem Jurídica e do Estado de Direito, os advogados lutaram contra as ações déspotas dos Governos Militares, entre 1969-1985.

Os atentados, em março de 1980, ao escritório de Sobral Pinto, ao jurista Dalmo Dallari, em 02 de julho de 1980, à Secretária Lydia Monteiro, que fazia a triagem do material a ser enviado ao Presidente da OAB, no dia 27 de agosto desse mesmo ano, se transformaram em combustível para o atendimento do anseio social de restabelecimento de uma nova Ordem Constitucional.

Assim, a Ordem dos Advogados do Brasil, liderada por Raymundo Faoro, Eduardo Seabra Fagundes, Bernardo Cabral, Mário Garcia, José Cavalcanti Neves, Caio Mário da Silva Pereira, lutou "em prol da revogação da Lei de Segurança Nacional, a restauração do *habeas corpus*, das garantias plenas da

3 Dispõe sobre a arrecadação e os gastos de recursos por partidos políticos e candidatos e sobre a prestação de contas nas eleições de 2016.

4 Art. 41. Devem prestar contas à Justiça Eleitoral:

[...]

§ 6º É obrigatória a constituição de advogado para a prestação de contas.

magistratura, o respeito aos direitos humanos, a Anistia plena, geral e irrestrita e a convocação de uma Assembleia Nacional Constituinte." (LUIZ, 2016)

A trajetória de garra, luta e trabalho em prol da sociedade reclama obrigatoriamente dos advogados, seja na militância na política ou não, uma atuação justa e proba.

É por isso que, independentemente da atividade (na postulação ou como agente político) a ser desempenhada, é imperativo ao advogado pautar sua conduta na política por meio do Novo Código de Ética e Disciplina da Ordem dos Advogados do Brasil (OAB).

A deontologia não é mera "recomendação de bom comportamento". Cuida-se de um conjunto de princípios e regras norteadores da conduta pessoal do advogado. São normas jurídicas, cogentes (artigo 33[5] do EAOAB), "dotadas de obrigatoriedade que devem ser cumpridas com rigor, sob pena de cometimento de infração disciplinar." (LÔBO, 2016, p. 202).

"A honra, a nobreza e a dignidade constituem apanágio da advocacia e, por isso, devem ser atributos dos que a exercem" (MEDINA, 2016, p. 35). Assim, de modo a obter preservação desse patrimônio, o artigo 2.º do NCED impõe deveres pessoais, profissionais e corporativos aos advogados:

> Art. 2º O advogado, indispensável à administração da Justiça, é defensor do Estado Democrático de Direito, dos direitos humanos e garantias fundamentais, da cidadania, da moralidade, da Justiça e da paz social, cumprindo-lhe exercer o seu ministério em consonância com a sua elevada função pública e com os valores que lhe são inerentes.
>
> Parágrafo único. São deveres do advogado:
>
> I - preservar, em sua conduta, a honra, a nobreza e a dignidade da profissão, zelando pelo caráter de essencialidade e indispensabilidade da advocacia;
>
> II - atuar com destemor, independência, honestidade, decoro, veracidade, lealdade, dignidade e boa-fé;
>
> III - velar por sua reputação pessoal e profissional;
>
> IV - empenhar-se, permanentemente, no aperfeiçoamento pessoal e profissional;

---

5 Art. 33. O advogado obriga-se a cumprir rigorosamente os deveres consignados no Código de Ética e Disciplina.

Parágrafo único. O Código de Ética e Disciplina regula os deveres do advogado para com a comunidade, o cliente, o outro profissional e, ainda, a publicidade, a recusa do patrocínio, o dever de assistência jurídica, o dever geral de urbanidade e os respectivos procedimentos disciplinares.

V - contribuir para o aprimoramento das instituições, do Direito e das leis;

VI - estimular, a qualquer tempo, a conciliação e a mediação entre os litigantes, prevenindo, sempre que possível, a instauração de litígios;

VII - desaconselhar lides temerárias, a partir de um juízo preliminar de viabilidade jurídica;

VIII - abster-se de:

a) utilizar de influência indevida, em seu benefício ou do cliente;

b) vincular seu nome a empreendimentos sabidamente escusos;

c) emprestar concurso aos que atentem contra a ética, a moral, a honestidade e a dignidade da pessoa humana;

d) entender-se diretamente com a parte adversa que tenha patrono constituído, sem o assentimento deste;

e) ingressar ou atuar em pleitos administrativos ou judiciais perante autoridades com as quais tenha vínculos negociais ou familiares;

f) contratar honorários advocatícios em valores aviltantes.

IX - pugnar pela solução dos problemas da cidadania e pela efetivação dos direitos individuais, coletivos e difusos;

X - adotar conduta consentânea com o papel de elemento indispensável à administração da Justiça;

XI - cumprir os encargos assumidos no âmbito da Ordem dos Advogados do Brasil ou na representação da classe;

XII - zelar pelos valores institucionais da OAB e da advocacia;

XIII - ater-se, quando no exercício da função de defensor público, à defesa dos necessitados.

O advogado deve ter consciência de sua indispensabilidade na administração da justiça, inviolabilidade de seus atos e manifestações (art. 133 da Constituição Federal de 1988) e dos princípios que formam a consciência profissional e dos seus misteres de conduta ("deveres de virtude"), para que, no exercício do seu *munus*, possa decretar o exercício da "virtude política" (Montesquieu, *Do espírito das leis*, III, Cap. V) - "que exige uma preferência contínua do interesse público pelo seu próprio interesse." (Montesquieu, *Do espírito das leis*, IV, Cap. V),

Será, a partir da internalização dos deveres pessoais (incorporados nos incisos I, III e IV, do artigo 2.º, parágrafo único do NCED) e dos deveres profissionais (previstos nos incisos II, V, VI, VII, VIII e XIII, do parágrafo único, art. 2.º do NCED), que o advogado conquistará padrões mínimos de ação, subsidiada pelo respeito, confiança dos membros da Ordem dos Advogados e da sociedade, reunindo forças "na palavra e na autoridade moral que ostente, nunca no poder econômico seu ou de seu cliente ou na alimentação da venalidade humana." (LÔBO, 2016, p. 204).

Orienta-nos Paulo Lôbo que, "além da independência técnica, o advogado deve preservar sua independência política e de consciência, jamais permitindo que os interesses do cliente confundam-se com os seus. [...] A ética do advogado é a ética da parcialidade, ao contrário da ética do juiz, que é a da isenção. Contudo, não pode o advogado cobrir com o manto ético qualquer interesse do cliente, cabendo-lhe recusar o patrocínio que viole sua independência ou a ética profissional. Não há justificativa ética, salvo no campo da defesa criminal para a cegueira dos valores diante da defesa de interesses sabidamente aéticos ou de origem ilícita. A recusa, nesses casos, é um imperativo que engradece o advogado." (LÔBO, 2016, p. 206).

Ainda, ao travar relações com agentes políticos, o advogado observará "o **dever de urbanidade,** tratando a todos com respeito e consideração, ao mesmo tempo em que preservará seus direitos e prerrogativas, devendo exigir igual tratamento de todos com quem se relacione." (Art. 27, NCED).

O relacionamento profissional do advogado, inclusive com os agentes políticos, "há de ser lhano e cortês, para que suas postulações e atitudes, nas controvérsias e debates em que se envolver, não fujam ao nível da convivência civilizada." (MEDINA, 2016, p. 70).

A fineza no trato, o controle das paixões, o equilíbrio nas discussões, a prudência na colocação e uso das palavras, conferirá sobriedade e credibilidade ao causídico, fazendo-se admirado e digno de respeito e sujeito depurador da política.

Deve, o advogado, ser agente da política, de modo a imprimir o desenvolvimento natural de sua intencionalidade, aplicar o justo, o equânime (Hobbes). Ainda mais, utilizando-se dos ensinamentos de Aristóteles, o advogado, como agente transformador da política, favorecerá a assunção de suas funções de "1.ª descrever a forma de Estado ideal; 2.ª determinar a forma do melhor Estado possível em relação a determinadas circunstâncias" (ABBAGNANO, 2012, p. 901), enfim, contribuir para a existência da

> "autoridade política que, num Estado, comporta a existência de um poder estabilizado e institucional por parte dos cidadãos. A autoridade política deve sempre ser acompanhada da legitimação do poder, atributo do Estado que consiste na presença do consentimento, por parte da maioria dos cidadãos, para com a forma de poder efetivo. Autoridade política legítima implica obrigação de observar as leis e punição em caso de inobservância,

e distingue-se de qualquer outra forma de poder por ser um poder coativo. A imperatividade e a obrigação constituem o poder concreto da P., juntamente com o princípio de soberania, que é "a capacidade de governar sem precisar responder a nenhuma poder superior" (G. Urbani. **La politica per tutti.** Mondadori, Milão, 1994, p. 62)"

De mais a mais, em conformidade com as disposições de seu preâmbulo, o Novo Código de Ética e Disciplina exige que a advocacia seja exercida com o indispensável senso profissional, com desprendimento, rejeitando-se que o anseio de ganho material sobreleve a finalidade social do seu trabalho.

Por isso se proíbe que a advocacia *"pro bono"* seja utilizada para fins político-partidários ou eleitorais (§ 3.º, artigo 30), o que "não impede, entretanto, que o advogado possa exercê-la no patrocínio de ações populares ou de ações civis públicas, como mandatário de cidadãos ou instituições que atendam aos requisitos para beneficiar-se dessa modalidade de serviço." (MEDINA, 2016, p. 82)

Elucidativa é a lição de Paulo Lôbo, ao asseverar que

> "na advocacia, o resultado perseguido, em cada causa, não pode justificar a adoção de quaisquer meios, pois ela não é balcão de negócios ou arena de tráfico de influência ou corrupção, incorrendo em violação do dever de honestidade todo aquele que assim procede." (2016, p. 203)

A política, ética e o advocacia **coexistem** umbilicalmente no seio da sociedade. Enquanto, o sentido sociológico da palavra política direciona para a ação do cidadão na ordenação governamental e do poder, a ética é compreendida como a observância de princípios universais que direcionam a atuação social independentemente do *"locus"*, pautando a moral unicamente pela razão.

A abrangência da ética, da política e da advocacia são os mesmos, pois arrimadas numa "filosofia da consciência" (ABBAGNANO, 2012, p. 902), conducentes da humanidade a realização das coisas justas, agir justo e querer as coisas justas.

Nicola Abbagnano (2012) categoriza as concepções fundamentais da ciência ética:

> "1.ª a que a considera como ciência do *fim* para o qual a conduta dos homens deve ser orientada e dos *meios* para atingir tal *fim*, deduzindo tanto o fim quanto os meios da *natureza* do homem; 2.ª a que a considera como a ciência do *móvel* da conduta humana e procura determinar tal móvel com vistas a dirigir ou disciplinar essa conduta." (ABBAGNANO, Nicola.

Dicionário de filosofia. Trad. Ivone Castilho Benedetti. 6.ª ed. São Paulo: Editora WMF Martins Fontes, 2012. p. 442)

A ética absorve, como seu núcleo duro, a moral. Seria algo como uma metamoral, que convida a reflexão sobre a imposição das normas e o julgamento das ações práticas do sujeito cognoscente (segunda concepção). Cuida-se, igualmente, de uma moral da obrigação que impõe ao sujeito moral ao respeito a "fazer o seu dever", neutralizando o desejo, conduzindo a construção da dignidade.

A ética posterior, retratada na ipseidade, constitui "a fórmula da identidade moral por oposição à identidade física do mesmo" (**Dicionário de ética e filosofia moral.** Org. Monique Canto-Sperber. Vol. 1. Ed. Unisinos. São Leopoldo, 2003. p. 593), distribuindo o imperativo ético numa pluralidade de esferas, dentre elas a ética jurídica. Assim, a deontologia jurídica visa imprimir uma teoria moral na sabedoria prática jurídica.

A ética aplicada tem sido demandada pela saturação da filosofia da moral e, sobremodo, pela "crise das crenças morais comuns", "carência de grandes visões totalizadoras da realidade e da história", "desenvolvimentos da ciência e da técnica", "complexidade da vida atual", "maior sensibilidade ao outro (seja humano ou não)" e "necessidade de garantir a coexistência entre raças, culturas e formas de vidas de diferentes." (ABBAGNANO, Nicola. **Dicionário de filosofia.** Trad. Ivone Castilho Benedetti. 6.ª ed. São Paulo: Editora WMF Martins Fontes, 2012. p. 451)

A ética e a política reclamam da existencialidade prática, impondo ao advogado impedimentos e incompatibilidades ao seu exercício profissional.

A história revela que, as inquietações

> "que dependem da deontologia política surgiram por meio da regulamentação das incompatibilidades, cujo objetivo é prevenir possíveis conflitos de interesses entre a atividade profissional de um parlamentar e o cumprimento do seu mandato. Houve, desde o início, uma preocupação em preservar a independência que inspira a incompatibilidade com as funções públicas não eletivas, cujo princípio remonta à Constituinte, que, por seus decretos de 7 de novembro de 1789 e de 10 de janeiro de 1790, proíbe a seus membros aceitar do governo algum cargo, alguma doação, pensão tratamento ou emprego. Tratava-se de evitar que o representante se visse exposto às pressões do executivo, que tentaria conseguir sua conivência pela prática da Restauração (que abandonou essa incompatibilidade), segundo a qual o governo se servia das promoções na administração para garantir a docilidade dos deputados; a Monarquia de Juillet reagiu, submetendo à reeleição os deputados beneficiários de nomeações ou de promoções. A

> Constituição de 1848 retoma as proibições da Revolução, que aparecem desde então no Código Eleitoral e que foram fixadas na Terceira República. A única exceção à regra diz respeito aos professores titulares de cadeiras conquistadas por concurso ou por meio de apresentação do corpo docente quando se produz uma vaga, porque sua independência não está em questão, assim como os ministros do culto na Mosela e na Alsácia, onde ainda se aplica a Concordata.
>
> Weber observa que aquele que vive "para" a política é necessariamente levado a viver "da" política, o que ele chama de aspecto "econômico" da situação do homem político moderno. É efetivamente sob este ângulo que a democratização do recrutamento político, que fazia ter acesso ao Parlamento eleitos desprovidos de rendas e, portanto, obrigados a viver apenas de sua indenização, reformulou a questão; o contraste entre essa relativa miséria e a extensão dos poderes dos quais eles estavam investidos os expunha naturalmente a tentações incansavelmente denunciadas por Alain em sua *Propos.*" (Dicionário de ética e filosofia moral. Org. Monique Canto-Sperber. Vol. 2. Ed. Unisinos. São Leopoldo, 2003. p. 361)

Deste modo, "a incompatibilidade determina a proibição total, e o impedimento, a proibição parcial do exercício da advocacia" (art. 27 da Lei 8.906/94).

De acordo com a regra prevista na disposição normativa do artigo 28, da Lei 8.906/94, "são atividades inconciliáveis com a advocacia" (MAMEDE, 1999, p. 144), inciso I – "chefe do Poder Executivo e membros da Mesa do Poder Legislativo e seus substitutos legais." Por força do artigo 30, inciso do mesmo diploma legal, "os parlamentares que não integrem as mesas das respectivas casas legislativas são apenas impedidos" [...] de advogar "contra a fazenda pública que os remunere" (LÔBO, 2016, p. 181).

Nesse sentido é o entendimento do Conselho Pleno e Tribunal de Ética e Disciplina da Ordem dos Advogados do Brasil, Seção de Minas Gerais:

> Advogado investido no cargo executivo de Vice-Prefeito. Incompatibilidade para o exercício da advocacia declarada pelo artigo 28, I do EAOAB, prevenindo uso da advocacia para fins políticos. Recurso indeferido. Punição mantida. (Processo Disciplinar nº 4494/03 - Data da Sessão: 24 de abril de 2007 – Rel. Cons. Luís Fernando Quinteiro).
>
> Vereador. Vereador do Município de João Monlevade, ocupando a 1ª Secretaria da Mesa Diretora da Câmara Municipal. Incompatibilidade. Aplicação do art. 28, I ,c/c art. 8º, V do EOAB. (1ª Câmara - Rel. Cons. Carlos Vitos Alves Delamônioca).
>
> Vereador. Vereador no Município de Manhuaçu. Presidente de Mesa. Incompatibilidade com o exercício da advocacia. Proibição total, mesmo em

causa própria, aos membros da Mesa do Poder Legislativo e seus substitutos legais. Aplicação do art. 28, inciso I, da Lei 8906/94. (1ª Câmara - Rel. Cons. Petrônio Rodrigues de Lima).

Vereadora. Vereadora participando da Mesa Diretora da Câmara. Incompatibilidade . Aplicação do Art. 28, I, da Lei 8906./94. Pedido indeferido. (1ª Câmara - Rel. Cons. Danilo Pereira Borges).

Assim, o respeito incondicional às normas de deontologia, diceologia, incompatibilidades e impedimentos conferirá ao advogado de trincheira credibilidade e altivez suficientes para a escorreita defesa de seus clientes, evitando que os advogados exercício de cargos políticos nos Poderes Executivo e, ou Legislativo possam se transformar em ferramentas para a perpetuação de uma indesejada elite jurídica na política brasileira.

3 CONCLUSÃO

O advogado, no exercício do seu *munus*, está obrigado a desenvolver seus atos de maneira segura, cristalina, isenta, livre, independente. Para tanto, poderá agradar ou desagradar pessoas, sobretudo aquelas que restam ofendidas na consecução de seus interesse escusos. Rui Barbosa, respondendo a consulta de Evaristo de Morais, nos traz nas lições de "O Dever do Advogado" que, "o advogado não pode fraquejar e calar diante dos abusos praticados por perversores da ordem jurídica."

Assim, deve o advogado guardar consonância com os preceitos éticos estabelecidos no Novo Código de Ética e Disciplina a fim de cumprir com o seu *munus* maior e nobre de contribuir com a construção do princípio fundante da eficiência na Justiça e moralidade política, aniquilando a crise moral que assola a sociedade que covardemente conduz à ausência de reconhecimento do outro como ser humanamente digno.

REFERÊNCIAS

ABBAGNANO, Nicola. **Dicionário de filosofia.** Trad. Ivone Castilho Benedetti. 6.ª ed. São Paulo: Editora WMF Martins Fontes, 2012. 1.210p.

BARBOSA, Rui. **O dever do advogado. Carta a Evaristo de Morais.** Rio de Janeiro: Fundação Casa de Rui Barbosa: AIDE Editora, 2002. 68p.

BRASIL. LEI Nº 8.906, DE 4 DE JULHO DE 1994. **Dispõe sobre o Estatuto da Advocacia e a Ordem dos Advogados do Brasil (OAB).** Disponível em: http://www.planalto.gov.br/ccivil_03/leis/L8906.htm. Acesso em 20 ago. 2016.

BRASIL. RESOLUÇÃO Nº 23.463, DE 15 DE DEZEMBRO DE 2015. **Dispõe sobre a arrecadação e os gastos de recursos por partidos políticos e candidatos e sobre a prestação de contas nas eleições de 2016.** Disponível em: http://www.tse.jus.br/legislacao-tse/res/2015/RES234632015.html. Acesso em: 20 ago. 2016.

DE ALMEIDA, Frederico. As elites da justiça: instituições, profissões e poder na política da justiça brasileira. **Revista de Sociologia e Política.** Rev. Sociol. Polit. vol.22 nº.52. Curitiba Oct./Dec. 2014. Disponível em: http://dx.doi.org/10.1590/1678-987314225206. Acesso em: 21 ago. 2016.

Dicionário de ética e filosofia moral. Org. Monique Canto-Sperber. Vol. 1. Ed. Unisinos. São Leopoldo, 2003. 891p.

Dicionário de ética e filosofia moral. Org. Monique Canto-Sperber. Vol. 2. Ed. Unisinos. São Leopoldo, 2003. 888p.

LÔBO, Paulo. **Comentários ao estatuto da advocacia e da OAB.** 9. Ed. São Paulo: Saraiva, 2016, 386p.

LUIZ, Edson Medeiros Branco. **A atuação política da ordem dos advogados do brasil durante o regime militar - 1969 a 1985.** Disponível em: file:///C:/Users/jadir/OneDrive/Documentos/A%20ATUA%C3%87%C3%83O%20POL%C3%8DTICA%20DA%20OAB%20DURANTE%20A%20DITADURA.pdf. Acesso em: 21 ago. 2016.

MAMEDE, Gladson. **A advocacia e a Ordem dos Advogados do Brasil.** Porto Alegre: Síntese, 1999. 464p.

MEDINA, Paulo Roberto de Gouvêa. **Comentários ao código de ética e disciplina da OAB:** análise do Código de 2015, pelo relator do anteprojeto e da sistematização final do texto. Rio de Janeiro: Forense, 2016. 224p.

NALINI, José Renato. Ética geral e profissional. 11. ed. São Paulo: Ed. Revista dos Tribunais, 2014. 813p.

OLIVEIRA, Márcio. **Novos paradigmas eleitorais:** o advogado e as prestações de contas. Disponível em: Fonte: http://www.novoeleitoral.com/index.php/en/opiniao/marciooliveira/1178-advogado. Acesso em: 20 ago. 2016

ORDEM DOS ADVOGADOS DO BRASIL. **Publicado o novo código de ética e disciplina da advocacia.** Disponível em: http://www.oab.org.br/noticia/28929/publicado-o-novo-codigo-de-etica-e-disciplina-da-advocacia. Acesso em: 20 ago. 2016

RESOLUÇÃO N.º 02/2015. Aprova o Código de Ética e Disciplina da Ordem dos Advogados do Brasil – OAB. DOU, S. 1, 04.11.2015, p. 77. Disponível em: http://emporiododireito.com.br/novo-codigo-de-etica-da-oab-download-aqui/ Acesso em: 21 ago. 2016.

RODRIGUES, LM. **Mudanças na classe política brasileira**. Rio de Janeiro: Centro Edelstein de Pesquisas Sociais, 2009. 154 p. ISBN: 978-85-7982-011-3. Disponível em: <http://books.scielo.org>. Acesso em: 21 ago. 2016.

SILVA, José de Anchieta da. e FIUZA, Ricardo Arnaldo Malheiros. **20 anos de advocacia.** Belo Horizonte: Del Rey, 2010. 640p.

3

O ADVOGADO COMO TESTEMUNHA NO PROCESSO PENAL

BUSCA DA VERDADE REAL E DEVER DE SIGILO

Sara Carvalho Matanzaz

Advogada

INTRODUÇÃO

Este trabalho tem como objetivo analisar o possível conflito entre a busca da verdade real no processo penal e o dever de sigilo do advogado. Assim, se estudará a possibilidade de que este profissional seja chamado a depor como testemunha em uma investigação criminal, sob o argumento de se apurar a verdade dos fatos.

Diante dessa hipótese se buscará, portanto, a solução ética e a disciplinada em nosso ordenamento, considerando a importância da profissão do advogado para o exercício da Justiça e as prerrogativas de defesa garantidas ao acusado no processo penal.

A fim de se encontrar respostas ao questionamento proposto, será analisado o modelo probatório previsto para o exercício do *ius puniendi* estatal no Estado Democrático de Direito. Dentro deste limiar é que se analisará de forma crítica o princípio da busca da verdade real. Por outro lado, se verificará a importância do dever de sigilo do advogado e suas previsões normativas gerais e específicas para o processo penal.

Finalmente se chegará a conclusão de quais são as opções do advogado chamado a depor no processo penal ante ao seu dever ético e às restrições normativas.

1 A PROVA NO PROCESSO PENAL

Para que os fatos da realidade produzam efeitos jurídicos, faz-se necessário que os julgadores tomem deles conhecimento no processo jurisdicional, podendo então aplicar as normas ao caso concreto. É esse o fim último do processo judicial, permitir ao julgador a análise dos fatos que as partes pretendem ver apreciados juridicamente. E, consequentemente, assim é que se realiza a atividade jurisdicional: submetendo ao crivo do magistrado os elementos da vida concreta, a fim de que este lhes dê sentido jurídico e aplique a norma cabível na solução da lide.

Acerca da prestação jurisdicional, aduz Tourinho Filho[1] ser necessário que o juiz conheça o fato concreto, devendo este ser restaurado aos autos através dos meios de prova. A prova é, portanto, o meio de conduzir o julgador à restauração histórica dos fatos. A finalidade da prova é, em última instância, formar a convicção do julgador, remetendo-o ao ocorrido. Nesse sentido, segundo o autor, o trabalho do juiz equipara-se ao do historiador, o qual procura reconstituir determinado evento através dos elementos que dispõe para contar-lhe acerca dos acontecimentos pretéritos.

Na mesma esteira, alude Nestor Távora[2] ser o processo, na visão do ideal, o instrumento que propicia a reconstrução histórica dos fatos ocorridos, permitindo assim a atribuição de efeitos jurídicos, ou seja, a aplicação das normas aos acontecimentos demonstrados processualmente.

Sendo assim, os meios de provas são todos aqueles elementos que possam ser utilizados, direta ou indiretamente, para demonstrar o que for alegado no processo; são os recursos de percepção da verdade, formação do convencimento do juiz e resolução da lide. As formas de apuração e apreciação da prova, o ônus probatório e o valor de cada meio de prova sofreram diversas alterações ao longo da história, a depender dos modelos de Estado e de jurisdição adotados.

O Estado Democrático de Direito pretendeu reduzir o poder inquisitório do julgador e garantir prerrogativas como o devido processo legal, o contraditório judicial e a ampla defesa. Estas garantias têm como escopo evitar o abuso de poder estatal quanto à apuração dos fatos e solução dos conflitos.

---

1 TOURINHO FILHO, Fernando da Costa. *Código de Processo Penal Comentado.* v.2. São Paulo: Saraiva, 2003.p.155

2 TÁVORA, Nestor; ALENCAR, Rosmar Rodrigues. *Curso de Direito Processual Penal.* Salvador: JusPODIVM, 2009. P.307.

Apesar de existir uma teoria geral da prova, condizente com o modelo processual adotado em sentido amplo por cada Estado, os diferentes ramos do direto abordarão de forma específica os meios de prova, bem como o valor probatório de cada ato.

No âmbito criminal, a apreciação jurisdicional tem como finalidade primordial a cominação de uma pena a um indivíduo que tenha praticado fato típico, ilícito e culpável. Estamos na esfera do *ius puniendi* estatal, da possibilidade de cominação de reprimenda, inclusive restritiva de liberdade, àquele que infringiu à norma, cometendo o delito.

Não há dúvidas de que o Direito Penal, por ser de *ultima ratio*, incidirá sobre as violações mais graves aos bens jurídicos de maior importância e finalmente cominará uma reprimenda igualmente gravosa, consistente na restrição de liberdades e direitos. Dessarte, o processo penal terá como escopo reconstruir o evento que abalou o bem jurídico tutelado, permitindo que o julgador atribua, se for o caso, a devida sanção.

É por isso que, nesta esfera, a prova assume especial importância, pois será o meio pelo qual o julgador se convencerá da inocência ou da culpa de alguém, atribuindo-lhe grave reprimenda. Lembre-se que em matéria criminal o ônus da prova é de quem acusa, sendo o acusado considerado inocente até o trânsito em julgado de sentença condenatória.

Para permitir o amplo conhecimento dos fatos, e consequentemente garantir uma decisão fundamentada à luz do princípio previsto no art. Art. 93, IX, da Constituição Federal, o Código de Processo Penal tem como regra o modelo do livre convencimento motivado do julgador:

> Art. 155, caput, do CPP: O juiz formará sua convicção pela livre apreciação da prova produzida em contraditório judicial, não podendo fundamentar sua decisão exclusivamente nos elementos informativos colhidos na investigação, ressalvadas as provas cautelares, não repetíveis e antecipadas.

Logo, poderá o magistrado se valer de qualquer meio lícito de prova, buscando assim apurar da forma mais ampla e precisa o fato concreto que lesou o bem jurídico e gerou a possibilidade de se aplicar uma pena ao acusado. O que se pretende é que a prestação jurisdicional se dê com a maior certeza possível, para que não se infrinja pena ao inocente. Por essa razão é que se diz que no processo penal se busca a verdade real, a completa apuração dos eventos ocorridos.

1.1 O princípio da verdade real

Consoante exposto, a prova em matéria penal possui especial relevância, porquanto se analisará lesão grave a bens jurídicos relevantes, cominando sanção restritiva de direitos e de liberdades daquele que se considerar culpado.

Assim, diferentemente do que ocorre em outros ramos do Direito, em que o Estado se satisfaz com a prova apresentada pelas partes, no processo penal não poderá buscar o julgador apenas a realidade formal dos fatos. Ao contrário, deverá empreender os esforços possíveis no sentido de reconstruir a verdade material. Ou seja, para que se justifique o *ius puniendi* estatal, o processo deverá estar munido de elementos que permitam ao magistrado determinado grau de certeza quanto aos fatos concretos apurados.

Portanto, enquanto nos outros ramos do Direito pode-se dizer que o que se busca é uma verdade processual ou formal, na esfera penal se deverá encontrar a verdade real, o que efetivamente violou a norma de forma a justificar a sanção criminal. Assim, segundo Ackel Filho[3], enquanto no processo civil se permitem presunções que levam à construção da verdade ficta, no processo penal rejeita-se tais verdades e busca-se a realidade dos fatos.

Remetemos-nos nesse sentido à lição de Fenech[4] – "*el jugador debe llegar a la verdad de los hechos tal como ocurrieran históricamente, y no tal como quieran las partes que aparezcan realizados*". Não deverá o julgador buscar a apreciação da verdade formal trazida pelas partes, mas sim envidar esforços no sentido de reconstruir a realidade dos fatos, podendo assim aplicar com justiça o *ius puniendi.*

Segundo aludido princípio, o julgamento proferido no processo penal deve refletir, o quanto possível, a realidade dos fatos analisados e, para tanto, a pesquisa do que efetivamente aconteceu deve ser plena e ampla, permitindo que os acontecimentos possam ser transmitidos com absoluta fidelidade aos autos. Para Mirabete[5], o princípio da verdade real exclui os limites artificiais da verdade formal, eventualmente criados por atos ou omissões das partes, presunções ficções, transações etc., tão comuns no processo civil.

---

3 ACKEL FILHO, Diomar. *Verdade formal e verdade real. Revista de Jurisprudência do Tribunal de Justiça do Estado de São Paulo*, 1988. p. 8.

4 FENECH, Miguel. *Derecho Procesal Penal.* v.1. Barcelona: Labor,1952 - in MARQUES, José Frederico. Elementos de direito processual penal. São Paulo: Bookseller, 1997.p.255

5 MIRABETE, Júlio Fabbrini. *Processo penal.* São Paulo: Atlas, 2002. p.44

Por muito tempo o princípio da verdade real foi apresentado como se de fato fosse possível a obtenção de uma certeza jurídica tal que a prova contida no processo correspondesse com exatidão à realidade fática. E a busca dessa verdade atingível foi utilizada, não poucas vezes, para ampliar de forma indesejada o poder inquisitório do Estado, invadindo liberdades e garantias individuais do investigado.

Entretanto, qualquer reconstrução de fatos pretéritos será sempre falha, lacunosa, tida sob determinado ponto de vista, e jamais corresponderá plenamente ao evento histórico. Impossível, por conseguinte, que o processo probatório revele completamente a verdade dos fatos.

Por essa razão é que Nucci[6] esclarece que a finalidade da prova é convencer o juiz a respeito da verdade de um fato litigioso através de uma verdade processual, ou seja, a verdade atingível ou possível (*probable truth*, do direito anglo-americano), a qual emergirá durante a lide, podendo corresponder à realidade ou não, embora seja com base nela que o magistrado deva proferir sua decisão.

Sob este aspecto, o processo será a construção de um quebra-cabeças, que levará a uma imagem dos fatos pretéritos, mais nítida quanto maior for a quantidade de peças obtidas e melhor puderem estas se encaixar na construção da história narrada. Mas, ainda que se busque a verdade real, não se poderá esquecer das limitações processuais e as garantias do investigado.

Aliás, ainda que se apure da forma mais ampla os eventos narrados no processo, é impossível que se tenha a certeza irrefutável de que todos os eventos se encontram perfeitamente descritos ou narrados. Na verdade, o que se busca é uma certeza suficiente para permitir ao julgador formar o seu conhecimento e justifica-lo de forma fundamentada na sentença.

Salienta Pacelli[7] que o princípio da verdade real rendeu (e ainda rende) inúmeros frutos aos aplicadores do direito, que se valem do argumento de buscar-se uma verdade inalcançável para justificar uma busca de provas incessante e ilimitada. Infelizmente, por vezes o discurso de busca da verdade real ainda é utilizado para que se pleiteie a obtenção ilícita de provas, a invasão de

---

6 NUCCI, Guilherme de Souza. *Código de Processo Penal comentado.* São Paulo: Revista dos Tribunais, 2013.p.366.

7 OLIVEIRA, Eugênio Pacelli de. *Curso de Processo Penal.* Rio de Janeiro: Lumen Juris, 2008. p.285

direitos dos investigados e até a perquirição como testemunhas daqueles proibidos ou desobrigados de fazê-lo.

Nesse sentido é que se passará a analisar especificamente a posição do advogado chamado a depor como testemunha no processo penal porquanto detenha informações privilegiadas acerca de seu cliente. Nesse caso, a busca da verdade real encontrará limitações ante à necessidade de salvaguarda ao sigilo profissional, consoante se demonstrará.

2 O DEVER DE SIGILO DO ADVOGADO

No Estado Democrático de Direito, a garantia à defesa do cidadão contra arbitrariedades estatais ganhou extremo relevo. Isso porque, as garantias e liberdades individuais foram ampliadas, reduzindo-se o poder inquisitório estatal e, especificamente no âmbito penal, reduzindo as arbitrariedades da investigação criminal, comuns nos Estados de exceção.

Sob nosso modelo constitucional vigora o princípio da presunção de inocência, sendo salvaguardada a ampla defesa e o contraditório no processo penal. Nesse panorama, importantíssima a função do advogado, o qual será instrumento do pleno exercício da prerrogativa de defesa.

A Constituição da República de 1988 estabelece dentre as funções essenciais à Justiça o exercício da advocacia, assim prevendo o art. 133:

> "O advogado é indispensável à administração da justiça, sendo inviolável por seus atos e manifestações no exercício da profissão, nos limites da lei."

Observe-se que no Brasil a profissão do advogado é regulamentada, sendo que a Ordem dos Advogados do Brasil foi criada em 1930 e detém instrumentos para disciplinar e fiscalizar a atividade, permitindo a maior lisura da atuação profissional e a efetiva garantia do direito de defesa do cidadão.

Afirma Bittar[8] ser de extrema importância que o profissional da área jurídica atue em conformidade com a realidade social e, sobretudo, pautado na consciência de realização dos fins do Direito e da Justiça. Desta forma, cabe aos operadores do Direito a observância aos preceitos éticos profissionais a fim de prestar o melhor serviço à sociedade. O advogado deverá, portanto, atentar

---

8 BITTAR, Eduardo C. B. *Curso de ética jurídica*: ética geral e profissional. São Paulo: Saraiva, 2010. p.473

aos dispositivos contidos nas normas legais que regulamentam sua profissão, visando a exercer de forma satisfatória sua relevante função social.

Dentre as ferramentas de regulação da atividade profissional do advogado estão o Estatuto da OAB, Lei 8.906/94, e o Código de Ética Profissional do Advogado, atualmente regulamentado pela Resolução nº 02/2015. Tais normas trazem o escopo da atuação profissional ética e voltada para a realização da Justiça.

Relembre-se que a função do advogado é essencial à prestação jurisdicional, conforme dispõe o texto constitucional pátrio. Saliente-se, ainda, que no exercício de suas atribuições o advogado presta serviço público e exerce função social (art. 2º, §1º da Lei 8.906/94).

Indubitável ser dos deveres de maior relevo para o ético exercício da advocacia a salvaguarda do sigilo das informações trazidas pelo cliente. Até porque a confiança estabelecida entre o advogado e seu assistido é que permitirá o pleno exercício da defesa. Nesse sentido, valiosa a lição de Ruy Sodré quanto à importância de tal dever profissional:

> "Por via de regra, o cliente, quando procura o advogado, o faz premido pela necessidade de ouvir um conselho, de receber uma orientação. E, mais do que isso, de desabafar o problema que o aflige a quem, em condições de ouvi-lo e compreendê-lo, como conselheiro e amigo, reúna a dupla qualidade de confidente e orientador.

Quanta vez o cliente, à guisa de ouvir o advogado, vê nessa consulta a oportunidade para aliviar a consciência, desanuviar o seu espírito, justificar-se de erro cometido, orientar-se em encruzilhada de sua vida"[9].

Tal o relevo desta prerrogativa que tanto o Estatuto da OAB, quanto o Código de Ética Profissional do Advogado, tratam da matéria, não deixando dúvidas acerca da necessidade de se propiciar um ambiente de confiabilidade àquele que procura um advogado para defesa de seus direitos. O Código de Ética disciplina a questão da seguinte forma:

> Art. 35. O advogado tem o dever de guardar sigilo dos fatos de que tome conhecimento no exercício da profissão. Parágrafo único. O sigilo profissional abrange os fatos de que o advogado tenha tido conhecimento em virtude de funções desempenhadas na Ordem dos Advogados do Brasil.

---

9 SODRÉ, Ruy de Azevedo. *Enciclopédia Saraiva do Direito* – coordenação do Prof. R. Limongi França. São Paulo: Saraiva, 1977. p. 495.

> Art. 36. O sigilo profissional é de ordem pública, independendo de solicitação de reserva que lhe seja feita pelo cliente. § 1º Presumem-se confidenciais as comunicações de qualquer natureza entre advogado e cliente. § 2º O advogado, quando no exercício das funções de mediador, conciliador e árbitro, se submete às regras de sigilo profissional.
>
> Art. 37. O sigilo profissional cederá em face de circunstâncias excepcionais que configurem justa causa, como nos casos de grave ameaça ao direito à vida e à honra ou que envolvam defesa própria.
>
> Art. 38. O advogado não é obrigado a depor, em processo ou procedimento judicial, administrativo ou arbitral, sobre fatos a cujo respeito deva guardar sigilo profissional.

Observe-se que o art. 38 afasta o advogado da obrigação de depor quanto aos fatos que deva guardar sigilo profissional. Assim, se por um lado é garantido ao assistido que seus segredos não serão divulgados, por outro desobriga-se o advogado de prestar declarações como testemunha acerca daqueles fatos. É nesse sentido ainda que o Estatuto da Ordem prevê como direito do advogado a recusa ao depoimento judicial:

> Art. 7º São direitos do advogado:
>
> (...)
>
> XIX - recusar-se a depor como testemunha em processo no qual funcionou ou deva funcionar, ou sobre fato relacionado com pessoa de quem seja ou foi advogado, mesmo quando autorizado ou solicitado pelo constituinte, bem como sobre fato que constitua sigilo profissional;

O supracitado dispositivo permite, porém, que o cliente autorize o advogado a depor, hipótese em que o sigilo profissional será afastado pelo interesse do assistido, não havendo violação ética.

Entendido em termos gerais o dever de sigilo profissional, passemos à análise do caso específico em que o advogado é chamado a depor em processo penal, sob o argumento da busca da verdade real.

3 O ADVOGADO COMO TESTEMUNHA NO PROCESSO PENAL

Como salientado alhures, o processo penal busca uma apuração mais ampla da realidade fática a fim de que possa justificar o *ius puniendi* estatal. Assim é que se poderá questionar quanto à possibilidade de que o advogado seja ouvido como testemunha a fim de expor fatos que teve conhecimento em razão de sua profissão, sob justificativa da busca da verdade real.

Entretanto, justamente por tratar-se de ramo do Direito cujos interesses em discussão são de mais preponderante relevância é que maiores deverão ser as garantias de defesa. Por esta razão é que, por exemplo, no âmbito criminal o ônus da prova é de quem alega, não cabendo presunções de veracidade ou ainda construções de verdade ficta. Ademais, toda a lógica processual deverá ser regida à luz do princípio da presunção de inocência e da ampla defesa, que leva à garantia de autodefesa, a desobrigação de produção de prova contra si e ao direito ao silêncio, que não será interpretado em desfavor do acusado.

Consideradas essas premissas, maior atenção deverá ser dada ao dever de sigilo quando se tratarem de fatos que tiverem implicação penal. Até porque, consoante alude Marco Antônio de Barros[10], caso o defensor pudesse livremente dispor do segredo que lhe foi confiado em razão de seu ofício, a garantia constitucional que assegura ao acusado o direito de permanecer calado perderia a sua utilidade.

Ao aclarar a importância da garantia do sigilo do advogado em matéria criminal, Eugênio Pacelli[11] compara a posição do defensor àquela exercida pelo religioso, afirmando que aquele que procura um desses profissionais e relata envolvimento em algum delito espera, por questões mais intrínsecas de caráter moral, que tal conhecimento jamais seja revelado.

Importante notar que, como anteriormente disposto, poderá o cliente autorizar o advogado a prestar declarações, afastando assim o dever de sigilo. Todavia, nessas hipóteses, principalmente em âmbito penal, poderia surgir a dúvida se o advogado estaria obrigado a depor, submetendo-se portanto à obrigação da testemunha de dizer a verdade, sob pena de incidência do crime de falso testemunho.

Para que não houvesse dúvida quanto à essas hipóteses, e para que o advogado não fosse constrangido a prestar declarações, mesmo sob autorização do cliente, foi que o art. 207 do Código de Processo Penal, assim estabeleceu:

> Art. 207. São proibidas de depor as pessoas que, em razão de função, ministério, ofício ou profissão, devam guardar segredo, salvo se, desobrigadas pela parte interessada, quiserem dar o seu testemunho.

---

10 BARROS, Marco Antônio de. *A busca da verdade no processo penal.* São Paulo: Editora Revista dos Tribunais, 2013. p.180

11 *Op. Cit.* p.351

A desobrigação de depor assume, no âmbito criminal, o caráter mais severo de proibição. Portanto, a regra geral é a de que os advogados estão impossibilitados de figurar como testemunha no processo penal; ainda que queiram, não poderão depor. E, ainda que autorizados pelo interessado, poderão recusar-se a prestar declarações.

Nesse sentido, valiosa a lição de Guilherme Nucci acerca da relevância do dever de sigilo em matéria penal:

> "Proibição de depor: não se trata, neste caso, de mera faculdade ou direito, mas de imposição legal a determinadas pessoas, que, em razão da sua qualidade, não podem prestar depoimento, nem declarações. O sigilo lhes é exigência, em nome de interesses maiores, igualmente protegidos pela norma processual penal. Nessa circunstância, ressalte-se, trata-se de outra exceção ao princípio da verdade real, pois não se vai extrair qualquer prova de pessoas de quem se espera segredo e jamais divulgação. A obrigação de guardar sigilo advém de normas específicas, regulamentos, costumes, estatutos etc."[12]

Ante à previsão do legislador, não há espaço para que se justifique a inquirição do advogado ao argumento da busca da verdade real. Por outro lado, não poderá o defensor, ainda que autorizado pelo interessado, ser constrangido a prestar declarações. O relevo da apuração da verdade perde força ante à necessidade moral, ética e legal de permitir um ambiente de confiabilidade em matéria de tão grave repercussão social.

CONCLUSÃO

O presente trabalho buscou analisar o dever de sigilo do advogado e a possibilidade de que o mesmo seja chamado a depor como testemunha no processo penal sob o argumento da busca da verdade real. Apreciou-se para tanto o modelo probatório do livre convencimento motivado previsto para o exercício do *ius puniendi* estatal. Nesse viés se verificou que deverá o julgador buscar de forma mais ampla a reconstrução dos fatos históricos relativos ao delito, visando a apurar com o maior grau de certeza possível a verdade dos fatos. Por outro lado, se apurou a importância do dever de sigilo do advogado, mais especificamente no processo penal, em que os bens jurídicos envolvidos são de elevado relevo social.

12 *Op.Cit.* p.498.

Diante de todo o analisado chegou-se à conclusão de que o princípio da verdade real cede espaço ante à garantia de ampla defesa do acusado, ficando o advogado expressamente proibido de depor como testemunha em processo penal sem autorização de seu cliente, ou outro interessado, ao qual esteja obrigado por sigilo profissional. Nas hipóteses em que o próprio interessado afasta o dever de sigilo autorizando a declaração do advogado, poderá este da mesma forma se recusar a depor como testemunha. E recusar-se a prestar declarações é, no nosso sentir, a solução que melhor atende ao dever ético do advogado no âmbito criminal, em que os bens tutelados assumem especial relevo e a relação de confiança com os clientes é, portanto, de extrema importância.

REFERÊNCIAS

ACKEL FILHO, Diomar. *Verdade formal e verdade real. Revista de Jurisprudência do Tribunal de Justiça do Estado de São Paulo,* 1988.

BARROS, Marco Antônio de. *A busca da verdade no processo penal.* São Paulo: Editora Revista dos Tribunais, 2013.

BITTAR, Eduardo C. B. *Curso de ética jurídica*: ética geral e profissional. São Paulo: Saraiva, 2010. p.473

FENECH, Miguel. *Derecho Procesal Penal.* v.1. Barcelona: Labor,1952 - *in* MARQUES, José Frederico. Elementos de direito processual penal. São Paulo: Bookseller, 1997.

MIRABETE, Júlio Fabbrini. *Processo penal.* São Paulo: Atlas, 2002.

NUCCI, Guilherme de Souza. *Código de Processo Penal comentado.* São Paulo: Revista dos Tribunais, 2013.

OLIVEIRA, Eugênio Pacelli de. *Curso de Processo Penal.* Rio de Janeiro: Lumen Juris, 2008.

SODRÉ, Ruy de Azevedo. *Enciclopédia Saraiva do Direito* - coordenação do Prof. R. Limongi França. São Paulo: Saraiva, 1977.

TÁVORA, Nestor; ALENCAR, Rosmar Rodrigues. *Curso de Direito Processual Penal.* Salvador: JusPODIVM, 2009.

TOURINHO FILHO, Fernando da Costa. *Código de Processo Penal Comentado.* v.2. São Paulo: Saraiva, 2003.

4

ADVOCACIA, SOLUÇÃO CONSENSUALIZADA E ÉTICA: *aparentes paradoxos*

Alberto Guimarães Andrade
Renato Campos Andrade
Advogados

1 INTRODUÇÃO

Neste breve artigo busca-se abordar dois pontos importantes no exercício da advocacia, (i) o limite na ação do advogado na defesa dos interesses do cliente e (ii) a meta legal de procurar uma solução abreviada do litígio de forma preferencialmente consensual.

Nessa abordagem, deve-se sublinhar a necessidade de o advogado manter-se probo e digno e de envidar seus melhores esforços na defesa dos interesses do cliente, isso sem ultrapassar os limites legais e os padrões éticos de comportamento, com respeito à lei, ao seu cliente e à parte contrária.

As questões nos parecem importantes, visto que, em uma sociedade onde são comuns os litígios os próprios representantes das partes adotam posturas distantes e tendem a alimentar um sentimento de revanchismo nos clientes e às vezes com açulamento na divergência inicial.

Frequentemente os advogados, mesmo de maneira inconsciente, incentivam o prolongamento de demandas em detrimento de uma solução consensual e abreviada como seria desejável, conforme ditames e princípios propugnados no novo código processual, como os casos da busca da solução consensual, da boa-fé, do prazo razoável do processo e da atividade satisfativa.

O advogado desatento olvida sua função de representar o cliente e buscar-lhe o reconhecimento de direitos, pelo que não há espaço para arrogância profissional e de desejos pessoais e assim deixar em risco o direito do seu representado.

A dedicação máxima, com todos instrumentos legais aplicados na defesa dos interesses do cliente, é o caminho natural na atuação do profissional do Direito, mas está cercada pelos muros da moral comum e da ética forense.

O objetivo a ser abordado, de maneira a buscar a harmonização nos supostos paradoxos, é identificar o verdadeiro âmbito de atuação do advogado e indicar-lhe um caminhar equilibrado entre a defesa do cliente e a atuação ética.

O papel constitucional do advogado está insculpido no artigo 133 da Constituição da República; ele é um ator importante no funcionamento da Justiça. Deve representar seu cliente da melhor maneira e ter comportamento correto, leal, mantendo-se dentro dos limites legais e éticos.

O advogado não possui papel apenas diante da litigiosidade das relações humanas. Sua função não é exercer apenas a advocacia em um ambiente cada vez mais judicializado. O profissional correto, que busca atender os preceitos éticos, deve representar os interesses do cliente, como também almejar uma solução breve, eficaz e justa para a questão que se lhe apresenta, cabendo-lhe orientar o seu cliente para os limites da demanda e do alcance dos resultados possíveis.

Na defesa dos interesses do cliente, por vezes, o advogado se depara com situações em que deve repensar sua ação diante de um proveito imediato ou de um fim promissor que não se coaduna com a boa prática forense, provocada ou estimulada pelo cliente. A falsidade, o perjúrio e a força desmensurada podem causar um alívio ou esperança que costumam não ser duradouros e podem acabar em frustação e decepção à frente.

No entanto, ainda que os interesses do cliente sejam a razão do advogado atuar como agente da Justiça, não pode ele agir em desconformidade com a ética e a lealdade na condução do processo.

Na digressão que aqui se oferece, busca-se então delimitar a função do advogado, o exercício da profissão, conjugado-se os interesses do cliente e os objetivos da ação estatal e dos desígnios da lei processual.

2 ÉTICA PROFISSIONAL – MODERNIDADE E CONTEMPORANEIDADE

A ética profissional é um ramo da Ética aplicada ao exercício de uma profissão.

Como dissemos alhures, somos éticos quando agimos com atenção e respeito às coisas vivas que nos cercam, por convencimento pessoal e não pelo temor da repreensão ou a busca de uma recompensa. Leonardo Boff[1], em 1993, sintetizou bem o conceito de ética, como visão de mundo, quando afirmou ser ela nossa irrestrita responsabilidade com tudo que existe e vive ao nosso redor.

A definição de ética para Aristóteles, para quem na esfera empírica a virtude é a mediania, o equilíbrio entre paixões opostas[2] se aplica ao caso. O limite da atuação do advogado é esta.

O comportamento ético que se busca identificar visa sopesar o suposto conflito de forças entre o objetivo do cliente e a atuação do advogado. A razão de estarmos vigilantes quanto ao bom comportamento é que somos pais das nossas ações, no sentido de criá-las e direcioná-las conforme nossa percepção, é porque nos tornamos seus filhos, já que nossos atos nos moldam[3].

Atuais permanecem os ensinamentos de Sócrates que nos legou o exemplo do sentimento ético de cidadão quando se negou a fugir e que aceitou seu trágico destino, mesmo discordando racionalmente dos seus algozes. Seu sentido de ética coletiva era tal que se resignou diante da coletividade mesmo diante de um desfecho trágico para si.

Quanto à ética no Direito, intransponíveis as lições de Santo Agostinho, especialmente o seu entendimento de virtude como dar a cada um o que é seu. "Não há república sem ordem, não há ordem sem direito, não há direito sem justiça"[4].

Valiosa a lição de Espinosa, para quem "*...o império da razão que retira o homem do lodo da paixão e o faz galgar em direção à luz da virtude, é o império da razão que retira o homem do estado da natureza*"[5].

O sentido da ética é identificar normas de conduta. Trata-se de uma disciplina normativa, mas não por editar regras formais, mas por seu conteúdo de aclarar os valores e princípios que devem nortear a atuação humana[6].

---

1 BOFF, Leonardo. Ecologia, mundialização, espiritualidade. São Paulo: Ática, 1993

2 A Ética - Aristoteles – 1ª Edição – 1995- EDIPRO – Edições Profissionais Ltda- Bauru- SP – p.43.

3 A Ética - Aristoteles – 1ª Edição – 1995- EDIPRO – Edições Profissionais Ltda- Bauru- SP – p.76/77.

4 Curso de Ética Jurídica – Ética Geral e Profissional - 6ª Edição – 2009 - Eduardo C. B. Bittar – p.263.

5 Curso de Ética Jurídica – Ética Geral e Profissional - 6ª Edição – 2009 - Eduardo C. B. Bittar – p.303.

6 Ética Geral e Profissional José Renato Nalini 12ª Edição Revistas dos Tribunais São Paulo, 2015. p.41.

Nalini (2015) explica que a ética desenvolve o sentido moral do comportamento e influencia a conduta humana. Segundo Sousa Silva[7] (2008) a "*...ética funda-se em princípios gerais e universais para avaliar o homem em suas manifestações. Busca na filosofia moral, na realidade social, na psicologia coletiva elementos, valores, para ao final, impor censura*".

Mais especificamente quanto ao advogado e o seu comportamento profissional, vale a transcrição das palavras do professor Eduardo Bitar (2009)[8]:

> *"A consciência ética e social do jurista é um mister na medida em que o instrumental jurídico também pode ser dito um instrumental ético e social, na medida em que interfere na conduta e no comportamento das pessoas e em sua forma de se organizar e distribuir socialmente. "*

O dicionário jurídico descreve a ética profissional como um "*...conjunto de regras morais de conduta que o indivíduo deve observar em sua atividade, no sentido de valorizar a sua profissão e bem servir aos que dela dependem*"[9]. Note-se que o conflito é bem ressaltado nesta definição e retrata uma possível harmonização.

O novo Código de Ética e Disciplina da Ordem dos Advogados do Brasil, carreado pela Resolução n. 02/2015, marca os preceitos maiores da atuação profissional do advogado, *in verbis*:

> Art. 1º O exercício da advocacia exige conduta compatível com os preceitos deste Código, do Estatuto, do Regulamento Geral, dos Provimentos e com os princípios da moral individual, social e profissional.
>
> Art. 2º O advogado, indispensável à administração da Justiça, é defensor do Estado Democrático de Direito, dos direitos humanos e garantias fundamentais, da cidadania, da moralidade, da Justiça e da paz social, cumprindo-lhe exercer o seu ministério em consonância com a sua elevada função pública e com os valores que lhe são inerentes.

Situada a ideia de ética, mais especificamente da ética profissional, cumpre repassar por esse conceito mais especificamente na atividade da advocacia.

---

7 Ética na Advocacia José Carlos Sousa Silva Sergio Antonio Fabris Editor Porto Alegre 2000 p. 20.

8 Curso de Ética Jurídica – Ética Geral e Profissional - 6ª Edição – 2009 - Eduardo C. B. Bittar – p.444.

9 Dicionario Juridico: Academia Brasileira de Letras Jurídicas, 1997, p.335

3 O papel do advogado na sociedade do litígio

Pública e notória a importância do advogado para o sistema jurídico brasileiro. Aliás, para qualquer país que se intitule um Estado Democrático de Direito. No Brasil, a importância constitucional do advogado está insculpida no artigo 133[10] da Constituição da República de 1.988. Sendo indispensável à administração da Justiça, impõe-se à sua atuação uma responsabilidade social enorme.

Araujo Junior (2.013) retrata que "*o exercício da advocacia é o instrumento garantidor da efetivação da cidadania. Sem o advogado, não há justiça*[11]".

Os tribunais superiores já reconheceram tal importância em diversos julgados, mas um vale a transcrição:

> STJ - RECURSO ORDINÁRIO EM MANDADO DE SEGURANÇA RMS 1275 RJ 1991/0018673-2 (STJ)
>
> Data de publicação: 23/03/1992
>
> Ementa: ADMINISTRATIVO - ADVOGADO - DIREITO DE ACESSO A REPARTIÇÕES PUBLICAS - (LEI 4215 - ART. 89 , VI , C). A ADVOCACIA É SERVIÇO PÚBLICO, IGUAL AOS DEMAIS, PRESTADOS PELO ESTADO. O ADVOGADO NÃO É MERO DEFENSOR DE INTERESSES PRIVADOS. TAMPOUCO, É AUXILIAR DO JUIZ. SUA ATIVIDADE, COMO "PARTICULAR EM COLABORAÇÃO COM O ESTADO" E LIVRE DE QUALQUER VINCULO DE SUBORDINAÇÃO PARA COM MAGISTRADOS E AGENTES DO MINISTÉRIO PÚBLICO.

Nalini (2015) elucida a questão ao indicar que "O direito possui um substrato ético fundamental: é baseado no respeito entre as pessoas e na ideia de limitar a atividade própria para tornar possível o exercício da atividade alheia. Este soberano imperativo ético é pressuposto da ordem jurídica e constitui, a um tempo, limite e freio da reciprocidade jurídica (Nalini – 2015)[12].

Esses tempos contemporâneos, em que a advocacia de sucesso tem sido apregoada por alguns, fica cada vez mais difícil identificar a noção do papel do verdadeiro advogado.

---

10 Art. 133. O advogado é indispensável à administração da justiça, sendo inviolável por seus atos e manifestações no exercício da profissão, nos limites da lei.

11 Ética Profissional-Marco Antonio Araujo Junior-8ª edição revista- Editora Revista dos Tribunais- São Paulo – 2013 – p. 30.

12 Ética Geral e Profissional -José Renato Nalini - 12ª Edição- Revistas dos Tribunais - São Paulo, 2015. p 201.

Dessa forma, o titular do mandato do cliente precisa agir como se representasse o próprio Direito, na busca de uma solução célere e justa, sem descurar que o direito da parte depende também de sua atuação diligente e eficaz.

Advocatus, em latim, significa aquele o que é chamado. Como representante do cliente cabe a ele fazer boa a representação e perseverar no desiderato almejado, afastando-se de lampejos de vaidade ou indiferença.

O sentido social da profissão é exacerbado no meio jurídico, justamente por se tratar de representação de interesses da sociedade. Advogar significa auxiliar na administração de litígios e na busca de sua composição.

Em tempos de um novo Código de Processo Civil, vigente desde março de 2.016, o aconselhamento jurídico não se atém na simples e direta judicialização da demanda, mas pode e deve buscar antecedentemente composição com boa orientação ao cliente.

O vigente Código de Ética preceitua que o papel do advogado, na verdade, são muitos[13]: - (i) preservar, em sua conduta, a honra, a nobreza e a dignidade da profissão, zelando pelo caráter de essencialidade e indispensabilidade da advocacia;- (ii) estimular, a qualquer tempo, a conciliação e a mediação entre os litigantes, prevenindo, sempre que possível, a instauração de litígios; - (iii) desaconselhar lides temerárias, a partir de um juízo preliminar de viabilidade jurídica e pugnar pela solução dos problemas da cidadania e pela efetivação dos direitos individuais, coletivos e difusos...

O mesmo diploma destaca o papel social do advogado: "*O advogado deve ter consciência de que o Direito é um meio de mitigar as desigualdades para o encontro de soluções justas e que a lei é um instrumento para garantir a igualdade de todos*"[14].

Muitas vezes são os advogados instados a resolver problemas familiares, de vizinhos ou de clientes vítimas de "esperteza" de outrem nos negócios e por mais que tenhamos revolvido os Códigos e manuais neles não encontramos a solução. Nessas ocasiões, muitas vezes somos obrigados a orientar o cliente a tomar outras medidas não judiciais, desde que não defesas em Lei, pois a questão está fora ou além do Direito.

São momentos em que só nos resta repensar a "Oração da Serenidade" quando ungimos os céus a nos dar força para mudarmos aquilo que é possível,

---

13 Art.2º da RESOLUÇÃO N. 02/2015

14 Art.3º da RESOLUÇÃO N. 02/2015

serenidade para aceitarmos aquilo que não podemos mudar e sabedoria para distinguir uma coisa da outra.

Dissemos antes que, pisar os domínios do Direito sem a visão ética colhida da realidade social é pretender transformar um ótimo instrumento de convívio social em manejo de simples técnica de solução de conflitos. O Direito é vivo e se faz a partir do homem e para o homem. Nesse caldo se misturam todos os ingredientes de que é feito o homem: razão e emoção, moral e devassidão; justo e injusto; honesto e desonesto.

Neste momento, entra a busca por uma solução amigável, consensual. Abreviar e mesmo evitar o litígio judicial pode redundar numa melhor situação para o cliente, mesmo que signifique menos trabalho e honorários para o advogado.

Cumpre um breve retorno ao texto processual civil[15]:

> Art. 3º Não se excluirá da apreciação jurisdicional ameaça ou lesão a direito.
>
> (...)
>
> § 3º A conciliação, a mediação e outros métodos de solução consensual de conflitos deverão ser estimulados por juízes, **advogados**, defensores públicos e membros do Ministério Público, inclusive no curso do processo judicial.

O velho brocardo, "mais vale um mal acordo do que uma boa demanda" pode ser atualizado para "..."***mais vale um justo acordo do que um longo litígio***".

Mediação e conciliação são instrumentos indispensáveis na busca da composição que indique às partes as concessões mútuas que culminarão no acordo. A judicialização deve ser alternativa final, pois oferece sempre riscos e poderá deixar um sentimento negativo, para um, de derrota e para o outro, por vezes, de vitória tardia.

No entanto, o processo judicial pode ser alternativa, última ou única, e é onde o advogado pode exercer seu conhecimento, esforço e persistência. Aí deverá ele manter seu comportamento retilíneo, de maneira a tratar o adverso com cordialidade e não deixar os sentimentos pessoais hostis das partes interferir em sua atuação e na possibilidade de uma demanda justa e de final legítimo, com atenção a eventual abreviação da tramitação pela conciliação no curso do processo.

---

15 LEI Nº 13.105, DE 16 DE MARÇO DE 2015.

O professor Luciano Timm[16] (2.009), por meio de uma análise econômica do excesso de judicialização de demandas, concluiu que as despesas de um litígio são arcadas pela sociedade como um todo. Seria uma espécie de tributo, visto que dificilmente o custo integral de uma demanda judicial é pago com a quitação das custas judiciais. Isto, como bem lembra o autor, sem mencionar os diversos casos em que as partes litigam sob o pálio da assistência judiciária gratuita.

Significa dizer que a solução consensual, além de ser mais célere para as partes, é mais econômica para o contribuinte.

Andrews[17] (2009, p.106), ao versar sobre o direito processual inglês, informa que em 1998 foi dado um novo enfoque aos métodos alternativos por meio do sistema CPR (*Civil Procedure Rules*) em que se editou um "conjunto de protocolos antecedentes à ação" que tem como objetivo "*...incentivar acordos antecipados bem sustentados, evitando, assim, as despesas e os inconvenientes de um processo*". Isto se baseia na ideia de que o processo judicial deve ser "*a última das soluções possíveis*".

A verdade é que a mediação e a conciliação são formas boas para a solução de conflitos; primeiro, porque realmente trazem benefícios para as partes e economia aos contribuintes; depois, porque a alternativa da demanda judicial vem só piorando cada vez mais pela morosidade da Justiça, o que exaspera os cidadãos e aflige os seus advogados.

4 Atuação profissional e defesa do interesse do cliente

Ultrapassado o primeiro ponto de tensão a ser aqui analisado, passa-se a enveredar pelo suposto segundo paradoxo: a defesa do cliente e os limites da ação do advogado. Este tópico reforça o compromisso do advogado com o mandato que lhe foi concedido.

Araujo Junior (2013) adverte que não se trata de contratação com o único intuito de vitória, mas de acompanhamento e dedicação jurídica.

---

16 TIMM, Luciano Benetti. Arbitragem nos Contratos Empresariais, Internacionais e Governamentais. Porto Alegre: Livraria do Advogado, 2009.

17 ANDREWS, Neil. Orientação e revisão por Teresa Arruda Alvim Wambier. O Moderno Processo Civil: Formas Judiciais e Alternativas de Resolução de Conflitos na Inglaterra. São Paulo: Revista dos Tribunais Ltda, 2009.

> "A obrigação do advogado, pela natureza de sua função, é de meio e não de resultado. Isto resulta na conclusão de que o advogado não é contratado pelo cliente para vencer a demanda e sim para envidar todos os esforços necessários, com eficiência, prudência, qualidade e zelo, respeitando os ditames éticos e legais, a favor da defesa dos interesses de seu cliente[18]."

Ressalta-se que o *munus* contratado não interfere no poder diretivo da estratégia jurídica a ser tracejada pelo operador do direito. Conforme o Código de Ética[19]:

> Art. 11. O advogado, no exercício do mandato, atua como patrono da parte, cumprindo-lhe, por isso, imprimir à causa orientação que lhe pareça mais adequada, sem se subordinar a intenções contrárias do cliente, mas, antes, procurando esclarecê-lo quanto à estratégia traçada.

Quanto à atuação do advogado vale a remissão ao Estatuto da Ordem dos Advogados do Brasil, a LEI Nº 8.906, DE 4 DE JULHO DE 1994[20], especialmente em seu artigo 31 que indica que o advogado "*deve proceder de forma que o torne merecedor de respeito*", mas mantenha sua independência sem "*nenhum receio de desagradar a magistrado ou a qualquer autoridade, nem de incorrer em impopularidade*".

Assumir um mandato de cliente traduz-se em compromisso no sentido de se dedicar à causa e a defesa dos interesses do cliente, sem, contudo, implicar em atuação desmedidas como num sistema sem regras, de vale-tudo.

O Estatuto de Ética da OAB é esclarecedor ao prescrever que o advogado deve "*preservar, em sua conduta, a honra, a nobreza e a dignidade da profissão, zelando pelo caráter de essencialidade e indispensabilidade da* advocacia[21]". A atuação vigorosa, de excelência, deve ser balizada e se pautar por critérios éticos e de lealdade com o cliente, as demais partes envolvidas e especialmente o Direito.

---

18 Ética Profissional Marco Antonio Araujo Junior 8ª edição revista Editora Revista dos Tribunais São Paulo - 2013 p. 103.

19 RESOLUÇÃO N. 02/2015

20 Art. 31. O advogado deve proceder de forma que o torne merecedor de respeito e que contribua para o prestígio da classe e da advocacia.

§ 1º O advogado, no exercício da profissão, deve manter independência em qualquer circunstância.

§ 2º Nenhum receio de desagradar a magistrado ou a qualquer autoridade, nem de incorrer em impopularidade, deve deter o advogado no exercício da profissão.

21 Art. 2º, p. u., I, do Novo Código de Ética Profissional do Advogado

I - preservar, em sua conduta, a honra, a nobreza e a dignidade da profissão, zelando pelo caráter de essencialidade e indispensabilidade da advocacia;

5 Lealdade processual no exercício da advocacia

Sempre traz dúvida e perplexidade na atuação do advogado o limite entre o interesse de cliente, os ditames da lei e os padrões de comportamento éticos.

O novo Código de Processo estabelece, já em seu pórtico, o dever de cooperação de todos envolvidos no processo. O art. 6º diz que, " Todos os sujeitos do processo devem cooperar entre si para que se obtenha, em tempo razoável, decisão de mérito justa e efetiva". Essa cooperação implica obedecer as regras, normas e princípios processuais e de direito material.

Como reiterado, o advogado no exercício de sua profissão se submete às exigências éticas. Na lição de Sousa Silva (2000[22]), "*...às vezes, precisa buscar na sua própria consciência a censura de seu comportamento, julgando-se antes que seja julgado por quem não tenha a necessária habilitação. Assim fica mais fácil comportar-se eticamente*".

O festejado ***Nalini*** (2015) descreve o princípio da <u>fidelidade</u> a ser observado pelo operador jurídico como lealdade ao seu constituinte e aos demais operadores[23]. Complementa: "*...a fidelidade do operador do direito é a fidelidade das boas causas, a fidelidade à justiça e a fidelidade ao direito*"[24].

A distinção parece clara doutrinariamente, mas não é tão simples na prática da advocacia. Utilizar-se do mandato para praticar qualquer ato imoral ou ilícito não cabe na função do advogado. Nalini (2015) lembra que "*o advogado está, em primeiro lugar, a serviço da Justiça, mas, direta e secundariamente, a serviço de quem o cons*titui"[25].

O perjúrio, tão condenável em outros países, no Brasil muitas vezes é tolerado. A verdade é que existe uma crise ética no exercício das profissões jurídicas. Sampaio (2000[26]) retrata bem a crise ao indicar que a revolução científica fez do Direito mera técnica "*...orientada pelos critérios do útil, eficaz e do pro-*

---

22 Ética na Advocacia José Carlos Sousa Silva Sergio Antonio Fabris Editor Porto Alegre 2000, p.56.

23 Ética Geral e Profissional José Renato Nalini 12ª Edição Revistas dos Tribunais São Paulo, 2015, p.551.

24 Ética Geral e Profissional José Renato Nalini 12ª Edição Revistas dos Tribunais São Paulo, 2015, p.552.

25 Ética Geral e Profissional José Renato Nalini 12ª Edição Revistas dos Tribunais São Paulo, 2015, p.203.

26 Crise Ética e Advocacia Rubens Godoy Sampaio Sergio Antonio Fabris Editor Porto Alegre 2000, p.39.

dutivo. Direito é mero instrumento tecnológico". O autor indica que a Ética se transformou apenas em um código. Mero arcabouço normativo como outro qualquer.

Enquanto a ciência e a tecnologia progridem velozmente, sem que consigamos digeri-la e compreendê-la, o nosso senso moral e ético avança lentamente, pois é preciso tempo para digerir e assentar o novo.

A realidade é que, para muitos, a ética transformou-se em matéria de estudo simplesmente porque é cobrada em concursos públicos, como na prova da Ordem dos Advogados do Brasil e continuamente é preterida na prática forense.

Infelizmente, é comum ver advogados esquecerem-se das sanções em razão do seu comportamento ilícito, como o caso da lide temerária em que ele se associa ao cliente para lesar terceiros.

Pertinente a lição de Nalini[27] (2.015): ...*"a melhor compreensão, em termos éticos, é pregar e reconhecer que não há direito aético ou antiético. Todas as regras jurídicas, explícitas ou implícitas, em todas as suas categorias devem um tributo à moral.* " O causídico tem que estar ciente que sua função é defender o cliente e buscar o melhor resultado possível mas com obediência à moralidade e legalidade.

Vem do esporte um belo exemplo de ação ética. Aconteceu em uma prova de atletismo, de o corredor colocado em segundo lugar, ao verificar que o primeiro colocado havia se perdido do caminho, apontar a ele direção correta e se negar a ultrapassá-lo. Indagado depois sobre este seu comportamento inusual, limitou-se ele a responder que não haveria glória em alcançar a vitória de uma maneira espúria, que não teria mérito. Na verdade, a alegria da vitória por atalhos ou artimanhas ilegítimas não pode levar à satisfação plena e duradoura.

Felizmente, são muitos os exemplos do bom comportamento ético, como aquele contado nos corredores do Fórum em Belo Horizonte em que um conhecido advogado, sempre atencioso com todos, deu atenção demasiada a um dos que frequentemente se socorriam a ele e esqueceu do horário de sua audiência, pois conversava na porta do Fórum com um colega e não ouviu a apregoação. Como havia sido visto pelo advogado adverso e pelo juiz, ambos acordaram em mandar chama-lo; um bom exemplo de cordialidade e respeito de um colega ao outro, de uma pessoa de bem com um seu igual.

---

27 Ética Geral e Profissional José Renato Nalini 12ª Edição Revistas dos Tribunais São Paulo, 2015, p.203.

Cumpre lembrar a propósito das lições das escolas de negociação. Wagner Botelho e Juliana Macioski[28] relatam a existência de escolas, criadas por Miguel Angel Martin, quais sejam:

> **A escola idealista** originou-se do tipo de jogo denominado ganha-ganha concebido na Escola de Direito de Harvard e patenteada por FISHER, URY E PATTON (1994), e foi denominada otimista porque orienta os interlocutores a assumirem comportamento colaborativo para que ambos dialoguem, e gerem valor genuíno, sendo ideal, mas nem sempre factível na realidade, seja pelo assunto, seja pelos interlocutores.
>
> **A escola racional** assume uma posição muito mais prática ao não tratar de levar os interlocutores a nenhum tipo de jogo, procurando adaptar sua ação ao do outro participante e desta forma poder chegar a um acordo muito mais satisfatório para todos, segundo a estratégia de cada um.
>
> **A escola egoísta** propõe que cada participante da negociação defenda a sua posição obtendo para si o máximo proveito possível, sem se preocupar demasiado com o que oferece ao outro interlocutor.
>
> Por sua vez, a **escola retribuidora** ou vingativa basicamente se orienta para obter revanche do outro tratando de produzir-lhe o máximo dano possível, inclusive a ponto de chegar a não se preocupar com suas perdas se o outro sair mais prejudicado, sintetizando um verdadeiro jogo *perdeperde*. É também aplicável quando um dos participantes se nega a negociar, sendo o assunto obrigatoriamente conduzido através de um sistema burocrático de imposição ou tribunais para salvaguardar seus direitos.

É nas escolas ***idealista*** e principalmente naquela dita ***racional*** que estão o melhor caminho para a atuação do advogado. São estes profissionais que despertam o respeito e a admiração que nutrimos pelos homens de bem.

Cabe o realce final de que a missão do advogado é *"...atuar com destemor, independência, honestidade, decoro, veracidade, lealdade, dignidade e boa-fé"*, sendo vedado expor os fatos em juízo de maneira falsa e por má-fé", como bem estatui o diploma da advocacia[29]

---

28 Godinho e Macioski, Wagner Botelho e Juliana Maria Kluppel, Estilos de negociação - a maneira pessoal de realizar negócios internacionais, encontrado no sitio http://pt.static.z-dn.net/files/d4e/0174f8cb483ece20c62fa6185a84669c.pdf, acessado em 30 de agosto de 2.016.

29 II - atuar com destemor, independência, honestidade, decoro, veracidade, lealdade, dignidade e boa-fé;

Art. 6º É defeso ao advogado expor os fatos em Juízo ou na via administrativa falseando deliberadamente a verdade e utilizando de má-fé.

6 CONSIDERAÇÕES FINAIS

Necessário concluir, então, que cabe ao advogado a defesa intransigente dos direitos e interesses do seu cliente tanto no processo quanto em negócios e acordos extrajudiciais. Para tanto impõe-se que empreste à causa toda diligência e denodo de modo a satisfazer *quantum satis* o objetivo perseguido pelo cliente.

No entanto, em sua ação, deve manter-se adstrito aos limites da lei, às normas de conduta e de retidão que se exige do homem probo, segundo os padrões éticos da coletividade a qual pertence. Grande parte dessas regras estão inseridas no Código de Ética do Advogado e nas próprias leis processuais e materiais.

A missão do advogado, então, como previsto no Código de Ética, é atuar com destemor, independência, honestidade, decoro, veracidade, lealdade, dignidade e boa-fé, previsão também explícita no art. 5º do novel Código de Processo, sendo-lhe vedado expor os fatos em juízo de maneira falsa ou maliciosa.

Deve ele se pautar pela atuação permanente no foro onde se lhe exige compostura, retidão e cordialidade e assimilar a tarefa de que é parte da atuação estatal na busca da correta composição da lide, como também reiterado no art. 6º do NCPC.

Por certo, o direito moderno não pode se firmar em um positivismo avesso a considerações de ordem moral. O Direito, assim, humanizou-se, incorporou valores sociais que uma leitura fria da letra da Lei jamais poderia traduzir.

Portanto, não só é possível uma atuação do advogado em prol de uma solução justa e consensual do conflito, como, de resto, é um dever legal (CPC, art. 3º, par. 3º). Essa postura não agride o seu dever de lealdade para com o cliente; antes disso, são comportamentos que se querem simultâneos e harmoniosos para gáudio do Direito e da Justiça!.

REFERÊNCIAS

A Ética - Aristoteles – 1ª Edição – 1995 EDIPRO – Edições Profissionais Ltda Bauru- SP

Curso de Ética Jurídica - Ética Geral e Profissional 6ª Edição - 2009. Eduardo C. B. Bittar

Ética na Advocacia José Carlos Sousa Silva Sergio Antonio Fabris Editor Porto Alegre 2000

Crise Ética e Advocacia Rubens Godoy Sampaio Sergio Antonio Fabris Editor Porto Alegre 2000

Ética Profissional Marco Antonio Araujo Junior 8ª edição revista Editora Revista dos Tribunais São Paulo - 2013

Ética Geral e Profissional José Renato Nalini 12ª Edição Revistas dos Tribunais São Paulo, 2015.

BOFF, Leonardo. Ecologia, mundialização, espiritualidade. São Paulo: Ática, 1993

5
ADVOCACIA "PRO BONO" – *conceito e aspectos éticos*

Manuela Porto Ribeiro Silveira
Advogada

No exercício da advocacia, desde a prática estudantil, se apresenta como importante realidade social a sua disponibilização gratuita, *pro bono*. É instrumento de participação e transformação social por parte dos advogados e de maior efetivação do dever estatal de assistência jurídica integral e gratuita aos pobres.

Sua relevância restou destacada pelo novo Código de Ética e Disciplina da Advocacia, instituído pela Resolução nº 02/2015, de 19 de outubro de 2015, do Conselho Federal da Ordem dos Advogados do Brasil – OAB, com entrada em vigor no dia 1º de setembro de 2016, que houve por bem regulamentar expressamente a matéria, razão pela qual nos ativemos a essas breves reflexões sobre o conceito da advocacia *pro bono* e seus aspectos éticos.

CONCEITO

O advogado exerce atividade indispensável à administração da Justiça, razão pela qual possui a garantia de inviolabilidade de seus atos e manifestações no exercício da profissão (artigo 133 da Constituição Federal).

A administração da Justiça pode ser depreendida em seu sentido sistêmico, na medida em que inserida no contexto do Poder Judiciário, onde o devido processo legal somente é efetivamente concretizado através da harmoniosa convivência e processualística entre advogados, magistrados, membros do Ministério Público e, também, serventuários, em um ambiente onde não há hierarquia ou subordinação, mas consideração e respeito recíprocos (artigo 6º da Lei nº 8.906/94, que *"Dispõe sobre o Estatuto da Advocacia e a Ordem dos Advogados do Brasil (OAB)"*).

E a administração da Justiça também pode e deve ser depreendida em seu sentido coletivo, em que todos os sujeitos envolvidos prestam serviço público e exercem função social, com o objetivo de garantir a observância aos preceitos e às garantias constitucionais e legais. "A honra, a vida, a liberdade, a propriedade, os direitos, enfim, da Pessoa Humana, encontram, em nós, advogados, o meio hábil de resguardá-los. Nas nossas mãos são entregues, por não terem condições de se defenderem por si mesmos, o seu patrimônio, a sua família, a sua dignidade, a sua liberdade e até a sua própria vida."[1]

A função social é inerente, então, à advocacia, alcançando um patamar especial na advocacia *pro bono*.

Amparada no vocábulo em latim, para o bem, a advocacia *pro bono* representa o exercício desse *munus* público e social de forma gratuita, voluntária, com o fim de contribuir para objetivos sociais, culturais, educacionais.

No ordenamento jurídico, o conceito foi recentemente inserido no Código de Ética e Disciplina da Advocacia, instituído pela Resolução nº 02/2015 do Conselho Federal da OAB, que trouxe capítulo destinado à advocacia *pro bono*, definindo-a como "a prestação gratuita, eventual e voluntária de serviços jurídicos em favor de instituições sociais sem fins econômicos e aos seus assistidos, sempre que os beneficiários não dispuserem de recursos para a contratação de profissional." (artigo 30, § 1º)

A ausência da finalidade lucrativa faz com que este aspecto da advocacia tenha por característica um tipo próprio de cliente, notadamente pessoas desprovidas de recursos para contratar advogados e/ou pessoas que desempenham funções sociais, culturais, educacionais relevantes. Contudo, a gratuidade não se trata, a nosso ver, de relevante elemento de distinção entre a advocacia gratuita e a não gratuita, afinal a responsabilidade e o compromisso do advogado perante o cliente e a causa serão os mesmos.

Tem-se, então, que, embora traga consigo alta carga valorativa e principiológica, em razão do tipo, digamos especial, de cliente e do elemento volitivo que conduz à contratação de forma gratuita – o altruísmo –, o verdadeiro ele-

---

1 Enciclopédia Saraiva do Direito. Coord. FRANÇA, R. Limongi. São Paulo, Saraiva, 1977, vol. 4.

mento distintivo da advocacia *pro bono* é a gratuidade, a ausência de cobrança dos honorários advocatícios contratuais.

Em razão de suas características próprias, a advocacia *pro bono* será muitas vezes exercida por instituições criadas especialmente para este fim, visando o atendimento a um público específico e/ou por destacamentos vinculados a estabelecimentos educacionais, vinculando, assim, professores e estudantes de Direito, o que atinge, então, os objetivos da função especialmente social da advocacia *pro bono* e também o objetivo de formação educacional e prática dos estudantes[2].

Mas os advogados (e sociedades de advogados) privados (em contraposição à ideia de advocacia pública) não se abstém do seu *mister*, também contribuindo e valorizando o exercício da advocacia *pro bono*.

LIBERDADE DO ADVOGADO E REGULAMENTAÇÃO PELO CONSELHO FEDERAL

A atividade da advocacia não é exercida apenas pelos advogados privados, sendo também advogados e igualmente indispensáveis à administração da Justiça os integrantes da Advocacia-Geral da União, da Procuradoria da Fazenda Nacional, da Defensoria Pública e das Procuradorias e Consultorias Jurídicas dos Estados, do Distrito Federal, dos Municípios e das respectivas entidades

2 Neste sentido a Consulta nº 2007.29.07068-01 do Conselho Federal da OAB, retratando não só a possibilidade, mas a conveniência de que as Defensorias Públicas firmem convênios para prestação suplementar da assistência jurídica gratuita àqueles que fazem jus a este direito fundamental: "Assunto: Consulta. Convênios de assistência judiciária. Consulente: Fernando Machado da Silva Lima OAB/PA 1697. Relator: Conselheiro Federal Elton José Assis (RO). EMENTA N. 004/2016/OEP. CONSULTA. CASO CONCRETO. INADMISSIBILIDADE. PRECEDENTE. Não se conhece da consulta voltada para caso concreto por não se amoldar à hipótese prevista no art. 85, IV do Regulamento Geral da OAB. CONSTITUCIONALIDADE. CONVÊNIOS DE ASSISTÊNCIA JUDICIÁRIA. ORDEM DOS ADVOGADOS DO BRASIL, DEFENSORIAS PÚBLICAS E ESTADOS DA FEDERAÇÃO. Não há impedimento e, em tese, não afronta à Constituição Federal a celebração de convênio pelas Defensorias Públicas para a prestação suplementar da assistência judiciária gratuita aos hipossuficientes. Acórdão: Vistos, relatados e discutidos os autos do processo em referência, acordam os membros do Órgão Especial do Conselho Federal da Ordem dos Advogados do Brasil, observado o quorum exigido no art. 92 do Regulamento Geral, por unanimidade, em acolher o voto do Relator, parte integrante deste, conhecendo, em parte, da consulta. Brasília, 23 de fevereiro de 2016. Luís Cláudio da Silva Chaves, Presidente. Elton José de Assis, Relator. (DOU, S.1, 11.03.2016, p. 266)."

de administração indireta e fundacional, nos termos do artigo 3º, § 1º, da Lei nº 8.906/94.

Embora todos prestem relevante serviço público, de inegável função social, o advogado privado é aquele que possui maior liberdade de prerrogativas e de atuação.

Dentro do seu espectro de atuação com liberdade, encontra-se, então, inclusive a advocacia gratuita, *pro bono*, que se coloca como mais um aspecto do exercício do *munus* público e social.

Neste sentido, fazemos a primeira crítica à regulamentação "da advocacia *pro bono*" pelo novo Código de Ética e Disciplina da Advocacia, instituído pela Resolução nº 02/2015 do Conselho Federal da OAB, que entrou em vigor no dia 1º de setembro de 2016, porquanto tal regulamentação seria de todo desnecessária.

A advocacia gratuita e voluntária já se encontrava pautada pelas normativas éticas e disciplinares próprias da advocacia não gratuita, da qual se diferencia apenas no que tange ao elemento relativo à cobrança ou não dos honorários advocatícios contratuais.

E tal elemento, os honorários contratuais, se encontra no âmbito da livre disponibilidade e consciência do advogado.

É prerrogativa do advogado a aceitação do cliente, sendo certo que mesmo o advogado empregado mantem a sua independência profissional e isenção técnica. Logo, a cobrança ou não dos honorários advocatícios contratuais também deve ser prerrogativa única e exclusiva do advogado, dispensando regulamentações disciplinares.

Repita-se que a função social é inerente ao exercício da advocacia, não se vislumbrando unicamente na atividade *pro bono*, que, evidentemente louvável, não se coloca, contudo, como uma imposição aos advogados. Nesta atuação, portanto, assim como nas demais, o espectro de liberdade dos advogados há de ser o mais amplo possível.

A obrigatoriedade de prover assistência jurídica integral e gratuita aos pobres recai sobre o Estado, como elemento estruturante do Estado Democrático de Direito politicamente definido na Constituição Federal de 1988 e como garantia constitucional dos cidadãos.

A prática da advocacia gratuita atua em paralelo a tal direito fundamental, que não é idealmente cumprido pelo Estado, mas não está por ele definida ou delimitada.

Assim é que, ao regulamentar e incentivar a advocacia *pro bono*, o Conselho Federal da OAB ultrapassou equivocadamente seu âmbito de autuação, ao considerar advocacia *pro bono* somente "a prestação gratuita, eventual e voluntária de serviços jurídicos em favor de instituições sociais sem fins econômicos e aos seus assistidos, sempre que os beneficiários não dispuserem de recursos para a contratação de profissional." (artigo 30, § 1º, da Resolução nº 02/2015 do Conselho Federal da OAB – Código de Ética e Disciplina da Advocacia)[3].

Evidentemente que os serviços advocatícios gratuitos serão, em geral, concedidos a pessoas que não disponham dos recursos necessários à contratação. Entretanto, é o Estado quem está vinculado ao conceito de pobreza para a concessão da assistência jurídica integral e gratuita e não o advogado.

Tanto é assim que o simples fato de estar sendo patrocinada gratuitamente pode não ser suficiente para fins de concessão à parte dos benefícios da justiça gratuita, prevista nos artigos 5º, inciso LXXIV, da Constituição Federal[4] e 98 e seguintes do Código de Processo Civil[5]. Será um indício, mas o Poder Judiciário poderá (e tem feito uso dessa prerrogativa) exigir outras demonstrações da insuficiência de recursos para concessão do benefício.

Poder-se-ia dizer que a restrição da advocacia *pro bono* vem em defesa dos advogados, para que não se lhes imponha a atividade não remunerada em circunstâncias onde ela não será necessária, considerando o direito do advogado à percepção dos honorários contratuais, nos termos do artigo 22 do Estatuto da OAB[6].

De fato, tal situação de defesa dos advogados já se mostrou necessária por ocasião da edição da Lei nº 5.584/70, que, em seus artigos 14 e 18[7], pretendeu

---

3 Nos termos do parágrafo 2º do mesmo artigo 30, a advocacia *pro bono* também poderá "ser exercida em favor de pessoas naturais que, igualmente, não dispuserem de recursos para, sem prejuízo do próprio sustento, contratar advogado."

4 "LXXIV - o Estado prestará assistência jurídica integral e gratuita aos que comprovarem insuficiência de recursos;".

5 "Art. 98. A pessoa natural ou jurídica, brasileira ou estrangeira, com insuficiência de recursos para pagar as custas, as despesas processuais e os honorários advocatícios tem direito à gratuidade da justiça, na forma da lei."

6 "Art. 22. A prestação de serviço profissional assegura aos inscritos na OAB o direito aos honorários convencionados, aos fixados por arbitramento judicial e aos de sucumbência."

7 "Art 14. Na Justiça do Trabalho, a assistência judiciária a que se refere a Lei nº 1.060, de 5 de fevereiro de 1950, será prestada pelo Sindicato da categoria profissional a que pertencer o trabalhador."

"Art 18. A assistência judiciária, nos têrmos da presente lei, será prestada ao trabalhador ainda que não seja associado do respectivo Sindicato."

impor aos advogados vinculados aos sindicatos trabalhistas a prestação de assistência judiciária gratuita aos trabalhadores.

O Conselho Federal da OAB manifestou-se contrariamente aos dispositivos legais, declarando a inconstitucionalidade de se obrigar a assistência judiciária gratuita, à qual somente está vinculado o Estado:

> "CONSULTA N. 49.0000.2012.011290-8/OEP. Assunto: Consulta. Advogado contratado por sindicato. Contrato de prestação de serviços com cobrança de honorários de trabalhador vinculado ao sindicato. Consulente: Conselheiro Federal Francisco Anis Faiad (MT). Relator: Conselheiro Federal José Luis Wagner (AP). EMENTA N. 109/2014/OEP. CONSULTA. APLICAÇÃO DA LEI N. 5.584/70, ARTS. 14 A 19, AOS CONTRATOS FIRMADOS ENTRE PROFISSIONAIS DA ADVOCACIA CONTRATADOS OU INDICADOS POR SINDICATO TRABALHISTA E EMPREGADOS PERTENCENS À CATEGORIA QUE A ENTIDADE CONGREGA. IMPOSSIBILIDADE. AUSÊNCIA DE RECEPÇÃO DA NORMA PELA CONSTITUIÇÃO FEDERAL DE 1988. REVOGAÇÃO. 1. Com a promulgação da Constituição Federal de 1988, a prestação de assistência jurídica aos que comprovem insuficiência de recursos será feita integralmente e gratuitamente pelo Estado, o que se dará através da Defensoria Pública, nos termos dos arts. 5º, LXXIV e 134, § 1º da CF. 2. Por força das Leis 10.288/2001 e 10.537/2002, restou revogado o art. 14 da Lei n. 5.584/70. 3. O ordenamento vigente não acoberta o enriquecimento ilícito decorrente do uso gratuito do trabalho alheio. 4. A atuação do Ministério Público do Trabalho no sentido de defender a ilegalidade da fixação de honorários contratuais entre profissionais da advocacia vinculados ou indicados pelo sindicato trabalhista e os empregados da categoria que a entidade congrega com fundamento no art. 14 da Lei n. 5.584/70, atribuindo o ônus da prestação de assistência judiciária gratuita aos sindicatos, viola não apenas ao art. 5º, LXXIV, da CF como o direito dos advogados à percepção dos honorários contratuais pactuados pela contraprestação dos serviços ofertados (art. 22 da Lei n. 8.906/94). 5. Consulta acolhida para fins de reconhecer a ilegalidade da imposição da assistência sindical gratuita sobre a qual versa a Lei n. 5.584/70 aos contratos firmados entre advogado contratado por entidade sindical e trabalhador pertencente à mesma categoria. ACÓRDÃO: Vistos, relatados e discutidos os presentes autos, acordam os membros integrantes do Órgão Especial do Conselho Pleno do CFOAB, por unanimidade, observado o quorum exigido no art. 92 do Regulamento Geral, conhecer e responder a consulta, nos termos do voto do relator, parte integrante deste. Brasília, 8 de abril de 2014. Claudio Pacheco Prates Lamachia, Presidente. José Luis Wagner, Relator. (DOU, S.1, 15.04.2014, p. 152/160)

Ocorre que da própria argumentação constante da Consulta transcrita é possível depreender que eivada de inconstitucionalidade a obrigatoriedade da atividade gratuita da mesma forma que a restrição à liberdade de atuação e de contratação.

Novamente em violação à liberdade constitucional e profissional dos advogados, a regulamentação, no parágrafo 3º do artigo 30, veda que se advogue gratuita e voluntariamente *"para fins político-partidários ou eleitorais"* e para *"beneficiar instituições que visem a tais objetivos"*.

Não se vislumbra argumentos jurídicos válidos a amparar a vedação ou mesmo a sua razoabilidade.

É de se observar que a atuação gratuita para fins político-partidários ou eleitorais não poderá (ou deverá) ser utilizada para fins escusos no período pós eleitoral, pois já previstos no ordenamento jurídico meios de controle de contratação (concursos públicos, licitação, procedimentos próprios para dispensa de licitação), aprovação de contas, próprios para prevenir e punir tais circunstâncias, de forma que inadequada e inconstitucional a tentativa de realizar essa prevenção através de restrição à liberdade profissional do advogado.

Não se questiona a vedação contida no Código de Ética de utilização da advocacia *pro bono* "como instrumento de publicidade para captação de clientela", embora seja do nosso entendimento que as regulamentações gerais e já existentes à publicidade na atividade advocatícia seriam suficientes para normatizar também a advocacia quando exercida gratuitamente.

Logo após a edição do novo Código de Ética e Disciplina, o Conselho Federal da OAB editou, ainda, o Provimento nº 166/2015, de 09 de novembro de 2015, onde, além de repetir as regras referentes à advocacia *pro bono*, estabeleceu, também, o seguinte:

> "Art. 4º Os advogados e os integrantes das sociedades de advogados e dos departamentos jurídicos de empresas que desempenharem a advocacia pro bono definida no art. 1º deste Provimento estão impedidos de exercer a advocacia remunerada, em qualquer esfera, para a pessoa natural ou jurídica que se utilize de seus serviços pro bono.
>
> § 1º O impedimento de que trará este artigo cessará uma vez decorridos 03 (três) anos do encerramento da prestação do serviço pro bono.
>
> § 2º É igualmente vedado vincular ou condicionar a prestação de serviços pro bono à contratação de serviços remunerados, em qualquer circunstância."

Segundo o presidente do Centro de Estudos de Sociedades de Advogados (CESA), Carlos José Santos da Silva, o objetivo do Provimento é evitar que se condicione o atendimento *pro bono* à prestação de serviços remunerados[8].

ASPECTOS ÉTICOS

"Do grego Ethiké, derivado de hêthos. Aristóteles distingue entre "virtude ética" (aretè ethiké) e "virtude dianoética, intelectual" (aretè dianoetiké), in Ética nicomáquea, L. II e V. A primeira é a virtude do caráter, e a segunda, da reflexão e da prudência."[9]

A independência profissional neste trabalho defendida, decorrente da Carta Magna, as prerrogativas constitucionais do exercício da advocacia, a sua natureza de serviço público, de função social e indispensabilidade à Justiça exigem do advogado elevado e irrenunciável compromisso com a Constituição, com o ordenamento jurídico e com a ética profissional, positivada no Estatuto da Advocacia, Lei nº 8.906/94, e no Código de Ética e Disciplina da Ordem dos Advogados do Brasil - OAB, Resolução nº 02/2015, do Conselho Federal da OAB.

"No exercício da advocacia *pro bono*, e ao atuar como defensor nomeado, conveniado ou dativo, o advogado empregará o zelo e a dedicação habituais, de forma que a parte por ele assistida se sinta amparada e confie no seu patrocínio.", diz o *caput* do artigo 30 do Código de Ética e Disciplina da Advocacia.

É dizer, o tipo de cliente, o tipo de causa, não alteram a relação cliente-advogado ou a atividade advocatícia desempenhada, que, evidentemente, exigirá do advogado igual labor, atenção e responsabilidade.

Estará o advogado, portanto, vinculado aos mesmos princípios éticos, estará resguardado pelas mesmas prerrogativas constitucionais e profissionais, entre elas, por exemplo, a do sigilo.

A publicidade profissional para fins de captação de clientela já é vedada para a advocacia em geral, de forma que, evidentemente, não se poderá utilizar do trabalho voluntário, para o bem, com este único propósito (de captação). Da mesma forma, não poderá o advogado fazer mal uso da contratação gratuita com o cliente, para obrigar-lhe, posteriormente, a uma contratação não gratuita.

---

8 MENGARDO, Bárbara. OAB quer evitar "venda casada" em advocacia pro bono. Publicado em www.jota.uol.com.br. Visualizado em 31.08.2016.

9 Enciclopédia Saraiva do Direito. Coord. FRANÇA, R. Limongi. São Paulo, Saraiva, 1977, vol. 34.

OS HONORÁRIOS ADVOCATÍCIOS

O caráter distintivo da advocacia *pro bono* encontra-se na sua gratuidade, na ausência de cobrança dos honorários contratuais pelo advogado.

Tal circunstância não afeta, contudo, os honorários sucumbenciais, que pertencerão ao advogado, na forma da Lei[10].

---

10 No âmbito cível, nos termos do artigo 85 do Código de Processo Civil:

"Art. 85. A sentença condenará o vencido a pagar honorários ao advogado do vencedor.

§ 1º São devidos honorários advocatícios na reconvenção, no cumprimento de sentença, provisório ou definitivo, na execução, resistida ou não, e nos recursos interpostos, cumulativamente.

§ 2º Os honorários serão fixados entre o mínimo de dez e o máximo de vinte por cento sobre o valor da condenação, do proveito econômico obtido ou, não sendo possível mensurá-lo, sobre o valor atualizado da causa, atendidos: I - o grau de zelo do profissional; II - o lugar de prestação do serviço;

III - a natureza e a importância da causa; IV - o trabalho realizado pelo advogado e o tempo exigido para o seu serviço.

§ 3º Nas causas em que a Fazenda Pública for parte, a fixação dos honorários observará os critérios estabelecidos nos incisos I a IV do § 2º e os seguintes percentuais: I - mínimo de dez e máximo de vinte por cento sobre o valor da condenação ou do proveito econômico obtido até 200 (duzentos) salários-mínimos; II - mínimo de oito e máximo de dez por cento sobre o valor da condenação ou do proveito econômico obtido acima de 200 (duzentos) salários-mínimos até 2.000 (dois mil) salários-mínimos; III - mínimo de cinco e máximo de oito por cento sobre o valor da condenação ou do proveito econômico obtido acima de 2.000 (dois mil) salários-mínimos até 20.000 (vinte mil) salários-mínimos; IV - mínimo de três e máximo de cinco por cento sobre o valor da condenação ou do proveito econômico obtido acima de 20.000 (vinte mil) salários-mínimos até 100.000 (cem mil) salários-mínimos; V - mínimo de um e máximo de três por cento sobre o valor da condenação ou do proveito econômico obtido acima de 100.000 (cem mil) salários-mínimos.

§ 4º Em qualquer das hipóteses do § 3º: I - os percentuais previstos nos incisos I a V devem ser aplicados desde logo, quando for líquida a sentença; II - não sendo líquida a sentença, a definição do percentual, nos termos previstos nos incisos I a V, somente ocorrerá quando liquidado o julgado; III - não havendo condenação principal ou não sendo possível mensurar o proveito econômico obtido, a condenação em honorários dar-se-á sobre o valor atualizado da causa; IV - será considerado o salário-mínimo vigente quando prolatada sentença líquida ou o que estiver em vigor na data da decisão de liquidação.

§ 5º Quando, conforme o caso, a condenação contra a Fazenda Pública ou o benefício econômico obtido pelo vencedor ou o valor da causa for superior ao valor previsto no inciso I do § 3º, a fixação do percentual de honorários deve observar a faixa inicial e, naquilo que a exceder, a faixa subsequente, e assim sucessivamente.

§ 6º Os limites e critérios previstos nos §§ 2º e 3º aplicam-se independentemente de qual seja o conteúdo da decisão, inclusive aos casos de improcedência ou de sentença sem resolução de mérito.

Neste ponto, salienta-se, inclusive, que o novo Código de Processo Civil, de 2015, tornou expresso o caráter alimentar dos honorários advocatícios e o fato de que serão devidos ainda quando advogar em causa própria o advogado.

Advogando, pois, gratuitamente ou não, com relação ao seu cliente, obtendo provimento favorável, o advogado fará jus aos honorários de sucumbência, devidos pela outra parte.

---

§ 7º Não serão devidos honorários no cumprimento de sentença contra a Fazenda Pública que enseje expedição de precatório, desde que não tenha sido impugnada.

§ 8º Nas causas em que for inestimável ou irrisório o proveito econômico ou, ainda, quando o valor da causa for muito baixo, o juiz fixará o valor dos honorários por apreciação equitativa, observando o disposto nos incisos do § 2º.

§ 9º Na ação de indenização por ato ilícito contra pessoa, o percentual de honorários incidirá sobre a soma das prestações vencidas acrescida de 12 (doze) prestações vincendas.

§ 10º Nos casos de perda do objeto, os honorários serão devidos por quem deu causa ao processo.

§ 11º O tribunal, ao julgar recurso, majorará os honorários fixados anteriormente levando em conta o trabalho adicional realizado em grau recursal, observando, conforme o caso, o disposto nos §§ 2º a 6º, sendo vedado ao tribunal, no cômputo geral da fixação de honorários devidos ao advogado do vencedor, ultrapassar os respectivos limites estabelecidos nos §§ 2º e 3º para a fase de conhecimento.

§ 12º Os honorários referidos no § 11 são cumuláveis com multas e outras sanções processuais, inclusive as previstas no art. 77.

§ 13º As verbas de sucumbência arbitradas em embargos à execução rejeitados ou julgados improcedentes e em fase de cumprimento de sentença serão acrescidas no valor do débito principal, para todos os efeitos legais.

§ 14º Os honorários constituem direito do advogado e têm natureza alimentar, com os mesmos privilégios dos créditos oriundos da legislação do trabalho, sendo vedada a compensação em caso de sucumbência parcial.

§ 15º O advogado pode requerer que o pagamento dos honorários que lhe caibam seja efetuado em favor da sociedade de advogados que integra na qualidade de sócio, aplicando-se à hipótese o disposto no § 14.

§ 16º Quando os honorários forem fixados em quantia certa, os juros moratórios incidirão a partir da data do trânsito em julgado da decisão.

§ 17º Os honorários serão devidos quando o advogado atuar em causa própria.

§ 18º Caso a decisão transitada em julgado seja omissa quanto ao direito aos honorários ou ao seu valor, é cabível ação autônoma para sua definição e cobrança.

§ 19º Os advogados públicos perceberão honorários de sucumbência, nos termos da lei." (grifou-se).

CONCLUSÃO

Diante da oportunidade de tecer breves comentários sobre a nobre advocacia exercida *pro bono*, oportuno restou, também, ressaltar a natureza de serviço público, de elevada função social da advocacia como um todo, a qual deve ser exercida sempre com independência e responsabilidade, observando-se os normativos éticos constitucionais e de classe.

A despeito das críticas trazidas à regulamentação da advocacia voluntária pelo Conselho Federal da Ordem dos Advogados do Brasil, em razão das restrições ao exercício com ampla liberdade de contratação, é necessário destacar que a medida traz formalidade, visibilidade e, portanto, incentivo ao exercício do bem geral e necessário que representa a advocacia *pro bono*.

O Ministro Gilmar Mendes manifestou sua preocupação com o assunto e a importância da atuação conjunta dos advogados com o Estado, que não é capaz de atender a todos os necessitados:

> "Sabemos que as Defensorias Públicas, a despeito do progresso já verificado – e temos destacado aqui o trabalho das Defensorias, inclusive da Defensoria Pública da União –, não dispõem de condições para dar voz a esse número imenso de pessoas carentes de suporte, de apoio, já na esfera exclusivamente penal. E nós sabemos que a Defensoria Pública não atua exclusivamente nessa área. Basta dizer que temos só de réus presos um número que supera os quinhentos mil, dos quais talvez a metade, ou um pouco menos, é de presos provisórios, quer dizer, ainda não submetidos a uma primeira decisão judicial talvez. Então temos um quadro realmente preocupante.
>
> No Conselho Nacional de Justiça, incentivei muito – e acredito até que isso deva ser, talvez, até objeto de uma ação mais ampla – a ideia da Advocacia voluntária, em alto e amplo estilo, que nem sempre é suportada pelas gestões da OAB que veem, às vezes, aqui uma oportunidade de ampliar o mercado mercantilístico dos Advogados."[11]

Cumpre à advocacia, portanto, exercer o seu *munus* com compromisso e altivez, fazendo valer sua independência profissional e prerrogativas constitucionais, os quais deverão ser respeitados, seja a advocacia do tipo gratuito ou não.

---

11 Habeas Corpus nº 118.423/RS, Rel. Min. **TEORI ZAVASCKI**, 2ª Turma do STJ, Julg. 05.11.2013.

6

DEVER DE DISCRIÇÃO E SEUS LIMITES

João Henrique Café de Souza Novais

Advogado

1 INTRODUÇÃO

O Estatuto da Advocacia e da Ordem dos Advogados do Brasil, instituído pela Lei 8.904/94, ao dispor sobre a Ética do Advogado, Capítulo VIII, estabeleceu que o advogado deve proceder de modo a ser merecedor de respeito e contribuir para o prestígio da classe e da advocacia, mantendo sua independência em qualquer circunstância e agindo sem receio de desagradar magistrados e demais autoridades ou de incorrer em impopularidade. Além disso, fixou as responsabilidades do advogado nos casos de dolo ou culpa (art. 32) e exigiu que cumprisse rigorosamente os ditames do Código de Ética e Disciplina da OAB, remetendo a este a incumbência de reger o regramento necessário.

Com a finalidade de rejuvenescer a linguagem e conceitos contidos no Código de Ética em vigor desde 1995, o Egrégio Conselho Federal da OAB promulgou no ano de 2015 o novo Código, em vigor a partir de 1° de setembro de 2016, trazendo um novo olhar sobre a própria atuação do advogado contemporâneo nessa sociedade de constantes e profundas transformações sociais.

Embora não seja objeto deste estudo abordar pontualmente cada uma das alterações introduzidas, é de se dizer que o novo Código de Ética e Disciplina (CED) da OAB, além da linguagem, atualizou o modo de atuação dos advogados no que pertine ao uso de ferramentas eletrônicas, tais como internet, e-mail e o próprio processo eletrônico; contemplou a adoção de novas práticas através dos meios alternativos de solução de conflitos, como a conciliação, a mediação e a arbitragem; contextualizou a advocacia *pro-bono,* sem permitir o seu desvirtuamento; ressaltou a independência técnica dos advogados públicos; admitiu, com reservas, a publicidade na advocacia e, bem assim, o patrocínio de eventos culturais ou científicos, por meios físicos ou eletrônicos, seja pelo advogado, seja pela sociedade de advogados, mas reafirmando, em todo o seu contexto, o dever de sobriedade, de discrição e de seriedade que se espera dos operadores da advocacia.

No campo das condutas de ordem ético/disciplinar, elas estão todas inseridas no Código, o qual contém muito mais que normas de conteúdo meramente moral, mas normas de conteúdo jurídico, pois dotadas de coerção para o caso de sua violação, exigíveis de todos os inscritos.

Em face do poder de polícia de que se vê investida, a OAB pode aplicar aos seus inscritos sanções de censura, suspensão, exclusão e/ou multa por infrações de ordem disciplinar, conforme art. 34, mas, em relação às infrações de ordem ética, pode aplicar tão somente a pena de censura, *ex vi* do disposto no item II, do art. 36 do EOAB.

Pode-se dizer então que para o bom e escorreito desempenho de seu *munus* profissional, dentre os muitos deveres a que estão sujeitos os advogados, há aqueles, específicos, contidos no Código de Ética e Disciplina - CED.

Mas há também outros deveres a observar, comissivos e omissivos, que exigem do advogado, na sua vida pessoal e profissional, a adoção de comportamentos que sejam transparentes, de boa fé, mesmo não tipificados na lei ou no código e que se situam naquela linha tênue, quase invisível, onde não se tolera a prática de atos sem aquele elemento a que chamamos de ética.

Um comportamento não conforme, vale dizer, praticado contra a lei ou contra o código, não pode ser considerado de boa fé e nem mesmo ético, pois o que é contrário à lei ou a qualquer normativo não pode estar dentro da ética. No mesmo sentido, um comportamento que, embora legal e aparentemente dentro da norma esteja desprovido de boa fé, também não pode ser considerado ético, porque agir de má-fé não está sintonizado com a atuação ética de quem quer que seja.

Mas, e o comportamento sem infração alguma à lei, que tenha sido praticado de boa fé, pode vir a ser considerado *não ético* ? Como é que se distingue o ético do não ético ?

Sabendo-se que os comportamentos à margem da lei e da boa-fé tem sanções que decorrem da própria lei, seja ela penal, civil ou ético-disciplinar, é de se perguntar:

- Como é que podem ser identificados e punidos os comportamentos de índole estritamente moral e, por isso, à margem da ética ?

– O dever de discrição a que se sujeita o advogado se esgota nos limites do Código de Ética da OAB ?

Essas são indagações iniciais que se fazem necessárias não só para instigar o leitor, mas para balizar os fins e os limites desse despretensioso estudo.

2 A ÉTICA COMO UM PRINCÍPIO GERAL DE CONDUTA

Ética: Matéria instigante, provocante e absolutamente necessária, que tentaremos abordar a seguir pela ótica do dever de discrição, como corolário ínsito a qualquer norma de conduta de cunho ético/disciplinar imposta aos profissionais em geral, e aos advogados em particular.

No caso específico da advocacia, diz-se que a matéria é instigante porque, nesse *mister,* exige-se que os profissionais pautem seu agir com a maior seriedade e eticidade possível, mesmo quando envolto à litigiosidade que inevitavelmente há entre as partes em conflito, potencializada pelo desejo de vencer, de fazer justiça ou mesmo de alcançar efeitos patrimoniais por vezes relevantes.

Também se diz que a matéria é provocante porque impõe aos advogados a sua observância não só na atuação contenciosa, para a defesa das liberdades, do patrimônio e dos direitos em geral, mas também no assessoramento extrajudicial para os atos da vida civil de pessoas físicas e jurídicas e, bem assim, no seu constante inter-relacionamento com o cliente, com a parte adversária, com as autoridades públicas e privadas, com servidores e com todos os demais segmentos da sociedade.

Diz-se, por fim, que a ética é de observância absolutamente necessária no desempenho profissional em geral e da advocacia em especial, porque sem ela o profissional deixa de ser merecedor da confiança do cliente e da sociedade como um todo, em desprestígio não só para si próprio, mas também para toda sua corporação.

3 A ÉTICA DO PONTO DE VISTA FILOSÓFICO

Mas, o que seria propriamente ética profissional? Seria ela um mero conceito aberto e abstrato, através do qual se delineia comportamentos ideais e esperados dos agentes perante o seu campo de atuação profissional ?A ética teria então conteúdo estritamente moral ?

Essas indagações envolvendo o conceito de ética vêm sendo feitas por estudiosos e filósofos ao longo do tempo.

A partir do estudo detalhado da obra de ARISTÓTELES sobre a ética (*in, Ética a Nicômaco*), o escritor e ensaísta GABRIEL CHALITA teve a felicidade de salientar que "*... o que diferencia o homem de todo os outros seres no mundo é a capacidade de buscar incessantemente, com base na virtude, na excelência, fazer melhor a vida dos outros. Este é, em poucas palavras, o conceito essencial de toda a obra de Aristóteles sobre a ética. A ética não apenas como um código de conduta social, mas como um código de conduta social que visa o bem.*" [1]

Depois de dizer que a consciência é a ética do indivíduo, CHALITA faz questão de sublinhar a importância da prática rotineira de bons hábitos, dizendo serem eles "*... fundamentais para a realização de atividades harmonizadas com a excelência porque boas ações precisam fazer parte de nosso dia a dia. Mesmo os comportamentos, atitudes e gestos éticos devem ser praticamente 'automáticos'*". (pag. 59)

Nesse diapasão, comporta aqui o pensamento Aristotélico construído no sentido de que "*...as coisas que temos que aprender antes de fazer, nós as aprendemos fazendo-as – por exemplo, os homens se tornam construtores construindo, e se tornam citaristas, tocando cítaras; da mesma forma, tornamo-nos justos praticando atos justos, moderados agindo moderadamente e corajosos agindo corajosamente.*"[2]

A ética pois, sob a ótica da filosofia aristotélica, deve ser vista como um aprimoramento pessoal a ser seguido a partir da prática reiterada de bons hábitos dotados de princípios morais, através dos quais se forma um conceito que tende a ser universal e aplicável a todas as pessoas.

4 A ÉTICA COMO REFERÊNCIA PROFISSIONAL

Trazendo os conceitos de ética para os contornos profissionais, podemos verificar que eles são aplicáveis e são imprescindíveis em toda e qualquer atividade humana.

---

1 *Gabriel Chalita, "Os dez mandamentos da ética", Rio de Janeiro, 2003, Nova Fronteira, pag. 28.*

2 Aristóteles, "Ética para Nicômaco", livro 2, citado por Chalita, in ob. cit., pag,. 68.

O prof. PAULO ROBERTO DE GOUVÊA MEDINA, Conselheiro Federal por Minas Gerais e recentemente condecorado com a Medalha Rui Barbosa conferida pelo Conselho Federal da OAB, do alto de sua importante condição de decano e Relator do novo Código de Ética da Advocacia e da OAB, ao tentar desvendar o conceito da ética, teve oportunidade de ensinar que tal conceito "*... aparece, às vezes, confundido com o de moral, variando também as concepções quanto à maneira de distinguir uma categoria de outra ou quanto à forma como elas se correlacionam...*", vindo concluir que a ética seria então "*...a sistematização dos princípios morais com vista a regular o comportamento humano.*"[3]

De fato, professores, cientistas, artistas, vendedores, médicos, atletas, taxistas, engenheiros, advogados e todos os demais profissionais, de uma maneira ou de outra, têm lá sua ética a observar, mesmo quando não formalmente escrita, mesmo quando não codificada.

E isso se dá porque as profissões necessitam de um *standard* de comportamento, um perfil, um *modus operandi,* aplicável à generalidade dos profissionais, que distinga a atividade das demais e oriente àqueles que a exercem, na mesma intensidade e medida com que é identificada pelo público que a utiliza.

A partir desse arquétipo comportamental, traço comum que identifica a maioria dos que são vinculados àquela área de atuação, desenha-se o comportamento ideal esperado, no sentido da responsabilidade, do conhecimento técnico e do comprometimento profissional, que redunda num conjunto de ações, concretas e abstratas, a que chamamos de ética.

Essa ética, dita profissional, se forma, assim, a partir de lugares-comuns em que se captam, objetivamente, condutas qualificadas como corretas, adequadas ou exemplares, que não se confundem com juízos subjetivos de valor.

O filósofo e ensaísta italiano NORBERTO BOBBIO, admitindo que as regras de conteúdo ético, direcionadas a determinadas pessoas que desempenham uma atividade específica a que denominamos ética profissional, "*... diferem do conjunto de normas da moral comum por excesso ou falta, ou seja, porque impõem aos membros da corporação obrigações mais rígidas...*", chegou a denominá-las de "*...morais singulares...*". [4]

---

3 *Paulo Roberto de Gouvêa Medina, "Comentários ao Códgo de Ética e Disciplina da OAB", Forense, pag. 5.*

4 *Noberto Bobbio, "O Filosófo e o Politico - Antologia", trad. César Benjamin e Vera Ribeiro. Rio de Janeiro: Contraponto, 2013, p. 165.*

Realmente, sem descurar da ética como um todo, a ética profissional é formada de normas morais singulares, que se aplicam especificamente a determinado grupo que desempenha o mesmo tipo de atividade.

Diz-se, só para exemplificar, que o jogador deve empreender garra, coragem e determinação na busca da vitória do seu time; que o taxista deve respeitar a fila no seu ponto; que os vendedores não devem omitir as qualidades e propriedades do produto, e assim, sucessivamente, em relação a muitos outros comportamentos genéricos, quando se quer representar condutas impregnadas de eticidade, aplicáveis a todo um segmento e que nem precisam estar escritas para que se espere e se exija o seu cumprimento, embora muitas vezes sem sanção formal pelo sua inobservância.

Outras profissões, no entanto, exigem que se formalizem em códigos e normativos os conceitos éticos, a cujo cumprimento estão indistintamente atrelados todos os profissionais a ela vinculados, os quais estão sujeitos a sanções severas, ainda que no âmbito meramente administrativo e disciplinar, pela sua inobservância.

Mas, mesmo no caso das profissões em que há a codificação formal e escrita ditando os elementos da ética profissional e impondo consequências pelo seu descumprimento, como ocorre entre os advogados brasileiros, isso não quer dizer que os comandos éticos estejam todos reunidos apenas num código.

Mais à frente se demonstrará que o culto à ética exige do profissional um comportamento que vai muito além dos limites formais impostos pelo código de ética profissional.

5 OS ELEMENTOS DA ETICIDADE

Sabe-se muito bem que são vários os elementos que compõem os contornos da ética, dentre eles se destacam honestidade, seriedade, responsabilidade, sigilo, respeito, competência, prudência, humildade, dentre outros, cada qual aplicável no cotidiano das relações profissionais, com parceiros, clientes, autoridades e com o público em geral. São conceitos abertos aplicáveis tanto na vida social, quanto na profissional.

Bem a propósito, o já citado pensador Gabriel Chalita, inspirado em Aristóteles, intuiu os *Dez Mandamentos da Ética* enumerando-os em belíssimas reflexões sobre o comportar reto e dinâmico do homem, trabalhado com a razão, forjado pela prudência e pelo bom senso, vibrante com o coração, em ações, atitudes e comportamentos totalmente voltados para o bem: interno, em busca da felicidade e, externo, em proveito do social, escalonando-os assim: 1º - fazer o bem; 2º - agir com moderação; 3º - saber escolher; 4º - praticar virtudes na busca pela *excelência moral*; 5º - viver a justiça; 6º - valer-se da razão; 7º - valer-se do coração; 8º - ser amigo; 9º - cultivar o amor; e, 10º - ser feliz. (*in*, "Os Dez Mandamentos da Ética", Rio de Janeiro, Editora Nova Fronteira, 2003, Gabiel Chalita)

Nesse mesmo sentido, no caso específico da corporação dos advogados brasileiros, o Código de Ética da OAB está forjado de princípios que formam, e devem formar, a consciência profissional do advogado.

Já se disse que a ética pode ser conceituada como sendo a ciência do comportamento moral dos homens em sociedade, a qual, mesmo quando não seja dotada de coerção, abrange os deveres do homem para consigo mesmo (consciência) e para com os outros.

Os princípios gerais de direito, protegendo a dignidade da pessoa humana garantindo a construção de uma sociedade justa, livre e solidária, exigindo a moralidade e a probidade no trato da coisa pública e a lealdade processual, civil e penal, como norma de conduta imposta aos litigantes em geral, assim como os cânones que valorizam os bons costumes e a boa fé, dentre outros tantos, são exemplos de que a sociedade, em geral, e o profissional do Direito, em particular, devem observar o substrato moral que ressoa dessas normas, agindo com ética no trato com seu semelhante, clientes e autoridades, públicas e privadas.

Pensando nisso, foi que o advogado Franco Mautone Junior teve a felicidade de conceber a conclusão de que "*...somente com o aperfeiçoamento ético do profissional do Direito é que alcançaremos o desenvolvimento social escorreito, a garantia da dignidade da pessoa humana e a construção de uma sociedade justa, livre e solidária.*"[5]

Os contornos éticos evocam imperativos de conduta que se traduzem em mandamentos que, embora sejam de conteúdo abstrato, são aplicáveis indistintamente a todos os inscritos.

5 *(Franco Mautone Jr., in "A ética do profissional do Direito", Migalhas nº 3931)*

Ao instituir o Código de Ética e Disciplina da OAB, o Conselho Federal tomou por norte nove princípios básicos, com os quais visou forjar a consciência profissional do advogado, representados pelos seguintes mandamentos: "*(i) lutar sem receio pelo primado da Justiça; (ii) pugnar pelo cumprimento da Constituição e pelo respeito à Lei, fazendo com que o ordenamento jurídico seja interpretado com retidão, em perfeita sintonia com os fins sociais a que se dirige e as exigências do bem comum; (iii) ser fiel à verdade para poder servir à Justiça como um de seus elementos essenciais; (iv) proceder com lealdade e boa-fé em suas relações profissionais e em todos os atos do seu ofício; (v) empenhar-se na defesa das causas confiadas ao seu patrocínio, dando ao constituinte o amparo do Direito, e proporcionando-lhe a realização prática de seus legítimos interesses; (vi) comportar-se, nesse mister, com independência e altivez, defendendo com o mesmo denodo humildes e poderosos; (vii) exercer a advocacia com o indispensável senso profissional, mas também com desprendimento, jamais permitindo que o anseio de ganho material sobreleve a finalidade social do seu trabalho; (viii) aprimorar-se no culto dos princípios éticos e no domínio da ciência jurídica, de modo a tornar-se merecedor da confiança do cliente e da sociedade como um todo, pelos atributos intelectuais e pela probidade pessoal; (ix) agir, em suma, com a dignidade e a correção dos profissionais que honram e engrandecem a sua classe*".

Forte nesses princípios, o novel Código de Ética e Disciplina da OAB destina-se a conciliar o leque de condutas dos advogados com os desafios da atualidade, estabelecendo os parâmetros éticos e procedimentais a serem seguidos, harmonizando as exigências morais da profissão com os avanços políticos, sociais e tecnológicos da sociedade contemporânea.

Suas normas, de natureza ética, pedagógica e jurídica, definem uma filosofia e um norte a ser seguido, valorizando a advocacia para manter e exaltar a sua respeitabilidade no país.

A discrição, dentre eles, como norma de conduta é um dos dogmas que compõem o acervo ético a que se submetem os que exercem a nobilitante profissão da advocacia. Ela exige dos advogados a adoção de práticas e comportamentos previstos ou não no código de ética profissional, exatamente em respeito aos limites éticos impostos ao *munus* profissional.

Esse é o tema que será enfrentado a seguir, inserido no contexto do Código de Ética da OAB, em conjunto com outras normas de comportamento e de aspirações em torno da conduta ética ideal do profissional que se dedica a cultuar o direito dentro dos limites estritos da advocacia.

6 SER DISCRETO COMO NORMA DE CONDUTA ÉTICA

Do ponto de vista da discrição, que é o ponto de reflexão deste trabalho, os advogados devem observar tudo aquilo que está elencado casuisticamente no Código, como se infere, por exemplo, nos capítulos que tratam do sigilo e da publicidade profissional.

O Código não faz referência a segredo profissional, mas sim ao sigilo, no entendimento de que este, sendo mais amplo que aquele, traduz a verdadeira gênese comportamental que se espera dos advogados em relação aos fatos que venham tomar conhecimento em razão do exercício profissional. A discrição aqui, quanto ao sigilo, é tomada como norma de ordem pública, que independe de pedido feito pelo cliente.

Da mesma forma, o Código propositalmente não faz alusão à propaganda, que é vedada, mas contempla a possibilidade da publicidade, com limites, no sentido de permitir tornar pública a existência, a especialidade, a localização e outros dados similares relativamente ao profissional e/ou à sociedade a que pertença, inclusive na divulgação e patrocínio de eventos culturais, científicos ou jurídicos de interesse da advocacia, mas sempre com sobriedade e discrição, evitando-se a mercantilização da profissão.

Aliás, o dever de discrição está contemplado, de forma expressa ou implícita, em relação a todas as situações da vida pessoal e profissional dos advogados, ainda que não expressamente previstas no código, conjugando-se a outros deveres inerentes ao exercício profissional.

É que, na dinâmica da vida, multifacetada como é, há muitas e muitas outras situações que, embora não expressamente previstas como normas ideais de conduta nos instrumentos normativos, exigem do advogado a mesma prudência, a mesma moderação e a mesma discrição.

Vamos tentar enfrentar algumas delas.

Do ponto de vista formal, não há dúvidas de que além do sigilo, que é inerente à própria profissão, deve o advogado também cultuar a discrição. Ser discreto em todos os momentos de sua vida privada e profissional, em juízo ou fora dele.

Esse dever de discrição não advém apenas da vedação a que se dê cunho mercantilista à advocacia, mas fundamentalmente porque no exercício profissional o advogado recebe, em estrita confiança, informações, documentos e provas que não podem servir a outro propósito senão o de funcionar no exclusivo benefício da defesa do constituinte.

E é justamente por isso que a Constituição Federal enuncia em seu art. 133 que o advogado, indispensável à administração da justiça, é também inviolável por seus atos e manifestações no exercício da profissão.

O advogado tem, pois, o poder/dever de falar e de calar, mas sempre em benefício de seu constituinte, nunca para se autopromover e angariar clientes.

Daí a prerrogativa de inviolabilidade que lhe é assegurada, não em seu benefício, mas como poderosa garantia do cidadão, a permitir que o profissional incumbido da defesa não se acovarde em denunciar violações de direito sofridas por seu cliente, nem possa se ver pressionado ou sofrer represálias a respeito dos fatos e informações deste recebidas.

O culto à discrição, pela via do sigilo, encontra-se tão arraigado que o advogado pode, legitimamente, recusar-se a depor como testemunha em processo no qual funcionou ou deva funcionar, sobre fato relacionado com pessoa de quem seja ou foi advogado, mesmo quando autorizado, bem como sobre fato que constitua sigilo profissional, tal como prevê o art. 7º do EOAB, c/c o 38 do CED.

É o interesse público quem dita a impossibilidade de o advogado ser forçado a depor sobre algo cujo conhecimento adquiriu em decorrência do exercício profissional, o que independe de solicitação de reserva feita pelo cliente, presumindo-se confidenciais as comunicações de qualquer natureza entre advogado e cliente, *ex vi* do disposto no art. 36 do Código, salvo circunstâncias excepcionais que configuram justa causa, nos casos de grave ameaça ao direito à vida, à honra ou envolvam defesa própria.

A essas regras de sigilo o Código fez questão de ser claro ao estabelecer que a ele também se sujeitam os advogados que desempenhem funções na OAB e os que venham atuar como mediadores, conciliadores ou árbitros.

Pode-se dizer, portanto, que o dever de guardar sigilo profissional não deixa de ser uma marca indelével da discrição imposta ao advogado em benefício de seu constituinte.

Mas o dever de discrição vai mais longe. As vedações contidas nos arts. 39 e seguintes do Código, no que tange à publicidade profissional propriamente dita, também impõem discrição e sobriedade com vistas a que não sejam ultrapassados os limites meramente informativos e nem se configurem como forma indireta de captação indevida de clientela ou propiciem a mercantilização da profissão.

Quanto à publicidade na atividade advocatícia, é de se ressaltar que ela é orientada por dois importantes modelos: o americano e o francês.

Enquanto o primeiro, em nome da liberdade de expressão e do reconhecimento de que existe uma relação tipicamente de consumo entre cliente e advogado, admite a adoção de uma feição ostensiva e persuasiva, de índole propriamente mercantil na divulgação dos serviços jurídicos, o último, em nome da sobriedade e da discrição, somente admite a publicidade das atividades advocatícias que tenham o caráter meramente informativo.

Ao optar pela adoção do sistema francês, o Código de Ética foi claro em salientar que a publicidade, além do caráter meramente informativo, deve primar pela discrição e sobriedade, não podendo configurar captação de clientela ou mercantilização.

Justamente por entender não compatíveis com a diretriz de discrição, o Código tornou expressamente vedada a utilização de rádio, cinema e televisão, *outdoors*, painéis luminosos e outros correlatos como veículo de publicidade, bem como a divulgação casada da atividade advocatícia com qualquer outra.

Em colunas e artigos literários, culturais, acadêmicos ou jurídicos veiculados em qualquer mídia, em nome da discrição a que estão sujeitos, restou vedado aos advogados o fornecimento de dados de contato, como endereço e telefone, mas lhes foi permitida apenas uma referência a *e-mail*. Essa disposição se mostra absolutamente incompreensível, chegando a ser risível, *data venia*, pois não se vê diferença entre poder fazer referência a endereço de *e-mail* e não poder fazer a mesma referência ao endereço postal ou mesmo ao telefone, desde que em todos os caso seja observada a sobriedade e a discrição. Os Tribunais de Ética da OAB, quando chamados a dar a interpretação à norma, *in* concreto ou sob consulta, saberão dar a melhor exegese a essa norma.

Os advogados devem ser discretos até mesmo em relação à divulgação do nome de sua sociedade, cuja identificação nas fachadas da sede, não obstante seja permitida a utilização de placas e painéis luminosos, deve pautar-se pela sobriedade e discrição. Devem ser discretos ainda em relação a generalidade dos clientes, abstendo-se de divulgar listas nominais, ainda que autorizados por uns e outros.

A despeito dessas vedações, o novo Código de Ética passou a permitir em seu art. 45 que os advogados patrocinem eventos ou publicações de caráter jurídico, por si ou suas respectivas sociedades de advogados, desde que restrita a clientes e interessados do meio jurídico, observados os requisitos da discrição e da sobriedade. A norma vale para boletins, *folders* e outros, por meio físico ou eletrônico, sobre matéria de interesses dos advogados.

Chegando a regular a publicidade profissional nos cartões e materiais de escritório, o art. 44 do novo Código de Ética proíbe aos advogados fazer menção a cargos, empregos ou funções exercidas no passado ou presente e até de colocar fotografias nos cartões profissionais. Está permitido o nome do profissional ou da sociedade de advogados, o número de inscrição na entidade, as especialidades de atuação, endereço e logotipo da banca, além de horário de atendimento e idiomas em que o cliente poderá ser atendido.

O Código de Ética também permite fazer referência a títulos acadêmicos e distinções honoríficas relacionadas à atividade, além de vinculações a instituições jurídicas das quais o profissional faz parte, bem como autoriza os advogados a divulgar seus serviços na internet, inclusive nas redes sociais. A permissão, porém, é restrita: os profissionais devem fazer apenas uma apresentação, com caráter meramente informativo, devendo primar pela discrição e sobriedade nessas publicidades, mormente eletrônicas, que não podem configurar captação de clientela ou mercantilização da profissão.

7 A DISCRIÇÃO COMO NORMA GERAL DE CONDUTA

Do ponto de vista estritamente formal, o Código se mostra detalhista na identificação de práticas vedadas, mormente daquelas relativas ao comportamento sóbrio e discreto, de observância obrigatória em todo o agir do advogado.

Embora meticuloso na identificação do comportamento ético do advogado, o Código não contém enumeração taxativa, pois a todo instante remete o intérprete à observância das diretrizes e princípios relacionados à atividade advocatícia.

Tanto que, de início, o Código impõe aos advogados conduta compatível com os preceitos normativos da OAB e, bem assim, com os princípios da moral individual, social e profissional. (art. 1º)

Observar a honra, a nobreza e a dignidade da profissão, além de agir com decoro e dignidade, são diretivas gerais que devem estar impregnadas no agir do profissional da advocacia, esteja essa conduta especificamente considerada e contemplada no Código, ou não.

Assim, nos encontros sociais do dia a dia, mesmo sem envolvimentos diretamente profissionais, deve o advogado se portar com honra, de forma a dignificar a sua condição de advogado, agindo com prudência, decoro e recato.

Quanto à sua própria reputação, deve o advogado guardar sobre ela os mesmos cuidados que o mais meticuloso dos profissionais se disporia a guardar em relação a si, preservando honrada a sua condição profissional.

Quanto ao sigilo profissional em si, a gênese desse preceito decorre da própria posição em que o advogado se insere no contexto dos litígios e das questões, mesmo consultivas e preventivas, não contenciosas, que são postas ao seu descortino profissional.

As piores mazelas humanas, os pecados veniais, as incompreensões, as indignidades, as traições e a cobiça, o abuso de direitos, a deturpação da verdade dos fatos, a má-fé, enfim, a discórdia entre os seres humanos é, invariavelmente, o material de trabalho do advogado.

Para que os fatos possam ser moldados à lei, e não o contrário, e para que o advogado possa bem representar o seu constituinte, deve ele tomar conhecimento de segredos e de confidências de tão graves consequências jurídicas e patrimoniais que exigem que ele seja merecedor dessa confiança, guardando as informações recebidas como um monge, um depositário de informações que deve utilizá-las apenas nos limites do processo e em benefício do cliente e da Justiça.

É claro que isso vale tanto para as informações recebidas diretamente do cliente, quanto para aquelas recebidas por meio do processo, a partir das manifestações do *ex adverso*, do depoimento das partes e das testemunhas e até por documentos recebidos ou juntados aos autos.

É nesse lamaçal humano, em que pessoas físicas e jurídicas se engalfinham, que o advogado se vê constantemente inserido, não como artífice, claro, pois isso já seria a própria coautoria, mas como agente solucionador, o agente da pacificação do conflito, a fim de descobrir e defender a verdade, para que a Justiça possa, afinal, ser feita.

Por isso, guardar sigilo sobre fatos que tome conhecimento no exercício profissional, inclusive enquanto dirigente da OAB, torna-se norma de observância obrigatória. Trata-se, como já visto, de exigência de ordem pública, que não depende sequer de solicitação de reservas por parte do cliente.

Essa confidencialidade, que só pode ser quebrada por justíssima causa, vale dizer, em casos de grave ameaça ao direito à vida ou à honra ou defesa própria, deve ser observada nos mínimos detalhes.

Mas esse dever de sigilo se dirige a quem ?

Aos sócios e colegas de escritório ?

Não, pois, por desempenharem o mesmo ofício, podem muito bem servir como orientadores técnicos uns dos outros na solução de dúvidas, ao mesmo tempo em que também têm o mesmo dever de guardar o sigilo a respeito das informações recebidas.

Aos amigos e parentes, inclusive cônjuges e companheiros ?

Sim, pois, embora sejam de casa e privem da mesma intimidade, não estão obrigados a cumprir o sigilo que a ética impõe aos profissionais e que o próprio advogado não soube guardar.

O mesmo se diga em relação a alunos, plateias de congresso, grupos de estudo, onde os casos podem ser analisados no campo das hipóteses, sem expor quem quer que seja ao escárnio e ao julgamento público.

De igual forma, as entrevistas, os programas de rádio e televisão, os artigos de opinião e as colunas, esporádicas ou não, não podem conter revelações profissionais que violem o sigilo a que estão obrigados os causídicos.

Há muitas outras situações em que, embora não expressamente indicadas no Código, se pode esperar e exigir, mesmo assim, o sigilo e a discrição como parte do comportamento do advogado.

Para exemplificar, tomemos alguns episódios frequentes em que o advogado deve guardar senão sigilo total, pelo menos adotar boa dose de discrição.

Quando do encontro casual nos edifícios e ambientes forenses, tais como nos fóruns, tribunais, juizados, delegacias e outros, entre o advogado e algum parente, amigo ou mero conhecido, como deve se portar o advogado em atenção ao seu dever de discrição ?

Nesses locais, como se sabe, além dos profissionais do Direito, encontram-se também peritos, testemunhas, autores de ações, réus e acusados em geral, que podem muito bem ser do relacionamento do advogado. Se esse parente, amigo ou conhecido, sabendo ou não estar diante de um advogado, não comunicou a este, de forma espontânea, o motivo de estar ali naquele ambiente forense, pensamos não ser dado ao causídico indagar a respeito, exatamente em nome da discrição e do decoro e em respeito à vida íntima e privada das pessoas. O advogado não está autorizado sequer a participar a terceiros a respeito do encontro havido naquele local.

De igual forma, nos testamentos em geral, em que o testador precisa de orientação sobre fazer ou não fazer o instrumento, legar ou não legar o patrimônio, a essa ou àquela pessoa, o advogado deve guardar sigilo ainda maior, feito ou não o testamento, pois a mera inconfidência a respeito desse assunto já se caracteriza como quebra do sigilo profissional e do dever de discrição. O mesmo se diga em relação a qualquer consulta jurídica, formal ou informal, seja de que área do direito for.

Também nos atendimentos pessoais o advogado deve procurar ter o cuidado de não expor um cliente ao contato direto com outro que, mesmo não relacionados ao mesmo assunto, não precisam ser expostos frente a frente, ao ponto de poder gerar nestes o constrangimento pelo simples fato de estarem ali, diante do mesmo advogado. Do mesmo modo, pode-se dizer em relação aos encontros nas audiências e nos julgamentos, quando o advogado deve observar não só o sigilo em relação ao assunto tratado, mas também a discrição em relação à existência do encontro profissional, do processo e dos recursos.

Esses são apenas alguns exemplos retirados do cotidiano que, mesmo não contemplados casuisticamente no Código, ilustram o comportamento ético de sobriedade e discrição que dignifica o profissional e o torna merecedor da confiança do cliente.

8 O CONFLITO ENTRE SER DISCRETO E O MARKETING JURÍDICO

Para muitos, no desenvolvimento de qualquer atividade profissional, mais ainda no caso da prestação de serviços advocatícios, ou pratica-se o *marketing*, sem se importar muito com o elemento ética ou, noutra vertente, pratica-se somente ações com conteúdo ético, sem qualquer abordagem ou preocupação quanto a aplicação do *marketing* e suas técnicas, mediante a adoção de uma conduta absolutamente discreta.

Esse aparente – e falso – antagonismo supostamente existente entre os dois institutos *marketing x discrição*, decorre, principalmente, de dois fatores: o primeiro, devido às vedações e limitações impostas pela Lei 8.906 e pelas as regras deontológicas contidas no Código de Ética quanto ao uso da propaganda na prestação de serviços de advocacia, a impedir que se faça da advocacia uma atividade de puro mercantilismo, como se verá adiante; e, o segundo, de que as técnicas de *marketing*, praticadas pelos chamados marqueteiros, seriam inconciliáveis com a advocacia, pois, desprovidas de recato e sobriedade, tais técnicas teriam por objetivos a persuasão comercial, a dominação dos mercados, o aumento da clientela e a obtenção cada vez maior de lucros, em descompasso com os elementos e limites de ordem ética.

O Código de Ética regulou o uso da publicidade na advocacia mas, para os objetivos deste estudo, basta dizer que tal normativo disciplina o uso da publicidade meramente informativa do advogado e da sociedade de advogados, dizendo que ela deve ser feita com discrição e conter dados objetivos e verdadeiros a respeito dos serviços de advocacia.

Do ponto de vista puramente deontológico (que cuida dos deveres, no caso, do advogado, à luz da ética), são vários princípios que devem ser observados pelos advogados no exercício de sua atividade profissional no que toca à divulgação das atividades profissionais.

Tais preceitos, no entanto, não proíbem que o Advogado faça publicidade, i. é, que torne público, que comunique ao público a sua própria existência, o tipo de serviços prestados e outros dados mais, desde que o faça com moderação, discrição e sem cunho meramente mercantilista. Nesse contexto, o que não se admite é a propaganda por meio de anúncio ou mensagem, em forma texto, música, filme e outros para divulgação de produtos, serviços e atividades.

Apesar de restritiva, essa postura adotada pelo CED é bem mais liberal do que o posicionamento rígido adotado por vários países europeus, notadamente em França, mas não tão liberal assim quanto a legislação Norte Americana, que permite - de forma livre - qualquer forma de publicidade, inclusive de modo persuasivo.

Quanto a não se mercantilizar a profissão e sim manter o culto ao recato e à discrição que tanto a dignificam, parece não haver grandes divergências a respeito. Essas (e outras) limitações fazem bem ao exercício da advocacia.

Mas, até que ponto as práticas vedadas pela Lei, pelo CED e pelos Provimentos são ou estão relacionadas com o chamado *marketing* jurídico, ao ponto de impedir a sua adoção? As normas deontológicas, sendo limitadoras quanto ao comportamento do advogado diante de uma sociedade que se transforma a cada dia, cada vez mais rapidamente, esgotam e limitam os esforços de *marketing* possíveis ?

Pensamos que não.

Quando se fala em globalização; em evoluções tecnológicas; em crise econômica mundial; em aumento da competitividade; em atuação especializada em determinado ramo, não se pode olvidar que o *marketing* jurídico, observadas as limitações legais e estatutárias, pode funcionar como um senhor diferencial competitivo.

Há muito já saímos daquele modelo em que o advogado jogava no time do "eu sozinho", ou, quando muito, dividindo uma sala com outros advogados, seus sócios no rateio das despesas. Ele era o responsável - às vezes único - por tudo ligado ao seu cliente. A captação, a proposta de honorários, o estudo do caso, a elaboração de peças, a condução do processo, o controle das custas e despesas para reembolso, a comunicação com o cliente, a elaboração de relatórios, até a cobrança dos honorários, muitas vezes sem contrato, sem qualquer combinação escrita. Era o advogado faz tudo.

Hoje, felizmente, prolifera a olhos vistos, a estruturação dos advogados em sociedades de advogados, com regulamentação própria, dotadas de pessoal administrativo, sócios, associados e contratados, estagiários, assistentes para-legais, gerentes, correspondentes, razão social, estabelecimentos filiais, critérios de distribuição de resultados, escrituração e tributação própria, documentos e livros contábeis distinta da dos sócios, etc., numa verdadeira organização estruturada para a prestação de serviços de advocacia.

Dentro dessa formatação, é intuitivo dizer que essa sociedade de advogados tem que ter uma personalidade própria que a identifique e a distinga das demais. Não me refiro só ao nome como parte da identidade do escritório. Refiro-me a tudo, ao pessoal - sócios, associados e contratados, estagiários, apoio administrativo, secretárias, gerentes, etc - às instalações, ao uso da papelaria interna e externa, à decoração e aos espaços destinados ao cliente, à apresentação, à linguagem, à forma e à periodicidade de contato com o cliente, ao tratamento dispensado ao mesmo, à organização interna, etc, etc e etc., como sendo itens que devem ser concebidos e moldados ao tipo de advocacia que se quer praticar e/ou ao tipo de cliente que se quer atingir, mas sempre com rígida observância às diretrizes estampadas no Código de Ética de discrição e de sobriedade, não podendo configurar captação de clientela ou mercantilização da profissão.

Faço menção a esses itens apenas para exemplificar todo o universo do escritório/sociedade que é formado por pessoas, coisas e bens, corpóreos e incorpóreos, incluindo aí as ações que visam ao incremento e à melhoria da prestação de serviços, que precisam ter uma orientação e uma direção profissional para o atingimento dos objetivos. Veremos isso a seguir.

Valendo-nos de um anglicismo, acostumamo-nos a chamar de *marketing*, e entre nós, de *marketing* jurídico, a adoção dessas e outras práticas tendentes à melhoraria dos resultados, à otimização dos recursos e à maior satisfação da clientela nas sociedades civis e empresariais em geral. Embora tenham por objetivo melhor atingir o mercado, não se pode dizer simplesmente que a adoção de suas práticas no seio das sociedades de advogados possa ser traduzido automaticamente como mercantilização da profissão, como alguns apressadamente podem supor.

O incremento das ações de *marketing* vem recebendo definições diversas na literatura mundial, numa tentativa de conceituação que, por vezes, vai do céu ao inferno.

Em consulta à internet, o termo *marketing* aparece com várias modelos de definições, dos quais, para o objeto do nosso estudo, vale a pena reproduzir alguns:

- *Uma função organizacional e um conjunto de processos que envolvem a criação, a comunicação e a entrega de valor para os clientes, bem como a administração do relacionamento com eles, de modo que beneficie a organização e seu público interessado. (AMA - American Marketing Association - Definição 2005).*
- *O conjunto de instituições e processos para criar, comunicar, distribuir e efetuar a troca de ofertas que tenham valor para consumidores, clientes, parceiros e a sociedade como um todo. (AMA - American Marketing Association - Definição 2008).*
- É *a entrega de satisfação para o cliente em forma de benefício (*KOTLER, Philip e ARMSTRONG, Gary. "Introdução de Marketing". São Paulo: LTC, 1999.
- É *o conjunto de estratégias e ações* que pro*movem o desenvolvimento, o lançamento e a sustentação de um produto ou serviço no mercado consumidor (Dicionário Novo Aurélio).*
- *É uma ferramenta administrativa que possibilita a observação de tendências e a criação de novas oportunidades de consumo visando à satisfação do cliente e respondendo aos objetivos financeiros e mercadológicos das empresas de produção ou prestação de serviços (FRAGA, Robson, 2006).*

Nesse contexto, a utilização de métodos e práticas que respeitem a sobriedade e discrição que se exige da advocacia, que não impliquem em captação indevida de clientela e nem em mercantilização, podem muito bem ser postos em prática a fim de fortalecer o elo entre os clientes e os advogados, não se caracterizando violação às disposições contidas no Código de Ética.

Importante dizer que o *marketing* especificamente jurídico não trata apenas de comunicação. A matéria está imersa em cada centímetro de seu escritório. O conjunto de ferramentas é tão abrangente que serve como (i) orientação estratégica, (ii) direcionamento de longo prazo, (iii) relacionamento com clientes, (iv) matriz de plano de carreira jurídica, (v) capacitação de colaboradores e (vi) para medir os resultados da banca. Essas são ações de mercado voltadas para dentro (o público interno) e para fora (o público interno) da sociedade que se mostram absolutamente lícitas e, portanto, não vedadas pelo CED, pois visam capacitar mais e mais o seu escritório, a sua sociedade de advogados, em busca da satisfação cada vez maior do destinatário de todo esse esforço, que é o cliente.

Mas, é importante frisar: as ferramentas e recursos de *marketing* comumente usados pelos escritórios e que se encontram citados no próprio Código de Ética, como o uso de cartões, placas, informes, boletins, participação e patrocínio em eventos de natureza jurídica e cultural, só até certo ponto influenciam no relacionamento com os clientes.

Para ir além é preciso fazer muito mais do que manter um *site* na internet, patrocinar eventos ou entregar materiais impressos.

É preciso envolver-se profundamente com os clientes, conhecer as vicissitudes de seus negócios, dominar o direito e as técnicas procedimentais, agir com profissionalismo, coragem e dentro dos limites éticos impostos pela profissão.

Por isso a importância do *marketing* jurídico voltado para a melhoria da capacitação do próprio advogado, pois ele é a mola propulsora que permitirá o crescimento e o fortalecimento de sua estrutura de trabalho (sociedade/escritório), e, consequentemente, o aumento da satisfação de sua clientela, fortalecendo sua posição no disputado mercado profissional.

Com base nesses rápidas reflexões, pode-se dizer que a prática do marketing jurídico e o Código de Ética e Disciplina da OAB são absolutamente conciliáveis entre si. Mais que isso, aliás, são interdependentes, a exigir que o profissional do direito observe com o mesmo rigor e constância, tanto os primados da Ética, nos quais se insere o dever de discrição, quanto as regras que norteiam o *marketing* jurídico.

9 À GUISA DE CONCLUSÃO

Ao cabo dessas reflexões, resta dizer que o advogado, mais que qualquer outro profissional, ao receber o mandato para representar o constituinte, em juízo ou fora dele, na defesa de qualquer direito, deve agir de modo combativo sim, mas de forma discreta e íntegra, com a adoção de comportamentos éticos, a fim de se fazer merecedor da confiança que lhe foi depositada.

O art. 133 da Constituição da República distingue a advocacia como *função essencial à Justiça* exatamente porque é na atuação independente do advogado que está a garantia da ampla defesa e do devido processo legal, bases constitucionais que sustentam o estado democrático de direito em que vivemos.

A advocacia, pois, como requisito de validação para o exercício da jurisdição estatal, sem a qual o próprio Estado estaria impossibilitado de "dizer o direito", exige do profissional a adoção de comportamento ético e disciplinar exemplar, devendo agir, sempre, com sobriedade e discrição.

Espera-se que o novo Código de Ética da OAB, em vigor a partir de 1.9.2016, possa servir como orientação e fonte permanente de consulta e inspiração a fim de balizar os contornos da nobilitante profissão da advocacia.

7

LIMITES DA PUBLICIDADE PROFISSIONAL DO ADVOGADO

Valério Ribeiro
Advogado

1 INTRODUÇÃO

A Ordem dos Advogados do Brasil, através da Resolução 02/2015, de 19 de outubro de 2015, aprovou o novo Código de Ética e Disciplina visando, entre outros objetivos, ao permanente zelo com a conduta dos profissionais inscritos em seus quadros.

Se é certo que a ética está afeta aos padrões de caráter e índole do indivíduo, em sua concepção unitária, também é certo que a moral volta-se um pouco mais para os padrões de comportamento havidos em sociedade.

Sendo o advogado indispensável a administração da Justiça[1], na forma estabelecida no artigo 133 do Texto Constitucional[2], sua atuação profissional deverá guardar compatibilidade com a relevante função social que exerce, devendo observar os preceitos éticos e morais no exercício de seu *mister*.[3] O advogado, no exercício de sua função, é alvo dos interesses da sociedade em sua atuação.

---

1 Art. 2º O advogado, indispensável à administração da Justiça, é defensor do Estado Democrático de Direito, dos direitos humanos e garantias fundamentais, da cidadania, da moralidade, da Justiça e da paz social, cumprindo-lhe exercer o seu ministério em consonância com a sua elevada função pública e com os valores que lhe são inerentes. (Resolução 02/2015)

2 Art. 133. O advogado é indispensável à administração da justiça, sendo inviolável por seus atos e manifestações no exercício da profissão, nos limites da lei.

3 Art. 1º O exercício da advocacia exige conduta compatível com os preceitos deste Código, do Estatuto, do Regulamento Geral, dos Provimentos e com os princípios da moral individual, social e profissional. (Resolução 02/2015)

É bom lembrar que um dos objetivos do Estado Constitucional é dotar a Constituição da necessária efetividade normativa[4]. Daí o destaque da profissão e a ideia de que o advogado fala por terceiros na busca por seus direitos[5].

Ademais, a advocacia, assim como qualquer outra profissão inserida no contexto social, está passando por rápidas transformações, seja nos aspectos sociais e ideológicos dos relacionamentos intersubjetivos, seja nas relações mínimas do indivíduo com o Estado.

A ética profissional é contemporânea aos valores da sociedade onde ela é praticada. Apenas para exemplificar, o Conselho Federal de Medicina regulamentou o comportamento ético na profissão através da Resolução CFM 1931/2009. Já o Decreto 1.171, de 22 de junho de 1994, aprovou o Código de Ética Profissional do Servidor Público Civil do Poder Executivo Federal, auxiliando na regulamentação do artigo 37, *caput* da Constituição Federal.

Além disso, o Estado Democrático de Direito e o Devido Processo Legal[6], cláusulas pétreas em nosso tecido normativo e cânones hermenêuticos de interpretação jurídicas, traduzem em relevante promessa de defesa do mínimo existencial do cidadão, em seus aspectos formais e materiais, compelindo o operador da norma a buscar no ordenamento as regras de atuação profissional. Interpretar é sempre aplicar[7].

Se o objetivo principal da Justiça é a pacificação social, pode-se afirmar, de forma indene, que o advogado é um dos instrumentos daquela. Através da atuação desse profissional se busca a entrega da prestação jurisdicional a que o Estado se propõe e que, por sua vez, tem como desiderato a jurisdição. Dizer o direito é pacificar.

No aspecto deontológico, por outro lado, o operador, em especial o advogado, deverá lutar pelo ideal de justiça, pelo cumprimento e respeito ao ordenamento jurídico, pela interpretação reta dos dispositivos, pela conduta atenta à verdade, agindo sempre com lealdade e boa-fé em suas relações profissionais.

---

4 VERDÚ, Pablo Lucas. *O sentimento constitucional*. 1ª ed. Rio de Janeiro: Editora Forense, 2004, p. XV.

5 IHERING, Rudolf Von. *A luta pelo direito*. São Paulo: Editora Martin Claret, 2005, p. 39.

6 Art. 5º...

LIV - ninguém será privado da liberdade ou de seus bens sem o devido processo legal;

LV - aos litigantes, em processo judicial ou administrativo, e aos acusados em geral são assegurados o contraditório e ampla defesa, com os meios e recursos a ela inerentes;

7 CAMARGO, Marcelo Novelino (organizador). *Leituras complementares de constitucional – direitos fundamentais*. 2ª ed. Salvador: Editora Podivm, 2007, p. 18.

Não por acaso o novo Código de Processo Civil estabelece uma série de regras e comportamentos das partes e de seus procuradores na condução das demandas[8]. Aliás, tanto o legislador quanto o juiz, também deverão proceder com adequação[9] aos preceitos éticos.

Nas palavras de Pietro Perlingieri:

> "É necessário que, com força, a questão moral seja reposta ao centro do debate na doutrina e no foro, como única indicação idônea a impedir a vitória de um direito sem justiça. A justiça está derrotada quando a sociedade tende a se consolidar no desvalor dos particularismos individuais ou dos grupos, na recomendação desvirtuada, no interesse a lucrar sempre, mesmo que seja sob forma de propina; quando tende a extorquir ou, o que é ainda pior, quando é obrigada a utilizar formas ilícitas para obter o que lhe compete"[10].

Também agirá o causídico com empenho na defesa das causas a ele confiadas, atuando sempre com independência, senso profissional, em respeito à dignidade das pessoas de bem e a correção dos profissionais que honram e engrandecem a sua profissão[11]. Nenhum receio de desagradar a magistrado ou a qualquer autoridade, nem de incorrer em impopularidade, deve deter o advogado no exercício da profissão, conforme descreve o artigo 31, § 2º da Lei 8.906/94.

---

8 Art. 77. Além de outros previstos neste Código, são deveres das partes, de seus procuradores e de todos aqueles que de qualquer forma participem do processo:

I - expor os fatos em juízo conforme a verdade;

II - não formular pretensão ou de apresentar defesa quando cientes de que são destituídas de fundamento;

III - não produzir provas e não praticar atos inúteis ou desnecessários à declaração ou à defesa do direito;

IV - cumprir com exatidão as decisões jurisdicionais, de natureza provisória ou final, e não criar embaraços à sua efetivação;

V - declinar, no primeiro momento que lhes couber falar nos autos, o endereço residencial ou profissional onde receberão intimações, atualizando essa informação sempre que ocorrer qualquer modificação temporária ou definitiva;

VI - não praticar inovação ilegal no estado de fato de bem ou direito litigioso.

9 CANARIS, Claus Wilhem. *Pensamento sistemático e conceito de sistema na ciência do direito*. 3ª ed. Lisboa: Editora Fundação Calouste Gulbenkian, 2002, p. 18

10 PERLINGIERI, Pietro. *Perfis do direito civil – introdução ao Direito Civil Constitucional*. 2ª ed. Rio de Janeiro: Renovar, 2002, p. 23.

11 Anexo Único da Resolução nº 02/2015 – CFOAB;

É bom lembrar ainda que a relação obrigacional travada com o cliente denota, regra geral, uma obrigação de meio, cabendo ao advogado obrar com o máximo empenho para a entrega de seus serviços. Também se infere em uma relação fiduciária, onde o elemento confiança é causa e motivação da relação contratual.

O presente trabalho tem por escopo a análise do capítulo VIII do primeiro título, em especial aos artigos 39 a 47 da Resolução nº 02/2015 do CFOAB, bem como os limites da publicidade do advogado, em sua atuação profissional.

2 DA ÉTICA DO ADVOGADO

A vida em coletividade pressupõe a coexistência. "Quem habita esse planeta não é o homem, mas, os homens. Pluralidade é a lei da terra", nas palavras de Hannah Arendt. O desejo de viver em sociedade é uma lei natural[12].

Assim sendo, não há como dissociar o indivíduo de seus aspectos coletivos existenciais. Suas atividades se exteriorizam em suas relações com outros semelhantes[13]. Conflitos são inevitáveis e as demandas seguramente desaguarão no último reduto de pacificação social[14].

Nesse sentido, caberá aos atores processuais a condução dos feitos em harmonia com os preceitos deontológicos. Se o advogado é indispensável a administração da justiça, também caberá a ele atuar dentro da mais absoluta ética e respeito com as demais partes envolvidas.

Também lhe cabe, além dos deveres de urbanidade e retidão para com os aspectos processuais, se apresentar com discrição e sobriedade perante a comunidade, assim como estar apto a bem representar seu constituinte. Nos termos do artigo 31 da Lei 8.906/94, o advogado deve proceder de forma que o torne merecedor de respeito e que contribua para o prestígio da classe e da advocacia.

---

12 MONTESQUIEU, *O espírito das leis.* (Introdução, Tradução e Notas de Pedro Vieira Mota. 5ª ed. São Paulo: Editora Saraiva, 1998, p. 81.

13 RÁO, Vicenti. *O direito e a vida dos direitos.* 6ª ed. São Paulo: Editora Revista dos Tribunais, 2005, p. 51.

14 Art. 5º...
XXXV - a lei não excluirá da apreciação do Poder Judiciário lesão ou ameaça a direito;

Além disso, é bom destacar a solidariedade e a assistência judiciária na atuação profissional, sendo esta última traçada como parte de uma das ondas renovatórias do processo propostas por Cappelletti em seu Projeto Florença[15].

Ao advogado cabe também exercer o papel de defensor das classes menos favorecidas, como uma forma relevante de dar uma função social para sua profissão. A solidariedade contribui para o seu aprimoramento pessoal.

Em outro diapasão, o aspecto intelectual deverá ladear o causídico, seja pela constante busca pelo conhecimento, seja na subsunção correta dos casos que lhe são expostos às disposições legais e teses jurídicas por ele apresentadas.

A práxis, umas das categorias do pensamento crítico da escola de Frankfurt, pressupõe o conhecimento dos movimentos sociais cujo sentido é a libertação através da conscientização[16]. Quanto maior o conhecimento, maior a capacidade de argumentação. O social, como objeto de estudo, é uma pluralidade integrada por unidades[17].

Soma-se a isso o fato de que o Direito, assim como sua aplicação prática, está em constante evolução e por melhor que seja o ordenamento jurídico, jamais estará a salvo de críticas[18].

Vivemos a era dos direitos e a grande questão não é mais o de reconhecê-los e positivá-los, mas, implementá-los (*implementation*)[19]. Se o advogado é indispensável à administração da justiça, sua atuação profissional pressupõe, como dito, preparo intelectual e um obrar ético. Sua apresentação em sociedade, porém, deverá estar em consonância com os preceitos da Resolução nº 02/2015, do Conselho Federal da Ordem dos Advogados do Brasil.

---

15 CAPPELLETTI, Mauro e GARTH, Bryant. *Acesso à justiça* (tradução Ellen Gracie Northfleet. Porto Alegre: Sergio Antônio Fabris Editor, 2002, p. 31.

16 COELHO, Luiz Fernando. *Teoria crítica do direito*. 3ª ed. Belo Horizonte: Editora Del Rey, 2003, p. 150.

17 SALDANHA, Nelson. *O jardim e a praça – Ensaio sobre o lado privado e o lado público da vida social e histórica*. Porto Alegre: Sergio Antônio Fabris Editor, 1986. P. 23

18 CAPPELLETTI, Mauro e GARTH, Bryant. *Acesso à justiça* (tradução Ellen Gracie Northfleet. Porto Alegre: Sergio Antônio Fabris Editor, 2002, p. 7.

19 BOBBIO, Norberto. *A era dos direitos*. 16ª ed. Rio de Janeiro: Editora Campus, 1992, p. 77.

3 DAS DISPOSIÇÕES LEGAIS DA RESOLUÇÃO CFOAB 02/015

A Resolução nº 02/2015, do Conselho Federal da Ordem dos Advogados do Brasil, é composta por três títulos. O Título I é voltado para a ética do advogado e é composto por oito capítulos. O Título II, por sua vez, é voltado para o processo disciplinar, sendo composto por dois capítulos. O Título III e último compõe as disposições gerais e transitórias.

Discrição e sobriedade são princípios relevantes na publicidade profissional do advogado, não podendo configurar captação de clientela ou mercantilização da profissão.

O advogado deverá conduzir seus assuntos profissionais de forma discreta, seja por não chamar a atenção ou revelar os segredos de que tem conhecimento, seja por conduzir os feitos sob seus cuidados de forma cautelosa e proba.

Ainda na acepção etimológica, o discernimento daquilo que é correto e justo daquilo que lhe parece algo contrário à norma, deverá fazer parte do cotidiano da profissão. A subsunção legal é um dever do advogado frente ao seu cliente, cabendo àquele revelar a interpretação normativa com a mais absoluta percepção de enquadramento.

Ele deverá saber subsumir as situações existenciais ao ordenamento jurídico, buscando identificar a tese que irá exercer na defesa de seu cliente. Fato, valor e norma, na trilogia de Miguel Reale, como regras de adequação causal, faz parte do cotidiano da profissão. Ao advogado, além de tradutor da lei especializada[20], cabe o exercício do Direito como uma competência de exercer coerção sobre alguém que o viola[21].

Em outro matiz, sob o aspecto da publicidade, descreve o artigo 39 da Resolução CFOAB 02/2015 que a divulgação dos assuntos profissionais deverá ser informativa, discreta, sóbria, sem mercancia da profissão.

Diz o artigo 39 da Resolução CFOAB 02/2015:

> Art. 39. A publicidade profissional do advogado tem caráter meramente informativo e deve primar pela discrição e sobriedade, não podendo configurar captação de clientela ou mercantilização da profissão.

---

20 LORENZETTI, Ricardo Luis. *Fundamentos do direito privado.* São Paulo: Editora Revista dos Tribunais, 1998, p. 57.

21 KANT, Immanuel. *A metafísica dos costumes.* 1ª ed. São Paulo: Edipro – Edições Profissionais Ltda, 2003, p. 77.

Portanto, há uma preocupação do legislador em frear o ânimo do advogado quando da divulgação de sua atuação profissional. Essa regra também evita que grandes bancas de advocacia consigam, através da publicidade, transformar em comércio a defesa de causas jurídicas.

Já o artigo 40, por sua vez, complementa o dispositivo anterior e elenca um rol enunciativo sobre as vedações publicitárias.

Diz o artigo 39 da Resolução CFOAB 02/2015:

> Art. 40. Os meios utilizados para a publicidade profissional hão de ser compatíveis com a diretriz estabelecida no artigo anterior, sendo vedados:
>
> I - a veiculação da publicidade por meio de rádio, cinema e televisão;
>
> II - o uso de outdoors, painéis luminosos ou formas assemelhadas de publicidade;
>
> III - as inscrições em muros, paredes, veículos, elevadores ou em qualquer espaço público;
>
> IV - a divulgação de serviços de advocacia juntamente com a de outras atividades ou a indicação de vínculos entre uns e outras;
>
> V - o fornecimento de dados de contato, como endereço e telefone, em colunas ou artigos literários, culturais, acadêmicos ou jurídicos, publicados na imprensa, bem assim quando de eventual participação em programas de rádio ou televisão, ou em veiculação de matérias pela internet, sendo permitida a referência a e-mail;
>
> VI - a utilização de mala direta, a distribuição de panfletos ou formas assemelhadas de publicidade, com o intuito de captação de clientela.

Como dito, o rol é simplesmente enunciativo e foca a discrição. Certamente o operador adotará a analogia para perquirir situações assemelhadas àquelas que o legislador quis definir como exemplos de publicidade vedada pela Resolução CFOAB 02/2015.

Vale lembrar que para fins de identificação dos escritórios de advocacia é permitida a utilização de placas, painéis luminosos e inscrições em suas fachadas, desde que os anúncios sejam compatíveis com as disposições previstas no artigo 39 da Resolução CFOAB 02/2015:

Ainda sobre a divulgação, o legislador cuidou de tratar, no artigo 41 da Resolução CFOAB 02/2015, que as manifestações literárias do causídico não deverão estimular demandas nem se traduzir em captação de clientela. A discrição deverá ser a tônica nos escritos publicados pelo advogado.

Por outro lado, se o artigo 40 preocupou em relacionar condutas afetas à divulgação do advogado e de seu estabelecimento profissional, o artigo 42 volta-se para o comportamento deste profissional perante a mídia.

Diz o artigo 42 da Resolução CFOAB 02/2015:

Art. 42. É vedado ao advogado:

I - responder com habitualidade a consulta sobre matéria jurídica, nos meios de comunicação social;

II - debater, em qualquer meio de comunicação, causa sob o patrocínio de outro advogado;

III - abordar tema de modo a comprometer a dignidade da profissão e da instituição que o congrega;

IV - divulgar ou deixar que sejam divulgadas listas de clientes e demandas;

V - insinuar-se para reportagens e declarações públicas.

Traçando um paralelo entre o artigo 40 e o artigo 42, que tratam das vedações em sede de divulgação profissional, é possível perceber que no primeiro dispositivo o legislador preocupa-se com a divulgação comercial e com a publicidade da advocacia. Já no segundo dispositivo, o foco é o comportamento do advogado perante a mídia social.

A discrição também dá o tom na interpretação do artigo 43 da Resolução CFOAB 02/2015, e propõe que o advogado, quando da exposição em mídias, deverá visar a objetivos exclusivamente ilustrativos, educacionais e instrutivos, sem propósito de promoção pessoal ou profissional, vedados pronunciamentos sobre métodos de trabalho usados por seus colegas de profissão.

Mesmo quando convidado para manifestação pública, deve o advogado evitar insinuações com o sentido de promoção pessoal ou profissional, bem como o debate de caráter sensacionalista.

Nas publicações profissionais, de acordo com o artigo 44, deverá o advogado fazer constar seu nome ou o número de sua inscrição. Poderá inserir nessas publicações seus títulos acadêmicos, distinções honoríficas relacionadas à vida profissional, bem como as instituições jurídicas de que faça parte, e as especialidades a que se dedicar.

Além disso, nas publicações poderá constar o endereço, e-mail, site, página eletrônica, QR code, logotipo e a fotografia do escritório, o horário de atendimento e os idiomas em que o cliente poderá ser atendido.

Já o § 2º do artigo 44 da Resolução CFOAB 02/2015 veda a inclusão de fotografias pessoais ou de terceiros nos cartões de visitas do advogado, bem como menção a qualquer emprego, cargo ou função ocupada, atual ou pretérita, em qualquer órgão ou instituição. A exceção é o anúncio de professor universitário.

O legislador autoriza no artigo 45 a publicidade e o patrocínio de eventos, bem como publicações de caráter científico ou cultural sobre matéria de interesse dos advogados, desde que sua circulação fique adstrita a clientes e a interessados do meio jurídico.

Vale dizer, a expedição de boletins eletrônicos, a promoção de palestras científicas, mesas de debates e eventos estão autorizadas, porém, em consonância às diretrizes apontadas acima.

A publicidade veiculada nos sítios eletrônicos, por sua vez, também está autorizada. Mensagens e correios eletrônicos estão autorizados a destinatários certos, desde que estas não impliquem o oferecimento de serviços ou representem forma de captação de clientela.

O artigo 46, uma vez mais, informa o que pode e o que não pode fazer o causídico em sede de publicidade na rede mundial de computadores.

Já o artigo 47 traz em seu bojo uma cláusula aberta, abrindo a possibilidade ao Conselho Federal de editar outras normas que não as constantes do Capítulo VIII do Título I da Resolução CFOAB 02/2015.

Porém, ainda que o legislador esteja afeto à operabilidade da norma, franqueando a possibilidade ao Conselho Federal de editar normas sobre o tema, ordena que os novos dispositivos sigam as diretrizes já constantes da Resolução em estudo. Vale lembrar que para o aperfeiçoamento de qualquer sistema, ainda que reduzido a uma Resolução, como a que aqui se debruça, é necessária sua abertura[22] e fluidez, como um sistema em construção. A relação entre o direito objetivo e o seu conhecimento e aplicação só se pode entender com a dialética[23].

---

22 CANARIS, Claus Wilhem. *Pensamento sistemático e conceito de sistema na ciência do direito*. 3ª ed. Lisboa: Editora Fundação Calouste Gulbenkian, 2002, p. 188.

23 CANARIS, Claus Wilhem. *Pensamento sistemático e conceito de sistema na ciência do direito*. 3ª ed. Lisboa: Editora Fundação Calouste Gulbenkian, 2002, p. 124.

4 CONCLUSÃO

Em boa hora a Resolução CFOAB 02/2015 aprovou e modernizou o Código de Ética e Disciplina da Ordem dos Advogados do Brasil. As regulamentações deontológicas tendem a orientar os profissionais a elas vinculados que exerçam o ofício atentos aos preceitos éticos e morais que a profissão exige.

Lutar sem receio pelo primado da Justiça, pugnar pelo cumprimento da Constituição, ser fiel à verdade, proceder com lealdade e boa-fé, empenhar-se na defesa das causas, comportar-se com independência e altivez, exercer a advocacia com o indispensável senso profissional, aprimorar-se no culto dos princípios éticos e no domínio da ciência jurídica, agir com a dignidade e a correção dos profissionais que honram e engrandecem a sua classe são comportamentos esperados daqueles que se dedicam a exercer o *munus* da advocacia.

Se é certo que os objetivos da República perpassam pela construção de uma sociedade livre, justa e solidária, que garanta o desenvolvimento nacional e reduza as desigualdades sociais, bem como que promova o bem comum, certo é, também, que ao advogado, enquanto primeiro intérprete do Direito, caberá obrar em adequação aos primados propostos pelo Conselho Federal, através da Resolução CFOAB 02/2015.

8

ADVOCACIA CRIMINAL E MÍDIA: *os limites éticos da relação*

Waldir Miguel dos Santos Júnior

Advogado

1 INTRODUÇÃO

O tema proposto para enfrentamento nesse capítulo é extremamente tenso. A despeito dessa tensão, é um tema muito caro à advocacia, sobretudo para aqueles que militam na área criminal.

O presente capítulo quer discutir a difícil relação entre advocacia criminal e mídia. A despeito de se chamar a atenção que a relação é por vezes tensa, já se indica desde o início que ela é imprescindível na configuração do Estado Democrático de Direito.

Nesse compromisso, o trabalho visa a estabelecer as fronteiras éticas da relação advocacia/jornalismo, mas, ao mesmo tempo, demonstrar que a independência de cada uma é imprescindível.

Primeiramente, será analisado e ao mesmo tempo denunciado o fenômeno chamado de criminalização da advocacia criminal. Nesse sentido, o texto demonstrará que o direito de defesa não se confunde com impunidade.

Em segundo, o texto procura delimitar os limites éticos da relação advocacia/ jornalismo, não se descuidando da importância de ambas as funções na democracia.

Chegando ao fim, cuidaremos da configuração do Estado Democrático de Direito, fazendo apontamentos éticos sobre a advocacia e jornalismo nesse paradigma.

2 A CRIMINALIZAÇÃO DA ADVOCACIA

Com o aumento de violação de direitos fundamentais ocorrida no Brasil, sobretudo com operações realizadas pela Polícia Federal no combate à corrupção, infelizmente encrustada na República há séculos, a advocacia criminal vem sendo vilipendiada diuturnamente.

Infelizmente, ainda não se compreendeu no Brasil a importância do advogado, na configuração do Estado Democrático de Direito. Não se compreendeu que não existe Justiça sem a presença do advogado:

> **Art. 133.** O advogado é indispensável à administração da justiça, sendo inviolável por seus atos e manifestações no exercício da profissão, nos limites da lei.[1]

Nossa sociedade ainda não conseguiu distinguir o exercício do sagrado direito defesa, com o fato típico aparentemente criminoso. Isso se deve muitas vezes a uma má informação ou informação incompleta repassada à população por uma parcela da mídia.

Não é de hoje que se busca criminalizar a advocacia, principalmente em afastar a defesa técnica como direito fundamental. O que se busca é colocar o advogado como cúmplice do criminoso, como se o advogado fosse aquele profissional que atua na perpetração da impunidade do crime.

Como afirma Salah Khaled Jr.

> Não é a simples retratação demonizada de um advogado específico em um caso particularmente polêmico, ainda que renomados advogados tenham experimentado o sabor amargo do veneno destilado pela criminologia midiática: é a advocacia em si mesma que tem sido vítima de cruzadas morais da grande mídia e até mesmo de entidades representativas de classe que movidas por um impensado sentimento de solidariedade com pares, tratam os advogados como se inimigos fossem. [2]

Nesta esteira, coloca-se o advogado como inimigo[3] da sociedade. O exercício do direito de defesa e as denúncias feitas por violações de direitos e garan-

---

1 BRASIL. Constituição da República Federativa do Brasil de 1988., Brasília, 5 de outubro de 1988. Disponível em: <http://www.planalto.gov.br/cc ivil_03/constituicao/constituicao.htm>. Acesso em: 28 ago. 2016

2 KHALER JR. Salah.H, A Criminalização da advocacia no Brasil. http://justificando.com/2016/02/12/a-criminalizacao-da-advocacia-no-brasil/ acessado em 21/08/2016

3 O Direito Penal do Inimigo é das vertentes da radicalização sistêmica consagrada em Günther Jakobs.

tias fundamentais são interpretados como retórica de advogados para garantir a impunidade de seu cliente.

Extirpando garantias processuais, o direito penal do inimigo pela via do procedimento inquisitório[4] não dialoga com seus cidadãos, uma vez que sua política é meramente vingativa, ou seja, seu objetivo não é o Direito e, sim, manter a ordem social, seja a que preço for.

3 LIMITES ÉTICOS: CÓDIGO DE ÉTICA DO JORNALISTA E CÓDIGO DE ÉTICA DA OAB

Existe uma fronteira muito tênue na relação entre a advocacia criminal e a mídia, porque essa, na sanha da informação, sobretudo daqueles que casos penais que ganham o clamor público, colocam o advogado em situações que ele poderá ferir seu Código de Ética.

A ética do advogado criminalista o impede de fazer julgamentos de seus clientes. O advogado não pode julgar nem moralmente seu cliente. Aliás, nem mesmo a mídia deveria julgar antecipadamente, pois o princípio do Estado de Inocência ou Presunção de Inocência é norma de tratamento:

> A presunção de inocência revela em primeiro lugar uma regra de tratamento, que favorece do indiciado ao réu, desde a investigação preliminar até, e inclusive, o julgamento do caso penal nos tribunais superiores (por tribunal superior entende o órgão judicial com competência em todo território nacional). Todos os imputados (indiciados e acusados) devem ser tratados como se inocentes, fossem, até que se advenha certeza jurídica da culpabilidade oriunda de uma sentença penal irrecorrível. Em segundo lugar, a presunção representa uma regra probatória que exprime através da máxima latina que orienta a apreciação da prova: *in dubio pro reo.*[5]

Infelizmente a mídia, no afã de se mostrar como um veículo a serviço da sociedade, acaba atropelando direitos fundamentais do acusado e, pior, coloca o advogado criminalista como cúmplice do acusado.

---

4 SANTOS JÚNIOR, WALDIR MIGUEL dos; TEODORO, Warlen Soares. O poder do direito penal do inimigo pela via do procedimento inquisitório.: CONGRESSO INTERNACIONAL DE CIÊNCIAS CRIMINAIS, 4., 2013, Porto Alegre. Porto Alegre: PUCRS, 2013. Disponível em: <http://ebooks.pucrs.br/edipucrs/anais/cienciascriminais/IV/17.pdf> Acesso em: 28 agos. 2016.

5 CASARA,Rubens. *Processo Penal do Espetáculo.* Empório do Direito. 2015,p. 33.

Os veículos midiáticos precisam urgentemente compreender a imprescindibilidade constitucional do advogado, precisam compreender que sua função é informar, mas a informação deve ser responsável e não é um direito absoluto. Informar requer responsabilidade e respeito a direitos fundamentais do acusado, bem como do seu defensor.

Uma atitude ética parte de nós para a profissão, ou seja, uma pessoa que não tem retidão, caráter no seu dia a dia também não terá em qualquer profissão. O aluno que "cola" na prova, o político que compra votos, o policial que aceita propina, o cidadão que "fura" fila, ou o jornalista que "inventa" furo de reportagem para vender notícia são exemplos de como uma postura antiética parte de nós mesmos e são levadas as profissões que exercemos.

A busca pelo chamado "furo" de reportagem faz com que alguns jornalistas esqueçam que o jornalismo só informa e presta um serviço à população se estiver limitada por Código Ética. Assim a jornalista Izadora Schmitt nos alerta:

> O compromisso com a verdade e a apuração precisa dos fatos - dois assuntos tão falados em debates sobre comunicação - apesar de já estarem batidos, infelizmente são esquecidos todos os dias por alguns profissionais. A busca pelo furo e a rapidez da notícia hoje tão exigida pelos meios - apesar de terem sua importância para a informação - acabam muitas vezes prestando um desserviço ao público[6]

Infelizmente alguns casos de crimes de repercussão nacional podem ser citados como uma extrapolação dos limites éticos do jornalista, que no afã da notícia rápida acabaram por violar direitos fundamentais do cidadão. O caso de Isabella Nardoni, o de Eloá e o caso do ex-goleiro Bruno são exemplos de como a imprensa atuou irresponsavelmente, com suas raras exceções, é lógico, transformando a cobertura num espetáculo midiático. E, como consequência, o processo penal, um dos momentos mais tensos de uma democracia também foi profundamente espetacularizado. Segundo afirma Schmitt (2004), a maneira como a mídia aborda a violência e a criminalidade fere os princípios éticos, pois muitas vezes as empresas televisivas, visando a alcançar altos índices de audiência, e os veículos impressos, almejando vender a qualquer custo, apelam para o sensacionalismo com o discurso de que estão contribuindo socialmente ao alertar a população sobre o tema em pauta.

---

6 SCHMITT, Isadora. "Ética em desuso". In: Canal da Imprensa, Revista Eletrônica do Curso de Jornalismo do Unasp, 31ª Edição, ano 3, maio/2004. Disponível em: <*http://www.canaldaimprensa.com.br/canalant/especial/trint1/especial26.htm*> Acessado: 20 ago de 2016.

É bom lembrar que o jornalista tem sim um Código de Ética que o limita na divulgação da notícia: Vejamos:

> **Art. 13** – O jornalista deve evitar a divulgação dos fatos: – Com interesse de favorecimento pessoal ou vantagens econômicas; – De caráter mórbido e contrário aos valores humanos.
>
> **Art. 14** – O jornalista deve: – Ouvir sempre, antes da divulgação dos fatos, todas as pessoas objeto de acusações não comprovadas, feitas por terceiros e não suficientemente demostradas ou verificadas; – Tratar com respeito todas as pessoas mencionadas nas informações que divulgar.[7]

No entanto, o advogado também está limitado por uma conduta Ética. Obviamente que não se deve cobrar de um advogado criminalista a mesma conduta do jornalista, pela simples razão de estarem exercendo direitos distintos; um a informação e o outro o direito de defesa; ambos protegidos na Constituição da República de 1988.

A ética do advogado criminalista é distinta da do jornalista, pois a princípio o advogado tem compromisso é para com a defesa de seu constituinte. O advogado criminalista não representa os valores sociais como um todo, para isso existem órgãos estatais fortemente aparelhados que vão buscar a tutela social.

O advogado tem como primado o respeito à lei, zelando pelo seu cumprimento, seja no julgamento de inocentes ou culpados. Todo ser humano tem direito de ser julgado de acordo com as regras do jogo. Inocentes e culpados.

Por certo que o advogado criminalista também está adstrito por regras éticas no exercício do direito de defesa: Vejamos o que diz o Código de Ética Disciplina da OAB:

> Art. 2º (...)
>
> Parágrafo único. São deveres do advogado:
>
> I – preservar, em sua conduta, a honra, a nobreza e a dignidade da profissão, zelando pelo seu caráter de essencialidade e indispensabilidade;
>
> II – atuar com destemor, independência, honestidade, decoro, veracidade, lealdade, dignidade e boa-fé;
>
> (...)
>
> Art. 6º É defeso ao advogado expor os fatos em Juízo falseando deliberadamente a verdade ou estribando-se na má-fé.

---

7 Código de Ética dos Jornalistas . aprovado pela federação nacional do jornalista (FENAJ 1985 atualizado em 2007)

Portanto, na difícil tarefa de uma sociedade que é construir o Estado Democrático de Direito, o advogado criminalista sem dúvida tem um dos fardos mais pesados, pois deve seguir implacavelmente na defesa de seu cliente, mas deve fazê-lo de maneira ética, como se depreende alhures.

Todavia, não é antiético o advogado defender um criminoso confesso, como às vezes quer insinuar a mídia. Pelo contrário, o direito de defesa é para todos, desde o ladrão de galinha ao genocida nazista.

Não cabe ao advogado criminalista julgar seu cliente, isso sim é antiético:

> *Art.21 é direito e dever do advogado assumir a defesa criminal, sem considerar sua própria opinião sobre a culpa do acusado".* [8]

É justamente este distanciamento moral que o advogado deve ter ao assumir uma defesa criminal que o faz o diferente diante da sanha punitiva cada vez mais crescente no Estado brasileiro e patrocinada pela mídia. Sua tarefa realmente não é uma das mais agradáveis, mas necessária na tentativa de reequilíbrio na guerra que é o processo penal. O advogado é o profissional que existe para lembrar a toda sociedade, durante todo o processo, que os fins não justificam os meios; que não há Justiça sem o cumprimento da lei. Ou que não existe boa fé no ilícito.

4 O DIREITO DE DEFESA E LIBERDADE DE IMPRENSA COMO POSTULADOS IRRENUNCIÁVEIS DO ESTADO DEMOCRÁTICO DE DIREITO

A expressão Estado Democrático de Direito é comum e repetida por muitos doutrinadores da atualidade, talvez pela ressonância da expressão, mas poucos sabem cientificamente o significado do termo. Ronaldo Brêtas de Carvalho Dias, através de árdua pesquisa, ousou enfrentar este delicado tema ao assinalar que o Estado Democrático de Direito é a fusão de dois princípios ou sistemas conexos, o Estado Democrático e o Estado de Direito[9]. No entanto, com a marcante dimensão do Estado Constitucional, o estudo do Estado Democrático de Direito só faz sentido quando feito dentro de uma estruturação jurídico-constitucional. É que, *"o Estado Constitucional*

---

8 Código de Ética e Disciplina da OAB.

9 BRÊTAS, Ronaldo de Carvalho Dias. *Processo Constitucional e Estado Democrático de Direito.* 2. ed. Belo Horizonte: Del Rey, 2012.

Democrático de Direito resulta da articulação dos princípios do Estado Democrático e do Estado de Direito, cujo entrelaçamento técnico e harmonioso se dá pelas normas constitucionais"[10].

O Estado de Direito tem como ideia central a retirada do poder centrada na figura do monarca.

O Estado democrático, por sua vez, liga-se à ideia da forma de legitimação do poder exercido pelo Estado, que é o povo[11].

Nessa articulação entre Estado Direito e Estado Democrático a imprensa tem sim um papel vital, sobretudo, o de passar ao público os julgamentos decorrentes de casos criminais; mas seu direito, que também é do povo, não anula outros direitos igualmente importantes na democracia.

A Constituição precisa ser levada a sério, ou como indica Ronald Dworkin ao analisar a primeira emenda da Constituição americana: "*A pergunta que se deve fazer, quando consideramos se é possível renunciar a algum direito constitucional em particular, e a renuncia deixará alguma pessoa numa condição de negar a igualdade pela Constituição?*"[12]

Apesar de ter se referido ao direito americano, tal indagação pode claramente servir ao direito brasileiro.

A resposta a esta indagação passa pela constatação da importância constitucional do advogado no Estado Democrático de Direito brasileiro, sobretudo, no processo penal, quando ele tem a função de reequilibrar a poderosa mão acusatória do Estado. Em outras palavras, o Estado tem um poderoso aparato de persecução criminal (Polícia, Ministério Público) que hoje "caiu nas graças" da mídia formadora de opinião do homem médio brasileiro. Entendendo o imputado como parte vulnerável nessa relação, a Constituição, elevou o advogado à condição de indispensável à administração da justiça, recepcionando desta forma o CPP, quando também elevou a presença do advogado na lide à condição de direito indisponível do acusado a ampla defesa (em sentido material) de seus interesses.

A ampla defesa e o contraditório só se dão por meio do advogado, pois é ele o profissional capaz de estabelecer um diálogo com a parte contrário em ní-

---

10 BRÊTAS, Ronaldo de Carvalho Dias. *Processo Constitucional e Estado Democrático de Direito.* 2. ed. Belo Horizonte: Del Rey, 2012, p.58.

11 Trecho retirado de meu artigo publicado no CONPEDI.Sao Paulo em 2013. http://www.publicadireito.com.br/artigos/?cod=de65a3fb6d48ee7c acessado em 28, agos, 2016.

12 Dworkin. Ronald. Uma questão de principio. Martins Fontes. 2005, pg.591.

vel igualitário. Nesse sentido, vale a pena citar a belíssima lição de Carlos Henrique Soares, sob a estreita relação do advogado no processo constitucional:

> É agente garantidor da legitimidade da decisão judicial, uma vez que o mesmo juridicamente capaz de estabelecer um diálogo técnico jurídico que permite a construção do provimento em simétrica paridade, garantindo o contraditório e a ampla defesa, bem como o controle da jurisdição. [...] É o agente garantidor da democracia da cidadania e da soberania, bem como de direitos fundamentais.[13]

Óbvio que o advogado criminalista está adstrito a padrões éticos no exercício da defesa técnica, como bem lembrou Fábio Konder Comparato no prefácio de A Defesa Tem a Palavra de Evandro Lins e Silva: "a advocacia não se reduz a uma simples técnica, mas liga intimamente a ética superior, fora da qual o desempenho profissional perde todo o sentido e pode converter-se num instrumento de degradação humana."[14]

Desta forma, tanto o exercício da advocacia como exercício do jornalismo são exigências da democracia e não há que se falar de incompatibilidade entre elas. A advocacia, se exercida com consciência profissional, à luz de sua missão constitucional e da ética, é apanágio da Democracia. Também o jornalismo, se feito de maneira responsável e coerente, cumpre sua função informativa e imparcial.

5 CONSIDERAÇÕES FINAIS

Após detida análise dos aspectos acima mencionados, é possível chegar a algumas hipóteses acerca da relação advocacia criminal e a mídia.

Primeira delas; não existe incompatibilidade entre elas, porque ambas estão previstas e protegidas pela Carta Magna de 1988.

Segunda; o direito de defesa não pode ser criminalizado, pois é direito fundamental do acusado e direito do advogado no livre exercício de sua profissão, regulada por lei e por padrões éticos.

Por fim, a relação entre advocacia e jornalismo é apanágio da democracia, sendo que ambas devem ser respeitar e estar limitadas em padrões éticos indicados em Códigos de suas classes.

---

13 Soares, Carlos Henrique. O advogado e o processo constitucional. Belo Horizonte. Del Rey, 2004, p.173-174.

14 Silva. Evandro Lins. *A defesa tem a palavra*. Booklink. 2009, p.15.

6 REFERÊNCIAS

BRASIL. Constituição da República Federativa do Brasil de 1988., Brasília, 5 de outubro de 1988. Disponível em: <http://www.planalto.gov.br/cc ivil_03/ constituicao/constituicao.htm>. Acesso em: 28 ago. 2016

BRÊTAS, Ronaldo de Carvalho Dias. *Processo Constitucional e Estado Democrático de Direito.* 2. ed. Belo Horizonte: Del Rey, 2012.

CASARA,Rubens. *Processo Penal do Espetáculo.* Emporio do Direito. 2015

Código de Etica Jornalista, disponível em http://www.abi.org.br/institucional/ legislacao/codigo-de-etica-dos-jornalistas-brasileiros/

Dworkin. Ronald. Uma questão de principio. Martins Fontes. 2005.

JAKOBS, Gunter; CÂNCIO MELIÁ, Manuel. *Direito penal do inimigo*: noções e críticas. Tradução de André Luis Callegari e Nereu José Giacomolli. Porto Alegre: Livraria do Advogado, 2012.

Novo Código de Ética e Disciplina da OAB. Disponível em http://www.oab. org.br/arquivos/resolucao-n-022015-ced-2030601765.pdf.

KHALER JR. Salah.H, A Criminalização da advocacia no Brasil. http://justificando.com/2016/02/12/a-criminalizacao-da-advocacia-no-brasil/ acessado em 21/08/2016

SANTOS JÚNIOR, Waldir Miguel dos. A contribuição da teoria do processo como procedimento em contraditório à jurisdição democrática.: CONGRESSO NACIONAL DO CONPEDI, 22, 2013, São Paulo.... São Paulo: CONPEDI, 2013. Disponível em: <http://www.publicadireito.com.br/artigos/?cod=de65a3fb6d48ee7ch>. Acesso em: 14 agos. 2016.

SANTOS JÚNIOR, WALDIR MIGUEL dos; TEODORO, Warlen Soares. O poder do direito penal do inimigo pela via do procedimento inquisitório.: CONGRESSO INTERNACIONAL DE CIÊNCIAS CRIMINAIS, 4., 2013, Porto Alegre. Porto Alegre: PUCRS, 2013. Disponível em: <http://ebooks.pucrs.br/edipucrs/anais/cienciascriminais/IV/17.pdf> Acesso em: 14 agos. 2016.

SCHMITT, Isadora. "Ética em desuso". In: Canal da Imprensa, Revista Eletrônica do Curso de Jornalismo do Unasp, 31ª Edição, ano 3, maio/2004. Disponível em: *<http://www.canaldaimprensa.com.br/canalant/especial/trint1/especial26.htm>* Acessado: 20 ago de 2016.

Silva. Evandro Lins. *A defesa tem a palavra*. Booklink. 2009.

Soares, Carlos Henrique. O advogado e o processo constitucional. Belo Horizonte. Del Rey, 2004.

9

AS RELAÇÕES DO ADVOGADO COM OS COLEGAS, AGENTES POLÍTICOS, AUTORIDADES, SERVIDORES PÚBLICOS E TERCEIROS E EVENTUAIS CONFLITOS INTERPESSOAIS

Eduardo Augusto Jardim

Advogado

1 INTRODUÇÃO

Este despretensioso artigo tem como objetivo traçar breves e estritas considerações acerca dos diversos conflitos interpessoais existentes entre advogados em relação a seus colegas agentes políticos, autoridades, servidores públicos e terceiros e o confronto com as eventuais situações aqui apontadas em tese, ante as normas estabelecidas nos novos Código de Processo Civil e Código de Ética e Disciplina da Ordem dos Advogados do Brasil.

Nessa abordagem destacou-se o papel que se espera do advogado em suas relações e consequentes responsabilidades pelos danos processuais e éticos pelos excessos eventualmente cometidos.

2 DEFINIÇÃO DE ÉTICA PROFISSIONAL DO ADVOGADO

Utilizando-se de uma simplista definição de ética, tem-se como origem etimológica a palavra *Ethos* (origem grega) com significado de *ser* e propriedade de *caráter.*

A responsabilidade individual, social e institucional como base dos princípios de ética profissional na informação é retratada por Froehlich (1996) num modelo que compreende o indivíduo, a organização e o ambiente. Da interação entre estes três agentes resultam alguns conflitos de natureza ética, contudo superáveis através da institucionalização de um Código de Ética que contemple princípios éticos e se constitua um referencial capaz de solucionar as diferentes implicações éticas no contexto profissional.[1]

Lembre-se que a ética não se confunde com a lei, embora ela a tenha como uma de suas bases.

Consequentemente age com ética o indivíduo que atua dentro das normas de conduta determinadas pela Lei e impostas pelos costumes da sociedade em que vive.

A maioria das profissões possui princípios deontológicos a reger a postura que se espera de seus inscritos, de modo a pontuar como eles devem se portar dentro dos padrões da sociedade em que desempenha seu labor, regendo seu modo de agir por uma forma proba e sem qualquer intenção de prejudicar a *outrem.*

Para a advocacia foi publicado em 4 de novembro de 2015 um Novo Código de Ética, no Diário Oficial da União, em substituição ao anterior que vigorou por vinte anos.

3 A IMUNIDADE PROFISSIONAL DO ADVOGADO

O instituto da imunidade penal em relação aos crimes de injúria e difamação não é novidade no ordenamento jurídico pátrio. O artigo 142, I, do Código Penal já prevê essa imunidade ("Não constituem injúria ou difamação punível: I - a ofensa irrogada em juízo, na discussão da causa, pela parte ou por seu procurador").

Logo se verifica que o crime de calúnia (Código Penal, art. 138), foi excluído da imunidade prevista no Estatuto da Advocacia, conforme examinado pela doutrina: "Excluem-se da imunidade profissional as ofensas que possam configurar crime de calúnia (...). A tanto não poderia chegar a inviolabilidade, sob pena de esmaecer sua justificação ética, legalizando os excessos, que, mesmo em situações de tensão, o advogado nunca deve atingir. Nestes casos, responde não apenas disciplinarmente mas também no plano criminal. Contudo, mesmo na hipótese de calúnia, é admissível a exceptio veritas"[2].

A extensão deu maior liberdade ao advogado para conduzir sua atividade profissional e, em discussões calorosas, principalmente em juris, não sofrer

---

1 FROEHLICH, T.J (1996) - Ethical Considerations of Information Professionals. In Cadernos BAD. Vol. 1, p. 15-36. ISSN 0007-9421

2 LOBO, Paulo. Comentários ao Estatuto da Advocacia e da OAB. 4ª Ed. 2007. Saraiva, pg. 63

punições a que estaria sujeito a todo o momento pela forma as vezes acalorada dos debates a que estão submetidos os profissionais mormente nos debates com os colegas de profissão, dos representantes do Ministério Público e da Magistratura.

O Código de Ética, em seu art. 2º, reitera a indispensabilidade do advogado à administração da justiça e estabelece os deveres de cidadania, moralidade pública e de paz social.

Por sua vez, a imunidade profissional assegurada ao advogado visa a garantir-lhe liberdade para elaborar a defesa necessária à discussão da causa. Todavia, dita imunidade não é absoluta, e não autoriza ofensas pessoais e deliberadas com intenção de ofender a moral de qualquer dos envolvidos na cena judiciária, cabendo ao profissional responder por eventuais danos decorrentes de excessos cometidos, principalmente na **confecção de peças processuais que exorbitem a defesa técnica dos direitos do patrocinado, bem como violem direitos da personalidade.**

Acerca da limitação da imunidade das manifestações do advogado, como leciona Edson Jacinto da Silva: "Tratando-se de imunidade funcional, como a própria lei diz, refere-se ela exclusivamente às manifestações que guardem relação de causalidade com a atividade do advogado e guardem relação de pertinência e necessidade com essa mesma atividade. [...] Se a ofensa ultrapassar tal limite, ou seja, não for decorrente da necessidade imposta por determinada causa inexiste qualquer imunidade e responderá o advogado como qualquer pessoa. [...]"[3]

Consoante entendimento da 4ª Turma do Superior Tribunal de Justiça: "Não responde a parte pelos eventuais excessos de linguagem cometidos pelo advogado na condução da causa."[4]

O advogado, como qualquer outro profissional, é responsável pelos danos que causar no exercício de sua profissão por seus excessos. Caso contrário, jamais seria ele punido por seus excessos, ficando a responsabilidade sempre para a parte que representa, o que não tem respaldo em nosso ordenamento jurídico, inclusive no próprio Estatuto da Ordem.[5]

---

3 (Silva, Edson Jacinto da A Imunidade Judiciária do Advogado, São Paulo: LED, 2001, p. 48/49).

4 HC nº 4.090/ RO, DJ. 13/03/95.

5 STJ, 4ª Turma, Relator Ministro Sálvio de Figueiredo Teixeira, REsp 16.322, j. 28/06/2001

Assim, como já dito no início, é recomendável a cautela e o bom senso para evitar-se agressões mútuas no calor do debate que, acima de tudo, é demonstração de civilidade e educação.

4 DEVERES ÉTICOS NAS RELAÇÕES ENTRE ADVOGADOS

O Conselho Federal da Ordem dos Advogados do Brasil, baseando-se em seus postulados, estabeleceu os deveres éticos dos advogados que não são em sua essência tão diferentes daqueles que são exigíveis para todos os demais profissionais liberais, sendo que, embora tenha ênfase quanto às prerrogativas da independência e altivez, não deixa também de advertir os inscritos para que regulem seus atos de modo a se tornarem merecedores da confiança da sociedade em que atuam.

Nesse sentido, o Código de Ética da Ordem dos Advogados do Brasil, foi introduzido pela Resolução nº 02/2015 do Conselho Federal da Ordem dos Advogados do Brasil, publicada em 19 de outubro de 2015.

Os advogados, por seu Código de Ética Profissional, têm definido pelo conjunto de normas nele inseridas o dever de cumprimento obrigatório, derivadas essencialmente da ética, denominado deontologia profissional, que por ter expressão normativa leva a que o seu descumprimento faça incorrer o infrator em sanções disciplinares.

Nesse sentido, o Código de Ética e Disciplina da Ordem dos Advogados do Brasil estabeleceu em seu parágrafo único do art. 2º as hipóteses dos deveres inerentes aos advogados.

No magistério de MARCUS CLÁUDIO ACQUAVIVA[6], referindo-se ao referido dispositivo legal do anterior Código de Ética e Disciplina que teve mantida sua redação, arrolou-se dentro de sua classificação os deveres do advogado tidos como os mais primordiais, e que se destacam:

I – Deveres pessoais: a). lealdade; (...); delicadeza no trato.

*III – **Deveres para com os colegas: a) cordialidade**, b) disciplina ética; **c) respeito**; d) colaboração.*

(...)

---

6 ACQUAVIVA, Marcus Cláudio. Ética Jurídica, 1ª ed. Desafio Cultural Editora, 2002, pg. 83.

A propósito, a delicadeza no trato, que se exige do advogado, o mestre assim define:

> *O causídico deve ser modelo de correção e cortesia para com os colegas... há que ter presença de espírito, evitados a* ***arrogância*** *(...)*[7]

Já com relação à **Disciplina ética**:

> *(...)**deve o bom profissional evitar ofender o** ex adverso ou seu **advogado**, que afinal de contas, também está trabalhando dignamente (...).*

Também seguindo nesta mesma linha de pensamento, segundo ANTÔNIO LAÉRT VIEIRA JÚNIOR:

> *"existem quatro exigências fundamentais no comportamento das partes na fase pré-contratual, todas integrantes do princípio da boa fé: a) o dever de informação; b) o dever de lealdade ou correção; c) os deveres de proteção e cuidado; d) o dever de segredo ou sigilo".*

Consequentemente tem-se, então, contrabalanceando os direitos estatuídos no artigo 7º da Lei 8.906/94, os deveres elencados no parágrafo único do artigo 2º do Código de Ética e Disciplina.

Os deveres do advogado não se encerram no cumprimento rigoroso do seu instrumento de mandato dentro dos limites da lei. Ao advogado cabe servir ao propósito de colaborador para uma boa administração da Justiça, ao mesmo tempo que serve aos interesses de seus constituintes que lhe confiaram a defesa e afirmação dos seus direitos e liberdades.

Um advogado não deve se limitar à figura de um demandista, mas também de um conselheiro do cliente, inclusive com o propósito de evitar o ajuizamento de litígios inúteis. Pela sua posição, o advogado assume como uma condição importantíssima e essencial para garantia do Estado Democrático de Direito.

Desse modo, do advogado como integrante e defensor da sociedade em que vive e do estado democrático do direito, se espera a atuação firme na defesa dos que clamam por Justiça, daqueles que se socorrem de seus préstimos na busca da solução de seus conflitos particulares, mas com o devido equilíbrio.

Em decorrência, o Conselho Federal da Ordem dos Advogados do Brasil, baseando-se em seus postulados, estabeleceu os deveres éticos dos advogados que não são em sua essência tão diferentes daqueles que são exigíveis para to-

7 ACQUAVIVA, Marcus Cláudio. *Ob. Cit. Pg. 84*

dos os profissionais, sendo que, embora tenha ênfase quanto às prerrogativas da independência e altivez, não deixa também de advertir os inscritos para que regulem seus atos de modo a se tornar merecedor da confiança da sociedade em que atua.

Tem-se a atividade do advogado como uma *função social, pois ele atende a uma exigência da sociedade. Basta que se considere o seguinte: sem intervenção do advogado, não há Justiça, sem Justiça não há ordenamento jurídico e sem este não há condições de vida para pessoa humana. Logo, a atuação do advogado é condição imprescindível para que funcione a Justiça. Não resta, pois, a menor dúvida de que o advogado exerce função social.*[8]

Assim, o que se espera do profissional da advocacia é alguém que seja detentor de conhecimento jurídico geral, com boa preparação técnica para melhor interpretação das leis, para utilizá-la com a capacidade esperada na rigorosa defesa das posições e dos interesses que lhe são confiados.

Como outrora já observava LIEBMAN, ao ser lembrado por CELSO AGRICOLA BARBI[9] que "*... a habilidade e a sagacidade devem receber um freio e, não podem ultrapassar certos limites que o costume e a moral social estabelecem; ... para os advogados, são colocadas exigências de correção profissional. Em conseqüência, a lei impõe, para alcançar esse objetivo, o dever de lealdade e probidade.*"

CALAMANDREI[10], também citado por Barbi, *compara o processo judicial a um jogo, a uma competição em que a habilidade é permitida, mas não a trapaça. O processo não é apenas ciência do direito processual, nem somente técnica de sua aplicação prática, mas também leal observância das regras desse jogo, isto é, fidelidade aos canônes* não escritos da correção profissional, que assimilam os limites entre a habilidade e a trapaça.

Tem-se, então, que o advogado que exerce com esmero e probidade seus atos não ultrapassa seus limites e cumpre seu papel.

---

8 SODRÉ, Ruy de Azevedo. A ética profissional e o estatuto do advogado. 4. ed. 1975, p. 282. São Paulo : LTR

9 BARBI, Celso Agrícola. Comentários ao Código de Processo Civil, vol. I. Rio de Janeiro: Forense, 2002.

10 ob. Cit. Pg. 121/122

Desse modo, pelo visto, são estas as principais metas norteadoras da atuação profissional do advogado.

Os advogados, por seu Código de Ética profissional, têm definido pelo conjunto de normas nele inseridas o dever de cumprimento obrigatório, derivadas essencialmente da ética, denominado deontologia profissional, que por ter expressão normativa leva a que o seu incumprimento faça incorrer o infrator em sanções disciplinares.

Os deveres do advogado não se encerram no cumprimento rigoroso do seu instrumento de mandato dentro dos limites da Lei. Ao advogado cabe servir ao propósito de colaborador para uma boa administração da justiça ao mesmo tempo que serve os interesses de seus constituintes que lhe confiaram a defesa e afirmação dos seus direitos e liberdades. Um advogado não deve ser limitar à figura de um demandista, mas também um conselheiro do cliente inclusive com o propósito de evitar o ajuizamento de litígios inúteis. Pela sua posição o advogado assume-se como uma condição essencial para a garantia do Estado democrático de direito.

Destarte o advogado não é um simples mandatário, nos termos da própria definição de mandato do art. 653 do Código Civil, destinado a administrar interesses privados do mandante.17 Conforme o art. 133 da Constituição Federal, sua atuação é indispensável à administração da Justiça. Assim, exerce função pública, ainda que represente interesses privados. Daí a principal razão para manter elevados padrões éticos[11]

A solidariedade profissional exige a abstenção de comportamento susceptível de denegrir a reputação da profissão, uma relação de confiança e de cooperação entre os advogados. Porém, a solidariedade profissional nunca pode ser invocada para colocar os interesses da profissão contra os interesses do cliente.

---

11 Eduardo Salomão Neto, em artigo no jornal O Estado de São Paulo, de 13 de abril de 2010, destacou que: "Os advogados recebem por lei importantes privilégios que os cidadãos comuns não têm: postular perante o Poder Judiciário e aconselhar sobre o Direito aplicável a fatos concretos. [...] Na essência do problema da desvalorização da advocacia está a perda de noção pelos advogados da natureza pública do serviço que prestam. Mal que se inicia com a visão de que o advogado é um mero técnico e que a qualidade de seu serviço deve ser aquilatada por sua capacidade de "fazer as transações acontecerem", segundo o lugar- -comum promocional usado por muitos escritórios. Bordão justo na maioria dos casos, mas que esquece a significativa minoria de negócios que simplesmente não devem acontecer, porque na forma ou no conteúdo violam a lei."

Sem o advogado, não haveria Justiça. Os advogados são os alicerces do sistema, na medida em que protegem as leis em vigor. Traduzem para o cliente assistido a apreensão de estratégias retóricas, os ditos, os não ditos e os interditos presentes nos textos jurídicos. A advocacia não é apenas uma profissão, mas uma função de altíssima importância social.[12]

Consequentemente esses são os atributos que se espera de um bom profissional

5 ADVOGADO DE EMPRESA

Os advogados integrantes dos quadros de empresa pública ou privada são profissionais licenciados em Direito com a inscrição na Ordem dos Advogados, que exercem a advocacia em regime de subordinação, em moldes diferentes da prática isolada ou societária.

Referidos profissionais se sujeitam às regras do Estatuto da Ordem dos Advogados do Brasil e seu Código de Ética da mesma forma.

Não obstante, são inadmissíveis quaisquer orientações ou determinações da entidade empregadora que restrinjam a isenção e a independência do advogado, principalmente que objetivem o aviltamento dos honorários dos advogados subordinados a ela.

Como previsto no art. 29 do Código de Ética da Ordem dos Advogados do Brasil, à ela caberá, cientificada da ocorrência de restrições à isenção, independência e que objetivem o aviltamento de honorários de seus inscritos vinculados a referidas empresas, a tomada de medidas adequadas, inclusive com a responsabilização das diretorias ou gerência jurídica para a eliminação da ocorrência, sem contar com a instauração das providências legais.

Ao advogado vinculado ao trabalho, seja de natureza pública ou privada, deve-se garantir e respeitar as suas prerrogativas para que possa desempenhar todas as suas atividades profissionais sem intimidações, obstáculos, coações ou interferências indevidas, mesmo porque é princípio norteador a plena autonomia técnica e de forma isenta, independente e responsável do advogado sem que tenha que se sucumbir ao amesquinhamento de seus honorários.

---

12 LOGO, Oto. Advocacia Contemporânea e Empreendedorismo, Cadernos FGV DIREITO RIO Educação e Direito - Volume 10 - 2014 pg. 143.

6 SOCIEDADE DE ADVOGADOS

A associação de advogados pode ocorrer de fato (irregular) ou segundo o regime jurídico das sociedades de advogados simples, unipessoal ou pluripessoal, cabendo ao Tribunal de Ética e Disciplina da Ordem dos Advogados do Brasil solucionar as controvérsias principalmente ocorridas nas dissoluções societárias (art. 71, V, c do Código de Ética da Ordem dos Advogados do Brasil).

Pelo novel Código de Ética da Ordem dos Advogados do Brasil, em todas as hipóteses elencadas, seja integrante de sociedade formal ou informal, havendo na prestação de serviços profissional o postulado quis dar isonomia entre os advogados que se concorram na atuação profissional.

Desse modo, ocorrendo a atuação plural de advogados, cabe a cada um, individualmente, dispensar ao outro tratamento condigno, destacando-se que em decorrência do interesse comum não é admissível a subserviência ou subordinação, mormente por conta de que o propósito é mutuo.

Da mesma forma, não é admissível a participação indigna com relação a honorários de um em relação ao outro. Nesse sentido, considera-se aviltante toda e qualquer remuneração incompatível cujo proveito seja inferior ao mínimo fixado em Tabela de Honorários aprovada pelo Conselho Seccional da Ordem dos Advogados do Brasil.

7 DEVER DE URBANIDADE DO ADVOGADO NOS PLEITOS ELEITORAIS A CARGO DA ORDEM DOS ADVOGADOS DO BRASIL

As eleições para os cargos de direção da Ordem dos Advogados do Brasil, em seus diferentes niveis, muito se assemelham às eleições partidárias, inclusive no tocante a obrigatoriedade dos votos de seus eleitores (advogados).

Evidentemente que, diante desse quadro, tem-se, principalmente por força do debate das ideias e da ânsia de servir, que sempre se opera o acirramento e, por vezes, os mesmos entraves e equívocos da eleição política partidária.

Em alguns momentos, excepcionalmente, podem ocorrer discussões mais acaloradas em que o bom senso e a razão não prevalecem.

Muitas das vezes as eleições institucionais tomam grande repercussão, envolvendo inclusive a sociedade civil e a comunidade local, expondo as ações dos postulantes aos cargos eletivos à mostra.

A teor do § 1º do art. 29 do novo Código de Ética da Ordem dos Advogados do Brasil, estabeleceu-se finalmente a determinação normativa de que o dever de urbanidade nesses pleitos deve imperar.

A propósito, é imperioso que o advogado tenha plena consciência de seu papel de que deve ser cada vez mais respeitado não só perante sua classe mas por toda a sociedade.

Desta forma, deve o advogado contribuir para que a vontade politica institucional se manifeste sem vícios.

Consequentemente, é imprescindível a prevalência do respeito e cordialidade durante o processo eleitoral da Ordem dos Advogados do Brasil.

8 IDENTIFICAÇÃO DE ALGUNS CONFLITOS INTERPESSOAIS

É sabido que em sua imensa maioria os advogados são cônscios de seus deveres e de suas responsabilidades.

Todavia, muitas das vezes ainda nos deparamos com situações induvidosas perpetradas pela minoria em que, por nítidos interesses pessoais que se desenvolvem entre alguns advogados, e também, ante a falta de uma melhor razoabilidade, vê-se alguns profissionais agirem em total desarmonia, especialmente com fincas a atingir conscientemente o outro profissional, principalmente assacando condutas imerecidas, principalmente nos momentos da apresentação de suas teses nos debates, com evidente exagero nas tintas.

Essas situações, quando extrapolam a normalidade e caem por vezes dentro dos autos, ferem inexoravelmente o principio da boa-fé subjetiva, já que são próprias de despreparo do bom uso do contraditório, porque na profissão da advocacia não se admite tais situações.

É também comum se constatar hipóteses em que a situação ainda mais se agrava, quando advogados se degladiam com requintes de baixezas nas agressões, o que não é aceitável.

Observa-se que na maioria das vezes, elas têm inicio por meio de petições ou mesmo nos debates orais em audiências.

Também deparam-se situações que se caracterizam como inépcia profissional, especialmente quando o advogado não consegue distinguir sua atuação no processo como mero intermediário de seu cliente, ocasião em que age como se parte fosse.

Vislumbra-se, ainda, outras situações em que as diferenças pessoais entre colegas desaguam nos feitos judiciais em forma de desabafo e injúrias, como suposto alívio ao subscritor, mas com inegáveis prejuízos à defesa de seu constituinte.

Outra hipótese que também se verifica é a mudança de postura do profissional da advocacia, até então adequada e transformada em ira quando confrontado em sua tese ao melhor argumento do colega patrocinador da defesa do ex-adverso, o que em nenhuma hipótese contribui para o prestígio da classe.

A propósito, como bem salienta o professor JOSÉ RENATO NALINI[13], os advogados não devem competir entre si, menos ainda se referir desairosamente à atuação do colega.

Nessa mesma linha, define que a grandeza de um causídico se avalia também pela sua postura em relação aos colegas. Relacionar-se com eles de maneira ética, ser leal e prestativo, apenas evidencia a segurança do advogado e aumenta seu prestígio.[14]

Também é causa de discórdia em que se observa os ânimos se exaltarem é a postura contrária a ética quando um colega se dirige diretamente com o cliente do colega quando o último já está constituído, sem o assentimento dele.

Em tais situações temerárias operadas em escritos de peças processuais ou falas impróprias, seus autores, com a postura reprovável assumem seus autores aos riscos de forma consciente, sujeitando-se às penalidades por danos ora processuais e éticos.

É preciso por limites ao desenvolvimento desses conflitos, como bem ensina DIDIER JUNIOR[15]:

> Não se pode confundir o princípio (norma) da boa-fé com a exigência de boa-fé (elemento subjetivo) para a configuração de alguns atos ilícitos processuais, como o manifesto propósito protelatório, apto a

13 NALINI, José Renato. Ética Geral e Profissional. 12ª Edição, Revista dos Tribunais, 2015 pg. 640

14 NALINI, *ob cit.* Pg. 641.

15 DIDIER JUNIOR, Fredie. **Curso de Direito Processual Civil:** Introdução ao Direito Processual Civil e Processo de Conhecimento, vol. 1. 14ª ed. rev. ampl. e atual. Salvador: JusPODIVM, 2012

> permitir a antecipação dos efeitos da tutela prevista no inciso II do art. 273 do CPC. A boa-fé subjetiva é elemento do suporte fático de alguns fatos jurídicos; é fato, portanto. A boa-fé objetiva é uma norma de conduta: impõe e proíbe condutas, além de criar situações jurídicas ativas e passivas. Não existe princípio da boa-fé subjetiva.

Tudo serve para demonstrar aos demais partícipes da relação jurídica processual a desunião e o despreparo de alguns.

A seguir nos itens adiante verifica-se as sujeições processuais e disciplinares a que estão sujeitos os advogados que em tese praticarem atitudes inadequadas.

9 RESPONSABILIDADE POR DANO PROCESSUAL POR PARTE DO ADVOGADO

A primeira punição a que estariam os advogados que não se portam com o devido respeito para com o outro em processo judicial seria a prevista no art. 78 do Código de Processo Civil que veda, às partes e a seus advogados a utilização de expressões injuriosas nas petições.

As referidas expressões injuriosas não seriam aquelas tipificadas no Código Penal relativas ao decoro ou a dignidade, mas sim as que sejam incompatíveis com a praxe forense, dos padrões costumeiros, em homenagem à seriedade do processo.

Como bem anota THEOTONIO NEGRÃO[16]: *Não importa que haja ou não o "animus injuriandi"; "injuriosa", no texto, está em sentido amplo, abrangendo também o uso de palavras aviltantes e de insultos (TJTJESP 123/290).*

A linguagem processual deve guardar esmero e boa técnica jamais constituindo ofensa direta à parte e muito menos ao colega, mesmo que exista qualquer animosidade.

Dentro do processo o advogado não pode exceder aos limites de seu mandato, agredindo ou utilizando palavras impróprias, sujeitando-se inclusive a condenação em responsabilidade civil por danos morais à parte contrária e também ao colega.

---

16 Theotonio, *Código de Processo Civil e Legislação Processual em Vigor. 46ª Ed., pag. 137. Saraiva. 2014*

Neste sentido o SUPERIOR TRIBUNAL DE JUSTIÇA[17] assim orienta:

> " O advogado, assim como qualquer outro profissional, é responsável pelos danos que causar no exercício de sua profissão. Caso contrário, jamais seria ele punido por seus excessos, ficando a responsabilidade para a parte que representa, o que não tem respaldo em nosso ordenamento jurídico, inclusive no próprio Estatuto da Ordem".

Também o artigo 77 do Código de Processo Civil que está previsto no Capítulo II (OS DEVERES DAS PARTES E DOS SEUS PROCURADORES) embora reste indiscutível que o advogado é mandatário, estabelece em seu parágrafo único aplicação de sanção de multa mas ressalva da sujeição os advogados das na hipótese de descumprimento dos deveres processuais por entender expressamente que os profissionais se submetem a seu próprio Estatuto.

Entende-se, todavia, que embora não esteja taxativamente imputado aos causídicos as penas de litigância de má-fé o mandatário que agir com excesso de seus poderes, de forma abusiva, prejudicando conscientemente seu constituinte ou terceiros deve sim ser responsável pela sanção imposta porque a ética é um dos pilares da profissão.

A posição mais dominante nos tribunais é de seguir a norma legal e afastar a punição por dano processual ao advogado e sim à parte mas desde já esclarece que a responsabilidade pela má contratação por ter eleito mal seu constituinte, como destaca-se o aresto do Tribunal de Justiça de Minas Gerais[18]:

> (...) Diante do abuso de direito por parte do advogado, mas, à míngua de previsão legal de condenação dele nas sanções por litigância de má-fé, cabível a condenação do contratante que elege mal seu representante legal. Aplicação dos art. 17, III e 18 caput, ambos do Código de Processo Civil. (...) A pena de litigância de má-fé não é aplicável ao advogado, sendo certo que eventuais condutas culposas ou lesivas devem ser apuradas perante o Conselho de Ética da Ordem dos Advogados, nas esferas administrativas ou judicial, observado o contraditória e a ampla defesa(...)

Nesse ponto é de se discordar, pois se entende que diante de quadro de mal uso do contraditório e de agressões gratuitas, o profissional da advocacia, agindo com dolo ou culpa, viola o dever de proceder com lealdade, boa-fé em juízo, atraindo atraindo pra si a responsabilidade por dano processual previsto

---

17 (REsp 163.221, relator Min. Sálvio de Figueiredo. DJU 5.8.02).

18 Acórdão nº 10707110245172001 MG , Relator: Marcelo Rodrigues, Data de Julgamento: 20/03/2013, Câmaras Cíveis / 11ª CÂMARA CÍVEL, Data de Publicação: 01/04/2013

no art. 17do CPC e também incorrendo na sanção prevista no art. 18 do CPC, instituído para desestimular a prática e evitar a sua reiteração.

Nesta posição o Superior Tribunal de Justiça[19]:

"O advogado, assim como qualquer outro profissional, é responsável pelos danos que causar no exercício de sua profissão. Caso contrário, jamais seria ele punido por seus excessos, ficando à responsabilidade sempre para a parte que representa, o que não tem respaldo em nosso ordenamento jurídico, inclusive no próprio Estatuto da Ordem."

A propósito, com relação à responsabilidade do advogado, o próprio Estatuto da OAB, no seu artigo 32, estabelece, como era de se esperar, que o advogado é responsável pelos atos que, no exercício da profissão, praticar com dolo ou culpa.

10 RESPONSABILIDADE DISCIPLINAR

O processo disciplinar a que se sujeitam os advogados e estagiários regularmente inscritos eventualmente infratores das normas do Código de Ética e Disciplina, o Regulamento Geral, os Provimentos ou do Estatuto, está devidamente previsto nos artigos 70 a 74 da Lei 8.906/94 (Estatuto da Advocacia da Ordem dos Advogados do Brasil).

O próprio Presidente do Conselho Seccional, da Subseção, ou do Tribunal de Ética e Disciplina, *de oficio,* em razão da situação apresentada, têm o dever de invocar a atenção do inscrito para a gravidade do ato, sem prejuízo da instauração do procedimento disciplinar.

No caso, o artigo 31 do Estatuto da Advocacia já recepciona que o advogado deve proceder de forma que o torne merecedor de respeito e que contribua para o prestigio da classe e da advocacia.

Jamais haverá cumprida a norma objetivando o prestígio da classe quando diante de quadro de desrespeito mútuo entre colegas de profissão.

Ao Tribunal de Ética e Disciplina compete o julgamento do feito ético disciplinar, podendo diante da gravidade inclusive aplicar suspensão preventiva.

Destarte, a responsabilidade administrativa a que se sujeitam os inscritos na OAB em casos de comportamento antiética e desleal.

---

19 STJ - 4ª Turma, REsp 163.221, Min. Sálvio de Figueiredo, 28.01/2001

O próprio Estatuto da Advocacia deixa claro em seu artigo 32 que *O advogado é responsável pelos atos que, no exercício profissional, praticar com dolo ou culpa.*

Insta expender que quando em tese constatadas violações de inscritos na OAB (Advogado e/ou Estagiário) ao CÓDIGO DE ÉTICA DA OAB estão sujeitos os agentes as penalidades previstas na Lei 8.906/94 (Estatuto da Advocacia).

Ao estudar estes comportamentos observamos que, em tese, os hipotéticos transgressores do Código de Ética e Disciplina invocam a consagrada liberdade de expressão e a imunidade do advogado.

Nem se cogite que as eventuais falácias, os impropérios e agressões gratuitas produzidas de um colega em relação ao outro podem ser consideradas como imunidade profissional.

Neste sentido, pela relativização da imunidade e liberdade de expressão, assim orienta **PAULO LUIZ NETTO LÔBO**[20]:

A imunidade profissional não exclui a punibilidade ético-disciplinar do advogado (...).

A independência do advogado é uma de suas metas e a liberdade de expressão devem vir com a consequente responsabilidade.

O Tribunal de Ética de Minas Gerais, em decisões acerca de situações semelhantes assim já se posicionou:

EMENTA: Impõe-se ao advogado não só com seus colegas, mas também com terceiros, inclusive em efeitos judiciais, respeito e polidez. Não menos diferente deve ser a conduta de Promotores, Juízes, Servidores. Representação improcedente. Decisão unânime. (P.D. 2.299/00, Ac. 4ªT., 26/04/2001, Rel. Morillo Cremasco Júnior).

EMENTA: Uma das razões de ser da presença do advogado formando o triunvirato da Justiça decorre da necessidade de se filtrar a emoção ou revolta das partes no momento de instrumentalizar os pedidos das mesmas. O advogado tem o dever ético e de urbanidade de expressar em um processo judicial com linguagem escorreita e técnica – sempre sendo racional para não confundir o direito pleiteado com a cólera do cliente. Agredir a parte contrária , mesmo que esta tenha agredido o cliente, é conduta que tipificada o preceituado no artigo 45 do Código de Ética: "Impõe – se ao advogado lhaneza, emprego de linguagem escorreita e polida, esmero e disciplina na execução dos seus serviços". Procedência

---

20 LOBO, Paulo Luiz Netto, *Comentários ao Estatuto da Advocacia e da OAB, 3ª ed. 2002, pg. 55*

da representação com aplicação da pena de Censura. Decisão por maioria. (P.D. 1.105/98, Ac. 2ªT., 23/11/1999, Rel. Rosan de Sousa Amaral).

A sobriedade é a principal característica da linguagem forense.

A lhaneza, a fineza e a educação geralmente do vêm do berço, mas como nem todos tem a oportunidade de recebê-las em seus lares, seria possível uma segunda oportunidade nos bancos escolares, mas, de mesmo modo, as escolas não disponibilizam esta orientação.

Diante desse quadro só restará uma alternativa que será o aprendizado na escola da vida que, fatalmente, ensinará, mas diante de uma situação tormentosa, qual seja a repreensão imposta pelo Órgão de classe.

Neste sentido, é necessário relembrar que cumpre ao Egrégio Tribunal de Ética e Disciplina moderar e julgar as situações desta natureza, visando a coibir que atos equivocados, como os apontados, possam continuar a ocorrer e, dando exemplo àqueles que não seguem as regras providas de força normativa como as previstas no Código de Ética e Disciplina da Ordem dos Advogados do Brasil a que fazemos parte.

O dever de urbanidade, previsto no artigo 27 do Código de Ética e Disciplina da OAB, estabelece a obrigação do advogado tratar seus colegas de profissão, agentes políticos, autoridades, servidores públicos e terceiros em geral, com a devida urbanidade, ou seja, com respeito e consideração, mas, por óbvio, dentro da reciprocidade.

O antigo Estatuto inclusive tipificava em seu artigo 27, III como infração disciplinar: "faltar, de modo inequívoco e injustificado, aos deveres de confraternidade com os demais colegas."

Ora, o próprio antigo legislador já deixava claro que não se deve conviver em um ambiente hostil mas sim saudável, procurando inclusive o estímulo da confraternização.

O direito à imunidade das manifestações do advogado não pode ser ilimitada a ponto de excluir a responsabilidade do profissional por abusos cometidos no processo.

Em situação análoga o Ministro Cunha Peixoto[21] decidiu que:

> "muitas vezes para cumprir fielmente o mandato que lhe foi outorgado, o advogado é forçado, até mesmo constrangido, a denunciar fatos ou emitir conceitos que, embora ofensivos à honra ou à fama alheia, desde que ver-

---

21 (RTJ 90-51)

> dadeiros, são necessários à defesa dos interesses do seu constituinte. Contrário senso, não será tolerado o excesso de linguagem ou veemência que escapem dos limites do razoável e passem a traduzir um comportamento atentatório da honra do magistrado".

A mesma situação deve ser estendida nos atos postulados por escrito ou oralmente entre advogados, sendo comportamento antiético aqueles em que houver o excesso de linguagem ou veemência exacerbada que fuja ao mínimo aceitável.

Toda violência incita a represália, já a urbanidade facilita inclusive a conciliação.

11 CONCLUSÃO

Nessa abordagem buscou-se a discussão de alguns aspectos relevantes no que tange às eventuais conflituosas relações dos advogados com seus colegas, agentes políticos, autoridades, servidores públicos e terceiros.

Para uma boa compreensão procurou-se mostrar as diversas circunstâncias de conflitos e situações, em tese, que eventualmente envolvam os advogados.

Posiciona-se aqui que o que se espera do profissional da advocacia é alguém que seja detentor de conhecimento jurídico geral, com boa preparação técnica para melhor interpretação das leis para utilizá-las com a capacidade esperada na rigorosa defesa das posições e dos interesses que lhe são confiados.

Neste sentido, foram apresentados alguns exemplos concretos onde constata-se que determinados advogados extrapolam o esperado bom senso e acreditam que ficam imunes às suas gratuitas agressões a colegas, autoridades e a comunidade em geral.

Situações como as narradas esbarram na pronta atuação dos Tribunais de Ética e Disciplina das Seccionais que, embora abarrotados de processos disciplinares, vêm cumprido seu mister.

A missão dos advogados é a de encontrar um ponto de equilíbrio na sua atuação profissional para se fazer valorizar e enobrecer a profissão, deixando os problemas exteriores e pessoais fora do ambiente profissional.

A devida harmonia nas relações entre advogados somente será alcançada quando o profissional for capaz de entender a importância de seu papel como construtor de boas afinidades, exercendo a profissão como prometido em seu juramento quando da entrega de sua habilitação, de desempenhar a advocacia com o primeiro atributo, qual seja, a almejada dignidade.

Importante será que todos os advogados tenham a consciência da sua importância na vida das pessoas e dentre elas seus pares, porque os clientes e as causas passam.

Consequentemente, é indispensável que os advogados pautem seus atos nas atividades da advocacia com postura escorreita, seguindo as regras deontológicas instituídas em nosso Código de Ética e Disciplina, que norteiam as posturas que são nossos deveres mínimos na atuação como profissionais do Direito.

O que se espera é que todo advogado cumpra pontual e escrupulosamente os princípios/deveres que norteiam a advocacia, aqui abordados, além daqueles que a Lei, usos, costumes e tradições lhe impõem para a relação com os colegas, servidores e demais autoridades, para que possam contribuir para uma eficiente administração da Justiça.

Finalmente, se os profissionais da advocacia assim agirem, certamente serão valorizados pela comunidade jurídica e naturalmente colherão frutos para alcançarem a respeitabilidade perante toda a sociedade.

12 REFERENCIAS BIBLIOGRÁFICAS

ACQUAVIVA, Marcus Cláudio. Ética Jurídica, 1ª ed.: *São Paulo: Desafio Cultural Editora, 2002, 83.*

BARBI, Celso Agrícola. Comentários ao Código de Processo Civil, vol. I. Rio de Janeiro: Forense, 2002

BRASIL. Código de Ética e Disciplina da Ordem dos Advogados do Brasil.

BRASIL. Lei nº 8.906, de 4 de julho de 1994.

BRASIL. Superior Tribunal de Justiça. REsp 163.221, Min. Salvio de Figueiredo. DJU 05.08.2002

BRASIL. Supremo Tribunal Federal. (RTJ 90-51). Min. Cunha Peixoto.

BRASIL. Tribunal de Justiça de Minas Gerais. Acórdão 10707110245172001 MG , Relator Desembargador Marcelo Rodrigues. 01/04/2013

DIDIER JUNIOR, Fredie. **Curso de Direito Processual Civil:** Introdução ao Direito Processual Civil e Processo de Conhecimento, vol. 1. 14ª ed. rev. ampl. e atual. Salvador: JusPODIVM, 2012.

FROEHLICH, T.J. Ethical Considerations of Information Professionals. In Cadernos BAD. Vol. 1, p. 15-36. ISSN 0007-9421. 1996

LOGO, Oto. Advocacia Contemporânea e Empreendedorismo, Cadernos FGV DIREITO RIO Educação e Direito - Volume 10 - 2014 pg. **143.**

NALINI, José Renato. Ética Geral e Profissional. 12ª Edição, Revista dos Tribunais, 2015

NEGRÃO. Theotonio, *Código de Processo Civil e Legislação Processual em Vigor. 46ª Ed., Saraiva. 2014.*

LOBO, Paulo Luiz Netto, *Comentários ao Estatuto da Advocacia e da OAB, 3ª ed. 2002.*

SILVA, Edson Jacinto da. *A Imunidade Judiciária do Advogado*, São Paulo: LED, 2001.

SODRÉ, Ruy de Azevedo. A Ética profissional e o Estatuto do Advogado. 4. ed. 1975, São Paulo : LTR

VIEIRA JÚNIOR, Antônio Laért. Responsabilidade Civil do Advogado. Rio de Janeiro:Lumen Juris, 2003

10

ADVOCACIA NOS TRIBUNAIS
dificuldades para exercício profissional pleno, segundo as diretrizes do EOAB

Amanda Mattos Carvalho Almeida
Advogada

> *"Agora, porém, de todos os lados ouço gritar: não raciocines! Diz o oficial: não raciocines, mas faz exercícios! Diz o funcionário de Finanças: não raciocines, paga! E o clérigo: não raciocines, acredita! (Apenas um único senhor no mundo diz: raciocinai tanto quanto quiserdes e sobre o que quiserdes, mas obedecei!) Por toda a parte se depara com a restrição da liberdade."* (KANT, Immanuel. Resposta à pergunta: Que é "Esclarecimento"? ("Aufklärung"). In: Textos seletos. Tradução de Raimundo Vier e Floriano de Sousa Fernandes. 2a ed. Petrópolis: Vozes, 1985.)

Por que nós, advogados em pleno século 21, fazemos o que fazemos?

Por que, diante de tantas carreiras públicas, com prerrogativas de *vitaliciedade*, *inamovibilidade* e irredutibilidade de vencimentos, ainda ousamos advogar em um mercado de "salve-se quem puder"?

Cogito que não pelas mesmas motivações que antigamente cortejavam nossos pares.

"Houve um tempo...", dizem os decanos com ar nostálgico, em que o advogado gozava de distinção pública, "bem visto e quisto". Aconselhado pela família a seguir a profissão, recompensado, moral e pecuniariamente, pelos relevantes serviços prestados. Era quase que invariavelmente tratado como doutor, menos por força do Decreto Imperial, mais pelo respeito conquistado.

Centenas de brasileiros que, além de advogados, foram expoentes de variadas áreas sociais, fizeram coro a essa afirmação. Não faltam biografias. A de Rui Barbosa a mais festejada, em justo crédito que a sua história legou. Mas não só.

Centenas de brasileiros "anônimos", que apesar de todas as probabilidades contrárias, advogaram com afinco, ainda que não tenham recebido o merecido reconhecimento, fizeram parte da construção diária do que ainda hoje faz sentido nominar como "Luta pelo Direito"[1].

O advogado "do século passado", ladeado pelos tantos outros operadores do direito, era de fato mais um, sem que houvesse qualquer demérito nisso. Ainda que no cumprimento da igualdade constitucional perante a lei (art. 5º CR), desempenhava um papel destacado. Tinha o dever de auxiliar no *munus* público da pacificação dos conflitos levados ao Judiciário, exercendo função social (art. 2º, §1º do EAOAB). Ainda o tem.

O advogado que, oriundo de sua comarca, ascendia de "entrância", para perfilar os mesmos tapetes vermelhos aveludados que ainda hoje ornam o Tribunal de Justiça das Alterosas, era motivo de orgulho de sua Comarca. Não se trata, evidentemente, de advocacia mais nobre - aliás, palavra em desuso em uma república que se pretende avessa a imperialismos, mas certamente uma advocacia com peculiaridades que a distinguem.

Essa distinção dos Tribunais, que se observa sua arquitetura, rito e até mesmo indumentária, demonstra que, para além da tradição, ao menos por uma razão prática encontra motivação: aquele que se vê diante de uma causa em segunda instância abraça uma preocupação dúplice - se a sentença lhe favoreceu, é instado a mantê-la, aumentando sua responsabilidade - não vá morrer na praia!; se o contrário, tão maior a dificuldade - é tudo ou nada, "minha vida está em suas mãos, Doutor!".

O advogado dos tribunais era aquele que, paramentado, realizava um dos atos mais caros à advocacia: o uso da palavra na Tribuna. Ato derradeiro, minutos preciosos em que mesmo diante de um tempo cada vez mais tecno-lógico (será?) se exercia a advocacia olho no olho.

"E agora, José?" Qual o cenário da advocacia nos Tribunais hoje, 2016 - após a Constituição de 88 e suas 92 emendas?

---

1 IHERING, Rudolf Von. A Luta pelo Direito. Tradução de João Vasconcelos, 16º edição, editora Forense, Rio de Janeiro

Se houve um tempo, já não é mais, *tempus regi actum*. Modernidade líquida, dizem[2]. Quebra de paradigmas. Gestão empreendedora. Processo Judicial Eletrônico.

O neófito advogado alheio à rotina atual dos tribunais, estará diante um cipoal de armadilhas - e não se tratam de meros aborrecimentos, aos quais a jurisprudência pacífica (será?) informa não caber indenização por dano moral.

Aquele outro que, pouco mais calejado já se habituou a tal rotina, encontrará uma bifurcação no meio do caminho já pedregoso: ser intransigente e combativo diante do vilipêndio ao exercício profissional; ou, ainda, amuado e cabisbaixo, não por nata covardia, mas temente à represálias.

Não sem antes muito silenciar, fui guiada ao primeiro caminho. Creio pelo dever legal de expor, como em um cotejo paradigmático (art. 1029 do CPC/2015), essa percepção atual do judiciário das "Cortes". Talvez seja o tempo de revisitamos também essas heranças de outra hora: a adjetivação que antes se fazia superlativa, será, ainda hoje, adequada? Será ainda preciso a reverência afetada, quando o próprio nome Justiça se reveste de soberba significação?

Aqui se propõe um ensaio. Um lugar de fala daquele que ora observa de fora, ora é invocado a dele fazer parte. Este mesmo, que a par desse do atual mandamento constitucional de indispensabilidade (art. 133 da CR), tem sido diariamente aviltado, aviltada. A diferenciação última, infelizmente, ainda é necessária. É preciso lembrar que ainda lutamos na seara do gênero, basta verificar a pequena representatividade nas Cortes.

Admitir e expor incongruências não é incompatível com a coexistência de altos padrões de eficiência. Ao contrário, costuma ser seu pressuposto.

O Tribunal e sua ampla composição precisa se (re)ver, (re) questionar, como que em consulta dotada de abstração, para orientar nossos caminhos de agora. Ou não? Estaríamos prontos e certeiros nesse caminhar?

Não conseguiria fazê-lo pela letra técnica das peças processuais, nem dos artigos pró-forma normatizados. Escolhi a narrativa, fórmula mais viva, como é o direito dos Tribunais. Pelo princípio da celeridade, *"Acabemos de vez com esta flor da moita"*.[3]

---

2 Modernidade Líquida, Zygmunt Bauman.

3 ASSIS, Machado. Memórias Póstumas de Brás Cubas.

O QUE NÃO ESTÁ NOS AUTOS NÃO ESTÁ NO VASTO MUNDO, RAIMUNDO

Negativa de vigência ao art. 5, §1º do EAOB

Meu Deus, por que me abandonaste
se sabias que eu não era Deus,
se sabias que eu era fraco.
Mundo mundo vasto mundo
se eu me chamasse Raimundo
seria uma rima, não seria uma solução.
Mundo mundo vasto mundo,
mais vasto é meu coração.

Carlos Drummond de Andrade ANDRADE, C. D.
Poesia até agora. Rio de Janeiro: J. Olympio, 1948.

Moldura fática: Advogado contratado para proferir sustentação em HC, paciente encarcerado. Recomendado, reconhecido pelos pares e no Tribunal. Autor de tese inovadora, acolhida em casos semelhantes. Como a parte está em cidade distante, sem internet, não obtém o mandato, mas se prepara para o caso normalmente, seguro de que, dada a urgência, não haverá qualquer prejuízo.

Sessão de Julgamento:

- Doutor, em consulta ao SISCOM, verifico que seu nome não se encontra cadastrado nos autos, motivo pelo qual a sustentação está indeferida.

- Pela Ordem, Excelência! O artigo 5º, §1º do Estatuto da OAB prevê expressamente...

- Doutor, a sustentação está indeferida, "o que não está nos autos não está no mundo".

- Excelência, solicito seja registra...

- Doutor, já manifestei pelo indeferimento. Se entender necessário, que alegue tal razão em seu recurso. Meu voto já está disponibilizado, nego provimento, alguma discordância dos pares? (...) Resultado de julgamento: nego provimento.

Das razões de insurgência

Não se desconhece o velho brocardo lançado, que tampouco invalida o referido artigo 5º, §1º da EAOB. Parece clarividente que, sendo lei em plena vigência, é prerrogativa do causídico demonstrar a urgência e, não fazendo a juntada no prazo legal, certamente poderá ser responsabilizado: cível e criminalmente, além de processo perante seu próprio conselho de classe.

Retrato de um Tribunal - e aqui a generalidade infelizmente tem se imposto na práxis - que se quer célere a qualquer custo, em um imediatismo que não mede consequências, atropela direitos e não vê além. Ora, o citado recurso do qual se negou provimento talvez não fosse necessário, após a sustentação. Nunca saberemos. O cliente, por sua vez, jamais perdoará o causídico que - de tão recomendado, contratado às peças, não exerceu seu mister. Pior: sairá descrente do Poder Judiciário.

"OS HOMENS QUE NÃO RECEBERAM VISITAS" [4]

Negativa de Vigência ao Art. 7º - VIII do EAOB

Provérbio: Manda quem pode, obedece quem tem juízo.

Moldura fática: Calejado com a situação, resolve não aceitar novos clientes sem o mandado. É preciso obter efeito suspensivo em Agravo de Instrumento, para manutenção do plano de saúde, rescindido unilateralmente após descoberta de um câncer. Não sem dificuldade, consegue a assinatura do mandato no leito do hospital. Incontinente, parte para despachar com o Desembargador. Mandato em punho e, ainda, nos autos, parte confiante rumo ao gabinete. Tutela de urgência.

Sessão de Julgamento

– *"Boa tarde, gostaria de verificar a disponibilidade da agenda do Dr. Chrysippo, tenho uma medida urgente sob sua relatoria.."*

-*"Dr. Chrysippo? O Dr. não recebe advogados e sua assessoria não está autorizada a fazê-lo."*

– *"Senhora, mas o artigo Art. 7º - VIII do EOAB confere a prerrogativa.."*

– *"Doutor, o caso é que só cumpro ordens. Ordens do gabinete."*

---

4 - Ignácio de Loyola Brandão "Os homens que não receberam visitas". O Homem do Furo na Mão e outras histórias

"Não foi dessa vez, bola pra frente! não desanime, doutor, faça memoriais..." Conforta o outro advogado ao lado, já mais habituado aos nãos.

Das razões de insurgências

Diariamente advogados deixam de ser recebidos: por juízes, desembargadores, procuradores. O relato é por demais conhecido. A questão foi tratada no artigo *"O Divino Magistrado. Entre o pavão e o galo"*[5], que há quase meia década gerou considerável burburinho. Pude ver manifestações diversas de desembargadores desagravando tal artigo, como se ilustrasse situação lunar.

A polêmica e o desgaste, contudo, não parecem ter surtido efeito. Continua a se repetir sem qualquer cerimônia. Há, evidentemente, exceções. Pelo respeito à ampla defesa, à lei, e sobretudo, pelo jurisdicionado, deveriam ser regras.

A INFRINGÊNCIA QUE GEROU A INFRINGÊNCIA, E AINDA A GERA, AINDA

Negativa de Vigência Art. 531 do Pretérito Imperfeito CPC/1973

> "(...) e afinal à presença da realidade, prima,
> que gerou a lembrança e ainda a gera, ainda"
> Uma faca só lamina – João Cabral de Melo Neto

Moldura fática: Ação de indenização. Sentença de procedência, condenando o réu a indenizar o autor em 10 mil reais. Ao entendimento da banca que intentou a lide, justiça realizada. Apelação aviada, ato contínuo, contrarrazões opostas. Sustentação oral realizada pelos patronos de ambas as partes em litígio. Divergência configurada: 2X1; o vencido, pelo provimento parcial, para redução do valor; os vencedores pelo provimento do recurso *in totum*, para declarar a inexistência de direito à indenização. Embargos infringentes propostos.

---

5 Publicado em 07/11/2011 Autor: Bruno Rocha Cesar Fernandes Disponível em: http://www.iamg.org.br/lerpublicacao.php?publicacao=346

Conclusos para despacho

Sexta-feira, às 19:00h, recebe-se publicação do DJE de segunda, informando que os embargos infringentes não foram conhecidos, via decisão monocrática.

Razões de insurgência

Um final de semana de tortura existencial acerca da própria competência, não do recurso, mas do próprio patrono. Teria sido proposto o recurso intempestivamente? Teriam sido recolhidas as custas incorretamente? Terá sido deficiente a procuração, aquela mesma que se deve levar em punho, de novo a assombrar?

Após dois dias de insônia e reflexões processuais de toda a (des)ordem, o acesso ao inteiro teor da decisão, informando, em síntese, que o voto minoritário deve guardar identidade com a sentença, o que não ocorreu *in casu*.

Dias de labor e pesquisa intensa. Dispositivo legal conferido à exaustão. Consulta à exposição de móvitos do CPC e suas alterações legislativas supervenientes, nada à respeito. Nesse sentido, apenas parte da doutrina e de jurisprudência controvertida sobre a matéria.

Agravo interposto. Sob o fundamento central de que o art. 530 do CPC, mesmo após as alteração legislativas, não determinou – nem com muito esforço hermenêutico – a necessidade de o voto vencido adotar a mesma conclusão da sentença. Vale dizer: descabe interpretação extensiva ao caso, pois onde a lei não proíbe ou limita a utilização de determinada via recursal, não pode o Julgador o fazer, sob pena de evidente violação ao princípio da legalidade.

Jurisprudência defensiva consolidada, agravo desprovido. Restará ao procurador procurar o STJ. Não levando a matéria de fundo, mas questão acessória. O jurisdicionado que espere e que tenha sorte, pois, quanto aos óbices sumulares.

E AINDA GERA – "TUDO NOVO DE NOVO"

Negativa de Vigência ao Artigo 942 do Noviço Rebelde CPC/2015

> *"Vamos terminar, inventando uma nova canção,*
> *nem que seja uma outra versão, pra tentar entender que acabou.*
> *Mas é tudo novo-de-novo..."*
> Paulinho Moska – Tudo novo de novo

Moldura fática: Caso difícil, sentença de improcedência. O patrono do apelado, seguro do bom acervo e sentença, entendeu por desnecessária a sustentação na apelação. Re-vira-volta: 2x1. Embargos Infringentes - para o mal ou para o bem - foram para o cadafalso, dele brotando o artigo 942 do CPC. Ufa! Sem mais divergências sobre cabimento. Agora é Julgamento ampliado, todos comemoram. Irá, por obvio, utilizar-se da faculdade de sustentar no novo julgamento. Tem ingrata surpresa anunciada pelo presidente.

Sessão de Julgamento

"Como vossa senhoria não participou do julgamento da apelação está indeferida a sustentação no presente, posto que mera extensão do primeiro."

- *"Excelência, mas o regimento interno - por meio da emenda 03 deste .."*

- *Doutor, a sustentação oral está indeferida."*

Razões de insurgência

Em estréia solo, com vocês, o novíssimo *Codex* de Processo Civil:

Art. 942. Quando o resultado da apelação for não unânime, o julgamento terá prosseguimento em sessão a ser designada com a presença de outros julgadores, que serão convocados nos termos previamente definidos no regimento interno, em número suficiente para garantir a possibilidade de inversão do resultado inicial, assegurado às partes e a eventuais terceiros o direito de sustentar oralmente suas razões perante os novos julgadores."

A intelecção do artigo é tão clara, utilizando-se de forma expressa o "direito de sustentar perante os novos julgadores", que causa alguma espécie ter que advogar o mais do mesmo. O prejuízo parece evidente: se o julgamento comporta divergência é porque a matéria, senão complexa, suscitou dúvidas perante os julgadores, a sustentação poderia auxiliar no aclaramento. Novamente, nunca saberemos.

"QUE REI SOU EU, QUE NÃO SE CURVA?"

Negativa de vigência ao artigo 557 do CPC

"*Uma ira*", Conto de "Para não esquecer",

Clarice Lispector, 5ª ed. Siciliano - São Paulo, 1992

Moldura fática: Processo em primeira instância julgado, sentença de improcedência - elementos probatórios complexos, matéria de fundo afeta a questões técnico-contábeis. Apelação interposta. Cotejo com fundamentos da sentença, pedido de provimento fundado em precedentes atuais do STJ, ênfase na ausência de análise de elementos do acervo probatório. Memoriais já adiantados - adequados ao entendimento da câmara, aguardando PGJ se manifestar.

Conclusos para despacho

No meio tempo, o *push* do andamento eletrônico - como que fazendo jus ao neologismo anglicano, por um empurrão de fato - trás as más novas: *"Nego seguimento à apelação, mantendo inalterada a sentença recorrida, vez que prolatada em conformidade com a jurisprudência dominante desta Corte e do Superior Tribunal de Justiça atraindo a aplicação do art. 557, caput, do CPC/73"*.

Contudo, nenhuma justificativa na decisão quanto à razão pela qual se apontou tais 03 ementas como entendimento predominante - já que não objeto de súmula vinculante, de recurso especial repetitivo. Silêncio, ainda, sobre a identidade paradigmática de fatos entre o caso concreto e os aventados precedentes.

Razões de insurgência

Parece preciso relembrar que o Superior Tribunal de Justiça entende que, para a negativa de seguimento, "é indispensável que os precedentes trazidos à colação pelo *decisum tratem exatamente de todas as questões a serem enfrentadas nos autos.*" (REsp 196.380/SE)

Contudo, em momento se indicou na solitária decisão qualquer elemento que demonstrasse que as teses de apelação eram manifestamente colidentes com a jurisprudência firmada.

Resultado prático: o agravo interno, que certamente virá, será subtraído da sustentação oral. Se sobrevier exercício de retratação, provavelmente despenderá uma sincera lágrima de esperança daquele que se esmerou em sua interposição. Decisões de retratação são como agulhas em palheiros. Dignos em seu labor, mas sobretudo, humanos, os juízes que as proferem.

Lado outro, se vencer em julgamento colegiado, à fórceps, depois de provar o desacerto a que não deu causa, finalmente virá o ansiado julgamento colegiado, ressuscitando o duplo grau de jurisdição tido como natimorto.

Se desprovido, até mesmo porque é da praxe o acompanhamento pelos pares, o STJ dirá que não poderá ser rediscutida tal questão fática de enquadramento, tudo sob o manto da sempre requentada súmula 07 do STJ.

Causa ou deveria causar espanto a banalização da utilização do artigo 557 do CPC/73 de forma absolutamente distinta daquela prevista pelo CPC, em desprestigiosa negativa de vigência ao duplo grau de jurisdição, e ainda, ao direito de ação contemplado no artigo 5º, inciso XXXV da CFRB.

BOM PARA / /

Negativa de Vigência ao Art. 519 do pretérito CPC 1973

> *"Grandes são os desertos e as almas desertas e grandes*
> *Desertas porque não passa por elas senão elas mesmas,*
> *Grandes porque de ali se vê tudo, e tudo morreu.*
> *(...)*
> *Grandes são os desertos e tudo é deserto,*
> *Salvo erro, naturalmente.*
> *Pobre da alma humana com oásis só no deserto ao lado! "*
>
> Fernando Pessoa – Poemas de Álvaro de Campos]

Moldura fática: Sentença de improcedência. É preciso "virar". Há chances, a sentença é contrária ao entendimento do membro ministerial e o acervo controverso. Apelação realizada.

Conclusos para despacho

Dias depois, decisão monocrática não conhecendo o recurso, por alegada ausência de preparo. Recurso deserto.

Razões de insurgência

Não é nova a discussão acerca do *"agendamento de pagamento"* de guia de custas no âmbito deste TJMG. Quanto ao ponto, é importante avançar mais um tento, saindo da análise fria das normas para a análise fática do referido procedimento de guia.

Referido sistema, embora disponibilizado por meio de acesso à internet e de simples entendimento, longe de ideal. É que referido *sistema eletrônico de geração de guias de custas*[6] estabelece, sozinho, a data de vencimento da guia em data muito superior ao prazo recursal. Fato aparentemente simplório, mas de grande relevância prática.

Não se pode simplesmente ignorar esta questão fática quanto ao sistema disponibilizado ao jurisdicionado: não é a parte litigante que confecciona com autonomia a guia para recolhimento das custas. Sua participação se limita a indicar os dados básicos (Nome e CPF; Classe do Recurso a ser Interposto, e, finalmente, número do Processo Originário)

Referida guia a ser gerada pela internet emite data de vencimento aleatória, de forma automática, após fornecimento dos referidos dados. E isto, por si, já é grave, por permitir de forma corriqueira o equívoco. Bastava, para a correção, não impor limite para pagamento, permitindo que a própria parte gerasse tal data - como é praxe para boletos em que consta a data de vencimento em branco.

Não bastasse, o sistema do próprio banco termina por consolidar a possibilidade de equívoco: o sistema bancário automaticamente preenche a data de vencimento idêntica a aquela da guia, a qual só é alterada em caso de expressa digitação do campo pela parte.

Tais considerações podem parecer minúcias técnicas irrelevantes. Não são. Demonstram a necessária tolerância quanto ao equívoco no referido agendamento de pagamento da guia, tal como ocorrera nesse caso. Não se trata de descuido e negligência inescusável, mas de caso tipicamente fortuito. Em outras palavras: justíssimo impedimento.

Tudo isto, à revelia do jurisdicionado, que fica penalizado por questão meramente banal e escusável, ante a indução da data de vencimento gerada automaticamente pelo próprio sistema de geração de guias e com posterior preenchimento automático do banco. "Perdem-se os dedos e as mãos" em questão absolutamente alheia ao direito material, distanciando-se da instrumentalidade das formas e do princípio da efetividade.

Bastaria a observância do art. 519 do CPC1973, anteriormente citado, já que o recorrente *provou* o "justo impedimento". Não é à toa que o novo código expressamente garantiu o direito ao recolhimento em dobro antes da pecha de deserção (artigo 1007, §4º CPC/2015)

---

6 Sistema de emissão de guias pela internet Disponível em http://www.tjmg.jus.br/portal/processos/guias-de-custas/emissao-de-guia.htm

Não basta o Estado realizar a jurisdição, mas antes, garantir o acesso à tutela jurisdicional, mormente a recursal, deixando de impor limitações que objetivem apenas banir a proliferação recursal, vale dizer: os critérios estabelecidos, além de formalmente válidos devem ser legítimos quanto à égide do acesso à justiça.

"SOBRE O TEMPO"

Negativa de Vigência ao Artigo 554 do cpc/1973 e artigo 5° , inciso lv , CR/88

> "Tempo, tempo mano velho
> Falta um tanto ainda eu sei
> Pra você correr macio
> Como zune um novo sedã" Sobre o Tempo – Pato Fu

Moldura Fática Caso criminal, preliminar de prescrição e mérito pela absolvição, ambos são favoráveis, embora a absolvição em maior extensão. Quero sustentar. O jurisdicionado, vulgo cliente, me contratou para isso. Tenho em mim a lembrança de que tal direito é inderrogável. Subo paramentada à tribuna. A palavra me foi franqueada.

Sessão de Julgamento

"Excelentíssimo Desembargador. Presidente, Douto Rela..."

"Pela ordem, Doutora, meu voto..."

"ator"

"... está de acordo com suas pretensões, motivo pela qual questiono se ainda tem interesse em sustentar. "

"Serei brevíssima, Doutor."

"Doutora, se a senhora insistir em sustentar eu vou pedir vista do processo e não retorno com ele tão cedo. ***Meu tempo é curto pra que eu ouça uma sustentação desnecessária****, que não vai mudar meu voto que entendo favorável."*

Razões de Insurgência

Com a palavra, o Supremo Tribunal Federal: *"(...) - A sustentação oral - que traduz prerrogativa jurídica de essencial importância - compõe o estatuto constitucional do direito de defesa. A injusta frustração desse direito, por falta de intimação pessoal do Defensor Público para a sessão de julgamento do recurso especial interposto pelo Ministério Público Federal, afeta, em sua própria substância, o princípio constitucional da amplitude de defesa. O cerceamento do exercício dessa prerrogativa - que constitui uma das projeções concretizadoras do direito de defesa - enseja, quando configurado, a própria invalidação do julgamento realizado pelo Tribunal, em função da carga irrecusável de prejuízo que lhe é ínsita. Precedentes do STF. (...) notadamente em sede de persecução penal, atende a uma imposição que deriva do próprio texto da Constituição da República, no ponto em que o estatuto fundamental estabelece, em favor de qualquer acusado, o direito à plenitude de defesa em procedimento estatal que respeite as prerrogativas decorrentes da cláusula constitucional do "due process of law". Precedentes. (...)"* (HC 103955 MC, Relator(a): Min. CELSO DE MELLO, Segunda Turma, julgado em 06/09/2011, DJe-229 PUBLIC 22-11-2012)

"QUEM VÊ CARA NÃO VÊ CORAÇÃO"

Negativa de Vigência ao Artigo 554 do cpc/1973 e ao artigo 5°, inc. lv, CR/88

"Agora vou mudar minha conduta,
Eu vou pra luta pois eu quero me aprumar
(...)
Meu terno já virou estopa e
Eu nem sei mais com que roupa
Com que roupa que eu vou pro samba que você me convidou?"

Com que roupa eu vou - Noel Rosa, 1930.

Moldura fática: Advogado em início de carreira, simples, chega com antecedência ao Tribunal de Justiça. Com alguma dificuldade, consegue encontrar a sala e câmara correta. Confirma sua inscrição já realizada via email. Ajeita-se e aguarda confiante sua vez de sustentar. É anunciado. Alvíssaras!

Sessão de Julgamento

"Excelentí.."

"Doutor, o senhor não está com os trajes ideais para o ato solene, pois está sem gravata, está indeferida sua sustentação.."

"Presiden.."

"Indeferida. Próximo da pauta, número 666"

Razões de insurgência

Não se trata apenas e tão somente do cerceamento do direito à sustentação, mas, sobretudo, de aviltamento à dignidade do profissional, balizado pelos seus trajes e não pela seu conteúdo. Questão principiológica, comezinha. Nada mais.

"O QUE SERÁ, QUE SERÁ?"

Todos esses micro contos são "baseados em fatos reais". Não é preciso referenciar os *leading cases*. HHHhhhá testemunhas idôneas e compromissadas: serventuários, advogados, jurisdicionados, e os vários megabytes de arquivos de áudio armazenados das sessões. Dia após dia, sucessivos episódios ocorrem diante de olhares no mais das vezes cabisbaixos.

Não há preocupação estatística com a abrangência destes casos. Entendemos que cada um - ainda que isolado fosse - seria mais que suficiente para o assombro.

O relato é, tanto quanto possível, objetivo. Se causar alguma perturbação e perplexidade, terá surtido seu minimamente seu efeito.

Será possível que se acredite piamente, que não há nada que não esteja indo bem nos Tribunais? Não é preciso evocar Hamlet. Temos nosso Macunaíma.

É preciso, portanto, voltar ao mote que iniciou o presente.

Nesse cenário em que o advogado deve consentir com o cerceamento do direito à sustentação, deve conhecer a interpretação desembargadorial - a depender da câmara e de seu presidente condutor, do sistema de guias, vale à pena advogar nos Tribunais? Há quem advogue de consciência serena, pela existência de segurança jurídica nesse cenário?

Por que - ainda e sempre - fazemos o que fazemos[7]? Por acreditar - quiçá ingenuamente, que a Constituição nos legou esse dever-poder de sermos indispensáveis à Administração da Justiça (art. 133 da CR). "Navegar é preciso, viver, não."[8]

A urgência de mudança da situação que denunciamos de forma nua parece-nos evidente: é no Tribunal que irá se formar a jurisprudência que o alvissareiro CPC determinou ter o dever de se manter "estável, íntegra e coerente" (art. 926 do CPC). Quase um ente personalizado esta jurisprudência, descrita assim faceira.

Gostaria de poder conhecer essa prudência serena. Uma jurisprudência para se conversar, alguém em quem se confiar, senão para ganho da causa, para desestimular a proposição de lides temerárias, para poder balizar a advocacia consultiva, de prevenção a litigiosidade. Um sistema de precedentes - e que assim seja - que ousamos, diariamente, tentar auxiliar a construir, quando citamos à exaustão os precedentes mais recentes das câmaras e os motivos de sua similitude com o caso concreto.

O mandamento à jurisprudência, poderia também orientar a postura daqueles nos tribunais. O injustificado *não posso te atender* de hoje, do servidor público (sem distinção de cargos), *é o não p*ara o cidadão de sempre: pro seu filho, seu pai, para si.

Não podemos ignorar a realidade, não podemos falseá-la. Expomos as mazelas para combativo enfrentamento, para a superação. Silenciar nesse caso, antes de ato de suposta pacificação, é ato de comodismo com o que é de longe, intragável.

Não será mesmo possível acreditar em uma cultura na qual, o reconhecimento do erro, é o primeiro passo para a superação? Auto-ajuda pura e banal, mas sistematicamente inobservada por todos aqueles que fazem o Tribunal. Nós, advogados, inclusive. Ei, você aí!

O que houve, nesse meio tempo, para que chegássemos a tal estado de coisas? O que houve para que o advogado perdesse prestígio perante a sociedade e, pior, perante os seus, que um dia por essas mesmas águas se batizaram?

Não se ignora que este cenário não é fruto isolado de uns e outros. Cá do direito, sabemos todos da hipocrisia contida em ilações simplistas.

---

7 Por Que Fazemos O Que Fazemos? - Mario Sergio Cortella⊠

8 Provérbio

Das primeiras faculdades de direito no Brasil, ainda de 1827, somos hoje um país recordista em formar bacharéis. É preciso autocrítica: o direito de hoje é, majoritariamente vocacionado para atender ao mercado e sua litigiosidade, ainda que combatida por meio da conciliação e mediação. Repito: o direito está-hoje vocacionado para caminho outro desde os bancos da academia. Direito esquematizado. *"Alguma discordância? Conclamo o resultado."*

Houve, evidentemente, inversão clara de um valor que se entendia perene: aptidão e senso de justiça. Importa hoje, tanto ao bacharel quanto ao servidor, muito mais a famigerada estabilidade de vencimentos do que um servir dignificante.

Novamente, não se ignoram as parcas e enrustidas exceções, de profissionais quiçá vergonhosos por ousarem acreditar em utopias tão anacrônicas nesse pós-tempo.

Não há só problemas movediços. Somos resilientes e ainda que com vagar, avançamos. Somos todos expectadores e atores da atual cultura de metas, definidas pelo Conselho Nacional de Justiça desde 2009[9]. Metas necessárias, reflexos da modernização e gestão de um Judiciário que almeja a eficiência.

A capacitação do julgador para com o correto enquadramento legal parece não ser o problema maior, dentre essas cenas todas, porque delas se anuncia sobretudo um ignorar o respeito ao outro, ao direito vindicado pelo outro, ainda que para polidamente dizer que não se aplica ao caso. Não à toa, tanto e tanto tempo se repetiu como mantra que o "Tribunal não está obrigado a enfrentar todos os argumentos elencados pelas partes".

O Tribunal está obrigado a quê, afinal?

É uma questão simples, não deve ser lida com acidez! O que falta aos Tribunais e a aqueles que nele militam, para que o prestígio mútuo de outros tempos volte a ter viço?

A lei que dita o fino trato com os advogados está aí, desde nosso treta-campeonato, ainda que revisitada. O que é preciso para o seu cumprimento?!

Foucalt[10], em sua filosofia mais que contemporânea, relembra de forma didática uma "questão de ordem". Não sem antes invocar mote de outro clássico: *"Prestem atenção, diz Kant a seus leitores, não é nos grandes acontecimentos que*

9 Disponível em: *http://www.cnj.jus.br/gestao-e-planejamento/metas*

10 FOUCAULT, M. O que é Iluminismo? Trad. Wanderson Flor do Nascimento. Disponível em: http://michel-foucault.weebly.com/uploads/1/3/2/1/13213792/iluminismo.pdf Acesso em:02/09/2016

devemos buscar o signo rememorativo, demonstrativo e prognóstico do progresso; é nos acontecimentos bem menos grandiosos, bem menos perceptíveis. Não se pode fazer essa análise do presente no que diz respeito a esses valores significativos sem nos entregar a um cálculo que permita dar a isso que, aparentemente, é sem significação e valor, a significação e o valor que buscamos. O que é esse acontecimento que não é, então, um "grande" acontecimento?"

Por isto tudo, não obstante a importância de tais "normas programáticas" - quer seja do CNJ e dos Tribunais, acreditamos ser a meta óbvia, voltar ao básico. Reencontrar a essência na relação com o servil representante do jurisdicionado. Será o gesto diminuto, potencialmente apto a provocar ruptura?

Nunca saberemos?

Será inútil a súplica para a prática da isonomia que se vê nos votos acerca do princípio de mesmo nome? A igualdade do artigo 5º da CR, a igualdade relembrada no do EOAB - que muitos, aliás, esquecem ser Lei Federal.

Simplicidade e ética - no exercício da presidência e vice-presidência! O resgate à cordialidade, à polidez, como plataformas de gestão. A empatia. O afeto. Com o outro, ex-adverso, servidor, doutor ou não.

Um Tribunal que se reconhece em uma origem básica: viemos todos dos mesmos bancos de faculdades e cá estamos equidistantes na Tribuna, sob os olhos de todos. Servimos a todos.

A sociedade precisa dessas classes unidas. Tão mais a Constituição, já tão esfacelada em seus retalhos emendados, sem falar das nossas 15 mil e algumas leis infraconstitucionais. Paro por aí, não me estendo aos criativos e variados instrumentos normativos que legislam sorrateiros.

Para aqueles que, sem partidarismos ideológicos, abstraem ética de conteúdos diversos, serve a lembrança de que "*Se alguém quiser ser o primeiro, será o último, e servo de todos*" **(Marcos 9:35)**

São essas considerações e provocações do hoje, sinceramente externadas, que esperamos que não façam qualquer sentido para os operadores do direito dos Tribunais do amanhã.

11
ATIVIDADE ADVOCATÍCIA NO INTERIOR: *desafios e dificuldades*

Getúlio Guilherme Silva
Advogado

Sou um velho e calejado advogado do interior (São João Del Rey e comarcas vizinhas), com 84 anos de idade, formado em 10/12/1958 , pela Faculdade de Direito da Universidade Federal de Minas Gerais - atualmente , o decano da advocacia militante nessa região...

Quando ingressei na faculdade, em 1954, todo calouro, sempre vaidoso, tinha uma linguagem por demais peculiar. Por exemplo: nunca falava em Jesus Cristo , mas em Jota Cristo : - ***"Jota Cristo já dizia amai-vos uns aos outros..."***

Bons tempos aqueles...Numa reunião do "Centro Acadêmico Afonso Pena" o então estudante Segismundo Gontijo afirmou, em certo trecho de sua oração :

-***"...Assim como Pilatos , eu também lavo meus pés !***

Muitas vozes se levantaram, em protesto, retrucando:

-***"...Minhas mãos e não meus pés ...".***

Ágil e de aguçada inteligência, ele logo retrucou :

-***"...vá dizer que ele também não lavava os pés !!!...".***

Importante : Dr. Segismundo Gontijo se tornou um famoso advogado, especialista em direito de família, defensor intransigente dos direitos da mulher. Tanto isso é real que, por brincadeira, um colega , numa reunião, disse para ele:

"...Segismundo, quando o "Estado de Minas" chega em casa, a primeira coisa que faço, é rasgar a página, dedicada a seus comentários jurídicos. Só depois , é que deixo minha mulher ler o jornal..."

Na faculdade, você tem colegas e amigos. Dentre meus amigos, sobressaíam, entre outros , Ney Drumond (de saudosa memória) e Sebastião Machado Filho , que tiveram a feliz ideia de fundar a " *Academia dos 13*"...

Dessa forma , convocaram mais 11 amigos (eu , Osmar Barbosa, Wênio Balbino , Aguinaldo Fleury , Dálcio Barroso , José Machado Sobrinho , Múcio Athaíde , Genival Tourinho e Antonio Jamin (mas sempre apareciam outros colegas), que juntamente com os dois, nos tornamos imortais, fundadores da aludida "*Academia dos 13*" , cujo objetivo era regar o amor à cultura com o prazer da bebida ...

Assim, nós, os notáveis acadêmicos/imortais, nos reuníamos, religiosamente, todo sábado, a partir das 23 horas, sem tempo para acabar, na Cantina Beirão, situada na Rua Espírito Santo, no "*centrão de BH*" (depois, passamos para outros botecos)...

Enquanto bebíamos umas e outras (especialmente pingas e cervejas) discutíamos os acontecimentos da semana, jornalísticos e acadêmicos .

A seguir, um dos acadêmicos, escolhido na reunião anterior, em sistema de rodízio, defendia um tema jurídico, também já indicado anteriormente , o qual era debatido por todos, com homéricas discussões...

Posteriormente, acontecia a chamada "*seção livre*", quando cada acadêmico escolhia, naquela mesma hora, um tema de qualquer natureza, para que o colega de lado falasse de improviso sobre ele. Por exemplo: "*Você é Joaquim José da Silva Xavier e irá exortar os conjurados a serem mais combativos...*".

Rendo minhas mais sinceras e luminosas homenagens à preciosa "*Academia dos 13*", que funcionou até nossa formatura e que representou um marco vitorioso na nossa vida cultural e profissional...

Pois bem...Em 1959, era eu, além de advogado, jornalista do "*Diário de Minas*", sendo que, no dia 20/01/1960 , juntamente com o Dr. Ivan Della Croce, nos transferimos para São João Del Rei, nossa terra natal, onde abrimos nosso escritório de advocacia.

Tratava-se de um escritório bem simples, mas alicerçado com as armas principais de um precavido advogado: uma preciosa caneta-tinteiro Parker 51 (naquele tempo ainda não existia a esferográfica), uma máquina de escrever Remington , um Vademecum , além de vários livros de direito, especialmente as seguintes joias, hoje raríssimas, que conservamos com muito amor – a coleção completa de " Comentários ao Código Penal", de Nélson Hungria, 1ª edição, de 1958, com 10 volumes; " Código de Processo Penal Brasileiro Anotado", de Eduardo Espínola Filho , com 08 volumes, 4ª edição, 1956 ; " Código Civil Brasileiro Interpretado", de Carvalho Santos, com 27 volumes, 3ª edição, 1958; " Código Civil", de Clovis Bevilaqua, com 06 volumes, 10ª edição, 1957; "Comentários ao Código de Processo Civil", de Pontes de Miranda, com mais ou menos 17 volumes, edição de 1958 e que sumiu misteriosamente, obrigando-me a substitui-la pelos "Comentários ao Código de Processo Civil", do mesmo Pontes de Miranda, mas com "atualização legislativa de Sérgio Bermudes" , com 16 volumes , edição 1995...

Importante: Clovis Bevilaqua tinha um poder de síntese tão aguçado que comentou o Código Civil daquela época em 06 volumes, enquanto Carvalho Santos o comentou em 27 volumes. Por sua vez, Nelson Hungria era considerado o papa do direito penal e Pontes de Miranda imbatível no processo civil...

Naquele tempo, somente existia, em São João Del Rei, uma meia dúzia de advogados militantes, dominadores de todas as áreas da advocacia. Éramos todos advogados de clínica geral!!!

Por outro lado, era muito difícil e complicado se formar em direito , uma vez que ainda não existiam as Faculdades de Barbacena , Lafayette e de São João Del Rei. Assim, o estudante, de parcos recursos, só tinha um caminho: estudar muito para conseguir passar na UFMG de Belo Horizonte...

Pois bem, dava para sentir, perfeitamente, que referidos advogados, quando de nossa chegada, não gostaram nem um pouquinho da presença de mais dois advogados intrometidos...(coisas típicas do interior...).

Todavia, a "*guerra fria*" por eles deflagrada durou pouco tempo, pois havia serviço para todos e o coleguismo logo sobressaiu...

Lembro-me muitíssimo bem do meu primeiro cliente. Nosso escritório ficava no final de longo corredor, a céu aberto. Estava eu , sozinho, na minha mesa de trabalho, quando ouvi passos firmes e fortes de alguém se aproximando...

Confesso que fiquei tremendo de medo de fracassar, de não saber responder às indagações e dúvidas do cliente, o que no interior, significava uma sentença de morte advocatícia, pois seria objeto da mais irônica e ferina censura comunitária...Respirei fundo e, inspirados em meus mestres, pensei: seja lá o que Deus quiser !!!

Apareceu, então, na minha frente, um homem muito alto e forte, de vastos bigodes pretos, numa cara típica de "*lobo mau*". Aí, é que amarelei de vez !!!

Sua voz mais parecia o "*rugir de um leão*". Respirando fundo e tomando coragem, mandei-o sentar e expor o seu problema. Pois bem, para encurtar a história, meu cliente se chamava Pedro Moreira Sandim e resolvi o seu caso de uma maneira tão feliz, que nos tornamos amigos de tal sorte, que sempre que eu viajava, a serviço, pelas comarcas vizinhas, ele ia comigo, como se fosse o meu guarda-costas .

A partir dessa primeira e angustiante experiência, dessa exasperante "*prova de fogo*", minha advocacia fluiu firme e alvissareira e um pouco lucrativa, eis que não corria dinheiro nessa região, cuja única renda provinha das fábricas de tecido e do funcionalismo público (exército e grupos escolares). Nossas propriedades rurais sempre foram muito modestas, com pouca produção agropecuária.

Assim, os principais tipos de ação, transitantes nessa região, eram : ação alimentícias, possessórias, usucapião, despejo, cobrança, desquite e trabalhistas...

Graças ao bom Deus, existiu, desde o princípio de nossas carreiras, uma enorme afinidade e luminosa simpatia entre nós, os juízes, promotores, os serventuários da justiça e demais advogados de nossa querida comarca. Éramos, naqueles felizes tempos, uma grande família forense!!!

Muito mais que profissionais do direito, éramos todos fiéis e leais amigos uns dos outros, tratando e sempre sendo tratado com carinho e fidalguia. Não havia cancela separando o advogado do gabinete do juiz e nem das secretarias. A entrada era franca e risonha . O tratamento sempre de primeira classe .

O MM. Juiz da 1ª Vara Cível era o Dr. João Gomide Leite e o da 2ª Vara o Dr. Ângelo da Mata Andrade, ambos de saudosa memória, que cuidavam, também, da Vara Criminal, da Vara de Família e da Vara de Execuções Fiscais.

O Dr. Ângelo era um pouco sério, mas de alma amistosa. Uma vez, um roceiro desavisado perguntou se ele era o sobressalente do Dr. Ramalho (um procurador de partes, que ocupava um cômodo no fórum). Respondeu ele: você está me achando com cara de pneu???

Já o Dr. Gomide, sempre sorridente e atencioso, na sua peculiar filosofia, afirmava que, para o advogado, só existiam dois tipos de sentença : a "luminosa" , quando ele ganhava a ação e a "leguminosa" , quando perdia ...

Ganhei, com o tempo, um bom dinheiro, mas também, às vezes, leitões, ovos, galinhas e apetitosos doces e biscoitos. Tudo sempre foi festa e felicidade, pois a única coisa que sei fazer, até hoje, e que me faz muitíssimo feliz, é defender, com "unhas e dentes", os sagrados direitos de meus clientes .

Registra-se, mais, que morava na casa de meus pais e para pagar o aluguel e outras despesas do escritório, passei, desde o início, a ministrar aulas de português na Escola Técnica de Comércio Tiradentes, bancada pela Associação Comercial e Industrial de São João Del Rei. Um feliz legado à juventude estudantil menos afortunada de São João Del Rei.

Num domingo, por volta das 11:00 horas, no primeiro trimestre desse mesmo ano de 1960, estávamos eu e meu colega Dr. Ivan dando uma voltinha pelo centro da cidade, quando encontramos um cidadão, que iria nos dar um novo rumo e fazer parte ativa e eterna de nossas vidas : Nelson José Lombardi...

Nelson, além de bem sucedido empresário, era vereador pela UDN (União Democrática Nacional) , de conversa fácil e insinuante e que, em pouco tempo de conversa, nos convenceu a nos filiar àquele partido político.

Com efeito, naquele tempo, só existiam três partidos políticos de importância: UDN, PSD (Partido Social Democrático) e PTB (Partido Trabalhista Brasileiro).

Era, também, ano de eleições presidenciais, "bombando", pela UDN, à cadeira de presidente da república, o então famosíssimo Jânio Quadros , o homem da vassoura, que prometia varrer a sujeira do brasil – ***" varre , varre vassourinha ..."*** Graças a Deus, hoje em dia, a vassourinha está muitíssimo atuante...

Assim , entramos de "corpo e alma" na campanha política, participando de comícios por toda a cidade, distritos e região, apurando, de um modo invejável, nossa oratória e nosso poder de convencimento, além de tornar nossa figura conhecida em todos os recantos da região. O que vale dizer: fizemos , sem ofender nosso Código de Ética , uma excelente propaganda de nosso conceito e de nossa reputação profissional...

Sempre gosto de relembrar um trecho de meus discursos políticos, nos comícios nos distritos e regiões rurais, quando, dirigindo-me aos ouvintes , eu assim dizia: "***Meus prezados amigos : duas rãs cairam dentro de um balde cheio de leite. Para não se afogarem, passaram a se debater desesperadamente. Pouco depois, uma das rãs, já cansada e desanimada, disse para a***

outra que iria desistir, porque não tinha mais forças para continuar. Assim , acabou se afogando e morrendo..."

Nessa hora, eu baixava a cabeça, dava uma pausa de 02 minutos, olhava fixamente para todos e aumentando minha voz e colocando nela toda a minha emoção, prosseguia, dizendo: "***Mas, a outra rã era muito combativa, exatamente igual aos senhores, valorosos homens do campo, da lavoura e da pecuária, que não desanimam nunca, nunca mesmo. Por mais ameaçadores que apareçam e pareçam ser os problemas e dificuldades, aí é que os senhores se tornam mais fortes e combativos, sendo sempre vencedores. E a heróica e invencível rã tanto lutou, tanto se debateu e tanto se agitou e tanto se esperneou , que o leite virou manteiga e ela se salvou !***"

De repente, como por um milagre, todos respiravam fundo, estufavam os peitos, escancarando-se num sorriso feliz e vitorioso e batiam palmas. Com toda a certeza, os votos dos indecisos e até mesmo de alguns decididos já se tornavam favoráveis para a vitória de "*Jânio e companhia*"...

Assim, em 1960, Jânio Quadros foi eleito Presidente da República, enquanto que em 03/10/1962, Nelson José Lombardi foi eleito Prefeito, enquanto eu fui eleito Vereador da Câmara Municipal de São João Del Rei.

Nelson prosseguiu na sua carreira política e foi, depois, eleito Deputado Estadual, enquanto eu concluí que nem o professorado e nem a política eram mais do meu agrado e vocação, desistindo deles, para dedicar-me exclusivamente à advocacia, meu ideal e talento de toda a vida .

Assim, em 1962, casei-me. Deus me deu três filhos: Soraya, Kennedy e Adriano, sendo os dois últimos advogados. Em 1970, construí minha casa própria e em 1977 comprei uma sala, em imóvel defronte ao fórum , onde instalei meu novo escritório de advocacia. Além disso, em 09/12/1972, fui diplomado no Curso de Letras pela Faculdade Dom Bosco de Filosofia, Ciências e Letras de São João Del Rei, tendo sido o orador oficial de todos os cursos. E mais: em 06/11/1978, fui eleito presidente da 37° subseção da Ordem dos Advogados do Brasil, comarca de São João Del Rei, sendo reeleito, por mais três biênios consecutivos e novamente eleito em 01/01/1998, para o triênio 1998/2000.

Registra-se, pela sua máxima importância, que nos primeiros anos da minha advocacia, quase todo mês viajávamos para Belo Horizonte, não apenas para acompanhamento de processos, mas principalmente, para trocarmos idéias com colegas, sobre os mais diversos assuntos jurídicos. Penso, salvo melhor juízo, que essa, mais do que uma obrigação, deve ser uma devoção de todo advogado do interior. Trata-se de um modo ideal de colocarmos um pouco mais de verniz nas nossas idéias jurídicas.

Em 1981, assumi na comarca de São João Del Rei o cargo de Defensor Público do Estado de Minas Gerais.

Finalmente, como todo advogado do interior, naquele tempo, fui eleito membro da Academia de Letras de São João Del Rei, em 10/01/1980, sócio fundador do Rotary Club em 06/11/1966 e maçon da Loja Charitas 002 , de São João Del Rei. .

Minha residência ficava e ainda fica a 04 (quatro) quarteirões do meu escritório e esse ficava defronte do fórum. Percorria todo esse trecho a pé, unindo o útil ao agradável (salutar exercício físico). Todavia, minha felicidade terminou em 2011, quando foi construído um novo e majestoso fórum , bem longe do meu escritório. Mas, justiça seja feita: o velho fórum já estava obsoleto , enquanto o novo é, sem dúvida, um dos melhores do interior brasileiro.

E o tempo continuou passando...Faculdades de Direito proliferaram, assustadoramente, por todos os rincões brasileiros, especialmente em Lafaiete, Barbacena e São João Del Rei e o número de advogados cresceu em razão geométrica, da meia dúzia que aqui encontrei, em 1960, agora, em 2016, são 577 inscritos na nossa 37ª/OAB/MG. Quanto ao número de processos em tramitação, basta dizer que, só na 1ª Vara Cível são , atualmente, 6.267 físicos e 1.184 eletrônicos, na 2ª Vara Cível tem 7.785 físicos e 1.457 eletrônicos e na Vara de Família e Sucessões são 2.700 físicos e 1.600 eletrônicos.

Quanto ao tipo massificante de ações, encontram-se das telefônicas, dos estabelecimentos bancários e de cobrança de débitos municipais pela Prefeitura Municipal de São João Del Rei, responsáveis todas elas pelo absurdo engarrafamento e caos do trânsito forense.

Nas minhas funções de Defensor Público, participei de inumeráveis processos de júri, defendendo réus por demais perversos, que encheram de pavor toda a comunidade...

Por diversas vezes, me perguntaram: ***"Como você tem coragem de defender esse monstruoso assassino?"*** E a minha resposta, depois de algum tempo de experiência, era a seguinte: – "***Primeiro , porque é minha obrigação profissional e legal, eis que todo réu tem direito a uma defesa. Em segundo lugar, o homem é produto do meio. Ninguém nasce bom ou mau. O meio em que vive é que forma o caráter do cidadão.***"

Dando substância à minha explicação, acrescentava : – " ***O direito de defesa é tão sagrado que até Deus ouviu as justificações de Adão e Eva , antes de expulsá-los do paraíso. E, se existe, em todo salão de júri, a imagem de Cristo, é para dizer, também, que Cristo foi a primeira vítima de um erro judiciário.***"

E, nas minhas defesas no tribunal do juri, para tentar convencer os jurados, sobre circunstâncias atenuantes, em favor do réu, eu sempre exclamava: "já dizia o grande pensador americano ***John Steinbeck: "...nada nem ninguém neste mundo deve estar completamente errado. Até mesmo um relógio parado tem razão duas vezes por dia.***"

Observação : muitos dizem que esse pensamento é de Paulo Coelho. Todavia, em minha vida inteira sempre soube que era de John Steinbeck. Fica a dúvida, mas fica também a profundidade e grandeza do pensamento!

Certa vez, um promotor, novo na comarca, iria participar de seu primeiro juri, sustentando as teses da acusação. Era um profissional brilhante e culto .

Pois bem...Tratava-se de um crime monstruoso, no qual o acusado havia matado a vítima, com pontapés desferidos com possante bota. O acusado era uma pessoa de condições sociais modestíssimas , bem inferiores e que, de posse daquela possante bota, se achara um verdadeiro "*Rambo*", não dando qualquer oportunidade de defesa á vítima. Crime mais que qualificado, com pena máxima...

Anunciado o julgamento, o ilustre promotor de justiça entrou no salão de júri, acompanhado de seus honrados e zelosos pais, que ali se encontravam para lhe dar todo o apoio e todo o seu amor.

Assim, depois de sua massacrante e indefensável acusação, subi à tribuna para sustentar a mais impossível das defesas. É mais do que claro que não passava pela minha cabeça a tese da absolvição.

Pois bem, desci da tribuna, coloquei-me bem defronte do acusado, olhei-o bem nos olhos e berrei na sua cara :

"*Zé* ***Sapo, onde está o seu pai?***" .

E ele, surpreso e atordoado, também berrou:

"Não sei, pois nunca tive pai!"

Nessa hora, o burburinho da assistência se estancou, de imediato, e só se ouvia o mal-estar de um profundo e constrangedor silêncio .

A partir daí, me aprofundei na tese de que o homem é produto do meio e que "*Zé Sapo*" não era um homem tão mau e que merecia uma nova oportunidade.

Como é mais do que óbvio, ele foi condenado, mas com uns aninhos a menos do que a pena da máxima condenação...

E o tempo continuou passando, tornando o ato de advogar mais complexo, mais dificultado e mais exasperante. Com efeito, multiplicaram-se, aos milhares, os julgamentos divergentes, em todas as Câmaras, em todas as Turmas de todos os Tribunais, de tal sorte que a ***incerteza jurídica*** passou a se alastrar, adoidada , tornando-se um martírio na vida do advogado.

No meu método processual de agir, sempre caprichei, por demais, tanto ao construir as razões da exordial, como as razões de contestação e especialmente as razões do "*memorial*". Preparo essas valiosas peças com muita profundidade, dando o melhor da minha cultura jurídica, alicerçando-as e fundamentando-as com os melhores princípios do direito, da doutrina e da jurisprudência .

Com efeito, nunca deixo de registrar, nas minhas razões processuais, pelo menos 03 (três) vv. acórdãos do Tribunal de Justiça de Minas Gerais e 02 (dois) do Superior Tribunal de Justiça .

Desta forma, forneço ao honrado magistrado da causa, excelentes razões e argumentos para que ele julgue a causa em favor do meu cliente. Todavia, se porventura, ele julgar contra, já tenho prontas, na memória de meu computador, quase que a completar as razões recursais, enriquecendo-as, ainda mais, para o seu bom êxito nas instâncias superiores.

Por outro lado, já fora uma tremenda dificuldade, para o advogado, mais velho, fazer a incrível travessia da familiar e velha amiga máquina de escrever para o revolucionário computador e internet. Meu Deus, quanto sofrimento e sacrifício! Somos obrigados a confessar, no entanto, que valeu a pena. Um instrumento perfeito, muito prático e de mil utilidades , indispensável , inclusive , á coleta dos mais diversificados assuntos jurídicos e jurisprudenciais .

No entanto, agora, quanto ao ainda desconhecido e ainda pouco explorado e confuso processo judicial eletrônico, o famigerado "PJ-e", tenho absoluta certeza que nem o advogado e nem mesmo os tribunais estão tendo pleno domínio sobre ele. Estamos todos despreparados e ainda "*batalhando no escuro*".

As reclamações são constantes e os processos ficam emperrados, atravancando, inclusive, o próprio andamento dos processos físicos. Uma verdadeira balburdia, que necessita, com urgência urgentíssima, ser objeto de novos estudos, novas modificações e aperfeiçoamentos, para que possa, efetivamente, cumprir, com fidelidade e êxito, a sua sagrada missão forense. Estamos na espera. Enquanto isso, "*jogamos a toalha*" para os eletrônicos, no esperançoso aguardo de um ideal e confiável processo judicial eletrônico.

Lamento, profundamente, ter que me desapegar do "PJ-e". Porém, prefiro a renúncia do que batalhar na dúvida, no escuro e no despreparo. Não estou sabendo advogar dessa esdrúxula maneira.

Amargurado, vou batalhando apenas nos processos físicos, sentindo, dentro do peito, uma terrível frustração, própria dos combatentes derrotados. Não me conformo com essa ingrata realidade, pois ainda tenho muito de mim para dar no campo mágico, amoroso e fértil das lides forenses...**Estamos aguardando o almejado dia da redenção do famigerado "PJ-e"!!!**

12

OS DESAFIOS DO CONTENCIOSO DE MASSA PARA A ADVOCACIA BRASILEIRA

José Henrique Cançado Gonçalves
Orlando Vignoli Neto
Júlia Vignoli de Almeida Gonçalves
Advogados

1 INTRODUÇÃO

O último relatório do CNJ "Justiça em Números"[1] de 2015 afirma que o estoque atual do Poder Judiciário cresce, ultrapassando os 71,2 milhões de processos, com um aumento devido ao total de processos baixados ser inferior ao de ingressados.

Da mesma forma, os mesmos dados demonstram que, apesar de o número de processos crescer, as matérias são altamente repetitivas. Demandas relacionadas à rescisão do contrato de trabalho/verbas rescisórias; obrigações/espécies de contratos; e responsabilidade do fornecedor/indenização por dano moral, são os assuntos mais demandados no Poder Judiciário no atual momento.

Em contrapartida, o número de advogados também cresce exponencialmente, havendo previsões de que o número de inscritos na Ordem dos Advogados do Brasil (OAB) chegue a 1 milhão em 2018[2]. Esse seria o número de profissionais inscritos aptos a absorver essa profusão de demandas.

O mesmo Relatório do CNJ demonstra que o Brasil caminha a passos largos no cenário mundial como precursor na virtualização dos processos. O per-

1 Disponível em <http://www.cnj.jus.br/programas-e-acoes/pj-justica-em-numeros>. Visualizado em Setembro de 2016.

2 Disponível em <http://blog.portalexamedeordem.com.br/futuro-da-advocacia-brasil-devera-ter-1-milhao-de-advogados-em-2018>. Visualizado em Setembro de 2016.

centual de novos casos eletrônicos tem aumentado gradativamente, chegando a 100% em alguns estados como o Tocantins e o Mato Grosso do Sul.

Diante desses dados, a realidade confirma que a advocacia tem passado nos últimos anos por uma reestruturação profunda, principalmente quando se trabalha com as demandas repetitivas, na chamada advocacia de massa.

A relação dos advogados com o grande número de processos foi objeto de preocupação recente com as alterações trazidas pelo Novo Código de Processo Civil, bem como com as alterações introduzidas pelo Processo Eletrônico. Não obstante todas as contradições inerentes a esse processo de transição, o Novo CPC trouxe elementos importantes para conformar um sistema de precedentes que dê soluções idênticas aos casos semelhantes que ingressam no Judiciário diariamente. No mesmo sentido, o Processo Eletrônico busca dar mais celeridade ao trâmite processual e acessibilidade aos advogados, que passam a poder acompanhar processos em todo o território nacional. Ainda, a forma de administração dos processos pelos advogados não mais funciona com o sistema tradicional de dossiês e arquivos físicos, mas com a administração de sistemas complexos de gestão processual e até mesmo de automação de documentos.

A relação dos advogados dentro da própria classe também é ponto central nessa reformulação da profissão. Os advogados passam a lidar com formas de organização verdadeiramente empresarial. O papel do gestor de processos ganha força e, com isso, a necessidade de uma hierarquia bem definida, em que cada advogado possua funções claras para dar eficiência à administração desses processos. Passa-se a ser necessária uma visão estratégica do processo, que dê o retorno mais satisfatório de acordo com os objetivos de seu cliente.

Por fim, a própria relação com o cliente se torna diferenciada. A tratativa em massa dessas demandas exige uma comunicação rápida e eficiente, que não pode escapar também do uso da tecnologia. Além disso, a própria natureza dessas ações, por serem repetitivas, faz com que o cliente possua exigências específicas em relação aos processos. Os clientes da advocacia de massa, os chamados "litigantes organizacionais", por possuírem demandas permanentes no Poder Judiciário, têm objetivos estratégicos, de longo prazo, como a disputa de determinado entendimento jurisprudencial.

Portanto, não há como falar dos desafios da advocacia de massa sem abordar os principais aspectos que são influenciados por esse cenário, quais sejam: (i) a relação dos advogados com os processos; (ii) a relação dos advogados dentro da própria classe; e (iii) a relação dos advogados com os seus clientes.

Este trabalho tem por objetivo trazer os elementos mais importantes dos dois primeiros pontos, ou seja, a relação dos advogados com os processos e entre a classe.

2 A RELAÇÃO DOS ADVOGADOS COM OS PROCESSOS

2.1 A advocacia na era digital

A advocacia do século XXI nos coloca frente a um grande desafio que é o desenvolvimento da tecnologia jurídica. Atualmente, é impossível para um advogado atuar de forma tradicional, somente com papel e caneta, sendo imperativo que se integre ao processo eletrônico.

A informatização do processo judicial traz uma série de benefícios para os advogados. Para os militantes da advocacia de massa, o maior benefício é a possibilidade de trabalhar com uma base cada vez maior de processos, em decorrência da facilidade de acesso aos autos dos processos.

É inquestionável o benefício para a advocacia de massa que é acompanhar os processos a distância. Dada a realidade de um país de dimensões continentais como o Brasil, acompanhar processos em diversas unidades da federação é uma tarefa árdua que se tornou mais fácil com o processo eletrônico. Essa possibilidade de acesso a informação é extremamente estratégica para os grandes escritórios de advocacia, pois é possível manter centralizado na matriz a tomada de decisões de grande relevância. Assim, evita-se a descentralização excessiva dos comandos, matendo-se o tático na matriz e ampliando o operacional nas filiais.

Ainda, outro benefício para a advocacia é a possibilidade de alocação de recursos humanos fora da lógica convencional de funcionamento dos órgãos do Poder Judiciário. Os Tribunais possuem um funcionamento regular em dias úteis, no horário comercial, sem falar dos expedientes que são em muitas localidades apenas vespertinos. Com o processo eletrônico é possível fugir dessa lógica, podendo atuar em suas demandas em horários e dias diversos, adaptando a sua rotina e a de seus colaboradores, alocando os recursos de maneira estratégica. Também se ganha muito tempo quando não há mais a necessidade de despender horas e horas com o expediente forense.

Contudo, também é verdade que o processo digital ainda traz inúmeros desafios que precisam ser superados para que a informatização do processo seja eficiente.

Em primeiro lugar, é inquestionável como nos últimos anos os escritórios de advocacia precisaram realizar um grande investimento em tecnologia. Os escritorios que trabalham com um grande número de processos necessitam de servidores que suportem uma grande demanda de dados de navegação e com grande velocidade.

Ainda, é necessário lidar com várias aplicações e softwares diferentes que podem ser muito complexos para navegantes de primeira viagem. A realidade dos escritórios hoje nos coloca com o desafio de conseguir gerir (i) sistemas de gestão processual, que administram os prazos e andamentos processuais; (ii) sistemas de filtragem de publicações dos Diários de Justiça; (iii) sistemas de comunicação com o cliente e; (iv) as diversas plataformas de processo eletrônico.

Esse último, particularmente, coloca novos desafios para a prática forense. Isso porque, não bastasse a coexistência dos processos físicos e eletrônicos em alguns estados, não existe hoje no País um sistema unificado de tramitação eletrônica. Em alguns Estados da federação, como Minas Gerais, chega-se a ser necessário lidar com o acompanhamento concomitante de processos físicos, processos eletrônicos do Juizado Especial via PROJUDI[3], processos eletrônicos de primeira instância da Justiça Comum via PJe[4] e processos eletrônicos da Justiça Comum de segunda instância via JPe[5]. E essa variedade se estende aos demais estados da federação, vez que cada PROJUDI é diferente e até mesmo o PJe possui algumas peculiaridades a depender do Estado.

Para isso é necessário adaptar toda a estrutura tecnológica dos escritórios, pois esses sistemas funcionam com certificados digitais diferentes, que por sua vez funcionam com aplicações externas diferentes (JAVA, HTML 5, etc).

Ao mesmo tempo, os processos eletrônicos ainda estão presos à lógica da tramitação física. Em grande parte dos casos as citações ainda são feitas por via física, e demoram muito para serem efetuadas. Outros atos de secretaria também reproduzem a lógica do processo físico, de maneira que, em alguns sistemas, quando o processo vai concluso para o juiz ele entra em uma espécie de "escaninho virtual" que apenas depois será efetivamente concluso para despacho ou decisão.

---

3 Processo Judicial Digital, software de processo eletrônico mantido pelo CNJ, usado em Minas Gerais para alguns processos dos Juizados Especiais.

4 Processo Judicial Eletrônico, software de processo eletrônico mantido pelo CNJ, usado em Minas Gerais principalmente para os processos da Justiça Comum.

5 Justiça Processual Eletrônica, software usado pela segunda instância do Tribunal de Justiça de Minas Gerais (TJMG).

Por fim, uma área ainda pouco explorada pelos escritórios de advocacia, mas que vem ganhando relevância no mercado mundial, é automação de documentos. Existem várias tecnologias disponíveis no mercado de forma acessível que permitem criar modelos de documentos que são gerados automaticamente a partir do preenchimento de formulários. Tratando-se de escritórios que trabalham com a chamada litigância em série ou repetitiva, o uso dessas ferramentas pode ser altamente estratégico, pois (i) ganha-se tempo; (ii) reduz-se o erro humano; (iii) reduz-se o custo com recursos humanos operacionais e se amplia o investimento com recursos humanos estratégicos, podendo o advogado se preocupar menos com formatação de seu documento e mais com as teses utilizadas e com o resultado final de seu processo.

Portanto, a realidade tecnológica aponta para uma série de avanços para a advocacia, principalmente para escritórios que trabalham com um grande volume de processos. Apesar dos inúmeros desafios que a classe passará com a transição do processo físico para o eletrônico, os próximos anos apontam para vários avanços da tecnologia jurídica, que permitirão que o advogado que trabalha na área possua um poder de decisão estratégica cada vez mais relevante, apontando para o mercado a necessidade de advogados especializados e capacitados para gerir estrategicamente esses processos.

2.2 A atuação processual estratégica na advocacia de massa

A profusão em massa das demandas decorre no fenômeno da aplicação em massa de precedentes judiciais vinculantes. Isso porque, frente à litigância de massa, o Poder Judiciário tem buscado padronizar suas decisões, através da adoção dos sistemas de precedentes vinculantes, para reduzir o número de processos e inclusive criando mecanismos concebidos a partir dessa sistemática que evitem o número de recursos em casos repetitivos.

Alguns exemplos notórios que já vêm desde a reforma processual do CPC de 73 são o Recurso Especial Reptitivo e a Repercusão Geral do Recurso Extraordinário. E essa abordagem continua presente no novo Código de Processo Civil, que conforma um sistema de precedentes que busca atuar preventivamente, já em segunda instância, a profusão de demandas, com a figura do Incidente de Resolução de Demandas Repetitivas (IRDR)[6].

---

6 VIGNOLI NETO, Orlando. Formação democrática dos precedentes judiciais. Disponível em <http://www.academia.edu/24718973/Forma%C3%A7%C3%A3o_democr%C3%A1tica_dos_precedentes_judiciais>. Acesso em: 10 out. 2016.

Apesar de ter um impacto positivo à resolução dos processos, uma vez que encurta o *iter* processual de demandas repetitivas, a aplicação dos precedentes se feita de forma mecânica acaba congelando o rumo das decisões, realizando a eternização da autocracia jurídica de uma "justiça rápida", pela construção pretoriana sabiamente uniformizada. É necessario criar mecanismos de participação democrática na formação dos precedentes judiciais que permitam a distinção (*distinguishing*) de casos diferentes e a superação (*overruling*) de entendimentos jurisprudenciais.

Esse cenário de padronização judicial pode ser desestimulante para muitos advogados, pois se cria uma cultura de petições iniciais iguais, com contestações iguais e, por consequência, sentenças iguais. Isso acaba por criar uma lógica do copia e cola, em que muitas teses passam desapercebidas pelos julgadores, o que pode desestimular muitos militantes da área da advocacia de massa de criar novas teses.

Contudo, apesar desse cenário, é preciso visualizar a advocacia de massa de forma estratégica. Afinal, as empresas que possuem muitas demandas no Poder Judiciário - os chamados litigantes organizacionais - possuem uma estrutura para litigar que os particulares ou empresas menores não possuem.

Os litigantes organizacionais[7] traçam estratégias processuais de longo prazo que são custosas para os litigantes de varejo, ampliando as possibilidades de ter suas teses contempladas nas decisões judiciais. Quando se litiga com frequência, é possível se antecipar às decisões judiciais, pois já se espera o caminho que o processo vai tomar. Nesse sentido, quando se litiga com quantidade, é possível conhecer o entendimento de determinados juízes e tribunais em relação às suas demandas e, com isso, traçar estratégias processuais de acordo com cada juízo.

Além disso, em razão da presença territorial abrangente dos litigantes organizacionais, é possível emplacar teses que, eventualmente, serão seguidas por determinado juiz ou Tribunal. Assim, cria-se uma decisão paradigma que pode se tornar um precedente que reforçará futuramente essa mesma argumentação em outros juízos ou Tribunais.

Isso porque a longevidade e o custo dessas demandas não são um problema para os litigantes organizacionais, o que faz com que os litigantes de varejo acabem celebrando acordos e não levando suas teses a diante. Com isso,

---

7 CAPPELLETTI, Mauro; GARTH, Bryant. Acesso à justiça. Porto Alegre: Sergio Antonio Fabris Editor, 1988.

a possibilidade de os litigantes de varejo terem suas teses contempladas pelo juiz, e, assim, aptas a formarem precedentes, são menores que dos litigantes organizacionais.

Os litigantes organizacionais, percebendo essa tendência de fortalecimento do direito jurisprudencial, já se articulam por meio de verdadeira litigância estratégica, principalmente nos Tribunais superiores, para forjar entendimentos-padrão que atendam aos seus interesses.

Esta, portanto, sem dúvida alguma, torna-se uma das principais missões dos advogados que representam estes litigantes organizacionais, qual seja implantar e sedimentar teses que possam trazer benefícios econômicos em larga escala a seus clientes.

Portanto, a advocacia de massa possui uma dimensão estratégica quando entendida como um todo. Assim, há uma grande responsabilidade dos advogados que trabalham com advocacia de massa, que devem pensar o processo com uma perspectiva de longo prazo, na tentativa de emplacar precedentes favoráveis aos seus clientes.

3 RELAÇÃO DOS ADVOGADOS DENTRO DA CLASSE

É certo que a advocacia mesmo privada é serviço público de caráter constitucional e, por isso, não possui natureza jurídica de empresa ou sociedade empresarial, nos termos do art. 16, da Lei n. 8.906/94.

Contudo, apesar de não exercer atividade empresarial, é inquestionável que grandes escritórios de advocacia, notadamente os que trabalham com advocacia de massa, têm que adotar formas de organização muito próximas da organização de grandes empresas, em razão do volume de processos.

Afinal, a teoria weberiana das organizações[8], a chamada teoria burocrática, explica que toda sociedade, grupo ou organização regido por determinadas regras é uma organização burocrática. Em Weber a palavra burocrático é usado como uma forma de organização eficiente por excelência, e não no sentido usual de burocracia que é usado pelo senso comum como organização formalista.

Essas organizações apresentam três características, que são a formalidade, a impessoalidade e o profissionalismo. A formalidade consiste nas normas

---

8 WEBER. Max. A ética protestante e o espírito capitalista. São Paulo. Cia das Letras, 2004.

explícitas que regem determinada organização. A impessoalidade é a característica de que a organização é administrada conforme os cargos que as pessoas ocupam e suas funções, e não pela pessoa propriamente considerada. E o profissionalismo é a característica de uma organização trabalhar com os cargos de acordo com a sua hierarquia, atribuindo funções para esse cargo e estabelecendo critérios de progressão das funções.

Assim, fica claro que essas características não são elementos próprios de sociedades empresariais, mas próprios das chamadas por Weber de organizações burocráticas. Então, um escritório de advocacia de massa, em função do grande número de processos, deve possuir uma estrutura organizacional complexa, que muitas vezes se assemelhará a de verdadeiras sociedades empresárias. E a estruturação dessa organização não é uma tarefa fácil, impondo grandes desafios para os que estão a frente da gestão do escritório.

Para isso, é essencial que existam regras de organização claras, que estabeleçam o modo de funcionamento do escritório (formalidade), a estrutura hierárquica e a descrição dos cargos. Assim, os colaboradores estarão aptos a proceder de acordo com o *modus operandi*, respeitando as hierarquias de acordo com as funções fixadas. Afinal, a descrição dos cargos é elemento essencial para a impessoalidade e para o profissionalismo, pois se diferencia a hierarquia em razão do cargo, função ou atribuição de determinado colaborador, e não em função da pessoa que o ocupa.

Esse objetivo é mais complexo ainda quando se trata de grandes escritórios de massa, pois não apenas o número de colaboradores é grande, como o número de cargos, funções e atribuições também é variada. É necessário ter colaboradores que exerçam funções fora do âmbito jurídico, como administrativo/financeiro, tecnologia da informação, limpeza e recepção, bem como diferentes tipos de funções jurídicas.

Dentro das funções propriamente jurídicas, surge uma grande mudança nas carreiras. Se antes os advogados estavam mais acostumados a demandar em juízo, exercer atividades de consultoria e assessoria jurídica, a direção jurídica assume uma grande importância na atualidade. E não somente a direção jurídica tradicional que é exercida dentro das empresas em seus departamentos jurídicos, mas uma função extremamente estratégica de gestão jurídica dentro dos próprios escritórios de advocacia. Isso coloca um novo desafio para a classe, que precisa não só conhecer as disciplinas jurídicas clássicas, mas deve possuir também conhecimentos de gestão. Assim, esse advogado responsável pela gestão tem como desafio administrar grandes equipes de advogados, sobretudo quando se trata da advocacia de massa, buscando uma gestão eficiente dos processos.

4 CONCLUSÃO

Dessa forma, o contencioso de massa na atualidade é uma realidade que traz impactos para toda a classe de advogados, pois nos coloca novos desafios de como atuar nos processos, relacionar-se com a classe e com o cliente.

As mudanças na atuação forense proporcionadas pelo avanço da tecnologia jurídica repercutem também na própria categoria, que passa a desempenhar funções diferentes nos escritórios de advocacia. A gestão jurídica se torna chave desse processo de mudança. Uma vez que os escritórios de advocacia são capazes de gerir um número cada vez maior de processos com o uso da tecnologia, o profissional com esse perfil de gestão será responsável por administrá-los com objetivos estratégicos, bem como administrar uma grande equipe capaz de operacionalizá-los.

Portanto, encarar os desafios e as adversidades dessa fase de transição é a tarefa primordial dos novos advogados de ingressam nessa área do mercado de trabalho.

5 REFERÊNCIAS

BRASIL. **Lei nº 8.906 de 4 de julho de 1994.**

BRASIL. **Lei nº 11.419 de 19 de dezembro de 2006.**

BUSTAMANTE, Thomas da Rosa et al. (Coord.). **A força normativa do direito judicial**: uma análise da aplicação do precedente no direito brasileiro e dos seus desafios para a legitimação da au-toridade do Poder Judiciário. Brasília: Conselho Nacional de Justiça, 2015. Disponível em: <http://www.cnj.jus.br/files/conteudo/destaques/arquivo/2015/06/881d8582d1e287566dd9f0d00ef8b218.pdf>. Acesso em: 20 nov. 2015.

BUSTAMANTE, Thomas da Rosa. **Teoria do Precedente Judicial:** A justificação e a aplicação das regras jurisprudenciais. 1. ed. São Paulo: Noeses, 2012.

CAPPELLETTI, Mauro; GARTH, Bryant. **Acesso à justiça**. Porto Alegre: Sergio Antonio Fabris Editor, 1988.

CONSELHO NACIONAL DE JUSTIÇA. **Justiça em números 2015**: ano-base 2014. Brasília: CNJ, 2015. Disponível em: <ftp://ftp.cnj.jus.br/Justica_em_Numeros/relatorio_jn2015.zip>. Acesso em: 15 out. 2015.

LIMA, Bernardo. As demandas pseuindividuais e o regime jurídico do novo CPC. In: GAIO JÚNIOR, Antônio Pereira; CÂMARA, Alexandre Freitas (Coord.). **Novo CPC**: reflexões e perspectivas. Belo Horizonte: Del Rey, 2014.

MARINONI, Luiz Guilherme. O "problema" do incidente de resolução de demandas repetitivas e dos recursos extraordinário e especial repetitivos. **Revista de Processo**, São Paulo: RT, v. 249, ano 40, p. 399-419, nov. 2015. Disponível em: <https://www.academia.edu/19612131/O_PROBLEMA_DO_INCIDENTE_DE_RESOLU%C3%87%C3%83O_DE_DEMANDAS_REPETITIVAS_E_DOS_RECURSOS_REPETITIVOS>. Acesso em: 17 nov. 2015.

NUNES, Dierle et al. Precedentes: alguns problemas na adoção do distinguishing no Brasil. **Revista Libertas**, Ouro Preto: UFOP, v. 1, n. 1, jan./jun. 2013. Disponível em: <http://www.libertas.ufop.br/Volume1/n1/vol1n1-3.pdf>. Acesso em: 22 nov. 2015.

NUNES, Dierle. **Alguns requisitos democráticos da aplicação dos precedentes e Novo CPC**. Empório do Direito, 09 fev. 2015. Disponível em: <http://emporiododireito.com.br/alguns-requisitos-democraticos-da-aplicacao-dos-precedentes-e-novo-cpc/>. Acesso em: 8 jan. 2016.

NUNES, Dierle; BAHIA, Alexandre Melo Franco; PEDRON, Flávio. **Precedentes no Novo CPC**: é possível uma decisão correta?. Justificando, 08 jul. 2015. Disponível em: <http://justificando.com/2015/07/08/precedentes-no-novo-cpc-e-possivel-uma-decisao-correta-/>. Acesso em: 8 jan. 2016.

NUNES, Dierle; PATRUS, Rafael. Uma breve notícia sobre o procedimento-modelo alemão e sobre as tendências brasileiras de padronização decisória: um contributo para o estudo do incidente de resolução de demandas repetitivas brasileiro. In: FREIRE, Alexandre, et al. (Org.). **Novas tendências do processo civil**: estudos sobre o Projeto do Novo Código de Processo Civil. 1. ed. Salvador: Juspodivm, 2013. v. 3.

THEODORO JÚNIOR, Humberto; NUNES, Dierle; BAHIA, Alexandre Melo Franco. Breves considerações sobre a politização do Judiciário e sobre o panorama de aplicação no direito brasileiro - análise da convergência entre o civil lawe o common law e dos problemas da padronização decisória. **Revista de Processo**, ano 35, n. 189, p. 9-52, nov. 2010.

VIGNOLI NETO, Orlando. **Formação democrática dos precedentes judiciais**. Disponível em <http://www.academia.edu/24718973/Forma%C3%A7%C3%A3o_democr%C3%A1tica_dos_precedentes_judiciais>. Acesso em: 10 out. 2016.

WEBER, Max. **A ética protestante e o espírito capitalista**. São Paulo. Cia das Letras, 2004.

13
O CRIMINALISTA

Márcio Nogueira
Advogado

Está escrito na Constituição Federal, no artigo 133: "*O ADVOGADO É IMPRESCINDÍVEL À ADMINISTRAÇÃO DA JUTIÇA, SENDO INVIOLÁVEL POR SEUS ATOS E MANIFESTAÇÕES NO EXERCÍCIO DA PROFISSÃO, NOS LIMITES DA LEI*".

Dando concretude às invocadas imunidade e indispensabilidade do profissional, o artigo 23 do Código de Ética do Advogado estabelece que: "É direito e dever do advogado assumir a defesa criminal, sem considerar sua própria opinião sobre a culpa do acusado. Parágrafo único. Não há causa criminal indigna de defesa, cumprindo ao advogado agir, como defensor, no sentido de que a todos seja concedido tratamento condizente com a dignidade da pessoa humana, sob a égide das garantias constitucionais."

De um lado a garantia da inviolabilidade, e de outro o do inapelável dever de defender o delinqüente, quando procurado.

Mas – não se pode negar – vivemos momentos em que são notórios os delitos que atingem diretamente a sociedade toda, tais como os praticados contra o patrimônio público, sob as mais diversas formas de execução, e sempre inspirados pela corrupção. Esses atos atingem e empobrecem a Nação, como povo, e o Estado, como entidade jurídica.

Não é disso, todavia, que se pretende cuidar. O objetivo é refletir sobre a postura do defensor, considerando a necessária observância da *dignidade da pessoa humana* e de outros princípios de índole constitucional.

Dentro desses parâmetros é que se deseja localizar o CRIMINALISTA, que no exercício do 'DIREITO DE DEFESA', desnuda-se das convicções pessoais e abraça a verdade do cliente. Mesmo abominando o crime, respeita o criminoso.

E para dar-lhe crédito, evita transformar o escritório em sala de inquisição ou em confessionário. Não é - o advogado criminalista – um criador de versões fáticas, mas, ao contrário, recebe as que lhe são repassadas pelo cliente, dando-lhe a adequada roupagem jurídica.

Da verdade ou da versão do delinqüente, municia-se dos instrumentos para o exercício pleno da defesa, sem medo de violentar-se, e sem receio de desagradar a opinião pública. Equipa-se do sentido maior da tolerância, tão decantada por Eduardo J. Conture, contida na notável lição

> ***"TOLERA A VERDADE ALHEIA NA MESMA MEDIDA EM QUE QUERES QUE SEJA TOLERADA A TUA".***

Sobral Pinto, inspiração maior dos advogados, exemplo de ética e coragem, jamais se subtraiu à defesa de seus clientes que praticavam atos contrários às suas profundas convicções políticas, morais e religiosas.

Advocacia criminal é ato de coragem, de independência e de humildade. Ao notável mestre Sobral não faltou nenhuma das três virtudes. Doou-se integralmente aos seus clientes, não renunciando, porque indisponíveis, o tamanho do talento e a dimensão da fé.

Compete ao profissional *tocar o lodaçal sem sujar as mãos,* na impecável visão do inesquecível criminalista e colega de turma, Ariosvaldo de Campos Pires.

Henrique Ferri, o grande criminalista italiano, fundador, com Lombroso e Garofalo, da chamada Escola Positiva, execrava o crime, contudo frequentou o Tribunal do Júri e, orador vibrante, ora acusava ora defendia criminosos. Ampliou-lhe a fama a sua atuação no famoso caso que envolveu Carlos Cienfuegos, assassino da condessa Hamilton.

Em certo momento da monumental defesa, disse aos jurados:

> "É certo que têm de ju*lgar um homicida. Não peço, por isso lauréis, mas justiça que seja feita de verdade e de clemência".*

Admite-se que o notável advogado tenha, com tais expressões, pedido o acolhimento da "verdade alheia", do homicida, a única que ele ouviu, e a tenha enriquecido de amenidade, para não comprometer a justiça, que é "cega", mas inspirada pela vontade (cérebro), e humanizada pelo coração.

Henri-Robert, da Academia Francesa, teve o seu livro "L'Avocat", traduzido por J.Pinto Loureiro, onde escreve:

> ***"...HÁ MIL OUTRAS (hipóteses) EM QUE O ADVOGADO PODE EXERCER A SUA FUNÇÃO, COM TODA BOA FÉ, SEM TER DE PÔR A SUA DEDICAÇÃO AO SERVIÇO DO CRIME, E TENDO EM VISTA A JUSTIÇA, QUE NÃO SE CONCEBE SEM PIEDADE E PERDÃO".***

Ao localizar a área criminal, inserida nos "vasos comunicantes" que formam o contexto do DIREITO, surgem curiosidades que levam a certa perplexidade, mas que não decepcionam, ao contrário, encantam, porque é nela (área criminal) que está encastelado o direito básico do homem:

> ***A LIBERDADE.***
>
> ***A ADVOCACIA É LINDA, NA MEDIDA EM QUE É COMPREENDIDA EM TODA A SUA PLENITUDE. NÃO HÁ VASOS OBSTRUIDOS, MAS SIMPLES AJUSTAMENTOS DE SEUS RUMOS.***

14

OS DESAFIOS DO DIREITO EMPRESARIAL MODERNO

Um olhar sobre os próximos 20 anos

Sérgio Rosi
Advogado

1 VAMOS FUGIR

Vamos fugir um pouco e abstrair o nosso tempo atual, nada de leis e doutrinas por enquanto. Observaremos o tempo em que estamos vivendo para comparar o funcionamento dos novos sentimentos da sociedade com a tecnologia. Propomos elevar os pensamentos para o futuro e pesquisar em nossas mentes as questões modificadoras do comportamento das pessoas e o modo como os advogados se relacionarão com as empresas nos próximos vinte anos.

Colocaremos no palco do imaginário a alta capacidade dos processadores eletrônicos e o elevado grau de conectividade dos objetos com a internet. Vamos, ao final do texto, delinear a advocacia empresarial do amanhã.

A internet das coisas é uma realidade e a singularidade começa agora.

A singularidade é um estudo científico com base estatística, a prever um futuro altamente tecnológico em 2045. Os chips de computadores serão tão baratos, fabricados a custo de centavos, que será inevitável a presença deles em várias coisas do nosso dia a dia e com um detalhe adicional importante, eles estarão conectados a um computador pessoal (ou vários). A inteligência artificial vem aí e terminará o seu dia alertando o usuário sobre pontos importantes das reações emocionais, ou sobre aquela reunião que alterou o seu estado de humor. O veículo em sua garagem será uma unidade autônoma conectada e, por fim, o computador da sua casa conversará com você durante um voo comercial da ponte aérea.

É possível perceber que a conectividade com as redes de dados, a internet e a mobilidade digital inserida nos objetos estão a mudar a sociedade e o comportamento humano. Antes, as pessoas se relacionavam com suas religiões, entidades educacionais em geral e as empresas, mas a informação portátil nos *smartphones* revolucionou o pensamento humano e tornou as pessoas mais independentes em seus pensamentos, ampliando as formas de pensar e reagir a determinadas situações. O conceito de justo agora é informacional e faz cada vez mais sentido nos organizarmos ou relacionarmos através de grupos a ficarmos sozinhos.

Não faz muito tempo, as empresas eram as únicas favorecedoras da dignificação humana e estavam praticamente sozinhas neste papel, andavam juntas com a religião e as escolas. Por simplesmente existirem, catalisavam valores sociais ao estilo "osmose", abriam mentes e as novidades do trabalho eram contadas aos filhos e parentes dentro de casa e isso, de certa forma, tinha um valor encantador e de referência. O significado era de que a empresa, como instituição, empreendia uma ligação psíquica dentro das famílias e das pessoas.

Isso mudou um pouco, as pessoas não trabalham mais essencialmente pelos mesmos motivos de antigamente. Sentimentos vividos na plenitude, com intensidade, estão em voga e estão movendo as pessoas em todo o mundo. As empresas com gestões mais atuais promovem menos comando e controle e cativam seus colabores através da interdependência e, para o advogado, o desafio será uma atuação profissional parecida a de hoje, porém, com um acréscimo de estarem diretamente engajados nos resultados e objetivos empresarias.

Podemos nos descobrir um fã entusiasmado de cavalos marinhos, divulgado em uma página das redes sociais e seremos bem aceitos por todos porque isso virou mais um dado entre milhões na rede. Há uma diversificação dos dados ligados às pessoas e isso está se tornando comum. E se todas as pessoas estão muito próximas destas variadas informações, umas influenciam os comportamentos das outras e voltaremos ao ponto do consenso informacional, a evolução social passando entre gerações e gerações digitalmente formando novos valores e criando novas formas de se relacionar com tudo. O outro é um legítimo outro na nossa relação digital, claro.

A sociedade vem alternando seus valores muito rapidamente e isso é visto com muita clareza nas famílias múltiplas, na sexualidade plural e na aceitação de vários consensos ditos tecnológicos também.

As empresas não são mais as únicas fontes de aprendizado. Mover pessoas à base do comando e controle não está mais fazendo sentido nem mesmo para o trabalhador com menor qualificação. O consenso é outro. Propicie condições emocionais de trabalho (chamado de "clima"), projete a sustentabilidade do negócio sob vários aspectos e retire um pouco o peso do lucro nos objetivos, o ambiente onde todos viverão desenvolvendo será mais importante que o EBITDA (sigla estrangeira para "ganhos antes de impostos, taxas, depreciações e amortizações") com certeza. O advogado também focará habilidades sobre os negócios ou naquilo voltado a prover a performance das atividades empresariais. A advocacia empresarial será a advocacia integrada para a gestão, nos próximos anos.

E o tema toca as empresas com profundidade. As atividades entre a empresa e a advocacia avançam na direção da coleção obrigatória de informações e de indicadores gerenciais para a tomada de decisão e agregação de valor na administração do negócio. É tempo de novos tempos.

2 O CENÁRIO ATUAL E DE AMANHÃ NA SOCIEDADE ATUAL

As empresas estão reduzindo suas margens de lucro gradativamente e cada vez mais torna-se necessário, para ser competitivo e manter os diversos mercados existentes, enxugar custos e ter o absoluto controle da operação. De nada adianta implementar uma estratégia eficaz e compartilhar uma visão sem um controle razoável de todos os fluxos da empresa.

Isso passa, claro, pela automação e pela velocidade da informação. Vivemos exatamente na era da informação e sem ela não há negócio sustentável ou viável operacionalmente. O direito, como amplo organizador das regras da vida, caminha sempre na direção da pacificação geral por meio de conceitos de paz e liberdade.

Ocorre uma coisa. Se a sociedade está a evoluir nesta era dos dados em nuvem, as empresas também estão e o capital humano do qual as empresas são feitas, os colaboradores, sócios e acionistas estão sentindo uma perda de identificação entre a velocidade com que as coisas mudam e a resposta com que o Poder Legislativo brasileiro é capaz de efetivamente compreender e produzir.

Caberia ao Legislativo o papel de favorecer a atualização da nação, um *update* do *software* social para transformar antigos princípios de direito em fatos mais palatáveis e de menores riscos para empresas e investidores. O princípio da proteção trabalhista necessita de novos contornos e muitos enunciados do Tribunal Superior do Trabalho carecem de um controle Constitucional mais efetivo. Existem distorções trabalhistas no modelo atual. E esta é a área jurídica mais sensível para que ocorra uma evolução na relação entre o direito e a atual sociedade em transformação. É a área trabalhista, inclusive, o ponto de partida para os maiores desafios aos operadores do direito.

Se estamos falando de cenários, torna-se mandatório avaliar os capítulos trabalhistas das últimas três décadas no Brasil. Se antes fazia sentido um papel fiscalizador inclusive das leis tributárias por parte do Judiciário Trabalhista, no plano de hoje a alta especialização de coisas trazidas pelo mundo digital nos leva a um caminho de que o aperfeiçoamento dos julgamentos carece quantificar valores próprios de setores específicos dos mercados de serviços, indústria, agropecuária e comércio. Seria mais justo o magistrado designado ao julgamento conhecer a realidade de um único setor para poder melhor interpretar as normas trabalhistas a ele relacionadas.

Propomos a segmentação das varas do trabalho por área de atuação de cada empresa, a começar por comércio, indústria e serviços. As disparidades de entendimento entre trabalhador, empresa e Judiciário são enormes. Horas extras contadas em minutos fazem bastante sentido em operações produtivas de montagem e transformação, mas não fazem sentido algum em trabalhos intelectuais. Não vamos entrar em nível de detalhamento disso, mas sistemicamente importa perceber que as empresas são colecionadoras de formas operacionais próprias e dos quais a tecnologia e a alta informação têm alterado as relações humanas significativamente, precisando o judiciário também se ater a isso. A legislação não está sendo capaz de acompanhar as transformações das empresas e mercados.

Os serviços de caronas por aplicativo receberam sua primeira condenação de vínculo empregatício com o motorista cadastrado. E dezenas de ações na justiça estão sendo propostas. Precisamos avaliar melhor o futuro das empresas e das pessoas.

O perene individualismo de governantes e a sua contumácia em esquecer do seu povo após as eleições, com a demanda paralela de que as empresas precisam de terreno fértil para o desenvolvimento, nos fazem pensar como sair da estagnação. Vale o exemplo dos Estados Unidos, que nacionalizaram fábricas através de subsídios do governo para cada emprego gerado, cujo produto da operação, comercializado em solo americano geraria tributos de retorno e assim, a sociedade anglo-saxã está saindo da recessão. Uma ajuda sistêmica exemplar.

Após inúmeros escândalos de corrupção e o resgate mínimo da ética no Brasil de hoje, o próximo passo será um ajuste nas relações trabalhistas entre empresas, cidadãos e os sindicatos, frente a frente com a realidade. E este sinal é revelador de estar ocorrendo, visto em decisões recentes do STF acerca da ultra atividade da norma coletiva e dos prestadores de serviços terceirizados para as concessionárias de serviços públicos, sem vínculo isonômico com os empregados públicos.

No último caso, as empresas prestadoras de serviços de energia e telecomunicações se organizaram de forma tão excepcional, empregando milhares de pessoas, dando dignidade compatível com os níveis técnicos das inúmeras profissões, que se torna inviável financeiramente a essa massa de empresas terceirizadas, vincular os salários de seus funcionários aos das empresas concessionárias. Não há nenhuma lógica nisso hoje, pois as empresas terceirizadas agem com a liberdade recíproca na relação com os empregados, há um consenso sobre ser um trabalho digno e organizado, regulamentado, além de haver uma redução de custos sobre os serviços concedidos pela União, aliviando a operação das concessionárias.

O papel do advogado na sociedade, especialmente os afeitos a lide empresarial, está sendo o de lutar arduamente por previsões das leis brasileiras que não mais condizem com a realidade e emperram o país de duas maneiras, uma pelo volume de demandas judiciais e outra pela sinuca de bico de interpretar de forma teleológica leis da década de 1940 e adequá-las para uma realidade mais atual. E este trabalho é inglório para o cenário de hoje, o brasileiro precisa ganhar consciência de coletividade e deixar o individualismo impregnado em todos os lugares.

Além de se insurgir contra a legislação démodé, o advogado de empresa tem um outro papel, mais importante no futuro, o de tornar quantificável custos, favorecer operações fluídas, retroalimentar sistemas empresariais de informação, promover a gestão do conhecimento contínuo e produzir de forma a não somente defender ou emitir um parecer eminentemente jurídico, mas verdadeiramente elevar e conduzir as empresas nos seus objetivos estratégicos.

Demover modelos antigos da própria cultura operacional da empresa e aprofundar na gestão diversificada e técnica sobre os negócios será papel fundamental. Concentrar estudos sobre os valores humanos que vigem há mais de décadas e às vezes por séculos e fazer deles um catalisador das metas da empresa. A sensibilidade do advogado do futuro ultrapassará o texto frio das leis e da jurisprudência e o tornará engajado nos objetivos de seus clientes.

Algo está mudando e se fazendo mudar e o advogado, mais do que ninguém, como conector do cliente ao sistema jurídico terá (e está tendo) caminhos importantes em um novo cenário de igualdade: O justo atual. Um justo perante uma sociedade vivenciando experiências mais rapidamente por conta da tecnologia. E se viveu a experiência, um novo valor foi criado, alterando outros obviamente e a antena do causídico estará tão ligada quanto ao do pessoal do *marketing*, sensitivos a estes fatores coletivos há décadas.

O *smartphone* tornou as pessoas mais independentes e com um nível de discernimento jamais visto. Dias atrás estávamos assistindo a um julgamento no Supremo Tribunal Federal sobre a possibilidade da prisão compulsória a partir do acórdão de mérito em segunda instância. A questão estava empatada em cinco a cinco e o grupo de Whatsapp dos amigos fervilhando, indignados com as razões dos votos de alguns ministros, eis que surge a voz da Ministra Carmen Lúcia, para o seu voto de minerva, dizendo mais ou menos assim: "A sociedade não está percebendo isso." E votou pela prisão a partir do julgamento de mérito de segunda instância conferindo à decisão o entendimento mais atual e uma resposta muito maior de percepção de justiça ao nosso povo. Dias depois, ela concedeu uma entrevista sobre outro assunto e novamente sugeriu um olhar sobre a sociedade, quando indagada sobre a necessidade de uma maior severidade na punição a juízes. Ambos são exemplos de consenso informacional e a Ministra parece-nos antenada a isso.

A prisão em segunda instância pode gerar, em alguns, debates sobre tecnicismos jurídicos, mas há um peso forte sobre o justo social e informacional.

Por conta desta era da conectividade e da singularidade que está por vir, a sociedade está acelerando valores num ritmo muito superior ao da legislação existente e os tribunais estão acompanhando isso, mas há muito o que mudar. As legislações e códigos que impactam o setor empresarial precisam de mudanças sobre seus próprios conceitos, pois o tipo hipossuficiente nas grandes capitais não pode mais ser considerado um desamparado se ele possuir um *smartphone*, por exemplo.

O princípio da proteção ao trabalhador deverá sofrer alterações nos próximos anos, pois há uma nova realidade em curso e uma massa de trabalhadores detém condições de dialogar com patrões diretamente, inclusive de forma independente e sem assistência de seus sindicatos. Empresas amadureceram e acreditar que a oportunidade de emprego seja uma necessidade e, por isso, obter-se proteção, deverá sofrer diametral modificação ao passo de que as pessoas estão mais ligadas ao prazer de trabalhar, se relacionar e ser útil psicologicamente a afirmar haver uma necessidade única de se obter sobrevivência. O mundo é grande o suficiente.

Na década de oitenta, muito provavelmente a empresa era senhora de toda a vida do empregado, mas a evolução social ditada pela informação hoje nos leva a crer que parte disso já pode ser escolhido pelo empregado ou impulsionado por este. Assim, os advogados possuem um papel muito importante, de lutar pela liberdade dos novos valores sociais e de algo comum para todos, o discernimento e a informação em larga escala. A cultura informacional possui um papel importante neste ponto de torsão.

Com isso, o desafio do advogado de empresa de hoje e dos escritórios inclinados em assessorar companhias ou empresas de todos os tamanhos, será o de modernizar a visão do direito vinda de uma nova realidade em linha com práticas modernas de administração, a realidade informacional dos conceitos e valores.

3 ADVOCACIA DE GESTÃO.

Se o direito de empresa ganhou outros aspectos com o novo Código Civil e foi abolido, por exemplo, o processo de concordata, a atuação do profissional moderno também está evoluindo e deixará de ser "advocacia de empresa" para se inserir na estratégia e no negócio, se transformando em "advocacia de gestão" ou "advocacia integrada para a gestão".

Escritórios e advogados precisarão cada vez mais se ater a detalhes sobre indicadores de performance vindos do litigioso a interpretar e proferir pareceres na era da gestão por informação. O advogado estará obrigado a conhecer sobre cultura social, cultura operacional, tecnologia, processos de mudança e um olhar sobre gestão de pessoas, notadamente. Uma sociedade que está em curso de mudanças de valores e crescente conexão com as informações, exigirá das empresas metas mais ajustadas e dinamismo de controle. É necessário hoje saber fazer a leitura dos variados sistemas humanos e como as pessoas se relacionam com a atividade da empresa antes de se interpretar uma norma e seu alcance, pois, do contrário, estaremos distantes da verdadeira sociedade e do intuito da aplicação da lei, longe da *mens legis*. A consultoria dos causídicos, portanto, terá um espectro muito maior ao de hoje e se ligará às melhores formas de resultados da empresa.

Proferir pareceres com dois lados e sem conteúdo conclusivo, gerencialmente falando, não auxiliará o estrategista. Este precisará contar, em um mercado competitivo e de ciclo curto, com um ouvido jurídico empreendedor e não com divisores de riscos e de cenários sem graça. O advogado de gestão lidará constantemente com os riscos do negócio, fator assumido por todo o empreendedor nos seus afazeres diários.

É comum na aplicação do direito empresarial, quando um paradigma social se altera, que um novo fundamento, mais amplo, seja utilizado para encampar outro. Um exemplo de um campo de trabalho vasto para o advogado de empresa do futuro passará pelo judiciário trabalhista. Acreditamos, sem antes delinear pensamentos das conquistas das classes trabalhadoras ao longo das décadas, que o advogado atualizado deverá estar constantemente lendo diferentes valores antes de interpretar os fatos de uma demanda. A exemplo disso, o hipossuficiente numa grande cidade como São Paulo não será o mesmo de locais mais remotos no país.

Neste ano, tivemos a experiência de despachar memoriais de um caso trabalhista antes do julgamento em segunda instância. O caso dizia respeito a um empregador rural condenado a vínculo empregatício com o parceiro rural, mesmo tendo juntado quatro renovações de contrato escrito de parceria em cada uma das safras onde dividiram seus esforços. Na primeira instância o "contrato realidade" foi interpretado de que o trabalho era, nas entrelinhas, subordinado ao dono das terras. Todavia, ao analisar a rentabilidade da safra, o Tribunal reformou com o discernimento e a segurança jurídica necessária pois, era consenso, apesar de velado no texto do acórdão, o reclamante, vivendo em zona rural, tinha discernimento pleno dos objetivos de cada um dos contratos firmados e as regras estavam bem claras para ambos dentro da parceria.

O exemplo mostra, talvez, um dos maiores problemas sobre as questões trabalhistas, a existência de diferentes olhares das partes envolvidas na relação, incluindo-se o Juiz, na sensível forma oral como as coisas são tratadas na justiça do trabalho. Isso causa "insegurança jurídica" para todos e principalmente para investidores. Não temos dúvida, há um velho modelo cultural e contrário às necessidades do país.

Em outro exemplo sobre valores em mutação, verificamos quando o Ministro Gilmar Mendes, do Supremo Tribunal Federal, deferiu medida liminar para negar a extensão automática de direitos previstos em norma trabalhista coletiva sem a existência de uma nova convenção negociada e firmada. Vejam, o sistema desde os anos 80 (na prática) vem protegendo o direito do trabalhador de forma a dar continuidade a conquistas com base nos instrumentos anteriores. Todavia, a autocomposição, princípio maior do direito coletivo do trabalho previsto na Constituição, está alcançando o consenso de que a vida das empresas também oscila, por vezes é frágil (crise), e isso deve ser parte considerada no momento da autocomposição. As crises, portanto, servem como sinais também dos valores pelos quais o direito precisará passar no desenho de uma nova realidade, trabalho do advogado de gestão na pacificação social e das metas empresariais.

O desafio dos advogados de empresa está no enfrentamento destas mudanças culturais, muitas vezes invocando em suas defesas mais os valores que a própria lei. O advogado deverá empreender leituras e percepções de quando e onde isso acontece na vida da empresa. Os pontos de torção e mutação ocorrerão com muita frequência. E ainda, o profissional do direito aprofundará suas atividades sobre o mundo dos negócios e das empresas em que estão se relacionando ou prestando serviços. Isso demandará conhecimentos em psicologia, sociologia e, principalmente, administração. Este é o ponto onde o direito inova.

É trocar o inconsciente coletivo por consenso informacional, talvez uma nova fonte do direito, paralela aos costumes.

O advogado de empresa será, doravante, um leitor social e empresarial frente à legislação e prestará serviços somando-se aos modernos conceitos de cultura operacional, visão compartilhada, sustentabilidade e gestão de pessoas.

Sob outro ponto de vista, os escritórios estarão obrigados a retornarem informações mais detalhadas das causas em que atuam, dar ao cliente dados como custo projetado, perspectiva de vitória ou sucumbência e os impactos nos gastos operacionais e possíveis paralisações. O controle de riscos será absolutamente uma essência. Nesta era de múltiplos dados, uma administração financeira minimamente focada na leitura e andamento da empresa com dados estatísticos não excluirá a colaboração do jurídico. Contingência e provisão de custos com o passivo judicial são dados obrigatórios em empresas americanas e europeias. O que se está falando aqui não é novo se observarmos a Lei Sarbanes Oxley, aplicável às empresas com capital em bolsa e com recursos no exterior.

As Companhias sabem que a transparência, o mapeamento de riscos e o gerenciamento das informações de acordo com políticas claras e estabelecidas é o que há de mais moderno em gestão. Isso é um forte agregador de valor para o futuro da advocacia de gestão. Não há mais como conduzir um processo judicial ou um parecer sem atribuir-lhe significado junto aos objetivos da empresa e se valer de dados vindos de indicadores de performance como fundamento será mandatório. O jurídico do futuro dará *feedback* através de seu painel de resultados e estatísticas e, sem isso, será apenas um jurídico tomador de conta de seus processos internos e dos judiciais.

Num mundo de aplicativos e em um universo de informações na ponta dos dedos, o advogado empresarial do futuro deverá ligar suas antenas às tendências empresariais e de gestão, elaborar indicadores econômicos do setor jurídico e falar sobre os valores em movimento e definir a cultura operacional empresarial. Saber ler estes elementos, inclusive sobre o aspecto do comportamento da organização, serão afazeres do cotidiano.

Sim, o advogado ligado à vida das empresas no futuro terá em sua carteira estratégica, avaliações da cultura operacional e ajudará o estrategista a encontrar o melhor perfil profissional em cada setor. O advogado do futuro subsidiará as decisões muito além da previsão legal e tenderá a ser uma pessoa com múltiplas funções em qualquer Companhia ou empresa.

O advogado não promoverá somente a segurança jurídica necessária aos olhos da legislação, mas o fará de modo a contribuir com o desenvolvimento, crescimento e os desafios de controle do negócio onde estará inserido.

Os dramas das organizações por efetivo controle e músculos para atingir objetivos empresariais, obrigará o causídico a atuar e enfrentar temas atuais em busca de quebra de paradigmas, essencialmente. Acreditamos que os advogados das empresas do futuro terão "papéis" decisivos neste momento de virada histórica, onde muitas das vezes as empresas se encontram mais fragilizadas e hipossuficientes que os seus empregados. Indagar quem está mais fragilizado nas relações trabalhistas, por exemplo, é exercício pertinente de evolução e busca de novos paradigmas.

Demover o empresariado do alto de seus gabinetes para uma realidade mais factível, notadamente, em se tratando dos movimentos em recursos humanos tão necessários ao sucesso das Companhias. O papel mais desafiador, de influenciar a estrutura formal do poder existente a mudar direções em sentidos mais humanos. Isso é bastante difícil em função de resistências naturais, mas o advogado de gestão receberá essa missão em novos tempos onde o consenso será informacional. O *feeling* contará muito nas reuniões com o *board*.

Não à toa vemos um crescente o número de comissões presentes nos conselhos de administração. Haverá muita demanda para isso nos próximos anos.

Vivemos num mundo globalizado, onde capital e trabalho têm de encontrar uma fórmula de bem conviver e dentro de um consenso de desenvolvimento sustentável. Os advogados terão papéis fundamentais na conexão destas novas realidades, serão influenciadores peregrinos, porém, sacerdotes das metas empresariais se não forem por elas os próprios responsáveis. Não raro, é possível perceber a presença de advogados militantes nos conselhos de administração ou em diretorias operacionais e presidências de grandes Companhias.

Há, por outro lado, uma tendência coletiva de envolvimento entre empregados e a estratégia desenhada, receita cientificamente comprovada no caminho da sustentabilidade e eficiência nos resultados. O problema deste tema será o "como fazer" e neste mundo de meu Deus e de "vossos dados", é que lançamos este texto futurista sobre a relação dos advogados de gestão com a própria gestão.

Um olhar cada vez mais humanizado quebrará barreiras sem perder aquela velha defesa da liberdade. Através de uma liderança positiva, calcada em valores humanos como seriedade, respeito, hombridade, cativará pessoas com ferramentas simples, por meio do diálogo franco e aberto, todos que integram a cadeia produtiva empresarial. Se incutir em cada um deles um conteúdo emocional positivo, da importância que o esforço individual representa, o resultado final do trabalho será sempre positivo sob qualquer ponto de vista.

Como dito, vivemos num mundo globalizado, onde grandes corporações se formam e, muitas das vezes, a figura tradicional do empregador – personificado no "dono da empresa" -, acaba desaparecendo por conta do alto nível de comprometimento das pessoas e, assim será, assim deverá ser no futuro com uma menor concentração de poder formal nas organizações.

Auxiliar estes líderes empresariais modernos a fomentarem uma nova cultura junto a seus liderados, de modo que eles amplifiquem seus horizontes, descentralizem cada vez mais responsabilidades, fazendo de cada núcleo da empresa uma autêntica "célula viva" e, derruir estes velhos paradigmas que historicamente segregavam empregados de empregadores e vice-versa, constituirá o desafio do advogado de gestão.

Neste quadrante é que aqui se destaca, também, o *compliance* como uma realidade em franca expansão nas empresas pois a dimensão informacional de hoje também espalhou o espectro de responsabilidades e o dever de vigilância. Os novos setores de *compliance* que estão sendo criados também demandarão aprovações totalmente eletrônicas de cada ato praticado pela empresa. É tempo de novos tempos e de vislumbrar o novo papel do advogado no âmbito das empresas. Estão eles, claro, envolvidos com plataformas tecnológicas, vida multidisciplinar e velocidade de informação.

A singularidade prevista para os próximos 20 (vinte anos) criará uma série de novos mercados e de atividades jurídicas, assim como os "apps" estão hoje para as empresas "start ups". Uma infinidade de coisas bastante específicas aumentou a função do operador do direito em tarefas estritamente voltadas ao âmago do negócio desenvolvido pela empresa. O espectro de atividades das empresas do futuro é tão grande que exigirá do profissional familiaridade que somente a própria empresa poderá lhe dar e treinar.

O futuro profissional do direito empresarial transitará com várias pessoas e não mais estará restrito a pareceres, reuniões, audiências e defesas. Ele participará da gestão do negócio tão próximo dos fatos como qualquer outro colaborador da empresa em função diretiva. Aliás, as empresas estão se tornando cada vez mais horizontais nas suas hierarquias e com maior proximidade entre operação e direção, um outro efeito da tecnologia e da automação está a caminho. É tempo de novos tempos.

15

DO DEVER DO ADVOGADO DE ABSTER-SE DE UTILIZAR INFLUÊNCIA INDEVIDA EM BENEFÍCIO PRÓPRIO OU DO CLIENTE

Jacob Lopes de Castro Máximo

Maria Flávia Cardoso Máximo

Advogados

Introdução

O objetivo deste capítulo é abordar as razões e fundamentações do dever do advogado de *abster-se de utilizar influência indevida em seu benefício ou do cliente.* A advocacia é prevista constitucionalmente como profissão indispensável à administração da justiça, ou seja, sem advogado não há justiça.

Vivemos numa era, tida por muitos como pós-moderna, na qual enfrentamos uma grande crise. Crise de valores sociais, éticos, comportamentais, conceituais, políticos, culturais, educacionais, ambientais e diversos mais.

Na maioria das vezes, a última esperança de um cidadão encontra-se no Poder Judiciário e é neste ponto que o advogado do tempo de crises deve primar por sua liberdade e independência; sendo certo que estas só começam a partir do momento que o profissional cumpre com seu dever ora defendido, sob pena de comprometer o ideal de Justiça.

Faça-se uso da escolha do Juiz Sério Moro, responsável pelos processos da "Lava Jato"[1] em primeira instância, ao citar, em vídeo publicado na sua página de "Facebook" no dia 29 de outubro de 2016, trecho de um discurso feito pelo então Presidente dos Estados Unidos, Theodore Roosevelt, ao Congresso norte-americano em 7 de dezembro de 1903:

1 Operação Lava Jato maior investigação de corrupção e lavagem de dinheiro no Brasil, deflagrada no dia 17 de março de 2014 e ainda em andamento. Disponível em: <http://www.pf.gov.br/imprensa/lava-jato>. Acesso em 30 de outubro de 2016.

> Não existe ofensa mais grave do que a daquele no qual uma confiança tão sagrada foi depositada, que a vende para próprio ganho e enriquecimento; [...] Se não formos capazes de fazer tudo o que está em nosso alcance para acabar com a corrupção não poderemos fugir da nossa parcela de responsabilidade pela culpa. *(nossa tradução)*[2]

Certo é que, o advogado, no seu ministério privado, possui *munus publico*. Assim, exige-se da atividade de advocacia uma postura consciente de sua função e responsabilidade sociais, o que se volta para deveres que são considerados essenciais para a eficácia e eficiência da busca por Justiça.

1 SEM ADVOGADO NÃO HÁ JUSTIÇA!

Ao fazer uma breve construção histórica, é notório que a profissão de advogado tem remota origem. Talvez nos tempos de Lucy[3], entre nossos mais antigos ancestrais, o primeiro advogado tenha surgido quando alguém se levantou em defesa do outro.

Da bíblia tem-se o registro do maior advogado da história humana "(...) *entretanto, se alguém pecou, temos um advogado junto ao pai: Jesus Cristo, o Justo*" (I São João 2, 1), além do relato de outros defensores à época, como por exemplo: "*Cinco dias depois, o sumo sacerdote Ananias foi a Cesaréia com alguns anciãos e um advogado chamado Tertulo*" (Atos dos Apóstolos 24, 1); e é em Isaías 1, 17, no qual a nobre missão da advocacia resta declarada "*aprendam a fazer o bem: busquem o direito, socorram o oprimido; fa*çam justiça ao órfão, defendam *a causa da viúva*".

Naturalmente que, nos tempos relatados, a advocacia não possuía as características legalmente definidas como se conhece; o que vem a ser definido, segundo Cristhian Magnus De Marco (2009, p. 244) na Grécia e em Roma, berços da moderna advocacia.

---

2 "There can be no offense heavier than that of him in whom such a sacred trust has been reposed, who sells it for his own gain and enrichment [...] If we fail to do all that in us lies to stamp out corruption we can not escape our share of responsibility for the guilt." Disponível em: <http://www.theodore-roosevelt.com/images/research/speeches/sotu3.pdf>. Acesso em 30 de outubro de 2016.

3 Em 1974 foi encontrado no Hadar, Etiópia, um esqueleto parcial de um *Australophitecusafarensis*. O espécime ficou conhecido como "Lucy" e tornou-se muito famoso por ser, na época, o mais antigo (3,2 milhões de anos) fóssil a evidenciar bipedia entre os hominíneos.

No Brasil, o exercício da advocacia possui estreita ligação com a história de Portugal. Registre-se que o advogado à época, intitulado apenas como procurador, teve sua primeira regulamentação nas Ordenações Afonsinas[4], promulgadas durante o reinado de Dom Afonso V, substituída posteriormente pelas Ordenações Manuelinas[5] e passando a contar com regras complexas de direitos e deveres nas Ordenações Filipinas[6].

Das Constituições brasileiras, somente a partir da Carta Magna de 1934[7] foi que à classe de advogados passou a ser reservado lugar na composição dos Tribunais Superiores. Porém, especialmente a partir da Constituição de 1988, o exercício profissional da advocacia recebeu contornos relevantes, reconhecendo seu caráter indispensável à administração da justiça.

> Constituição Federal de 1988 - art. 133 estabelece que: "*O advogado é indispensável à administração da justiça, sendo inviolável por seus atos e manifestações no exercício da profissão, nos limites da lei*".

De acordo com Paulo Lôbo (2002, p. 28), o dispositivo constitucional do art. 133 protege duas normas: a primeira, relativa à indispensabilidade do advogado na administração da justiça; e a segunda, relativa à inviolabilidade do exercício da profissão.

De todo modo, é na primeira parte do citado artigo que a Carta Magna brasileira não deixa dúvidas quanto à essencialidade e indispensabilidade do advogado na administração da justiça.

Carlos Henrique Soares considera que:

> O advogado desempenha um papel indispensável para o atendimento de questões sociais. [...] Passa a ser o advogado o condutor de valores da sociedade, analisando-os e interpretando-os, possuindo uma larga e profunda responsabilidade social e devendo coordenar seu trabalho visando a consecução do bem comum. Não sendo um mero profissional técnico que apenas busca a subsunção dos fatos à lei. (SOARES, 2014, p. 269)

---

4 Disponível em: <http://www1.ci.uc.pt/ihti/proj/afonsinas/> . Acesso em 26 de outubro de 2016.

5 Disponível em: <http://www1.ci.uc.pt/ihti/proj/manuelinas/> . Acesso em 26 de outubro de 2016.

6 Disponível em: <http://www1.ci.uc.pt/ihti/proj/filipinas/ordenacoes.htm> . Acesso em 26 de outubro de 2016.

7 CRB.Art. 104, §6º. Disponível em: <http://www.planalto.gov.br/ccivil_03/Constituicao/Constituicao34.htm>

E arremata de forma precisa:

> O advogado é elemento garantidor do efetivo exercício do direito ao contraditório e da ampla defesa na estruturação dos procedimentos jurisdicionais, seja eles, ordinários, sumários, especiais ou extravagantes, bem como na realização da prestação jurisdicional.
>
> [...]
>
> Sem o advogado a construção da decisão judicial se constitui de ato ilegítimo pela falta de suporte constitucional, conforme estabelece o art. 133 e o art. 1º da CF/88, que determina a opção do Estado brasileiro pelo paradigma democrático de direito. (SOARES, 2014, p. 331-332)

Ora, se não se pode dispensar o advogado da administração da justiça e se todos devem respeitar o caráter de essencialidade e indispensabilidade de sua função, outra não há de ser a conclusão: sem advogado não há Justiça!

2 DOS DEVERES DO ADVOGADO

Por seu caráter indispensável à Justiça, a partir de 1988 também foi regrado um complexo de normas deontológicas para o nobre exercício da advocacia. O advogado em seu ministério privado exerce um *munus público*, um poder público, e se com grandes poderes vem grandes responsabilidades, recai sobre o advogado deveres que lhe foram impostos pela sociedade, em benefício dela própria, e como meio de ver assegurado o Estado Democrático de Direito.

Por isso, o Estatuto da Advocacia e da OAB, a Lei n. 8.906, de 4 de julho de 1994, dispõe no § 1º., do seu artigo 2º., "*no seu ministério privado, o advogado presta serviço público e exerce função social*" e o Regulamento Geral da Advocacia e da OAB exige de todo inscrito o juramento de

> Art. 20 [...] exercer a advocacia com dignidade e independência, observar a ética, os deveres e prerrogativas profissionais e defender a Constituição, a ordem jurídica do Estado Democrático, os direitos humanos, a justiça social, a boa aplicação das leis, a rápida administração da justiça e o aperfeiçoamento da cultura e das instituições jurídicas. (OAB, 1994, p. 4)

A advocacia é um sacerdócio, nas palavras de Ruy de Azevedo Sodré (1991, p. 63) "*a advocacia é o encontro de uma confiança, que se entrega a uma consciência*". O cidadão é a confiança, confia no advogado e a ele entrega suas esperanças, seus bens, direitos, sua vida; por outro lado, o advogado é a consciência, e tem o dever de cumprir a sua missão, defendendo a verdade de seu constituinte com zelo, independência, destemor e competência.

Esse é o papel do advogado: o defensor da Constituição, o defensor da ordem jurídica do Estado Democrático de Direito, o defensor dos direitos humanos, o defensor da justiça social; aquele que luta pela boa aplicação das leis, para que seja rápida a administração da justiça, para que a cultura e as instituições jurídicas sejam aperfeiçoadas. Tudo com dignidade e independência, sempre sob o pálio da ética e, acima de tudo, sempre a serviço da Humanidade.

> Código de Ética e Disciplina da Advocacia e da OAB - Art. 2º O advogado, indispensável à administração da Justiça, é defensor do Estado Democrático de Direito, dos direitos humanos e garantias fundamentais, da cidadania, da moralidade, da Justiça e da paz social, cumprindo-lhe exercer o seu ministério em consonância com a sua elevada função pública e com os valores que lhe são inerentes. (OAB, 2015, p. 2)

O serviço, eis o grande papel do advogado. É através dele, vivendo a lição do Mestre, quando explica para a "*mulher de Zebedeu*" que, "*Ao contrário aquele que desejar ser grande, seja vosso servidor, e aquele que desejar ser o primeiro, seja vosso escravo*" (Mateus 20, 26-27) que se torna possível o engrandecer do profissional.

De fato, o se fazer grande na advocacia importa sempre se colocar a serviço. Claro que com dignidade e independência, uma vez que o advogado é o único profissional na área do direito cuja autoridade está na sua própria pessoa, no seu viver. Não possui o advogado, o poder do decidir e do "prender" do Juiz. Falta-lhe a força da opinião do Ministério Público e a "chave da cadeia" da Autoridade Policial. Não possui o mandato do político e muito menos o poder de nomeação. Assim, resta-lhe o quê? – O poder de requerer, sempre com base na Lei, com a força de sua inteligência, o altruísmo que o proceder ético lhe autoriza e o respeito aos seus deveres.

E é no "*Código de Ética e Disciplina da Advocacia e da OAB*" que se considera, dentre os deveres do advogado, o objeto desse estudo: o dever *de abster-se de utilizar de influência indevida, em seu benefício ou do cliente* (art. 2º, VIII, alínea "a").

3 DO CONCEITO DE INFLUÊNCIA

Como variação etimológica do verbo fluir, a palavra influência é originária do latim, *influentĭa*, segundo o dicionário Michaelis:

> influência
>
> in·flu·ên·ci·a
>
> sf
>
> 1 Ato ou efeito de influir(-se).
>
> 2 Poder ou ação que alguém exerce sobre pessoas ou coisas.
>
> 3 Poder de influenciar e modificar o pensamento ou o comportamento de outrem sem o uso da força ou da imposição: *Os professores ainda exercem grande influência sobre os seus alunos.*
>
> 4 Poder ou preponderância sobre outros numa determinada área; prestígio: "*Tibério abrira um escritório de advocacia administrativa e começara a vender a mais curiosamente abstrata das mercadorias: influência*" (EV).
>
> 5 Pessoa que exerce influência.

À primeira vista, então se extrai que o conceito fundamental de influência envolve uma pessoa tirando partido de uma posição de poder sobre outra pessoa.

Nas palavras de Mota:

> A capacidade que um indivíduo possui de influenciar alguém ou um grupo de pessoas significa uma força psicológica, onde um age de modo a modificar o comportamento de outro de modo intencional, essa influência envolve poder e autoridade, alterando assim o modo de agir do influenciado. (MOTA, 1997, p. 206)

É certo que a influência como força psicológica causa aparente autoridade a relações que envolvem costumeiramente membros da família, prestador de cuidados (tutor/curador), fiduciários, profissionais de saúde e conselheiros espirituais.

De todo modo, em menor ou maior grau, qualquer indivíduo tem a capacidade de exercer influência em relação a outro; esse é o poder político da vida. Seja de forma espontânea ou mesmo planejada, influenciar significa conquistar a atenção e a confiança da outra pessoa para fazer valer suas ideias e necessidades.

Ocorre que a desigualdade de poder entre as partes é inegável e, tal fator pode viciar o consentimento de uma delas, ocasionando, neste caso, um desrespeito à dignidade da pessoa humana, uma vez que seriam incapazes de exercer livremente a sua vontade com independência.

4 DA INFLUÊNCIA NA HISTÓRIA DA HUMANIDADE

Fato é que a influência é fator natural, reconhecida como a força exercida por um elemento sobre outro. Em 1859, o naturalista britânico Charles Darwin, em sua obra científica seminal, A Origem das Espécies, reconhecia a vulnerabilidade de todos os seres vivos a influências nocivas:

> Não obstante, todos os seres vivos têm muitas características em comum, seja ao nível da sua composição química, da sua estrutura celular, das suas leis de crescimento, ou na forma como estão sujeitos a influências nocivas. (DARWIN, 2009, p. 415)

É a influência de uma força sobre a outra que molda a vida *lato sensu* desde sua origem, sendo até mesmo bíblico o temor que a influência de determinados "deuses" causaria ao ser humano:

> Durante esse tempo, vocês verão na Babilônia deuses de prata, de ouro e de madeira, que costumam ser carregados nos ombros e provocam temor entre os pagãos. Cuidado para não ficarem vocês também parecendo com esses estrangeiros, nem se deixarem influenciar pelo temor desses deuses. (BÍBLIA, Br 6, 3-4)

Ao longo de toda a história da humanidade - das descobertas, navegações, desbravações, conquistas territoriais, sociais e políticas - a influência de uns indivíduos sobre outros sempre foi determinante para moldar a sociedade.

Na Idade Antiga, a sociedade era influenciada pelos filósofos e pelo Estado que ora se formava. Na Idade Média, a Igreja Católica foi protagonista da influência exercida perante os governantes e governados. Na Idade Moderna, o capitalismo se torna o grande vetor social. Atualmente, na Pós-Modernidade, as influências são muitas entre elas a que mais se destaca, é a influência digital.

Deslumbrados pelo poder da influência, são inúmeras as obras científicas destinadas à capacidade de influência que um ser humano causa psicologicamente em outro. A exemplo disso é o livro "Como Fazer Amigos e Influenciar Pessoas", um dos primeiros livros best-sellers de autoajuda já publicados. Escrito por Dale Carnegie (1888-1955) e publicado pela primeira vez em 1936, vendeu mais de 30 milhões de cópias em todo o mundo e passou a ser chamado #19 na lista da revista Time dos 100 livros mais influentes em 2011[8].

Se a influência como força natural é inerente a todos, resta, então, distinguir as boas influências das más.

Santo Agostinho, em sua obra O Livre-Arbítrio deixa claro que natureza alguma se corrompe sem já estar viciada:

> É preciso considerar igualmente este outro aspecto: será verdade dizer que uma natureza se corrompe pela influência do vício de outra natureza, sem que ela mesmo não tenha vício algum? Realmente, se uma natureza ao aproximar-se de outra com intenção de corrompê-la, com seus próprios vícios, caso não encontre nela algo de corruptível, não pode corrompê-la. E caso o encontre, ela não realiza a corrupção de sua natureza, a não ser pela influência dos vícios que ali encontra. Porque, em primeiro lugar, se for uma natureza mais forte em face de outra mais fraca que a influência, evidentemente ela não será corrompida, a não ser que o queira. E caso queira, ela começa a ser corrompida por seu próprio vício, antes de o ser por um vício alheio. (SANTO AGOSTINHO, 2011, p. 194-195)

Assim, para que uma má influência seja exercida sobre alguém, necessário é uma predisposição da alma do sujeito influenciado para aquele fim escuso.

Passa-se, então, a discutir o dever do advogado de abster-se da influência indevida.

5 DO DEVER DO ADVOGADO DE ABSTER-SE DE UTILIZAR INFLUÊNCIA INDEVIDA EM BENEFÍCIO PRÓPRIO OU DO CLIENTE

É em Immanuel Kant que se pretende debater a razão do dever *abster-se de utilizar de influência indevida, em seu benefício ou do cliente*, previsto no art. 2°, VIII, alínea "a" do Código de Ética e Disciplina.

Kant oferece uma conta diferente do porquê o ser humano tem o dever categórico de respeitar a dignidade das pessoas, não as usando como meio, ainda que para os bons fins.

---

8 Disponível em: <http://entertainment.time.com/2011/08/30/all-time-100-best-nonfiction-books/slide/how-to-win-friends-and-influence-people-by-dale-carnegie/>.

Na Fundamentação da Metafísica dos Costumes, Kant (2007, p. 19) discorre sobre o princípio supremo da moralidade, bem como dá conta de um dos relatos mais poderosos que temos do que a liberdade realmente é.

Ao rejeitar o utilitarismo - doutrina ética defendida principalmente por Jeremy Bentham e John Stuart Mill, afirma que as ações são boas quando tendem a promover a felicidade e más quando tendem a promover o oposto da felicidade (Japiassú; Marcondes, 2008, p. 273), Kant (2007, p. 34), acredita que se "*observamos de fato que, quanto mais uma razão cultivada se consagra ao gozo da vida e da felicidade, tanto mais o homem se afasta do verdadeiro contentamento de fato*".

Assim, para Kant, "*a felicidade é sempre uma coisa agradável para aquele que a possui*", mas esta supõe como condição a conduta moral conforme a lei. (Japiassú; Marcondes, 2008, p. 104)

Além disso, todo ser humano possui uma dignidade que comanda o próprio respeito. E dignidade, para Kant (2007, p. 78), é o valor de espírito que se põe infinitamente acima de todo preço.

> No reino dos fins tudo tem ou um preço ou uma dignidade. Quando uma coisa tem um preço, pode-se pôr em vez dela qualquer outra como equivalente; mas quando uma coisa está acima de todo o preço, e, portanto, não permite equivalente, então tem ela dignidade. (KANT, 2007, p. 77)

Jamais a dignidade, segundo Kant (2007, p. 78), poderia ser posta em cálculo ou confronto com qualquer coisa que tivesse um preço, sem de qualquer modo ferir a sua santidade.

A ideia que o indivíduo é sagrado ou detentor dos direitos, de acordo com Kant (2007, p. 47) não se origina da ideia de que é dono de si mesmo, mas sim da ideia de que o ser humano é um ser racional, portanto é possuidor de vontade:

> Tudo na natureza age segundo leis. Só um ser racional tem a capacidade de agir segundo a representação das leis, isto é, segundo princípios, ou: só ele tem uma vontade. (KANT, 2007, p. 47)

Os indivíduos são também seres independentes e livres, o que quer dizer que são capazes de agir e escolher livremente. Todavia, essa capacidade de razão e liberdade não são as únicas capacidades que possuem. Também possuem a capacidade de sentir dor e prazer para o sofrimento e a satisfação.

Kant (2007, p. 28) admite que os utilitaristas têm razão, na parte em que reconhecem o ser humano como agente que sente dor e prazer. Kant (2007, p.

29) não nega isso, o que ele nega e recusa é a alegação de Bentham de que a dor e o prazer são os mestres da conduta humana. Kant (2007, p. 24) acredita que a natureza teria escolhido muito mal a razão humana para conduzir o próprio indivíduo às suas intenções de felicidade.

> Quando consideramos as disposições naturais dum ser organizado, isto é, dum ser constituído em ordem a um fim que é a vida, aceitamos como princípio que nele se não encontra nenhum órgão que não seja o mais conveniente e adequado à finalidade a que se destina. Ora, se num ser dotado de razão e vontade a verdadeira finalidade da natureza fosse a sua conservação, o seu bem-estar, numa palavra a sua felicidade, muito mal teria ela tomado as suas disposições ao escolher a razão da criatura para executora destas suas intenções. Pois todas as ações que esse ser tem de realizar nesse // propósito, bem como toda a regra do seu comportamento, lhe seriam indicadas com muito maior exatidão pelo instinto, e aquela finalidade obteria por meio dele muito maior segurança do que pela razão; e se, ainda por cima, essa razão tivesse sido atribuída à criatura como um favor, ela só lhe poderia ter servido para se entregar a considerações sobre a feliz disposição da sua natureza, para a admirar, alegrar-se com ela e mostrar-se por ela agradecida à Causa benfazeja, mas não para submeter à sua direção fraca e enganadora a sua faculdade de desejar, achavascando assim a intenção da natureza; numa palavra, a natureza teria evitado que a razão caísse no uso prático e se atrevesse a engendrar com as suas fracas luzes o plano da felicidade e dos meios de a alcançar; a natureza teria não somente chamado a si a escolha dos fins, mas também a dos meios, e teria com sábia prudência confiado ambas as coisas simplesmente ao instinto. (KANT, 2007, p. 24)

Muitas vezes se pensa na liberdade como algo que se resume ao fazer o que se quer, ou na ausência de obstáculos para conseguir o que se quer. Isso é libertinagem e não liberdade. Kant (2007, p. 206) vai além da razão do que significa ser livre, argumentando liberdade como o oposto da necessidade humana, da necessidade animal.

> Agir livremente é agir autonomamente, e agir autonomamente é agir de acordo com uma lei que eu me dou, que eu me imponho. Autonomia é, pois, o fundamento da dignidade da natureza humana e de toda a natureza racional. (KANT, 2007, p. 79)

Kant acredita que é nossa capacidade racional que nos faz distintos, que nos torna especiais, que nos leva além e acima de um mero animal. Faz de nós algo a mais que apenas a física, criaturas com apetites.

> Os seres cuja existência depende, não em verdade da nossa vontade, mas da natureza, têm contudo, se são seres irracionais, apenas um valor relativo

> como meios e por isso se chamam coisas, ao passo que os seres racionais se chamam pessoas, porque a sua natureza os distingue já como fins em si mesmos, quer dizer como algo que não pode ser empregado como simples meio e que, por conseguinte, limita nessa medida todo o arbítrio. (KANT, 2007, p. 68)
>
> O ser racional, como inteligência, conta-se como pertencente ao mundo inteligível, e só chama vontade à sua causalidade como causa eficiente que pertence a esse mundo inteligível.
>
> [...]
>
> Se eu fosse um mero membro do mundo inteligível, todas as minhas ações seriam perfeitamente conformes ao princípio da autonomia da vontade pura; mas, como mera parte do mundo sensível, elas teriam de ser tomadas como totalmente conformes à lei natural dos apetites e inclinações, por conseguinte à heteronomia da natureza. (KANT, 2007, p. 102-103)

Para descrever o oposto de autonomia, Kant (2007, p. 75) cria um termo especial que é heteronomia. Quando o sujeito age heteronomamente ele atua de acordo com uma inclinação, ou um desejo, que não escolheu para si.

Assim como Kant (2007, p. 97) tem um conceito fortalecido de liberdade - liberdade como autonomia - ele também tem o conceito de moralidade.

Se o ser humano age livremente, sem ser por impulso de apetite ou necessidade, mas por razão, então a sua máxima tem um conteúdo moral. Agir livremente não é escolher os melhores meios para o determinado fim, mas sim escolher o fim em si mesmo. E essa é uma coisa que os seres humanos podem fazer e os animais irracionais não. Assim, pois, vontade livre e vontade submetida a leis morais são uma e a mesma coisa. (KANT, 2007, p. 94)

Na medida em que o ser humano age sob inclinação ou persuasão do prazer age se valendo dos meios para a realização dos fins - o que faz com que acabe como instrumento, ao invés de autor, daquilo que se busca. Isso é determinação heterônoma da vontade.

Por outro lado, na medida em que o ser humano age de forma autônoma, de acordo com a lei que coloca para si mesmo, faz algo para seu próprio bem como um fim em si mesmo. E é justamente essa capacidade de agir livremente que Kant (2007, p. 79) diz ser o que concede à vida humana a dignidade.

Respeitar a dignidade humana, então, significa respeitar as pessoas não apenas como meios, mas também como fins em si mesmo. E é por essa razão que é errado usar as pessoas por causa do bem-estar ou felicidade de outras pessoas ou de si próprio.

Portanto, se o advogado se utiliza de influência indevida em benefício próprio ou do cliente, ele usa de seu poder sobre um terceiro, utilizando-o como meio e ferindo a dignidade deste indivíduo.

Ao se utilizar de influência indevida, além de infringir a dignidade humana das partes envolvidas no processo, o advogado compromete toda a credibilidade do Sistema Jurídico e degrada os valores morais e éticos do Poder Judiciário.

6 DA DEGRADAÇÃO DOS VALORES MORAIS E ÉTICOS – INFLUÊNCIA INDEVIDA COMO FORMA DE CORRUPÇÃO

Que não se faça confusão entre "*influência indevida*" e o direito do advogado de "*dirigir-se diretamente aos magistrados nas salas e gabinetes de trabalho, independentemente de horário previamente marcado ou outra condição, observando-se a ordem de chegada*" (item VIII, art. 7º., da Lei 8.906, de 04 de julho de 1994 - ESTATUTO DA ADVOCACIA E A ORDEM DOS ADVOGADOS DO BRASIL), o que, de modo similar, também é determinado pela LEI ORGÂNICA DA MAGISTRATURA (Lei Complementar nº. 35, de 14 de março de 1979), no item IV, do seu art. 35, que trata "Dos Deveres dos Magistrados" ("*tratar com urbanidade as partes, os membros do Ministério Público, os advogados, as testemunhas, os funcionários e auxiliares da Justiça, <u>e atender os que o procurem, a qualquer momento</u>, quando se trate de providência que reclame e possibilite a solução de urgência*" - grifo nosso).

Se valer do citado direito do advogado não quer dizer que se utilizará o mesmo de "*influência indevida*". Afinal, o direito de"*dirigir-se diretamente aos magistrados*" lhe é conferido por Lei. O que não é permitido é o abuso desse direito.

Lamentavelmente, há casos de juízes que não recebem advogados. E quando um juiz não recebe o advogado, quando um juiz, para despachar "*entra e sai pelos fundos*", fugindo do advogado, é sinal de que algo não vai bem na Administração da Justiça.

Quando isso acontece, esquecem os que assim agem de que também são cidadãos, que têm parentes cidadãos e que amanhã poderão necessitar dos préstimos de um Advogado, que necessitará, para o bom desempenho do seu *munus*, de ser atendido pessoalmente por um Juiz. -A menos, é claro, que conheçam os "*caminhos dos fundos*" e saibam como conseguir as "decisões" que lhes sejam "benéficas" e "urgentes".

Tão pouco que se faça confusão entre "*influência indevida*" e amizades existentes entre juízes, advogados e membros do Ministério Público. Afinal, todos saíram dos mesmos bancos das Escolas de Direito. São colegas, amigos e compartilham a paixão pela luta por Justiça e Paz Social. O que não quer dizer que isso lhes tira a independência.

Muito ao contrário, por independentes que são, preservam e respeitam os posicionamentos contrários ou não de cada um. E os defendem.

Certo é que, o processo deverá ser julgado por seus fundamentos jurídicos, sem influência de amizades.

Ora, tudo que é feito "*pelos fundos*" ou "*por amizade*" (ainda que seja uma decisão correta), não dignifica a Justiça, pois sobre ela sempre pesará a suspeita da imoralidade.

Mas, o que dá a um ato o caráter moral?

Kant (2007, p. 50) diz que o que faz uma ação ser moralmente digna consiste não nas consequências ou nos resultados que dela decorrem, mas sim tem a ver com o motivo, com a qualidade da vontade, com a intenção para o qual o ato é feito. Nesse raciocínio, o valor moral de uma ação depende do motivo pelo qual ele é feito e o importante é que a pessoa faça a coisa certa pela razão certa. A boa vontade não é boa por causa do que ela afeta ou realiza; Kant a defende como boa em si mesma.

> Como toda a lei prática representa uma ação possível como boa e por isso como necessária para um sujeito praticamente determinável pela razão, todos os imperativos são fórmulas da determinação da ação que é necessária segundo o princípio de uma vontade boa de qualquer maneira. No caso da ação ser apenas boa como meio para qualquer outra coisa, o imperativo é hipotético; se a ação é representada como boa em si, por conseguinte como necessária numa vontade em si conforme à razão como princípio dessa vontade, então o imperativo é categórico. (KANT, 2007, p. 62)

E o que dá valor à ação não é apenas estar em conformidade com a lei moral, mas também deve a mesma ser realizada em prol da lei moral.

O único tipo de motivo que pode conferir valor moral a uma ação é o motivo do direito, ou seja, uma ação só terá valor moral se for feita sobre os valores da moral, valores estes que estão no Direito, na lei, sem se valer daqueles motivos que têm a ver com as inclinações do ser humano, que são todos os seus desejos, vontades e afins.

Faça-se a coisa certa, não porque se terá mais vantagens, mas sim, por que é o correto a ser feito.

O que importa é a qualidade da vontade, o caráter do motivo. E o motivo relevante à moralidade só poderá ser o motivo do direito e não o motivo de sua inclinação pessoal, sob pena de se praticar a mais vil das deturpações de um caráter: a corrupção.

Corrupção[9] nada mais é do que efeito ou **ato de corromper** alguém ou algo, com a finalidade de **obter vantagens** em relação aos outros por meios considerados ilegais ou ilícitos.

> A ausência de autonomia - subordinação - implica corrupção a medida em que as instituições estão atreladas aos interesses de grupos específicos da sociedade, que se insulam no aparelho estatal predando a coisa pública a favor de seus exclusivos interesses. (FILGUEIRAS, 2004, p. 134)

Necessário ainda se pensar na ação da "*influência indevida*" elevada à lei universal. Uma lei que permitisse a cada advogado se valer de influência indevida em benefício próprio ou do cliente, corrompendo assim o Poder Judiciário, tornaria impossível a Justiça em si e seus princípios constitucionais, tais como a isonomia, o devido processo legal e a imparcialidade. Ninguém acreditaria em qualquer julgado e condenar-se-ia todo o Sistema Judiciário.

> Temos que poder querer que uma máxima da nossa ação se transforme em lei universal: é este o cânone pelo qual a julgamos moralmente em geral. [...] Se agora prestarmos atenção ao que se passa em nós mesmos sempre que transgredimos qualquer dever, descobriremos que na realidade não queremos que a nossa máxima se torne lei universal, porque isso nos é impossível; o contrário dela é que deve universalmente continuar a ser lei; nós tomamos apenas a liberdade de abrir nela uma exceção para nós, ou (também só por esta vez) em favor da nossa inclinação. (KANT, 2007, p. 62-63)

Se se universaliza uma máxima errada, todo o contexto perde sua razão.

---

9 Disponível em: <https://www.significados.com.br/corrupcao/>. Acesso em: 26 de outubro de 2016

7 CONCLUSÃO

Na humildade do servir do advogado é que se agiganta a figura do mesmo, o único profissional que é capaz de ouvir e entender o mais vil dos acusados, sem o acusar. É a ele, advogado, a quem todos pedem socorro, inclusive Autoridades, quando se veem obrigados a responder por alguma falta ou na defesa de um direito. Descumprir com seu dever de "*abster-se de utilizar influência indevida em seu benefício ou do cliente*" é degradar os valores morais e éticos da Justiça.

Por tudo isso, pelo cumprimento do citado ditame legal, sejam todos, Juízes, Advogados, Membros do Ministério Público e Serventuários nos auditórios dos Tribunais, sem exceção, irmãos, em respeito à dignidade de cada pessoa, conscientes de que precisam uns dos outros, livres de qualquer influência indevida, unidos em prol da Justiça e Paz Social.

REFERÊNCIAS

BÍBLIA Sagrada: Edição Pastoral. Tradução de Ivo Storniolo e Euclides Martins Balancin. São Paulo: Paulus, 1990.

BRASIL. Constituição (1988). **Constituição da República Federativa do Brasil**: promulgada em 5 de outubro de 1988. Disponível em: <http://www.planalto.gov.br/ccivil_03/constituicao/constituicaocompilado.htm>. Acesso em 26 de outubro de 2016.

BRASIL. Lei nº. 8.906, de 4 de julho de 1994. Dispõe sobre o Estatuto da Advocacia e a Ordem dos Advogados do Brasil (OAB). **Diário Oficial da União**: República Federativa do Brasil: Poder Legislativo, Brasília, DF, 4 de julho de 1994. Col. 1, p. 7. Disponível em: <http://www.planalto.gov.br/ccivil_03/leis/L8906.htm>. Acesso em 26 de outubro de 2016.

DARWIN, Charles. **A Origem das Espécies**. 1. ed. Tradução de Ana Afonso. Portugal: Planeta Vivo, 2009. Disponível em: <http://darwin-online.org.uk/converted/pdf/2009_OriginPortuguese_F2062.7.pdf>. Acesso em 26 de outubro de 2016.

FILGUEIRAS, Fernando de Barros. Notas críticas sobre o conceito de corrupção: um debate com juristas, sociólogos e economistas. In. **Revista de Informação Legislativa**, Brasília, v. 41, n. 164, p. 125-148, out./dez. 2004. Disponível em: <http://www2.senado.leg.br/bdsf/item/id/1011>. Acesso em: 26 de outubro de 2016.

KANT, Immanuel.**Fundamentação da Metafísica dos Costumes**. 1. ed. Tradução de Paulo Quintela. Lisboa: Edições 70, 2007. Disponível em: <https://professoredmarfilosofia.files.wordpress.com/2012/02/kante-fundamentacao-dametafisicadoscostumes-trad-pauloquintela-edicoes70-120p.pdf>. Acesso em 12 de outubro de 2016.

LÔBO, PAULO LUIZ NETTO. **Comentários ao Estatuto da Advocacia e da OAB**. 3. ed. São Paulo: Saraiva, 2002

MARCO, Cristhian Magnus. Evolução Histórica da Advocacia em Perspectiva Comparada: Brasil e Inglaterra. In. **Espaço Jurídico**, Joaçaba, v. 10, n. 2, p. 243-274, jul./dez. 2009. Disponível em: <http://editora.unoesc.edu.br/index.php/espacojuridico/article/view/1930/998>. Acesso em: 26 de outubro de 2016.

MICHAELIS. **Dicionário Brasileiro da Língua Portuguesa**. versão online. São Paulo: Melhoramentos, 2016. Disponível em: <http://michaelis.uol.com.br/busca?r=0&f=0&t=0&palavra=INFLUENCIA>. Acesso em: 26 de outubro de 2016.

MOTTA, Paulo Roberto. **A Ciência e a Arte de Ser Dirigente**. 8. ed. Rio de Janeiro: Editora Record, 1997.

JAPIASSÚ, Hilton; MARCONDES, Danilo. **Dicionário Básico de Filosofia**. 5. ed. Rio de Janeiro: Editora Zahar, 2008. Disponível em:<https://books.google.com.br/books?id=2K0bP_T6F_oC&pg=PA273&redir_esc=y#v=onepage&q&f=false>. Acesso em: 26 de outubro de 2016.

OAB, Conselho Federal. **REGULAMENTO GERAL DO ESTATUTO DA ADVOCACIA E DA OAB**: Dispõe sobre o Regulamento Geral previsto na Lei nº 8.906, de 04 de julho de 1994. Brasília, 16 de outubro e 6 de novembro de 1994. Disponível em: <http://www.oab.org.br/content/pdf/legislacaooab/regulamentogeral.pdf>. Acesso em: 26 de outubro de 2016.

OAB, Conselho Federal. **RESOLUÇÃO N. 02/2015**: Aprova o Código de Ética e Disciplina da Ordem dos Advogados do Brasil – OAB. Brasília, 19 de outubro de 2015.

Disponível em: <http://www.oab.org.br/arquivos/resolucao-n-022015-ced-2030601765.pdf>. Acesso em: 26 de outubro de 2016.

SOARES, Carlos Henrique. **Estatuto da Advocacia e Processo Constitucional**. 1. ed. Belo Horizonte: Del Rey, 2014.

SODRÉ, Ruy de Azevedo. Ética Profissional e Estatuto do Advogado. 4. ed. São Paulo: LTr, 1991.

16

O SIGILO PROFISSIONAL DO ADVOGADO NO NOVO CÓDIGO DE ÉTICA E DISCIPLINA DA OAB

Décio Costa Aguiar Oliveira
Advogado

A relação entre o advogado e o cliente tem como pilar básico a confiança recíproca. Neste norte, o Código de Ética e Disciplina da Ordem dos Advogados do Brasil orienta no seu artigo 10 que: "*Sentindo o advogado que essa confiança lhe falta, é recomendável que externe ao cliente sua impressão e, não se dissipando as dúvidas existentes, promova, em seguida, o substabelecimento do mandato ou a ele renuncie*".

Para tutelar a confiança que deve existir na relação advogado/cliente, a legislação pátria impôs ao advogado o poder/dever de guardar o sigilo profissional.

Neste sentido, a Constituição Federal, no seu artigo 5º, inciso XIV, garante a todos o acesso à informação, mas resguarda o sigilo, quando necessário para o exercício profissional.

O artigo 154 do Código Penal Brasileiro tipifica como crime de violação do segredo profissional "*revelar alguém, sem justa causa, segredo, de que tem ciência em razão de função, ministério, ofício ou profissão, e cuja revelação possa produzir dano a outrem*".

O Código de Processo Penal, no artigo 207, proíbe de depor as pessoas que, em razão de função, ministério, ofício ou profissão, devam guardar segredo.

No mesmo sentido, o Código de Processo Civil de 2015, no art. 388, estabelece que: "*A parte não é obrigada a depor sobre fatos a cujo respeito, por estado ou profissão, deva guardar sigilo*". Igual disposição também está inserida no Código Civil Brasileiro (art. 229, I).

Como se vê, a proteção ao sigilo profissional encontra respaldo na Constituição Federal e também na legislação ordinária, tendo sua aplicabilidade estendida a todas as categorias profissionais.

Porém, na relação advogado/cliente o sigilo profissional ganha contorno especial, uma vez que o advogado é um confidente, um ouvinte privilegiado dos segredos e intimidades do seu cliente. Por conseguinte, o respeito ao sigilo profissional é um dever do advogado.

Diante deste quadro, não obstante as disposições legais já citadas, o Estatuto da Advocacia e da OAB (Lei nº 8.906/1994) e o Código de Ética e Disciplina da OAB trataram de regular a questão do sigilo profissional e, inclusive, tipificar como infração disciplinar o seu desrespeito.

Entre os direitos do advogado, a teor do disposto no artigo 7º, inciso II, da Lei nº 8.906/1994, está "*a inviolabilidade de seu escritório ou local de trabalho, bem como de seus instrumentos de trabalho, de sua correspondência escrita, eletrônica, telefônica e telemática, desde que relativas ao exercício da advocacia*".

O objetivo da citada normal legal foi resguardar o sigilo profissional, impedindo que eventuais relatos, confidências ou documentos fornecidos pelo cliente ao advogado sejam interceptados e utilizados em seu desfavor.

Como bem destaca o **Professor Gladston Mamede**: "*seria nefasto para o trabalho do advogado - para sua missão constitucional e moral - se pairasse na sociedade uma insegurança sobre aquilo que se diz ou se entregue ao causídico, um medo de que o estado ou qualquer outra pessoa pudesse obter, agindo sobre o profissional do Direito, aquilo que não conseguiria agindo sobre o cliente. Refiro-me à possibilidade - afastada pela lei - de obter informações contra o cliente com base em incursões ao escritório de seu advogado, violando seus arquivos e dados, interceptando suas comunicações (com cliente ou terceiros), obrigando-o a dizer o que sabe, contra seu próprio cliente. Num cenário político e jurídico em que tais medidas fossem possíveis, a insegurança campearia e as pessoas temeriam por si, sendo obrigadas a desconfiar de seus defensores, não pelo caráter desses, mas por sua fragilidade, sua vulnerabilidade. O escritório de um advogado não seria mais interpretado como um lugar de asilo e segurança para os que pretendem defender-se, mas como uma ameaça como um lugar arriscado*". [1]

---

1 Mamede, Gladston. A advocacia e a Ordem dos Advogados do Brasil / Gladston Mamede. 2ª ed. revisada e aum. de acordo com o Novo Código Civil Brasileiro - São Paulo: Atlas, 2003.

O Estatuto da Advocacia e da OAB (art. 7º, III), tutelando o sigilo profissional, também garante ao advogado o direito de: "*comunicar-se com seus clientes, pessoal e reservadamente, mesmo sem procuração, quando estes se acharem presos, detidos ou recolhidos em estabelecimento civis e militares, ainda que considerados incomunicáveis*".

Como cediço, é direito do cliente se consultar com o seu advogado, principalmente quando se encontrar preso. Mas tal consulta deve ser obrigatoriamente reservada e pessoal, não se admitindo qualquer tipo de intermediação, por terceiros ou por equipamentos como telefone, interfone, videoconferência etc.

Isto pelo fato de que a presença de policiais, servidores ou qualquer autoridade durante a consulta violaria o direito de sigilo do cliente. Já a utilização de meios de comunicação tornaria a consulta facilmente suscetível a eventuais interceptações.

Já no inciso XIX, do art. 7, do Estatuto da Advocacia e da OAB é garantido ao advogado o direito de: "*recusar-se a depor como testemunha em processo no qual funcionou ou deva funcionar, ou sobre fato relacionado com a pessoa de quem seja ou foi advogado, mesmo quando autorizado ou solicitado pelo constituinte, bem como sobre fato que constitua sigilo profissional*".

Imperioso destacar que tal regra legal deve ser interpretada de forma ampla. Assim, a proibição do advogado depor inclui não só processos judiciais, mas também processos administrativos, sindicâncias e procedimentos no juízo arbitral.

Também deve ser assegurado o sigilo e o direito à recusa em depor, ainda quando o conhecimento dos fatos decorre de simples consulta ou assessoria prestada pelo advogado, mesmo não havendo a contratação para execução dos serviços.

Ou seja, os fatos relatados pelo possível cliente ao advogado para uma simples apresentação de proposta de prestação de serviços advocatícios também está incluída no sigilo profissional, ainda que a contratação não se concretize.

Sobre a amplitude do dever de sigilo profissional vale colher a lição de **Gisela Gondin Ramos**: "*De modo geral, a obrigação de manter segredo abrange tudo quanto o profissional venha a tomar conhecimento, em razão de seu cargo ou profissão, sob condição de não ser revelado, ou de não lhe ser permitido utilizar sem expressa e prévia autorização. No caso do advogado, esta condição já está implícita na natureza própria de suas funções, prescindindo, assim, de qualquer manifestação expressa. É abrangido pelo sigilo profissional, pois, não ape-*

nas o que lhe for confiado pelo cliente, mas tudo que lhe chegue ao conhecimento em consequência do exercício profissional. Também, não importa a forma como lhe chegue a informação, seja diretamente pelo cliente, de viva voz, seja através de documentos, ou por terceiros. Desde que interesse à causa que lhe foi confiada pelo cliente, está protegida pelo sigilo profissional."[2]

Quanto ao lapso temporal, o dever de sigilo não possui prazo determinado, sendo razoável reconhecer que o advogado deve resguardá-lo por lapso temporal indeterminado.

Como se verifica, diversas prerrogativas profissionais do advogado, estabelecidas pela Lei nº 8.906/1994 (Estatuto da Advocacia e da OAB), têm sua razão de ser exatamente na necessidade de se garantir o sigilo profissional.

Ainda com o mesmo escopo, diante da gravidade do rompimento da confiança entre advogado e cliente, o legislador estabeleceu no artigo 34, inciso VII, do Estatuto da Advocacia e da OAB, que configura infração disciplinar a violação, sem justa causa, do sigilo profissional.

Neste caso, a sanção disciplinar aplicável ao advogado infrator é a de censura (art. 35, I c/c art. 36, I da Lei nº 8.906/94), que pode ser convertida em advertência, quando presentes circunstâncias atenuantes ou cumulada com multa, quando existirem agravantes.

Porém, obviamente que o reconhecimento da violação ao sigilo profissional, como o reconhecimento de qualquer outra infração disciplinar, deve ser precedido do devido processo disciplinar, assegurado ao acusado o direito de ampla defesa e contraditório.

Ademais, cabe observar que o texto legal deixa bastante claro que a aludida infração disciplinar somente se configura quando o sigilo profissional é quebrado sem justa causa.

Por conseguinte, é certo afirmar que a regra do sigilo profissional não é absoluta, podendo o advogado, em situações excepcionais, havendo justa causa, afastar o sigilo, sem que a sua conduta seja considerada violação aos preceitos deontológicos da profissão.

Neste sentido, o antigo Código de Ética e Disciplina da OAB, que vigorou até o final do mês de agosto de 2016, previa no seu art. 25 que: "*O sigilo profissional é inerente à profissão, impondo-se o seu respeito, salvo grave ameaça ao direito à vida, à honra, ou quando, o advogado se veja afrontado pelo próprio*

2 Ramos, Gisela Gondin; Estatuto da advocacia: comentários e jurisprudência selecionada / Gisela Gondin Ramos – 6ª Edição revista e ampliada. Belo Horizonte: Fórum, 2013. p. 413

cliente e, em defesa própria, tenha que revelar segredo, porém, sempre restrito ao interesse da causa".

O novo Código de Ética e Disciplina, aprovado pela Resolução 02/2015 do Conselho Federal da OAB, que deveria ter entrado em vigor no dia 04 de maio de 2016, mas teve vigência alterada para 1º de setembro de 2016[3], passou a tratar o tema no **artigo 37** com a seguinte redação: *"O sigilo profissional cederá em face de circunstâncias excepcionais que configurem justa causa, como nos casos de grave ameaça ao direito à vida e à honra ou que envolvam defesa própria".*

O novo texto legal manteve as três situações previstas no Código de Ética e Disciplina caduco, em que o advogado está autorizado a quebrar o sigilo profissional, mas deixou evidenciado que tais hipóteses citadas são (ou passam a ser) meramente exemplificativas e não taxativas.

O Código revogado impunha o respeito ao sigilo, salvo na hipótese de grave ameaça à vida, à honra ou em defesa própria do advogado, o que apontava ao entendimento de que tais situações seriam as únicas a autorizar a quebra do sigilo.

O Professor Gladston Mamede enfatizava que: "*São poucas e bem definidas, pelo Código de Ética, as situações em que o advogado está autorizado a quebrar com a obrigação de preservar o sigilo profissional, caracterizando, destarte, a justa causa excepcionada no tipo disciplinar. (...) Nunca é demais ressaltar que a quebra do sigilo, fora dos augustos limites nos quais é permitida, caracteriza não só infração disciplinar punível com censura e, eventualmente, multa. Caracteriza, como visto, crime, além de ilícito civil, pelo qual deverá o advogado indenizar os danos econômicos e morais decorrentes de seu comportamento*"[4]

Entretanto, o novo Código de Ética e Disciplina da OAB esclareceu que qualquer situação que configure justa causa pode afastar o dever de sigilo, não se limitando às três hipóteses exemplificativas contidas no texto da norma.

Assim, é certo que as hipóteses de justa causa foram ampliadas, sendo que a sua caracterização irá exigir a análise de diversas possibilidades de cunho subjetivo, impondo ao intérprete cautela e bom senso.

---

3 Resolução 3/2016 do Conselho Federal da OAB, publicada em 19/4/2016, no *Diário Oficial da União, alterando o artigo 79 do novo Código de Ética da OAB.*

4 Op. Cit., p. 362

Em geral, a justa causa se caracteriza quando da análise do caso concreto o interesse social se revele acima do interesse privado, ao ponto de justificar a quebra do sigilo.

Paulo Luiz Neto Lôbo inclui nas hipóteses de justa causa a situação *"quando o cliente autoriza o advogado, ou quando não autorizado, tem por fito proteger o interesse do próprio cliente ou da dignidade da profissão"*[5]

Já Gisela Gondin Ramos entende que: "*temos que a justa causa se verifica sempre que aos princípios essenciais justificadores do instituto se sobrepuserem outros cuja manutenção interesse mais à sociedade, e, portanto, justifique uma excepcionalidade à regra da inviolabilidade do segredo profissional*"[6]

Como exemplo prático da possibilidade da quebra do sigilo profissional, no caso de ameaça à vida, tem-se quando o cliente confessa ao advogado que está pretendendo assassinar alguém.

Nesta situação, o advogado está autorizado a romper com sua obrigação de sigilo para defender um bem maior, no caso, o direito à vida.

Porém, situação diversa ocorre quando o cliente confessa ao advogado a prática de um crime de homicídio já consumado. Nesta situação, não pode o advogado se afastar do dever de sigilo.

Como cediço, o advogado ao assumir a defesa criminal, não deve considerar sua opinião própria. Não há causa criminal indigna de defesa, devendo o advogado buscar em favor do seu cliente tratamento condizente com a dignidade da pessoa humana.

Porém, também é certo que dentro da liberdade do exercício profissional o advogado não está obrigado a aceitar o patrocínio de qualquer causa.

Logo, optando por não patrocinar os interesses da parte, deve manter o sigilo das informações que obteve na condição de advogado. No caso do homicídio já praticado, o bem jurídico que se buscava tutelar com a quebra do sigilo não pode mais ser protegido, motivo pelo qual deve prevalecer o sigilo profissional.

No caso de ofensa à honra, o advogado também poderá quebrar o sigilo profissional. Entretanto, a sua conduta deverá ser pautada no princípio da razoabilidade e proporcionalidade, não sendo razoável admitir que pequenas

---

5 Lôbo, Paulo Luiz Neto. Comentários ao Estatuto da Advocacia, 2ª Ed. revisada. Brasília: Brasília Jurídica, 1996. p. 130

6 Op. Cit., p. 414

animosidades que possam eventualmente ofender a honra justifiquem a quebra do sigilo com efeitos imensamente mais gravosos ao cliente.

Também é hipótese de quebra do sigilo a situação em que o advogado necessite revelar o segredo profissional em defesa própria. A situação pode ocorrer quando o advogado é acusado de estar em conluio com o cliente, sendo denunciado como coautor ou partícipe de determinada prática delituosa.

Neste quadro, dentro dos limites necessários para a defesa, o advogado poderá afastar o sigilo profissional.

Todavia, não pode revelar segredos quando estes extrapolem a necessidade da defesa. O antigo Código de Ética e Disciplina destacava que a quebra do segredo profissional deveria ser "*sempre restrito ao interesse da causa*".

O novo Código de Ética e Disciplina não contempla tal expressão, mas utiliza disposição de alcance semelhante ao dispor que o afastamento do dever de sigilo somente pode se dar no necessário à defesa própria do advogado.

Por conseguinte, se os fatos revelados pelo advogado não estão relacionados com a sua defesa ou são irrelevantes, está caracteriza a violação ao dever de sigilo.

Em resumo, excluindo as situações de justa causa, o advogado é obrigado a guardar sigilo de todos os fatos que tome conhecimento no exercício da sua profissão.

E a obrigação de sigilo também envolve os fatos que o advogado venha a ter conhecimento em decorrência de funções desempenhadas na Ordem dos Advogados do Brasil.

Tal aspecto foi devidamente positivado no novo Código de Ética e Disciplina, artigo 35, que assim determina: "*O advogado tem o dever de guardar sigilo dos fatos de que tome conhecimento no exercício da profissão. Parágrafo único. O sigilo profissional abrange os fatos de que o advogado tenha tido conhecimento em virtude de funções desempenhadas na Ordem dos Advogados do Brasil.*"

O Código de Ética e Disciplina antigo não tratava diretamente a questão do sigilo com relação aos fatos que o advogado tenha acesso em decorrência de atribuições ou funções desempenhadas na OAB.

Para os que atuavam nas instâncias disciplinares da OAB (Comissão de Ética de Disciplina, Tribunal de Ética e Disciplina e suas instâncias revisoras), o dever de sigilo já existia, uma vez que os processos disciplinares são sigilosos.

Porém, em diversas outras situações, como, por exemplo, registro de sociedades, requerimento de benefícios perante a Caixa de Assistência dos Advogados, processos de desagravo, os procedimentos não são acobertados pelo sigilo, podendo então surgir dúvida com relação à obrigação do advogado guardar segredo.

O novo Código de Ética e Disciplina afastou eventual dúvida, ampliando o dever de sigilo, até mesmo nas hipóteses que os fatos venham ao conhecimento do advogado em virtude de funções exercidas perante a OAB.

E para evitar a utilização de informações privilegiadas e garantir plenamente o dever de sigilo, o artigo 33 do novo Código passou a determinar que, enquanto exercer qualquer cargo ou função em órgãos da OAB ou tiver assento em seus Conselhos, o advogado está proibido de atuar em processos que tramitem perante a entidade, salvo em causa própria.

Já no artigo 36 do novo Código de Ética e Disciplina restou estabelecido que o sigilo profissional é de ordem pública e seu respeito não depende de solicitação do cliente.

Outra novidade do novo Código de Ética e Disciplina é que as comunicações, de qualquer ordem, entre advogado e cliente tornam-se confidenciais.

O Código de Ética e Disciplina revogado (artigo 27, parágrafo único) presumia como confidenciais somente as comunicações epistolares entre advogado e cliente. Ou seja, comunicações à distância estabelecidas por meio da linguagem escrita (cartas, bilhetes, cartões etc.).

Porém, a melhor interpretação para a norma do art. 27, parágrafo único, do antigo Código de Ética e Disciplina, é aquela que adotava uma amplitude maior, de forma a garantir a confidencialidade das comunicações de qualquer natureza entre advogado e cliente.

Mas, para se chegar a tal conclusão, seria necessário adotar uma interpretação teleológica, a qual impõe ao intérprete adotar solução de forma a primar pelo fim da lei e pelo respeito ao bem jurídico tutelado, simultaneamente a uma interpretação progressiva, a qual se propõe adaptar a lei às novas contingências, à evolução e ao progresso.

Entretanto, sabe-se que muitas vezes o intérprete se apega à acepção literal dos vocábulos e do texto legal, adotando uma conclusão limitada, cega e distante do real espírito da norma e em desacordo com as constantes alterações fáticas e jurídicas que estamos sujeitos.

Diante das inovações tecnológicas, em que a comunicação se dá atualmente e em grande escala por meio eletrônico, é bem vinda a adequação implementada no novo Código de Ética e Disciplina, quando expressamente passou a presumir a confidencialidade das comunicações "*de qualquer natureza entre o advogado e o cliente*" (artigo 36, parágrafo único).

Desta forma, doravante, ainda que seja adotada uma interpretação literal da norma, as comunicações eletrônicas, por e-mail, mensagens de texto, WhatsApp, mensagens de voz, celular, telefone etc. estão alcançadas pela confidencialidade, quando relacionadas ao exercício da advocacia.

O advogado também passou a se submeter às regras de sigilo, quando desempenhar a função de mediador, conciliador ou árbitro. Ou seja, mesmo que o advogado esteja atuando em procedimento arbitral, na condição árbitro, deverá observar e respeitar as regras do sigilo profissional inerentes à advocacia.

O artigo 26 do antigo Código de Ética e Disciplina também restou alterado. Pela norma revogada: "*O advogado deve guardar sigilo, mesmo em depoimento judicial, sobre o que saiba em razão de seu ofício, cabendo-lhe recusar-se a depor como testemunha em processo no qual funcionou ou deva funcionar, ou sobre fato relacionado com pessoa de quem seja ou tenha sido advogado, mesmo que autorizado ou solicitado pelo constituinte*".

Como se verifica, o referido dispositivo legal fazia referência expressa somente à recusa em depor em processo judicial.

Pela norma agora vigente, art. 38, "*o advogado não é obrigado a depor, em processo ou procedimento judicial, administrativo ou arbitral, sobre fatos a cujo respeito deva guardar sigilo profissional*".

Ou seja, o novo Código de Ética e Disciplina ampliou o dever do advogado guardar sigilo, impondo a recusa em prestar depoimento também no âmbito administrativo e arbitral.

Por fim, questão polêmica que envolve diretamente o sigilo profissional na advocacia diz respeito à Lei nº 12.683/12 que alterou a Lei nº 9.613/98, para tornar mais eficiente a persecução penal nos crimes de lavagem de dinheiro.

Resumidamente, pela nova Lei de lavagem de dinheiro as pessoas físicas ou jurídicas que prestem, mesmo que eventualmente, serviços de assessoria, consultoria, contadoria, auditoria, aconselhamento ou assistência, de qualquer natureza, deverão comunicar ao Conselho de Controle de Atividades Financeiras - COAF, abstendo-se de dar ciência de tal ato a qualquer pessoa, inclusive à qual se refira a informação, no prazo de 24 horas, a proposta ou realização de serviços que considera ilegais.

A aplicação das novas disposições instituídas pela Lei nº 12.683/12 à advocacia representa nefasta violação ao sigilo profissional da advocacia.

A contratação de advogado para defender os direitos e interesses de todos os acusados ou envolvidos nas situações reguladas pela Lei de Lavagem de Capitais passaria a ser prejudicial ao próprio cliente, eis que, por lei, o seu patrono estaria compelido a delatá-lo, revelando todas as confidências e fatos que chegaram ao seu conhecimento na condição de defensor.

Sobre tal tema, o Conselho Federal da OAB, ao responder consulta, adotou o entendimento de que os profissionais da advocacia não se encontram sujeitos aos mecanismos de controle da lavagem de capitais a que aludem os artigos 9, 10 e 11 da Lei nº 12.683/12.

A referida consulta assim restou ementada:

> "Ementa n. 076/2012/OEP: Lei 12.683/12, que altera a lei 9.613/98, para tornar mais eficiente a persecução penal dos crimes de lavagem de dinheiro. Inaplicabilidade aos advogados e sociedades de advogados. Homenagem aos princípios constitucionais que protegem o sigilo profissional e a imprescindibilidade do advogado à Justiça. Lei especial, estatuto da Ordem (lei 8.906/94), não pode ser implicitamente revogado por lei que trata genericamente de outras profissões. Advogados e as sociedades de advocacia não devem fazer cadastro no COAF nem têm o dever de divulgar dados sigilosos de seus clientes que lhe foram entregues no exercício profissional. Obrigação das seccionais e comissões de prerrogativas nacional e estaduais de amparar os advogados que ilegalmente sejam instados a fazê-los"[7]

Posteriormente, o Conselho de Controle de Atividades Financeiras - COAF publicou a resolução nº 24/13, com objetivo de estabelecer que as normas gerais de prevenção à lavagem de dinheiro sujeitam-se apenas às pessoas físicas ou jurídicas não submetidas à regulação de órgão próprio regulador que prestem, mesmo que eventualmente, serviços de assessoria, consultoria, contadoria, auditoria, aconselhamento ou assistência, de qualquer natureza.

Desta forma, os advogados são excluídos da obrigação de comunicar ao COAF informações confidenciais de seus clientes, já que tanto os causídicos e os escritórios de advocacia se submetem a regulação da OAB e à legislação própria que regula a atividade da advocacia.

---

7 Processo nº 49.0000.2012.00678-6/CNECO, Rel. Conselheira Federal Daniela Rodrigues Teixeira (DF), DOU 23.08.2012, s. 1, p. 71)

Neste conflito de normas prevaleceu o entendimento mais adequado, eis que a democracia requer que o direito de defesa seja sempre preservado. E, no caso em tela, o dever de sigilo, inerente à profissão do advogado, é indispensável para garantir o direito à defesa de qualquer cidadão.

CONCLUSÃO

Como se percebe, o sigilo profissional é uma prerrogativa da advocacia, garantida por Lei e pela Constituição Federal, cujo destinatário principal não é advogado, mas sim o cliente.

Este sigilo é necessário para garantir a confiança entre o profissional e todos aqueles beneficiários dos serviços jurídicos prestados pelo advogado, somente sendo admitida a sua quebra em situações excepcionais e devidamente justificadas.

O novo Código de Ética e Disciplina da OAB, aprovado pela Resolução nº 02/2015 do Conselho Federal da Ordem dos Advogados do Brasil, trouxe novidades, principalmente em três aspectos.

Primeiramente, passou a prever que todas as informações obtidas pelo advogado em virtude de funções desempenhas na OAB também são sigilosas.

Segundo, as comunicações de qualquer ordem, entre advogado e cliente, tornam-se confidenciais e não somente as comunicações epistolares previstas no Código de Ética e Disciplina caduco.

Por fim, manteve as hipóteses que autorizam a quebra do sigilo profissional (grave ameaça à vida, à honra ou em defesa própria do advogado), mas esclareceu que tais hipóteses são meramente exemplificativas, podendo, em caráter excepcional, qualquer situação que configure justa causa, afastar o dever de segredo.

REFERÊNCIAS

BRASIL, Lei nº 8.906/1994, dispõe sobre o Estatuto da Advocacia e a Ordem dos Advogados do Brasil – OAB. Diário Oficial de 05/07/1994, p. 10.093. Disponível em http://www.planalto.gov.br/ccivil_03/leis/L8906.htm, Acesso em 13 de outubro de 2016.

BRASIL. Constituição da República Federativa do Brasil de 1988. DOU de 05/10/1988. Disponível em http://www.planalto.gov.br/ccivil_03/constituicao/constituicaocompilado.htm, Acesso em outubro de 2016.

BRASIL. Lei nº 13.105/2015, Código de Processo Civil. DOU de 17/03/2015, disponível em http://www.planalto.gov.br/ccivil_03/_ato2015-2018/2015/lei/l13105.htm, Acesso em 13 de outubro de 2016.

BRASIL. Lei nº 10.406/2002, Institui o Código Civil. DOU de 11/01/2002, disponível em http://www.planalto.gov.br/ccivil_03/leis/2002/L10406.htm, Acesso em 13 de outubro de 2016.

BRASIL. Decreto-Lei 2.848/1940, Código Penal. DOU de 31/12/1940, disponível em http://www.planalto.gov.br/ccivil_03/decreto-lei/Del2848compilado.htm, Acesso em 13 de outubro de 2016.

BRASIL. Decreto-Lei 3.689/1941, Código de Processo Penal. DOU de 13/10/1941, disponível em http://www.planalto.gov.br/ccivil_03/decreto-lei/Del3689.htm, Acesso em 13 de outubro de 2016.

CASTRO, Daniel Penteado. A quebra do sigilo profissional na relação cliente/advogado perante a legislação brasileira. Disponível em http://www.migalhas.com.br/dePeso/16,MI8970,21048-+quebra+de+sigilo+profissional+-na+relacao+clienteadvogado+perante+a, Acesso em 13 de outubro de 2016

CÓDIGO DE ÉTICA E DISCIPLINA DA OAB; DJ de 01 de março de 1995, disponível em https://www.oabmg.org.br/pdf/CodEticaDisciplina.pdf; Acesso em 13 de outubro de 2016.

CONSULTA Nº 49.0000.2012.00678-6/OEP, Conselho Federal da OAB, consulta sobre a Lei 12.683/2012. Lei de Lavagem de Dinheiro. Disponível em http://s.conjur.com.br/dl/lei-lavagem-profissionais-liberais-adi.pdf, Acesso em 13 de outubro de 2016.

LÔBO, Paulo Luiz Neto. Comentários ao Estatuto da Advocacia, 2ª Ed. revisada. Brasília: Brasília Jurídica, 1996.

MAMEDE, Gladston. A advocacia e a Ordem dos Advogados do Brasil / Gladston Mamede. 2ª ed. revisada e aum. de acordo com o Novo Código Civil Brasileiro – São Paulo: Atlas, 2003.

PROPOSIÇÃO 49.000.2012.010315-1/COP. Conselho da OAB Federal. Dispõe sobre a pertinência de ajuizamento de ADIN contra a Lei 12.683/12, disponível em http://www.migalhas.com.br/arquivo_artigo/art20121023-08.pdf, Acesso em 13 de outubro de 2016.

RAMOS, Gisela Gondin. Estatuto da advocacia: comentários e jurisprudência selecionada - 6ª Edição revista e ampliada. Belo Horizonte: Fórum, 2013. p. 413

RESOLUÇÃO 02/2015 do Conselho Federal da Ordem dos Advogados do Brasil, Aprova o Código de Ética e Disciplina da Ordem dos Advogados do Brasil - OAB. Disponível em http://www.oab.org.br/arquivos/resolucao-n--022015-ced-2030601765.pdf, Acesso em 13 de outubro de 2016.

17

A CAPTAÇÃO DE CLIENTELA NO NOVO CÓDIGO DE ÉTICA DO ADVOGADO

Flávia Barroso

Advogada

O NOVO CÓDIGO DE ÉTICA – RESPONSABILIDADE SOCIAL

O novo CÓDIGO DE ÉTICA E DISCIPLINA DA ORDEM DOS ADVOGADOS DO BRASIL entra em vigor em momento político em que todos os brasileiros bradam por uma advocacia transparente, digna e respeitosa, alicerçada nos mais valiosos preceitos éticos e morais.

Aprovado na sessão de 19 de outubro de 2015, após discussões e debates, o novo ordenamento disciplinador vem para confirmar a necessidade de uma advocacia autônoma e comprometida com os mais elevados princípios éticos, alterando o então Código vigente desde fevereiro de 1995.

A necessidade de se restabelecer um amplo debate sobre a atuação da OAB e da advocacia brasileira decorreu das profundas alterações havidas nas relações jurídicas, num cenário mundial globalizado, dinâmico, onde as fronteiras das relações humanas e sociais transcendem as barreiras geográficas.

O valor institucional da OAB é novamente consagrado e a advocacia almejava mudanças profundas principalmente na percepção da sociedade em relação a sua importância.

O novo Código de Ética vem, com um lema e um grande desafio, reestabelecer a confiança e credibilidade desta digna e honrada profissão, construindo bases que irão guiar a conduta do profissional, com profunda reflexão sobre as ações realizadas no exercício da advocacia.

O juramento do bacharel quando se gradua é sua adesão e comprometimento com a categoria profissional que ingressa, o que impõe a respeitabilidade com os mais dignos princípios éticos e legais que norteiam o exercício da profissão.

O novo Código vem a preencher a necessidade de transformar em algo claro e prescritivo os preceitos que regem a profissão, com um controle corporativo, institucional e social efetivo. Seu cumprimento é dever de todo profissional e esboça responsabilidade ética, pessoal, para com os colegas, para com a sociedade e os clientes.

É neste cenário que entra em vigor o novo Código de Ética para assegurar a conduta moral irrepreensível do profissional. O que se constata como este novo texto é a importância da advocacia de qualidade, promovendo o bem, a justiça, a lealdade em perfeito comprometimento pessoal e social, exigindo de cada profissional uma formação não só teórica e pratica, mas essencialmente humanística. Neste novo conceito e formação o advogado tem o dever de manter-se íntegro, mesmo que haja um mercado de trabalho difícil e hostil , não podendo se afastar de condutas morais como alicerces da profissão.

O novo Estatuto percebeu a importância de cada elemento, para confirmar a necessidade de uma construção sólida de ética na profissão e envolveu não só o profissional, mas também o cliente e a sociedade.

A questão da ética é condição fundamental no desempenho da profissão. O profissional, o cliente, a sociedade devem ter consciência das suas responsabilidades, com comportamentos morais, concretos, fundamentados na boa prática, afastando interesses financeiros e amorais que possam transcender a legalidade da profissão e das relações jurídicas.

A ética profissional reflete na ética social e a harmonia destas engrenagens permite uma sociedade mais digna, solidificada, com consciência social, justa e harmoniosa, que favorece não só ao profissional e seus clientes, mas a população como um todo.

Este novo conceito deve ser o motor da profissão, onde as ideias, a coerência, a verdade e a responsabilidade individual e coletiva, irão propiciar uma advocacia transparente e digna, reestabelecendo na sociedade e no consciente coletivo a grande importância da profissão.

Com este novo conceito ético e moral, se espera uma convergência entre a postura do profissional, do cliente, da sociedade e dos operadores do direito, provocando um dinamismo positivo, permitindo uma sociedade coletiva de objetivos éticos, pautados na boa prática profissional.

Com o novo Estatuto e os elevados preceitos morais se possibilitará uma sinergia ampla e positiva capaz de transformar o futuro da profissão e da sociedade. O papel do Advogado é fundamental no Estado Democrático de Direito, sendo profissão essencial à administração da Justiça, reconhecida pela Carta Magna de 1988, que em seu art.133 lhe garante status constitucional: ***"O advogado é indispensável à administração da justiça, sendo inviolável por seus atos e manifestações no exercício da profissão, nos limites da lei."***

A advocacia caminha junto à sociedade brasileira contribuindo para a plenitude do exercício da cidadania e na manutenção e aprimoramento do Estado Democrático de Direito, sendo que a consciência jurídica de uma sociedade espelha o desenvolvimento de uma nação, tendo o advogado papel essencial nesta formação.

A liberdade de expressão e da imprensa, a ação eficiente das polícias, do Ministério Público e da Justiça revelaram um grau de corrupção inimaginável no cenário brasileiro. Em face a este contexto nacional e mundial, a imagem do advogado foi comprometida pelas atitudes de alguns profissionais. O novo Estatuto reforça o papel do advogado como defensor do Estado Democrático de Direito, da moralidade, da cidadania , da justiça e da paz social.

Há muitas inovações no novo texto, impulsionadas pelo Código Civil e pelo novo Código de Processo Civil. Neste singelo trabalho, dentre os inúmeros temas relevantes, será abordada a relação entre o advogado e o cliente.

BREVE HISTÓRICO DA RELAÇÃO COM O CLIENTE

Desde que se historicamente se reconheceu que não há verdadeira justiça sem que fosse reconhecido o direito de defesa do acusado, percebeu-se que a defesa seria melhor assegurada se promovida por outra pessoa, instruída e capaz de influenciar os julgamentos, como forma eficaz e justa de solucionar os conflitos. Assim, os grandes oradores se tornaram os primeiros advogados.

O termo Advogado provém do latim, "*ad vocatus*"(ad = para junto, e vocatus = chamado), que significa aquele que foi chamado para socorrer outro perante a justiça, patrono, defensor ou intercessor.

Desde 11 de agosto de 1827, quando Dom Pedro I criou os dois primeiros cursos de Direito no país, em Olinda e São Paulo, a transformação da profissão vem se adequando as necessidades da sociedade e a sua atuação encontra-se presente em quase todas as áreas das relações humanas.

No princípio, o exercício da advocacia era uma honra e não podia ser remunerado. Com o tempo, o patrocínio da causa foi sendo gratificado pelos beneficiados, que vendo a honrada atuação de seus causídicos, a eles ofereciam uma recompensa pelo trabalho realizado, que passou a ser chamada de ***honorarium***, palavra quem vem de ***honor***. Assim, o advogado recebia honrarias pela sua atuação, ao invés de um salário.

A primeira Ordem de Advogados, ainda no Império Bizantino, já exigia do advogado registro e requisitos mínimos como aprovação em exame de jurisprudência, boa reputação, advogar sem falsidade e não abandonar a defesa uma vez aceita.

Como se percebe, a profissão do advogado tem uma função social importante e determinante, como fator de extrema relevância para todo o ordenamento social e como pilar da justiça.

Neste contexto, a relação entre o advogado e o cliente ao longo do tempo sofreu transformações profundas, notadamente pelo grande número de cursos de Direito e o excesso de profissionais, que disputam mercado agressivo.

NOVO CENÁRIO DA ADVOCACIA E INFLUÊNCIA NA RELAÇÃO COM O CLIENTE

Ao cidadão é assegurada a amplitude do direito de defesa, que tem como pressuposto a livre escolha do advogado que vai exercer o *mandamus* , sendo que para esta escolha deveria prevalecer essencialmente os laços de confiança, credibilidade, lealdade e intimidade.

O crescimento do número de escolas de direito no país, bem como a oferta de profissionais no mercado alteraram a relação com o cliente. No país houve um crescimento de 778,18% de instituições nos últimos 11 anos, conforme abaixo se demonstra :

1995 - 165 faculdades de Direito

2001 - 505 faculdades de Direito

2014 - 1.284 faculdades de Direito

2015 - 1.308 faculdades de Direito

Segundo pesquisa do Observatório do Ensino de Direito, da Fundação Getúlio Vargas, a abertura de novos cursos de graduação viraram uma boa oportunidade de negócio, com baixo custo operacional e uma demanda alta, sendo que atualmente o País tem 770 mil alunos na graduação.

Assim, o Brasil possui uma proporção de 5,97 cursos de Direito por milhão de habitantes. Só o estado de São Paulo tem **300** faculdades de Direito, mais do que no Estados Unidos, que tem **212** faculdades.

Todo este cenário criou um mercado de muita oferta onde os preceitos éticos, na busca pelo cliente, nem sempre são respeitados.

A globalização, a implantação de processo eletrônico e a transformação da sociedade permitiu que os profissionais atuem em diversas localidades, ofertando serviços em locais até então inacessíveis.

Neste novo cenário o novo Código de Ética ressalta a importância do senso profissional, não permitindo que o anseio de ganho material sobreleve à finalidade social do trabalho, devendo o profissional servir à Justiça agindo com lealdade e boa-fé.

A busca de clientes gera a mercantilização do serviço jurídico. Na busca de clientes se percebe um mercado hostil, no qual se constata apelos de diversas natureza, em um nítido processo de mercantilização. A busca gera farta publicidade de escritórios e profissionais, remessa de encartes e panfletos ofertando serviços até então desconhecidos pelo cidadão, envio de propostas de serviços através de correio eletrônico, anúncios em rádio e ainda a prática de monitoramento do setor de distribuição dos foros, para que antes mesmo que a parte pudesse ter conhecimento de eventual demanda o profissional oferte seus serviços.

Há profissionais monitorando os cartórios de registro civil e constatado o óbito ofertam serviços para realização de inventário, recebimento de seguros e outros procedimentos judiciais e administrativos Neste sentido ilustramos:

"Publicidade. Mala-direta. Carta enviada às famílias enlutadas. Oferta. Especialização em reparação de danos indenizáveis. Imoderação. Merecimento. Mercantilização. Exploração de infortúnios. Captação desleal de clientes. *Remessa de correspondência a famílias enlutadas, oferecendo assessoria advocatícia para ressarcimento de seguro obrigatório ou facultativo e serviços conexos, constitui procedimento antiético. Além de caracterizar captação de clientela, configura publicidade imoderada e de feição mercantilizada, afrontando o princípio da livre concorrência do exercício profissional. Precedentes: Processos*

E-1.456/97, E-1.316/96, E-1.266/95, E-1.941/99. Remessa às Turmas Disciplinares para as providências cabíveis. ***(Proc. E-2.116/00 - v.u. em 13.04.2000 do parecer e ementa do Rel. Dr. Carlos Aurélio Mota de Souza - Revª. Dra. Maria Cristina Zucchi - Presidente Dr. Robison Baroni)"***

Quem passa em frente a sindicatos, à Justiça do Trabalho, aos órgãos públicos de solicitação de aposentadoria, seguro desemprego, seguro DPVAT e rescisão trabalhista, é logo abordado por atravessadores de escritórios de advocacia. Eles interpelam os transeuntes na tentativa da captação do cliente. Caso o abordado se interesse, os atravessadores se oferecem para levá-lo a escritórios de advocacia dizendo que a consulta jurídica é gratuita.

Observa-se nos meios de comunicação notícias da existência de advogados oportunistas, que diante de uma tragédia se enfronham em meio às vítimas e familiares tentando captar cliente. Esta conduta ocorreu em diversas tragédias como na queda do Boeing 737/800 da Gol que vitimou 154 pessoas e na tragédia de Mariana em que milhares de advogados, de diversas localidades passaram a oferecer serviços advocatícios para a propositura de ações judiciais de reparação de danos.

A utilização destes meios de busca ao cliente acarreta um marketing negativo, gerando normalmente o efeito inverso do esperado, com uma imagem oportunista do profissional. A imoderação em anúncios para a prestação de serviços advocatícios prejudica a classe. Para agradar ao cliente e bem servi-lo, o advogado deve fazê-lo através do bom desempenho de seus serviços e não através de ofertas sedutoras.

Esta forma de captação de clientes não é permitida e configura infração ética ao estatuto. O novo Código de Ética e Disciplina da OAB estabelece regramentos à publicidade da atividade advocatícia, bem como veda a mercantilização evitando a vulgarização da profissão. A busca desenfreada na captação de clientela acaba transformando a prestação de serviço intelectual em mercadoria, o que é inaceitável. O novo estatuto dispõe de forma expressa, em seu artigo 5º, quanto à proibição desta prática no exercício da profissão:

"Art. 5º O exercício da advocacia é incompatível com qualquer procedimento de mercantilização."

O artigo 7º do Código ainda determina:

" Art. 7º É vedado o oferecimento de serviços profissionais que implique, direta ou indiretamente, angariar ou captar clientela."

Diante da importância da tema, e da forma antiética e abusiva adotada no mercado por alguns profissionais, o Novo Estatuto, vislumbrando o problema, tratou em Capitulo próprio da publicidade profissional, dedicando-lhe 09 artigos.

O Estatuto estabeleceu que a publicidade profissional tem que ter caráter informativo e não pode configurar a captação de clientela e mercantilização da profissão, conforme preceitua em seu artigo 39º

"Art. 39. A publicidade profissional do advogado tem caráter meramente informativo e deve primar pela discrição e sobriedade, não podendo configurar captação de clientela ou mercantilização da profissão."

Fere a dignidade profissional a prática de publicidade mercantilista na busca do cliente de forma maliciosa e com abuso, de maneira a não honrar o prestígio da profissão que se baseia na confiança e não na relação de comércio.

A Ordem tem adotado medidas de repreensão, mas como a prática se multiplica quase que diariamente, os processos administrativos e disciplinares não conseguiram impedir a ilicitude. Não sendo a advocacia atividade mercantil, a divulgação dos serviços, por consequência, não deve possuir nenhum traço mercantilista.

A propaganda está vinculada à ideia de comércio ou mercantilização de produtos, e visa a alcançar público maior, incentivando a demanda para maior lucro do empresário ou comerciante. A advocacia não pode fomentar litígios. A publicidade e a informação devem ser discretas, sem alardes, para público menor e dirigido. O advogado não vende produto, mas presta serviço especializado.

Neste aspecto, o artigo 40 do novo ordenamento traz de forma expressa a publicidade profissional que considera mercantilista. A indicação não é taxativa e obviamente se outras práticas forem adotadas, ainda que não enumeradas, podem ser vedadas. O que deve se verificar, na análise concreta, é se a publicidade norteia-se pelo princípio da discrição, de modo a evitar a banalização e, principalmente, a captação de clientela. Assim, estabelece o referido dispositivo:

Art. 40. Os meios utilizados para a publicidade profissional hão de ser compatíveis com a diretriz estabelecida no artigo anterior, sendo vedados:

I - a veiculação da publicidade por meio de rádio, cinema e televisão;

II - o uso de outdoors, painéis luminosos ou formas assemelhadas de publicidade;

III - as inscrições em muros, paredes, veículos, elevadores ou em qualquer espaço público;

IV - a divulgação de serviços de advocacia juntamente com a de outras atividades ou a indicação de vínculos entre uns e outras;

V - o fornecimento de dados de contato, como endereço e telefone, em colunas ou artigos literários, culturais, acadêmicos ou jurídicos, publicados na imprensa, bem assim quando de eventual participação em programas de rádio ou televisão, ou em veiculação de matérias pela internet, sendo permitida a referência a e-mail;

VI - a utilização de mala direta, a distribuição de panfletos ou formas assemelhadas de publicidade, com o intuito de captação de clientela.

Parágrafo único. Exclusivamente para fins de identificação dos escritórios de advocacia, é permitida a utilização de placas, painéis luminosos e inscrições em suas fachadas, desde que respeitadas as diretrizes previstas no artigo 39.

Até a entrada em vigor do novo Código de Ética e Disciplina, a publicidade na advocacia era regulada pelo Estatuto da Advocacia (Lei 8.906/94), pelo Código de Ética e Disciplina (Capítulo IV, artigos 28 e seguintes) e pelo Provimento 94/2000, do Conselho Federal, existindo poucos artigos que tratavam sobre o assunto e como deveria funcionar essa abordagem publicitária na captação do cliente.

Quando da promulgação do Código anterior, a comunicação era restrita e não havia internet, e tampouco celulares. Assim, não havia preocupação com a tecnologia digital, e não se imaginava a força deste marketing, como redes sociais, portais especializados em conteúdo, app's, dentre outros. Determinava apenas que o advogado precisava e deveria ter discrição e moderação, produzindo conteúdos de caráter informativo.

Na época, a advocacia era exercida pelo advogado de forma personalíssima. A relação do cliente e profissional era intensa e pessoal e a grande maioria dos advogados atuava sozinho ou em colaboração com alguns poucos colegas, em pequenos escritórios de advocacia. A modificação da sociedade, a evolução tecnológica, a consciência coletiva de direitos e deveres, as demandas coletivas e de massa gerou um aumento no número de demandas, fazendo crescer a advocacia em todos os ambientes e áreas do direito.

Esta regulamentação não significa o estreitamento da porta de acesso à justiça, consagrada em cláusula pétrea da Constituição Federal (art. 5º, XXXV).

Tampouco se pretende cercear ou dificultar o exercício da advocacia nos moldes concebidos pela Constituição Federal, mas evitar condutas amorais que na busca do cliente se utilize de meios excessivos.

Busca-se não permitir que a Justiça se torne balcão de negócio com o manuseio indiscriminado de ações judiciais, muitas vezes desarrazoadas e amparadas pelo benefício da justiça gratuita, sem o menor risco de prejuízo para o demandante, mas com graves consequências para a administração da Justiça, que não possui amparo e estrutura para responder a tanta demanda. A busca ao cliente de forma mercantilista promove muitas vezes uma cultura de exacerbada judicialização dos interesses, com a conseqüente sobrecarga desarrazoada na estrutura judiciária.

A ideia de que o advogado não tem que captar cliente de forma mercantilista e nem promover a judicialização de litígios é coerente com o novo Código de Processo Civil que prestigia, sempre que possível a solução consensual de conflitos estimulando as conciliações, mediações e outros métodos de solução amigável. Aliás, segundo o novo Código, passa a ser princípio ético do advogado o estímulo aos meios extrajudiciais de resolução de litígios, evitando, sempre que possível, a instauração de processos judiciais.

Os fundamentos que impuseram delimitar a ampliação da publicidade do advogado é a usurpação dos valores da advocacia através de sua mercantilização. Assim, eventual anúncio de advogado na internet ou em placas indicativas deve ser discreto, observando a mesma moderação do veiculado em jornais e revistas especializadas que, em qualquer hipótese, não poderá ser em conjunto com outra atividade.

O advogado que eventualmente participar de programa de televisão ou de rádio, redes sociais, e entrevista na imprensa, deve visar a objetivos exclusivamente educacionais e instrutivos, sem propósito de promoção pessoal ou profissional, sendo vedados pronunciamentos sobre métodos de trabalho usados por seus colegas. A preocupação da utilização desta mídia para fins econômicos e promocionais foi expressamente vedada pelo novo texto:

Art. 41. As colunas que o advogado mantiver nos meios de comunicação social ou os textos que por meio deles divulgar não deverão induzir o leitor a litigar nem promover, dessa forma, captação de clientela.

É vedado ao advogado, ainda, responder com habitualidade a consulta sobre matéria jurídica, nos meios de comunicação social; debater, em qualquer meio de comunicação, causa sob o patrocínio de outro advogado;

abordar tema de modo a comprometer a dignidade da profissão e da instituição; divulgar ou deixar que sejam divulgadas listas de clientes e demandas; insinuar-se para reportagens e declarações públicas:

Art. 42. É vedado ao advogado:

I - responder com habitualidade a consulta sobre matéria jurídica, nos meios de comunicação social;

II - debater, em qualquer meio de comunicação, causa sob o patrocínio de outro advogado;

III - abordar tema de modo a comprometer a dignidade da profissão e da instituição que o congrega;

O novo Código trouxe inovações pontuais interessantes, buscando contemplar questões relacionadas às novas modalidades de comunicação e à Internet. Conforme mencionado acima, foi expressamente permitida a referência ao email do advogado quando da publicação de artigos, entrevistas ou veiculação de matérias pela internet (artigo 40, inciso V)

Com as redes sociais, em que diversos advogados têm páginas no Facebook e contas no Twitter, com inúmeros seguidores, a Ordem pretende proibir o advogado de participar de enquetes e entrevistas em publicações que visem a abordar a vida profissional ou particular de profissionais, "se isso implicar publicidade indireta de suas atividades".

O novo Código permite apenas responder às questões relativas à sua experiência profissional ou emitir opiniões sobre problemas de ordem jurídica ou legislativa, sem, com isso, promover-se ou captar clientela.

Nos cartões e materiais de escritório poderão ser referidos apenas os títulos acadêmicos e as distinções relacionadas à vida profissional, bem como às instituições jurídicas de que faça parte e as especialidades a que se dedicar, o endereço, e-mail, site, página eletrônica, QR Code, logotipo e a fotografia do escritório, o horário de atendimento, além dos idiomas em que o cliente poderá ser atendido, sendo vedada a inclusão de fotografias pessoais ou de terceiros nos cartões de visitas do advogado, bem como menção a qualquer emprego, cargo ou função ocupado, atual ou pretérito, em qualquer órgão ou instituição, salvo o de professor universitário.

A página eletrônica é ferramenta essencial para os escritórios, como forma de repositório de informações sobre o escritório e jurídicas (com artigos, legislação etc.), sendo também meio de instrumento de contato com o cliente. Assim, o novo Código de Ética, verificando esta importância, expressamente permitiu sua divulgação na publicidade profissional (artigo 46, parágrafo único).Permitiu-se, também, a publicidade através de patrocínio a eventos ou publicações de caráter científico ou cultural (artigo 45).

Contudo, a despeito de contemplar pontualmente o uso de novas tecnologias na divulgação da atividade profissional, o novo Código de Ética adotou uma linha conservadora, evitando uma flexibilização mais abrangente da publicidade na advocacia com o fim de captar cliente de forma desleal e oportunista.

A forma de captação do cliente pode influenciar diretamente no quesito CONFIANÇA. O potencial cliente não terá a mesma confiabilidade no advogado que quando por sua livre escolha e iniciativa optou em procurá-lo. Esta confiabilidade pode afetar diretamente o sucesso na análise do caso. Como revelar informações e confidenciar fatos inerentes ao caso ao profissional que irá defende-lo se não há esta real confiança.

Condutas éticas no exercício da profissão e na vida do advogado mostram a sociedade que podem confiar plenamente nas atitudes tomadas por ele. Essas condutas irão refletir na reputação tanto do advogado quanto no prestígio da profissão advocatícia e na relação de maior confiabilidade do cliente.

Neste sentido, os Conselhos de classe em diversos casos assim decidiram, quanto à publicidade e captação de cliente, vedando qualquer interesse mercantilista :

"E-3.186/05 – PUBLICIDADE. CORRESPONDÊNCIA ENCAMINHADA POR MALA DIRETA À COLEGAS ADVOGADOS. OFERTA DE SERVIÇOS PROCESSUAIS. COLOCAÇÃO DE CARTAZ OFERECENDO TAIS SERVIÇOS NAS CASAS E SALAS DE ADVOGADOS. 1. Não infringe a ética profissional, o encaminhamento de correspondência através de mala-direta à colegas advogados, oferecendo serviços de acompanhamento de processos e outros correlatos, a teor do disposto no artigo 3º, letra 'd' e parágrafos 1º e 2º do Provimento nº 94/2000, do Conselho Federal da OAB. Precedentes E-2231/2000, E-2475/2001 e E-2852/2003. 2.- Não poderá, porém, o advogado solicitar a afixação de cartaz, ofertando os mesmos serviços, em locais visíveis das Salas ou Casa dos Advogados, por infringir normas de natureza ética e o posicionamento deste Tribunal, no sentido de que sua utilização, além de abrir exceção para que todos os advogados possam faze-lo, ainda ser entendida como referendada pela Presidência e Diretoria das Subseções. Precedentes E-1663/1998, E-2446/2001 e 2923/2004. V.U., em 16/06/2005, do parecer e ementa do Rel. Dr. GUILHERME FLORINDO FIGUEIREDO - Rev. Dr. MARIA DO CARMO WHITAKER - Presidente Dr. JOÃO TEIXEIRA GRANDE."

"**E - 4.176/2012 - PUBLICIDADE - FACEBOOK - CRIAÇAO DE PÁGINA POR ESCRITÓRIO DE ADVOCACIA - POSSIBILIDADE - OBSERVÂNCIA DE PARÂMETROS ÉTICOS.** A presença de escritório de advocacia na rede social Facebook é permitida tanto por meio da criação de "páginas" e como de "conteúdos patrocinados". A "página" do Facebook assemelha-se ao website convencional, acrescido do envio de informações, tal como ocorre com as malas-diretas. Os usuários apenas recebem informações das "páginas" com as quais estabelecerem vínculo por meio do botão "curtir", de modo que o acesso e o envio de informações decorrem da iniciativa do próprio usuário e não do advogado. Não viola a ética a criação de página no Facebook por escritório de advocacia, desde que seu conteúdo se limite à divulgação de informações objetivas relativas aos advogados e à sociedade de advogados, sempre com discrição e moderação, para finalidade exclusivamente informativa e ilustrativa. Da mesma forma, não viola a ética a contratação por escritório de advocacia de "conteúdo patrocinado" que consiste na contratação do Facebook para exibir publicidade da sociedade de advogados aos usuários. Esse tipo de publicidade apenas indica ao interessado o caminho eletrônico para página do Facebook do próprio escritório de advocacia ou ao seu website externo. Inteligência do Provimento n. 94/2000 do Conselho Federal da OAB. Prec. E-3.716/2008; E-4.013/2011 e E-4.108/2012. **V.U. em 18/10/2012 - parecer e ementa do Rel. Dr. FLÁVIO PEREIRA LIMA - Rev. Dra. MARY GRUN - Presidente Dr. CARLOS JOSÉ SANTOS DA SILVA."**

"**Internet. Advocacia on-line. Consulta. Publicidade. Captação. Exercício ilegal da profissão. Escritórios virtuais. Cadastramento. Provedores.** O advogado brasileiro tem um Estatuto que disciplina a atuação profissional e um Código de Ética que norteia a conduta pessoal, ambos orientando e separando o certo do errado nesta época de transformação. O bom e o mau uso dos instrumentos, porém, sempre existiram e sempre existirão, no eterno conflito entre os certos e os oportunistas, estes sempre imediatistas, desavisados, abusados, mercantilistas, ou mesmo delinqüentes. Refrear impulsos, conter a ganância e ter paciência são atributos da minoria, à qual compete represar a maioria. Há uma tênue linha divisória entre o certo e o errado, o que pode e deve ser divulgado como ensino jurídico, o que é ou não é publicidade e captação. O fenômeno do brilho profissional, do renome, dos títulos acadêmicos, das honrarias institucionais, impossíveis de serem contidos na discrição, pelo próprio valor maior de seu titular, são, outrossim, impossíveis de serem alijados da mídia e dos aplausos dos amigos, admiradores e da sociedade. O escrúpulo tende a ser esquecido. Cadastrar e fiscalizar escritórios virtuais, regulamentar a atuação de provedores e portais da advocacia é matéria legislativa e deverá ser enfrentada pela OAB, se as cobranças éticas não forem suficientes. (Proc. E-2.309/01 - v.u. em 15.03.2001 do parecer e ementa do Rel. Dr. João Teixeira Grande - Revª. Dra. Maria do Carmo Withaker - Presidente Dr. Robison Baroni)"

"**Sessão de 23.11.2000 - Publicidade. Internet. Provimento 94/00. Site jurídico em site não-jurídico (link). Prestação de serviços a clientes alheios. Remuneração por terceiros.** O Provimento 94/00 reconhece a internet como veículo de anúncio para advogados e como meio de comunicação, sempre observadas as disposições do EAOAB e CED. No entanto, não confere a advogados ou a sociedades de advogados legitimidade para o exercício da profissão sob o simulacro de serviço público prestado a consulentes de site, estranho à advocacia. Site disponível para consulta jurídica espontânea do público caracteriza inculca, vedada pelo art. 7º do EAOAB. A participação na internet deve limitar-se a anúncio moderado e a comunicação, entre clientes e advogados, sobre questões em andamento e contratadas pessoal e anteriormente. (Proc. E-2.250/00 - v.u. em 23.11.2000 do parecer e ementa do Rel. Dr. João Teixeira Grande - Rev. Dr. Benedito Édison Trama - Presidente Dr. Robison Baroni"

"**PUBLICIDADE - USO DE SITE - POSSIBILIDADE DE INDICAÇÃO DO CURRÍCULO, FOTOGRAFIA E LOGOTIPO - REGRAMENTO ÉTICO.** Permitida, desde que apresentados, de forma objetiva, o currículo, endereço, e-mail e telefones e áreas de atuação do advogado. É obrigatória a divulgação do nome e do número de inscrição do advogado na Ordem dos Advogados do Brasil. É vedada a divulgação em site na Internet de frases ou textos que transmitam a busca da justiça ou que possuam qualquer caráter persuasivo. É permitida a divulgação em site da Internet de fotografias, ilustrações, cores, figuras, desenhos, logotipos, marcas e símbolos, desde que sejam apresentadas de modo discreto e de forma a não atentar contra a sobriedade da advocacia".

A imposição sobre a publicidade se estende às sociedades de advogados que são regidas pelo mesmo Código de Ética aplicável aos advogados. A sociedade de advogados é uma sociedade civil e não empresária, não podendo apresentar características mercantis. Assim, na busca ao cliente e na sua captação os escritórios devem manter os preceitos morais e éticos estabelecidos pelo novo Estatuto.

As novas regras permitirão um mercado mais dinâmico e justo, em que a escolha do cliente se fará pela confiança, credibilidade, respeitabilidade e não por propostas hostis e muitas vezes amorais.

Apesar de já em vigor o novo Estatuto, ainda se percebe o grande número de ilicitudes e condutas inadequadas. A punição de profissionais que desrespeitarem estas regras será o primeiro caminho para que a classe possa realmente restabelecer sua imagem junto à sociedade e a confiabilidade na profissão.

CONSIDERAÇÕES FINAIS

A ética na profissão deve ser sempre objeto de debate e correção de rumos, pois a sociedade enfrenta graves desafios onde prevalece o consumismo, o individualismo, a competitividade ilícita e o uso do poder para benefícios pessoais.

Deseja-se que os advogados sejam merecedores de confiança, pautados pela incorruptibilidade e Justiça, e que possam desempenhar com dignidade o papel no desenvolvimento social, justo, harmônico e que gere oportunidades para todos, contribuindo para a eficácia da justiça célere, ética e transparente.

Neste novo cenário é importante ressaltar que os profissionais deverão imbuir-se de uma postura ética, não permitindo que a busca pelo enriquecimento e clientes se dê por meio de atitudes reprováveis.

A ética é condição fundamental para que a profissão mantenha sua credibilidade social. O profissional precisa refletir sobre o seu papel e os valores morais, utilizando-se destes preceitos como alicerces para exercer a profissão, mantendo incólume a boa prática advocatícia, em consonância com a transformação social e em busca da defesa efetiva da solução de conflitos e da prevalência do Estado Democrático de Direito.

REFERÊNCIAS BIBLIOGRÁFICAS

LAMA, Dalai. Uma ética para o novo milênio. Rio de Janeiro: Sextante, 2000

LOPES DE SÁ, Antonio. Ética Profissional. 2a ed. Ao Paulo: Atlas, 1996, A Ética Necessária. Minas Gerais: Una, 2000.

IASP - Instituto dos Advogados de São Paulo, Código de Ética Profissional.

DEZALAY, Yves e TRUBEK, David. A Restruturação Global e o Direito - in FARIA, José Eduardo (Org.), Direito e Globalização Econômica, São Paulo: Malheiros, 1996.

HADDAD, José Eduardo Haddad. O Advogado e Publicidade na Internet, in Ética Aplicada à Advocacia, coord. LEITE, Fabio Kalil Vilela. 1ª. edição, São Paulo: OAB/SP, 2009.

HAZARD, JR., Geoffrey C., e DONDI, Angelo, Ética Jurídica - Um estudo comparativo, São Paulo: Martins Fontes, 2011.

Gonzaga, Álvaro de Azevedo. **Ética Profissional.** São Paulo, Primeira Impressão, 2007.

A, Aurélio Buarque de Holanda. Novo Dicionário da Língua Portuguesa. Rio de Janeiro: Nova Fronteira, 1986. 2a ed. Revista e ampliada.

HANDEL, Carmem. Ética e o exercício profissional.

FARAH, Elias. Urbanidade na advocacia e no judiciário: um dever de todos. 14 de novembro de 2014.

MAROTTO, Maria Madalena. **Advocacia pro bono e seus limites éticos. 2013**

NALINI, José Renato. **Ética geral e profissional.** 11 ed. rev. atual. e ampl. São Paulo: Editora Revista dos Tribunais, 2014.

Observatório do Ensino de Direito, da Fundação Getúlio Vargas,2015, Crescimento Instituições de Ensino e Graduação.

NICOLAY, Thiago. **Novo Código de Ética da OAB traz avanços necessários.** Disponível em: <http://www.conjur.com.br/2015-dez-08/thiago-nicolay-codigo-etica-oab-traz-avancos-necessarios>.

18
A ÉTICA E A ADVOCACIA

Luís Carlos Parreiras Abritta
Advogado

"As tradições da profissão, cujo ministério exerço nesta penosa conjuntura, o ministério da advocacia, sócia inseparável das reivindicações liberais, que, desde a Grécia e Roma, até a França, a Inglaterra, os Estados Unidos, governou sempre os povos emancipados, levantou sempre os povos opressos, ensinaram-me a não indagar a opinião, ou o nome daqueles, sobre quem pesa uma tirania, em quem a lei recebe um desses golpes, que, pertransindo o ofendido, levam a ponta da ameaça ao coração do direito." (RUI BARBOSA)

A decadência moral que o mundo da política passou a viver nos últimos anos trouxe à tona um dos temas mais palpitantes da atual conjetura jurídica e política brasileira, a ética na conduta profissional.

Em tese, esse julgamento ético deveria se restringir àqueles investigados, acusados, processados nos diversos expedientes existentes no âmbito das casas políticas e dos órgãos investigativos e ministeriais.

Todavia, face ao interesse público da questão, passaram também os advogados a sofrer questionamentos acerca de sua conduta profissional, ao defender cidadãos em tese culpados, seja na esfera cível, penal, ou político-administrativa, mas sempre tachados pela condenação prévia da sociedade.

Desde os primórdios, os homens viram que, para se organizar, precisariam de um sistema de regras de convivência, pois a força, sem a lei, transformava-se em arbítrio; por outro lado, a lei sem a força, sem a coerção, nada valia.

Daí, o surgimento de regrais morais e éticas para disciplinar a convivência social.

O contato dos gregos com outras culturas, religiões e costumes levou-os à uma crítica, uma reflexão, de seus próprios valores. Esta crise da sociedade grega, motivada pela reflexão de sua própria situação, levou ao abandono do discurso mítico e ao nascimento da filosofia (*phylus* = amor, amizade, simpatia + *sóphos* = saber, conhecimento = amor ao saber).

O nascimento da filosofia se deu através da passagem do discurso mítico para o racional, lógico, real. Passou-se a buscar a explicação do real sem se socorrer às abstrações próprias do discurso mítico, a busca pela origem de todas as coisas e a unidade de tudo que existe.

Com o aparecimento de Sócrates neste cenário, surge a proposta de se estudar a virtude e, consequentemente, a justiça (virtude= justiça, coragem e prudência). O homem deve caminhar em direção ao Bem Absoluto. Nasce a Ética. O pensamento de Sócrates passa a orientar as ações na cidade de Atenas. Seu público alvo são os jovens.

O Professor Julian Faria[1] destaca que 'Sócrates é um divisor de águas para a filosofia antiga. Isto porque situava o seu pensamento e especulações na natureza humana e suas implicações ético-sociais e não na cosmovisão das coisas e da natureza'.

Para Sócrates, todo erro é fruto da ignorância e toda virtude é conhecimento" e 'ao contrário de fomentar a desordem e o caos, a filosofia de Sócrates prima pela submissão, ou seja, pelo primado da ética do coletivo sobre a ética do individual. Neste sentido, para esse pensador, a obediência à lei era o limite entre a civilização e a barbárie. Segundo ele, onde residem as ideias de ordem e coesão, pode-se dizer garantida a existência e manutenção do corpo social. Trata-se da ética do respeito às leis,e, portanto, à coletividade".

Em síntese, a base da ética socrática seria o conhecimento como virtude, a fim de se atingr a felicidade e a primazia do coletivo sobre o individual, com a obediência às leis como requisito fundamental para se garantir a ordem e a vida em sociedade. [1]

---

1 julianfaria.com/artigos/a-etica-de-socrates/

2 psicologiamsn.com/2014/10/etica-de-platao-e-de-aristoteles-diferencas-e-semelhancas.html

3 ambito-juridico.com.br/site/?n_link=revista_artigos_leitura&artigo_id=12576

Em sequência, Platão, discípulo de Sócrates, escreve "A República", onde propõe seu ideal de justo. A 'ética platônica ocupa-se com o correto modo de agir e sua relação com o alcance da felicidade. Contudo, o discurso ético apresentado na República acerca da felicidade relaciona esta com o conceito de justiça.

Para Platão, a sociedade seria como algo orgânico e bem integrado, como uma unidade construída por vários elementos independentes, embora integrados. A cidade forma-se por três classes, como já apontamos, e cada classe possui sua função específica. Deve-se notar que tais funções são determinadas conforme as aptidões naturais de cada membro da cidade. O objetivo desta divisão é mostrar com mais clareza como ocorre o mesmo na alma humana. A finalidade da cidade justa e boa é, então, propiciar a felicidade do indivíduo ao viabilizar a prática de suas virtudes, de suas aptidões específicas" , como ensina Michele Vaz[2].

Já com Aristóteles, diiscípulo de Platão, a Ética encontra sua forma mais sistemática e é apresentada como *ciência do ethos*. Obra: "Ética a Nicômaco". Preleciona Alexandre Oliveira Soares[3] que "para Aristóteles, a ética, enquanto ciência prática, não investiga a virtude em si, mas sim a virtude enquanto fonte criadora da eudaimonia. Na Ética a Nicômaco, o Estagirita empreende então um estudo das virtudes, dividindo-as da seguinte forma: virtudes éticas (morais) e virtudes dianoéticas (intelectuais). Aristóteles concebe as virtudes éticas como mediania (meio-justo), cujas condições subjetivas são a voluntariedade, a deliberação, a escolha e responsabilidade. Para este filósofo, a justiça é a principal virtude ética. Já as virtudes dianoéticas são a filosofia, as artes e a sabedoria prática.

(...) Aristóteles elaborou um catálogo com doze virtudes éticas: coragem, temperança, liberalidade, magnificência, magnanimidade, equanimidade, placidez, amabilidade, veracidade, jovialidade, pudor e justiça. Elaborou a teoria da mediania para a aquisição destas virtudes.

O livro V da Ética a Nicômaco é dedicado à justiça, principal virtude ética. Aristóteles apresenta as duas espécies de justiça particular em sentido estrito.

A primeira é a justiça distributiva (distribuição de funções, dinheiro, cargos etc), numa relação de subordinação entre governante e governado, havendo uma igualdade geométrica, relativa, de maneira que a distribuição é desigual baseada em critérios subjetivos, meritórios (características de quem recebe e natureza da coisa distribuída).

A segunda espécie de justiça é a corretiva, a qual se dá entre pessoas privadas, mediante uma relação de coordenação, de igualdade aritmética, absoluta, baseada em critérios objetivos.

A justiça corretiva subdivide-se em justiça particular corretiva comutativa fundada em relações voluntárias (natureza contratual do vínculo) e justiça particular corretiva reparativa (natureza de dano do vínculo) fundada em relações involuntárias.

Segundo Aristóteles, o igual na justiça corretiva, "é o meio-termo entre o maior e o menor". "(...) a justiça corretiva, portanto, será o meio-termo entre a perda e o ganho" . O igual é o meio-termo entre o excesso e a carência segundo uma proporcionalidade aritmética. Para o filósofo ateniense, o justo "é em certo sentido um meio-termo entre o ganho e a perda nas ações que não se incluem entre as voluntárias, e consiste em ter um quinhão igual antes e depois da ação".

A palavra ética vem do grego "ethos", que, em uma versão mais simplificada, refere-se aos costumes, às normas que uma sociedade cria, visando a garantir seu contrato social.

A ética funciona como um referencial de conduta social. Seu papel é intervir para melhorar aquilo que não está bom para a maioria. Cada um, atuando eticamente, institui o bem comum em seu espaço de convivência social.

Com Aristóteles, o "ethos" ganhou o sentido de "atitude do homem perante a sociedade" , sob o aspecto individual: a) caráter - modo de reagir de uma pessoa na vida comunitária e b) costume - conjunto de idéias e sentimentos que expressão um modo de agir coletivo, baseado no hábito.

Assim, o costume (modo de agir coletivo) corresponde ao hábito (modo de agir individual) e serve de fonte para a elaboração das leis. Assim, as leis nascem do *ethos* e, ontologicamente, o Direito está ligado à ética.

Passa-se a entender, através das ciências demonstrativas, que tudo é (ou pode ser) construído/demonstrado/criado pelo homem. Nasce uma nova imagem do homem, uma nova idéia de razão e um novo conceito de natureza.

As regras sociais passam a ser exprimidas em teorias, leis e conceitos, passando-se a entender o Direito como aquilo que *deve ser* e, o que deve ser, não encontra seu fundamento no passado ou na tradição, em costumes, no "ethos" , passando a ser criado pelo legislador.

O Direito passa a ser entendido como técnica, orientado pelos critérios do útil, eficaz e produtivo e a coerência interna do direito não se fundamenta sobre a natureza, o cosmos, o costume, o ethos.

Já a ética, não podendo ser submetida a um padrão de formulação técnico, passa a ser gerada num contexto de relação intersubjetiva, do reconhecimento recíproco entre sujeitos.

Há a cisão do Direito com a ética.

A civilização moderna apresenta-se como sem ethos. A sociedade atual é regida pelos critérios do útil, funcional e lucrativo. Fica deteriorada a relação *do ser-com-os outros.* A amizade a fidelidade, a lealdade cedem lugar ao que é jurídico, formal e legal, ao individualismo, ao consumismo e a relação do homem com as coisas e os objetos.

A relação do homem com outro homem fica destituída do caráter da amizade e passa a se configurar pelos parâmetros da relação com os objetos. É uma sociedade dirigida pelo mercado. O homem passa a ser reconhecido por sua capacidade de consumo, passando o advogado a viver e exercer sua profissão, neste contexto.

Contudo, as matérias de caráter abstrato e conceitual, como Filosofia do Direito, Filosofia Jurídica e Ética, base para uma unidade de pensamento e de compreensão, perdem espaço para disciplinas procedimentais, que se caracterizam pela constante transitoriedade face à edição de novas leis.

A existência de um Código de Ética é, sem dúvida, indispensável.

O que na verdade ocorre com o profissional é que ele não pode mais distinguir o justo do injusto, o certo do errado, pois não existe um parâmetro objetivo, calculável que seja o bem absoluto, havendo a consciência moral do advogado e as regras básicas de comportamento, a moral.

Surge a deontologia (*deontos:* dever e *logos:* estudo), expressão criada pelo inglês Jeremias Benthan, que a define como 'CIÊNCIA DOS DEVERES do homem em geral (cidadão ou profissional)' e, no caso da Advocacia – O comportamento do Advogado com seus colegas e seus clientes.

Alain Badiou, logo nas primeiras linhas do seu livro "Ética – um ensaio sobre a consciência do mal", destaca que a ética está na moda.

E André Roitman assinala que Badiou tem razão, "pois em toda parte nota-se uma pressão, às vezes sutil, às vezes declarada e exigente, em favor da ética, considerada como um valor em si e até como o maior deles: é a "ética na política", o "movimento pela ética", os "códigos de ética"etc.

Até na filosofia, seara em que Badiou semeia e colhe frutos, esta vem se tornando a tendência dominante, adquirindo por vezes o *status* privilegiado de questão central de nossos dias.

Observa Badiou que a ética, na acepção hoje corrente da palavra, envolve de modo privilegiado os direitos do homem ou, subsidiariamente, os direitos do ser vivo. E continua: "*Supõe-se que exista um sujeito humano reconhecível em toda parte, que possui "direitos" de algum modo naturais: direito de sobreviver, de não ser maltratado, de dispor de liberdades "fundamentais"*(liberdade de opinião, de expressão, de escolha democrática de governos etc.).

Esses direitos são considerados evidentes e merecedores de um amplo consenso. A "ética" consiste em preocupar-se por esses direitos, fazer com que sejam respeitados." (obra citada, pág. 19).

Da tomada de posição axiológica resulta a imperatividade da via escolhida, a qual não representa assim mero resultado de uma decisão arbitrária, mas é a expressão de um complexo processo de opções valorativas, no qual se acha, mais ou menos condicionado, o poder que decide.(Miguel Reale – Lições preliminares de Direito- p. 33).

A teoria do mínimo ético, exposta por Jeremias Bentham e depois desenvolvida por vários autores, consiste em dizer que o Direito representa apenas o mínimo de Moral declarado obrigatório para que a sociedade possa sobreviver.

As regras da ética passaram a estar em todos os setores da sociedade, de modo a trazer regras de comportamento social a fim de que o Estado passe a intervir somente nas siuações em que se faça presente a regularização dos conflitos sociais.

No campo da advocacia, somente em 1994 o Conselho Federal da Ordem dos Advogados do Brasil edita o Código de Ética, com mandamentos para o exercício digno da profissão, bem como o Estatuto da Advocacia, o qual prevê infrações e respectivas sanções para a conduta do Advogado que age contra a ética.

E referido exercício profissional tem enfrentado obstáculos, principalmente porque nem todos estão conscientes da responsabilidade do profissional dessa área.

A discussão sobre a ética na advocacia chega ao máximo desrespeito nos dias atuais, em que são promovidas gravações de conversas entre os advogados e seus clientes, invadidos Escritórios de Advocacia em busca de provas contrárias aos interesses dos investigados e questionados valores de honorários em contratos de prestação de serviços realizados.

A presença não autorizada de agentes policiais em lugar privado, sem mandado judicial específico ou flagrante plenamente demonstrado, afronta o artigo 5º, inciso XI, da Constituição, que protege a inviolabilidade do lar. Tratando-se de escritório de advocacia, a conduta ainda fere o artigo 7º, inciso II, do Estatuto da Ordem dos Advogados Brasil (Lei 8.906/94).

A função do profissional da advocacia é buscar garantir todos os direitos previstos em lei para o acusado, buscando o pleno exercício da defesa, apontando as nulidades procedimentais existentes e trazendo a melhor solução, no mérito, para os interesses do cliente.

Todavia, em especial na seara criminal, poucos compreendem o primado do texto constitucional da presunção de inocência, razão pela qual o acusado muitas vezes é "condenado" pelos meios de comunicação antes mesmo das provas serem conhecidas e analisadas pela Justiça.

Como reflexo dessa força midiática, os Tribunais têm cada vez mais adotado medidas rígidas, em detrimento dos primados constitucionais, em desfavor do pleno exercício da defesa.

O exercício da advocacia, assim, torna-se penoso e trazido por vezes como contrário aos interesses da sociedade.

A Ordem dos Advogados do Brasil, atenta as mudanças no exercício advocatício e buscando pontuar a ética no exercício profissional, faz com que entre em vigor, em 1º de setembro de 2016, o novo Código de Ética e Disciplina da Advocacia.

E no texto resta expresso que o exercício da advocacia não tem conceito ou pré-conceito sobre situações fáticas ou encaradas pela sociedade como negativas para o bem estar social.

E essa garantia do pleno exercício profissional tem por base a própria ética da advocacia, pois estabelece o artigo 23, do Código de Ética e Disciplina da Ordem dos Advogados do Brasil,

> "Art. 23. É direito e dever do advogado assumir a defesa criminal, sem considerar sua própria opinião sobre a culpa do acusado. Parágrafo único. Não há causa criminal indigna de defesa, cumprindo ao advogado agir, como defensor, no sentido de que a todos seja concedido tratamento condizente com a dignidade da pessoa humana, sob a égide das garantias constitucionais".

Neste contexto, a ética profissional é fundamental tanto para trazer ao cliente a estratégia defensiva, as possibilidades recursais e as consequências dos julgamentos, como para buscar junto aos órgãos julgadores competentes a melhor defesa para a solução dos problemas do cliente representado.

Aliás, não só a melhor estratégia para o cliente como a manutenção da relação de confiança entre o cliente e o advogado são imprescindíveis para a continuidade do exercício profissional, sendo o respeito às opções processuais e meritoriais do advogado a celebração máxima da ética profissional.

E tal questão é destacada no artigo 11, do novo Código de Ética e Disciplina da Ordem dos Advogados do Brasil :

> "Art. 11. O advogado, no exercício do mandato, atua como patrono da parte, cumprindo-lhe, por isso, imprimir à causa orientação que lhe pareça mais adequada, sem se subordinar a intenções contrárias do cliente, mas, antes, procurando esclarecê-lo quanto à estratégia traçada".

Mas não é só.

A manutenção da independência funcional como garantia da ética no exercício profissional é destacada no artigo 10, do Código de Ética e Disciplina da Ordem dos Advogados do Brasil, permitindo-se ao advogado o afastamento da causa se houver dúvida sobre a relação de confiança com o cliente:

> "Art. 10. As relações entre advogado e cliente baseiam-se na confiança recíproca. Sentindo o advogado que essa confiança lhe falta, é recomendável que externe ao cliente sua impressão e, não se dissipando as dúvidas existentes, promova, em seguida, o substabelecimento do mandato ou a ele renuncie".

Esses regramentos profissionais na Advocacia são normas éticas que não envolvem apenas um juízo de valor sobre os comportamentos humanos, mas apontam escolhas de diretrizes obrigatórias numa coletividade.

Assim como as regras sociais, as normas advocatícias buscam apenas firmar os limites de atuação, assim como ocorre na sociedade com suas imposições normativas, a todos os profissionais, sejam eles recém aprovados no exame da Ordem dos Advogados do Brasil ou se advogados já conceituados nacionalmente.

Portanto, da mesma forma que as regras sociais buscam trazer o equilíbrio para o dia a dia dos cidadãos, as normas éticas da advocacia não escolhem os seus eleitos, servindo de baliza para garantir a respeitabilidade da profissão em todas as esferas de atuação.

Em conclusão, a cada época o que parecia ser anteriormente antiético se torna algo natural, com aceitação pelas sociedades, trazendo à tona os ensinamentos de Aristóteles, ou seja, que a "atitude do homem perante a sociedade" serve de base para definir as condutas éticas tidas como exemplares para seu tempo, traçando os regramentos, sempre em mutação, para se adaptar a evolução do "ethos".

E para nós, operadores do direito, se torna imperativo abraçar a lição sempre preciosa de Sobral Pinto: "Razão e liberdade, unidas pela fidelidade às imposições da natureza humana, encaminhar-se-ão, nobremente, para a colocação do homem num clima de dignidade moral, que lhe permitirá trabalhar, com eficácia, no setor que lhe é próprio, para a perfeição do referido setor. Estes princípios devem reger a atividade do homem nas áreas que ela é exercida, principalmente nas da política, da ordem jurídica, e da economia, que são as que mais de perto interessam aos advogados, pelas repercussões que têm, necessariamente, na sua vida profissional. Com efeito, o trabalho da razão bem orientada, sob a proteção da liberdade, não pode jamais desviar-se da dignidade, que é apanágio da pessoa humana. Este é o motivo pelo qual a razão tem de apontar, sempre e por toda parte, a opressão do homem como índice de malícia, que precisa de ser combatida, com energia e firmeza, por ser contrária à própria natureza humana.". (Pinto, Sobral – LIÇÕES DE LIBERDADE"- EDITORA COMUNICAÇÃO, 1977- PÁG. *199)*

19

A ADVOCACIA TRABALHISTA E A PACIFICAÇÃO DOS CONFLITOS ENTRE EMPREGADOR E EMPREGADO

Fábio Moreira Santos
Advogado

1 INTRODUÇÃO

A existência humana é complexa e permeada por diversos dilemas, por problemas que ofertam soluções controversas ou inaceitáveis entre si. Entre tais dilemas está o Direito do Trabalho nacional. Ao mesmo tempo em que se pretende flexibilizar normas trabalhistas e modernizar as relações de trabalho com o intuito de potencializar os lucros e a competitividade das empresas brasileiras no mercado internacional, percebe-se que praticamente a totalidade dos conflitos trabalhistas versa sobre matérias presentes na CLT desde a sua criação, revelando que os direitos eleitos como obstáculos, em grande medida, não foram e não são espontaneamente cumpridos, entram na conta do lucro.

Na linha de influência dessas concepções que dialogam com o Direito do Trabalho, de forma reducionista ou progressista, está a Advocacia Trabalhista; ora impulsionada pelo empregador, ora impulsionada pelo empregado. O primeiro deseja dispor de cada vez menos recursos para arcar com uma mão de obra produtiva e qualificada, traça estratégias e quantifica riscos. O segundo almeja a melhoria constante de sua remuneração e condições de trabalho, aposta na prestação de serviços em troca de um pagamento salarial que nem sempre ocorre ou que não se materializa conforme a legislação determina.

Diante dessa perene conflituosidade a Advocacia Trabalhista trata de relações dotadas de relevante repercussão jurídica, econômica, social e política, de modo especial, nos períodos de crise econômica, nos quais o antagonismo entre os interesses do capital e do trabalho se torna patente e objeto de calorosos debates.

Por consectário, este artigo pretende tratar das variantes subjetivas que envolvem o Direito do Trabalho e a Advocacia Trabalhista, afim de que esta possa cumprir o seu desiderato de forma digna, constituir-se como um instrumento da cidadania e contribuir para a pacificação dos conflitos sociais.

2 O DIREITO DO TRABALHO NA PERSPECTIVA DO EMPREGADO, DO EMPREGADOR E DA ADVOCACIA NA PACIFICAÇÃO DOS CONFLITOS

A subjetividade é entendida como a esfera íntima do indivíduo, é o mundo particular de cada ser humano, composto por variadas emoções, sentimentos e pensamentos, influenciados por circunstâncias históricas, políticas, jurídicas, econômicas e culturais.

A partir da sua subjetividade os indivíduos desenvolvem as crenças e os valores que compartilhará nos grupos e populações com os quais se relacionarem; o que também ocorre em relação ao Direito do Trabalho, tanto na perspectiva do empregador quanto na do empregado e da Advocacia Trabalhista. Cada um, conforme as suas particularidades e funções em relação ao objeto, adotará condutas distintas.

A origem, a essência e a finalidade do Direito do Trabalho o tornam um Direito polêmico (CUEVA, 1972, p. 9), no nosso entender, justamente a partir da perspectiva subjetiva do sujeito em relação a cada um desses elementos.

Com o advento da Revolução Industrial a cultura produtiva agrícola ou artesanal, voltada à subsistência e desenvolvida em pequenos grupos comunitários ou familiares, dá lugar ao processo produtivo fabril desenvolvido por inúmeros trabalhadores, desprovidos de identidade e de poder sobre o resultado da atividade desempenhada, que, então, passa a pertencer ao detentor dos meios de produção, cuja condição lhe possibilita interferir na esfera política da sociedade através do poder econômico.

As condições de higiene, saúde e segurança no ambiente laboral eram demasiadamente precárias, as jornadas diárias de trabalho eram extensas, a remuneração era baixa e a inserção das mulheres e das crianças na mão-de-obra fabril se dava de forma desordenada e abusiva; dessa forma, tornou-se imprescindível e inevitável a união e a organização dos trabalhadores na busca de patamares mais favoráveis.

Motivados pelos ideais de justiça, solidariedade e união entre pessoas oprimidas, que compartilhavam os mesmos sofrimentos e os mesmos sonhos, os trabalhadores se reuniram em coalizões e mais tarde se organizaram em sindicatos para lutarem contra o capital, a exploração indigna da mão de obra e o individualismo difundido pela sociedade burguesa predominante.

> [...] Começam a agrupar os homens em massa compacta em torno das máquinas. E essas massas, sem as quais o progresso não era possível, começaram a perceber ao longo do tempo, que não lhes fora reservado um lugar humano na estrutura social individualista. O sofrimento, amplificado pelas crises econômicas, levou-as a se unirem, a se organizarem. Assim, a vida comum das oficinas, o trabalho em manufaturas e depois em maquino faturas, despertam entre os operários a consciência de sua comunidade de interesses. [...] Assim, a miséria é grande; nenhuma higiene nas oficinas, nenhum saneamento nos quarteirões operários, que estão superlotados. [...] esta mão de obra toma pouco a pouco consciência de sua miséria, da comunidade de seus interesses, de seu poder político. As diferenças sociais tornam-se nítidas, os antagonismos agravam-se. Assim, a técnica, criando uma nova psicologia e apoiada pelas novas forças econômicas, conduz a uma transformação da atmosfera doutrinária e política. É este clima que explica o nascimento do movimento operário moderno do sindicalismo. [...] (GOMES; GOTTSCHALK, 2012, p. 514).

Assim, consegue-se identificar o embasamento histórico subjetivo dos trabalhadores em relação ao Direito do Trabalho, isto é, um instrumento emancipador e regulatório das relações sociais e econômicas decorrentes da prestação de serviços remunerada.

Até então, conceber um Direito sob tais paradigmas era algo impensado, afinal o objeto de sua existência se desloca dos homens formalmente livres e iguais para os homens reais, que lavram a terra, operam as máquinas, constroem as casas e os palácios; dessa forma, o seu objetivo passa a não ser apenas o patrimônio, mas também a proteção dos valores humanos que satisfazem as necessidades imateriais do sujeito.

Baseada na ideia da sociedade civil formada pelo conjunto de sujeitos de direitos individualmente considerados, a filosofia política dos Séculos XVIII e XIX admitia caber à Constituição proteger a liberdade do indivíduo perante o Estado e ao Código Civil regular as relações entre os cidadãos-proprietários e iguais entre si.

O Direito do Trabalho, portanto, é algo fora dessa divisão, não parte da ideologia da classe dominante e da lógica do cidadão possuidor de terras e de riquezas; ou seja, não é algo bem recepcionado ou integrante da subjetividade dos indivíduos formalmente protagonistas dos rumos da vida em sociedade e que se utilizam do trabalho alheio para obter riquezas ao longo da história, através da escravidão, da servidão ou da exploração desmedida em troca de um parco salário propiciador de sobrevivência, mas distante das dignidades capitalistas, por exemplo, a da propriedade e a do consumo.

Talvez aí possamos encontrar o motivo pelo qual os princípios do Direito do Trabalho sejam reconhecidos, mas a sua aplicação efetiva não seja imposta, o porquê não é tolerado e observado de forma natural, uma vez que "enquanto o passageiro de um táxi nem sequer cogita em não pagar a corrida, o empresário tende a aplicar a lei como, quando, onde e quanto quer, e assim mesmo se quiser – governando-a tal como governa a própria força-trabalho". (VIANA, 2012, p. 502).

Não obstante, o avanço dos direitos trabalhistas econômicos e sociais foi inevitável, tanto em razão das lutas operárias quanto em razão da necessidade capitalista de estabilizar os conflitos sociais e viabilizar a adoção de um sistema produtivo consistente; assim, foram contemplados os pilares do mundo do trabalho sem os quais a pessoa humana e o capitalismo; respectivamente, não se desenvolvem.

No exercício de sua subjetividade, o trabalhador tem a prerrogativa de não aceitar determinada proposta de emprego se as condições ofertadas não lhe agradarem, assim como o empregador pode não contratá-lo se o perfil do candidato ou as pretensões por ele apresentadas não se ajustarem ao que o contratante necessita ou pode oferecer.

Todavia, essa relação aparentemente igual é verdadeiramente desigual, pois outros candidatos ao emprego surgirão e aceitarão a proposta, enquanto o trabalhador não conseguirá sobreviver por muito tempo sem trabalhar ou sem se submeter ao que não lhe é atrativo. A partir dessa desigualdade, o capitalismo identificou um problema importante: o distanciamento dos trabalhadores das justificativas do sistema capitalista.

A necessidade de prover a subsistência própria e de sua família é um bom motivo para que o trabalhador inicie uma relação de emprego e nela permaneça por algum tempo, mas não é o suficiente para que ele se envolva com o empregador, com a situação pessoal vivenciada e com a atividade desempenhada.

O sentimento obreiro, a rigor, é de necessidade do sistema e não de pertencimento a uma organização lógica que lhe beneficie, situação esta descrita na canção Capitão de Indústria, escrita por Marcus Vale e cantada pelo grupo Os Paralamas do Sucesso:

> Eu às vezes fico a pensar / Em outra vida ou lugar / Estou cansado demais / Eu não tenho tempo de ter / Tempo livre de ser / De nada ter que fazer / É quando eu me encontro perdido / Nas coisas que eu criei / E eu não sei / Eu não vejo além da fumaça / O amor e as coisas livres, coloridas / Nada poluídas / Eu acordo pra trabalhar / Eu durmo pra trabalhar / Eu corro pra trabalhar / Eu não tenho tempo de ter / Tempo livre de ser / De nada ter que fazer / Eu não vejo além da fumaça que passa / E polui o ar / Eu nada sei / Eu não vejo além disso tudo / O amor e as coisas livres, coloridas / Nada poluídas.

Assim como construiu métodos para a solução de suas crises econômicas, o capitalismo buscou formas de aproximar os empregados das justificativas do sistema capitalista e; conforme se verá, o controle da subjetividade do trabalhador foi o caminho encontrado tanto para resolver esse problema quanto para enfraquecer os movimentos operários coletivos e flexibilizar direitos.

Inspirado na concepção de que ideologia é o conjunto de crenças coletivamente compartilhadas, baseadas em instituições e traduzidas em fatos concretos que demostrem a sua realidade (Dumont, 1991)[1], o capitalismo se esforçou para alterar a visão dos trabalhadores em relação ao mundo do trabalho, de modo que a atividade econômica e a geração de empregos fossem reconhecidas como práticas úteis ao bem comum e não uma relação entre exploradores e explorados.

Luc Boltanski e Ève Chiapello consideram essa ideologia como o "espírito do capitalismo" e assim o definem:

> O espírito do capitalismo é justamente o conjunto de crenças associadas à ordem capitalista que contribuem para justificar e sustentar essa ordem, legitimando os modos de ação e as disposições coerentes com ela. Essas justificações, sejam elas gerais ou práticas, locais ou globais, expressas em termos de virtude ou em termos de justiça, dão respaldo ao cumprimento de tarefas mais ou menos penosas e, de modo mais geral, à adesão a um estilo de vida, em sentido favorável à ordem capitalista. Nesse caso, pode-se falar de ideologia dominante, contanto que se renuncie a ver nela apenas um subterfúgio dos dominadores para garantir o consentimento

1 Dumont, L., 1991, L' idéologie allemande. France-Allemangne et retour, homo- aequalis II, Paris Gallimard.

> dos dominados e que se reconheça que a maioria dos participantes no processo, tanto os fortes como os fracos, apoia-se nos mesmos esquemas para representar o funcionamento, as vantagens e as servidões da ordem na qual estão mergulhados. (BOLTANSKI; CHIAPELLO, 2009, p. 42).

Os mencionados autores observam que no final do século XIX o espírito do capitalismo estava centrado nos valores burgueses. A saída do campo, o empreendedorismo individual, a emancipação econômica, a racionalização da vida cotidiana, o patrimônio, a família patriarcal e a caridade são as características mais preservadas e justificadas como sendo as bases do bem comum, embora carreguem certa incompatibilidade entre si.

Ao mesmo tempo e de certa forma, o sindicalismo brasileiro estava como o capitalismo, marcado por manifestações trabalhistas incipientes e esparsas (DELGADO, 2009, p. 100). Não existia uma grande concentração de trabalhadores que propiciasse o surgimento de um sentimento de classe; logo, as reivindicações localizadas e imediatas favoreciam a manutenção do modelo então vigente.

Entre as décadas de 1930 e 1960 o espírito do capitalismo é transferido para as grandes empresas, burocratizadas e organizadas em níveis funcionais hierárquicos. O dono da empresa buscava a acumulação sem limites, voltado para o incessante aumento do tamanho da empresa - não só em termos econômicos, mas em termos de estrutura física e organização - e baseado na produção racionalizada, padronizada e em massa.

Para obter o reconhecimento de tal sistema junto aos indivíduos, o capitalismo buscava divulgar que nesse formato residia a possibilidade de se construir uma carreira e conquistar a infraestrutura necessária para um cotidiano confortável; ou seja, moradia, educação, assistência médica, lazer, etc.

Identificou-se que um sindicalismo não revolucionário e que pretendesse apenas a partilha de riquezas não oferecia muito perigo e poderia ser útil, como interlocutor confiável, já que suas reivindicações implicavam a aceitação do sistema e sua preservação.

De fato, na medida em que algumas reivindicações fossem atendidas se evitaria a ocorrência de movimentos radicais e descontrolados, bem como seria facilitada a negociação das reivindicações existentes, o controle dos trabalhadores e a criação constante de mecanismos de reprodução do próprio capitalismo.

Nesse período o Estado intervém diretamente no movimento sindical brasileiro e impõe às entidades sindicais a adoção do modelo corporativista, no qual os conflitos trabalhistas são resolvidos pelo Poder Público e as ações sindicais são direcionadas ao nacionalismo, ao combate ao comunismo, à integração dos interesses do capital e do trabalho e à adoção de práticas assistencialistas voltadas à saúde, educação e lazer.

Embora o Estado brasileiro não tenha conseguido controlar completamente as entidades sindicais existentes, especialmente as categorias mais organizadas e politizadas, a instalação do modelo sindical corporativista pode ser considerada uma tentativa estratégica de se manietar o movimento operário e distanciá-lo de suas origens históricas europeias (e mesmo brasileiras, se se levar em conta o movimento anarcossindical).

A constitucionalização do Direito do Trabalho e a criação da Organização Internacional do Trabalho consolidaram o reconhecimento dos princípios da liberdade e da autonomia sindical e estabilizaram a existência dos sindicatos. Impossibilitado de eliminá-los das relações de trabalho, o próprio sistema capitalista constatou que a única forma de diminuir sua importância - em termos de ameaça - não estava no ataque à sua estrutura, mas nas fontes de queixa imediatas dos trabalhadores - como as relacionadas com a jornada de trabalho e o salário.

Assim, privilegiado pela posse e controle dos meios de produção, o capital passa a se movimentar de forma que o sindicalismo e o Direito do Trabalho pudessem ser controlados, mas sem se pretender que os interesses dos trabalhadores fossem totalmente sufocados:

> Embora o capitalismo não possa prescindir de uma orientação para o bem comum, da qual seja possível extrair motivos de engajamento, sua indiferença normativa não permite que o espírito do capitalismo seja gerado apenas a partir de seus próprios recursos; assim, ele precisa de seus inimigos, daqueles que ele indigna, daqueles que se lhe opõem, para encontrar os pontos de apoio morais que lhe faltam e incorporar dispositivos de justiça que, sem isso, ele não teria nenhuma razão para considerar pertinentes. (BOLTANSKI; CHIAPELLO, 2009, p. 61).

No Brasil, os sindicatos, de forma consciente ou inconsciente, também foram se ajustando, em certa medida, à imagem das empresas, construindo grandes sedes, contratando empregados, oferecendo benefícios assistenciais e atribuindo grande autoridade aos presidentes das entidades, como ocorreu – citando apenas um exemplo - com a figura emblemática de Joaquim dos

Santos Andrade, o Joaquinzão, sindicalista que presidiu o Sindicato dos Metalúrgicos de São Paulo por 21 anos, entre 1965 e 1986.

Após esse período, o capitalismo passa a ser pautado pela globalização e pela adoção de novas tecnologias, esforçando-se – no aspecto ideológico – para justificar sua permanência sem as mesmas concessões que antes fazia à justiça social.

Nesse segundo momento – que se inicia, pouco a pouco, nas décadas de 1970-80 - o capitalismo tenta promover uma ruptura no distanciamento histórico entre as empresas e os empregados e cria mecanismos de aproximação entre eles. A estratégia é a de fazer com que as empresas não sejam vistas pelos empregados apenas como um local útil à obtenção do pão de cada dia, mas também como um local de acolhida, assim como um ambiente de interesses comuns, como eram e são os próprios sindicatos.

A título de exemplo, assim como os trabalhadores reunidos nos sindicatos não são chamados de "empregados" ou "operários" e recebem o nome de "companheiros" – palavra dissociada da ideia de subordinação e inspiradora de igualdade – as empresas também abandonam tais nomenclaturas e passam a chama-los de "colaboradores" ou "parceiros" que fazem parte de uma "equipe" que integra a "nossa empresa".

Ainda nessa mesma perspectiva, as empresas intensificam os seus esforços para oferecer aos trabalhadores benefícios assistencialistas iguais ou superiores àqueles oferecidos pelos sindicatos.

Passam a fornecer cesta básica de alimentos, a patrocinar festas em datas comemorativas, a conceder condições especiais para a aquisição dos produtos produzidos, dentre outras inúmeras formas de aproximação. São formas de sedução que penetram no inconsciente coletivo, viabilizando uma maior aceitação dos trabalhadores em relação às mudanças a serem realizadas.

No Brasil, a adoção de todas essas medidas foi acrescentada à promoção de uma formação educacional voltada aos interesses capitalistas e à massificação das políticas neoliberais destinadas à retirada ou à flexibilização de direitos trabalhistas a partir da década de 90[2].

---

2 Como exemplo, embora algumas delas já tenham sido revogadas ou alteradas, durante o governo de Fernando Henrique Cardoso foram editadas diversas normas que retiraram ou flexibizaram diretos da classe trabalhadora, vejamos: a) Lei 8.949/1994 – Autorizou a contratação de cooperativas de prestação de serviços, sem caracterização do vínculo empregatício e responsabilidade das tomadoras de serviços quanto ao pagamento dos direitos trabalhistas. b) Portaria 865/1995 – Impediu a autuação das empresas pelo M.T.E.

Sobre a perspectiva da formação educacional, cabe esclarecer que ela reflete a forma como o capital trata da divisão do trabalho e dos meios de produção relativos à prestação de serviços dos trabalhadores com função técnico-científica, de modo a garantir a reprodução das condições e formas utilizadas para a dominação do capital sobre o trabalho.

Não apenas no Brasil, mas até em países de forte tradição social-democrata a desproporcionalidade entre os altos investimentos realizados nas disciplinas passíveis de exploração pelo capital[3] e os parcos recursos destinados àquelas que não se prestam a este fim[4], revela o nítido interesse nas pesquisas realizadas com o objetivo de desenvolver técnicas voltadas a um processo produtivo que favoreça a circulação do capital (GORZ, 1996, p. 215).

Um exemplo que ilustra bem as novas formas de gestão de mão de obra pode ser visualizado na fábrica da FIAT Automóveis S/A, em Betim/MG. Em 2013, segundo dados da própria empresa, a capacidade produtiva era de 01 carro a cada 20 segundos, com previsão futura de produzir 950 mil unidades por ano - ao passo que, em 1976, ano de sua inauguração, a sua capacidade produtiva era de 200 mil unidades por ano[5].

Naturalmente, o acréscimo de produção se deve em boa parte às novas tecnologias, mas também pode ser atribuído à maximização do "trabalhador coletivo produtivo"; expressão essa utilizada por Karl Marx. Além disso, é fato público e notório o alto índice de acidentes de trabalho no Brasil, in-

---

nos casos de conflito entre a legislação trabalhista e o instrumento normativo vigente. c) Portaria nº 02/1996 - Permitiu a ampliação do contrato temporário de 03 para 06 meses mediante autorização da D.R.T. d) Lei 9.601/1998 e Decreto 2.490/98 - Estimulou a contratação por tempo determinado mediante a redução de encargos trabalhistas e possibilitou a compensação de horas extras em até 12 meses, o chamado "Banco de Horas". e) Medida Provisória 1.709/98 - Instituiu a jornada parcial de trabalho de até 25 horas semanais com remuneração e férias proporcionais. f) Medida Provisória 1.726/98 - Instituiu a possibilidade de suspensão temporária do contrato no período de 02 a 05 meses, acordada pelas partes, para fins de qualificação profissional. g) Medida Provisória 1.620/98 - Revogou a ultratividade das normas coletivas até então prevista na Lei 8.542/92. h) Lei 10.101/2000 - Instituiu a PLR e autorizou o trabalho aos domingos no comércio, independentemente de negociação com os Sindicatos.

3 Engenharia de Produção, Engenharia Mecânica, Sistemas de Informação, Tecnologia da Computação, Gestão em Logística, Gestão da Qualidade, dentre outras.

4 As ciências humanas em geral.

5 Informações contidas em matéria publicada no site da montadora, disponível em: http://www.fiat.com.br/novidades-fiat/institucional/fabrica-da-fiat-em-betim.html Acesso: 24/11/2015.

cluindo doenças ocupacionais, desencadeadas por esforço físico e/ou psíquico excessivo.

De acordo com a análise feita por André Gorz (1996, p. 245) sobre a Revolução Cultural Chinesa, até quando se adotam iniciativas que vislumbrem melhores condições de trabalho e a efetiva participação dos trabalhadores na organização da produção, o que se almeja é a manutenção da exploração e a hegemonia do poder patronal, seja pela divisão ou pela imbecilização das atividades a serem executadas.

Os ângulos de análise apresentados por Karl Marx e André Gorz são reveladores e pertinentes, de modo especial, na atual crise econômica vivenciada no País, pois deixam claro que as relações de emprego, em razão dos interesses antagônicos e subjetivos de seus partícipes, são naturalmente conflituosas e permanecem do mesmo modo, ainda que se programem técnicas de engajamento e redução dos atritos, conforme ocorreu ao longo da história demonstrada nas breves linhas dos parágrafos anteriores.

Nesse cenário, a Advocacia Trabalhista desempenha um papel relevante na condição de instrumento da cidadania contributivo para a pacificação dos conflitos sociais, tanto na assistência do empregado quanto na assistência do empregador, sendo a linha de equilíbrio humano e técnico entre as pretensões ativas e passivas nos procedimentos negociais, administrativos ou judiciais.

Ao tratar da advocacia brasileira no paradigma democrático de Direito, Carlos Henrique Soares expõe que:

> Nesses termos, a modelagem contemporânea da função do advogado no paradigma democrático deve ganhar novos contornos. Não é ele mais um pedinte de prestação jurisdicional. Quem é indispensável à administração da Justiça não precisa pedir nada. O advogado não pede. Advoga. O pedinte, seja de que categoria for é sempre um subordinado, quando não, um subserviente. Este, com certeza, não é o papel do advogado. O advogado é elemento garantidor do efetivo exercício do direito ao contraditório e da ampla defesa na estruturação dos procedimentos jurisdicionais, seja eles, ordinários, sumários, especiais ou extravagantes, bem como na realização da prestação jurisdicional. (SOARES, 2015, p. 100).

Como dito alhures, em regra, o empregador deseja dispor de cada vez menos recursos para arcar com uma mão de obra produtiva e qualificada, traça estratégias e quantifica riscos; enquanto que o empregado almeja a melhoria constante de sua remuneração e das condições de trabalho, aposta na prestação de serviços em troca de um pagamento salarial que nem sempre ocorre ou que não se materializa conforme a legislação determina.

Assim, ao profissional da Advocacia Trabalhista, mesmo enquanto indivíduo dotado de subjetividade e preferências, não é recomendável se imiscuir irracionalmente nos desejos e nas repulsas, nos desafetos e nas paixões das partes, sob pena de não atuar adequadamente no exame dos riscos inerentes à tomada de decisões em negociações coletivas, em procedimentos de mediação junto ao Ministério do Trabalho e Emprego - MTE, em Inquéritos conduzidos pelo Ministério Público do Trabalho - MPT ou, de forma corriqueira e não menos importante, na atuação preventiva e contenciosa voltada às Ações Trabalhistas, sejam elas individuais ou coletivas.

No âmbito particular, os interesses do empregado e do empregador são trazidos ao Advogado Trabalhista através da realização de atos consultivos, em regra, por meio de reunião ou da emissão de pareceres escritos, momentos nos quais a toda a complexidade das relações de trabalho se revela e demanda o encontro de soluções jurídicas inovadoras, adequadas ao fato e aos objetivos analisados, sendo certo que essas soluções poderão pautar a ação ou a omissão do destinatário e, consequentemente, atrair responsabilidades.

Em que pese a ausência de autoridades públicas com impacto no inconsciente coletivo e da inexistência de formalidades legais que o regulem, verifica-se que um momento importantíssimo de qualquer conflito jurídico é o contato entre a cidadão e o seu instrumento do exercício da cidadania, entre o profissional e o cliente; isto é, entre o Advogado Trabalhista e o empregado ou o empregador.

Nesse contato, a atuação do profissional é o que dá segurança ao cliente que o procura para lhe entregar a responsabilidade de conduzir a resolução do conflito. A referida atuação não se trata apenas de demonstrar o domínio técnico sobre a temática apresentada, haja vista que os detalhes tecnicistas, em regra, não são muito bem compreendidos por quem não domina a ciência jurídica; assim, trata-se, em grande medida, de uma audição atenta e da explanação clara dos caminhos e dos seus respectivos riscos e possibilidades, premissas essas que possibilitarão ao profissional dialogar com os objetivos que interessam ao empregado e ao empregador.

Outro aspecto importante é a contratação dos honorários advocatícios, tema afeto à esfera patrimonial de todos os atores em questão. É preciso que o Advogado Trabalhista analise como defini-los de modo a garantir uma remuneração adequada à prestação de serviços e suficientemente apto a não criar um óbice presente ou vindouro.

Por tudo isso, no ato consultivo, o cidadão tem acesso ao profissional sensível à sua demanda, apto a examinar o fato da vida apresentado e a relacioná-lo com o ordenamento jurídico; a avaliar os meios de prova existentes e os seus respectivos potenciais probatórios; a escolher as possíveis alternativas a serem adotadas e a examinar os riscos de cada uma delas; ou seja, se vale dos conhecimentos profissionais de quem realiza um conjunto de análises e toma decisões que interferirão decisivamente no sucesso da demanda, seja ela administrativa ou judicial.

Nesse espeque, podemos destacar as relevantes repercussões, provenientes de negociações coletivas que concedem ou não aumentos salariais, abonos ou participações nos lucros ou resultados; que concedem ou retiram direitos previstos em cláusulas de viés social, por exemplo, os convênios com creches e instituições de ensino, a estabilidade pré-aposentadoria, os critérios admissionais e de promoção, os prazos diferenciados de licença, os atestados médicos, entre outras muitas temáticas que, uma vez inseridas no instrumento coletivo, passam a integrar o arcabouço normativo e os contratos de trabalho.

Sem impedimento, na mesma esteira, é cabível citar as possibilidades de mediação, fiscalização e aplicação multas pelo MTE, o arquivamento ou prosseguimento de Inquérito ou proposta de Termo de Ajustamento de Conduta que poderá ou não culminar em Ação Civil Pública ajuizada pelo MPT e, finalmente, as diversas Ações Trabalhistas evitáveis ou ajuizadas, diariamente, de forma correta ou abusiva, impondo conquistas e prejuízos às partes e/ou ao erário público, originando precedentes judiciais favoráveis ou desfavoráveis, conforme a matéria e o interesse da parte que os interprete.

3 CONCLUSÃO

De acordo com o exposto alhures, a Advocacia Trabalhista trata de relações dotadas de relevante repercussão jurídica, econômica, social e política, notadamente, nas crises econômicas, nas quais os conflitos entre os anseios do capital e do trabalho se tornam inequívocos e destinatários de importantes discussões.

Um único ato impensado ou desproporcional poderá impor ao empregado a não reparação de prejuízos ou o não alcance de direitos possíveis; do mesmo modo, em relação ao empregador, poderá impor prejuízos ou obrigações incompatíveis com a própria continuidade do negócio, com o exercício da atividade empresarial.

Certamente, o conhecimento e a prática de todos os procedimentos administrativos e judiciais narrados ao longo do trabalho contribuíram decisivamente para que o legislador constituinte tenha considerado ser a Advocacia essencial à administração da justiça, a única profissão dissociada de cargo público a estar prevista no texto constitucional.

Diante de tantas variáveis e da subjetividade do empregado e do empregador, o Advogado Trabalhista, antes de examinar tecnicamente o conflito concreto ou potencial que lhe é apresentado pelo empregado ou pelo empregador, deve perquirir, com habilidade, a real motivação do conflito para verdadeiramente entende-lo, inclusive, em relação ao seu alcance e às estratégias técnicas equivalentes a essa amplitude.

Não raras vezes, a pretensão de receber ou a de não pagar não são um fim em si mesmas, tratam-se de aspirações subjetivas voltadas a provar a existência do Direito ou a negar a existência ou a legitimidade do próprio Direito, trata-se de externar uma relação ou dilema humano não resolvido de forma eficaz.

4 REFERÊNCIAS BIBLIOGRÁFICAS

ANTUNES, Ricardo. **Trabalho, reestruturação produtiva e algumas repercussões no sindicalismo brasileiro.** In: ANTUNES, Ricardo. (Org.). Neoliberalismo, trabalho e sindicatos: reestruturação produtiva no Brasil e na Inglaterra. 2. ed. São Paulo: Boitempo Editorial, 2002.

__________. Ricardo. **Os Sentidos do Trabalho**: ensaio sobre a afirmação e a negação do trabalho. São Paulo: Boitempo, 2003.

BOLTANSKI, Luc; CHIAPELLO, Ève Chiapello. **O novo espírito do capitalismo.** Trad. Ivone C. Benedetti. Rev. Basílio Sallum. São Paulo: WMF Martins Fontes, 2009.

COCCO, G. **Trabalho e cidadania: produção e custos na era da globalização.** São Paulo: Editora Cortez, 1999.

COSMOPOLIS, Mario Pasco. **Representación y participación em la empresa.** El Derecho Sindical em América Latina. Uruguay: Fundación de Cultura Universitária. 1995.

DUMONT, L. L' idéologie allemande. France-Allemangne et retour, homo- aequalis II, Paris: Gallimard, 1991.

FARIA, José Eduardo. **Os novos desafios da justiça do trabalho**. São Paulo: LTr, 1995.

GOMES, Orlando; GOTTSCHALK, Elson. **Curso de Direito do Trabalho**. 19. ed. Rio de Janeiro: Forense, 2012.

GORZ, André. **Técnica, técnicos e luta de classes**. In: Critica da divisão do trabalho. Trad. Estela dos Santos Abreu. 3ed. São Paulo: Martins Fontes, 1996, p. 213 a 248.

HOBSBAWM, Eric J. **Karl Marx e o movimento operário inglês**. In: HOBSBAWM, Eric J. Revolucionários: ensaios contemporâneos. Trad. de João Carlos; Vitor Garcia; Adelângela Saggioro Garcia. 3. ed. Rio de Janeiro: Paz e Terra, 2003.

LIPIETZ, A; LEBORGNE, D. **O pós-fordismo e seu espaço**. Espaço & Debates, Revista de Estudos Regionais e Urbanos, São Paulo, v. III. n. 25,1988.

PINTO, Geraldo Augusto. **A organização do trabalho no século 20**: taylorismo, fordismo e toyotismo. 2ª edição. São Paulo: Expressão Popular, 2010.

SOARES, Carlos Henrique. **Advocacia Brasileira No Paradigma Democrático de Direito** *in* Advocacia e Ética: O exercício da profissão. Belo Horizonte: Del Rey, 2015.

TAYLOR, Frederick Winslow. **Princípios de administração científica**. 7ª ed. Trad. Arlindo Vieira Ramos. São Paulo: Atlas, 1970.

VALLE, Marcos. **Capitão de Indústria**. Disponível em: https://www.letras.mus.br/ marcos–valle/1410821/ Acesso em: 15 nov. 2015.

VIANA, Márcio Túlio. **Direito de resistência**: possibilidades de autodefesa do empregado em face do empregador. São Paulo: LTr, 1996.

______, Márcio Túlio. **As várias facetas da terceirização**. In: O que Há de Novo Em Direito do Trabalho. Márcio Túlio Viana (org.). 2. Ed. São Paulo: LTr, 2012.

20

ADVOGADO EMPREGADO – DEVER DE INDEPENDÊNCIA FUNCIONAL PREVISTO NO ARTIGO 4º DO NOVO CÓDIGO DE ÉTICA PROFISSIONAL DO ADVOGADO – COMPATIBILIDADE COM A SUBORDINAÇÃO PRÓPRIA DA RELAÇÃO DE EMPREGO FORMAL (ARTIGO 3º, DA CLT)

Marcelo Santoro Drumond

Advogado

1 CONSIDERAÇÕES INICIAIS – A EXISTÊNCIA DE OBRIGAÇÕES E DIREITOS INERENTES AO ADVOGADO E OS SISTEMAS LEGISLATIVOS QUE OS SUSTENTAM

A relação jurídica contratual advogado – cliente diz respeito, notadamente, a um contrato dotado de inúmeros elementos de notória relevância, a destacar, primeiramente, a fidúcia.

A confiança é pressuposto natural em uma relação jurídica na qual o contratante confia ao contratado o zelo pelo seu patrimônio, seja ele material ou mesmo imaterial. Sendo que este pode ser objeto de alcance futuro ou mesmo objeto de resguardo em face de risco de perda patrimonial mediante atos de terceiros.

Assim, o advogado tem para com seu cliente um dever precípuo derivado da fidúcia mútua que deve permear aludida relação, na medida em que um confia ao outro a guarda ou busca de um direito, ou seja, um bem da vida, que pode ter origem nas mais diversas relações contratuais existentes, devendo o cliente/contratante fornecer subsídios para o pleno exercício da atividade profissional de seu contratado.

Ademais, referido dever passa, impreterivelmente, pela consecução de uma série de obrigações que o advogado deve ter em face do cliente, especialmente no que tange à prestação de contas, além de pronta oferta de informações acerca do serviço contratado, bem como quaisquer esclarecimentos técnicos acerca dos procedimentos judiciais ou extrajudiciais a serem praticados pelo profissional da advocacia.

Além disso, deverá o advogado estar ciente de seu dever pedagógico, no que toca à explicação de como e qual meio utilizado para se chegar ao resultado obtido ou pretendido por meio do serviço contratado, seja ele de consultoria informativa ou preventiva ou de contencioso judicial ou mesmo em atuação extrajudicial ou administrativa.

Deverá também informar o contratante acerca de eventuais riscos acerca de qualquer medida que seja decidida e eventualmente executada, seja o alerta sobre o risco do êxito ou não, seja o apontamento do risco em relação a atos que podem ser praticados por terceiros envolvidos.

Por conseguinte, a relação advogado - cliente revela-se complexa na medida em que aquele possui inúmeros ônus de caráter essencialmente profissional, inerentes ao ofício que pratica.

Portanto, decorrente da aludida vinculação contratual e, consequentemente, dos atos que pratica a partir dela, o profissional da advocacia está sujeito a sanções contratuais explícitas e implícitas, uma vez ocorram prejuízos derivados estritamente de sua atividade técnico profissional para com seu contratante.

A complexidade de referida relação jurídica também possui diversas nuances derivadas da responsabilidade do contratante, ônus esse que pode assumir inúmeras facetas, a depender da forma do contrato existente entre cliente e advogado.

A atividade jurídico profissional, praticada por trabalhador exercente da advocacia, se caracteriza, na maioria das situações de contratação, por um vínculo absolutamente e naturalmente formal, derivado de ajustes específicos, normalmente previstos em contrato escrito, submetido a regramento normativo rígido, técnico e abrangente.

Referido regramento é consubstanciado na legislação que reza sobre a atividade e exercício da advocacia, qual seja, o Estatuto do Advogado, com normas contidas na Lei de n.º 8.906 de 1994. Referido comando, de natureza civil, dispõe sobre inúmeros direitos e deveres do advogado, não só em face do contratante, mas perante terceiros, a sociedade e ele próprio, no que tange à sua independência e liberdade no exercício de sua notável profissão.

Aliado ao referido Estatuto do Advogado e dele derivado, está outro regramento com conotação específica, destinado a tutelar a conduta do advogado, qual seja, o Código de Ética e Disciplina da Ordem dos Advogado do Brasil, cuja obrigatoriedade quanto à observância, pelo profissional da advocacia, deriva expressamente dos artigos 31 e 33 da referida Lei de n.º 8.906.

Aludido sistema normativo tem como escopo revelar os preceitos, limites, garantias e alicerces principiológicos que norteiam a conduta profissional do advogado, no que toca aos interesses da sociedade, de seu cliente, dele próprio, de seus pares e de terceiros.

Portanto, a relação advogado cliente permeia-se por uma necessária observância de rígidas condutas, de parte a parte, regra geral, decorrente de contrato formal, que estabelece não somente o objeto da atividade técnico profissional, bem como os deveres (sempre derivados da fidúcia) que possui o advogado em relação a seu cliente.

E referidos deveres e obrigações são elevados a um nível mais complexo, quando o ente contratante (cliente) se confunde com a figura do empregador. Nesse caso, estaríamos diante de uma relação jurídica de dupla face, ou seja, que contém os elementos da relação de natureza civil entre advogado e cliente, com todos os deveres e obrigações ali existentes, amparados pela Lei de n.º 8.906 de 1994, mas também que possui características ímpares, decorrentes de outro arcabouço normativo peculiar, não menos complexo, qual seja, a Consolidação das Leis do Trabalho (CLT) e notadamente seus artigos 2.º e 3.º, que estabelecem o nascimento de uma típica relação contratual, qual seja, o contrato de emprego, que contém requisitos próprios e específicos.

Referidos requisitos, por sua vez, em hipótese alguma, repelem aqueles contidos na lei 8.906/94 e no Código de Ética dele derivado, podendo e devendo coexistir, além de interagir naturalmente, permitindo a plena existência e execução de um contrato de emprego, para inúmeras espécies de empregador, tendo como agente central a figura do advogado.

E este, por sua vez, ainda que vinculado ao cliente por uma dupla relação jurídica, em face do vínculo contratual de emprego, além daqueles inerentes ao estrito exercício da advocacia representando outrem, não perde suas prerrogativas e deveres característicos.

Esses são derivados do sistema normativo que o ampara, seja por meio do Estatuto do Advogado, especialmente no que tange ao disposto nos artigos 31, §1.º e 33 e seu parágrafo único, ambos contidos na Lei 8906/94, seja em virtude do respectivo Código de Ética e Disciplina da Ordem dos Advogados do Brasil, diante do que reza o seu artigo 4.º, *caput* especialmente quanto à prerrogativa do exercício profissional da advocacia dotado de independência e liberdade.

Aludidos dispositivos permitem o labor digno, responsável, solidário e sobretudo contributivo, não só para a realização dos interesses específicos de seu contratante/cliente e, consequentemente, do próprio profissional da advocacia, mas para com os interesses de sua classe de modo geral, como também em relação aos anseios maiores da sociedade da qual é oriundo e, por consequência, também representa.

2 OS ELEMENTOS FÁTICOS-JURÍDICOS CONSTANTES DO VÍNCULO DE EMPREGO E SUA INSERÇÃO NO CONTRATO ESPECIAL DO ADVOGADO EMPREGADO. A SUBORDINAÇÃO COMO ELEMENTO CENTRAL DO REFERIDO PACTO

É sabido que qualquer contrato de emprego, regido pelas protetivas normas derivadas da CLT (Consolidação das Leis do Trabalho) se caracteriza pela conjugação indissociável de cinco elementos fáticos jurídicos que o caracteriza, expressamente estampados nos artigos 2.º e 3.º da CLT.

São eles o labor prestado por pessoa física, a remuneração decorrente da alusiva prestação de serviços, o exercício da atividade profissional com pessoalidade, o trabalho de natureza não eventual e por fim, e certamente o elemento mais relevante, o exercício do labor mediante subordinação, *in casu*, subordinação jurídica.

Dentre os referidos elementos, salta aos olhos a importância primordial deste último, qual seja, a subordinação jurídica, sem retirar a relevância dos demais, todos necessários ao estabelecimento de uma relação de emprego.

O elemento da subordinação decorre de uma longa, complexa e necessária evolução, ao longo do tempo, que permeou as relações entre empregados e empregadores, possuindo diversos conceitos interpretativos, partindo dos posicionamentos doutrinários mais restritos, como a teoria da subordinação clássica, até conceituações e entendimentos mais abrangentes e protetivos, como por exemplo, aqueles derivados da chamada subordinação estrutural.

Todavia, primeiramente, é necessário pontuar, sob qualquer ângulo que se examine, que a subordinação em questão, incidente sobre os contratos de trabalho, é a chamada subordinação jurídica, tendo esta sido recepcionada pela esmagadora parcela, tanto da doutrina, quanto da jurisprudência pátria, tornando-se mais completa de que outras formas interpretativas do referido fenômeno, tais como a dependência econômica e técnica.

Nos tempos atuais, a doutrina moderna afastou da construção do conceito e natureza da subordinação as referências à mera dependência econômica ou à dependência técnica.

Vale dizer que a primeira diz respeito à relação personalíssima havida entre empregador e seu empregado, sendo este dependente exclusivamente do salário a ele dirigido para sua sobrevivência. Daí surgir uma relação onde prepondera uma hierarquia absolutamente rígida, hermética.

Já no tocante à dependência técnica, esta decorre do monopólio pelo empregador de todo o conhecimento técnico e ferramentas essenciais e necessárias para a consecução do processo produtivo, estando o empregado submetido ao fornecimento, pelo patrão, dos mencionados mecanismos para a realização do trabalho e, a partir de tal necessidade, surge uma relação de submissão entre o obreiro e o empregador.

Todavia, referidas premissas, ainda que válidas, não respondem total e isoladamente o fenômeno que caracteriza a relação jurídica entre empregado e empregador.

A subordinação jurídica, não só abrangendo e superando as citadas formas de dependência técnica e econômica, deriva, especialmente, do chamado poder diretivo do empregador, no qual o empregado se submete, ainda que implicitamente, aos comandos, diretrizes ou até mesmo ao objeto central da atividade empresarial.

Daí o direcionamento para o qual o empregado se vê compelido, no sentido de endereçar toda sua força de trabalho para cumprir com objeto proposto pela própria atividade econômica empresária. Em outras palavras, o empregado se submete diretamente ou indiretamente aos anseios do empregador, não necessariamente recebendo ordens diretas e específicas, e muitas vezes sequer sofrendo fiscalização permanente, mas sim, executando sua atividade profissional com fundamento em uma diretriz, que tem como objeto o alcance do escopo empresarial como um todo.

De tal modo, o ponto central da subordinação jurídica é o poder diretivo do empregador, que, ressaltando-se uma vez mais, não somente decorre do fenômeno da submissão incisiva, de receber ordens diretas e sofrer fiscalização permanente em virtude de suas atividades.

A pensar assim, o conceito de subordinação excluiria o trabalho intelectual, os cargos de fidúcia e direção, o labor externo, bem como outros contratos de trabalho típicos, dotados de características especiais e peculiares, como por exemplo, daquele alusivo ao advogado empregado, que tem o dever de inserção no processo produtivo de empregador, sem que abandone sua capacidade técnica de desenvolvimento próprio e peculiar de sua atividade, agindo com liberdade e independência, prerrogativas essas, como já referido, derivadas dos instrumentos normativos típicos que regulam sua profissão.

Vale ainda dizer que, a partir do entendimento conjugado de pensamentos derivados da doutrina moderna, a subordinação jurídica pode ser concebida sob três conceitos, ou teorias, quais sejam, a chamada subordinação clássica, a subordinação objetiva e também o que denomina a nova e recente doutrina, a subordinação estrutural.

A primeira teoria, já superada há muito pela doutrina e jurisprudência, enxerga a subordinação tão somente pelo aspecto meramente personalíssimo, ou seja, decorrente de uma estrutura vertical na qual o empregado, colocado em um patamar notoriamente submisso ao empregador, recebe suas ordens diretas, estando submetido a comandos incessantes. Daí a concepção da subordinação como o fenômeno de estar submetido a ordens diretas, pessoais, inclusive, com fiscalização do exercício da atividade profissional também direta e próxima.

Como já mencionado, a aceitação pura e simples de tal teoria afastaria da abrangência da subordinação diversos sujeitos concebidos hoje, de forma inequívoca, como empregados. Exemplificando, são eles os trabalhadores que exercem atividades meramente intelectuais, os que possuem funções caracterizadas como de confiança, tais como gerentes, diretores, dentre outros, e os que laboram em face de contratos atípicos, especiais, como o advogado empregado que, além da submissão aos preceitos típicos derivados da CLT, também se sujeita harmonicamente a um arcabouço próprio de normas, qual seja, ao Estatuto específico, derivado da Lei de n.º 8.096 de 1994 e seu Código de Ética e Disciplina, recém alterado.

A segunda teoria informativa da subordinação jurídica a ser aqui abordada é aquela que guarda, nos tempos atuais, maior receptividade pela doutrina e jurisprudência, qual seja, a chamada teoria objetiva, a qual disciplina que a subordinação deriva da condição do empregado em se inserir e contribuir para o desenvolvimento da atividade central derivada do objeto produtivo do empregador. Ou seja, subordinado é o empregado que desenvolve suas tarefas cotidianas voltadas para a consecução da atividade fim de seu patrão. É aquele que se submete a diretrizes inerentes a quaisquer empregados e que, uma vez as observando, gerará um efeito positivo no que concerne ao desenvolvimento regular da atividade empresarial e da consecução de seus objetivos primordiais.

Daí surgirem as situações fáticas nas quais se verifica a existência de labor subordinado para o trabalho intelectual, o labor domiciliar, o trabalho externo, bem como o labor daquele que possuiu poderes de mando e gestão, com amplos poderes decisórios, mas que estão submetidos a uma diretriz maior derivada do empregador, tais como gerentes, diretores e outros empregados cujos contratos possuem tipicidade diferenciada, como por exemplo, o advogado, que mantém independência e liberdade na execução de seu labor técnico jurídico.

Assim, a mera inserção no processo produtivo com o empregado sendo tão somente uma ferramenta essencial para o desenvolvimento da atividade central do empregador, ainda que não receba ordens diretas, não se sujeite à fiscalização e controle de jornada, por exemplo, induz à existência plena de uma relação jurídica de emprego.

Portanto, empregados que atuam em atividade meramente externa, sem que haja obrigação de registro de ponto e contato permanente com o superior hierarquico, empregados que laboram em domicílio, dentre outros, não perdem a característica de subordinados, uma vez inseridos no processo produtivo como membros de uma cadeia que tem como escopo final a geração do produto inerente à atividade econômica do empregador.

Essa, portanto, ainda é a forma mais prestigiada de concepção da subordinação, sendo mencionada teoria nitidamente evoluída em relação à chamada subordinação clássica.

Contudo, a doutrina moderna, em sua incessante busca de aprimoramento dos conceitos e concepções acerca das relações jurídicas existentes, especialmente no que tange às relações que permeiam empregados e empregadores, desenvolveu outras formas de pensamento e concepção acerca da subordinação, alargando sua abrangência, tornando-a mais abstrata e, por consequência, mais inclusiva sob a ótica do trabalhador, gerando novos enfoques acerca de tal conceituação.

E vale dizer que, ainda que não se tratem de conceitos predominantes ou plenamente aceitos pela jurisprudência e própria doutrina, apresentam desenvolvimento lógico e fundamentado, adquirindo notado prestígio, ainda que minoritário, de razoável parcela daqueles que pensam e desenvolvem o Direito do Trabalho.

Trata-se aqui do que Maurício Godinho Delgado denomina de subordinação estrutural, na qual inexiste a necessidade estrita de inserção do trabalhador como instrumento de realização do objeto central, principal, finalístico, do empregador, bastando que este realize tarefas vinculadas ao que se denomina como atividades essenciais da empresa, ou seja, aquelas necessárias para que a empresa atinja sua finalidade, ainda que não se tratam especificamente do objeto central do empreendimento, mas de serviços que contribuam para sua realização, podendo se tratar de atividade meio.

Neste prisma, a subordinação se revela como o mero instrumento colaborativo e participativo no processo produtivo, ainda que indireto. Para esta concepção, havendo o beneficiamento pela empresa do labor de determinado trabalhador, ainda que execute atividade não finalística do empreendimento, referida contribuição já seria suficiente para deflagrar o fenômeno da subordinação jurídica, caracterizando, somados os demais elementos, o chamado contrato de emprego.

Referido conceito, por si só, alarga e muito as situações que estariam enquadradas no vínculo de emprego, tendo caráter essencialmente protetivo, na medida em que atrai a obrigação, pelo empregador, de concessão de direitos previstos na legislação trabalhista, não contemplados por aqueles vinculados a outras relações de trabalho (autônomos, eventuais, etc.) e até mesmo empregados de terceiros. E tal conceituação, assim aplicada nas relações jurídicas, gera efeitos conexos flagrantes, como, por exemplo, a notória inibição ao fenômeno (muito criticados por alguns e também muito prestigiado por outros) da chamada terceirização trabalhista, na medida em que mencionada teoria denomina de empregado direto o que outras teorias afastam, uma vez que determinados trabalhadores não estariam direcionando sua força de trabalho para a atividade finalística do empregador/tomador de serviços.

Abordados os conceitos essenciais acerca do elemento central da relação de emprego, qual seja, a subordinação jurídica, há que se concluir, de forma inarredável, que nos casos de existência de labor do advogado como empregado, seja no ambiente empresarial *stricto sensu*, seja no ambiente típico de uma sociedade de advogados, para a qual labora com vínculo fundado nos ditames celetistas, a subordinação decorre como elemento natural em tais relações de emprego, na medida em que o advogado submete todo seu conhecimento técnico e intelectual em prol do desenvolvimento da atividade empresarial.

Por qualquer ângulo que se examine, e aplicando quaisquer das teorias acima descritas, a compatibilidade do exercício da advocacia com a subordinação jurídica típica dos contratos de emprego é flagrante.

Ademais, a mera peculiaridade decorrente da atividade profissional do advogado, que detém um feixe específico de conhecimentos e habilidades, permite sua inserção nos mais diversos setores da estrutura empresarial, podendo estar inserido em qualquer atividade vinculada a uma empresa, qualquer que seja seu ramo de atuação, na medida em que seu vasto conhecimento técnico se insere nos setores administrativo, financeiro, de pessoal, de relações com terceiros (consumidores por exemplo), dentre outros.

Por conseguinte, nota-se que conceitos modernos de subordinação, seja aquela concebida pela teoria objetiva, seja os recentes conceitos do referido elemento fático-jurídico da relação de emprego, como a subordinação estrutural, permitem o exercício pleno da advocacia. Assim, não estará tolhido o advogado em seu poder de atuação, restando preservadas suas capacidades intelectuais e técnicas.

Como já salientado, o empregado subordinado não necessariamente recebe ordens diretas de seu empregador, e também, não necessariamente sofre fiscalização exaustiva, mas tão somente executa suas tarefas em prol da atividade econômica vinculada à empresa.

De tal modo, a tomada de decisões, desenvolvimento de teses e prática de atos específicos, todos vinculados ao aspecto essencialmente jurídico, por óbvio, inerentes à profissão e técnica relativas ao exercício do ofício do advogado, restam nitidamente preservadas, não podendo a subordinação se tornar elemento inibidor de tal prerrogativa do profissional da advocacia.

3 A PLENA COMPATIBILIDADE DAS DISPOSIÇÕES INERENTES AO ESTATUTO DA ADVOCACIA (LEI N.º 8.906/94) E SEU

DERIVADO CÓDIGO DE ÉTICA, COM OS PRECEITOS CELETISTAS ELENCADOS NOS ARTIGOS 2.º E 3.º DA CLT – PRESERVAÇÃO DA LIBERDADE EINDEPENDÊNCIA DO ADVOGADO EM SEU EXERCÍCIO PROFISSIONAL

Como já percebido mediante o que foi discorrido no capítulo anterior, o pleno e perfeito exercício da atividade profissional do advogado, em quaisquer de suas inúmeras áreas de atuação, perante quaisquer tomadores de serviço que sejam, é compatível e absolutamente adequado à formalização de um contrato de emprego.

De tal modo, há que se presumir a possibilidade e viabilidade harmônicas de coexistência e aplicação dos preceitos contidos na CLT, a partir do disposto nos artigos 2.º e 3.º, em especial no que toca ao principal elemento fático jurídico da relação de emprego, qual seja, a subordinação jurídica, com aqueles derivados do Estatuto da Advocacia, com previsão na Lei de n.º 8.906 de 1994, especialmente no que concerne aos seus artigos 31, § 1.º e 33, parágrafo único, além do disposto no Código de Ética e Disciplina da Ordem dos Advogados do Brasil, quanto ao seu artigo 4.º, *caput.*

Portanto, a premissa histórica pertencente à profissão da advocacia, referente a atuação do profissional com plena liberdade, assim como a prerrogativa de independência no que toca a seu pensamento, forma de atuação e desenvolvimento técnico, garantida pelo seu Código de Ética, em hipótese alguma desaparece, ou pode desaparecer, quando se tratar de advogado submetido a contrato de emprego regido pela CLT.

E tal conclusão emerge na medida em que o papel do advogado, historicamente, diz respeito a um ente emissor de relevantes opiniões, dotado de poder gerador de efeitos não somente no que tange aos interesses de seu contratante, mas também perante a sociedade a qual pertence. Vale dizer que o advogado pratica atos típicos que outro profissional não é capaz de fazê-lo, o que o torna profissional de natureza ímpar, merecendo tratamento diferenciado.

Assim, resta garantida sua independência no sentido de decidir, sob o ponto de vista técnico jurídico, bem como praticar atos, inclusive processuais, correspondentes, no que se refere aos interesses de seu empregador.

Deve também ser ressaltado que, de acordo com as teorias vigentes e prestigiadas tanto pela doutrina quanto pela jurisprudência, afastada a subordinação clássica, que não tem vez hoje no universo prático das relações trabalhistas, restam preservados os valores alusivos à liberdade e independência do advogado.

Como já exaustivamente debatido, o empregado não necessariamente recebe ordens do empregador, não se submete à rígidos controles de sua atividade laboral, ou seja, não é fiscalizado da mesma maneira do que ocorre com outros empregados.

E vale dizer que o advogado, dado o grau de complexidade de sua formação, atuação estratégica e grau de importância na estrutura empresarial, sobretudo, pelos efeitos provocados pela sua atuação, não se confunde com o empregado comum.

A subordinação jurídica, que, repisa-se, trata-se do elemento central e característico de um contrato de emprego (e isso também ocorre com o advogado empregado) se dá de maneira mais abstrata, sem rígidos controles, na medida em que deve ser preservado o direito de desenvolvimento pleno da atividade específica, preservando também o poder de tomada de decisões quanto ao aspecto jurídico, que pertence somente ao advogado.

Este, sendo o único detentor do conhecimento técnico específico, que vincula o exercício da advocacia, com o objetivo de garantir a preservação da qualidade de seu trabalho e a consequente geração de efeitos positivos derivados do contrato de emprego com ele firmado, necessita da indispensável garantia da liberdade de ação, bem como independência ampla, seja esta vista sob o aspecto técnico, seja esta vislumbrada sob o ponto de vista meramente intelectual, preservando as concepções propostas pelo profissional, na execução de suas atividades corriqueiras.

O contrato de trabalho do advogado é, por si só, uma modalidade de contrato especial de trabalho. E como tal, não se sujeita exclusivamente aos comandos e requisitos, exatamente na forma contida na CLT, se destoando dos modelos gerais de contrato de emprego, agregando outros elementos oriundos de diversos sistemas normativos.

De tal modo, tendo em vista sua natureza absolutamente peculiar, a este tipo de pacto, bem como também a diversas outras espécies de relações jurídicas de emprego, que possuem natureza *sui generis*, o tratamento a ser confiado deve ser necessariamente diverso. E sua finalidade é a possibilidade harmônica de convivência dos dispositivos contidos da CLT, inclusive no que tange ao poder diretivo do empregador, ao qual o advogado empregado também se submente, mas também em relação aos dispositivos contidos nos regramentos específicos que regem a atividade advocatícia.

Dessa maneira, os preceitos contidos nos artigos 31, § 1.º e 33, parágrafo único, da Lei de n.º 8.906 de 1994 (Estatuto da Advocacia), como também o que dispõe o artigo 4.º do Código de Ética e Disciplina da referida profissão, guardam total compatibilidade com as disposições contidas no artigo 2.º, *caput* e, especialmente, no artigo 3.º, *caput*, ambos da CLT.

Isso porque a independência funcional do advogado é um dever inerente ao exercício de sua profissão, sendo, por conseguinte, um direito a ser exigido perante seu empregador. A intenção do advogado, ao abraçar sua profissão, passa, inarredavelmente, pela obrigação de perpetuar a sua atividade por meio das premissas de independência e liberdade.

Vale dizer que o referido §1.º do artigo 31 reza que o advogado, "no exercício da profissão, deve manter independência em qualquer circunstância". E conjugada a essa norma, o artigo 4.º, *caput*, do Código de Ética e Disciplina, revela que o profissional da advocacia, mesmo que vinculado a uma relação de emprego, nos moldes previstos na Consolidação das Leis do Trabalho, "deve zelar pela sua liberdade e independência".

Portanto, em qualquer hipótese, o advogado submetido a qualquer tipo de relação jurídica contratual para com seu cliente, se revelando este seu empregador ou outra espécie de tomador de serviços, tem o dever profissional de manter-se independente, em nome de sua ética e dos valores inerentes ao exercício dessa notável profissão.

Sendo assim, a empresa, seja ela vinculada a uma atividade econômica qualquer, dentre os inúmeros ramos de atuação empresarial existente no universo capitalista, seja ela atrelada ao exercício específico da advocacia (sociedade de advogados), deve conferir ao profissional contratado pela via celetista, a oportunidade de desenvolvimento amplo e pleno, de sua atividade técnica, obviamente, conjugada com os interesses maiores derivados do objeto central da atividade econômica do empregador.

Deverá o empresário exercer seu poder diretivo ao mesmo tempo que deva permitir ao advogado executar, perante seu empregador, suas tarefas regulares, resguardando sua liberdade de pensamento, consciência, ética e compromisso para com a sociedade.

Consequência lógica se dá pelo imperioso ajuste na prática contratual, no que toca a referidos pactos, permitindo ao advogado o livre exercício da profissão, podendo desenvolver e aplicar suas teses, orientar devidamente seus clientes/empregadores e promover o interesse personalíssimo deste, mediante o desenvolvimento natural da sua atividade.

Por fim, há que se concluir que o dever de independência e liberdade, atributos históricos inerentes ao advogado, decorrentes de sua ideal vinculação democrática, se amoldam ao contrato de emprego, sendo também obrigação do empregador o zelo pelo permissivo legal que confere tais atributos ao advogado.

Pensar de outro modo significaria retirar do advogado sua própria essência, sua característica ímpar, que o difere de outros profissionais, já que a prática da advocacia, seja ela judicial ou extrajudicial, contenciosa ou consultiva, para o empregador ou outro tomador de serviços, decorre, inarredavelmente, do exercício pleno da liberdade, autonomia e independência.

21

A PROIBIÇÃO ÉTICA DE "CONTRATAR HONORÁRIOS ADVOCATÍCIOS AVILTANTES" (ART. 2º, P.U., VIII, "F", DO NOVO CÓDIGO DE ÉTICA PROFISSIONAL DO ADVOGADO) – CONCEITO DE "AVILTAMENTO" E SUA SUBJETIVIDADE – DIFICULDADES DE APLICAÇÃO UNIFORME DO CONCEITO A TODA A CLASSE

Bernardo Bracher
Advogado

1 INTRODUÇÃO

Estão cada vez mais comuns as notícias de advogados que praticam honorários contratuais que não são condizentes com a importância dos serviços prestados e com a dignidade da classe.

Muitos atribuem estas ocorrências à desvalorização da advocacia no Brasil; à crise econômica; ao aumento exponencial do número de advogados recém-ingressos no mercado de trabalho, em razão da expansão do número de faculdades de Direito no país; ao facilitado acesso ao conhecimento jurídico que a população passou a ter através da internet – para elencar apenas algumas das possíveis causas.

A Ordem dos Advogados do Brasil, atenta a este cenário, na ocasião da elaboração do Novo Código de Ética Profissional do Advogado, demonstrou uma grande preocupação com os honorários aviltantes, que estão sendo exercidos com maior frequência e de maneira mais acentuada.

No presente artigo, foram analisados o conceito de aviltamento e as relações existentes entre o inédito tratamento que o Novo Código de Ética concebeu aos honorários advocatícios e o atual momento da profissão - abordando alguns de seus problemas e desafios, além dos aspectos que contribuem para crise valorativa na advocacia. Realizou-se um comparativo entre o contingente de advogados e a população do Brasil, Alemanha, Estados Unidos, França, Japão e Reino Unido, por meio de dados colhidos nas entidades de classe e nos órgãos que fazem o controle populacional destes países.

As ideias abordadas e as informações colhidas, que estão longe de esgotarem o tema, em certa medida podem trazer elementos para que os novos advogados e os de carreira consolidada reflitam sobre o assunto - que afeta a classe como um todo. E essa reflexão é importante para que a proibição de contratar honorários aviltantes não seja apenas uma diretriz inócua em muitas circunstâncias.

2 DO CONCEITO DE ÉTICA

A ética é uma palavra de origem grega (*éthos*), que significa propriedade do caráter, bom costume ou costume superior.

Do ponto de vista filosófico, a ética é responsável por refletir sobre o comportamento humano, na perspectiva de suas motivações, valores, essências, regras e princípios - próprios de qualquer meio social.

As ponderações acerca da ética sempre existiram em todos os tipos de sociedades. Mesmo que de modo rudimentar, desde os primórdios da humanidade, a ética guiou o pensamento e o comportamento do homem com peculiar importância. Neste sentido, a ética sempre objetivou orientar e descobrir soluções para os problemas das relações humanas.

Com a evolução da humanidade a ética sempre se mostrou relevante e estendeu seus domínios para diversas instâncias da sociedade, disciplinando o desenvolvimento da ciência, das relações negociais, da consciência profissional, dentre muitas outras.

Na Grécia antiga, para Sócrates, a ética estava conectada ao conceito do bem e do mal. Já Aristóteles, vislumbrou a ética como atrelada à ideia de virtude. Modernamente, Descartes concebeu a ética como racionalizada por um sujeito pensante, sendo que a razão seria a norteadora ética para o comportamento humano. Segundo Friedrich Hegel, nós, como sujeitos históricos culturais, devemos determinar nossas ações pela harmonia entre vontade subjetiva individual e a vontade objetiva cultural.

Em linhas gerais, ser ético é agir dentro dos modelos de convivência e dos valores estabelecidos pela sociedade. É agir bem. É não proceder em prejuízo do próximo.

Sob o enfoque profissional, a ética é o conjunto de normas que formam a consciência daquele que se dedica a um ofício e representa imperativos de sua conduta. Quem possui ética profissional exerce todas suas atividades laborais, seguindo os princípios determinados por sua classe de trabalho e pela sociedade.

3 DO CÓDIGO DE ÉTICA E DISCIPLINA DA ORDEM DOS ADVOGADOS DO BRASIL E DA PROIBIÇÃO DE CONTRATAR HONORÁRIOS AVILTANTES

As profissões têm seus próprios códigos de ética – sejam escritos ou não – que variam de acordo com as áreas de atuação de cada uma delas. Mas existem alguns princípios da ética profissional que estão presentes em todas as atividades profissionais, como a responsabilidade, honestidade, etc.

O Código de Ética Profissional é, portanto, a reunião de preceitos de conduta, que devem ser adotados pelos profissionais no exercício de seu trabalho. No caso da advocacia de nosso país, o instrumento que orienta as normas de conduta dos profissionais que integram a classe é o Código de Ética e Disciplina da Ordem dos Advogados do Brasil, elaborado pelo Conselho Federal da OAB.

Em 1º de Setembro de 2016 entrou em vigor o Novo Código de Ética e Disciplina da Ordem dos Advogados do Brasil, em substituição do anterior que vigorava desde 1995.

Este código traz disposições que regulam muitos aspectos que envolvem o exercício da advocacia, como os princípios fundamentais da moral individual, social e profissional; as relações com os clientes; as relações com os colegas, agentes políticos, autoridades, servidores públicos e terceiros; a advocacia *pro bono*; o exercício de cargos e funções da OAB e na representação da classe; o sigilo profissional; a publicidade do profissional; os honorários profissionais; o procedimento disciplinar; os órgãos disciplinares; e as corregedorias-gerais.

Dentre os muitos assuntos que sempre foram amplamente debatidos pelos advogados, merece destaque o problema dos honorários advocatícios: como defini-los, quais os critérios a serem adotados, como valorar dignamente o serviço prestado – enumerando apenas alguns dos aspectos mais discutidos deste tema.

No próprio Código de Ética de 1995, já estavam previstas várias regras sobre como deveriam ser definidos os honorários contratuais e, ainda, estava definido que praticar honorários inferiores aos valores mínimos recomendados pelas tabelas de honorários das Seccionais da OAB era aviltante.

O Novo Código adotou a redação semelhante à do anterior em alguns trechos ao disciplinar os honorários, a saber:

> Art. 48. A prestação de serviços profissionais por advogado, individualmente ou integrado em sociedades, será contratada, preferentemente, por escrito.
>
> (...)
>
> § 6º Deverá o advogado observar o valor mínimo da Tabela de Honorários instituída pelo respectivo Conselho Seccional onde for realizado o serviço, inclusive aquele referente às diligências, sob pena de caracterizar-se aviltamento de honorários.
>
> Art. 49. Os honorários profissionais devem ser fixados com moderação, atendidos os elementos seguintes:
>
> I - a relevância, o vulto, a complexidade e a dificuldade das questões versadas;
>
> II - o trabalho e o tempo a ser empregados;
>
> III - a possibilidade de ficar o advogado impedido de intervir em outros casos, ou de se desavir com outros clientes ou terceiros;
>
> IV - o valor da causa, a condição econômica do cliente e o proveito para este resultante do serviço profissional;
>
> V - o caráter da intervenção, conforme se trate de serviço a cliente eventual, frequente ou constante;
>
> VI - o lugar da prestação dos serviços, conforme se trate do domicílio do advogado ou de outro;
>
> VII - a competência do profissional;
>
> VIII - a praxe do foro sobre trabalhos análogos.

No entanto, apesar de o Conselho Federal da OAB praticamente não alterar as disposições ordinárias relativas aos honorários advocatícios, demonstrou um especial cuidado com o tratamento do problema dos honorários ao acrescentar no rol de Princípios Fundamentais da profissão o dever de o advogado se abster de contratar honorários advocatícios em valores aviltantes, *in verbis*:

> Art. 2º O advogado, indispensável à administração da Justiça, é defensor do Estado Democrático de Direito, dos direitos humanos e garantias fundamentais, da cidadania, da moralidade, da Justiça e da paz social, cumprindo-lhe exercer o seu ministério em consonância com a sua elevada função pública e com os valores que lhe são inerentes.
>
> Parágrafo único. São deveres do advogado:
>
> (...)
>
> VIII - abster-se de:
>
> (...)
>
> f) contratar honorários advocatícios em valores aviltantes.

Na prática, esta importante inovação corporifica a tentativa de reforçar a ideia de que a contratação de honorários baixos ou irrisórios, levada a efeito por alguns profissionais da advocacia, é lesiva para a classe como um todo e é repudiada veementemente ao conferir aos honorários advocatícios dignos o *status* de princípio profissional.

Este esforço do Conselho Federal da OAB reflete o contexto atual da profissão, que nunca esteve tão desvalorizada diante da sociedade, tanto do ponto de vista da remuneração quanto do ponto de vista do reconhecimento de sua função social ímpar na pacificação social e na administração da Justiça.

Ao regular os honorários dessa forma criou-se a ideia de definição de um programa para a advocacia, ou melhor, de um programa a ser seguido por cada um dos advogados a fim de que seja restabelecido o valor que esta profissão merece ter – mais condizente com a dignidade e importância da advocacia.

E isto é claro porque a remuneração da própria classe passou a ser tratada no mesmo patamar de questões que guardam relação axiológica com a ética profissional *strito sensu*, tais como, atuar com honra, honestidade, lealdade, destemor, boa-fé, independência, em prol das leis e dos direitos individuais, coletivos e difusos, etc.. Em outras palavras, os honorários que visam os interesses próprios individuais dos advogados e da classe, receberam o mesmo nível de importância que as condutas que os advogados devem ter para com terceiros – os clientes, as partes contrárias e a sociedade.

Houve ainda o acréscimo de uma interessante disposição que estabelece um dever de lealdade, consideração e valorização recíprocas entre os colegas de classe, que apregoa aos advogados que necessitarem dos serviços de outros colegas o dever fazê-lo de modo condigno, sem tratá-los como subalternos e sem aviltar seus honorários, sob pena de intervenção da OAB para corrigir eventual abuso. É o que informa o artigo 29:

> Art. 29. O advogado que se valer do concurso de colegas na prestação de serviços advocatícios, seja em caráter individual, seja no âmbito de sociedade de advogados ou de empresa ou entidade em que trabalhe, dispensar-lhes-á tratamento condigno, que não os torne subalternos seus nem lhes avilte os serviços prestados mediante remuneração incompatível com a natureza do trabalho profissional ou inferior ao mínimo fixado pela Tabela de Honorários que for aplicável. Parágrafo único. Quando o aviltamento de honorários for praticado por empresas ou entidades públicas ou privadas, os advogados responsáveis pelo respectivo departamento ou gerência jurídica serão instados a corrigir o abuso, inclusive intervindo junto aos demais órgãos competentes e com poder de decisão da pessoa jurídica de que se trate, sem prejuízo das providências que a Ordem dos Advogados do Brasil possa adotar com o mesmo objetivo.

Mas, infelizmente, todas estas disposições elencadas acima estão no campo do dever ser e nem sempre serão suficientes para propiciar que os honorários praticados pelos próprios advogados sejam sempre dignos. Este problema é complexo e possui diversas causas e nuances, sendo que algumas delas serão minimamente debatidas ao longo deste artigo.

4 DO CONCEITO DE HONORÁRIOS, AVILTAMENTO E DIGNIDADE PROFISSIONAL

A remuneração dos advogados se dá através do pagamento de honorários, que decorre do latim *honorarius*, que é o prêmio dado a alguém, em razão de uma atitude honrosa, digna, de acordo com o costume existente na Roma Antiga. Daí surge o conceito de remunerar ou recompensar pelo serviço honrado e meritório que fora prestado, através do pagamento de honorários.

A seu turno, aviltamento significa estado ou condição que demonstra alto grau de baixeza; depreciação; diminuição do valor de alguém ou de alguma coisa; desonra; desvalorização; humilhação, vexame.

Unindo o conceito descrito no dicionário com o que consta do Código de Ética da OAB, honorários advocatícios contratuais aviltantes são aqueles cobrados por um advogado para prestar um determinado tipo de serviço, cujo valor é inferior ao considerado aceitável, digno ou estabelecido pelas tabelas dos honorários das Seccionais da OAB.

Todavia, o problema da conceituação de aviltamento de honorários vai muito além do que definem os dicionários, os juristas, o Código de Ética da OAB e o senso comum. O Brasil é um país muito grande; heterogêneo socialmente e economicamente. A classe dos advogados também se mostra bastante heterogenia haja vista a grande diferença observada no valor dos honorários praticados por seus integrantes. É claro, que cada demanda a que o advogado se debruça é única e, por isso, os valores dos honorários variam sensivelmente, mas existem fatores que são particulares de cada advogado, como por exemplo, a capacidade técnica, reputação e o valor que cada advogado reconhece em si mesmo, para a definição dos honorários a serem praticados. Ocorre que alguns dos profissionais, por se valorizarem pouco, têm cobrado honorários contratuais muito baixos, que não são suficientes para remunerarem dignamente o serviço prestado.

O Novo Código de Ética é firme no sentido de que é proibido praticar honorários menores do que os definidos nas tabelas de honorários das Seccionais da OAB, no intuito de conceder alguma base para o controle do mercado e do valor da profissão.

Essa preocupação se justifica de maneira mais acentuada em razão do aumento das frequentes notícias de advogados que afrontam a própria dignidade se sujeitando a prestarem serviços importantes em troca de remuneração irrisória.

Ao diminuírem a dimensão da própria dignidade, se sujeitam, em muitos casos, a cobrarem honorários abaixo do mínimo existencial, que para o Min. Luís Roberto Barroso[1], o mínimo existencial é a reunião de elementos mínimos indispensáveis para a subsistência e para o exercício da liberdade:

> dignidade da pessoa humana expressa um conjunto de valores civilizatórios incorporados ao patrimônio da humanidade. O conteúdo jurídico do princípio vem associado aos direitos fundamentais, envolvendo aspectos dos direitos individuais, políticos e sociais. Seu núcleo material elementar

---

1 BARROSO, Luís Roberto. **Interpretação e aplicação da Constituição: fundamentos de uma dogmática constitucional transformadora.** 5. ed. rev. atual. eampl. São Paulo: Saraiva, 2003, p. 335-336.

> é composto do mínimo existencial, locução que identifica o conjunto de bens e utilidades básicas para a subsistência física e indispensável ao desfrute da própria liberdade. Aquém daquele patamar, ainda quando haja sobrevivência, não há dignidade

Pois bem, a advocacia é um ofício tão meritório e relevante que foi considerado pela Constituição como indispensável para a administração da Justiça, justamente pelo fundamental papel que os advogados exercem na sociedade. Daí, extrai-se a necessidade de se remunerar condignamente os advogados, muito acima do mínimo existencial.

E para que haja remuneração digna aos advogados, a mesma deve constituir o ponto de equilíbrio entre a relevância social do serviço prestado e o sustento do profissional e de sua família. Quando os honorários contratuais são fixados em valores aquém do mínimo existencial para o sustento digno dos advogados contratados, sobrevém a ofensa frontal ao postulado da dignidade da pessoa humana.

5 DA CRISE DA ADVOCACIA

A Constituição é clara ao afirmar que o "o advogado é indispensável à administração da justiça", nos termos do artigo 133.

Seguindo este espírito o Estatuto da Advocacia (artigo 1º da Lei n.º 8.906/94) determina que a postulação a órgão do Poder Judiciário e aos Juizados Especiais é atividade privativa de advogado. Contudo, apesar da imprescindibilidade da atuação de advogado nas demandas judicias reconhecida na Constituição e no Estatuto da Advocacia, a discussão sobre a relativização de seu alcance nos Juizados (artigos 9º e 41, §2º, da Lei n.º 9.099/95) e na Justiça do Trabalho (artigos 791 e 831, da CLT) se consolidou com o julgamento da Ação Direta de Inconstitucionalidade n.º 1.127, que reconheceu como constitucional a capacidade das partes de postularem diretamente em juízo sem o intermédio de advogado.

Isso implica na diminuição da qualidade técnica da defesa dos interesses das partes não assistidas por advogados e na diminuição das ofertas pelos serviços dos advogados.

No final da década passada, com a promulgação da Lei n.º 11.441/07, que alterou o Código de Processo Civil vigente à época, foi inaugurada a possibilidade de se realizar inventários, partilhas e divórcios através de escritura pública e, mais recentemente com o artigo 1.071 do CPC/15, passou a ser admitido o processamento de pedido de reconhecimento da usucapião diretamente perante o cartório do registro de imóveis da comarca em que estiver situado o imóvel.

A resolução extrajudicial destas demandas constitui uma inegável evolução do Direito ao permitir que elas sejam solucionadas mais rapidamente e de maneira simplificada, quando atendidos os requisitos para tanto e quando for do interesse das partes.

Porém, mesmo com a participação obrigatória de advogados quando estas demandas são processadas extrajudicialmente, vê-se que a solução extrajudicial muitas vezes tem implicado na redução expressiva dos honorários cobrados por seus patronos. Isso porque, não é incomum que alguns advogados estabeleçam parcerias com funcionários de cartórios para captarem clientes interessados na solução extrajudicial dessas demandas cobrando honorários reduzidos, com a perspectiva de lucrarem com o volume dos serviços prestados. O problema é que em geral são praticados valores muito aquém dos honorários mínimos definidos nas tabelas da OAB.

Em grau mais acentuado, também há o problema da *massificação* das demandas, em que processos praticamente iguais surgem aos milhares e são administrados, via de regra, por grandes escritórios. Alguns destes escritórios tendem a preocuparem-se mais com a produção quantitativa do que qualitativa, abrindo mão da aplicação da melhor técnica ao não se debruçarem apropriadamente sobre a análise dos feitos e ao utilizarem peças padronizadas, na intenção de atuarem na maior quantidade possível de processos ao menor custo possível. Certo é que as implicações dos *escritórios de massa* no mercado da advocacia são impactantes, pois o que se vê são advogados contratados com salários baixíssimos, muitas vezes com os direitos trabalhistas mínimos violados e com um volume de trabalho repetitivo enorme.

Merecem todo aplauso os gestores dos grandes escritórios de advocacia que auferem lucro com demandas *de massa*, ao administrarem seus negócios muito mais à maneira de uma sociedade empresaria do que de sociedade simples. São setorizados, hierarquizados, compostos por profissionais de diversas outras carreiras, utilizam modernos métodos de gestão, etc.. Porém, o problema está no fato de que alguns destes escritórios contribuem para a desvalorização da advocacia, principalmente os que praticam honorários aviltantes por conta do volume, que sonegam direitos trabalhistas de sua equipe de advogados e que pagam salários incompatíveis com o exercício da advocacia.

Também não é incomum encontrar escritórios menores que remuneram mal os advogados contratados e que sonegam seus direitos trabalhistas.

Em verdade, escritórios com este perfil estão contribuindo sistematicamente para a desvalorização da própria classe, em evidente comportamento autofágico.

Um exemplo claro da tentativa de acentuar este comportamento nefasto para a profissão está na pretensão de alteração do Estatuto da Advocacia, com a criação da figura do *paralegal*, através do Projeto de Lei n.º 5.749/2013, de autoria do Deputado Federal Sérgio Zveiter - que é advogado e herdeiro de um renomado escritório de advocacia carioca.

Este Projeto de Lei visa permitir que bacharéis em Direito que não conseguem ter êxito nos exames da OAB possam exercer as atividades privativas da advocacia em conjunto com advogado e sob a responsabilidade deste, nos moldes do que já ocorre com os estagiários. Grosso modo, o *paralegal* seria um estagiário qualificado, sem limite de prazo para o exercício de suas atividades.

Parece ser uma solução à brasileira para o problema dos bacharéis que não passam no exame da OAB, mas, ao mesmo tempo parecer ser uma solução para reduzir ainda mais os custos do escritórios de advocacia que adotam condutas que desvalorizam a classe, como mencionado acima. Todavia, também parece que o que se pretende com este projeto não resolverá o problema do crescente aviltamento dos honorários advocatícios. Aliás, se este projeto se transformar em lei, poderá significar um grande marco para a redução definitiva dos honorários praticados, pois, pela lógica, a remuneração dos *paralegais* será menor que dos advogados, o que poderá implicar na redução de custos com a folha de pagamento de escritórios e empresas em decorrência da substituição de boa parte dos advogados por *paralegais*. As chances deste cenário catastrófico ocorrer parecem ser maiores ao levar-se em conta a crise econômica vivenciada no Brasil.

Seria lamentável que, sob a justificativa de corte de custos, alguns advogados perdessem seus empregos para os *paralegais*, que não conseguem passar no exame da OAB e que são, em tese, profissionais menos qualificados.

Este corte de custos possivelmente resultará na prática de honorários ainda menores, no desemprego de milhares de advogados e na desvalorização da classe. Se as consequências forem estas só haverá prejuízo para os advogados.

É bem verdade que a quantidade de bacharéis em todas as áreas do conhecimento está crescendo vertiginosamente, especialmente depois do Decreto 2.306/97, que autorizou as instituições de ensino superior privadas a terem finalidade lucrativa. Esta norma gerou um crescimento no número de faculdades sem precedentes na história brasileira[2].

Porém, a expansão do ensino superior não significa melhoria na qualidade da transmissão do conhecimento. A impressão que se tem é que com a ampliação do ensino superior ficou mais fácil para os estudantes ingressarem nas faculdades, visto que a concorrência pelas vagas disponíveis reduziu dado ao aumento da oferta, sendo que existem até mesmo faculdades que admitem alunos sem a qualquer tipo de exame e também há aquelas que são menos exigentes com o desempenho acadêmico de seus discentes para que eles não abandonem seus cursos e continuem pagando as mensalidades. Daí, paradoxalmente, embora tenha havido a difusão do ensino superior, ela se deu de modo qualitativamente pior, o que igualmente ocorre com as faculdades de Direito em todo Brasil.

Ao que tudo indica, algumas faculdades estão menos compromissadas com o ensino e boa parte dos alunos está menos inclinada a aprender. Não é raro deparar com estudantes dos cursos de Direito mais preocupados com o título a ser alcançado do que com a vocação e com as funções sociais desempenhadas pelos operadores do Direito.

O desprestigio da advocacia está tão grande que, proporcionalmente, poucos estudantes de Direito se sentem verdadeiramente atraídos por esta carreira, sendo que um dos fatores para este fenômeno é a remuneração. Muitas vezes os bons bacharéis optam pelas carreiras públicas e descartam a advocacia privada como profissão definitiva - que em alguns casos é exercida temporariamente apenas atender aos requisitos de alguns concursos que exigem a comprovação de experiência prática como operador do Direito.

Segundo a Fundação Getúlio Vargas (FGV), que é a responsável pela organização e aplicação do Exame de Ordem Unificado desde 2010, "entre 1995 e 2013, o número de cursos de graduação em Direito elevou-se de 235 para

---

2 SAMPAIO, Helena. **O setor privado de ensino superior no Brasil: continuidades e transformações.** Revista Ensino Superior Unicamp. Edição nº 4, p. 28-43. out. 2011.

1.149, o equivalente a 51 novos cursos a cada ano."[3] E em "2013, os cursos de graduação em Direito foram responsáveis por um contingente de cerca de 770 mil alunos matriculados, além de terem respondido pela conclusão de 95 mil bacharéis em Direito."[4]

A FGV afirma, ainda, que de 2010 até 2016, em 16 edições do Exame da OAB, "1,91 milhão de inscrições foram contabilizadas - o equivalente a uma média de 119 mil inscritos por edição e 359 mil a cada ano. No referido intervalo de tempo, 639 mil pessoas participaram das provas. Desse contingente, 360 mil examinandos (56%) foram aprovados no Exame de Ordem."[5]

Como ocorrem 3 exames por ano e como os candidatos podem repetir o exame quantas vezes quiserem, mais da metade dos candidatos, isto é, 56% deles consegue ser aprovado. Nas últimas 16 edições do exame foram aprovados 22.500 candidatos por exame, em média, em outras palavras são 67.500 novos advogados por ano[6].

O alto índice de aprovação dos candidatos fez com que a marca histórica de mais de 1 milhão de advogados regulares e recadastrados fosse atingida em dezembro de 2016, de acordo com Conselho Federal da OAB. Não se trata do somatório de todas as inscrições até então ocorridas no Brasil, trata-se do somatório apenas das inscrições ativas, estando excluídas desta contagem as inscrições canceladas.

Em comparação com países como os Estados Unidos, Japão, Alemanha, França e Reino Unido, o Brasil ostenta o primeiro lugar no *ranking* de países com maior número de advogados *per capita*, analisados neste artigo. A diferença entre o número de advogados inscritos no Brasil e nestes outros países é impressionante. Atualmente, no Brasil existe 1 advogado para 206 pessoas, enquanto no Japão existe 1 advogado para 3.485 pessoas, por exemplo.

---

3 FUNDAÇÃO GETÚLIO VARGAS. **Exame de ordem em números**, abril de 2016. Vol 3. Rio de Janeiro: FGV, 2016. p 37.

4 FUNDAÇÃO GETÚLIO VARGAS. **Exame de ordem em números**, abril de 2016. Vol 3. Rio de Janeiro: FGV, 2016. p 39.

5 FUNDAÇÃO GETÚLIO VARGAS. **Exame de ordem em números**, abril de 2016. Vol 3. Rio de Janeiro: FGV, 2016. p 51.

6 FUNDAÇÃO GETÚLIO VARGAS. **Exame de ordem em números**, abril de 2016. Vol 3. Rio de Janeiro: FGV, 2016. p 52.

O comparativo está descrito na tabela abaixo.

País	População	Total de Advogados	Quantidade de Pessoas para Cada Advogado
Estados Unidos	323.995.528[7]	1.315.561[8]	246,28
Brasil	206.700.274[9]	1.002.892[10]	206,10
Japão	126.930.000[11]	36.415[12]	3.485,65
Alemanha	82.175.700[13]	163.690[14]	502,02
França	66.821.000[15]	60.223[16]	1.109,56
Reino Unido	63.182.000[17]	188.263[18]	335,60

7 CENTRAL INTELLIGENCE AGENCY. The world factbook, country comparation, population. Washington, CIA, 2016.

8 AMERICAN BAR ASSOCIATION. National lawyer population survey - historical trend in total national lawyer population 1878 – 2016. Chicago, ABA, 2016.

9 INSTITUTO BRASILEIRO DE GEOGRAFIA E ESTATÍSTICA. Projeção da população do Brasil e das Unidades da Federação. Rio de Janeiro: IBGE, 2016.

10 CONSELHO FEDERAL DA ORDEM DOS ADVOGADOS DO BRASIL. Institucional, quadro de advogados, quantitativo total. Brasília: OAB, 2016.

11 STATISTICS BUREAU, MINISTRY OF INTERNAL AFFAIRS AND COMMUNICATIONS. Monthly report, october 1, 2016 , provisional estimates. Tokyo: SB, 2016.

12 JAPAN FEDERATION OF BAR ASSOCIATIONS. White paper on attorneys 2015. Tokyo: JFBA, 2015.

13 STATISTISCHES BUNDESAMT. Population based on the 2011 Census, 2015. Wiesbaden: DESTATIS, 2015.

14 COUNCIL OF BARS AND LAW SOCIETIES OF EUROPE. CCBE lawyers's statistics 2014. Bruxelles: CCBE, 2014.

15 INSTITUT NATIONAL DE LA STATISTIQUE ET DES ÉTUDES ÉCONOMIQUES. Démographie, population au début du mois, France, inclus mayotte à partir de 2014, octobre 2016. Paris: INSEE, 2016.

16 COUNCIL OF BARS AND LAW SOCIETIES OF EUROPE. CCBE lawyers's statistics 2015. Bruxelles: CCBE, 2015.

17 OFFICE FOR NATIONAL STATISTICS. Statistical bulletin - office for national statistics, 2011 census: population estimates for the United Kingdom, 27 march 2011. London: ONS, 2012.

18 COUNCIL OF BARS AND LAW SOCIETIES OF EUROPE. CCBE lawyers's statistics 2015. Bruxelles: CCBE, 2015.

Ao se fazer um comparativo entre o crescimento do número de advogados inscritos na OAB com o crescimento da população brasileira, nos últimos 10 anos o resultado é igualmente impressionante. Existia 1 advogado para 366,34 pessoas em 2006 no Brasil. Isso porque em junho 2006 a Ordem dos Advogados do Brasil divulgou que haviam 517.173 advogados inscritos e em dezembro de 2016 divulgou que o número de advogados regularmente inscritos era de 1.002.892, o que revela que a quantidade de advogados quase dobrou em 10 anos, aumentando 93,92%. E de acordo com o Instituto Brasileiro de Geografia e Estatística (IBGE), a população brasileira em 2006 era de 189.462.755 pessoas e em 2016 atingiu a marca de 206.700.274 pessoas, alargando 9,09% neste período.

A abundância de novos advogados, que ingressam na profissão todos os anos faz com que, muitos deles, diante das inúmeras dificuldades enfrentadas principalmente no início da carreira se submetam a práticas repudiadas pelo Código de Ética e Disciplina da OAB, dentre as quais, a de cobrar honorários aviltantes a fim de conseguirem angariar alguns clientes, para não morrerem de fome. Há, ainda, aqueles que aceitam trabalhar em escritórios com salários baixíssimos e sem terem suas carteiras de trabalho assinadas, o que muitas vezes sobrevém justamente porque os escritórios praticam honorários aviltantes e repassam a baixa receita que auferem para a remuneração de seus funcionários. Existem, ao mesmo tempo, os escritórios que possuem receitas altíssimas e ainda assim remuneram mal seus advogados porque a média de remuneração no mercado é baixa - aproveitando da circunstância e contribuindo para a desvalorização da própria classe.

Existem inúmeros critérios que usualmente são considerados para definição dos honorários advocatícios. Em geral, as demandas são avaliadas com base na sua importância, na complexidade, na urgência, na extensão do trabalho, no valor financeiro envolvido, no perfil do cliente, no custo fixo do escritório e na reputação do profissional - citando apenas alguns. Está cada vez mais comum aos advogados, em especial os recém-ingressos na carreira, que por sinal atualmente representam uma fatia bastante expressiva da classe, definirem seus honorários pensando na quantia mínima possível para captarem seus clientes e para obterem mais algum fôlego para sobreviverem um pouco mais.

A crescente quantidade de profissionais habilitados para exercer a advocacia tem causado significativas alterações no mercado - que se mostra cada vez mais saturado e com advogados que abrem mão da dignidade para se manterem no mercado a todo custo. O resultado disso é a desvalorização gradativa dos advogados perante a sociedade.

Se quanto maior for a oferta de profissionais menor será o preço do serviço que eles praticam, significa que o valor esta na raridade do que é ofertado. Grosso modo, se a quantidade da população cresce em ritmo menor que a quantidade de advogados, com o passar do tempo fica cada vez mais fácil encontrar um profissional desta área e este para angariar novos contratos tem que desenvolver vantagens competitivas para apresentar a seus clientes em potencial. Essas vantagens competitivas boa parte vezes se resumem ao preço do serviço e, inclusive, na realização de algumas tarefas gratuitas - sendo a consultoria a mais comum delas.

A falta de valorização da classe e a quantidade de advogados no mercado estão tão grandes que é comum ao advogado ser procurado por clientes que já consultaram com muitos outros colegas e que fazem uma espécie de leilão entre os profissionais contatados - quem cobrar honorários mais baratos costuma ser contratado.

O fato é que cada advogado é único e está inserido em contexto social e econômico muito particular. Enquanto uns prosperam, outros precisam sobreviver e, por isso, estes últimos trocam a dignidade pela sobrevivência.

É impossível desconsiderar que importantes modificações aconteceram na maneira de trabalhar do profissional do direito com o advento dos computadores pessoais e da internet. A advocacia artesanal praticamente não existe mais, cujas petições eram escritas uma a uma nas máquinas de escrever. Os processos físicos estão caminhando para a extinção. Doutrina e jurisprudência são facilmente acessadas pela internet. Audiências já são realizadas por videoconferência. Trechos de petições são reutilizados com o emprego das ferramentas *copiar* e *colar*. Intimações para realização de atos processuais são recebidas por e-mail. Enfim, são incontáveis os progressos que a tecnologia trouxe aos advogados.

Mas, a tecnologia fez com que os clientes dos advogados também tivessem acesso facilitado às informações que antes somente os profissionais do direito detinham, com certa "exclusividade". É possível que a internet, que facilita o trabalho dos advogados, também esteja contribuindo em alguma medida para a desvalorização deles próprios porquanto a sociedade passou a acessar o conhecimento jurídico não mais "exclusivamente" por intermédio dos advogados.

E para piorar, não são somente algumas pessoas da sociedade que possuem uma visão ruim dos advogados, existem alguns magistrados e membros do Ministério Público que igualmente têm essa impressão e, daí, tratam determinados advogados com certo desdém, como se integrassem uma classe menor, menos importante, que detém menos conhecimento e que às vezes incomoda. Pode-se citar como exemplos deste desdém as condutas de alguns magistrados que não aceitam receber os advogados para conversarem acerca de um processo ou que fixam honorários de sucumbência baixos e flagrantemente incongruentes com as regras contidas no Código de Processo Civil sobre o tema.

O fato é que, em termos gerais, os advogados têm sofrido demasiadamente com a progressiva desvalorização da profissão, por conta dos fatores abordados neste artigo e por conta de muitos outros, que contribuem, cada uma à sua maneira, para a crise ora vivenciada pelos advogados. É evidente que a desvalorização da classe gera a redução dos honorários advocatícios praticados por muitos de seus integrantes.

Os advogados precisam refletir profundamente acerca do cenário atual e dos sinais que existem de que a situação poderá pior no futuro. Muitos debates devem ser travados e muitas ações precisam ser realizadas, mas, principalmente, deve haver uma mudança na postura de muitos advogados, desde os recém-ingressos na carreira aos renomados profissionais, posto que a crise na advocacia atinge todos os seus membros de alguma maneira.

6 CONCLUSÃO

A preocupação com a prática de honorários que não são condizentes com a dignidade e importância da profissão sempre existiu na classe dos advogados.

Mas, as grandes alterações ocorridas no mercado da advocacia nos últimos anos e as evidências de que está crescendo o número de profissionais praticantes de honorários cujos valores estão abaixo do que determinam as tabelas de honorários das Seccionais da Ordem dos Advogados do Brasil - que são organizadas visando estabelecer quantias mínimas para remunerar dignamente os advogados - fizeram com que a OAB editasse seu Novo Código de Ética e Disciplina.

A OAB dedicou atenção especial ao tratamento do problema dos honorários ao incluir no rol de Princípios Fundamentais da Advocacia o dever de o advogado se abster de contratar honorários em valores aviltantes, na tentativa de reforçar o conceito de que a prática de honorários baixos ou irrisórios afronta imediatamente a dignidade do advogado que assim contrata e mediatamente a dignidade de toda a classe (artigo 2º, parágrafo único, inciso VIII, alínea f). A proibição de utilização de honorários aviltantes ganhou *status* de princípio na clara tentativa de se impedir a desvalorização da advocacia.

Certo é que todos os advogados sabem que devem seguir os imperativos de conduta estabelecidos no Código de Ética, mas apesar do aumento da importância desta vedação no Novo Código de Ética, muitos advogados continuam e irão continuar cobrando honorários aquém do mínimo existencial para o digno sustento de si e de suas famílias. Não basta definir no papel o que é aviltamento de honorários, pois, ao fim e ao cabo, este conceito é subjetivo, visto que o que é aviltante para uma pessoa nem sempre será para outra. Depende do contexto no qual cada uma está inserida e do valor que cada uma atribui a si própria. Ocorre que alguns dos profissionais, por escassez de demandas e por se valorizarem pouco, têm cobrado honorários contratuais muito baixos, que não são suficientes para remunerarem dignamente o serviço prestado. Nestes casos, estes advogados apenas pensam na quantia mínima possível para captarem seus clientes e sobreviverem um pouco mais, por não enxergarem outras alternativas.

Ademais, a letra fria da norma nem sempre é suficiente para combater as causas dos problemas - que são muitos e graves o suficiente para não permitirem sua efetividade plena.

Algumas das causas destes problemas, que foram abordadas neste artigo, são: a possibilidade das partes conduzirem processos judiciais sem o intermédio de seus advogados nos juizados e na Justiça do Trabalho; o estabelecimento de parcerias entre advogados e cartórios para indicação clientes com demandas de inventários, partilhas, divórcios e reconhecimentos de usucapião, praticando honorários aviltantes a fim de lucrarem no volume; os escritórios *de massa*, que sonegam direitos trabalhistas dos advogados que integram suas equipes, que praticam honorários baixíssimos para captarem e manterem clientes que possuem milhares de demandas repetitivas, que prezam pela quantidade em detrimento da qualidade; o aumento das faculdades de direito que no ano de 1.995 somavam 235 cursos e que em 2.013 eram 1.149 instituições; de 2.010 até 2.016, dos 639 mil inscritos no Exame da OAB, 360 mil tiveram êxito, ou seja, 56% deles; em dezembro de 2.016 constatou-se que existia 1 advogado para cada porção de 206 pessoas no Brasil, pois naquele mês constavam 1.002.892 de advogados regularmente inscritos e ativos na OAB, para uma população estimada de 206.700.274 habitantes, sendo que em 2.006 o número de inscritos na OAB era de 517.173, enquanto a população brasileira era de 189.462.755 de pessoas, ou melhor, 1 advogado para cada porção de 366,34 pessoas, o que demonstra o crescimento de 93,92% da classe dos advogados em 10 anos enquanto a população do país aumentou apenas 9,09% neste período; a facilidade de acesso ao conhecimento jurídico pela população por meio da internet, que algumas vezes passou a considerar desnecessário consultar os advogados; a visão negativa que parte da sociedade e de outros operadores do direito possuem dos advogados.

E ainda, a crise pode ser potencializada se o Projeto de Lei que trata da figura do *paralegal* for aprovado e sancionado.

Enfim, são muitas as causas da atual crise da advocacia, sendo que cada uma delas, contribui para a desvalorização dos advogados e, por conseguinte, para a redução dos honorários praticados por muitos deles. Mas, se são os próprios advogados que definem os honorários praticados e que optam pela adoção de posturas que valorizam ou desvalorizam sua profissão, quer dizer que os fatores causadores da crise também são intrínsecos a cada um dos advogados. Não adianta culpar apenas aos fatores extrínsecos como a saturação do mercado, a crise econômica, entre outros.

Embora pareça que a cada dia 11 de agosto existam menos motivos para comemorar, é preciso que todos encarem confiantes os desafios da profissão e se esforcem continuamente para a valorização da classe através da prestação de serviços com maior qualidade, transparência, eficiência e dedicação, bem como com o reconhecimento da importância maiúscula que cada advogado possui, que implica, inclusive, na digna remuneração dos advogados que são contratados por escritórios ou empresas como funcionários ou para prestarem serviços eventuais. Se todos os advogados se valorizarem, a contratação de honorários aviltantes poderá ser definitivamente banida, fazendo com que o Princípio Fundamental da profissão contido no artigo 2º, parágrafo único, inciso VIII, alínea f, do Novo Código de Ética e Disciplina da OAB, deixe ser "utopia" para muitos e se transforme em realidade para todos.

REFERÊNCIAS

AMERICAN BAR ASSOCIATION. **National lawyer population survey - historical trend in total national lawyer population 1878 – 2016**. Chicago: ABA, 2016. Disponível em <http://www.americanbar.org/content/dam/aba/administrative/market_research/total-national-lawyer-population-1878-2016.authcheckdam.pdf> Acesso em outubro 2016.

ANDRADE, Eloi Pinto de. **Honorários advocatícios**. In: FERRAZ, Sérgio; MACHADO, Alberto de Paula (coord.). Ética na advocacia. 2º volume. Brasília: OAB Editora, p. 359-369, 2004.

AZEVEDO, Antônio Junqueira de. **Caracterização jurídica da dignidade da pessoa humana**. Revista dos Tribunais. São Paulo, n. 797, p. 11-26, mar. 2002.

AZEVEDO, Flávio Olímpio de. **Comentários ao estatuto da advocacia: jurisprudência da OAB,** código de ética e disciplina, regulamento da advocacia. 2. ed. rev. amp. Rio de Janeiro: Elsevier, 2010.

BARROSO, Luís Roberto. **Interpretação e aplicação da constituição: fundamentos de uma dogmática constitucional transformadora**. 5. ed. rev. atual. e ampl. São Paulo: Saraiva, 2003.

CENTRAL INTELLIGENCE AGENCY. **The world factbook, country comparation, population**. Washington: CIA, 2016. Disponível em <https://www.cia.gov/library/publications/the-world-factbook/rankorder/2119rank.html> Acesso em outubro 2016.

CONSELHO FEDERAL DA ORDEM DOS ADVOGADOS DO BRASIL. **Institucional, quadro de advogados, quantitativo total**. Brasília: OAB, 2016. Disponível em <http://www.oab.org.br/institucionalconselhofederal/quadro-advogados> Acesso em dezembro 2016.

COUNCIL OF BARS AND LAW SOCIETIES OF EUROPE. **CCBE lawyers's statistics 2014**. Bruxelles: CCBE, 2014. Disponível em <http://www.ccbe.eu/fileadmin/speciality_distribution/public/documents/Statistics/EN_STAT_2014_Number_of_lawyers_in_European_countries.pdf> Acesso em outubro 2016.

COUNCIL OF BARS AND LAW SOCIETIES OF EUROPE. **CCBE lawyers's statistics 2015**. Bruxelles: CCBE, 2015. Disponível em < http://www.ccbe.eu/fileadmin/speciality_distribution/public/documents/Statistics/EN_

STAT_2015_Number_of_lawyers_in_European_countries.pdf > Acesso em outubro 2016.

COTRIM, Gilberto. **Fundamentos de filosofia**. 15ª Ed. São Paulo: Saraiva 2004.

FUNDAÇÃO GETÚLIO VARGAS. **Exame de ordem em números, abril de 2016**. Vol 3. Rio de Janeiro: FGV, 2016. Disponível em <http://fgvprojetos.fgv.br/sites/fgvprojetos.fgv.br/files/oab_3_edicao_v4_web_espelhado.pdf> Acesso em setembro 2016.

HOUAISS, Antônio; VILLAR, Mauro de Sales. Aviltamento. **Dicionário Houaiss da** língua **portuguesa**. Rio de Janeiro: Objetiva, 2001.

INSTITUT NATIONAL DE LA STATISTIQUE ET DES ÉTUDES ÉCONOMIQUES. **Démographie, population au début du mois, France, inclus mayotte à partir de 2014, octobre 2016**. Paris: INSEE, 2016. Disponível em <http://www.insee.fr/fr/bases-de-donnees/bsweb/serie.asp?idbank=001641607> Acesso em outubro 2016.

INSTITUTO BRASILEIRO DE GEOGRAFIA E ESTATÍSTICA. **Projeção da população do Brasil e das unidades da federação**. Rio de Janeiro: IBGE, 2016. Disponível em <http://www.ibge.gov.br/apps/populacao/projecao/> Acesso em outubro 2016.

JAPAN FEDERATION OF BAR ASSOCIATIONS. **White paper on attorneys 2015**. Tokyo: JFBA, 2015. Disponível em <http://www.nichibenren.or.jp/library/en/about/data/WhitePaper2015.pdf> Acesso em outubro 2016.

MONDIN, Battista. **Introdução à Filosofia**: problemas, sistemas, autores, obras. Tradução de J. Renard. São Paulo: Paulus, 1980.

MORAES, Alexandre de. **Direito constitucional**. 13. ed. São Paulo: Atlas, 2003.

OFFICE FOR NATIONAL STATISTICS. **Statistical bulletin - office for national statistics, 2011 census: population estimates for the United Kingdom, 27 march 2011**. London: ONS, 2012. Disponível em <http://webarchive.nationalarchives.gov.uk/20160105160709/http://www.ons.gov.uk/ons/dcp171778_292378.pdf> Acesso em outubro 2016.

SAMPAIO, Helena. O setor privado de ensino superior no Brasil: continuidades e transformações. Revista ensino superior Unicamp. Edição nº 4, p. 28-43. out. 2011. Disponível em <https://www.revistaensinosuperior.gr.unicamp.br/

edicoes/ed04_outubro2011/05_ARTIGO_PRINCIPAL.pdf> Acesso em agosto 2016.

SILVA, José Afonso da. **Curso de direito constitucional positivo**. 20. ed. São Paulo: Malheiros, 2002.

SODRÉ, Ruy Azevedo. **A ética profissional e o estatuto do advogado**. 4. ed. São Paulo: LTr, 1991

STATISTISCHES BUNDESAMT. **Population based on the 2011 census, 2015**. Wiesbaden: DESTATIS, 2015. Disponível em <https://www.destatis.de/EN/FactsFigures/SocietyState/Population/CurrentPopulation/Tables/Census_SexAndCitizenship.html;jsessionid=CC7FD644A1E825B082AA-362062A1EC7C.cae1> Acesso em outubro 2016.

STATISTICS BUREAU, MINISTRY OF INTERNAL AFFAIRS AND COMMUNICATIONS. **Monthly report, october 1, 2016 , provisional estimates**. Tokyo: SB, 2016. Disponível em <http://www.stat.go.jp/english/data/jinsui/tsuki/index.htm> Acesso em outubro 2016.

VALLS, Álvaro L. M. **O que é ética**. São Paulo: Editora Brasiliense, 1994. (Coleção Primeiros Passos, 177).

ZVEITER, Sérgio. **Projeto de Lei n.º 5.749 de 2013**. Altera a Lei nº 8.906, de 4 de julho de 1994, dispondo sobre a criação da figura do paralegal. Disponível em <http://www.camara.gov.br/proposicoesWeb/fichadetramitacao?idProposicao=580518> Acesso em agosto 2016.

22

VALORES PARA A ADVOCACIA – REPENSANDO O PAPEL DO ADVOGADO PARA UM NOVO PACTO SOCIAL

Vinicius Figueiredo Teixeira
Advogado

Foi com muito orgulho que recebi o convite dos meus ilustres colegas Rogério Santiago, Luiz Fernando Valladão Nogueira e Alexandre Figueiredo para escrever este texto, no qual posso compartilhar algumas ideias relativas à ética na advocacia, o que entendo extremamente relevante neste momento, em que a observância dos valores éticos e morais se mostra extremamente necessária para a reconstrução social que o Brasil tanto precisa.

O maior problema que percebo quando trato de ética é que muitos conseguem facilmente apontar comportamentos incorretos de outras pessoas ou grupos, mas têm imensa dificuldade em fazer o mesmo quanto a comportamentos seus. Com efeito, quando praticamos um comportamento que poderia ser classificado como incorreto, nós normalmente temos diversas razões (se são suficientes ou não para justificar o ato, trata-se de questão mais complexa) que nos permitem justificar o ato. Por outro lado, no tocante a comportamentos alheios, é normalmente mais fácil se condenar.

Sem entrar por ora na advocacia, são muitos os exemplos do que dizemos acima que podemos perceber facilmente em nosso dia a dia. Um exemplo sempre citado é o do trânsito. Não se pode dizer que o trânsito é um microcosmo da sociedade, até por força de uma grande parte da sociedade não ter recursos para ter um automóvel[1]. Nem por isso a comparação perde a validade. Como

1 Por força desse fator, da mesma forma como se dá em relação a profissionais que passaram por faculdades, como advogados, ou com os membros do Congresso Nacional ou de assembleias estaduais ou municipais, na média, os motoristas têm maior escolaridade e maior poder aquisitivo em relação à média da população brasileira. Seria de se esperar que

lembra Leandro Karnal, "*não existe país em que o trânsito seja organizado mediante regras e a política seja caótica. Do mesmo modo que não existe país em que o trânsito seja ilegal e a política seja ética. Em todos os países identificados como transparentes, como a Dinamarca e a Suécia, vemos que o trânsito funciona bem*"[2]. De fato, seguindo das palavras do mesmo autor, é notória a incompreensão de que "*a pirâmide ética começa na família e na escola e vai até a República*".

Vejamos o exemplo de alguém que deixa seu carro estacionado numa "fila dupla". Pelo menos nas grandes cidades, é bastante comum a situação de não se poder sair livremente de um lugar onde se estacionou o carro, em virtude de outra pessoa ter deixado seu carro em um lugar que impede a livre circulação de outros automóveis. Estacionar o carro em local proibido, todos hão de concordar, é um comportamento que pode prejudicar outros e, portanto, não pode ser tido como correto. Ao menos em tese. Por outro lado, se alguém tem uma urgência muito grande de entregar ou pegar algo em um lugar onde não consegue estacionar, pode ser que esse comportamento seja justificado. E, em dadas circunstâncias, pode mesmo sê-lo.

Não se vai aqui dizer que todo comportamento incorreto ou inadequado seja antiético, mas entendo pertinente esse exemplo, por traduzir o mesmo potencial dilema que tangencia todos os comportamentos antiéticos: quase sempre, quem os pratica consegue justificar sua ação para si ou para aqueles que lhe sejam próximos. A questão é se essa justificativa é socialmente válida.

É inegável que, em determinadas situações, um comportamento em regra incorreto ou inadequado pode ser perfeitamente aceitável. Um exemplo que é sempre citado é o de um motorista transportando um doente que precisa receber atendimento médico urgente. É intuitivo que esse motorista pode, obviamente com os cuidados devidos, seguir adiante, sem parar, mesmo ante um sinal vermelho num cruzamento. No caso, estamos entre um valor bastante significativo, de se salvar uma vida, e uma regra de menor valor, a de obedecer um sinal que organiza o fluxo dos carros. Num exemplo menos extremo, pode também se mostrar adequado que a pessoa siga sem parar no mesmo sinal vermelho no caso de entender não ser seguro parar, por exemplo, com o

---

isso se refletisse em maiores padrões éticos. Contudo, trata-se de afirmativa que parece não ser verdadeira.

2 Cortella, Mario Sergio et al. – Verdades e Mentiras: Ética e Democracia no Brasil, 1ª ed., Papirus 7 Mares, Campinas, SP, 2016, p. 31/32.

receio de sofrer um assalto, situação razoavelmente comum em horários mais avançados, infelizmente.

Interessa aqui trazer desses exemplos que boa parte dos comportamentos inadequados pode ser justificado e até mesmo aprovado por quem os vê, principalmente se não causar prejuízos à coletividade. Contudo, caso todos - ou muitos - tenham o mesmo comportamento, ou assim ajam cotidianamente, o prejuízo para toda a sociedade será óbvio.

Afinal, pelo menos desde que J. J. Rousseau escreveu seu "o Contrato Social", sabemos que o comportamento de todos deve ser pautado pelo que é exigido de cada um. Assim, se um motorista vê outro desobedecendo o sinal vermelho, não se pode estranhar que o primeiro pense ter o mesmo direito, ou seja, de não ficar parado até que o sinal fique verde. Porém, se todos pensarem - e agirem - dessa forma, teremos, evidentemente, o caos.

Não é raro vermos que algumas ações podem ser adequadas ou corretas se praticadas sob determinadas circunstâncias e não, em condições, digamos, normais. Num exemplo mais relevante socialmente, imaginemos que pessoas extremamente inteligentes, honestas, bem intencionadas e dotadas da "melhor ideologia" fundem um partido político e queiram vencer uma eleição que se avizinhe. Alguém próximo a essas pessoas pode achar que estará fazendo algo justificado se conseguir recursos financeiros abundantes, eventualmente até mesmo de origem ilícita.

O exemplo pode ser mais radical: alguém pode entender seja o caso de se fazer uma revolução, para que essas pessoas tomem o poder. Antes que o leitor pense que comportamentos como estes são sempre antiéticos, devemos esclarecer que quase todas as revoluções foram feitas nesses moldes. Tanto os «Founding Fathers" americanos como os líderes da Revolução Francesa ou da Bolchevique agiram contra as leis então em vigor. Mas foram absolvidos pela história, por libertarem seus povos de uma situação injusta que lhes era então imposta. São momentos históricos extremos, em que medidas drásticas se fizeram necessárias. Não tinham aquelas pessoas a possibilidade de concorrerem em uma eleição, como no exemplo dado no parágrafo acima.

Vemos que um comportamento pode ser ético ou não a depender do contexto. Em um momento de arbitrariedade, em que as garantias individuais e a liberdade são cerceadas, uma postura "transgressora" pode ser mais ética que a de ser obediente às regras estabelecidas. Já em um Estado Democrático de Direito, a ética estará bem mais ligada à observância das regras.

Na feliz definição de Mário Sérgio Cortella, democracia "é a ausência de opressão"[3]. Uma sociedade democrática exige que os cidadãos se vejam como parceiros de um empreendimento coletivo: a forma de organização que impera para todos, ou seja, o Direito que lhes é aplicado. Ou seja, todos os membros de uma sociedade devem se submeter aos mesmos padrões éticos. O fato de uma pessoa ser famosa ou rica ou mesmo, em sentido contrário, extremamente pobre, não vai lhe dar o direito de fugir das regras sociais, seja por "furar uma fila", por cometer um ilícito ou por auferir remuneração superior ao "teto", por exemplo.

Evidentemente, o Direito ganha legitimidade na medida em que se busca assegurar dignidade a todos os membros da sociedade[4]. Nem sempre é o que se vê.

Com efeito, mesmo em um Estado Democrático de Direito, como o brasileiro, não é exatamente incomum vermos textos legais que, a despeito de serem editados com a observância de todos os regimentos, ou seja, formalmente sem qualquer vício, não representam a vontade da população. Ou seja, há uma linha, por vezes tênue, entre a postura ética ser voltada à conformidade com as regras estipuladas ou contrária a elas. O perigo de uma afirmativa como esta é que não pode ser cada livremente um o juiz dessa definição. Se pudesse cada um escolher entre pagar ou não um imposto, num exemplo mais extremo, em uma sociedade como a brasileira atual, fatalmente teríamos a anarquia, a completa ausência de regras. Algo para o qual talvez a humanidade ainda não tenha evoluído.

O advogado, por definição, deve lutar contra injustiças. É quem tem as "armas" para defender aqueles menos privilegiados ou inseridos às margens do sistema. É até mesmo sugerido que, se tiver que escolher entre o Direito e a Justiça, deve escolher o caminho do justo. Ele pode tanto buscar os direitos de seus clientes com base nas leis existentes, como também alegar que as leis – ou a interpretação delas – não encontram amparo na Constituição.

---

3 Cortella, Mario Sergio et al. – Verdades e Mentiras: Ética e Democracia no Brasil, 1ª ed., Papirus 7 Mares, Campinas, SP, 2016, p. 86

4 Não faz parte do escopo deste trabalho uma avaliação sobre políticas públicas ou a forma como estas são implementadas. Contudo, não se pode deixar de fazer uma crítica à forma como essa discussão é feita no Brasil, com um nítido maniqueísmo entre práticas dos diversos grupos políticos, várias vezes colocando o Estado como aquele de quem temos muito a exigir, mas pouco a contribuir.

Como ensina Dworkin, o Direito não se esgota em um catálogo rígido de regras e princípios, sendo imprescindível uma atitude interpretativa e construtiva dos cidadãos. E, principalmente, dos operadores do Direito.

Há vários momentos em que os advogados enfrentam situações em que sua postura ética é colocada à prova. E algumas certamente são tão comuns que, por vezes, passam desapercebidos.

As alterações que vivenciamos nos tempos atuais na profissão influenciam nas questões éticas que são diuturnamente enfrentadas pelos profissionais do meio jurídico. É interessante ver que, há alguns anos, o advogado era normalmente aquele que trabalhava em seu próprio escritório, com poucos auxiliares ou mesmo nenhum. Era a chamada advocacia liberal-clássica. Neste modelo, o trabalho de advogado era quase exclusivamente realizado *a solo* no interior de escritórios, grande parte individuais.

Do advogado, esperava-se que fosse proprietário de todos os meios necessários para efetivar seu *mister* e o exercício no domicílio familiar não só era admitido, como frequente. Conforme mostra Halpérin[5], o exercício isolado da profissão constituía uma regra que, embora em muito casos não fosse formulada, não era contestada. A situação de advogado isolado apresentava-se também como a forma mais comum de ingresso na profissão.

Hoje, pelo menos nas capitais e nas maiores cidades, chega a ser raro um escritório com apenas um ou dois advogados. Com o advento do modelo societário – institucionalizado sob a forma de médias ou grandes sociedades de advogados – o exercício da profissão passou a ser permeado, ao menos em parte significativa, pela lógica da empresa capitalista, em que boa parte dos advogados, principalmente nos primeiros meses de trabalho, aufere a mesma remuneração. Temos também uma relevante quantidade de advogados que trabalham nos setores jurídicos de empresas e no Poder Público.

Essas profundas alterações recentes não são privilégio da advocacia. Para exemplificar, podemos citar que, há algum tempo – na verdade algumas décadas –, era bem comum a figura do médico de família, aquele que tratava de praticamente todos os problemas relacionados à saúde, sendo relativamente raro que se buscasse um especialista. A situação hoje é bem diferente. O clínico geral continua sendo importante, mas os tratamentos que são feitos quando é

---

5 Halpérin, J. L. (dir.) - *Avocats et notaires en Europe. Les professions judiciaires et juridiques dans l'histoire contemporaine*, Paris, Librarie Génerale de Droit et de Jurisprudence., 1996

identificada alguma doença são levados a cabo por oncologistas, cardiologistas, urologistas, etc.

Situação semelhante é vivida pelos advogados. O causídico que acompanha o cliente desde a primeira consulta, que redige a petição inicial e é o único a saber dos detalhes do processo até o trânsito em julgado é uma figura cada vez mais rara. Seja pela evolução tecnológica, pela profusão de novas leis e de novos institutos ou pelo volume de processos (e pela maior dificuldade de que estes tenham fim), cada vez mais os advogados têm necessidade de compartilhar dúvidas e tarefas e de terem pessoas de confiança para atuar em seu auxílio.

Isso não pode significar, por outro lado, que o escopo da atuação do advogado seja diverso. O advogado que passe a representar um cliente, seja num processo, seja em diversos ou mesmo todos os processos judiciais, ou mesmo na área consultiva, tem o dever legal e ético de apontar caminhos, sugerir e implementar estratégias e defender posturas. Se não tiver autonomia para fazer o que lhe é exigido, não pode assumir essa representação.

Convém lembrar que a advocacia tem origem nobre: nasceu pela necessidade moral de defender os fracos e os injustiçados e foi exercida, primordialmente, por homens livres e bons que, desprezando questões unicamente pecuniárias, se norteavam apenas pelo generoso espírito de servir à verdade, ao Direito e à Justiça, os três grandes pilares em que, ainda hoje, assenta a dignidade da profissão. Servir à Justiça foi, desde sempre, a profunda motivação do advogado. Não é digno deste honroso título quem se desvia do caminho traçado pelos primitivos homens do foro, como lembra Arnaut[6].

O advogado tem como função principal defender os interesses de seus clientes. É fato. Mas é fato também que deve exercer sua profissão com independência e autonomia. Seu trabalho é árduo, porque lida com os problemas e dificuldades dos outros membros da sociedade. E a solução nem sempre é fácil. Na verdade, normalmente não é.

A exigência por uma postura ética deve estar sempre presente na vida do advogado. Ser ético não pode significar agir de uma determinada forma apenas em um dado momento. É necessário ser ético sempre, trabalhando numa cidade pequena ou numa grande capital, militando apenas em Juizados Especiais ou em Tribunais, em causas de família ou em que se discutem valores significativos, como único procurador ou como associado em um grande escritório, em quaisquer dessas hipóteses, ou mesmo quando não está trabalhan-

6 Arnaut, Antonio - *Iniciação à Advocacia*, Coimbra, Coimbra Editora; 1996; p. 15.

do, o advogado e a advogada devem sempre ter uma postura ética condizente com sua profissão.

Mesmo quando não está trabalhando, entre amigos ou familiares, o advogado, em comparação com os que exercem outras profissões, tem melhor percepção a respeito de boa parte dos assuntos tratados pela imprensa, como os relativos a julgamentos, projetos de leis e discussões políticas. Além disso, conhece a importância do direito à ampla defesa e ao devido processo legal. Assim, tem total condição de mostrar o equívoco de uma posição que seja dada por quem entenda absurdo, por exemplo, uma pessoa estar em liberdade após ser apontada ou denunciada como autora de um crime, antes de enfrentar o devido processo legal. Ainda que corra o risco de não ser compreendido, não deve ser omisso, evitando que se perpetue a cultura do julgamento sumário, o que traz radicalizações diuturnamente vistas nos nossos dias.

Sabedor que num processo sempre haverá um colega defendendo a parte contrária, tem o advogado o dever de esclarecer seu cliente a respeito das dificuldades que terá para que seja assegurado seu possível direito. Não deve deixar o cliente pensar ser uma questão de (pouco, eventualmente) tempo para que venha a decisão final favorável. A menos que tenha sólidas razões para assim afirmar.

É imperativo ao advogado e à advogada, acima de tudo, estudar profundamente os temas que lhe são apresentados para só depois dar sua opinião. Em meus mais de vinte anos de advocacia, já me surpreendi várias vezes ao estudar a doutrina e a jurisprudência e descobrir que a tese que inicialmente pensei ser a melhor não era, na verdade, a mais adequada. Evidentemente, a jurisprudência pode ser alterada. Contudo, para que isso ocorra, devemos estudar os motivos que levaram ao entendimento inicialmente firmado, para então mostrarmos por quais razões esse entendimento não deve ser considerado o mais adequado. O pior caminho é o de, por desconhecimento ou má estratégia, desprezar a orientação jurisprudencial. A uma, porque a parte contrária muito provavelmente mostrará ao julgador o que você eventualmente escondeu. A duas, porque a chance de o julgador ter conhecimento da jurisprudência está longe de ser desprezível. E, "last but not least", cada advogado tem um nome a zelar. Ou seja, vive de credibilidade. Se for, por exemplo, defender uma tese contrária à jurisprudência firmada, sem esclarecer que assim está agindo, muito provavelmente será visto pelos julgadores como alguém pouco merecedor de respeito. Trata-se também de postura ética que todo advogado deve ter.

Militando com constância em Tribunais Superiores, pude perceber muitas diferenças com a advocacia feita em primeiro grau. A principal decorre de a discussão se dar em relação a teses, não a fatos. Os recursos dirigidos aos Tribunais Superiores, em sua imensa maioria, são bem distintos dos apresentados em face de decisões proferidas em 1º grau. Nas instâncias superiores, salvo erros relativos à não apreciação de fatos ou alegações, o que, na área cível, permite a alegação de violação aos artigos 1022 e 489 do CPC atual (art. 535 do CPC de 1973), não se pode discutir fatos, mas apenas as conclusões jurídicas deles derivadas.

Essa característica já me levou por várias vezes a não ser contratado para atuar em recursos que aportaram nos Tribunais Superiores. Nos casos em que eu, após estudar o recurso, chego à conclusão de ser inviável a tese do possível cliente, prefiro nem mesmo fazer uma proposta. Afinal, entendo ser pouco ético dar a um possível cliente esperanças de que seu recurso pode ser provido, se estou convicto que essa possibilidade é praticamente nenhuma.

Creio ser um pouco exagerado condenar algum colega, sob a pecha de agir de forma antiética, no caso de assumir o patrocínio de um recurso inviável. Mas penso ser extremamente necessário que o advogado exponha claramente ao cliente as dificuldades de seu recurso. Se o cliente, mesmo sabedor da virtual inviabilidade (ou total inviabilidade, em muitos casos), queira contratar alguém para cuidar de seu caso, não há nenhum problema nisso. Contudo, caso o cliente não seja devidamente alertado, o advogado estará, a um só tempo, dando falsas esperanças a alguém e ganhando dinheiro com isso. É o tipo de comportamento que desvaloriza o profissional e a própria classe.

A ética tem que estar intrinsecamente ligada à verdade e à lealdade. No exemplo acima, se o advogado tem conhecimento de que o recurso certamente não terá êxito, o que melhor pode fazer é transmitir essa sua convicção a seu cliente, para que este planeje o que fazer em seguida. O advogado tem autonomia para cuidar do processo, mas é o cliente quem decide como gerir sua vida e seus negócios. Para tanto, se for bem assessorado, poderá tomar suas decisões com maior acerto.

É totalmente incorreto pensar que devemos sempre dar notícias boas aos clientes. Isto porque uma avaliação incorreta sobre o êxito de um processo ou um recurso fará o cliente ficar extremamente insatisfeito ao final, quando, por exemplo, a derrota vier a se confirmar.

Não são poucos os casos em que vejo um advogado justificar para o cliente que uma causa não foi ganha porque o julgador ou os julgadores teriam sido desonestos. Evidentemente, não podemos ser ingênuos a ponto de achar que a desonestidade não existe no mundo jurídico. Volto ao tema mais ao final. Por ora, gostaria de chamar a atenção para a justificativa, poucas vezes acompanhada de um embasamento mais sólido. Ora, se dizemos algo assim para um cliente nosso, estamos contribuindo para disseminar a ideia de que o mundo jurídico é todo corrupto e que ninguém efetivamente luta pela Justiça.

Ora, ou quem diz isso sabe que esse quadro é falso, e está disseminando uma inverdade, ou acha que se trata de uma afirmativa verdadeira. Nas duas hipóteses, está causando um mal profundo. A uma, se um advogado militante dá a seu cliente uma informação como esta, esse cliente, distante da realidade forense, muito provavelmente vai acreditar nela. Com isso, toda a imagem da Justiça e de seus profissionais estará comprometida. E, entre esses profissionais, estarão todos os advogados.

A reflexão que entendo deva ser feita refere-se ao porquê de se trabalhar num meio como o narrado acima, em que a injustiça e a mentira prevaleceriam. Eu só aceitaria militar num setor com essas características se tivesse como objetivo de vida transformá-lo profundamente. E se tivesse meios para tanto. Mas não pretendo ser paladino de nenhuma luta com essa característica. Vejo na imensa maioria dos procuradores e advogados pessoas íntegras, que procuram defender os interesses de seus clientes. Da mesma forma como vejo em quase todos os magistrados pessoas que buscam acertar e fazer Justiça em cada processo. Evidentemente, com os limites inerentes a cada ser humano. Se há uma parte que não age com honestidade, trata-se de situação que deve ser devidamente enfrentada. Mas não creio que se possa falar em um sistema intrinsecamente corrupto ou desonesto. Aliás, pessoas que mostram comportamentos inadequados têm sido punidas. Se não o são com a celeridade e a severidade ideais, trata-se de problema que deve ser ainda enfrentado.

Outra reflexão que entendo pertinente diz respeito a nossas próprias deficiências. Em alguns casos, parece-me que o advogado está tão certo do direito de seu cliente que não se dá ao trabalho de demonstrar esse direito, como se fosse evidente. Há outros casos em que, ao contrário, os advogados escrevem petições tão grandes que, na prática, dificultam o entendimento do que se pretende pelo juiz. Numa época em que a quantidade de processos é enorme, tanto a primeira como a segunda práticas são bastante desaconselháveis e podem gerar, no limite, até mesmo a perda do direito do cliente.

Não se vai aqui dizer que a ação de fazer uma petição muito curta ou extremamente longa configure desvio ético. Contudo, como já dito acima, é imperativo aos advogados estudar, sempre, e buscar prestar um serviço de alta qualidade. Se um advogado está sendo pouco claro em suas peças, eventualmente por problemas como estes, deve procurar se aprimorar. Para tanto, é imprescindível a troca de experiências e informações com outros colegas. O que normalmente é obstaculizado em razão do comportamento muito comum de justificar as derrotas a eventos externos, como alegações de a causa ter sido julgada de forma contrária por força da amizade do juiz com o advogado da parte contrária ou qualquer coisa do tipo.

Voltando à lealdade inerente à ética, temos uma questão interessante, relativa à percepção, bastante comum, de existir num dado processo um elemento - seja um fato desconsiderado, seja uma tese não desenvolvida propriamente - que seja contrário ao cliente e que pode dar ganho de causa à parte contrária. Ora, o advogado foi contratado para defender seu cliente e não seria leal de sua parte fazer algo em seu desfavor. Por outro lado, o advogado não pode mentir e dizer que o elemento não está presente, acaso esse debate seja travado. Num caso como este, o melhor a fazer é deixar claro para o cliente o risco que ele está a correr. Até para que se possa traçar uma nova estratégia, como, por exemplo, a de fazer um acordo.

Há algum tempo, em uma ação indenizatória, conseguimos para um cliente meu uma sentença bastante satisfatória - e correta, devo acrescentar - no tocante ao principal que se discutia nos autos. Contudo, em uma questão acessória, a sentença deu ao meu cliente um item que, se devidamente impugnado perante os tribunais superiores, certamente seria revertido. Conversei bastante a respeito com meu cliente, que disse ter pressa em receber a indenização, bem como que essa parcela acessória seria irrelevante. Com isso, não tive dúvidas ao levar esse ponto aos julgadores do recurso, que foi provido para ser extirpado o item acessório. Isso evitou possivelmente anos de discussão nos tribunais superiores, permitindo a meu cliente receber a indenização em um tempo bem menor.

Sempre entendi que, num processo judicial, tenho a missão de defender o que for melhor para o cliente. Se a tese inicialmente pensada não possibilita a vitória, tenho a obrigação de pensar em alguma tese alternativa que permita o melhor desfecho do caso. Trata-se de uma questão que também é ética. Se o cliente confiou em mim para cuidar de seu processo, tenho que colocar a seu favor todo meu esforço, meu talento e meu conhecimento. Ganhar todos os casos é utopia e, como visto no exemplo do parágrafo acima, há derrotas que têm todo sabor de vitória. Um "combustível" que tenho é o reconhecimento dos clientes pelo trabalho bem feito, o que é extremamente gratificante. Lembro-me bem de uma derrota doída, referente a uma tese em que efetivamente acreditei, contra todas as avaliações que foram feitas, até por colegas de escritório. Ao final, com o resultado desfavorável, estava muito pesaroso ao dar a notícia ao meu cliente, com quem tinha falado algumas vezes naquelas semanas. Para minha surpresa, ele me disse na ocasião que, apesar de o resultado não ter sido o ideal, ele gostou muito do trabalho feito e que os votos favoráveis angariados eram mais do que ele imaginara no primeiro momento. Um imenso alento.

Muitas vezes, nos deparamos com uma tese favorável ao cliente, mas que entendemos não ser correta. Às vezes, sou inquirido se violaria a ética advogar em favor de uma tese assim. Tratando-se de teses, se ela for defensável, a princípio não há nenhum inconveniente. Por exemplo, a respeito de uma discussão processual, certa vez defendi - e perdi - uma determinada discussão. Alguns anos depois, fui procurado por outro cliente que defendia exatamente a tese processual contrária. Até por força da experiência adquirida no primeiro julgamento, não tive nenhum problema em defender esse cliente, tendo sido vitorioso no julgamento. Por maioria e após uma primeira decisão desfavorável, aliás. Ou seja, vitória conquistada com grande dificuldade.

Contudo, em se tratando de uma discussão de direito material, os cuidados devem ser maiores. Não que seja violação ética um advogado defender uma tese contrária a outra defendida tempos atrás. Mas é bom para todos os operadores do direito guardar uma coerência com as posições que manifesta. Como disse acima, advogado depende de sua credibilidade e quanto mais coerência tiver ao longo de sua trajetória, mais será valorizado.

Soluções acordadas são um capítulo especial no que se refere à atuação de advogados. Como procurador da parte, tenho sempre que tentar atingir o melhor resultado possível para o cliente. Mesmo que eventualmente esse resultado seja conflitante com os meus interesses. Por exemplo, imagine-se a situação de um advogado que receba honorários mensais num dado processo, ou seja, vai ganhar mais se o processo se prolongar. Uma contratação nesses moldes nem é desarrazoada, pois efetivamente o prolongamento do processo significa mais trabalho para o advogado, ao menos em tese. Pois bem, se aparece para o cliente a oportunidade de fazer um acordo e dar fim ao processo, o advogado estará violando seu dever ético se colocar-se contra o acordo apenas para receber honorários maiores. Se eventualmente a contratação não foi bem feita, que esse advogado aprenda a lição para fazer contratos mais bem redigidos a partir daí. Da mesma forma, não é ético o advogado ganhar uma remuneração desproporcional com base em cláusulas de difícil compreensão, redigidas pelo próprio advogado. Isso violaria o próprio princípio da boa-fé, tão caro ao sistema jurídico nacional.

Se não deve, por imperativo ético, ganhar além do que foi acertado com seu cliente, o advogado não pode também aceitar honorários em qualquer valor, eventualmente ínfimos. A aceitação de valores inferiores ao mínimo necessário à remuneração de seu trabalho constitui também violação ética. Ao prestar o curso de Direito e ao passar a advogar, a pessoa deve compreender os desafios que deverá enfrentar e o esforço que terá que envidar para suplantá-los. Esse esforço deverá ser devidamente recompensado. Tenho algumas reservas quanto a valores mínimos que sejam tabelados. Afinal, é muito difícil comparar o trabalho de um advogado estabelecido com um recém-formado, isso sem mencionar as diversas realidades sociais presentes nas várias regiões brasileiras. Contudo, se o advogado aceita trabalhar sob uma dada remuneração, seja pelos honorários que vai receber num processo, seja por trabalhar em um escritório ou uma empresa, não pode se dedicar menos que o necessário ou buscar outras formas de ser remunerado. Um exemplo infelizmente comum é o de um advogado trabalhar num escritório, sendo combinada a dedicação integral, e cuidar de processos outros em seu "tempo livre", normalmente sem dar ciência dessa prática aos sócios do escritório. Ora, por mais que possa justificar uma postura como esta para si próprio, ele estará incorrendo em violação ética pelo simples fato de não dar ciência aos sócios. Agir com ética, como vemos, não difere muito de tratar os outros como gostaríamos de ser tratados.

O advogado deve sempre ter em mente que, para conseguir ser mais bem remunerado, deve aprender sempre, estudar bastante e poder oferecer algo melhor a seus clientes. Se um advogado não entende adequados os honorários que contratou, em primeiro lugar, deve se lembrar que não foi forçado a aceitar aquela remuneração. Não pode, por outro lado, por entender ser pequena sua remuneração, deixar de dar a atenção devida ao processo ou ao cliente. Infelizmente, não são raros os casos em que advogados chegam a abandonar processos, justificando essa atitude com a alegação de que os honorários que recebeu seriam pequenos ou ínfimos. Trata-se de justificativa sem nenhum cabimento.

Situação bastante diversa se dá quando, por exemplo, em função da atuação do advogado, o cliente tem um benefício desproporcional ao que paga, numa situação que não poderia ser prevista num primeiro momento. Vale aqui novamente a regra de tratar os outros como gostaríamos de ser tratados, expondo devidamente a questão.

Felizmente, pela minha experiência, é incomum encontrarmos pessoas que deixam de reconhecer um grande benefício que lhe tenha sido gerado por um bom serviço jurídico prestado. E afinal, se seu cliente não lhe tratar condignamente, não tratará corretamente também as outras pessoas com as quais se relaciona. Com isso, as causas que ele lhe trará certamente não serão boas. Ou seja, pode ser mesmo o caso de mudar de cliente.

Como vimos em alguns exemplos, mesmo para atos discutíveis ou certamente incorretos, em regra, seus agentes têm justificativas a apresentar. O advogado, da mesma forma, para cada ato, terá também as suas. O ideal é que possa sempre justificar sua atuação profissional afirmando que acredita nas teses que defende, buscando fazer Justiça, ou seja, "travando a boa luta". Ao defender o que acredita e ao atingir êxito em seu intento, estará abrindo caminho para ser feliz e realizado em sua profissão.

Por seu turno, se estiver lutando em defesa de interesses legítimos de um cliente que mereça ser defendido, mesmo se eventualmente a tese não for a melhor, estará também contribuindo para que se chegue a uma solução justa, não havendo aí nenhum problema ético.

Mas devemos ter cuidado com a estratégia que estabelecemos ou sugerimos para os clientes. Há uns bons anos, quando estava para me graduar, fui saber por um amigo que aconteceu um problema sério com um conhecido dele, que iniciava suas atividades como empresário: um consumidor acabou sofrendo danos corporais significativos quando usava as instalações do empreendimento. Que o empresário teria que arcar com uma indenização, era questão incontroversa. Na época, expus meu conselho de que ele deveria prestar toda assistência, não só por imperativo humanitário, mas até para mostrar sua boa-fé, o que deveria ser sopesado pelo juiz que fosse examinar a causa. Contudo, para minha surpresa, alguns dias depois, esse meu amigo me disse que o procedimento do empresário tinha se dado em sentido contrário, pois fora orientado por seu advogado a não assumir a culpa. Lembro-me de ter pensado na época que essa era a típica advocacia que jamais gostaria de praticar. Anos depois, fui saber que a condenação foi bastante significativa, tendo o magistrado ponderado que a indenização deveria ser "exemplar" exatamente por força da falta de atenção dada à vítima.

Naquela época, poderia até ser uma questão de estratégia aconselhar o cliente a não assumir a culpa. Até pouco tempo atrás, era comum se dizer, não sem alguma razão, que o devedor deveria postergar ao máximo as ações judiciais, pois iria pagar menos ao agir dessa forma. Hoje, a situação é bem diversa. Cito, como exemplo, a questão de que, há algum tempo, era relativamente comum se discutir a incidência de correção monetária em uma dívida, alegação que atualmente soa estapafúrdia. Um outro caso clássico de desprezo à ordem jurídica, muito comum na época em que me formei, era dado pela impossibilidade de terem andamento diversos processos sentenciados, por não se encontrar o réu para ser citado para cumprir a decisão, procedimento hoje felizmente extirpado da legislação.

Ou seja, o mundo está mudando e o mundo jurídico também, sendo necessário que o advogado e a advogada acompanhem essas mudanças, atuando em prol da maior efetividade do processo. Não se justifica mais uma postura como a narrada acima. Veja-se que o novo Código de Processo Civil impõe que "todos os sujeitos do processo devem cooperar entre si para que se obtenha, em tempo razoável, decisão de mérito justa e efetiva" (art. 6º).

O advogado da história acima narrada - que nem sei quem é, aliás - poderia ter justificado seu infeliz conselho das mais diversas formas. Talvez o tenha feito achando que estaria beneficiando seu cliente, o que a história mostrou não ter ocorrido. Certamente não o fez pensando na Justiça ou no que gostaria que fosse feito, se estivesse do outro lado. Espero que este processo tenha lhe servido de lição, para aconselhar melhor seus clientes.

Por outro lado, e aí temos que tratar de ações "menos ortodoxas", de advogados que estejam envolvidos em trocas de favores ou "compra de sentenças". Deve se preocupar muito o advogado que não tenha como justificativa para seus atos nada melhor que um "*trata-se de prática comum, usada por vários colegas*" ou "*o meio não é bom, mas por fim a pretensão parece justa*". Não importa que sua ação seja um simples ato de reter os autos de um processo indevidamente fora de cartório por alguns dias ou algo que aparentemente não gere maiores danos. Não há justificativa para ações como estas. Aliás, com todo o desenvolvimento tecnológico que temos experimentado, a única certeza que deve ter aquele que age dessa forma é que um dia suas ações serão descobertas e que, nesse dia, ela saberá que não valeu a pena.

Por fim, valho-me do conselho lição do mestre Português António Arnaut[7]: "seja *leal com os colegas, sincero com os clientes, colaborante com os magistrados, compreensivo com o adversário, urbano com todos, afinal: a advocacia é um magistério cívico*".

---

7 Arnaut, Antonio - *Iniciação à Advocacia*, Coimbra, Coimbra Editora; 1996; p. 142.

É chegada a hora de a sociedade brasileira se reconstruir em bases efetivamente sólidas e a ética tem tudo a ver com essa reconstrução. Os profissionais do Direito têm a obrigação de participar com afinco desse debate, propondo e buscando soluções. Esta obra é uma contribuição que vem em bom momento. Se você é um advogado e até aqui relevava a ética a uma preocupação menor, chegou o momento de repensar sua conduta. Fica aqui o convite.

23
O PAPEL DO ADVOGADO NA AUTOCOMPOSIÇÃO DOS LITÍGIOS

João Eduardo de Rezende Dutra Junior
Advogado

1 INTRODUÇÃO

A advocacia exerce um papel fundamental na sociedade brasileira, através da representação processual e extraprocessual, de todos aqueles que se envolvem em circunstancias que demandam uma atuação técnica-jurídica, com a finalidade de solucionar litígios.

Uma vez habilitado para o exercício da função, o advogado adquiri a prerrogativa do *ius postulandi*, sendo fundamental e indispensável para o desenvolvimento da atividade jurisdicional, onde profissional detém a capacidade de patrocinar causas em juízos, a fim de defender os interesses dos cidadãos.

No entanto é importante ressaltar que a capacidade postulatória do advogado não pode ser confundida com o estimulo em se promover o litígio, onde devemos diferenciar o "patrocínio de litígios" da "promoção de litígios".

Com isso o Novo Código de Processo Civil trouxe em seu corpo normativo a previsão das praticas de medição e conciliação que deverão ser utilizadas para solucionar os conflitos interpessoais, através da autocomposição, a ser estimulada por todos aqueles responsáveis pela condução do processo, especialmente pelos advogados.

Além dessas alterações abarcadas pelo novo diploma processual civil, os ritos procedimentais também sofreram alterações, no intuito de se estimular a autocomposição a qualquer tempo, proporcionando uma maior celeridade na garantia dos direitos das partes envolvidas em conflitos judiciais, bem como reduzindo o número de demandas que saturam o poder judiciário e prejudicam a efetiva prestação jurisdicional.

Diante destas alterações, o presente artigo busca demonstrar o papel do advogado junto à esta nova modalidade, pontuando, sob uma perspectiva prático-legal, os aspectos positivos e negativos destas praticas inseridas no contexto jurisdicional brasileiro.

2 DA PRERROGATIVA DO *IUS POSTULANDI* E O ESTIMULO À AUTOCOMPOSIÇÃO DOS LITIGIOS

\Quando falamos em capacidade postulatória, ou *ius postulandi*, remetemos a uma prerrogativa que o advogado detém no ato de sua diplomação e inscrição nos quadros da Ordem Dos Advogados do Brasil - OAB, que o habilita para o devido exercício para a representação de pessoas físicas e jurídicas junto aos órgãos jurisdicionais, com a finalidade de solucionar os litígios.

Tal prerrogativa adveio institucionalizada pela Carta Magna, especificamente no artigo 133 da Constituição Federal de 1988, inserido no capítulo *"das funções essenciais à justiça"*, e ratificada pelo artigo 2º da Lei 8.906 de 1994, onde ambas as redações expressam que *"o advogado é indispensável para a administração da justiça"*.

Acentua-se, portanto, que a atuação do advogado possuiu grande relevância para a sociedade, devendo figurar como peça principal na solução dos conflitos, principalmente no que tange ao estimulo da autocomposição, conforme acentuou o novo código de processo civil, impondo, ao advogado e demais condutores do processo, a responsabilidade em promover uma solução do conflito pela via consensual, conforme prescreve o artigo 3º, §3º, do CPC.

Essa máxima adveio expressa, concomitantemente, no Novo Código de Ética e Disciplina da OAB, promulgado em 2015, que, nos mesmos termos do novo diploma processual civil, impôs ao advogado o dever de estimular a autocomposição, através da mediação e conciliação, a qualquer tempo dos conflitos que são instaurados entre as partes, conforme se depreende do artigo º2, §1º, inciso VI deste *codex*.

A legislação supracitada destacou ainda que, além de não estimular o conflito, o advogado deve buscar soluções para resolução dos impasses, evitando, sempre que estiver ao seu alcance, a instauração de litígios, diferenciando, portanto, a condição do profissional de patrocinar litígios ao invés do promover novas demandas.

Denota-se que o Novo Código de Ética da OAB impôs ao advogado uma responsabilidade sob a sua capacidade postulatória, com o intuito de inibir a mercantilização da profissão, bem como a judicialização excessiva que vem saturando o poder judiciário, conferindo ao profissional, inclusive, a garantia de percepção de seus honorários contratuais nas práticas de conciliação, mediação e arbitragem, conforme se depreende do artigo 48, §4º da legislação mencionada.

Diante destes preceitos impostos pela legislação processual e de ética, a função do advogado na resolução dos conflitos sob a forma consensual restou mais enfatizada nos termos das legislações supracitadas, atribuindo ao profissional um dever de atuação na transação dos direitos, a fim de solucionar os impasses de natureza jurídica.

3 DAS ALTERAÇÕES PROCESSUAIS PARA FINS DE AUTOCOMPOSIÇÃO

A nova legislação processual civil trouxe em seu corpo normativo uma condução procedimental com grande ênfase na autocomposição dos litígios, através dos institutos da conciliação e mediação, que ganharam espaço inaugural no artigo 3º, §3º, do diploma legal e previsão extensa no artigo 165 e seguintes do mesmo *codex*.

A inserção destes institutos no Código de Processo Civil impôs para todos aqueles que são responsáveis pela condução processual (juízes, advogados, defensores públicos e membros do Ministério Público) o dever de estimular a autocomposição dos conflitos, independentemente da fase em que a demanda se encontra.

Além disso, o novo diploma processual civil impôs aos Tribunais a criação de centros judiciários para fins de solução consensual de conflitos, que serão destinados para a realização de audiências de conciliação e mediação, conduzida por conciliadores e mediadores investidos para o ato.

Com a inserção destes institutos em seu corpo normativo, a condução processual junto à primeira instância nos tribunais sofreu uma grande alteração, sendo, em especial, a introdução de uma fase preliminar, titulada de "audiência de conciliação", onde as partes litigantes têm a oportunidade prévia de solucionar o conflito através da autocomposição.

Atualmente a parte demandada nas ações de natureza cíveis são citadas para comparecer em audiência de conciliação e mediação (artigo 334 do CPC), com a finalidade de se esgotar todas as possibilidades em se chegar a consenso para a solução imediata do conflito, antes mesmo da contraposição da ação.

Caso não ocorra a autocomposição nesta fase inaugural do feito, inicia-se, naquele ato, o prazo de 15(quinze) dias para que o réu apresente sua defesa, nos moldes do artigo 335 do CPC.

Embora a consumação do ato citatório induza a litispendência, a nova lei processual civil buscar finalizar o litígio antes que a parte demandada responda o pleito inaugural, para que as discussões instauradas não se desdobrem para os patamares de análise de mérito, onde o curso processual pode se desdobrar em períodos que alcancem décadas.

Cumpre salientar que as alterações havidas na fase inaugural das demandadas cíveis possuem grande semelhança com a sistemática processual trabalhista, que prioriza, na fase inicial, um espaço para autocomposição, através da realização da audiência de conciliação.

Assim como determinou a nova redação processual civil, a Consolidação das Leis Trabalhistas – CLT impõe as partes litigantes o comparecimento obrigatório em audiência inaugural, objetivando, em primeiro momento, a conciliação entre as partes (artigo 846 de CLT). A ausência de autocomposição entre as partes resulta no termo inicial para apresentação de defesa da parte contraria, no caso a reclamada, determinando, consequentemente, o fluxo do devido processo legal, pautado pela discussão do mérito em questão.

Destaca-se que em ambos os procedimentos o legislador enfatizou o dever das partes no comparecimento da audiência de conciliação, impondo para aqueles que não comparecerem no ato penalidades que, na esfera cível implica em multa, e na esfera trabalhista enseja no arquivamento dos autos, se a ausência for do reclamante, e aplicação de pena de revelia e confissão, caso a falta seja da parte reclamada.

Outro ponto trazido pela nova legislação processual civil e que se pode estabelecer um paralelo com o processo trabalhista, refere-se a previsão de criação de espaços de negociação para solucionar conflitos, que na seara trabalhista é titulada de Comissão de Conciliação Prévia (artigo 625-A e seguintes da CLT) e no âmbito cível foi instituído como Centro Judiciário de Solução Consensual de Conflitos (artigo 165do CPC).

Apesar de ambos os institutos possuírem o mesmo escopo, a Comissão de Conciliação Prévia tem natureza de órgão privado, sendo que suas decisões, embora tenham força executiva (625-E, parágrafo único da CLT), são de caráter extrajudicial e não público, diferentemente dos Centros Judiciários de Solução Consensual de Conflitos, que são instituídos pelos Tribunais de Justiça de cada Estado.

Instituída pela Lei 9.958 de 2000, atualmente as Comissões de Conciliação Prévia se tornaram uma via extrajudicial pouco explorada no contexto brasileiro, devido à ausência de incentivos públicos e da falta de organização da sociedade civil para buscar resolver conflitos de interesses individuais por vias alternativas ao judiciário.

Outra divergência constata nas Comissões de Conciliação Prévia dos Centros Judiciários de Solução Consensual de Conflitos é a forma em que foi implantado. Neste caso o legislador atribuiu aos Centros Judiciários de Solução Consensual de Conflitos a responsabilidade pela realização das audiências de conciliação doa processos judiciais, implantando, consequentemente, esse instituto dentro do devido processo legal.

Com isso o legislador inseriu os Centros Judiciários de Solução Consensual de Conflitos dentro do âmbito processual, impondo às partes o ônus de serem submetidas à praticas de autocomposição antes de ocorrer a discussão do mérito da questão.

Já no que tange às Comissões de Conciliação Prévia, embora instituídas por legislação própria e inseridas na lei trabalhista, a obrigatoriedade dos litígios serem submetidos previamente ao seu crivo adveio questionada, sob a fundamentação de que suprimia o direito de ação, garantido no artigo 5º, inciso XXXV, da Constituição Federal, elidindo a eficácia prática deste instituto.

4 CONCLUSÃO

Analisando todas as alterações debatidas neste artigo, não restam dúvidas de que a legislação processual civil abarcou em seu corpo normativo práticas de autocomposição, com o intuito de efetivar a prestação jurisdicional, bem como oportunizar a solução de conflitos pela via negocial.

No entanto, cabe frisar que não bastam, apenas, alterações legislativas e criações de centros de conciliação, se não ocorrer políticas públicas que incentivem a população, de modo geral, a buscar a solução consensual das discórdias havidas.

Vale ressaltar que, além das políticas públicas que devem ser desenvolvidas pelo Estado para incentivar a conciliação, mediação e arbitragem, é muito importante que a sociedade cível se organize para solucionar, dentro do seu próprio âmbito, conflitos que se referem a direitos disponíveis, a fim de não onerar a máquina pública, bem como desafogar o judiciário, para que se possam priorizar demandas que necessitam de uma efetiva prestação jurisdicional.

Atualmente as demandas na esfera cível e trabalhista têm se alongado por período superior a 3 (três), fragilizando a satisfação dos provimentos jurisdicionais que, na maioria das vezes, colocam em dúvida a sua eficácia de fato, em detrimento da morosidade.

Com estas ponderações toda reflexão proposta neste trabalho enfatiza o trabalho dos advogados na solução dos conflitos através da autocomposição, com consiste na busca de vias alternativas e extrajudiciais, com o intuito de satisfazer a pretensão das partes envolvidas dissídios individuais.

24

OS SUJEITOS DO PROCESSO NO NOVO CPC – ASPECTOS RELEVANTES LEGAIS E ÉTICOS. NOVO CÓDIGO DE ÉTICA E DISCIPLINA DA OAB

Luiz Fernando Valladão Nogueira
Advogado

1 - A Paz Social e a Primazia do Mérito.

A lide[1] se caracteriza, como é sabido, pela resistência a uma pretensão manifestada por alguém que quer obter o que entende ser-lhe devido. Isso importa dizer que, em virtude da não obtenção do bem de vida almejado, exatamente pela oposição manifestada por aquele que poderia consentir, o prejudicado irá a juízo. Em outras palavras, o insucesso da via consensual o levará a requerer a intervenção do Estado-Juiz.

Pois bem, uma vez instaurada a relação processual válida, fatalmente, como regra geral, o Juízo decidirá sobre a lide específica, definindo se o bem de vida deve ser concedido, ou não, ao demandante.

Ora, a paz social, objetivo maior do Judiciário, recomenda que os conflitos sejam solucionados, e em definitivo. Para que tal objetivo seja alcançado, o interessado deverá, pelo princípio dispositivo, instar o Judiciário por meio da petição inicial. De outro lado, o Juízo haverá de, até mesmo em decorrência do princípio do impulso oficial, conduzir o conflito a uma solução, desatando o mérito da lide.

---

1 "Lide ou litígio é um conflito de interesses qualificado por uma pretensão resistida ou insatisfeita. Esse conflito de interesses verifica-se quando o titular da pretensão, ao tentar obter do outro sujeito da relação jurídica (o obrigado) a prestação devida, encontra resistência ou não logra êxito no seu objetivo. Tal ocorrendo, surge, para o titular da pretensão, o interesse de agir." (MEDINA, Paulo Roberto de Gouvêa Medina. *Teoria Geral do Processo*. Belo Horizonte: Ed. Del Rey, 2012. p. 26).

O ideal é que todo processo alcance uma solução de mérito (princípio da primazia do mérito), pela qual o Juiz deliberará sobre o caso concreto e contribuirá para a construção da paz social. Por falar nisso, o Código Processual de 2015 apregoa que *"as partes têm direito o direito de obter em prazo razoável a solução integral do mérito, incluída a atividade satisfativa"* (art. 4º). Como consequência, as decisões que extinguem o processo sem resolução de mérito (arts. 4º, 6º, 317 e 488 NCPC) devem ser encaradas como exceções, e só devem ser proferidas quando for impossível a correção do defeito que impede a válida formação da relação processual.

Com efeito, considerando que o pronunciamento judicial que deixa de resolver o mérito não impede, a rigor, a repetição da ação (art. 486 NCPC)[2], pode-se dizer que decisão deste naipe, longe de pacificar e contribuir para a construção da paz social, é verdadeira causa de instigação à perpetuação da lide.

Não seria abusado dizer, pois, que o juízo deve ter verdadeira obsessão pela prolação de sentença de mérito, único meio pelo qual, decididamente, estará trazendo uma pacificação.

Aliás, como já assinalado alhures, o novo código processual, em boa hora, inovou e estimulou essa procura pelo mérito.

De fato, por exemplo, o Juiz, doravante, assim como já fazia com relação às nulidades (art. 249 § 2º CPC/73 e art. 282 § 2º NCPC), deverá decidir o mérito de imediato, caso possa fazê-lo em prol daquele que seria beneficiado com a extinção do processo sem resolução de mérito (art. 488 NCPC)[3]. Ou seja, o magistrado ignora o vício processual e, se possível, avança para o mérito, resolvendo a lide de uma vez por todas.

Na mesma toada, o novo Código impôs ao juiz, antes de encerrar o processo sem resolução de mérito, que oportunize à parte a correção do vício, caso isto seja possível (art. 317 NCPC)[4]. O mesmo critério é adotado quando do juízo de admissibilidade recursal (par. único art. 932 NCPC)[5], ou seja, o órgão

---

2 Art. 486. O pronunciamento judicial que não resolve o mérito não obsta a que a parte proponha de novo a ação.

3 Art. 488. Desde que possível, o juiz resolverá o mérito sempre que a decisão for favorável à parte a quem aproveitaria eventual pronunciamento nos termos do art. 485.

4 Art. 317. Antes de proferir decisão sem resolução de mérito, o juiz deverá conceder à parte oportunidade para, se possível, corrigir o vício.

5 Art. 932 - Parágrafo único. Antes de considerar inadmissível o recurso, o relator concederá o prazo de 5 (cinco) dias ao recorrente para que seja sanado vício ou complementada a documentação exigível.

julgador deve, prioritária e obcecadamente, conhecer e examinar o mérito recursal.

E é importante dizer que esta pacificação interessa às partes, ao Estado e à sociedade!

Sim, às partes, porque a decisão de mérito, de um jeito ou de outro, estará resolvendo o conflito. E, ao resolver o conflito, trará um norte a ser seguido pelos que então litigavam, até porque - diz o Código de Processo Civil - a decisão de mérito, depois de passada em julgado, tem *"força de lei"* (art. 503 NCPC).

Ora, numa ação possessória, por exemplo, a definição por decisão de mérito acerca de quem ficará com a posse do bem permite com que as partes se posicionem dali em diante. Aquele que sucumbir se verá na obrigação de respeitar a posse do outro, e poderá, doravante, reposicionar-se sobre seus projetos, inclusive investindo em outra localidade, etc...

A decisão de mérito, no exemplo apresentado, trará, além do dado objetivo de regramento do conflito, uma sensação subjetiva de segurança e paz social, pois os litigantes não se verão mais estimulados a disputar sobre a posse do bem e deverão se comportar em posição de respeito ao que foi deliberado.

Interessa a pacificação, por meio de decisão de mérito, também ao Estado, pois a solução de um conflito pelo Poder Judiciário significará o verdadeiro funcionamento da regra constitucional de divisão dos Poderes (art. 2º CF – *"São Poderes da União, independentes e harmônicos entre si, o Legislativo, o Executivo e o Judiciário"*). Sim, na medida em que o Legislativo estabelece regras abstratas de comportamento, impõe-se ao Judiciário aplicá-las ao caso concreto, sendo que eventual omissão deste poderá causar instabilidade social, exatamente em virtude dos desdobramentos que um permanente estado de beligerância entre as partes pode ocasionar. Ao Estado não interessa a manutenção de instabilidades sociais, em maior ou menor extensão, pois atraem inseguranças jurídicas e conflitos de toda ordem, além de afugentar a instalação de investimentos e riquezas no País.

Em assim sendo, no exemplo aqui trabalhado, é importante ao Estado que a posse seja definida, ou seja, se ficará com o autor ou com o réu, para que se instaure o equilíbrio.

Também interessa à sociedade o atingimento de uma decisão de mérito, porquanto todos precisam que o regramento sobre aquela situação concreta (lide) seja definido. De fato, as pessoas precisam saber como se comportarão em face das partes e do bem de vida disputado, o que só será possível com a definição pelo Judiciário.

A partir do exemplo da ação possessória, pode-se dizer que terceiros precisam saber com quem negociarão o arrendamento ou a compra e venda do imóvel em disputa; os empregados de autor e réu precisam de uma definição, para que possam conjecturar com o tempo em que continuarão laborando; o próprio Poder Público, sob a ótica tributária, quer saber sobre quem fará acontecer o lançamento tributário, etc...

O norte é a paz social, por meio da definição de mérito pelo Estado-Juiz, isto se as partes não alcançarem-na por meio da autocomposição. É que os conflitos podem ser pacificados antes mesmo da decisão de mérito pelo Poder Judiciário, através de uma autocomposição, a qual, inclusive, tem o condão de gerar aceitação pelas partes quanto ao resultado, eis que este é fruto do acertamento implementado por elas próprias.

Exatamente por isso que o novo Código diz que *"o Estado promoverá, sempre que possível, a solução consensual dos conflitos"* (art. 3º § 2º). E mais: *"A conciliação, a mediação e outros métodos de solução consensual de conflitos deverão ser estimulados por juízes, advogados, defensores públicos e membros do Ministério Público, inclusive no curso do processo judicial"* (art. 3º § 3º).

Doravante, aquele que, ao interpretar determinada norma jurídica, assim o fizer com abstração da prioridade dada à efetiva solução da lide, descumpre eixo central - de origem legal e principiológica –, contido no novo código processual. Acaba, em última análise, por ignorar a garantia constitucional que *"assegura a razoável duração do processo"* (art. 5º *inc.* LXXVIII CF).

2 OS SUJEITOS DO PROCESSO. O NOVO CÓDIGO DE PROCESSO CIVIL. PONTUAÇÕES LEGAIS E COMPORTAMENTAIS.

Se é verdade ser a paz social o objetivo a alcançar-se, não menos certo que o processo é o instrumento para tanto. E do processo participam *atores*, denominados pelo diploma processual como *sujeitos*.

O Código de Processo Civil, ao tratar da forma dos atos processuais, refere-se aos praticados pelas partes (arts. 200 a 202 NCPC), pelo juiz (arts. 203 a 205 NCPC), pelo escrivão ou chefe de secretaria (arts. 206 a 211 NCPC).

Demais disso, o Código trata como *"sujeitos do processo"* as partes, os advogados, os terceiros que intervêm no processo, o juiz e os auxiliares da justiça, o Ministério Público, a Advocacia e a Defensoria Públicas (arts. 70 a 187 NCPC).

O magistrado, como representante do Estado-Juiz no equacionamento da lide, é quem dirige o processo. Espera-se, no exercício dessa condução, que ele venha a *"assegurar às partes igualdade de tratamento"* (art. 139 I NCPC), devendo, para tanto, ser imparcial. Essa imparcialidade traz, implicitamente, a ideia de que o magistrado possui atributos que lhe permitam *"cumprir e fazer cumprir, com independência, serenidade e exatidão, as disposições legais e os atos de ofício"* (art. 35 I Lei Complementar 35/79). A quebra da imparcialidade pode gerar suspeição ou impedimento do Juiz (arts. 144 a 148 NCPC), arguições que, uma vez apresentadas, pretendem afastar o magistrado parcial da condução do processo.

O Promotor de Justiça, como integrante do Ministério Público, sabe que deve estar atento "à defesa da ordem *jurídica, do regime democrático e dos interesses sociais e individuais indisponíveis*" (art. 1º da Lei Complementar 8625/93[6]). Se o norte de sua atuação não é proteger interesses particulares disponíveis, deve, mesmo quando autor de ação, ser imparcial na sua conduta[7]. Irá, em certas situações, requerer como parte, mas sem interesse próprio ou em defesa de direitos de terceiros disponíveis[8]. Também aí a imparcialidade,

---

6 No mesmo sentido, o art. 176 NCPC: *"O Ministério Público atuará na defesa da ordem jurídica, do regime democrático e dos interesses e direitos sociais e individuais indisponíveis"*.

7 [...] admite-se a exceção, tendo em vista que o órgão do Ministério Público, atuando como parte ou como fiscal da lei, deve agir com **imparcialidade**. Defende, afinal, interesse que não lhe é próprio ou particular, mas de toda a sociedade, razão pela qual a vinculação de suas atitudes à correta aplicação da lei ao caso concreto é não somente desejável, como exigível. Por isso, a parte interessada pode buscar o afastamento do promotor valendo-se, para tanto, das msmas razões que a lei prevê para o magistrado (art. 258 c/c arts. 252 e 254, CPP). (NUCCI, Guilherme de Souza. Manual de Processo Penal e Execução Penal. Rio de Janeiro: Forense. 2015. Pg. 288).

8 Interessante a reflexão doutrinária, no âmbito do processo penal: [...] ocupa, no processo penal, o Ministério Público a posição de sujeito da relação processual, ao lado do juiz e do acusado, além de ser também parte, pois defende interesse do Estado, que é a efetivação de seu direito de punir o criminoso. Embora, atualmente, **não lhe seja mais possível negar o caráter de parte imparcial** ... **não deixa de estar vinculado ao pólo ativo da demanda**, possuindo pretensões contrapostas, na maior parte das vezes, ao interesse da parte contrária, que é o réu, figurando no pólo passivo. [...] **Sua caracterização como imparcial não tem outra finalidade senão "agregar uma maior credibilidade à tese acusatória** [...]" (NUCCI, Guilherme de Souza. Código de Processo Penal Comentado - São Paulo: Revista dos Tribunais - 11ª Edição – 2012 - pg. 582).

se quebrada, ensejará a arguição de suspeição ou impedimento, na forma do art. 148 I NCPC.

O Advogado representa a parte em juízo (art. 103 NCPC)[9], devendo, para tanto, estar inscrito regularmente na Ordem dos Advogados do Brasil. Por representar aquele que está em conflito, o Advogado, no processo judicial, *"contribui, na postulação de decisão favorável ao seu constituinte, ao convencimento do julgador"* (art. 2º § 2º Lei 8906/94). Então, ele é parcial! Essa parcialidade faz com que o Advogado leve suas argumentações fáticas e jurídicas ao processo, sendo que encontrarão resistência em outras apresentadas pelo colega adversário, tudo isso para que o Juiz, a partir do choque de proposições, possa fazer escolhas e equacionar a lide. Não é por serem parciais que os Advogados estão isentos de formular pretensões com fundamentação lógica e de cumprir as decisões e não embaraçá-las (art. 77 e *incisos* NCPC[10]). Eles respondem pelos abusos, não perante os Juízes que conduzem os processos em que atuam (§ 6º art. 77 NCPC[11]), mas sim no âmbito da OAB e/ou corregedorias, estas últimas para infrações praticadas por Advogados Públicos.

As partes é que vão a juízo, representadas pelos Advogados, defender seus interesses. São, obviamente, parciais. Mas se sujeitam aos deveres de lealdade e

---

9 Art. 103. *A parte será representada em juízo por advogado regularmente inscrito na Ordem dos Advogados do Brasil.*

Parágrafo único. É lícito à parte postular em causa própria quando tiver habilitação legal.

10 Art. 77. Além de outros previstos neste Código, são deveres das partes, de seus procuradores e de todos aqueles que de qualquer forma participem do processo:

I - expor os fatos em juízo conforme a verdade;

II - não formular pretensão ou de apresentar defesa quando cientes de que são destituídas de fundamento;

III - não produzir provas e não praticar atos inúteis ou desnecessários à declaração ou à defesa do direito;

IV - cumprir com exatidão as decisões jurisdicionais, de natureza provisória ou final, e não criar embaraços à sua efetivação;

V - declinar, no primeiro momento que lhes couber falar nos autos, o endereço residencial ou profissional onde receberão intimações, atualizando essa informação sempre que ocorrer qualquer modificação temporária ou definitiva;

VI - não praticar inovação ilegal no estado de fato de bem ou direito litigioso.

11 § 6º Aos advogados públicos ou privados e aos membros da Defensoria Pública e do Ministério Público não se aplica o disposto nos §§ 2º a 5º, devendo eventual responsabilidade disciplinar ser apurada pelo respectivo órgão de classe ou corregedoria, ao qual o juiz oficiará.

cooperação, sob pena, nos casos de manifestação desses abusos, de responderem com multas e mesmo sanções penais, *ex vi* dos arts. 77 e 80 NCPC.

Ao que se vê, os sujeitos de um processo judicial têm características próprias, estando cada um deles atento às finalidades de sua atuação no litígio submetido ao Poder Judiciário.

Dessa forma, o Advogado será ético, mas parcial, assim levando ao processo versões fáticas e proposições jurídicas que interessarem ao cliente; o Promotor de Justiça vigiará os interesses que justificaram sua intervenção no processo, como é o caso de conflitos que envolvam menores ou incapazes; o Juiz observará a imparcialidade, devendo analisar de forma equidistante todas as versões para proferir a decisão; as partes - aquelas que manifestam seus pleitos à Justiça - depositam todas as suas esperanças no processo, até porque foram incapazes de resolver amigavelmente o conflito.

Porém, não é surpresa para ninguém a existência de Advogados que estimulam os conflitos. Da mesma forma, há casos em que os Promotores de Justiça ignoram suas responsabilidades e deixam de defender o interesse público, apegando-se a objetivos menos nobres. Existem Juízes que, por simpatia com a parte ou com o Advogado, proferem decisões ou conduzem o processo de maneira parcial. E há partes que, além de incapazes de resolver extrajudicialmente a querela, vão a juízo apenas por espírito de vingança ou provocação. Tais situações são exceções, mas existem.

À vista disso, o novo Código de Processo Civil (lei 13.105/15), ao menos no plano teórico e abstrato, contribui para o aperfeiçoamento ético dos sujeitos no processo judicial. A começar pela adoção expressa de princípios como o da boa-fé processual[12], do que impõe isonomia entre as partes[13] e o de cooperação entre os sujeitos do processo[14], dentre outros tantos.

Perpassando os limites principiológicos, o novo Código tratou de exigir que o juiz se aproxime das partes e dos advogados para que apure e esclareça, sem armadilhas, quais fatos serão trazidos ao campo probatório e, da mesma forma, quais fundamentos jurídicos serão reputados como relevantes para a

12 Art. 5º Aquele que de qualquer forma participa do processo deve comportar-se de acordo com a boa-fé.

13 Art. 7º É assegurada às partes paridade de tratamento em relação ao exercício de direitos e faculdades processuais, aos meios de defesa, aos ônus, aos deveres e à aplicação de sanções processuais, competindo ao juiz zelar pelo efetivo contraditório

14 Art. 6º Todos os sujeitos do processo devem cooperar entre si para que se obtenha, em tempo razoável, decisão de mérito justa e efetiva.

decisão. Tudo claro e sem surpresas, até mesmo porque o Código exige que as decisões sejam efetivamente fundamentadas, sem a aplicação de manifestações padronizadas e que sirvam para qualquer caso[15]. Com efeito, ao tratar do saneamento do processo, diz o novo Código, em seu artigo 357 § 3º, que, "*se a causa apresentar complexidade em matéria de fato ou de direito, deverá o juiz designar audiência para que o saneamento seja feito em cooperação com as partes, oportunidade em que o juiz, se for o caso, convidará as partes a integrar ou esclarecer suas alegações*".

As relações entre os sujeitos do processo - ou seja, seres humanos comunicativos - criam amizades, simpatias e antipatias. Porém, o código traçou limites objetivos e subjetivos quando encarou tais relações em face do processo judicial. Nessa linha de raciocínio, o juiz será literalmente impedido de julgar o processo em que figure como parte o cliente do escritório de advocacia de seu cônjuge, companheiro ou parente de até terceiro grau, mesmo que naquele caso específico esteja representado por outro advogado do escritório. Em tempos de maior cobrança ética, é providencial a nova regra. Sim, estará impedido o juiz de funcionar no processo, em que "*figure como parte cliente do escritório de advocacia de seu cônjuge, companheiro ou parente, consanguíneo ou afim, em linha reta ou colateral, até o terceiro grau, inclusive, mesmo que patrocinado por advogado de outro escritório*" (Art. 144 *inc.* VIII NCPC).

Por sua vez, o Perito a ser nomeado - será observado o critério da equitatividade pelo Juiz - não precisará ter em seu currículo uma filiação ilustre, de-

---

15 Art. 489 § 1º Não se considera fundamentada qualquer decisão judicial, seja ela interlocutória, sentença ou acórdão, que:

I - se limitar à indicação, à reprodução ou à paráfrase de ato normativo, sem explicar sua relação com a causa ou a questão decidida;

II - empregar conceitos jurídicos indeterminados, sem explicar o motivo concreto de sua incidência no caso;

III - invocar motivos que se prestariam a justificar qualquer outra decisão;

IV - não enfrentar todos os argumentos deduzidos no processo capazes de, em tese, infirmar a conclusão adotada pelo julgador;

V - se limitar a invocar precedente ou enunciado de súmula, sem identificar seus fundamentos determinantes nem demonstrar que o caso sob julgamento se ajusta àqueles fundamentos;

VI - deixar de seguir enunciado de súmula, jurisprudência ou precedente invocado pela parte, sem demonstrar a existência de distinção no caso em julgamento ou a superação do entendimento.

vendo apenas estar legalmente habilitado e constar no cadastro público (arts. 156 e §s e 157 §2º NCPC[16] - conferir Resolução CNJ 233/2016).

Já os Advogados terão que trabalhar não pela protelação do processo, mas pela conciliação – agora, com o auxílio da chamada mediação. Ou seja, as alentadas *preliminares* trabalhadas pelos Advogados não terão o condão mais de provocar o efeito de atrasar o processo ou a solução da lide. O profissional da Advocacia deve preferir, até por visão prática, intensificar sua atuação técnica com foco nas alegações de mérito.

Com efeito, o legislador repugna o louvor às formalidades e às nulidades desnecessárias. Eis o porquê da adoção do chamado "princípio da primazia do mérito", segundo o qual se deve aproveitar ao máximo os atos já praticados. Aliás, isso faz todo sentido, pois a paz social não se obtém apenas com a conciliação, mas com a definição do juízo sobre o mérito em discussão.

A eternização dos conflitos judiciais – sobretudo com os desnecessários debates sobre solenidades e formas – traz insegurança aos litigantes e àqueles que estão ao seu redor, além de acarretar perda de credibilidade do Estado-Juiz.

---

16 Art. 156. O juiz será assistido por perito quando a prova do fato depender de conhecimento técnico ou científico.

§ 1º Os peritos serão nomeados entre os profissionais legalmente habilitados e os órgãos técnicos ou científicos devidamente inscritos em cadastro mantido pelo tribunal ao qual o juiz está vinculado.

§ 2º Para formação do cadastro, os tribunais devem realizar consulta pública, por meio de divulgação na rede mundial de computadores ou em jornais de grande circulação, além de consulta direta a universidades, a conselhos de classe, ao Ministério Público, à Defensoria Pública e à Ordem dos Advogados do Brasil, para a indicação de profissionais ou de órgãos técnicos interessados.

§ 3º Os tribunais realizarão avaliações e reavaliações periódicas para manutenção do cadastro, considerando a formação profissional, a atualização do conhecimento e a experiência dos peritos interessados.

§ 4º Para verificação de eventual impedimento ou motivo de suspeição, nos termos dos arts. 148 e 467, o órgão técnico ou científico nomeado para realização da perícia informará ao juiz os nomes e os dados de qualificação dos profissionais que participarão da atividade.

§ 5º Na localidade onde não houver inscrito no cadastro disponibilizado pelo tribunal, a nomeação do perito é de livre escolha pelo juiz e deverá recair sobre profissional ou órgão técnico ou científico comprovadamente detentor do conhecimento necessário à realização da perícia.

Art. 157 § 2º - Será organizada lista de peritos na vara ou na secretaria, com disponibilização dos documentos exigidos para habilitação à consulta de interessados, para que a nomeação seja distribuída de modo equitativo, observadas a capacidade técnica e a área de conhecimento.

De outro lado, deve-se insistir com a assertiva de que o diálogo entre os sujeitos do processo é ponto forte no novo Código.

A propósito, o Advogado terá que se comunicar mais com os clientes. Por exemplo, mesmo as intimações para o cumprimento de obrigações pessoais de fazer ou não fazer - sob pena de multa - ocorrerão na pessoa do profissional da Advocacia. Com efeito, o art. 513 § 2º NCPC trata, de forma genérica, acerca do cumprimento de sentença, tendo consignado que, *a priori*, a comunicação ao devedor será por intimação, pelo Diário da Justiça, <u>na pessoa do seu advogado constituído nos autos (*inc.* I)</u>. A partir daí, se não cumprida a obrigação, já incidirá a multa eventualmente fixada pelo Juiz (art. 537 § 4º NCPC). Aquela disposição legal genérica (intimação destinada ao Advogado) aplica-se ao cumprimento de obrigação de fazer e não fazer, eis que não foi erigida qualquer exceção nos artigos específicos (arts. 536 e 537 NCPC). O resultado prático disso, além de celeridade e efetividade processuais, é a superação da súmula 410 STJ[17] e a exigência de efetiva e documentada comunicação entre Advogado e cliente.

Aliás, o advogado será responsável por comunicar às testemunhas de seu cliente sobre a necessidade de comparecimento à audiência. Sim, a regra geral, doravante, é a de que *"cabe ao <u>advogado</u> da parte informar ou intimar a testemunha por ele arrolada do dia, da hora e do local da audiência designada, dispensando-se a intimação do juízo"* (art. 455 NCPC).

Tudo está a revelar que o legislador quer um processo mais dinâmico e que se mova pelo paradigma da confiança, mesmo que haja um latente conflito entre os litigantes. Os sujeitos do processo deverão mostrar-se *confiáveis*, a fim de que os atos processuais transmitam segurança.

Não por outra razão, que o art. 6º do novo Código Processual, quase poeticamente, estabeleceu *que "todos os sujeitos do processo devem cooperar entre si para que se obtenha, em tempo razoável, decisão de mérito justa e efetiva"*. Mais adiante, de forma mais pragmática, o legislador adverte que o Juiz, o Advogado Público, o Promotor de Justiça e o Defensor Público responderão civilmente quando, no exercício de suas funções, agirem com dolo ou fraude (arts. 143, 181, 184 e 187 NCPC).

---

17 **Súmula 410/STJ: "A prévia intimação pessoal do devedor constitui condição necessária para a cobrança de multa pelo descumprimento de obrigação de fazer ou não fazer".**

Demais disso, o art. 235[18] estabelece a imposição de sanções administrativas ao juiz que extrapolar os prazos, sendo que, se a inércia for mantida, os autos do processo serão remetidos ao seu substituto legal para que, em última análise, os jurisdicionados não fiquem com os prejuízos. Em outras palavras, o magistrado deve estar com o seu serviço *em dia*, até para que não sobrecarregue, injustamente, o seu colega (*"o substituto legal"*).

Enfim, os sujeitos do processo serão cobrados, para que suas atuações tenham em mira o rápido atingimento do mérito pelo Judiciário.

3 O ENFOQUE DADO PELO NOVO CÓDIGO DE ÉTICA DA OAB.

No tocante à Advocacia - principal razão da produção do presente trabalho coletivo -, cabe inserir, no contexto normativo aqui já estudado, o novo Código de Ética da OAB.

Aqui foi dito ser o diálogo, assim como a busca pela paz social, pontos relevantes do processo.

Quanto à paz social, reafirme-se que o novo código processual impõe ao Advogado desapego às querelas meramente formais e que podem procrastinar a solução do litígio. Isso porque – repita-se – enquanto não houver decisão de mérito, persistirá o conflito e distanciar-se-á a paz. E – volta-se a dizer – todos os sujeitos do processo deverão estar comprometidos com a paz social.

---

18 Art. 235. Qualquer parte, o Ministério Público ou a Defensoria Pública poderá representar ao corregedor do tribunal ou ao Conselho Nacional de Justiça contra juiz ou relator que injustificadamente exceder os prazos previstos em lei, regulamento ou regimento interno.

§ 1º Distribuída a representação ao órgão competente e ouvido previamente o juiz, não sendo caso de arquivamento liminar, será instaurado procedimento para apuração da responsabilidade, com intimação do representado por meio eletrônico para, querendo, apresentar justificativa no prazo de 15 (quinze) dias.

§ 2º Sem prejuízo das sanções administrativas cabíveis, em até 48 (quarenta e oito) horas após a apresentação ou não da justificativa de que trata o § 1º, se for o caso, o corregedor do tribunal ou o relator no Conselho Nacional de Justiça determinará a intimação do representado por meio eletrônico para que, em 10 (dez) dias, pratique o ato.

§ 3º Mantida a inércia, os autos serão remetidos ao substituto legal do juiz ou do relator contra o qual se representou para decisão em 10 (dez) dias.

Demais disso, o Advogado deve ser, independente da estratégia processual, sempre, um pacificador. Por isso mesmo o Código de Ética em apreço dispõe que o Advogado deve *"estimular, a qualquer tempo, a conciliação e a mediação entre os litigantes, prevenindo, sempre que possível, a instauração de litígios"* (art. 2º par. único inc. VI).

Esse espírito conciliatório exige do profissional da Advocacia um exercício permanente de separação da sua atuação em face dos problemas vividos pelo cliente.

A solução consensual de determinado conflito é motivo de aplausos ao Advogado, pois, se alcançada efetivamente, significará verdadeiro êxito do profissional. Em situações tais, ele terá ajudado na obtenção da referida solução, e esta consensualidade permitirá, de forma rápida e menos traumática para o próprio cliente, a implementação da paz. Mas o Advogado só terá atuação positiva na busca do consenso, caso consiga, valendo-se daquela separação aqui afirmada, mostrar ao cliente que o término do conflito supera mágoas e alguns prejuízos. É preciso nesse mister que o Advogado seja – sem perder o vínculo da fidúcia com o cliente – efetivamente equilibrado e sensato.

O diálogo, notadamente com o cliente, é, agora, uma exigência, até de índole prática e ética. Sim, com tantas responsabilidades trazidas pelo novo Código Processual – algumas delas exemplificadas alhures – passa a ser, quando nada precavido, o Advogado quc sc comunica, cada vez mais, com o cliente.

Ora, a responsabilização, inclusive a título indenizatório, passa a ser um risco do Advogado que, por exemplo, esquece-se de avisar às testemunhas sobre a audiência ou de comunicar ao cliente que ele deve cumprir uma obrigação imposta pelo Juiz, sob pena de multa diária. E a precaução avança no sentido de que é conveniente que o Advogado faça tudo por escrito, tomando ciência do cliente sobre suas comunicações. Assim, ele evitará situações indesejadas em que, a despeito de ter se comunicado verbalmente, depara-se com cliente de má-fé, o qual se vale de falta de prova documental acerca da comunicação para obter vantagem indevida.

Aliás, se o Advogado percebe ser o cliente não merecedor de confiança, o melhor a fazer é seguir o *roteiro* abaixo, disciplinado pelo art. 10 do Código de Ética:

> Art. 10. As relações entre advogado e cliente baseiam-se na confiança recíproca. Sentindo o advogado que essa confiança lhe falta, é recomendável que externe ao cliente sua impressão e, não se dissipando as dúvidas existentes, promova, em seguida, o substabelecimento do mandato ou a ele renuncie.

A modernidade e a rapidez trazida pelas comunicações virtuais são extremamente positivas. Porém, ninguém mais experiente que o Advogado para saber que os registros acerca do que foi feito e combinado, no curso da relação profissional, são garantidores e podem vaciná-lo contra a maledicência humana.

4 NOVOS REGRAMENTOS EXIGEM NOVOS HÁBITOS. CONCLUSÃO.

Ao final de uma leitura de tantas regras e princípios, fica a impressão de que ingressamos em novos e valiosos tempos. Entretanto, a pergunta que fica é: teremos mesmo justiça célere, ética, isenta e de qualidade?

Penso que, se quisermos - todos nós, os sujeitos do processo - alcançar esse referencial, o caminho estará na mudança de mentalidade. Se os impulsos e sanções previstos no Código não se alinharem a uma mudança de valores, o resultado positivo será meramente ilusório.

Ora, de nada adianta a decantada primazia do mérito se aqueles que atuarão tecnicamente nos processos não se qualificarem. Já que os sujeitos do processo terão que dialogar abertamente, é preciso que tenham conteúdo. Daí já surge três medidas urgentes: diminuição do número de faculdades de Direito desqualificadas e mercantilizadas; melhora na qualidade do exame da OAB; imposição de obrigatória qualificação permanente aos que exercem cargos públicos nas carreiras jurídicas.

De nada adianta, também, a provocação legal à conciliação se os Advogados não compreenderem que devem estar sempre equilibrados e em busca da paz social. A parcialidade do Advogado pode sim fazê-lo aguerrido, mas nunca levá-lo a perder o foco. As manifestações processuais, conforme for o estilo adotado, podem estimular ou inviabilizar eventual e futuro acordo entre as partes. Nessa toada é de dizer-se que, por mais beligerante que seja a situação, as peças produzidas no curso do processo devem refletir o estilo parcimonioso, marca indispensável mesmo do Advogado ético!

Em igual sentido, é inviável a tentativa de conciliação se Juízes ou Promotores lançarem manifestações agressivas nos autos em detrimento de algum dos litigantes ou de seus patronos. Aliás, a caneta das referidas autoridades pode até ser pesada, mas deve ser técnica e sempre atenta ao princípio da dignidade humana.

O avanço passa também pela mudança de postura das próprias partes. Sim, o litigante deve ir à Justiça para pedir o razoável, mas nunca o absurdo. Também não deve buscar a vitória a qualquer preço, pois o que mais se precisa no País, no momento atual, é de resultados pacificadores e definitivos, não de soluções meramente formais e que, no fundo, causem desconfianças e descréditos.

Ao reverso disso e estimulados pelas provocações do novo Código Processual, os atores dos processos judiciais devem compreender o outro, agir sempre dentro do razoável e com considerações técnicas e bem-elaboradas.

25

PROPAGANDA PROFISSIONAL E ÉTICA: PUBLICIDADE DOS ESCRITÓRIOS DE ADVOCACIA E SEUS LIMITES

Viviane Leonel de Souza Barros

Advogada

1 INTRODUÇÃO

Devido a grande quantidade de advogados, número que cresce a cada ano, a utilização cada vez mais dos meios de comunicação e da publicação da Resolução n. 2/2015 do Conselho Federal da Ordem dos Advogados do Brasil, que apresenta mudanças significativas no Código de Ética e Disciplina da Ordem dos Advogados do Brasil, o tema em questão é bastante relevante. O Provimento acima citado, que entrará em vigor em 02 (dois) de Maio de 2016, traz algumas mudanças em relação à publicidade na advocacia, que, atualmente, é regulada por um capítulo próprio no atual Código de Ética e Disciplina e também pelo Provimento 94/00 do Conselho Federal da Ordem dos Advogados do Brasil.

Apesar de ser de suma importância, o assunto pouco atrai aos advogados, o que, juntamente com o grande número de profissionais, causa um aumento nas infrações éticas. Além desse motivo, há também, aqueles profissionais, que são movidos apenas por interesses próprios, nos quais não se importam se seus atos estão de acordo com as regras da profissão que escolheram ou estão as violando, buscando somente o êxito profissional. Qualquer que seja o caso, os advogados, por má-fé ou simples desconhecimento dos seus deveres, acabam fazendo uso indevido da publicidade na advocacia, já que ela apresenta muitas peculiaridades.

Na advocacia, o uso da premissa "publicidade é alma do negócio", é bastante limitado. Isto porque, o ofício é entendido como não mercantilista, de *munus* público, ou seja, que não visa ao lucro, diferentemente das empresas privadas e da maioria das demais profissões. Estas buscam utilizar-se de técnicas de marketing visando o convencimento do público-alvo de que seu produto ou serviço é o melhor, e por isso, ele deveria ser escolhido. Com a advocacia isto não prevalece, pois as regras de publicidade são bastante rígidas, o que torna a sua utilização muito limitada.

A publicidade, apesar de bastante restrita, existe sim na advocacia, pois esta é um bem de consumo, que deve se utilizar da publicidade, para ser consumido. O ofício da advocacia é um dos mais antigos reconhecidos pela história, entretanto, vem apresentando dificuldades para absorver as modernidades trazidas com a publicidade, pois são consideradas contrárias a função-social da profissão. Entretanto, há de se examinar, se com essa resistência cria-se uma falsa realidade, pois na atualidade, a advocacia vem apresentando características empresariais.

A jurisprudência dos Tribunais de Ética de todo o país demonstra que o tema publicidade apresenta uma enorme fragilidade, pois ela exibe diversos entendimentos, nos quais torna essa publicidade um tanto subjetiva, cada um com entendimentos próprios. Pretende-se demonstrar a necessidade de uma pacificação do entendimento, para que os julgados, não sejam tão subjetivos, evitando que cause uma insegurança jurídico-administrativa.

Assim, o presente trabalho é construído com o propósito de analisar a publicidade na advocacia, considerando os parâmetros éticos esperados pelos profissionais e os limites apresentados para que o advogado possa se manifestar em público, fazendo sua autopromoção de forma lícita. Além disso, analisará se a atualização do Código de Ética e Disciplina, trazida com o Provimento 02/2015, foi um retrocesso ou um avanço na questão de publicidade.

Fica assim explícito o quão controverso é o tema, sem que, contudo, se chegue a uma posição concreta. Necessita haver uma melhor exploração desse tema para poder se afirmar, com embasamento teórico-jurídico, se realmente há necessidade da publicidade na profissão ser tão restrita e se é de fato antiética a abertura da advocacia para uma publicidade mais livre.

2 A EVOLUÇÃO DO DIREITO E DA ADVOCACIA

A história demonstra que o Direito é tão antigo quanto à humanidade[1]. O Direito Antigo não é como o atual, codificado, mas sim, baseado nos costumes de cada povo, para que eles conseguissem se organizar. Como evidencia Tercio Sampaio Ferraz Junior, "em sociedades primitivas, esse poder está dominado pelo elemento organizador, fundamentado primeiramente no princípio do parentesco[2]", ou seja, a organização se dava por meio das famílias, clãs ou grupo deles.

Assim, "o direito confunde-se com as maneiras características de agir do povo (...) tomadas como particularmente importantes para a vida do grupo e manifestada na forma de regras gerais[3]", isto é, se alguém não cumprisse as características de seu povo, seria considerado como transgressor, ocasionando sua expulsão, já que ele não pertence mais aquele grupo.

Entretanto, de acordo com Ferraz Junior, "com o desenvolvimento das sociedades, quer por seu aumento quantitativo, quer pelo aumento da complexidade das interações, por sua pobreza, é pouco a pouco, diferenciado e substituído como base da organização social[4]".

Com a evolução da ciência e da tecnologia, o ser humano inicia um processo de modificação, inclusive na maneira com que se organiza a sociedade. Segundo Elder Lisbôa, "o que era considerado primitivo vai se tornando conhecido, aperfeiçoado e manipulado. O ser humano, por meio de suas pesquisas, avança para obtenção de uma vida supostamente melhor[5]". Como destaca Ferraz Junior, nessa época é que surgem centros de domínio político, como as *polis*, o que faz com que as pessoas que não cumprirem o estipulado serão

---

1 OLIVEIRA, Everson Elias Gonçalves de. O papel democratizante da publicidade na advocacia. In: Âmbito Jurídico, Rio Grande, XVII, n. 123, abr 2014. Disponível em: <http://www.ambitojuridico.com.br/site/index.php?n_link=revista_artigos_leitura&artigo_id=14671&revista_caderno=18> . Acesso em 30 de Janeiro de 2016.

2 FERRAZ JUNIOR, Tercio Sampaio. *Introdução ao estudo do direito*: técnica, decisão, dominação. 6. ed. rev. e ampl. São Paulo: Atlas, 2011, p. 29.

3 Ibidem, p. 30.

4 Idem, p.30.

5 COSTA, Elder Lisbôa Ferreira da Costa. *História do Direito*: de Roma à história do povo hebreu muçulmano - a evolução do direito antigo à compreensão do pensamento jurídico contemporâneo. Belém: Unama, 2009, p. 25. Disponível em: <http://www.unama.br/editoraunama/images/stories/livro/historia-do-direito. pdf>. Acesso em: 10 de Abril de 2015.

julgadas com procedimentos decisórios regulados, surgindo as formas de jurisdição: juízes, tribunais, partes, advogados etc.[6]" O autor continua:

> Essa progressiva procedimentalização do direito provoca, assim, o aparecimento de um grupo especializado com um papel social peculiar: os juristas, que desenvolvem linguagem própria, com critérios seus, formas probatórias, justificações independentes. Começa, com isso, uma separação entre o exercício político, econômico, religioso do poder e o exercício do poder argumentativo: nasce e desenvolve-se a arte de conhecer, elaborar e trabalhar o direito[7].

Em consonância a isso, Carvalho Santos afirma que a "necessidade de Justiça" foi à causa do nascimento de pessoas especializadas no trabalho jurídico, ou seja, "versados no conhecimento da lei", a fim de ajudar os demais cidadãos que se sentiram de alguma forma injustiçados[8].

Um dos mais utilizados e respeitados dicionários da Língua Portuguesa, o Houaiss[9] identifica uma das possíveis origens do termo "advocacia" a partir da derivação da palavra latina *advocatus* (chamado para junto de; chamado para assistir alguém na justiça).

Há vários autores que tentam explicar o nascimento da advocacia. Gisela Godin Ramos entende que os primeiros advogados surgiram na Roma Antiga,

> quando às partes litigantes era facultado se fazer representar por mandatário, denominados de procuradores ad litem, aos quais competia defender seus interesses, integrando a relação processual como parte, e daí assumindo todos os encargos da ação.[10]

Já Marcus Cláudio Aquaviva, vai mais além, defendendo que Moises e Jesus Cristo seriam os primeiros advogados existentes, pois o primeiro detinha a "(...) liderança da defesa do seu povo (...)" e o segundo, defendeu Maria Ma-

---

6 FERRAZ JUNIOR, Tercio Sampaio. *Introdução ao estudo do direito*: técnica, decisão, dominação. 6. ed. rev. e ampl. São Paulo: Atlas, 2011, p.31.

7 Idem, p. 31.

8 SANTOS, J. M. Carvalho. *Repertório enciclopédico do direito brasileiro*. Rio de Janeiro: Borsoi, 1947, p. 267.

9 GRANDE DICIONÁRIO HOUAISS DA LÍNGUA PORTUGUESA. Edição digital disponível em: <http://houaiss.uol.com.br/>. Acesso em: 14 de Fevereiro de 2016.

10 RAMOS, Gisela Gondin. *Estatuto da advocacia*: comentários e jurisprudência selecionada. 6. ed. rev. e ampl. Belo Horizonte: Fórum, 2013, p. 26.

dalena, impedindo que fosse apedrejada, se utilizando da Lei Mosaica[11]. Um dos autores mais respeitados do meio, Paulo Lôbo, defende que nessa fase da história a advocacia deve ser entendida "como defesa de pessoas, direitos, bens e interesses (...)" e não como uma profissão propriamente dita[12].

No Brasil, a advocacia surgiu com as Ordenações Filipinas, como relata Jean Michel Postai de Souza, "no Brasil a advocacia se iniciou no período colonial e era feita de maneira ligeiramente livre, pois as pessoas aprendiam e então a exerciam, sem grandes entraves[13]". Lôbo ressalta que:

> É com as Ordenações Filipinas que se tenta a primeira organização da advocacia, com reflexos no Brasil. As Ordenações determinavam o tempo de oito anos para o curso jurídico; exame para atuar na Casa da Suplicação; impossibilidade de advogar contra a lei; responsabilidade civil do advogado; penas disciplinares aplicadas pelo juiz, inclusive degredo para o Brasil; e várias normas ético-disciplinares. [14]

O primeiro Código de Ética Profissional ocorreu em Agosto de 1921, pela Ordem dos Advogados de São Paulo, se tornando o primeiro deste tipo no Brasil e na América Latina. Esse Código, somente restringia-se a advogados associados do Estado de São Paulo e não tinha caráter coercitivo, servindo apenas de base para que as condutas dos advogados de lá fossem éticas. O primeiro Código de Ética nacional se baseou neste para ser elaborado, começando sua deliberação em 1930 e sendo promulgado em 25 de Julho de 1934 pelo Conselho Federal.

Atualmente, a advocacia está regulamentada em seu próprio estatuto (Lei n. 8.906/94[15]), que em seu Artigo 1º, define o que consiste a advocacia: a pos-

---

11 AQUAVIVA apud PORTINHO, Roberta Brenner Ochilacki. *Evolução histórica da Advocacia.* Disponível em: <http://www.historiaehistoria.com.br/materia.cfm?tb=alunos&id=25>. Acesso em: 31 de Janeiro de 2016.

12 LÔBO, Paulo. *Comentários ao Estatuto da Advocacia e da OAB.* 6. ed. São Paulo: Saraiva, 2011, p. 17.

13 SOUZA, Jean Michel Postai de. *A História da Advocacia.* Clubjus, BrasíliaDF: 31 mar. 2011. Disponível em: <http://www.clubjus.com.br/?content=2.34494>. Acesso em: 22 de março de 2015.

14 LÔBO, Paulo. *Comentários ao Estatuto da Advocacia e da OAB.* 6. ed. São Paulo: Saraiva, 2011, p. 20.

15 BRASIL. Estatuto da Advocacia e da OAB, de 04 de Julho de 1994. Dispõe sobre o Estatuto da Advocacia e a Ordem dos Advogados do Brasil. Disponível em: <http://www.oab.org.br/Content/pdf/LegislacaoOab/Lei-8906-94-site.pdf>. Acesso em: 15 de Abril de 2015.

tulação a órgão do Poder Judiciário e aos juizados especiais e atividades de consultoria, assessoria e direção jurídicas.

De acordo com a Constituição de 1988[16], em seu artigo 133, "o advogado é indispensável à administração da justiça, sendo violável por seus atos e manifestações no exercício da profissão, nos limites da lei." Assim, o advogado é essencial para que busque a justiça e a paz na sociedade, por ter o chamado *ius postulandi*.

Nesse tocante, passaremos a analisar as características essenciais da advocacia, para que possamos concluir ao final se a publicidade é de fato conflitante com a profissão.

2.1 A Natureza e as Características Essenciais da Advocacia

Já no princípio da Lei 8.906/1994, em seu artigo 2º, §§ 1º e 2º, o legislador estabeleceu a natureza da advocacia: serviço público. Paulo Lôbo[17] em suas lições entende é um serviço público peculiar, já que é manifestação de um dos três poderes do Estado. Paulo Lôbo explica:

> É serviço público, na medida em que o advogado participa necessariamente da Administração Pública da justiça, sem ser agente estatal; cumpre uma função social, na medida em que não é simples defensor judicial do cliente, mas proteja seu ministério privado na dimensão comunitária, tendo sempre presente que o interesse individual que patrocine deve estar plasmando pelo interesse social. [18]

Em consonância com esse pensamento, José Renato Nalini, em Ética Geral e Profissional – Ética do Advogado relata:

> [...] O serviço profissional é bem de consumo e, para ser consumido, há de ser divulgado mediante publicidade. Em relação à advocacia, é necessária uma postura prudencial. Não se procura advogado como se busca um bem de consumo num supermercado. A contratação do causídico está sempre

---

16 BRASIL. Constituição da República Federativa do Brasil, de 05 de Outubro de 1988. Disponível em: < http://www.planalto.gov.br/ccivil_03/Constituicao/Constituicao.htm>. Acesso em: 20 de Abril de 2015.

17 LÔBO, Paulo. *Comentários ao Estatuto da Advocacia e da OAB*. 6. ed. São Paulo: Saraiva, 2011, p. 41.

18 Ibidem, p. 43.

vinculada à ameaça ou efetiva lesão de um bem da vida do constituinte. [...][19]

Claramente, a Lei n° 8.906/94 entendeu que a advocacia tem natureza não empresarial, e, sim, de prestação de serviços, o que fez com que a advocacia tivesse restrições dessa natureza.

Devido a essa natureza, Paulo Lôbo elege quatro características inerentes à advocacia, de acordo com o Artigo 2º do Estatuto da Advocacia e da OAB, quais sejam: 1) Indispensabilidade; 2)inviolabilidade; 3) função social e 4) independência[20]. Everson de Oliveira em seu artigo "O papel democratizante da publicidade na advocacia[21]" ainda adiciona a liberdade junto à quarta característica.

2.1.1 - Indispensabilidade

Conforme Artigo 133 da Constituição Federal de 1988 e artigo 2º do Estatuto de Advocacia da OAB, o advogado é figura essencial à administração da Justiça, já que, compete a ele, em regra, privativamente, o direito a postulação. Paulo Lôbo relata que "ninguém, ordinariamente, pode postular em juízo sem assistência de advogado, a quem compete o exercício do *jus postulandi*[22]".

Everson de Oliveira em seu artigo "O papel democratizante da publicidade na advocacia" apresenta "poucas exceções a essa indispensabilidade, a saber: 1) a impetração de *habeas corpus*; 2) o *ius postulandi* das partes na Justiça do Trabalho; e 3) o *ius postulandi* nos Juizados Especiais estaduais e federais[23]".

O Supremo Tribunal Federal na Ação Direta de Inconstitucionalidade nº. 1.127-8/DF[24] proposta pela Associação dos Magistrados Brasileiros, em 1994, fez com que se alterasse o Artigo 1º, inciso I, da Lei nº. 8.906/94, que estabelecia que "a postulação a qualquer órgão do Poder Judiciário e aos juizados especiais" era uma das atividades privativas da advocacia. O STF declarou incons-

19 NALINI, José Renato. Ética Geral e Profissional A Ética do Advogado, 10. ed. São Paulo, RT, 2013.

20 LÔBO, Paulo. op. cit., p. 39.

21 OLIVEIRA, Everson Elias Gonçalves de. op.cit.

22 LÔBO, Paulo. op. cit., p. 35.

23 OLIVEIRA, Everson Elias Gonçalves de. op.cit.

24 BRASIL. Supremo Tribunal Federal. Ação Direta de Inconstitucionalidade n. 1.127/DF, Rel. Min. Paulo Borssard, julgamento em 06/10/1994, DJ em 29/06/2001. Disponível em: <http://redir.stf.jus.br/paginador pub/paginador.jsp?docTP=AC&docID=346838>. Acesso em: 22 de Janeiro de 2016.

titucional a expressão "qualquer" do Artigo anteriormente citado, admitindo assim a "postulação judicial sem assistência do advogado perante aos juizados de pequenas causas, a Justiça do Trabalho e a Justiça de Paz". Em relação aos juizados especiais, pela regulamentação superveniente à propositura da ADI, restou-se prejudicado.

O *ius postulandi* na Justiça do Trabalho é um assunto que gera muito debate, pois o instituto fora criado pela Lei nº. 1237 de 1939 e continuou sendo utilizado, entretanto com a Lei nº. 4215 de 1963, Estatuto da Ordem dos Advogados do Brasil e com a Constituição Federal de 1988 se estabeleceu à indispensabilidade do advogado. Conforme Everson de Oliveira:

> Nesse cenário, há quem defenda a manutenção do *ius postulandi* na Justiça do Trabalho com base nos artigos 791 e 839 da Consolidação das Leis do Trabalho (CLT). Há, ainda, quem defenda a revogação desses dispositivos em face do artigo 1º, inciso I, da Lei nº. 8.906/1994. Pretendendo resolver a questão, a Deputada Federal Clair da Flora Martins elaborou o Projeto de Lei nº. 3.392/2004, o qual objetiva alterar dispositivos da CLT para: 1) estabelecer a imprescindibilidade da presença de advogado nas ações trabalhistas; e 2) prescrever critérios para a fixação de honorários advocatícios na Justiça do Trabalho. [25]

O Tribunal Superior do Trabalho tentou minimizar essa dúvida e interpretou a norma, sumulando-a. A súmula nº. 425 tem a seguinte redação:

> O jus postulandi das partes, estabelecido no artigo 791 da CLT, limita-se às Varas do Trabalho e aos Tribunais do Trabalho, não alcançando a ação rescisória, a ação cautelar, o mandado de segurança e os recursos de competência do Tribunal Superior do Trabalho. [26]

Nos juizados especiais, tanto federais quanto estaduais, em suas respectivas leis, Lei nº. 9.099/95 e Lei nº. 10.259/2001, a postulação sem o advogado foi regulamentada, com o objetivo de garantir facilitar o acesso e garantir a justiça.

Com ou sem a assistência de um advogado, não há certeza de que haverá acesso à Justiça, principalmente sem o auxílio do profissional qualificado, já que a maioria da população não apresenta o conhecimento técnico necessário.

---

25 OLIVEIRA, Everson Elias Gonçalves de. op.cit.

26 BRASIL. Resolução 165/2010, de 30 de Abril de 2010. Disponível em: <http://www3.tst.jus.br/jurisprudencia/Sumulas_com_indice/Sumulas_Ind_401_450.html#SUM-425>. Acesso em: 05 de Maio de 2015.

2.1.2 - Inviolabilidade

Essa característica se encontra no Artigo 133 da Magna Carta Brasileira e nos artigos 2º, parágrafo segundo e 7º, incisos II e XIX e parágrafos segundo e terceiro.

Paulo Lôbo divide a inviolabilidade em duas dimensões: uma positiva e uma negativa. A primeira possui três divisões: "a) imunidade profissional, por manifestações palavras; b) proteção do sigilo profissional; c) proteção dos meios de trabalho, incluindo local, instalações, documentos e dados[27]". Já a segunda tem como definição: "(...) no poder exclusivo da OAB de punir disciplinarmente os excessos cometidos pelo advogado[28]".

O autor ainda faz uma ressalva de que essa característica é relativa, já que "a inviolabilidade não é absoluta porque não alcança os atos não profissionais, a saber, os que dizem respeito a interesses meramente pessoais, e os excessivos, que ultrapassam os limites da razoabilidade, aos quais incidem normas disciplinares[29]".

O Código Penal[30], em seu artigo 142, inciso I, já previa a imunidade profissional do advogado por manifestações empregadas no exercício da profissão, antes mesmo do Estatuto de 1994. De acordo com Guilherme de Souza Nucci[31], o Estatuto da Advocacia ampliou a imunidade judiciária, mas com a Constituição de 1988, em seu artigo 133, ela foi novamente limitada "nos limites da lei", sendo que esta é a Lei Penal.

O uso da palavra é outro direito que é garantido através da inviolabilidade. O advogado não pode ter sua liberdade de expressão limitada, já que ele representa o interesse de um cliente e, mais do que isso, busca a justiça através de uma sentença. Everson de Oliveira entendeu que: "restrições indevidas ao uso da palavra, oral ou escrita, acarretam dano irreparável, não apenas ao cliente do advogado, mas também à sociedade, à justiça e à democracia[32]".

---

27 LÔBO, Paulo. op. cit., p. 64-65.

28 Ibidem, p.65

29 Idem, p.65.

30 BRASIL. Decreto-lei 2484, de 07 de Dezembro de 1940. Disponível em: <http://www.planalto.gov.br/ccivil_03/decreto-lei/Del2848compilado.htm>. Acesso em: 15 de Março de 2016.

31 NUCCI, Guilherme de Souza. *Código Penal comentado*. 9. ed. rev., atual. e ampl. São Paulo: Editora Revista dos Tribunais, 2008, p. 675.

32 OLIVEIRA, Everson Elias Gonçalves de. op.cit.

O autor ainda continua em seu artigo: “Decerto é a inviolabilidade indispensável tanto para o livre exercício quanto para a proteção do cidadão, o qual forneceu suas informações ao advogado em virtude de uma relação de confiança entre ambos[33]”.

Podemos afirmar que essa característica não tem caráter absoluto. Com a Lei nº. 11.767/08[34] algumas restrições ao direito da inviolabilidade foram criadas, quais sejam: 1) a inviolabilidade do local e instrumentos de trabalho só é garantida, se estes estiverem sendo utilizados para o exercício da advocacia; 2) se houver indícios de crime cometido pelo advogado, sejam eles, de autoria ou materialidade, uma autoridade judiciária competente poderá decretar a quebra da inviolabilidade, podendo determinar busca e apreensão, sempre com a presença de um representante da OAB (Art. 1º da Lei nº. 11.767/08 e Art. 7º, parágrafo 6º, da Lei 8.906/94). A necessidade de um representante da OAB foi considerada constitucional pelo STF, na ADI nº. 1.127-8 e regulada pelo Provimento nº. 127/2008[35] do Conselho Federal da Ordem dos Advogados do Brasil, para evitar abuso do Estado durante o procedimento.

2.1.3 - Função Social

Conforme Paulo Lôbo em seu livro, a função social é a mais importante e dignificante característica da advocacia. O bem maior que o advogado deve buscar ao exercer sua profissão, sua finalidade é o bem da coletividade. A vontade do cliente ou de si próprio têm que ser menores do que o interesse da sociedade[36].

Diz Lôbo: “O advogado realiza a função social, quando concretiza a aplicação do direito (e não apenas da lei), quando obtém a prestação jurisdicional e quando, mercê de seu saber especializado, participa da construção da justiça social[37]”.

---

33 OLIVEIRA, Everson Elias Gonçalves de. op.cit.

34 BRASIL. Lei nº. 11.767, de 07 de Agosto de 2008. Altera o Art. 7º da Lei nº 8.906/94. Disponível em: <http://www.planalto.gov.br/ccivil_03/_Ato2007-2010/2008/Lei/L11767.htm>. Acesso em: 02 de Fevereiro de 2016.

35 Conselho Federal da Ordem dos Advogados do Brasil. Provimento n. 127/2008. Dispõe sobre a participação da OAB no cumprimento da decisão judicial que determinara quebra da inviolabilidade de que trata a Lei n. 11.767, de 2008. Disponível em: <http://www.oab.org.br/leisnormas/legislacao/provimentos/127-2008>. Acesso em: 30 de Janeiro de 2016.

36 LÔBO, Paulo. op. cit., p. 67.

37 Idem, p.67.

2.1.4 - Independência e Liberdade

De acordo com Everson de Oliveira em seu artigo explica que é necessária a análise da "independência e liberdade em um mesmo tópico, porque são características que se ligam intimamente[38]".

De acordo com a constituição de 1988, em seu artigo 5º, inciso XIII, "é livre o exercício de qualquer trabalho, ofício ou profissão, atendidas as qualificações profissionais que a lei estabelecer". A advocacia está abraçada por esse inciso, mas deve respeitar os requisitos estabelecidos no Estatuto de 1994, quais sejam: 1) a conclusão do curso superior de Direito; 2) inscrição na OAB, conforme Art. 8° do EAOAB.

Para que o advogado desempenhe sua profissão é necessária uma interação com outros membros do poder judiciário. Para que isso aconteça, sem que haja coação do profissional é essencial à independência dele, em relação a todas as autoridades do Poder Público e ainda, seus clientes. Gisela Gondin Ramos demonstra que "para ter condições de exercer sua nobre função, há de se preservar independente de pressões, libertando-se de quaisquer medos que lhe possam restringir a atuação[39]".

Essa característica é tão primordial, que ele foi regulamentado pela Internacional Bar Association, no "Código Internacional de Ética" (Internacional Code of Ethics[40]) e no Internacional Principles on Conduct for the Legal Profession[41], mostrando que ela é importante em caráter global. Ainda, para apresentar mais respaldo a isso, em Códigos de Ética ao redor do mundo esse princípio é reconhecido, como no Americano, no Espanhol, no Alemão e até na própria União Européia.

Entretanto, a independência e liberdade do advogado não são absolutas. Um exemplo de restrição é o Art. 10 do EAOAB, que limita o exercício da atividade fora do território do Estado-membro, do Distrito Federal ou Território Federal que se deu a inscrição do profissional, em cinco causas por ano. Além disso, ao advogado imputa-se a responsabilidade civil, além da disciplinar, perante a OAB.

---

38 OLIVEIRA, Everson Elias Gonçalves de. op.cit.

39 RAMOS, Gisela Gondin. op. cit., p. 399.

40 INTERNATIONAL BAR ASSOCIATION. *International Code of Ethics.* Disponível para download em: <http://www.ibanet.org/Publications/publications_IBA_guides_and_free_materials.aspx>. Acesso em: 04 Fevereiro de 2016.

41 Idem. *International principles on conduct for the legal profession.* Disponível para download em: <http://www.ibanet.org/Publications/publications_IBA_guides_and_free_materials.aspx>. Acesso em: 04 de Fevereiro de 2016.

A publicidade é um forte exemplo dessas limitações à independência e à liberdade do advogado. Para analisar o tema desse trabalho é necessário que haja uma reflexão sobre se a restrição imposta à publicidade de fato é eficaz, se a publicidade de fato é incompatível com uma ampla publicidade, se a publicidade sozinha tornaria a advocacia mercantil e se a publicidade não faria com que a capitação de clientela seja mais justa.

3 DEFINIÇÃO DE PUBLICIDADE E DISTINÇÕES RELEVANTES

3.1 Publicidade e Propaganda

Os vocábulos publicidade e propaganda são usados muitas vezes indistintamente, mas na advocacia este uso pode ser problemático. Roberto Serra da Silva Maia exemplifica a diferença delas a partir da etimologia:

> [...] Etimologicamente, o termo "propaganda" vem do latim *propagare* "reproduzir por meio de mergulhia", que deriva de *pangere* "plantar, enterrar". Pode ser definida como todo o esforço de comunicação que, de alguma forma, tenha a intenção de tornar públicas as vantagens de um produto ou serviço, intentando facilitar a decisão do público alvo e assim induzi-lo à aquisição daquele elemento anunciado. A "publicidade", por sua vez, vem do latim *publicus* "público, qualidade do que é público". Consiste na divulgação de informações a respeito de pessoas, ideias, serviços ou produtos para o público, através de mensagens publicitárias, por meio da mídia, com o fim de influenciar o público. [...] [42]

O atual Código de Publicidade português, Decreto-Lei nº 66 de 2015, em seu artigo 3º, conceitua publicidade:

> [...] qualquer forma de comunicação feita por entidades de natureza pública ou privada, no âmbito de uma atividade comercial, industrial, artesanal ou liberal, com o objetivo direto ou indireto de: a) promover, com vista à sua comercialização ou alienação, quaisquer bens ou serviços; b) promover ideias, princípios, iniciativas ou instituições [...][43].

---

42 MAIA, Roberto Serra da Silva. Os limites da publicidade na advocacia. Jus Navigandi, Teresina, ano 17, n. 3149, 14 fev. 2012. Disponível em: <http://jus.com.br/revista/texto/21082>. Acesso em: 22 maios 2013.

43 PORTUGAL. Decreto-Lei nº. 66/2015, de 29 de Abril de 2015. Dispõe sobre Publicidade em Portugal. Disponível em: <http://www.pgdlisboa.pt/leis/lei_mostra_articulado.php?nid=390&tabela=leis>. Acesso em: 03 de Março de 2016.

O próprio Tribunal de Ética e Disciplina de São Paulo diferencia essas palavras no julgado:

> [...] A propaganda está mais vinculada à ideia de comércio ou mercantilização de produtos, e visa alcançar público maior, incentivando a demanda para maior lucro do empresário ou comerciante. A publicidade é a informação mais discreta, sem alardes, para público menor e direito, pressupondo a existência de interesse anterior, por menor que seja [...][44].

Assim, a publicidade tem uma ideia de divulgação, tornar público, enquanto a propaganda se refere a uma proposta, uma crença com um forte caráter mercantilista. De acordo com o Código de Publicidade de Portugal, quatro princípios são norteadores da publicidade, quais sejam: o da licitude, o da identificabilidade, o da veracidade e o do respeito pelos direitos dos consumidores[45]. A advocacia somente se utiliza da publicidade, conforme a própria linguagem empregada no Código de Ética demonstra com o objetivo de se tornar público, informar sua presença ao público, sem que isso tenha como finalidade a captação de clientes.

3.2 - Publicidade e Marketing profissional

A publicidade do advogado não pode ser confundida com o marketing profissional. Isso ocorre, pois a publicidade é uma mera divulgação institucional dos trabalhos desenvolvidos pelo advogado, e o Marketing Profissional tem o objetivo de angariar clientes por meio de seu prestígio profissional. A título de exemplo de Marketing Profissional, seria a contratação de um profissional para que se utilize da mídia como favorecedora de sua atuação profissional com o objetivo sempre de vangloriá-lo.

Apesar de o entendimento majoritário ser o anterior, Luiz Roberto Kallas, apresenta uma diferente perspectiva em seu livro. Ela afirma que o advogado pode fazer sim marketing, mas de uma forma que se enquadra nos preceitos descritos no Código de Ética. Para demonstrar sua tese o autor divide o marketing em dois tipos, o de relacionamento e o de transação.

---

44 BRASIL. Tribunal de Ética de São Paulo, Proc. 1.684/98, Rel. João Teixeira Grande, Rev. Clodoaldo Ribeiro Machado, julgado em 21 de Maio de 1998.

45 PORTUGAL. Decreto-Lei nº. 66/2015, de 29 de Abril de 2015. Dispõe sobre Publicidade em Portugal. Disponível em: <http://www.pgdlisboa.pt/leis/lei_mostra_articulado.php?nid=390&tabela=leis>. Acesso em: 03 de Março de 2016.

> Transação é típico das áreas de commodities e de oportunidades, algo padrão, produzido em escala e que se caracteriza por campanhas, normalmente centradas no preço dos produtos ou alguma oferta especial e promocional, do tipo: compre duas e leve três. O que interessa é vender, ganhar e esquecer. Isso, na maioria das vezes, é proibido pelo código. Relacionamento, ao contrário, é algo pessoal, no qual nos aproximamos do cliente e tentamos entendê-lo e encantá-lo com nosso atendimento preciso, de qualidade, agradável, respeitável, ético e profissional e que além disso se prolonga no tempo visando um relacionamento que se repete, de forma diferenciada, segundo a circunstância de cada necessidade do cliente[46].

Para o escritor, o marketing que o advogado pode desenvolver seria o de relacionamento, na medida em que, ele estaria se utilizando de técnicas para melhorar o relacionamento com o cliente, tais como: vestimenta adequada, solicitude ao atender telefonemas e respostas rápidas. Essas técnicas são denominadas de CRM - Costummer Relationship Management e elas são baseadas no "requerimento essencial a produtividade, a ética, o respeito e a educação.[47]"

3.3 Anúncio e Informação na advocacia

O anúncio se utilizado na forma comum, tem um caráter de induzimento, convencimento dos destinatários, muitas vezes ligados ao mercantilismo. Já anúncio, no sentido jurídico, tem apenas uma finalidade informativa, devendo ser pautado com moderação e discrição.

3.4 Merchandising na Advocacia

Merchandising é uma palavra de origem inglesa que significa um "conjunto de técnicas que tem a finalidade de melhorar a exposição de um produto tornando-o mais visível e atraindo o consumidor[48]". Assim, podemos entender como uma prática usada para propagar informações detalhadas de produtos,

---

46 KALLAS, Luiz Roberto. Apesar do Código de Ética, advogado pode fazer marketing. Conjur, Disponivél em: <http://www.conjur.com.br/2007jun09/apesar_codigo_etica_advogado_marketing> Publicado em 09 de Junho de 2007, Acesso em: 29 de Abril de 2016.

47 KALLAS, Luiz Roberto. op.cit.

48 BRASIL. Significados Brasil. Disponível em: <https://www.significadosbr.com.br merchandising>. Acesso em 07 de Abril de 2016.

para motivar os clientes à compra. Isso normalmente é visto nos noticiários, novelas e até mesmo nas páginas e aplicativos de socialização.

Para a advocacia é totalmente proibida essa prática, por apresentar um caráter puramente mercantilista. Entretanto, se a prática não for iniciativa do advogado e sim do evento no qual esteja participando ou se for homenageado pelos atos desenvolvidos em sua atividade profissional, não estará este cometendo algum ato ilícito, se não usar disso para se alto promover. Esse último exemplo tem respaldo em jurisprudência do Tribunal de Ética de São Paulo, conforme se vê abaixo:

> ADVOGADO ELEITO ENTRE "OS MELHORES DO ANO" - RECEBIMENTO DO RESPECTIVO CERTIFICADO - JANTAR - NOTICIÁRIO E FOTOS Não comete falta ética o advogado que, sem ter provocado, insinuado e financiado, é eleito, em pesquisa não dirigida, com resposta expontâneas, o melhor do ano entre os profissionais liberais que atuam na sua comunidade. Pode, outrossim, comparecer ao jantar de entrega da láurea, ainda que a ele haja adesão paga. O noticiário e fotos, não custeados pelo agraciado, è consequência lógica do evento, não constituindo publicidade condenada pelo Código de Ética e Disciplina. Bons profissionais devem ser destacados para exemplo da classe, a qual, assim, também é homenageada. Precedentes[49].

4 PUBLICIDADE NA ADVOCACIA EM OUTROS PAÍSES

A publicidade na advocacia será um tema polêmico sempre que houver associação de profissionais da área. Na maioria das vezes, as discussões apresentam pontos em comum como: liberdade de expressão, liberdade no exercício profissional e a atribuição de natureza não comercial a advocacia.

O Código Internacional de Ética (International Code of Ethics) da IBA (International Bar Associantion) estabelece, em duas de suas regras, que o advogado deve manter a honra e a dignidade de sua profissão (regra número 2) e que o causídico não deve anunciar ou solicitar negócios além da extensão permitida pela jurisdição à qual se submete (regra número 8)[50].

---

49 BRASIL. Tribunal de Ética de São Paulo. Proc. E - 1.251 - V.M - Rel. Dr. JOSÉ URBANO PRATES - Rev. Dr. CARLOS AURÉLIO MOTA DE SOUZA - Presidente - Dr. ROBISON BARONI. Sessão de Julgamento de 08 de Fevereiro de 1996.

50 INTERNATIONAL BAR ASSOCIATION. *International Code of Ethics*. Disponível para download em: <http://www.ibanet.org/Publications/publications_IBA_guides_and_free_materials.aspx>. Acesso em: 04 de Fevereiro de 2016.

Há vários exemplos de países mais ou menos conservadores em relação à publicidade na advocacia. Entretanto, há um movimento mundial, conforme expõe Flávio Olímpio de Azevedo[51], de uma maior liberação da publicidade na advocacia, principalmente na Europa. Alguns países serão analisados aqui, com um especial destaque para os Estados Unidos da América, que desde 1977, a publicidade é tratada de forma mais liberal, permitindo-se até anúncio televisionado.

Na Espanha, o assunto é tratado nos Artigos 7º e 8º do "Código de Conduta da Associação de Advogados da Espanha[52]" e de acordo com eles, a publicidade poderá ser feita desde que seja de modo honroso, leal e verdadeiro, com respeito à dignidade das pessoas, à livre concorrência e às normas deontológicas editadas por Associações autônomas.

A Alemanha durante muito tempo se utilizava de um sistema parecido com o brasileiro, entretanto atualmente isso foi alterado. No parágrafo 6º do "Rules of Professional Practice[53]" estão presentes às únicas regras de publicidade. São elas: 1)o advogado pode fornecer informações pessoais e sobre seus serviços, desde que a informação seja objetiva e relativa às suas atividades profissionais; 2) é proibida a divulgação de taxas de sucesso ou de volume de trabalho, sendo permitida a referência de casos e clientes, desde que haja consentimento explícito por parte destes; e 3) o advogado não pode incentivar terceiros a realizarem publicidade que ele mesmo não poderia realizar por violação a regras deontológicas.

A União Européia na "Carta de princípios nucleares da advocacia européia e o Código de conduta para advogados europeus[54]" (Charter of core principles of the european legal profession and the code of conduct for European Lawyers), dá um tratamento amplo à questão através apenas de duas regras

---

51 AZEVEDO, Paulo Olímpio de. *Comentários ao Estatuto da Advocacia*, Editora Fórum, 2008. p.10-11.

52 ESPANHA. Código de Ética Espanhol. Disponível em: <http://www.ccbe.eu/fileadmin/user_upload/NTCdocument/Spain_EN_Codigo_deon1_1251981686.pdf>. Acesso em 30 de Janeiro de 2016.

53 BUNDESRECHTSANWALTSKAMMER. Código de Ética Alemão, Disponível em: <http://www. brak.de/w/files/02_fuer_anwaelte/berufsrecht/bora_engl_stand_1_11_2011.pdf >. Acesso em: 03 de Fevereiro 2016.

54 CCBE. *Charter of core principles of the european legal profession and code of conduct for european lawyers.* Disponível em: <http://www.ccbe.eu/fileadmin/user_upload/NTCdocument/EN_CCBE_CoCpdf 1_1382973057.pdf>. Acesso em: 30 de Janeiro de 2016.

(itens 2.6 e 2.6.1). Elas estabelecem: 1) o advogado tem o direito de informar sobre seus serviços, desde que as informações sejam precisas e verdadeiras, respeitando o sigilo profissional e outros valores fundamentais da profissão; e 2) o advogado pode utilizar qualquer tipo de mídia, como a imprensa, o rádio, a televisão e eletrônicas comerciais, desde que observado o limite imposto pela regra anterior.

Em Portugal há uma amenização se comparado ao Brasil. Isso pode ser provado pelo que expressa Bernardo Diniz de Ayala, que usa como exemplo o Processo nº 30.614 aprovado pelo então Conselho Distrital de Lisboa em sessão plenária na data de 07 de Agosto de 2003. Segue a decisão:

> [...] A proibição genérica da publicidade profissional, imposta pelo nº1 do art. 80º do EOA, levanta, porém, desde logo, a questão da sua conformidade constitucional. Com efeito, tal como tantas outras, tratando-se de uma actividade lícita e legalmente autorizada, socialmente relevante e de inegável conteúdo económico, o que poderá impedir a publicidade ao exercício da advocacia? Ao determinar que a publicidade é disciplinada por lei (nº2 do artigo 60º), que os consumidores têm direito à informação (nº1 do artigo 60º) e ao proclamar a liberdade de iniciativa económica privada (nº1 do artigo 61º), a Constituição da República Portuguesa, não parece admitir que o legislador proíba em absoluto a publicidade ao exercício de uma atividade profissional.[...] [55]

Apesar das diferenças encontradas, o país que mais é liberal em relação à publicidade na advocacia é, sem dúvidas, os Estados Unidos. Por isso, estudaremos suas convicções em um tópico próprio.

4.1 - Publicidade na advocacia nos Estados Unidos

O direito Norte Americano, ao contrário do esperado, apresenta sim regras sobre publicidade na advocacia. O American Bar Association (ABA) apresenta uma série de regras para atuação na advocacia, sendo que a de número 7 é especifica para a publicidade e possui os seguintes dizeres:

> "7. Informações sobre serviços jurídicos
>
> Regra 7.1 Comunicações relativas aos serviços de um advogado

---

55 AYALA, Bernardo Diniz de. Processo nº 30.614, aprovado pelo Conselho Distrital de Lisboa em sessão plenária de 7 de Agosto de 2003, Disponivél em: in http://www.oa.pt, Acessado em 20 de março de 2016.

> Um advogado não deve fazer uma comunicação falsa ou enganosa sobre si próprio ou sobre seus serviços. Uma comunicação é falsa ou enganosa quando contém deturpação
>
> de um fato ou de um direito, ou quando omite um fato que, se inserido na comunicação, a tornaria falsa ou enganosa.
>
> Regra 7.2 Publicidade
>
> (a) Sem prejuízo dos requisitos das regras 7.1 e 7.3, um advogado pode anunciar serviços através de comunicação escrita, gravada ou eletrônica, incluindo mídia pública;
>
> (b) Um advogado não pode dar nada de valor a uma pessoa para recomendar os seus serviços, exceto se: 1) pagar o preço razoável dos anúncios e comunicações permitidos
>
> por essa regra; e 2) pagar as taxas usuais de um plano de serviços advocatícios, ou sem fins lucrativos, ou um serviço de referência de advogado qualificado [...]".
>
> (tradução livre)[56]

Como se percebe há uma grande liberdade do profissional, entretanto a ABA foi além e editou normas mais específicas sobre esse tema. Nela, a American Bar Association delimita objetivos que os advogados deveriam tentar alcançar quando se tratar de publicidade, para que se evite a publicidade prejudicial. São 10 (dez) objetivos propostos pela ABA:

> 1) a publicidade do advogado deve encorajar e reforçar a confiança e a competência tanto dos advogados anunciantes quanto da advocacia, atendendo às necessidades legais do público, em consonância com a tradição do direito; 2) a publicidade deve ajudar o público a entender os seus direitos e o processo judicial; 3) enquanto "dignidade" e "bom gosto" são termos passíveis de interpretações diversas, a publicidade que se adéqua a esses objetivos, provavelmente, será digna e adequada à profissão; 4) a publicidade deve ser genuína e precisa, e não falsa, enganosa ou ambígua; 5) os advogados devem ter um cuidado especial ao inserir valores de taxas e outros custos em anúncios, para não gerar confusão entre os receptores, tendo o mesmo cuidado ao descrever as áreas preferenciais de prática jurídica; 6) os advogados não devem colocar em risco a dignidade e a confiança do sistema jurídico através de músicas, cenas e slogans inapropriados; 7) os advogados devem considerar a contratação de profissionais de marketing para auxiliar na elaboração do anúncio e na identificação do público-alvo

56 AMERICAN BAR ASSOCIATION. *Model Rules of Professional Conduct*. Disponível em: <http://www.americanbar.org/groups/professional_responsibility/publications/model_rules_of_professional_conduct/model_rules_of_professional_conduct_table_of_contents.html>. Acesso em: 07 de fevereiro de 2016.

correto; 8) como a propaganda transmite uma mensagem é tão importante quanto a própria mensagem em si; 9) os advogados devem elaborar seus anúncios para atrair questões jurídicas compatíveis com a sua capacidade de resolvê-las; e 10) os advogados devem se preocupar em fazer os serviços jurídicos mais acessíveis ao público, devendo a publicidade ser projetada para construir uma base de clientes, de modo que a quantidade compense a maior acessibilidade dos serviços.[57]

O entendimento mais liberal sobre o tema causou várias declarações de inconstitucionalidade em regulamentos que tentaram restringir a publicidade na advocacia ou na comunicação dos serviços jurídicos. O argumento mais forte e, por isso, mais utilizado, é a Primeira Emenda à Constituição Americana (First Amendment to the United States Constitution). Essa emenda, na tradução livre, versa sobre a proibição de "promulgação de leis que impeçam o livre exercício de qualquer religião, que restrinjam a liberdade de expressão, que violem a liberdade de imprensa, que interfiram no direito de se reunir pacificamente em associações e que proíbam o direito de petição a órgãos do governo[58]".

Um famoso caso que chegou à Suprema Corte Americana, e que tinha como tema principal é o Bates versus State of Arizona[59], do ano de 1977. O caso se tratava de uma reclamação do Bar of Arizona perante a um anúncio de jornal feito por John R. Bates e seu sócio, no qual apresentava uma listagem de taxas e serviços, que foram considerados por eles como "serviços legais a taxas razoáveis". Esse processo é considerado um dos mais importantes do tema, pois na decisão proferida na Suprema Corte respondeu várias questões sobre publicidade na advocacia americana e mostrou as razões pela qual o sistema Norte Americano é liberal em relação ao tema.

---

57 Idem. *ABA aspirational Goals for Lawyer Advertising*. Disponível em: <http://www.americanbar.org/groups/professional_responsibility/resources/professionalism/professionlism_ethics_in_lawyer_a dvertising/abaaspirationalgoals.html>. Acesso em: 07 de Fevereiro de 2016.

58 "Congress shall make no law respecting an establishment of religion, or prohibiting the free exercise thereof; or abridging the freedom of speech, or of the press; or the right of the people peaceably to assemble, and to petition the government for a redress of grievances". CORNELL UNIVERSITY LAW SCHOOL. First Amendment. Disponível em: <http://www.law.cornell.edu/constitution/first_amendment>. Acesso em 07 de Fevereiro de 2016.

59 CASELAW. *Bates v. State Bar of Arizona – U.S. Supreme Court (1977)*. Disponível em: <http://caselaw.lp.findlaw.com/scripts/getcase.pl?navby=case&court=us&vol=433&page=350>. Acesso em: 10 de Fevereiro de 2016.

A State Bar of Arizona[60] alegou, principalmente, na sua petição inicial, quatro argumentos que, no entendimento deles, fariam com que o anúncio estivesse violando preceitos norte-americanos. O primeiro argumento utilizado foi que a "publicidade de preços caracterizaria mercantilização da atividade, o que prejudicaria a dignidade e a autoestima de todos os profissionais". A segunda alegação feita pela State Bar of Arizona diz respeito à flutuação que ocorre no mercado, que ela faria com que afetasse a atividade profissional, provocando um desequilíbrio entre "a necessidade financeira do advogado e sua obrigação de servir altruistamente". A terceira premissa afirma que com a publicidade a relação cliente e profissional seria afetada, já que com a percepção do cliente que o advogado visa também ao lucro, não só a seu bem-estar, ele teria ressalvas de que o trabalho estaria cumprindo sua finalidade. Por fim, "a State Bar of Arizona argumentou que a carência de conhecimento jurídico do público o tornaria suscetível à publicidade enganosa".

A decisão da Suprema Corte Norte-Americana foi clara e muito bem fundamentada respondendo a todos os pontos alegados pela State Bar of Arizona de forma bastante completa. No começo da decisão a Corte "esclareceu que a proibição à publicidade surgiu como uma regra de ética, e não como uma regra ética[61]." A Corte continua com o reconhecimento e com elogios à natureza de serviço público que é inerente a advocacia.

Sobre o argumento de que a publicidade prejudica a relação cliente/advogado já que expõe outro interesse além da solução do problema apresentado pelo cliente, a Corte entendeu que "raro é o cliente, além disso, mesmo um com meio de vida modesto, que busca um advogado com a expectativa de que seus serviços serão prestados gratuitamente[62]". E ela continua, afirmando que "se a base comercial da relação deve ser imediatamente divulgada por razões éticas, uma vez que o cliente está no escritório, parece inconsistente condenar a revelação sincera da mesma informação antes que ele chegue a esse escritório[63]".

---

60 CASELAW. *Bates v. State Bar of Arizona – U.S. Supreme Court (1977)*. Disponível em: <http://caselaw.lp.findlaw.com/scripts/getcase.pl?navby=case&court=us&vol=433&page=350>. Acesso em: 10 de Fevereiro de 2016.

61 Idem, nota 80.

62 Idem, nota 80.

63 CASELAW. *Bates v. State Bar of Arizona – U.S. Supreme Court (1977)*. Disponível em: <http://caselaw.lp.findlaw.com/scripts/getcase.pl?navby=case&court=us&vol=433&page=350>. Acesso em: 10 de Fevereiro de 2016.

Ao rebater a afirmação que a publicidade prejudicaria a reputação dos advogados, a Corte[64] apresentou diversas defesas sólidas. A primeira delas é a de que profissionais de outros ramos, como banqueiros e engenheiros fazem o uso de anúncios não os fazendo menos honrados. Além disso, "estudos revelaram que muitas pessoas não procuram por conselhos jurídicos, mesmo quando percebem uma necessidade, porque temem o preço do serviço ou porque não encontram um advogado competente para solucionar essa necessidade[65]". Ainda, mesmo que o cliente não compreenda profundamente os detalhes do serviço prestado, com a publicidade, ele poderia reconhecer o serviço genericamente e, assim, procurar o profissional, ou ir ao Poder Judiciário.

A informação a ser passada para o cliente pode até ser incompleta, mas é melhor isso, do que este continuar na ignorância e ser restrito de subsídios para fazer sua escolha. A Corte entende que a publicidade pode trazer benefícios para a administração da Justiça e é um "mecanismo tradicional em uma economia de livre mercado[66]". A Suprema Corte Americana vai além, defendendo que com a publicidade a inserção de novos profissionais no mercado de trabalho seria mais acessível e reduziria os custos dos serviços jurídicos ofertados.

Em relação ao argumento sustentado pela State Bar of Arizona de que "a publidade afetaria a qualidade dos serviços jurídicos, (...) a Supreme Court apresentou dois contra-argumentos: 1) um advogado que está inclinado a cortar a qualidade de seus serviços vai fazê-lo independentemente de publicidade; e 2) problemas relacionados à publicidade indevida não precisam ser antecipados, sendo incongruente a conduta dos adversários da publicidade, pois, ao mesmo tempo em que exaltam as virtudes da profissão legal, afirmam que os advogados poderiam enganar seus clientes através da publicidade[67]".

A Suprema Corte[68] ainda defende que a publicidade não é prejudicial ao Judiciário, podendo inclusive beneficia-lo. Com a publicidade, poderá ocorrer um aumento de processos, mas o este é o papel do Judiciário, resolver confli-

---

64 Idem, nota 63.

65 Idem, nota 63.

66 Idem, nota 63.

67 Idem, nota 63.

68 CASELAW. *Bates v. State Bar of Arizona – U.S. Supreme Court (1977)*. Disponível em: <http://caselaw.lp.findlaw.com/scripts/getcase.pl?navby=case&court=us&vol=433&page=350>. Acesso em: 10 de Fevereiro de 2016.

tos, ainda que litigiosos, quando não houve acordo entre as partes, para que não haja injustiça pelo silêncio delas.

Contra-argumentando que a haveria mais publicidade enganosa, se houver uma grande abertura para fazê-la, a Corte estadunidense apontaram uma resposta esperançosa ao afirmar que os advogados continuariam "cumprindo seus juramentos solenes para manter a honra e a integridade de sua atividade e da justiça[69]". Em complemento argúem que os advogados incorruptíveis e leais, acionarão os órgãos responsáveis para que haja seja feito em relação àquele profissional que está difamando a classe.

Como se pode notar, a partir do julgamento Bates vs. State of Arizona, a Corte Suprema foi além do disciplinado nas regras do American Bar Associacion, apesar de permitir que haja regulação infraconstitucional sobre o assunto, para que se assegure a veracidade da publicação.

5 PUBLICIDADE NA ADVOCACIA BRASILEIRA

A publicidade na advocacia brasileira é permitida, entretanto de uma forma bem restrita, se os paradigmas utilizados forem os demais países já falados. O Estatuto da Advocacia não regulamenta de forma direta sobre a publicidade, mas logo em seu primeiro artigo, ele faz uma restrição ao tema. No Artigo 1°, parágrafo 3° há uma vedação expressa de divulgação com outra atividade. Gisela Gondin Ramos, afirma que isso ajuda a "resguardar a dignidade da advocacia, impedindo que a mesma possa ser de alguma forma, vulgarizada[70]". No Estatuto, em seu Artigo 33, parágrafo único, dispõe que o Código de Ética será a norma que regulamentará a publicidade com afinco. Ainda no Estatuto, o Artigo 34, inciso XIII, normatiza que será infração "fazer publicar na imprensa, desnecessária e habitualmente, alegações forenses ou relativas a causas pendentes", e esta será aplicada pena de censura (Art. 36, inciso I).

O Código de Ética[71] apresenta um capítulo próprio, o de número IV, que contém os artigos de número 28 ao de número 34, dedicado completamente

---

69 Idem, nota 68.

70 RAMOS, Gisela Gondin. op. cit., p. 35.

71 BRASIL. **Código de Ética e Disciplina da OAB**, de 13 de Fevereiro de 1995. Regulamenta as condutas e princípios a serem norteadores da conduta do advogado. Disponível em: <http://www.oab.org.br/visualizador/19/codigo-de-etica-e-disciplina>. Acesso em: 10 de Abril de 2015.

sobre o tema publicidade. Em resumo, esse capítulo regulamenta as ações e procedimentos dos advogados em relação a anúncios, utilização da mídia e meios de comunicação e como deve ser utilizada a publicidade em geral.

O advogado e membro do II Tribunal de Ética e Disciplina da OAB/SC, Heinrich Luiz Pasold, defende a necessidade de conhecimento do tema pelos advogados, quando diz:

> Não pode, por isso, o advogado, recém ingresso na ordem, ou aquele calejado pelo roçar dos cotovelos nos cancelos do judiciário, desconhecer os seus limites éticos/profissionais no afã da sobrevivência e na busca dos honorários e do reconhecimento profissional e pessoal, sem observar os limites que lhe são impostos pelas regras deontológicas[72].

Além do Código de Ética, o Conselho Federal da Ordem dos Advogados do Brasil editou o provimento nº 94/2000[73], composto de 10 artigos, que serão analisados separadamente neste trabalho, por ser a regra mais específica do tema, apresentando situações permitidas e proibidas de serem utilizadas pelo advogado quando este fizer publicidade. Os últimos artigos, nono e décimo, apresentam somente normas regulamentadoras, como a data de entrada em vigor e o que este provimento revogou.

O Artigo 1º do provimento deixa claro que é permitido a publicidade informativa, devendo esta conter informações verdadeiras sobre o serviço a ser desempenhado, que serão emitidas para o público em geral. Entretanto, esta publicidade deve sempre se ater aos parâmetros estabelecidos no Código de Ética e no próprio Provimento. Diz o Artigo 1º:

> Art. 1º. É permitida a publicidade informativa do advogado e da sociedade de advogados, contanto que se limite a levar ao conhecimento do público em geral, ou da clientela, em particular, dados objetivos e verdadeiros a respeito dos serviços de advocacia que se propõe a prestar, observadas as normas do Código de Ética e Disciplina e as deste Provimento[74].

O Artigo 2º do referido provimento conceitua publicidade informativa, apresentando de forma elucidativa e taxativa as situações em que essa

---

72 PASOLD, Heinrich Luiz Pasold. Publicidade da atividade profissional do advogado. Disponível em: < http://www.oab-sc.org.br/ted-doutrinas>. Acesso em: 23 de Março de 2016.

73 BRASIL. **Provimento n.94/2000**, de 17 de Agosto de 2001. Dispõe sobre a publicidade, a propaganda e a informação da advocacia. Disponível em: < http://www.oab.org.br/leisnormas/legislacao/provimentos/94-2000/>. Acesso em: 05 de Abril de 2016.

74 Idem, nota 73.

se enquadra, não abrindo possibilidade de interpretação extensiva. Segue o Artigo 2°:

> Art. 2º. Entende-se por publicidade informativa:
>
> a) a identificação pessoal e curricular do advogado ou da sociedade de advogados;
>
> b) o número da inscrição do advogado ou do registro da sociedade;
>
> c) o endereço do escritório principal e das filiais, telefones, fax e endereços eletrônicos;
>
> d) as áreas ou matérias jurídicas de exercício preferencial;
>
> e) o diploma de bacharel em direito, títulos acadêmicos e qualificações profissionais obtidos em estabelecimentos reconhecidos, relativos à profissão de advogado (art. 29, §§ 1º e 2º, do Código de Ética e Disciplina);
>
> f) a indicação das associações culturais e científicas de que faça parte o advogado ou a sociedade de advogados;
>
> g) os nomes dos advogados integrados ao escritório;
>
> h) o horário de atendimento ao público;
>
> i) os idiomas falados ou escritos[75].

Os artigos 3º e 4º deste texto legal apresentam o que são meios lícitos e ilícitos de publicidade, fazendo com que seja traçado limites, os quais definem aos advogados o que poderá ser feito por eles para que a publicidade seja considerada legal.

> Art. 3º. São meios lícitos de publicidade da advocacia:
> a) a utilização de cartões de visita e de apresentação do escritório, contendo, exclusivamente, informações objetivas;
> b) a placa identificativa do escritório, afixada no local onde se encontra instalado;
> c) o anúncio do escritório em listas de telefone e análogas;
> d) a comunicação de mudança de endereço e de alteração de outros dados de identificação do escritório nos diversos meios de comunicação escrita, assim como por meio de mala-direta aos colegas e aos clientes cadastrados;
> e) a menção da condição de advogado e, se for o caso, do ramo de atuação, em anuários profissionais, nacionais ou estrangeiros;
> f) a divulgação das informações objetivas, relativas ao advogado ou à sociedade de advogados, com modicidade, nos meios de comunicação escrita e eletrônica.
> § 1º. A publicidade deve ser realizada com discrição e moderação, observado o disposto nos arts. 28, 30 e 31 do Código de Ética e Disciplina.

75 Idem, nota 73.

> § 2º. As malas-diretas e os cartões de apresentação só podem ser fornecidos a colegas, clientes ou a pessoas que os solicitem ou os autorizem previamente.
> § 3º. Os anúncios de publicidade de serviços de advocacia devem sempre indicar o nome do advogado ou da sociedade de advogados com o respectivo número de inscrição ou de registro; devem, também, ser redigidos em português ou, se em outro idioma, fazer-se acompanhar da respectiva tradução[76].
>
> Art. 4º. Não são permitidos ao advogado em qualquer publicidade relativa à advocacia:
> a) menção a clientes ou a assuntos profissionais e a demandas sob seu patrocínio;
> b) referência, direta ou indireta, a qualquer cargo, função pública ou relação de emprego e patrocínio que tenha exercido;
> c) emprego de orações ou expressões persuasivas, de auto-engrande-cimento ou de comparação;
> d) divulgação de valores dos serviços, sua gratuidade ou forma de pagamento;
> e) oferta de serviços em relação a casos concretos e qualquer convocação para postulação de interesses nas vias judiciais ou administrativas;
> f) veiculação do exercício da advocacia em conjunto com outra atividade;
> g) informações sobre as dimensões, qualidades ou estrutura do escritório;
> h) informações errôneas ou enganosas;
> i) promessa de resultados ou indução do resultado com dispensa de pagamento de honorários;
> j) menção a título acadêmico não reconhecido;
> k) emprego de fotografias e ilustrações, marcas ou símbolos incompatíveis com a sobriedade da advocacia;
> l) utilização de meios promocionais típicos de atividade mercantil[77].

Por sua vez, os artigos 5° e 6°, definem os veículos considerados permitidos e os proibidos para a divulgação do trabalho dos advogados. Sendo eles:

> Art. 5º. São admitidos como veículos de informação publicitária da advocacia:
> a) Internet, fax, correio eletrônico e outros meios de comunicação semelhantes;
> b) revistas, folhetos, jornais, boletins e qualquer outro tipo de imprensa escrita;
> c) placa de identificação do escritório;
> d) papéis de petições, de recados e de cartas, envelopes e pastas.

---

76 Idem, nota 73.

77 Idem, nota 73.

> Parágrafo único. As páginas mantidas nos meios eletrônicos de comunicação podem fornecer informações a respeito de eventos, de conferências e outras de conteúdo jurídico, úteis à orientação geral, contanto que estas últimas não envolvam casos concretos nem mencionem clientes.
>
> Art. 6º. Não são admitidos como veículos de publicidade da advocacia:
> a) rádio e televisão;
> b) painéis de propaganda, anúncios luminosos e quaisquer outros meios de publicidade em vias públicas;
> c) cartas circulares e panfletos distribuídos ao público;
> d) oferta de serviços mediante intermediários[78].

Por fim, os artigos 7° e 8° da norma regulamentadora, apresentam como deverá ser a conduta dos advogados ao se utilizarem de meios de comunicação, estabelecendo regras a serem obedecidas. São elas:

> Art. 7º. A participação do advogado em programas de rádio, de televisão e de qualquer outro meio de comunicação, inclusive eletrônica, deve limitar-se a entrevistas ou a exposições sobre assuntos jurídicos de interesse geral, visando a objetivos exclusivamente ilustrativos, educacionais e instrutivos para esclarecimento dos destinatários.
>
> Art. 8º. Em suas manifestações públicas, estranhas ao exercício da advocacia, entrevistas ou exposições, deve o advogado abster-se de:
> a) analisar casos concretos, salvo quando argüido sobre questões em que esteja envolvido como advogado constituído, como assessor jurídico ou parecerista, cumprindo-lhe, nesta hipótese, evitar observações que possam implicar a quebra ou violação do sigilo profissional;
> b) responder, com habitualidade, a consultas sobre matéria jurídica por qualquer meio de comunicação, inclusive naqueles disponibilizados por serviços telefônicos ou de informática;
> c) debater causa sob seu patrocínio ou sob patrocínio de outro advogado;
> d) comportar-se de modo a realizar promoção pessoal;
> e) insinuar-se para reportagens e declarações públicas;
> f) abordar tema de modo a comprometer a dignidade da profissão e da instituição que o congrega[79].

Assim, conforme demonstrado o Legislativo respaldado pela OAB demonstram que a publicidade deve ser informativa, discreta e moderada, e, assim, não tendo cunho mercantil sendo terminantemente proibida a divulgação de taxas e custos. "No Brasil, não existe manifestação do Supremo Tribunal

78 Idem, nota 73.

79 Idem, nota 73.

Federal sobre um conflito entre liberdade de exercício profissional ou de expressão e a publicidade na advocacia, ao contrário do que ocorreu nos EUA[80]." O Superior Tribunal de Justiça teve a oportunidade de manifestar-se sobre o assunto, no AResp nº. 048276[81], em que o apelante visava "a declaração de inconstitucionalidade e ilegalidade de dispositivos que proíbem a publicidade de serviços de advocacia em mídias de rádio e televisão". Entretanto, o STJ não analisou a questão meritória, por entender que a via eleita era inadequada.

As jurisprudências dos Tribunais de Ética dos Estados e do Conselho Federal são, em sua maioria, bem severas em relação ao uso de publicidade. Como demonstrado acima, o Provimento n° 94/2000, apresenta hipóteses lícitas e ilícitas de publicidade, mas, em sua pluralidade, elas apresentam o assunto muito subjetivamente, deixando, na prática, a mercê do entendimento dos julgadores. O julgamento não deveria ser sempre uníssono, porque "cada caso é um caso", mas deveria apresentar uma forma mais objetiva de qualificar cada infração e cada possibilidade.

Um exemplo disso é a questão de anúncio em jornal. O Tribunal de Ética do Paraná, em casos distintos, defendeu uma hora que um anúncio era moderado e, portanto possível e em outra situação, que o anúncio violava os preceitos estabelecidos no Provimento e no Código de Ética, mostrando assim, a subjetividade de cada julgamento.

> PUBLICIDADE - ANÚNCIO EM JORNAL - IMODERAÇÃO - CAPTAÇÃO DE CLIENTELA - anúncio em jornal de serviços profissionais. Fato comprovado. Vedação. Infração aos arts. 28 e 29 do CED e letras "e" e 'I' do provimento 94/2000 do Conselho Federal da OAB. Procedência da representação[82].
>
> PUBLICIDADE EM ANÚNCIO PUBLICADO EM JORNAL - AUSÊNCIA DE INFRAÇÃO ÉTICO DISCIPLINAR - ARQUIVAMENTO DO PROCESSO - As normas sobre publicidade de advogados estão reguladas pelos artigos 28 e 34 do Código de Ética e do Provimento nº 94/2000, do

80 OLIVEIRA, Everson Elias Gonçalves de. op.cit.

81 BRASIL. Superior Tribunal de Justiça. AREsp n. 048276, Rel. Min. Benedito Gonçalves. Data da publicação: 28/09/2011. Disponível em: <https://ww2.stj.jus.br/revistaeletronica/Abre_Documento.asp?sLink=ATC&sSeq=18386184&sReg=201102186508&sData=20111021&sTipo=5&formato=PDF>. Acesso em: 25 de Fevereiro de 2016.

82 BRASIL. Tribunal de Ética do Paraná. Decisão unânime. Número Acordão 5273/2005. Número Processo 158/2005. Relator: Telson José Fernandes. Julgamento em 29 de Junho de 2015. Disponível em: <http://intranet.oabpr.org.br/servicos/ementario/ementario2.asp>. Acesso em 10 de Abril de 2016.

> Conselho Federal. Tendo em vista que o anúncio foi feito com moderação e discrição em jornal pelos advogados, sem configurar o angariamento de ações, não comete nenhum tipo de infração ético disciplinar[83].

Se assim ocorre no mesmo Tribunal de Ética, ao colocarmos lado a lado dois Tribunais distintos, a situação se agrava. O Brasil tem uma dimensão continental, e, por isso, as decisões tentem a variar de acordo com a região do julgamento. Segue um julgamento sobre anúncio em jornal do Tribunal de Ética de Goiás:

> EMENTA:Infração ético disciplinar. Propaganda imoderada. Advogados que promovem publicidade profissional em classificados de Jornal, de forma imoderada e em desacordo com o disposto nas legislações de classe, infringindo o disposto no artigo 34, inciso IV, da Lei 8.906/94 e artigos 28 e 29 do Código de Ética e Disciplina da OAB, comete infração Ético Disciplinar, sujeitando-se a aplicação da pena de censura. Entretanto, em razão da primariedade de todos os representados, converte-se em advertência, em oficio reservado, sem registro nos assentamentos, tudo de acordo com o artigo 35, inciso I e artigo 36, incisos I e II, e parágrafo único do Estatuto da Advocacia e da OAB. Decisão: Representação julgada procedente, impondo aos representados a pena de censura, com conversão em advertência, em oficio reservado sem registro nos assentamentos, nos termos do voto do relator[84].

Esse julgado demonstra mais uma vez que os advogados estão à mercê dos julgadores, não trazendo nenhuma segurança jurídica para os profissionais, principalmente àqueles que são recém-formados.

5.1 Publicidade nos novos meios de comunicação

Um dos assuntos incluídos na publicidade mais questionados atualmente é a utilização de internet como forma de publicidade, ao ter um site ou página do Facebook do escritório. Isso ocorre, pois hoje a "há um amplo acesso de ad-

---

83 BRASIL. Tribunal de Ética do Paraná. Número do Acordão 3886/2003. Número do processo 4732/2003. Relator: Sadi Bonatto. Julgamento: 29/09/2003. Disponível em: <http://intranet.oabpr.org.br/servicos/ementario/ementario2.asp>. Acesso em: 10 de Abril de 2016.

84 BRASIL. Tribunal de Ética de Goiás. P. D. n.º 2.417/98. V. U. Presidente e Relator da 3ª Turma do TED/OAB/GO - Dr. Cleomar Rizzo Esselin Filho. Julgamento em: 05/06/2003. Disponível em: <http://www.oabgo.org.br/oab/ementaBusca.sp>. Acesso em: 10 de Abril de 2016.

vogados e clientes a todos os meios possíveis de comunicação eletrônica[85]", e, até a promulgação do Novo Código de Ética não existia regulamento expresso sobre o tema. A doutrina, como é uma fonte mais rápida de ser atualizar, apresenta sua definição e o que acha que seria violação dos princípios do Código de Ética. Sobre o tema Paulo Lôbo nos apresenta o seu entendimento dessa temática:

> A Internet, a Web e outros meios eletrônicos de comunicação favorecem violações das regras deontológicas sobre publicidade da advocacia, nas quais se enquadram as seguintes condutas: a) envio habitual de boletins informativos, que encobrem o intuito de divulgação do escritório ou da sociedade de advogados; b) oferta de patrocínio ou assessoria jurídica em página na Internet; c) estampa de relações de clientes; d) utilização de e-mail ou página da Internet para o envio de mensagens eletrônicas voltadas à captação de clientela; e) divulgação de páginas da Internet com artigos jurídicos e opiniões virtuais, com o intuito de captação de clientela; f) prestação de consultas a clientes eventuais, mediante pagamento com cartão de crédito e outro meio[86].

Como a utilização da internet vem crescendo somente nos últimos anos existem poucos julgados em relação a esse tema. A data mais antiga de um julgado disponibilizado para consulta pelos Tribunais de Ética do país e que tenha um tema de publicidade na internet é do ano de 1999 do TED de Santa Catarina. Essa data se dá cinco anos após a promulgação do Estatuto da Advocacia (1994) e quatro anos após o Código de Ética (1995), portanto não foi abordado por essas normas. Já o Provimento 94/2000 poderia ter se encarregado sobre um maior detalhamento sobre esse tema, mas não o fez. Pela não abordagem nas normas acima citadas de nenhuma forma ou de forma incompleta, os julgados sobre o tema se tornam bastante abstratos. Alguns exemplos desses julgados, proferidos pelo Tribunal de Ética do Estado de São Paulo:

> E - 4.176/2012 – PUBLICIDADE – FACEBOOK – CRIAÇAO DE PÁGINA POR ESCRITÓRIO DE ADVOCACIA – POSSIBILIDADE – OBSERVÂNCIA DE PARÂMETROS ÉTICOS. A presença de escritório de advocacia na rede social Facebook é permitida tanto por meio da criação de "páginas" e como de "conteúdos patrocinados". A "página" do Facebook assemelha-

---

85 IETSUGU, Octávio. Críticas às restrições da publicidade na advocacia no projeto do novo código de ética. Publicado dia 20 de Agosto de 2015. Disponível em: <http://www.hubjur.com.br/artigo/2015/08/20/criticas-as-restricoes-da-publicidade-na-advocacia-no-projeto-do-novo-codigo-de-etica/>. Acesso em 16 de Abril de 2016.

86 LÔBO, Paulo. op. cit., p. 50.

-se ao website convencional, acrescido do envio de informações, tal como ocorre com as malas-diretas. Os usuários apenas recebem informações das "páginas" com as quais estabelecerem vínculo por meio do botão "curtir", de modo que o acesso e o envio de informações decorrem da iniciativa do próprio usuário e não do advogado. Não viola a ética a criação de página no Facebook por escritório de advocacia, desde que seu conteúdo se limite à divulgação de informações objetivas relativas aos advogados e à sociedade de advogados, sempre com discrição e moderação, para finalidade exclusivamente informativa e ilustrativa. Da mesma forma, não viola a ética a contratação por escritório de advocacia de "conteúdo patrocinado" que consiste na contratação do Facebook para exibir publicidade da sociedade de advogados aos usuários. Esse tipo de publicidade apenas indica ao interessado o caminho eletrônico para página do Facebook do próprio escritório de advocacia ou ao seu website externo. Inteligência do Provimento n. 94/2000 do Conselho Federal da OAB[87].

PROPAGANDA DEVE SER DISCRETA E MODERADA E NÃO PODE SER FEITA EM CONJUNTO COM OUTRA ATIVIDADE - PROCEDÊNCIA DA REPRESENTAÇÃO - INFRAÇÃO AOS ARTIGOS 7o E 28 DO CED E ARTIGO 34 INCISO IV DO ESTATUTO DA OAB - PENA DE CENSURA. Embora não haja vedação ética, a propaganda através da internet deve ser discreta e moderada, para não caracterizar captação de clientela, não podendo, por outro lado, ser feita em conjunto com outra atividade[88].

Consulta 0018/2004/OEP. Origem: Conselho Seccional da OAB/Alagoas. Assunto: Sociedade de Advogados. Normas de ética e disciplina. Credenciamento junto as empresas de cartões de crédito. Linhas de crédito para facilitar pagamentos de honorários. Cooperativas. Planos jurídicos mensais. Publicidade. Relatora: Conselheira Federal Gisela Gondin Ramos (SC). Revisor: Conselheiro Federal Luiz Gomes (RN). Vista: Conselheiro Federal Sergio Ferraz (AC). Ementa 58/2006/OEP. SOCIEDADES DE ADVOGADOS. NORMAS DE ÉTICA E DISCIPLIINA. CREDENCIAMENTO JUNTO A EMPRESAS DE CARTÕES DE CRÉDITO. LINHAS DE CRÉDITO PARA FACILITAR PAGAMENTOS DE HONORÁRIOS.

87 BRASIL. Tribunal de Éica de São Paulo. Prec. E-3.716/2008; E-4.013/2011 e E-4.108/2012. V.U. em 18/10/2012 - parecer e ementa do Rel. Dr. FLÁVIO PEREIRA LIMA - Rev. Dra. MARY GRUN - Presidente Dr. CARLOS JOSÉ SANTOS DA SILVA. Disponível em: <http://www.oabsp.org.br/tribunal-de-etica-e-disciplina/melhores-pareceres/e-4-176-2012>. Acesso em: 16 de Abril de 2016.

88 BRASIL. Tribunal de Ética de São Paulo. Acordão N°. 2243. V.U. em 26/10/2011. Parecer e ementa do Rel. Dr. DAGMAR RAMOS PEREIRA – Presidente Dr. LUIZ PAULO TURCO. Disponível em: <http://www2.oabsp.org.br/asp/tribunal_etica/textoEmentas.asp?idEmenta=3923>. Acesso em: 16 de Abril de 2016.

> COOPERATIVAS. PLANOS JURÍDICOS MENSAIS. PUBLICIDADE. É vedado ao advogado ou sociedade de advogados o credenciamento junto a empresas de Cartões de Crédito, porquanto tal filiação caracteriza uma triangulação incompatível com o regramento estatutário, implicando a inserção de um elemento estranho à relação de patrocínio - intermediário, configurando, pois, uma forma de agenciamento. O regramento deontológico da profissão não permite ao profissional o oferecimento de linhas de crédito junto a instituições financeiras, para fins de recebimento de seus honorários, posto que tal implica em atividade tipicamente mercantil. A prestação de serviços jurídicos através de cooperativas de serviços, não é permitida. Inteligência dos arts. 3º, § 1º, 15, 16, in fine, 17 e 34, inc. IV, do EAOAB, art. 4º, do Regulamento Geral e art. 7º, do Código de Ética e Disciplina. Não é permitida a divulgação de logomarca e nome em bottons para sua equipe de advogados e estagiários, e nem a utilização de adesivos em automóveis, sob pena de violação ao art. 31, § 2º, do Código de Ética e Disciplina. Podem os advogados ou sociedades, com as devidas cautelas determinadas pela ética profissional, divulgarem seus serviços através de folders, banners, e-mails, malas diretas, colunas jornalísticas e assemelhados, bem como publicarem artigos em jornais e revistas, ou ainda, enviarem malas diretas e mensagens de e-mails com periodicidade aos seus clientes, dentro dos limites legais estabelecidos na legislação específica, e já referida alhures. Acórdão: Vistos, relatados e discutidos os presentes autos, acordam os Conselheiros integrantes do Órgão Especial do Conselho Pleno do Conselho Federal da OAB, por maioria, vencido o Revisor, em responder a consulta nos termos do voto da Relatora[89].

Apesar de todas as decisões acima destacadas apresentarem como base as regras descritas no Código de Ética e no Provimento 94/2000, nota-se uma abstração quando ao conteúdo das páginas de escritórios de advocacia. Expressões como "desde que o conteúdo se limite à divulgação de informações objetivas", ou "deve ser discreta e moderada" demonstram a fragilidade de julgamento das questões relacionadas à publicidade, que neste exemplo se agrava, pois não há norma em vigor que delimita o uso da internet por advogados.

Esse caso é típico exemplo de uma hipótese, na qual, os advogados esperavam que se resolvesse com o Novo Código de Ética, Provimento nº.2 de 2015. Entretanto, poucas as mudanças foram feitas com o Código de Ética que entrará em vigor em Maio deste ano, conforme veremos em tópico a parte abaixo.

---

89 BRASIL. Conselho Federal da OAB. Consulta 0018/2004/OEP. Origem: Conselho Seccional da OAB/Alagoas Brasília, 11 de setembro de 2006. Aristoteles Atheniense, Presidente. Gisela Gondin Ramos, Conselheira Relatora. (DJ, 20.10.2006, p. 1343, S 1). Disponível em: <http://www.oab.org.br/leisnormas/ementario/3346/00182004oep?search=Consulta%20 0018%2F2004%2FOEP.%20>. Acesso em: 16 de Abril de 2016.

5.2 Novo Código de Ética (Provimento nº 2 de 2015)

Heinrich Luiz Pasold, advogado e Membro do II Tribunal de Ética e Disciplina da OAB/SC, em seu artigo "A formação ética: Independência e Liberdade do Advogado" diz que:

> O exercício da advocacia é uma fonte inesgotável de desafios, em um mundo permeado de constantes e novos conceitos, de entendimentos e conhecimentos, e que, inexoravelmente, forçam a adoção de posicionamentos, bem como de convencimentos contrários àqueles que até então estavam postos ou aceitos como verdades consolidadas[90].

O Novo Código de Ética da OAB[91] para muitos profissionais viria como um regulamento inovador, moderno e menos tradicionalista que o anterior. Entretanto, apesar da existência de um movimento defendendo a flexibilização das regras éticas, citado inclusive pelo Relator Dr. Luiz Carlos Branco no Processo E-2.236/00[92], e com as falas ditas pelo Presidente Nacional da OAB, Marcus Vinícius Furtado Coelho, ao anunciar a análise do referido Código o novo Código - "tanto mais nesta quadra histórica em que iremos dotar a advocacia brasileira de um novo Código de Ética, moderno e atualizado às exigências do momento presente[93]" – a realidade frustrou com as expectativas de mudança.

A realidade atual é inegavelmente diferente daquela de 1995. Atualmente, não só os advogados, mas qualquer pessoa da sociedade se utiliza da Internet como fonte de produtos e serviços, buscando a fundo as referências sobre o que se procura. Essa informação mostra que o acesso à informação se tornou de livre acesso e cada vez mais, popular. Por isso, era de se esperar que com a oportunidade de promulgação de um Novo Código de Ética, que ele fosse "se

---

90 PASOLD, Heinrich Luiz Pasold. A formação ética: Independência e Liberdade do Advogado. Disponível em: <http://www1.jus.com.br/doutrina/texto.asp?id=5169>. Aceso em: 26 de Março de 2016.

91 BRASIL. **Resolução n.02/2015**, de 19 de Outubro de 2015. Aprova o Código de Ética e disciplina da Ordem dos Advogados do Brasil. Disponível em: <http://www.oab.org.br/arquivos/resolucao-n-022015-ced-2030601765.pdf>. Acesso em: 10 de Abril de 2015.

92 BRASIL. Tribunal de Ética de São Paulo. Proc. E-2.236/00 - v.u. em 19/10/00 do parecer e ementa do Rel. Dr. LUIZ CARLOS BRANCO - Rev. Dr. JOÃO TEIXEIRA GRANDE - Presidente Dr. ROBISON BARONI. Disponível em: <http://www2.oabsp.org.br/asp/tribunal_etica/pop_ementasano.asp?ano=2000>.Acesso em: 28 de Março de 2016.

93 IETSUGU, Octávio. Críticas às restrições da publicidade na advocacia no projeto do novo código de ética. Publicado dia 20 de Agosto de 2015. Disponível em: <http://www.hubjur.com.br/artigo/2015/08/20/criticas-as-restricoes-da-publicidade-na-advocacia-no-projeto-do-novo-codigo-de-etica/>. Acesso em 16 de Abril de 2016.

ajustar ao passo atual do mundo[94]", alterando limitações existentes na regulamentação passada, para que assim, se removesse "as barreiras que impedem o bom advogado de alcançar seu público e exercer o ofício para o qual tanto se preparou[95]".

No artigo "Publicidade da atividade profissional do advogado[96]" Heinch Luiz Pasold, fez referência a uma fala do Presidente da Seccional da Ordem dos Advogados do Brasil, sessão de Santa Catarina, em reunião com os advogados da subseção de Indaial, na cidade de Rodeio (SC). O presidente assim disse: "que até parece que tem alguém dentro da OAB querendo impedir que os novos advogados se façam conhecidos". Essa fala demonstra a dificuldade de se iniciar em um mercado já saturado, e, com as regras tão duras de publicidade, esse ingresso no mercado se torna mais complicado ainda.

Com o Novo Código de Ética, haveria a oportunidade de derrubar os "arcaicos entraves existentes ao exercício pleno da advocacia, abrindo portas aos cidadãos brasileiros para que alcancem os melhores profissionais do Direito em uma era em que a informação é livre e acessível a todos[97]". Com uma maior modernização e abertura, o Código viria ajudar na desmistificação de que o advogado é "uma autoridade inalcançável, infalível e inquestionável[98]", passando a ser, o que sempre deveria ter sido, "um personagem que faz parte, interage e contribui com uma sociedade informada que não apenas busca um salvador para seus problemas, mas que tem condições de analisar e recomendar os méritos dos melhores profissionais[99]".

O Novo Código de Ética entrará em vigor somente em Maio deste ano, mas infelizmente já vem ultrapassado. O capítulo VIII, da Publicidade Profissional, que contém os artigos 39 até o 47, é o que remete expressamente ao tema discutido. Alguns destes artigos são "*ipisis litteris*" do Código anterior, outros são

---

94 Idem, nota 93.

95 Idem, nota 93.

96 PASOLD, Heinrich Luiz Pasold. Publicidade da atividade profissional do advogado. Disponível em: < http://www.oab-sc.org.br/ted-doutrinas>. Acesso em: 23 de Março de 2016.

97 IETSUGU, Octávio. Críticas às restrições da publicidade na advocacia no projeto do novo código de ética. Publicado dia 20 de Agosto de 2015. Disponível em: <http://www.hubjur.com.br/artigo/2015/08/20/criticas-as-restricoes-da-publicidade-na-advocacia-no-projeto-do-novo-codigo-de-etica/>. Acesso em 16 de Abril de 2016.

98 Idem, nota 97.

99 Idem, nota 97.

bem similares apenas mudando as palavras, mas mantendo o sentido e outros são novidades. Entretanto, apesar dessas novidades, o Novo Código restringe ainda mais a publicidade, inclusive quando regulamenta sobre a Internet e os novos meios de comunicação.

Inegável é que o novo Código apresenta novidades, principalmente na regulamentação do uso de novas tecnologias. Entretanto, elas são distintas das esperadas, e muito mais restritivas do que permissivas. Na realidade houve "uma modernização e atualização das já existentes vedações às novas tecnologias, e a não a modernização e atualização do Código à realidade presente[100]". Assim, o Novo Código vai contra o "caráter livre e acessível da informação que presenciamos na sociedade[101]", na medida em que, restringe mais a possibilidade de publicidade no exercício profissional.

6 CONCLUSÃO

O Estatuto da Advocacia, o Código de Ética, qual seja ele, e o Provimento 94/2000 são as leis basilares para a conduta do advogado em sua atividade. Não há dúvida de que elas são necessárias, que o advogado deve se portar de forma ética e profissional, mas ao regulamentar a profissão elas deveriam se pautar na realidade, estabelecendo orientações e não punições. Infelizmente, como demonstrado acima, não é o ocorre.

O Novo Código de Ética deveria ter sido aproveitado para modernizar a lei, para que assim ela se tornasse condizente com o quadro atual. Nos tempos atuais, tudo muda de forma incrivelmente rápida, conceitos e entendimentos que até então eram arraigados nas sociedades, mudam velozmente. O papel do direito é ser o mais condizente possível com a conjuntura social do país, e, isso se inclui a temática da publicidade na advocacia.

A preocupação dos mais conservadores se reveste na ideia de que uma menor restrição à publicidade do advogado faria com que a atividade perdesse a sua função social e passasse a ter um caráter puramente mercantilista. Entretanto, é inegável que essa "mercantilização" está presente a muito tempo, de

---

100 Idem, nota 97.

101 IETSUGU, Octávio. Críticas às restrições da publicidade na advocacia no projeto do novo código de ética. Publicado dia 20 de Agosto de 2015. Disponível em: <http://www.hubjur.com.br/artigo/2015/08/20/criticas-as-restricoes-da-publicidade-na-advocacia-no-projeto-do-novo-codigo-de-etica/>. Acesso em 16 de Abril de 2016.

uma maneira não tão direta e evidente. Para um advogado que está iniciando uma sociedade pela primeira vez a aquisição de clientes, depende inteiramente de indicação de parentes, amigos e conhecidos, e com perseverança e um pouco de sorte, o escritório irá prosperar. Nesse caso, é necessário um planejamento para captação de clientes, controle de caixa e várias outras ações que estão arraigadas no universo empresarial. Sem esse plano, o escritório, com certeza, passará dificuldades e ocasionalmente fechará.

Outro exemplo disso é o advogado que é associado a um grande escritório. Nos escritórios "de massa", cada advogado tem uma função própria, trabalha em conjunto com os demais e tem metas a cumprir. Muitos poderiam pensar que a descrição feita seja de uma clássica cena de uma indústria, entretanto, pergunte a qualquer advogado recém-formado ou a um estudante de direito, e isso se confirmará. Os grandes escritórios têm "grifes" o que ajuda na captação de clientes. Nota-se que a restrição à publicidade pelo advogado não é um fator determinante para que se evite a mercantilização da profissão. Mesmo com as falas dos mais tradicionalistas de que não há mercantilização da advocacia, a realidade de 1995 já não existe mais, apresentando, atualmente, escritórios com, pelo menos, um traço empresarial na sua constituição.

Com as vedações à publicidade, os escritórios grandes e já consolidados não são afetados, fazendo com que haja um domínio de mercado por eles. Os novos escritórios são os mais afetados com essas restrições, pois a publicidade poderia, respalda em princípios éticos, ser uma boa forma de alcançar clientes que não os conheceriam de outra forma. A captação de clientes se daria por mérito, e não pela "grife". A publicidade pelos novos meios de comunicação tem um custo relativamente baixo comparado com antigamente, e os jovens advogados poderiam se beneficiar para angariar potenciais clientes para começar a desenvolver seu escritório e seu nome no meio.

De todos os países citados anteriormente, o Brasil é um o país que mais restringe a publicidade na advocacia, mesmo se comparado com os mais conservadores, como a Espanha e Portugal. É incontestável que o mundo evoluiu, que a advocacia de antigamente já não existe mais. Os demais países estão seguindo essa modernização ao tornar a publicidade na advocacia mais liberal, e, o Brasil deveria fazer o mesmo. Se o Brasil não quiser se tornar um país tão liberal como Estados Unidos, que ele pelo menos se adeque a realidade não só do país, mas mundial.

As normas brasileiras, para serem alteradas, dependem de um processo legislativo demorado, por isso, o Novo Código de Ética deveria ter sido mais bem elaborado, para atingir a vida prática dos advogados do país. A atual conjuntura do país demonstra a necessidade de uma maior abertura para a publicidade na advocacia, para que assim, a profissão se torne mais competitiva e consequentemente mais justa com todos os tipos de advogados e para que os clientes possam ter uma maior margem de escolha, melhorando seu poder de decisão sobre qual advogado optar. Logo, a legislação deveria ser adaptada para a verdadeira realidade do país, e não apenas uma atualização das vedações pré-existentes para que elas também abranjam as novas formas de publicidade.

7 REFERÊNCIAS BIBLIOGRÁFICAS

AMERICAN BAR ASSOCIATION. **Model Rules of Professional Conduct**. Disponível em: <http://www.americanbar.org/groups/professional_responsibility/publications/model_rules_of_professional_conduct/model_rules_of_professional_conduct_table_of_contents.html>. Acesso em: 07 de fevereiro de 2016.

AQUAVIVA apud PORTINHO, Roberta Brenner Ochilacki. **Evolução histórica da Advocacia**. Disponível em: <http://www.historiaehistoria.com.br/materia.cfm? tb=alunos&id=25>. Acesso em: 31 de Janeiro de 2016.

AYALA, Bernardo Diniz de. **Processo nº 30.614**, aprovado pelo Conselho Distrital de Lisboa em sessão plenária de 7 de Agosto de 2003, Disponivél em: in http://www.oa.pt, Acessado em 20 de março de 2016.

AZEVEDO, Paulo Olímpio de. **Comentários ao Estatuto da Advocacia**, Editora Fórum, 2008. p.10-11.

BRASIL. **Código de Ética e Disciplina da OAB**, de 13 de Fevereiro de 1995. Regulamenta as condutas e princípios a serem norteadores da conduta do advogado. Disponível em: <http://www.oab.org.br/visualizador/19/codigo-de-etica-e-disciplina>. Acesso em: 10 de Abril de 2015.

BRASIL. Conselho Federal da OAB. **Consulta 0018/2004/OEP**. Origem: Conselho Seccional da OAB/Alagoas Brasília, 11 de setembro de 2006. Aristoteles Atheniense, Presidente. Gisela Gondin Ramos, Conselheira Relatora. (DJ, 20.10.2006, p. 1343, S 1). Disponível em: <http://www.oab.org.br/leisnormas/ementario/3346/00182004oep?search=Consulta%200018%2F2004%2FOEP.%20>. Acesso em: 16 de Abril de 2016.

BRASIL. **Constituição da República Federativa do Brasil**, de 05 de Outubro de 1988. Disponível em: < http://www.planalto.gov.br/ccivil_03/Constituicao/Constituicao.htm>. Acesso em: 20 de Abril de 2015.

BRASIL. **Decreto-lei 2484**, de 07 de Dezembro de 1940. Disponível em: <http://www.planalto.gov.br/ccivil_03/decreto-lei/Del2848compilado.htm>. Acesso em: 15 de Março de 2016.

BRASIL. **Estatuto da Advocacia e da OAB**, de 04 de Julho de 1994. Dispõe sobre o Estatuto da Advocacia e a Ordem dos Advogados do Brasil. Disponível em: <http://www.oab.org.br/Content/pdf/LegislacaoOab/Lei-8906-94-site.pdf>. Acesso em: 15 de Abril de 2015.

BRASIL. **Lei nº. 11.767**, de 07 de Agosto de 2008. Altera o Art. 7º da Lei nº 8.906/94. Disponível em: <http://www.planalto.gov.br/ccivil_03/_Ato2007-2010/2008/Lei/L11767.htm>. Acesso em: 02 de Fevereiro de 2016.

BRASIL. **Provimento n.94/2000**, de 17 de Agosto de 2001. Dispõe sobre a publicidade, a propaganda e a informação da advocacia. Disponível em: < http://www.oab.org.br/leisnormas/legislacao/provimentos/94-2000/>. Acesso em: 05 de Abril de 2016.

BRASIL. **Resolução 165/2010**, de 30 de Abril de 2010. Disponível em: <http://www3.tst.jus.br/jurisprudencia/Sumulas_com_indice/Sumulas_Ind_401_450.html#SUM-425>. Acesso em: 05 de Maio de 2015.

BRASIL. **Resolução n.02/2015**, de 19 de Outubro de 2015. Aprova o Código de Ética e disciplina da Ordem dos Advogados do Brasil. Disponível em: <http://www.oab.org.br/arquivos/resolucao-n-022015-ced-2030601765.pdf>. Acesso em: 10 de Abril de 2015.

BRASIL. **Significados Brasil**. Disponível em: <https://www.significadosbr.com.br/merchandising>. Acesso em 07 de Abril de 2016.

BRASIL. Superior Tribunal de Justiça. AREsp n. 048276, Rel. Min. Benedito Gonçalves. Data da publicação: 28/09/2011. Disponível em: <https://ww2.stj.jus.br/revistaeletronica/Abre_Documento.asp?sLink=ATC&sSeq=18386184&sReg=201102186508&sData=20111021&sTipo=5&formato=PDF>. Acesso em: 25 de Fevereiro de 2016.

BRASIL. Supremo Tribunal Federal. **Ação Direta de Inconstitucionalidade n. 1.127/DF**, Rel. Min. Paulo Borssard, julgamento em 06/10/1994, DJ em

29/06/2001. Disponível em: <http://redir.stf.jus.br/paginador pub/paginador.jsp?docTP=AC&docID=346838>. Acesso em: 22 de Janeiro de 2016.

BRASIL. **Tribunal de Ética de Goiás. P. D. n.º 2.417/98**. V. U. Presidente e Relator da 3ª Turma do TED/OAB/GO - Dr. Cleomar Rizzo Esselin Filho. Julgamento em: 05/06/2003. Disponível em: <http://www.oabgo.org.br/oab/ementaBusca.sp>. Acesso em: 10 de Abril de 2016.

BRASIL. Tribunal de Ética do Paraná. Número do Acordão 3886/2003**. Número do processo 4732/2003**. Relator: Sadi Bonatto. Julgamento: 29/09/2003. Disponível em: <http://intranet.oabpr.org.br/servicos/ementario/ementario2.asp>. Acesso em: 10 de Abril de 2016.

BRASIL. Tribunal de Ética do Paraná. Decisão unânime. Número Acordão 5273/2005. **Número Processo 158/2005**. Relator: Telson José Fernandes. Julgamento em 29 de Junho de 2015. Disponível em: <http://intranet.oabpr.org.br/servicos/ementario/ementario2.asp>. Acesso em 10 de Abril de 2016.

BRASIL. Tribunal de Ética de São Paulo, **Proc. 1.684/98**, Rel. João Teixeira Grande, Rev. Clodoaldo Ribeiro Machado, julgado em 21 de Maio de 1998.

BRASIL. Tribunal de Ética de São Paulo. **Proc. E - 1.251** - V.M - Rel. Dr. JOSÉ URBANO PRATES - Rev. Dr. CARLOS AURÉLIO MOTA DE SOUZA - Presidente - Dr. ROBISON BARONI. Sessão de Julgamento de 08 de Fevereiro de 1996.

BRASIL. Tribunal de Éica de São Paulo. **Prec. E-3.716/2008; E-4.013/2011 e E-4.108/2012**. V.U. em 18/10/2012 - parecer e ementa do Rel. Dr. FLÁVIO PEREIRA LIMA - Rev. Dra. MARY GRUN - Presidente Dr. CARLOS JOSÉ SANTOS DA SILVA. Disponível em: <http://www.oabsp.org.br/tribunal-de-etica-e-disciplina/melhores-pareceres/e-4-176-2012>. Acesso em: 16 de Abril de 2016.

BRASIL. Tribunal de Ética de São Paulo. **Acordão N°. 2243**. V.U. em 26/10/2011. Parecer e ementa do Rel. Dr. DAGMAR RAMOS PEREIRA – Presidente Dr. LUIZ PAULO TURCO. Disponível em: <http://www2.oabsp.org.br/asp/tribunal_etica/textoEmentas.asp?idEmenta=3923>. Acesso em: 16 de Abril de 2016.

BRASIL. Tribunal de Ética de São Paulo. **Proc. E-2.236/00** - v.u. em 19/10/00 do parecer e ementa do Rel. Dr. LUIZ CARLOS BRANCO - Rev. Dr. JOÃO TEIXEIRA GRANDE - Presidente Dr. ROBISON BARONI. Disponível em:

<http://www2.oabsp.org.br/asp/tribunal_etica/pop_ementasano.asp?ano=2000>.Acesso em: 28 de Março de 2016.

BUNDESRECHTSANWALTSKAMMER, Disponível em: <http://www. brak.de/w/files/02_fuer_anwaelte/berufsrecht/bora_engl_stand_1_11_2011.pdf >. Acesso em: 03 de Fevereiro 2016.

CASELAW. **Bates v. State Bar of Arizona - U.S. Supreme Court (1977)**. Disponível em: <http://caselaw.lp.findlaw.com/scripts/getcase.pl?navby=case&court=us&vol=433&page=350>. Acesso em: 10 de Fevereiro de 2016.

CCBE. **Charter of core principles of the european legal profession and code of conduct for european lawyers**. Disponível em: <http://www.ccbe.eu/fileadmin/user_upload/NTCdocument/EN_CCBE_CoCpdf 1_1382973057.pdf>. Acesso em: 30 de Janeiro de 2016.

CONSELHO FEDERAL DA ORDEM DOS ADVOGADOS DO BRASIL. **Provimento n. 127/2008**. Dispõe sobre a participação da OAB no cumprimento da decisão judicial que determinara quebra da inviolabilidade de que trata a Lei n. 11.767, de 2008. Disponível em: <http://www.oab.org.br/leisnormas/legislacao/provimentos/127-2008>. Acesso em: 30 de Janeiro de 2016.

CORNELL UNIVERSITY LAW SCHOOL. **First Amendment**. Disponível em: <http://www.law.cornell.edu/constitution/first_amendment>. Acesso em 07 de Fevereiro de 2016.

COSTA, Elder Lisbôa Ferreira da Costa. **História do Direito: de Roma à história do povo hebreu muçulmano - a evolução do direito antigo à compreensão do pensamento jurídico contemporâneo.** Belém: Unama, 2009, p. 25. Disponível em: <http://www.unama.br/editoraunama/images/stories/livro/historia-do-direito. pdf>. Acesso em: 10 de Abril de 2015.

ESPANHA. Disponível em: <http://www.ccbe.eu/fileadmin/user_upload/NTCdocument/Spain_EN_Codigo_deon1_1251981686.pdf>. Acesso em 30 de Janeiro de 2016.

FERRAZ JUNIOR, Tercio Sampaio. **Introdução ao estudo do direito: técnica, decisão, dominação**. 6. ed. rev. e ampl. São Paulo: Atlas, 2011, p. 29.

GRANDE DICIONÁRIO HOUAISS DA LÍNGUA PORTUGUESA. Edição digital disponível em: <http://houaiss.uol.com.br/>. Acesso em: 14 de Fevereiro de 2016.

IETSUGU, Octávio. **Críticas às restrições da publicidade na advocacia no projeto do novo código de ética**. Publicado dia 20 de Agosto de 2015. Disponível em: <http://www.hubjur.com.br/artigo/2015/08/20/criticas-as-restricoes-da-publicidade-na-advocacia-no-projeto-do-novo-codigo-de-etica/>. Acesso em 16 de Abril de 2016.

INTERNATIONAL BAR ASSOCIATION. **International Code of Ethics**. Disponível para download em: <http://www.ibanet.org/Publications/publications_IBA_guides_and_free_materials.aspx>. Acesso em: 04 Fevereiro de 2016.

KALLAS, Luiz Roberto. **Apesar do Código de Ética, advogado pode fazer marketing**. Conjur, Disponivél em: <http://www.conjur.com.br/2007jun09/apesar_codigo_etica_advogado_marketing> Publicado em 09 de Junho de 2007, Acesso em: 29 de Abril de 2016.

LÔBO, Paulo. **Comentários ao Estatuto da Advocacia e da OAB**. 6. ed. São Paulo: Saraiva, 2011, p. 17.

MAIA, Roberto Serra da Silva. **Os limites da publicidade na advocacia**. Jus Navigandi, Teresina, ano 17, n. 3149, 14 fev. 2012. Disponível em: <http://jus.com.br/revista/texto/21082>. Acesso em: 22 maio 2013.

NALINI, José Renato. **Ética Geral e Profissional A Ética do Advogado**, 10. ed. São Paulo, RT, 2013.

NUCCI, Guilherme de Souza. **Código Penal comentado**. 9. ed. rev., atual. e ampl. São Paulo: Editora Revista dos Tribunais, 2008, p. 675.

OLIVEIRA, Everson Elias Gonçalves de. **O papel democratizante da publicidade na advocacia**. In: Âmbito Jurídico, Rio Grande, XVII, n. 123, abr 2014. Disponível em: <http://www.ambitojuridico.com.br/site/index.php?n_link=revista_artigos_leitura&artigo_id=14671&revista_caderno=18> . Acesso em 30 de Janeiro de 2016.

PASOLD, Heinrich Luiz Pasold. **A formação ética: Independência e Liberdade do Advogado**. Disponível em: <http://www1.jus.com.br/doutrina/texto.asp?id=5169>. Aceso em: 26 de Março de 2016.

PASOLD, Heinrich Luiz Pasold. **Publicidade da atividade profissional do advogado**. Disponível em: < http://www.oab-sc.org.br/ted-doutrinas>. Acesso em: 23 de Março de 2016.

PORTUGAL. **Decreto-Lei nº. 66/2015**, de 29 de Abril de 2015. Dispõe sobre Publicidade em Portugal. Disponível em: <http://www.pgdlisboa.pt/leis/lei_mostra_articulado.php?nid=390&tabela=leis>. Acesso em: 03 de Março de 2016.

RAMOS, Gisela Gondin. **Estatuto da advocacia: comentários e jurisprudência selecionada**. 6. ed. rev. e ampl. Belo Horizonte: Fórum, 2013, p. 26.

SANTOS, J. M. Carvalho. **Repertório enciclopédico do direito brasileiro**. Rio de Janeiro: Borsoi, 1947, p. 267.

SOUZA, Jean Michel Postai de. **A História da Advocacia**. Clubjus, BrasíliaDF: 31 mar. 2011. Disponível em: <http://www.clubjus.com.br/?content=2.34494>. Acesso em: 22 de março de 2015.

26
O ADVOGADO ENQUANTO *MODUS VIVENDI*

Rogério Vieira Santiago
Advogado

A sociedade brasileira em geral tem uma visão bastante distorcida do que representa o "papel" do advogado dentro de um Estado recém redemocratizado, como é o brasileiro.

Infelizmente, a classe dos advogados não tem recebido da sociedade organizada a que ela serve, a importância que o constituinte originário de 1988 lhe proporcionou.

Há quem diga que o descrédito da profissão perante a sociedade organizada a que ela serve, deriva do sentimento de indignação desta mesma sociedade para com aqueles que, no exercício regular da atividade advocatícia, defendem interesses de pessoas tidas pelo senso comum do povo como "inimigos da nação".

Enxerga-se que a sociedade brasileira em geral encontra-se tão saturada de tantos desmandos e abusos de poder, que acaba por "julgar" e "condenar" quem, em princípio, é apenas sujeito passivo de um processo judicial, tão só com lastro nas informações, às vezes pouco confiáveis, ou tendenciosas, dos meios de comunicação.

Como consequência deste "julgamento" e "condenação" feitos pela sociedade brasileira organizada a quem pratica condutas tidas como "fora do senso normal de conduta esperado do cidadão de bem", esta mesma sociedade "julga" e "condena" aqueles que assumem a posição de defensores constituídos por estes mesmos que ela já "julgou" e "condenou".

Há quem radicalizadamente diga que a prática de certas condutas não comporta defesa e, que "advogado de bandido, bandido é"...

Vê-se, claramente, nestas espécies de posicionamentos, uma sociedade cansada de assistir a atividade advocatícia como meio para que os "julgados" e "condenados" pelo senso comum do povo, se livrem de suas responsabilidades.

Quanto a este sentimento despertado na sociedade, de que a atividade advocatícia, muitas vezes, liberta quem ela, sociedade, "julgou" e "condenou", indubitavelmente trata-se de sentimento reflexivo de uma sociedade desiludida com a morosidade com que tramitam os processos judiciais e, sobretudo, com o desequilíbrio entre a condenação às vezes imposta a determinado acusado pelo Poder Judiciário, com o senso de reprovação e repúdio despertado na conduta do agente apenado.

Todas estas ilações servem para agora afirmar que a atividade advocatícia é vista com elevada dose de preconceito pela sociedade a que ela serve.

O resgate da confiabilidade da profissão do advogado, como instrumento posto à disposição do cidadão para alçada às vias judiciárias, sem sombra de dúvidas, exige que se "separe o joio do trigo".

E, "separar o joio do trigo" aqui, significa entender que o exercício da capacidade postulatória pelo advogado, em defesa dos interesses que lhe foram confiados a patrocínio por terceiros, apenas possibilita que o acusado dentro de um devido processo legal, possa defender-se validamente, com todos os meios de prova e recursos que lhe são postos a disposição pela legislação nacional.

Não tem o advogado o "poder" nem de "julgar", menos ainda o de "condenar" ninguém, mas apenas o de exercer a capacidade postulatória para evitar que qualquer pessoa, desde o mais afortunado até o mais miserável, se veja processado e condenado sem acesso mínimo aos meios de defesa.

No exercício da capacidade postulatória, também não é dado ao advogado "julgar" a conduta de seu cliente, menos ainda "reprova-la" com base nos valores humanos que ele, advogado, carrega consigo.

Exercer a advocacia, significa despir-se momentaneamente de seus valores humanos para defender os valores humanos de terceiros, observados obviamente os limites legalmente impostos para o exercício profissional.

Difícil para todo advogado, desde o mais experiente até o neófito, é despir-se diariamente de seus próprios valores humanos, para assumir a defesa dos valores de terceiros que, muitas vezes, despertam no ser humano que está por detrás do advogado, um sentimento de repulsa.

Há de se ter em mente que o exercício da profissão de advogado não traduz nenhum senso de concordância do profissional com a conduta de seu cliente, menos ainda, um senso de que todo interesse posto ao patrocínio do advogado tem de alinhar-se ao senso de ética e moral que ele, advogado, enquanto ser humano, carrega consigo.

Para os profissionais do direito que não conseguem separar seus próprios valores, daqueles que lhe são confiados a patrocínio, o exercício da profissão de advogado muitas vezes conduz a um "conflito interno" entre o ser humano e o advogado que, em verdade, se fundem numa única pessoa humana.

Necessário é enxergar o advogado como um ser humano que também carrega consigo seus valores, seus conceitos, preconceitos, mas que quando assume a capacidade postulatória de terceiros, não defende valores, nem interesses próprios, mas os alheios, que com os dele não se confundem.

Ao exercer a capacidade postulatória, além de despir-se de seus valores humanos, para defender os valores alheios que lhe são confiados a patrocínio, o ser humano que está por detrás do advogado não está a "aprovar", nem "desaprovar" a conduta e os interesses submetidos a seu patrocínio.

De outra banda, há também aqui de sobrelevar-se que o exercício da capacidade postulatória não proporciona ao advogado um "cheque em branco" para a defesa dos interesses alheios.

Obviamente, os limites para exercício da profissão de advogado estão na Lei Federal 8906/94, no Código de Ética e no Regulamento Geral da OAB.

Os limites legalmente impostos ao exercício da profissão de advogado é que devem servir de balizamento para que o profissional não se transforme em mais um "agente emperrador" da máquina judiciária e, "instrumento" posto à disposição do cidadão que pratica condutas proibidas, para continuarem a salvo da reprimenda estatal.

Há aqui também de se fazer uma segunda "separação do joio do trigo", pois nem sempre o senso de reprovabilidade que a sociedade tem para com esta, ou aquela conduta humana, é traduzida no tamanho da pena em tese que o agente praticante desta conduta possa nela estar incurso.

Inegavelmente, vivenciamos um momento histórico onde a grande maioria das leis estão em descompasso com a realidade da sociedade moderna, hoje experimentando mutações cada vez mais impressionantes.

Também não é "papel" do advogado, no exercício da profissão, "julgar" se determinada norma de conduta imposta pelo Poder Legislativo ao brasileiro, é "justa", ou "injusta".

Dentro de um Estado Redemocratizado, o verdadeiro "papel" do advogado é assegurar que ninguém neste país seja "julgado" e "condenado" nem por ele, ser humano que está por detrás do advogado, menos ainda seja "pré-julgado" e "condenado" pela sociedade organizada, mas sim que todos possam ter seu direito de defesa respeitado, dentro de um devido processo legal que seja julgado (sem aspas) pelas autoridades judiciárias deste país não na base do "qualquer jeito", mas sim dentro dos limites legalmente impostos à atividade jurisdicional.

Acordar todos os dias, adentrar no escritório, despir-se de seus valores humanos para eficazmente defender os valores e interesses de terceiros que lhe são confiados a patrocínio e, ao final do dia forense, deixar a "beca" descansando no mesmo escritório, para retomar a vida civil como todo cidadão comum brasileiro, é o desafio a ser vencido diariamente para evitar que o ser humano-advogado se torne um "justiceiro" e, o advogado-ser humano, se torne um profissional "preconceituoso"...

27

BREVES CONSIDERAÇÕES SOBRE OS HONORÁRIOS DE ADVOGADO NO NOVO CÓDIGO DE ÉTICA E DISCIPLINA DA OAB

Alexandre Figueiredo de Andrade Urbano

Advogado

INTRODUÇÃO

O novo Código de Ética e Disciplina da Ordem dos Advogados do Brasil foi aprovado pela Resolução 02/2015 do Conselho Federal da OAB, de 19 de Outubro de 2015, tendo entrado em vigor 180 dias após a data de sua publicação.

Na sua elaboração foi considerada a indispensabilidade do advogado à administração da Justiça, em consonância com o preceito insculpido no artigo 133 da Constituição Federal; a necessidade de observância dos preceitos éticos e morais no exercício da profissão; as mudanças na dinâmica social que estão a exigir a inovação na regulamentação entre os indivíduos; bem como a necessidade de modernização e atualização das práticas advocatícias, de forma a adequá-las à dinamicidade das transformações sociais e às novas exigências para a defesa dos seus constituintes e da ordem jurídica do Estado Democrático de Direito.

O Conselho Federal da Ordem dos Advogados do Brasil norteou-se ainda por vários princípios que formam a consciência profissional do advogado e devem representar imperativos de sua conduta, destacando-se, dentre outros, a luta sem receio pelo primado da Justiça; o empenho na defesa das causas confiadas ao seu patrocínio, de molde a proporcionar ao constituinte a realização prática de seus legítimos interesses; o exercício da advocacia com o indispensável senso profissional, não permitindo que o anseio do ganho material sobreleve a finalidade social de seu trabalho; além de sua atuação com a dignidade e a correção dos profissionais que honram e engrandecem a classe.

Em seu artigo 2º., ao tratar dos princípios fundamentais da ética do advogado, o novo Código prescreveu ainda que constituem deveres do profissional, além de outros, (i) preservar, em sua conduta, a honra, a nobreza e a dignidade da profissão, zelando pelo caráter de essencialidade e indispensabilidade da advocacia; (ii) velar por sua reputação profissional; e (iii) abster-se de contratar honorários em valores aviltantes.

Já em seu artigo 5º., o novo Código manteve o aspecto de que o exercício da advocacia é incompatível com qualquer procedimento de mercantilização.

Destarte, considerando todos estes princípios e disposições, o novo Código de Ética e Disciplina da OAB trouxe várias inovações sobre os honorários advocatícios, as quais serão tratadas no curso do presente artigo.

DO COMBATE AO AVILTAMENTO DOS HONORÁRIOS

O novo Código de Ética e Disciplina da OAB, demonstrando a importância extrema da questão, consigna em seu texto uma disposição, relativa aos deveres do advogado, concernente ao combate ao aviltamento dos honorários dos advogados, e a consequente busca de valorização desta contraprestação, reforçando a regra prevista no artigo 41 do Código de Ética revogado.

Dispõe o artigo 2º., parágrafo único, VIII, "f", do Código de Ética em vigor que: "São deveres do advogado: Abster-se de: contratar honorários advocatícios em valores aviltantes".

Conquanto a doutrina pátria, decisões judiciais e várias disposições normativas, inclusive de ordem constitucional, já encaminhassem para a orientação de que o advogado, pela sua importância na sociedade, deve ser valorizado, com reflexo direto em sua remuneração, resta indene de dúvidas que a aludida previsão normativa a respeito da abstenção do dever do advogado de contratar honorários em valores aviltantes vem reforçar ainda mais a necessidade de conscientização dos profissionais sobre a importância da estipulação desta verba em patamares justos, condizentes com a relevância do nobre exercício da advocacia.

Infelizmente, contudo, nos deparamos com várias situações em que os profissionais da advocacia, não só pela disputa acirrada de mercado, quanto pelo excesso de advogados que nele estão ingressando, e ainda pela própria crise econômica que assola o País, têm se proposto a prestar serviços por valores módicos, aviltantes mesmo, incompatíveis com a dignidade da advocacia e do advogado.

Numerosos são os casos, públicos e notórios, de advogados e mesmo sociedades advocatícias se oferecendo a prestar serviços (*v.g.* diligências para retirada de cópias reprográficas ou realização de audiências) por verbas irrisórias, podendo ser consideradas, além de aviltantes, indignas do profissional e da Classe, porquanto notoriamente não se prestam sequer a cobrir os custos envolvidos para a sua prestação.

O próprio Judiciário, aliás, em suas diversas instâncias, tem se descurado de aplicar as normas e princípios ora mencionados, de valorização dos advogados, fixando as verbas honorárias sucumbenciais em quantias módicas, não condizentes com a relevância da profissão e dos serviços realizados.

Não raras vezes nos vemos diante de decisões judiciais que, após vários anos de disputa processual envolvendo verbas milionárias e questões técnicas extremamente complexas, fixam a verba sucumbencial em montante inferior a 1 (um) salário mínimo vigente. Tal situação se afigura inadmissível e, mormente após a vigência do novo Código de Ética e Disciplina da OAB e do novo Código de Processo Civil (o qual também trata da matéria), há de merecer repulsa não somente dos advogados mas também da nossa Instituição de Classe (OAB).

Portanto, exsurge como imperioso que todos os advogados, levando inclusive em consideração as novas disposições do Código de Ética e do Código de Processo Civil em vigor, conscientizem-se da necessidade de contratar seus honorários em valores compatíveis com as suas enormes responsabilidades profissionais e com a relevância do seu papel social, não avençando com os seus clientes valores inferiores aos previstos nas Tabelas de Honorários estipuladas pelas Seccionais da Ordem dos Advogados (artigo 48, parág. 6º., do novo CED).

DA NÃO OBRIGATORIEDADE DE CONTRATO ESCRITO

Outra questão bastante relevante, e que mereceu um tratamento inovador no novel Código de Ética, diz respeito à expressa disposição no sentido de que a prestação dos serviços advocatícios, tanto de forma individual quanto pelas sociedades profissionais, será contratada, PREFERENTEMENTE, por escrito.

Esta não era a orientação do revogado Código de Ética e Disciplina da OAB, que previa em seu artigo 35:

> "Art. 35. Os honorários advocatícios e sua eventual correção, bem como sua majoração decorrente do aumento dos atos judiciais que advierem como necessários, devem ser previstos em contrato escrito, qualquer que seja o objeto e o meio da prestação do serviço profissional, contendo todas as especificações e forma de pagamento, inclusive no caso de acordo."

O Código de Ética anterior, portanto, exigia que os advogados ou as sociedades profissionais contratassem os seus serviços de forma escrita, sem mencionar a hipótese preferencial para tal convenção. Ou seja, era bastante rigoroso nesta questão, tanto que penalizações éticas foram impingidas a advogados que desrespeitavam tal comando.

Todavia, o novo Código de Ética e Disciplina da OAB inovou nesta matéria, conforme dicção do seu artigo 48, *caput*:

> "Art. 48. A prestação de serviços profissionais por advogado, individualmente ou integrado em sociedades, será contratada, preferentemente, por escrito."

Ou seja, conquanto se afigure recomendável ao advogado ou à sociedade profissional a contratação da prestação dos serviços advocatícios por contrato escrito, nada impede que ela se dê verbalmente, sem implicar violação aos preceitos éticos do novo Código.

Esta contratação verbal, entretanto, poderá converter-se em uma fonte enorme de aborrecimentos aos contratantes, uma vez que, havendo divergências entre eles, será necessário provar, através de outros meios legais, os termos exatos em que a convenção se deu. E tais circunstâncias, muitas das vezes, são difíceis de serem alcançadas, podendo redundar em prejuízos tanto para os advogados quanto para os clientes, e até mesmo a um indesejável conflito judicial.

Aliás, o parágrafo 1º. do mencionado artigo 48 do Código de Ética, embora destaque que o contrato de prestação de serviços advocatícios não exige forma especial, ressalta que deve "estabelecer, porém, com clareza e precisão, o seu objeto, os honorários ajustados, a forma de pagamento, a extensão do patrocínio, esclarecendo se este abrangerá todos os atos do processo ou limitar-se-á a determinado grau de jurisdição, além de dispor sobre a hipótese de a causa encerrar-se mediante transação ou acordo".

Com estas exigências, o Código visa precipuamente a evitar possíveis dúvidas entre os advogados e os clientes sobre os limites da contratação da prestação de serviços, sendo certo, no entanto, que a ausência de celebração de contrato escrito poderá render ensejo a vários questionamentos, e à necessidade de colheita de outras provas, conforme mencionado alhures, o que deve ser evitado, inclusive em decorrência da estrita relação de confiança que merece imperar entre o advogado e seu constituinte.

Destarte, conquanto possa dar-se de forma verbal, sem implicar ofensa aos preceitos éticos inseridos no novo Código, é recomendável que a contratação dos honorários advocatícios se faça sempre de forma escrita, por contrato ou outros meios documentais que procurem abordar minuciosamente todos os limites da pactuação, de forma clara e objetiva, evitando-se assim qualquer margem a perquirições posteriores entre o cliente e o advogado.

DO PAGAMENTO DAS CUSTAS E EMOLUMENTOS

Outra inovação contida no novo CED diz respeito à possibilidade do contrato de prestação de serviços advocatícios dispor sobre o pagamento das custas e emolumentos, que se presumem devidas pelo cliente caso não haja estipulação contratual, sendo certo, contudo, que será lícito ao advogado reter o valor atualizado de tais despesas no ato de prestação de contas, mediante comprovação documental, caso se responsabilize contratualmente pela antecipação destas verbas.

Neste sentido tem-se a disposição insculpida no parág. 3º. do artigo 48 do novo Código de Ética e Disciplina da OAB:

> "O contrato de prestação de serviços poderá dispor sobre a forma de contratação de profissionais para serviços auxiliares, bem como sobre o pagamento de custas e emolumentos, os quais, na ausência de disposição em contrário, presumem-se devam ser atendidos pelo cliente. Caso o contrato preveja que o advogado antecipe tais despesas, ser-lhe-á lícito reter o respectivo valor atualizado, no ato de prestação de contas, mediante comprovação documental."

O advogado pode então, a partir da entrada em vigor do novo CED, assumir a responsabilidade contratual de antecipar o pagamento das custas e emolumentos processuais (e mesmo a contratação de profissionais de serviços auxiliares), tornando-se, pois, credor de tais verbas de seu cliente.

Malgrado seja lícita e ética, esta situação poderá gerar inconvenientes e conflitos entre as partes, uma vez que, pretendendo o advogado, por questões de foro íntimo, *v. g.*, renunciar ao mandato que lhe fora outorgado, poderá ter dificuldades em receber tais verbas de seu antigo constituinte. De outra face, o cliente que deixar de confiar em seu patrono e revogar os poderes adrede conferidos, ver-se-á em situação embaraçosa caso não disponha de recursos suficientes para arcar com as custas e emolumentos já antecipados pelo advogado.

Desta forma, embora salutar esta novidade inserida no novo Código, é recomendável que a antecipação das custas e emolumentos pelo advogado somente se faça em situações excepcionais e minudentemente previstas em contrato a ser celebrado entre as partes.

DA APLICAÇÃO DO NOVO CÓDIGO AOS HONORÁRIOS NA ARBITRAGEM E OUTROS MÉTODOS EXTRAJUDICIAIS DE SOLUÇÃO DE CONFLITOS

O novo Código trouxe outra inovação no atinente à aplicação das normas que regulamentam os honorários advocatícios, ao estabelecer que as suas disposições aplicam-se também a outros métodos, não judiciais, de resolução extrajudicial de conflitos, tais como a arbitragem, a mediação e a conciliação.

Esta é a dicção que emana da disposição inserida no parág. 4º do artigo 48 do novo CED, e que se encontra assim redigida:

> "As disposições deste capítulo aplicam-se à mediação, à conciliação, à arbitragem ou a qualquer método adequado de solução de conflitos."

E entendo que caminhou no trilho correto o novo CED, porquanto todas as hodiernas disposições legais (inclusive o CPC em vigor) que tratam da solução de conflitos têm convergido sistematicamente no intenso estímulo à composição extrajudicial entre as partes como forma de resolução de seus litígios, de forma célere e eficaz.

O excessivo número de processos em curso no Judiciário, como atestam dados recentes do Conselho Nacional de Justiça (mais de cem milhões de processos em curso no País), e a consequente e notória morosidade da Justiça na dirimência destas controvérsias conduzem às imprescindíveis tentativas, outras, de solução destas demandas, rendendo ensejo, portanto, à utilização dos aludidos métodos extrajudiciais, como a arbitragem e a mediação.

Havendo, destarte, um incremento na utilização destes institutos extrajudiciais de resolução dos conflitos, nada mais justo que os honorários advocatícios também mereçam um tratamento específico no novo CED, de molde a demonstrar sua relevância e a própria valorização dos advogados.

Aliás, o parágrafo 5º. do mesmo artigo 48 do novo CED enfatiza esta situação, ao enunciar o seguinte:

> "É vedada, em qualquer hipótese, a diminuição dos honorários contratados em decorrência da solução do litígio por qualquer mecanismo adequado de solução extrajudicial."

Reputo salutar este dispositivo, porquanto, além de visar à valorização do advogado e estimular a utilização daqueles institutos, obsta a tentativa, muitas vezes utilizada por clientes, de reduzir os honorários, prévia e devidamente contratados, ao argumento de que a solução do litígio deu-se de modo célere e fora do âmbito judicial.

Todavia, inúmeras vezes a preparação técnica do advogado que participa da solução dos conflitos pelos aludidos métodos extrajudiciais é exigida de forma ainda mais intensa que as habituais, demandando notória especialização, não se justificando, pois, a redução dos seus honorários, até porque os clientes, em tais situações, costumam ter maiores benefícios, inclusive financeiros, com estas modalidades de resolução das controvérsias.

Tudo isso, a meu sentir, conduz ao entendimento de que o novo CED evoluiu ao disciplinar esta questão.

DA EXECUÇÃO DOS HONORÁRIOS CONTRATUAIS OU SUCUMBENCIAIS

Quanto à execução dos honorários contratuais ou sucumbenciais, o novo CED ficou assim positivado no parág. 7º. do seu artigo 48:

> "O advogado promoverá, preferentemente, de forma destacada a execução dos honorários contratuais ou sucumbenciais."

Este comando se encontra em consonância com as disposições insculpidas no parágrafo 4º. do artigo 22 e no artigo 23, ambos do Estatuto da Advocacia e da Ordem dos Advogados do Brasil, que dispõem sobre a possibilidade do advogado promover a execução autônoma dos seus honorários.

Demais disso, o parágrafo 14 do artigo 85 do novo Código de Processo Civil, na mesma trilha, enuncia que os honorários (que são dotados de natureza alimentar) constituem direito do advogado, sendo vedada a compensação em caso de sucumbência parcial.

Portanto, em virtude destas disposições legais e ainda tendo em vista os preceitos inseridos no *caput* do artigo 51 do novo CED, é indene de dúvida que o advogado encontra-se plenamente habilitado, inclusive eticamente, a promover a execução da sentença, de forma autônoma, no capítulo em que esta fixar os honorários advocatícios sucumbenciais, podendo ainda postular judicialmente pela verba honorária que houver sido convencionada, além de pleitear em seu favor a expedição de precatório ou requisição de pequeno valor.

DOS TÍTULOS DE CRÉDITO PARA COBRANÇA DE HONORÁRIOS E SEU PROTESTO

O novo CED trouxe alterações no alusivo às atitudes a serem adotadas pelos advogados para recebimento dos créditos decorrentes de sua prestação de serviços profissionais.

Assim se encontram enunciados os artigos 52 e seu parágrafo único, e 53 do novo Código de Ética:

> "Art. 52. O crédito por honorários advocatícios, seja do advogado autônomo, seja de sociedade de advogados, não autoriza o saque de duplicatas ou qualquer outro título de crédito de natureza mercantil, podendo, apenas, ser emitida fatura, quando o cliente assim pretender, com fundamento no contrato de prestação de serviços, a qual, porém, não poderá ser levada a protesto.
>
> Parágrafo único. Pode, todavia, ser levado a protesto o cheque ou a nota promissória emitido pelo cliente em favor do advogado, depois de frustrada a tentativa de recebimento amigável.
>
> Art. 53. É lícito ao advogado ou à sociedade de advogados empregar, para o recebimento de honorários, sistema de cartão de crédito, mediante credenciamento junto a empresa operadora do ramo."

O novo CED manteve a vedação ao advogado ou sociedade de advogados, prevista no Diploma anterior, concernente ao saque de duplicatas ou de qualquer outro título de crédito de natureza mercantil (à exceção da emissão da fatura, a pedido do cliente, com fundamento no contrato de prestação de serviços advocatícios), sendo vedado o seu protesto.

Entretanto, e de forma acertada, a meu sentir, o novo CED permitiu ao advogado ou sociedade de advogados encaminhar a protesto o cheque ou a nota promissória emitida pelo cliente a seu favor, como forma de pagamento da remuneração devida. E isto após frustrada a tentativa de recebimento amigável destes honorários.

Ou seja, atento às modernas relações mantidas entre os advogados ou sociedades de advogados com os seus clientes (cada vez mais profissionais), bem como ao comportamento da sociedade hodierna, e buscando facilitar o recebimento da verba honorária, de caráter estritamente alimentar, devida pela efetiva prestação dos serviços, o novo Código houve por bem flexibilizar e viabilizar, agora, o protesto da nota promissória ou do cheque emitidos para adimplemento dos honorários advocatícios, após se verificar a impossibilidade de recebimento pela via amigável.

Certamente que, doravante, os advogados e as sociedades de advogados disporão de instrumentos mais eficazes para recebimento de seus legítimos honorários que, repita-se, possuem caráter alimentar, e devem ser privilegiados.

Como forma, ainda, de otimizar o recebimento dos honorários advocatícios pelos advogados ou sociedades de advogados, o novo CED permitiu expressamente a utilização do sistema de cartão de crédito, mediante credenciamento junto a operadora do ramo.

Esta constitui, também, uma opcional e salutar ferramenta a ser utilizada pelos advogados ou sociedades de advogados como meio efetivo de recebimento dos seus créditos, podendo mesmo implicar na redução da inadimplência, tão comum nos dias atuais, desta verba essencial para os advogados.

DA ADVOCACIA *PRO BONO*

Outra novidade introduzida pelo CED em vigor diz respeito à advocacia *pro bono*, prática não autorizada pelo Diploma revogado e que agora mereceu um capítulo específico.

Eis as disposições inseridas no artigo 30 do Código de Ética em vigor, em seu capítulo V:

> "Art. 30. No exercício da advocacia *pro bono*, e ao atuar como defensor nomeado, conveniado ou dativo, o advogado empregará o zelo e a dedicação

habituais, de forma que a parte por ele assistida se sinta amparada e confie no seu patrocínio.

§ 1º. Considera-se advocacia *pro bono* a prestação gratuita, eventual e voluntária de serviços jurídicos em favor de instituições sociais sem fins econômicos e aos seus assistidos, sempre que os beneficiários não dispuserem de recursos para a contratação de profissional.

§ 2º. A advocacia *pro bono* pode ser exercida em favor de pessoais naturais que, igualmente, não dispuserem de recursos para, sem prejuízo do próprio sustento, contratar advogado.

§ 3º. A advocacia *pro bono* não pode ser utilizada para fins político-partidários ou eleitorais, nem beneficiar instituições que visem a tais objetivos, ou como instrumento de publicidade para captação de clientela."

Com a entrada em vigor do novo CED, então, os advogados ou sociedades de advogados passaram a ter a possibilidade, sem incorrer em infração ética, de prestar a advocacia *pro bono* (expressão latina que significa "para o bem do povo").

Esta modalidade de prestação de serviços advocatícios consiste em uma atividade gratuita, voluntária, eventual e solidária, utilizada para as pessoas ou instituições sociais sem fins econômicos incapazes de arcar com os custos de contratação de um advogado.

A Defensoria Pública, conforme cediço, em virtude das milhões de pessoas necessitadas no País inteiro, não consegue atender ao volume de demandas requeridas, afigurando-se incapaz de atingir a nobre finalidade a que se destina.

Por conseguinte, a possibilidade do exercício da advocacia *pro bono*, que já vinha sendo defendida pelo próprio Conselho Federal da OAB e mesmo por grandes escritórios particulares de advocacia em todo o País, a meu sentir representou um avanço no novo CED.

Evidentemente que na prestação da advocacia *pro bono* deverão ser observadas pelos advogados ou escritórios de advocacia todas as rígidas disposições inseridas no artigo 30 e seus parágrafos do novo CED, não se podendo fazer indistintamente, pois, caso contrário, poderia dar ensanchas ao aviltamento dos honorários advocatícios ou mesmo à captação indevida de clientela, práticas estas vedadas pelo Diploma em questão.

Uma vez cumpridas as disposições acima apontadas, a advocacia *pro bono* poderá representar, inclusive, uma ferramenta relevante para o acesso à Justiça, conforme preconizado pela própria Constituição Federal.

CONCLUSÃO

Entendo que o novo Código de Ética e Disciplina da OAB trouxe avanços, tanto para os advogados quanto para as sociedades de advogados, no pertinente aos honorários advocatícios.

O Diploma em vigor busca estimular uma remuneração justa aos advogados, condizente com a relevância dos serviços prestados por essa nobre profissão a toda a sociedade, repugnando, neste viés, a cobrança de honorários aviltantes, que implicam notória desvalorização do advogado.

O novo CED, atendendo inclusive à realidade de mercado, destacou a não obrigatoriedade da contratação da prestação de serviços exclusivamente por escrito e concedeu novas formas de cobrança de honorários, tanto com a emissão de cartão de crédito, quanto com o recebimento e eventual encaminhamento a protesto de cheques e notas promissórias.

Evoluiu também no que concerne à aplicação de suas regras aos métodos extrajudiciais de solução de conflitos, inclusive a arbitragem e a mediação, além de permitir o exercício da advocacia *pro bono*.

De qualquer forma, é necessário que os advogados e sociedades de advogados se atentem para todas essas novas disposições e exercitem a profissão de forma ética, pois assim estarão contribuindo não somente com a valorização da advocacia mas com o desenvolvimento da sociedade e da democracia.

28

O PRAZO DE VIGÊNCIA DA PROCURAÇÃO E INTIMAÇÃO NA PESSOA DO ADVOGADO – NOVO CPC

Paulo Henrique Brunnetti Cruz

Advogado

1 O PRAZO DE VIGÊNCIA DA PROCURAÇÃO: INOVAÇÕES DO NOVO CÓDIGO DE ÉTICA E DISCIPLINA DA OAB E DO NOVO CPC

A relação entre advogado, clientes e servidores públicos não está expressa na Constituição Federal[1], embora dela decorra. Com efeito, o Estatuto da Advocacia e da Ordem dos Advogados do Brasil (EAOAB)[2] trata melhor do assunto, mas, mesmo assim, não o esgota, reservando a um outro tipo normativo as minúcias deste complexo relacionamento.

Assim, em regulamentação legiferante, apareceu o Código de Ética e Disciplina da OAB (CED/OAB), criado no ano de 1995 com o fito mor de detalhar pontos dos mais comezinhos no *modus* de se relacionar com os atores processuais, mormente com o próprio cliente.

Matéria de relevo tratada no CED/1995 diz respeito ao prazo de vigência da procuração outorgada pelo cliente ao seu causídico. Em seu art. 16 estabeleceu-se que o mandato judicial ou extrajudicial não se extingue pelo decurso de tempo, "*desde que permaneça a confiança recíproca entre o outorgante e o seu patrono no interesse da causa*" (*sic et simpliciter*). Entretanto, como exceção a esta regra, porém atinente apenas à procuração judicial, o próprio art. 10 dizia que uma vez encerrada a causa ou arquivado o processo, presumir-se-ia o fim do mandato:

---

1 Ver art. 133.

2 Lei Federal nº. 8.906/1994.

"Art. 10. Concluída a causa ou arquivado o processo, presumem-se o cumprimento e a cessação do mandato."

Posteriormente, com a edição do Código Civil, em 2002[3], o mandato foi disciplinado dentro das disposições referentes aos contratos específicos, sendo uma das modalidades de avença. A despeito disso, quanto às causas extintivas da procuração, não houve nada que se chocasse contra as disposições do CED/95, em especial no que concerne à extinção do mandato. Observe-se o que diz o art. 682 do *Codex* Material Civil, *ipsis literis*:

> "Art. 682. Cessa o mandato:
>
> I – pela revogação ou pela renúncia;
>
> II – pela morte ou interdição de uma das partes;
>
> III – pela mudança de estado que inabilite o mandante a conferir os poderes, ou o mandatário para os exercer;
>
> IV – pelo término do prazo ou pela conclusão do negócio."

Ademais, mesmo que houvesse algo que destoasse, tenho para mim que, a despeito de se tratar o CC de norma hierarquicamente superior (lei federal), o deslinde de eventual aparente antinomia normativa deveria ser dirimido pelo princípio da especialidade, pois que o mandato oriundo de relação advocatícia advém do EAOAB, não do Código Civil, como, aliás, este último diploma expressamente consagra em seu art. 692. Depreende-se, portanto, que a análise do CC/02 não tem serventia direta ao estudo aqui esposado.

Recentemente, no final do ano de 2015 (04/11/2015), foi publicado o Novo Código de Ética e Disciplina da Ordem dos Advogados do Brasil (NCED/OAB), o qual só entraria em vigor em 01/09/2016 (art. 79)[4]. Com relação ao prazo do mandato, houve sensível alteração no texto:

> "Art. 18. O mandato judicial ou extrajudicial não se extingue pelo decurso de tempo, salvo se o contrário for consignado no respectivo instrumento."

Saiu de cena a antiga condicionante que falava sobre uma extinção tácita, que decorreria da quebra da confiança ínsita à relação entre cliente e advogado, dando lugar à expressa cessação da procuração quando no instrumento

---

3 Com início de vigência em 10/02/2003.

4 A *vacatio legis* tinha o intento de proporcionar aos Conselhos Federal, Seccionais e Subseccionais da OAB tempo hábil para a adequação de suas organizações internas, além de fornecer aos causídicos brasileiros prazo para conhecimento de uma enorme gama de novas normas.

constar termo final. Aqui vejo que andou muito bem a *mens legislatoris*, eis que o mandato não se restringe ao âmbito particular do outorgante e do outorgado, mas também à esfera de terceiros, que jamais poderiam pressupor a confiança ou a quebra dela entre mandante e mandatário, só podendo se pautar pelo que estiver no instrumento. Da forma como constava no CED/95, pairava indesejada insegurança jurídica.

Já o antigo art. 10 do Código de Ética e Disciplina de 1995 teve mantido o seu sentido central pelo CED/2015, que assim constou em seu art. 13, *in verbis*:

> "Art. 13. Concluída a causa ou arquivado o processo, presume-se cumprido e extinto o mandato."

Embora *ab initio* não se constate nenhuma aplicabilidade nova a este dispositivo, que se limitou a reiterar o seu antecessor, uma hermenêutica combinada com a inovação do Novo Código de Processo Civil, também de 2015, joga por terra essa simplória constatação, como se constatará mais adiante[5]. Antes, todavia, é preciso esclarecimentos adicionais sobre outros pontos com o escopo de se fazer a interligação do prazo de vigência da procuração com o tema da intimação na pessoa do advogado[6].

Antes, contudo, é bom pontuar um outro ponto inovador que merece destaque quanto ao prazo de vigência da procuração. Tal tem seu sustentáculo no Novo CPC, em seu art. 105, § 4º, trazendo uma presunção *juris tantum*[7] de que o instrumento outorgado para a fase de conhecimento tem validade para todas as outras fases do processo, incluindo a de conhecimento. Sendo assim, que a pactuação de honorários com o cliente for para apenas uma das fases do processo, convém limitar temporalmente a procuração.

2 A INTIMAÇÃO NA PESSOA DO ADVOGADO SOB O PRISMA DO NOVO CÓDIGO DE PROCESSO CIVIL

2.1 Introdução

A *intimação* é o ato pelo qual se dá ciência a alguém dos atos ou termos do processo, segundo o art. 269, *caput*, da Lei Federal nº. 13.105/2015 (o Novo Código de Processo Civil). A dicção legal suplantou parte do que constava no

---

5 O tema será abordado no tópico 3.

6 Vide tópico 2, adiante.

7 Salvo estipulação em contrário.

CPC/1973[8], que, em seu art. 234, completava o conceito do ato processual com uma expressão finalística, asseverando que a intimação também serve para cientificar a parte "*para que faça ou deixe de fazer alguma coisa*" (*sic et simpliciter*). Parece-me que andou bem o legislador de 2015, visto que, a despeito de a maioria das intimações conterem *mandamus* de *facere* ou de *non facere*, algumas delas são meramente para ciência, não possuindo conteúdo mandamental de ação ou omissão ao intimado. É o caso, *verbi gratia*, da intimação às partes acerca da chegada à comarca de origem das peças do agravo de instrumento que retornaram do tribunal, enviadas após o trânsito em julgado do recurso. Note-se que é uma simples ciência aos atores processuais, sem qualquer denotação de agir ou de se omitir em relação ao fato.

Superada a questão da novel supressão, o Novo CPC não diferiu do seu predecessor no que tange à forma usual de intimação, mantendo incólume a possibilidade de intimação da parte na pessoa de seu advogado, por intermédio da publicação do teor no diário oficial ou diretamente, neste último caso, de modo eletrônico (cf. art. 272, *caput*, NCPC). Aliás, é essa a regra, eis que seria um contrassenso intimar pessoalmente a parte, a qual teria sempre que repassar o conteúdo intimatório para o seu causídico, o único com capacidade postulatória (art. 1º, I, da Lei Federal nº. 8.906/94).

Pode-se dizer que a intimação é ato procedimental dos mais significativos em processo civil. Como preleciona Humberto Theodoro Júnior[9], "*trata-se de ato de comunicação processual da mais relevante importância, pois é da intimação que começam a fluir os prazos para que as partes exerçam os direitos e faculdades processuais*". Em termos mais simplórios, a intimação está intrinsecamente ligada à contagem dos prazos processuais, e é cediço que prazos não admitem riscos, tampouco insegurança jurídica.

É nesse contexto que a jurisprudência pátria caminhou por vezes vacilante, com idas e vindas de entendimentos conflitivos naquilo que, em tese, jamais deveria comportar hermenêutica aceitável sob mais de um ponto de vista: a intimação, que, por sua vez, é termo *a quo* do prazo. Por fim, a posição que vingou antes do NCPC ia na contramão da história das reformas empreendidas desde a década de 90 ao CPC/73. Tal celeuma se deu no bojo do cumprimento das sentenças que reconheciam a exigibilidade das obrigações de fazer e de não fazer.

---

8 Lei Federal nº. 5.869.

9 THEODORO JÚNIOR, Humberto. *Curso de Direito Processual Civil – Teoria Geral do Direito Processual Civil e Processo de Conhecimento*. Vol. I. 43. ed. Rio de Janeiro: Forense, 2005, p. 300.

2.2 Cumprimento de sentença que reconheça a exigibilidade de obrigação de fazer ou de não fazer – Evolução histórica e *astreintes*

Após o advento da Lei Federal nº. 8.952/1994, que modificou o Código de Processo Civil de 1973, a execução de obrigação de fazer e de não fazer passou a se efetivar nos próprios autos cuja decisão nesse sentido fora proferida, através do então inovador *cumprimento de sentença*, que ainda não havia sido batizado com esse *nomen juris*, o que só veio a ocorrer mais tarde, com a Lei Federal nº. 11.232/05. Assim, ao contrário do que alguns novos juristas pensam, a efetivação do *decisum* em ação de conhecimento ocorrente no próprio processo, independentemente da formação de uma nova ação, de caráter executivo, não começou com as obrigações de pagar, memoradas pelo famoso art. 475-J do CPC anterior[10].

Dentro desse espírito reformador do *Codex* Processual Civil de 1973, entrou em vigor a Lei Federal nº. 10.444/2002, que modificou o § 5º do art. 461 do CPC antigo, incluindo expressamente a figura das *astreintes* e sua efetivação dentro do próprio processo, confirmando as introduções legislativas de 1994. O instituto em comento é a multa, periódica ou unitária, também chamada de *multa processual*[11], que é impingida ao devedor com o fito de que ele cumpra a obrigação de fazer ou de não fazer. É medida coercitiva, que funciona como mecanismo de execução indireta, e tem o escopo de compelir psicologicamente o obrigado a atender à decisão mandamental *per si*, privilegiando-se, dessa maneira, a tutela específica obrigacional, atendendo-se ao comando do *caput* do dispositivo legal citado *supra*.

Essa pressão, obviamente, não é intentada contra o advogado, mas contra a parte, que, devendo fazer ou se abster de fazer algo, *in persona*, precisa ser persuadida ou dissuadida pelo Estado-juiz, conforme se tratar de dever de fazer ou de não fazer.

Nesse cenário nasceu grande dúvida: se é a parte que deverá executar ou não executar determinada ação (obrigação de *facere* ou de *non facere*), e não o seu causídico, a intimação para a prática ou abstenção relativa a algum fato, sob pena de multa (*astreintes*), deveria se dar na pessoa do interessado ou na

---

10 WAMBIER, Luiz Rodrigues; ALMEIDA, Flávio Renato Correia de; TALAMINI, Eduardo. *Curso Avançado de Processo Civil.* Vol. 2: Execução. 8ª ed. ver., atual. e ampl.. São Paulo: Revista dos Tribunais, 2006, p. 248 e 249.

11 Ob. cit., p. 253

de seu advogado? Importante salientar que não estou tratando das situações em que a parte não tenha procurador constituído nos autos, caso em que, invariavelmente, a intimação deverá ser pessoal, e não via causídico.

Mister ressaltar que o termo *ad quem* para a execução da obrigação de fazer ou de não fazer é justamente o termo *a quo* da multa processual e, sendo esta na maioria das vezes periódica, com recorrência diária, a correta contagem do prazo é imprescindível, cabendo ao jurista saber antecipadamente quando começará a incidir as *astreintes*. De fato, findo o prazo para a ação ou a abstenção, inicia-se a incidência da multa instrumental.

2.3 *Dies a quo* da multa processual – Visões doutrinária e jurisprudencial

O art. 461 do Código Adjetivo Civil de 1973 silenciava-se quanto ao procedimento a ser adotado no que toca à multa coercitiva. Destarte, vigia o *princípio da adaptabilidade*, que, em síntese, cultua o princípio da liberdade ou da instrumentalidade das formas, dando ao juiz margem discricionária na escolha dos meios que entender melhores a alcançar o fito colimado, respeitados os princípios da legalidade e do *due process of law*. Como já pontuava Calamandrei[12], o princípio da adaptabilidade tem caráter excepcional, eis que "*encontrará en la práctica muy rara aplicación, porque, en realidad, (...) la forma de los actos procesales está, en la mayor parte de los casos, expresamente determinada por la ley*".

Na doutrina o tema era controvertido, mas pendia mais para a intimação pessoal. A corrente que defendia que o ato intimatório deveria se dar diretamente ao devedor, *in persona*, justificava a sua posição calcando-se na ideia de que a intimação para cumprir obrigação de fazer ou de não fazer é inerente à parte, que deverá pessoalmente agir ou deixar de agir de determinada forma, não se tratando, pois, de atos postulatórios, estes sim exclusivos da atividade advocatícia. É nesse sentido que se posicionava Cândido Rangel Dinamarco[13], *ipsis literis*:

---

12 CALAMANDREI, Piero. *Instituciones de Derecho Procesal Civil Segun el Nuevo Codigo*. Vol. I. Buenos Aires: Ediciones Juridicas Europa-América, 1973, p. 377.

13 DINAMARCO, Cândido Rangel. *Instituições de Direito Processual Civil*. Vol. IV: Execução Forçada. São Paulo: Malheiros, 2004, p. 457.

> "Diante da provocação a executar, o primeiro ato do juiz na execução imediata consistirá em mandar intimar pessoalmente o obrigado, para que cumpra em determinado prazo, ou seja, para que entregue a coisa devida, faça o que deve ou se abstenha do que não deve fazer.
>
> (*Omissis*)
>
> Diante do total silêncio da lei, é imperioso que a intimação seja feita *pessoalmente ao obrigado, não a seu patrono*. Não se trata de intimar a praticar atos de postulação, que são privativos de advogado, mas atos que dependem da atuação pessoal da parte e são estranhos às atividades daquele (...).
>
> Tratando-se de intimação pessoal à parte, ela será feita prioritariamente por *via postal* e subsidiariamente por oficial de justiça (CPC, arts. 238-239 - *supra*, n. 1.048); só os advogados, não as partes, são intimados pela imprensa (art. 236 - *supra*, n. 1.047)."

Fazia coro a este entendimento Theotonio Negrão e José Roberto Ferreira Gouvêa, *in verbis*:

> "**Termo *a quo* da multa.** Para que a multa coercitiva passe a incidir é preciso que a respectiva decisão esteja com a eficácia liberada, que tenha transcorrido o prazo assinado para o cumprimento do dever imposto e que o devedor tenha sido pessoalmente intimado a seu respeito."[14]

Já o Superior Tribunal de Justiça teve titubeios e mudanças repentinas de entendimento quanto ao assunto, fazendo função contrária à sua missão constitucional, que é justamente a de manter estável a interpretação das leis federais brasileiras (e o Código de Processo Civil, seja o de 1973, seja o de 2015, é uma lei federal). Chegou-se a editar em 25/11/2009 um enunciado tratando da questão:

> "Súmula 410. A prévia intimação pessoal do devedor constitui condição necessária para a cobrança de multa pelo descumprimento de obrigação de fazer ou não fazer."

Apesar disso, a discrepância ainda acontecia *interna corporis*, até dar azo à interposição de embargos de divergência no âmbito da corte (EAg 857.758/RS), à luz da disparidade de posições entre a 3ª e a 4ª Turmas do STJ (como acórdãos paradigmáticos, respectivamente, AgRg no Ag 857.758/RS, Rel. Min. Luis Felipe Salomão, j. em 17/11/2009, e AgRg nos EDcl no REsp 1.067.903/RS, Rel. Min. Sidnei Beneti, j. em 21/10/2008).

---

14 NEGRÃO, Theotonio; GOUVÊA, José Roberto Ferreira. *Código de Processo Civil e Legislação Processual em Vigor*. 39 ed.

Trata-se do polêmico recurso de embargos de divergência em agravo nº. 857.758/RS, de relatoria da Ministra Nancy Andrighi, julgado em 23/02/2011. No EAg em comento, Andrighi, defendendo a validade da intimação na pessoa do advogado como termo *a quo* para incidência das *astreintes*, dispensada a intimação pessoal da parte, proferiu brilhante e extenso voto tratando das reformas que vinham sendo feitas ao CPC/1973 desde o início da década de 90 até aquele momento, numa hermenêutica sistemática e histórica, com privilégio da *mens legislatoris*[15], demonstrando que a intenção do Legislativo ao editar a Lei Federal nº. 8.952/94, que introduziu a multa processual às obrigações de fazer e de não fazer, além de ter possibilitado a exigibilidade do cumprimento de *astreintes* no próprio processo em que ela tenha sido arbitrada, o que se confirmou expressamente com o advento da Lei Federal nº. 10.444/2002, era o de tornar a ação judicial mais efetiva[16], dispensando formalismos que já não mais coadunavam com o espírito do Código de Processo Civil e com os anseios sociais de celeridade da modernidade.

Outrossim, a Ministra Nancy lembrou que, pouco tempo depois das alterações ao *Codex* de 73, sobreveio o art. 475-J à mesma lei (incluído, por sua vez, pela Lei Federal nº. 11.232/2005), com intuito de chancelar o sincretismo entre as fases processuais. Tal dispositivo aplicava multa de 10% (dez por cento) ao devedor que, condenado por sentença a pagar quantia certa, não o fazia no prazo de 15 (quinze) dias. O caso é que, embora o Superior Tribunal de Justiça tivesse editado a Súmula 410 em 25/11/2009, o mesmo STJ, por intermédio de sua Corte Especial, entendeu que a intimação dirigida à parte para cumprir o comando sentencial condenatório de dever de pagar quantia certa poderia se dar na pessoa do causídico, sendo desnecessário ato intimatório específico da parte. O *decisum* foi exarado no REsp 940.274/MS em 07/04/2010 (*a posteriori*, então, à edição da Súmula 410/STJ), e *in casu* foi avaliado o fato de que o *mandamus* de pagar extrapolava os atos considerados meramente postulatórios, inerentes aos procuradores processuais (não é o advogado quem irá pagar, e sim o seu patrocinado), mas, mesmo assim, a posição do órgão foi a de que não era compatível com a grandeza da profissão advocatícia e com a importância do múnus conferido aos causídicos (CF, art. 133) subentender que estes não dariam ciência aos seus clientes das determinações judiciais, o

15 Que, numa análise histórica, revelava a *mens legis* que ia impulsionando o legislador ao longo dos anos.

16 Mencionando, inclusive, o princípio da efetividade da prestação jurisdicional (art. 5º, LXXVIII, da Constituição da República Federativa do Brasil).

que contrariaria, inclusive, o art. 8º do revogado Código de Ética da OAB[17], à época em vigência. Em síntese, a posição foi pela aplicação analógica da interpretação dada ao art. 475-J também aos deveres de fazer e de não fazer. Porque interessante, cumpre-me colacionar *infra* o teor da ementa do julgado referido:

> "PROCESSUAL CIVIL. LEI N. 11.232, DE 23.12.2005. CUMPRIMENTO DA SENTENÇA. EXECUÇÃO POR QUANTIA CERTA. JUÍZO COMPETENTE. ART. 475-P, INCISO II, E PARÁGRAFO ÚNICO, DO CPC. TERMO INICIAL DO PRAZO DE 15 DIAS. INTIMAÇÃO NA PESSOA DO ADVOGADO PELA PUBLICAÇÃO NA IMPRENSA OFICIAL. ART. 475-J DO CPC. MULTA. JUROS COMPENSATÓRIOS.
>
> INEXIGIBILIDADE.
>
> 1. O cumprimento da sentença não se efetiva de forma automática, ou seja, logo após o trânsito em julgado da decisão. De acordo com o art. 475-J combinado com os arts. 475-B e 614, II, todos do CPC, cabe ao credor o exercício de atos para o regular cumprimento da decisão condenatória, especialmente requerer ao juízo que dê ciência ao devedor sobre o montante apurado, consoante memória de cálculo discriminada e atualizada.
>
> 2. Na hipótese em que o trânsito em julgado da sentença condenatória com força de executiva (sentença executiva) ocorrer em sede de instância recursal (STF, STJ, TJ E TRF), após a baixa dos autos à Comarca de origem e a aposição do "cumpra-se" pelo juiz de primeiro grau, o devedor haverá de ser intimado na pessoa do seu advogado, por publicação na imprensa oficial, para efetuar o pagamento no prazo de quinze dias, a partir de quando, caso não o efetue, passará a incidir sobre o montante da condenação, a multa de 10% (dez por cento) prevista no art. 475-J, caput, do Código de Processo Civil.
>
> 3. O juízo competente para o cumprimento da sentença em execução por quantia certa será aquele em que se processou a causa no Primeiro Grau de Jurisdição (art. 475-P, II, do CPC), ou em uma das opções que o credor poderá fazer a escolha, na forma do seu parágrafo único, local onde se encontram os bens sujeitos à expropriação ou o atual domicílio do executado.
>
> 4. Os juros compensatórios não são exigíveis ante a inexistência do prévio ajuste e a ausência de fixação na sentença.
>
> 5. Recurso especial conhecido e parcialmente provido.
>
> (REsp 940.274/MS, Rel. Ministro HUMBERTO GOMES DE BARROS, Rel. p/ Acórdão Ministro JOÃO OTÁVIO DE NORONHA, CORTE ESPECIAL, julgado em 07/04/2010, DJe 31/05/2010)"

---

17 "Art. 8º. O advogado deve informar o cliente, de forma clara e inequívoca, quanto a eventuais riscos da sua pretensão, e das consequências que poderão advir da demanda."

Assim, continuou Nancy no âmbito dos embargos de divergência, não haveria distinção ontológica entre a obrigação de pagar e as obrigações de *facere* e de *non facere*, pois que no dever de pagar também estariam ínsitas responsabilidades de enorme repercussão ao patrocinado que ficam sob a tutela do patrocinador, de modo que não teria razão autorizadora a retirar do procurador o encargo de cientificar seu cliente sobre a imposição das *astreintes*. Impinge-me aqui fazer um acréscimo ilustrativo, no sentido de endossar tal entendimento. Pois bem, se ao advogado é confiada a responsabilidade de atos que determinarão a procedência ou a improcedência da ação, o reconhecimento do pedido formulado pelo autor, a renúncia ao direito sobre o qual se funda a ação, o aviamento ou não de recurso, dentre outras situações que estão diretamente ligadas ao *meritum causae*, não há motivação para que as obrigações acessórias que deste decorrem, entre as quais estão as multas processuais, que só existem porque umbilicalmente associadas a um dever principal, receberem regramento diverso, mais cauteloso, quando a lógica inversa talvez fosse mais razoável. Em verdade, penso que não existe motivo para diferenciar, sob o prisma da natureza, da substância de uma ordem judicial, a decisão que manda pagar, sob pena de multa de 10% (dez por cento) – sanção processual –, de uma outra que determine que sejam apresentados os meios de prova a demonstrar o direito alegado, que seja juntado o rol de testemunhas, que determinado documento seja juntado aos autos à penalidade de incorrer no indeferimento da preambular, dentre vários outros exemplos em que há pesadas e por vezes mais gravosas penas à parte.

Não fosse o bastante, a relatora do EAg 857.758/RS frisou que nos deveres de fazer e de não fazer há como consectário da negativa a conversão em perdas e danos. Com razão, eis que, mesmo na hipótese de obrigação fungível, esta correrá às expensas do devedor originário, que sofrerá o cumprimento forçado da decisão através do regramento contido para as obrigações de pagar quantia certa (afeta ao antigo art. 475-J).

Por fim, a Ministra Nancy Andrighi pontuou que a exigência de intimação pessoal do devedor findar-se-ia no privilégio à execução inespecífica obrigacional, haja vista que haveria grande chance de que ele, com intuito protelatório, se furtasse de receber o mandado, uma vez avisado por seu procurador do desenrolar procedimental. Arrematando a *quaestio juris*, aduziu Andrighi que tutelas diferentes para as obrigações de pagar e as de fazer e de não fazer desprestigiavam a simplificação necessária ao uso do instrumento de efetivação do direito material (processo), evitando o surgimento do que chamou de "*verdadeiras 'arapucas' processuais*" (*sic et simpliciter*).

Nas notas taquigráficas do EAg 857.758/RS é possível depreender que Nancy chegou a propor a revisão do enunciado da Súmula 410/STJ, o que acabou sendo retirado do seu voto após oposição do Min. Luis Felipe Salomão, que, embora provendo também o recurso, discordou do pano de fundo consubstanciado na possibilidade de intimação via advogado para início da incidência da multa processual (o provimento dele se deu sob fundamento distinto). Não obstante, o acórdão foi ementado pela própria Andrighi (até em virtude de que os demais ministros da Segunda Seção a acompanharam no seu voto) nesses termos, *ipsis literis*:

> "PROCESSO CIVIL. EMBARGOS DE DIVERGÊNCIA EM AGRAVO DE INSTRUMENTO. ACÓRDÃO QUE APRECIA O MÉRITO DO RECURSO ESPECIAL. SÚMULA 315/STJ. NÃO INCIDÊNCIA. OBRIGAÇÃO DE FAZER OU DE NÃO FAZER. ASTREINTES. EXECUÇÃO. INTIMAÇÃO DO DEVEDOR. NECESSIDADE. INTIMAÇÃO POR INTERMÉDIO DO ADVOGADO. POSSIBILIDADE.
>
> 1. Os embargos de divergência em agravo de instrumento, apresentados contra acórdão que ingressa na apreciação do mérito do recurso especial, não encontram óbice na Súmula 315/STJ. Precedentes.
>
> 2. A intimação do devedor acerca da imposição da multa do art. 461, § 4º, do CPC, para o caso de descumprimento de obrigação de fazer ou não fazer, pode ser feita via advogado porque: (i) guarda consonância com o espírito condutor das reformas que vêm sendo imprimidas ao CPC, em especial a busca por uma prestação jurisdicional mais célere e menos burocrática, bem como a antecipação da satisfação do direito reconhecido judicialmente; (ii) em que pese o fato de receberem tratamento legal diferenciado, não há distinção ontológica entre o ato de fazer ou de pagar, sendo certo que, para este último, consoante entendimento da Corte Especial no julgamento do REsp 940.274/MS, admite-se a intimação, via advogado, acerca da multa do art. 475-J, do CPC; (iii) eventual resistência ou impossibilidade do réu dar cumprimento específico à obrigação terá, como consequência final, a transformação da obrigação numa dívida pecuniária, sujeita, pois, à multa do art.
>
> 475-J do CPC que, como visto, pode ser comunicada ao devedor por intermédio de seu patrono; (iv) a exigência de intimação pessoal privilegia a execução inespecífica das obrigações, tratada como exceção pelo próprio art. 461 do CPC; (v) uniformiza os procedimentos, simplificando a ação e evitando o surgimento de verdadeiras "arapucas" processuais que confundem e dificultam a atuação em juízo, transformando-a em terreno incerto.

3. Assim, após a baixa dos autos à Comarca de origem e a aposição do "cumpra-se" pelo Juiz, o devedor poderá ser intimado na pessoa do seu advogado, por publicação na imprensa oficial, acerca do dever de cumprir a obrigação, sob pena de multa. Não tendo o devedor recorrido da sentença ou se a execução for provisória, a intimação obviamente não será acerca do "cumpra-se", mas, conforme o caso, acerca do trânsito em julgado da própria sentença ou da intenção do credor de executar provisoriamente o julgado. Em suma, o cômputo das astreintes terá início após: (i) a intimação do devedor, por intermédio do seu patrono, acerca do resultado final da ação ou acerca da execução provisória; e (ii) o decurso do prazo fixado para o cumprimento voluntário da obrigação.

4. Embargos de divergência providos.

(EAg 857.758/RS, Rel. Ministra NANCY ANDRIGHI, SEGUNDA SEÇÃO, julgado em 23/02/2011, DJe 25/08/2011)"

Com isso, a iminente aplicação da Súmula 410, que destoava do acórdão dos embargos de divergência em agravo nº. 857.758/RS (cf. ementa *supra*), deu a conotação de uma antinomia entre o referido teor sumular e a posição adotada pela Segunda Seção nos EAg, a qual hipoteticamente estaria a ser consentânea com o decidido no REsp 940.274/MS. Isso tendo em vista que, com o recuo da relatora dos EAg, que retirou do seu voto a parte que sugeria a alteração do enunciado sumulado, continuou este, em tese, a produzir efeitos.

Nesse diapasão eis que mais uma vez Nancy Andrighi tornou-se relatora de um recurso, que supostamente esclareceria esse choque entre os EAg 857.758/RS e a Súmula 410/STJ. Falo do REsp 1.121.457/PR, julgado em 12/04/2012, cuja ementa me cumpre transcrever:

"PROCESSO CIVIL. CONDENAÇÃO A OBRIGAÇÃO DE FAZER. 'ASTREINTE'. 'DIES A QUO'. ENUNCIADO 410 DA SÚMULA/STJ. APARENTE CONFLITO COM O PRECDEDENTE FORMADO NO JULGAMENTO DO EAG. 857.758/RS. HARMONIZAÇÃO. DIREITO INTERTEMPORAL.

1. No julgamento do EAg 857.758/RS ficou estabelecido que, diante do panorama processual estabelecido a partir da Lei 11.232/2005, seria desnecessária a intimação pessoal da parte para que se iniciasse o prazo de que disporia para cumprir uma obrigação de fazer. A exemplo do que ocorre em obrigações de pagar quantia certa, também as obrigações de fazer seriam automaticamente eficazes, contando-se o prazo de que a parte dispõe para cumpri-las antes de incidente a multa diária a partir do trânsito em julgado da sentença, em primeiro grau, ou da publicação do despacho de 'cumpra-se', na hipótese em que a sentença tenha sido impugnada mediante recurso.

> 2. Para as obrigações anteriores ao novo regime processual, contudo, permanece a orientação estabelecida no Enunciado 410 da Súmula/STJ, ou seja: a intimação pessoal da parte é imprescindível para que se inicie a contagem do prazo de que dispõe para cumprir a obrigação de fazer ou de não fazer sem incorrer em multa diária.
>
> 3. Na hipótese dos autos, a sentença transitou em julgado antes de promulgada a Lei 11.232/2005, de modo que a intimação pessoal da parte seria imprescindível.
>
> 4. Recurso especial conhecido e não provido.
>
> (REsp 1121457/PR, Rel. Ministra NANCY ANDRIGHI, TERCEIRA TURMA, julgado em 12/04/2012, DJe 20/04/2012)"

Em suma, Andrighi seguiu pela linha de pensamento de que a Súmula 410 continuaria a produzir efeitos apenas para julgamentos de fatos ocorridos até a entrada em vigor da Lei Federal nº. 11.232/2005, o que motivou que o enunciado não tivesse sido cancelado depois da orientação esposada nos EAg 857.758/RS, que teria passado a reger as relações ocorridas no pós vigência da referida lei. O entendimento foi chancelado pela Terceira Turma, já que o voto foi seguido à unanimidade pelos demais componentes do órgão.

Ainda assim a pacificação temática no STJ estava longe de acabar, continuando a haver posições contrárias à da ementada nos embargos de divergência, confirmada, por sua vez, pelo REsp 1.121.457/PR (por exemplo, o AgRg no AREsp 221.219/DF, Rel. Ministro João Otávio de Noronha, Terceira Turma, j. em 20/06/2013).

O reverso definitivo a todos os embasamentos suscitados pela Ministra Nancy foram derrocados por ocasião do julgamento do REsp 1.349.790/RJ, julgado em 25/09/2013, no qual arestas pessoais dos ministros acabaram aparecendo para serem aparadas, com ilações de que Andrighi teria manipulado o teor do julgado dos EAg 857.758/RS ao ementá-lo com suas convicções pessoais, à revelia dos demais ministros, que tê-la-iam seguido somente no que concerne à conclusão de julgamento do caso concreto analisado (dispositivo do *decisum*), não em sua fundamentação, tendo eles aderido ao embasamento teórico do voto-vista do Min. Luis Felipe Salomão.

A celeuma foi instalada pela relatora do REsp 1.349.790/RJ, Ministra Isabel Gallotti, que em questão de ordem propôs a afetação do recurso à Segunda Seção do Superior Tribunal de Justiça "*para dirimir divergência a respeito do decidido quando do julgamento do EAG 857.758/RS e da subsistência do entendi-*

mento consolidado na Súmula 410 após a reforma processual levada a efeito pela Lei 11.232/05" (*sic*). De acordo com Gallotti, a prova do erro de Nancy[18] estaria contida nas notas taquigráficas dos embargos de divergência, que Isabel fez questão de transcrever em seu voto, trazendo a lume que houve caloroso debate entre o Min. Aldir Passarinho Junior[19] e a Min. Andrighi sobre a posição desta em confrontar a Súmula 410/STJ. Asseverou que apenas após a Ministra Nancy ter se proposto a retirar de seu voto a parte que propunha a revisão do enunciado sumulado[20], os demais ministros a acompanharam unanimemente. De resto, invocou as mesmas razões do voto-vista de Salomão nos EAg com o escopo de reafirmar que o *dies a quo* das *astreintes* seria o da intimação pessoal do devedor, não da intimação do seu causídico.

Nancy Andrighi, por sua vez, apresentou voto-vista no âmbito do recurso especial explicando que jamais teve a intenção de manipular a ementa dos embargos de divergência, e que somente teria aceito retirar do seu voto naquela assentada, como de fato o fez, a parte que tratava da modificação da Súmula 410, sem, todavia, ter aduzido que mudaria de entendimento no que tange à possibilidade de intimação da parte através do advogado. Falou que aparentemente aconteceu um erro de comunicação entre os julgadores, e voltou a propor a avaliação do teor sumular, explicando a necessidade de não mais apenas uma revisão, mas de um total cancelamento da Súmula 410, haja vista que, àquela altura, não existiam mais casos anteriores à Lei Federal nº. 11.232/05 para serem julgados (lembrando que, para ela, o enunciado só teria aplicação às situações anteriores à referida lei). Além disso, ela pontuou que havia sido nomeada Presidente da Comissão do STJ para revisão do então projeto do Novo Código de Processo Civil, e que a proposta na nova codificação era a de

---

18 À míngua de explicação da relatora sobre o tipo de equívoco cometido, se culposo ou doloso, instaurou-se mal estar na corte, tendo a crítica sido recebida por Nancy Andrighi como uma acusação de deturpação do julgado dos EAg 857.758/RS. Acho que de certa forma a ilação conotou isso. É muito importante, para aprofundamento e melhor entendimento destas evoluções e involuções, a leitura do inteiro teor dos votos proferidos no REsp 1.349.790/RJ, que situam bem estas idas e vindas jurisprudenciais, descortinando a trama que teve Gallotti e Andrighi como protagonistas.

19 Autor da Súmula 410 e ferrenho defensor de sua aplicabilidade, chamando-a de "*a grande súmula*" (sic *et simpliciter*).

20 No voto final dela, de fato, não constou nada sobre a revisão da Súmula 410. Numa leitura do voto-vista de Luis Felipe Salomão, porém, é possível notar que este contexto de supressão realmente aconteceu posteriormente, posto que ele faz, anteriormente, referência à intenção de voto da relatora no sentido de modificar o enunciado.

unificação de procedimentos nas diversas espécies de cumprimento de sentença[21], motivo pelo qual o Superior Tribunal de Justiça deveria se antecipar à mudança legal através da modificação de sua jurisprudência.

Apesar das considerações da Min. Nancy, a Segunda Seção seguiu a fundamentação do voto da Ministra Isabel Gallotti de maneira unânime[22], ficando o julgado ementado do seguinte modo, *in verbis*:

> "RECURSO ESPECIAL. PROCESSUAL CIVIL. OBRIGAÇÃO DE FAZER. DESCUMPRIMENTO. MULTA DIÁRIA. INTIMAÇÃO PESSOAL. AUSÊNCIA. SÚMULA N. 410-STJ. EXCLUSÃO DA PENA. PROVIMENTO.
>
> 1. "A prévia intimação pessoal do devedor constitui condição necessária para a cobrança de multa pelo descumprimento de obrigação de fazer ou não fazer." Entendimento compendiado na Súmula n. 410, editada em 25.11.2009, anos após a entrada em vigor da Lei 11.232/2005, o qual continua válido em face do ordenamento jurídico em vigor. Esclarecimento do decidido pela 2ª Seção no EAg 857.758-RS.
>
> 2. Hipótese em que não houve intimação específica para o cumprimento da obrigação de fazer sequer em nome do advogado. A intimação do conteúdo da sentença, em nome do advogado, para o cumprimento da obrigação de pagar, realizada na forma do art. 475-J do CPC, não é suficiente para o início da fluência da multa cominatória voltada ao cumprimento da obrigação de fazer.
>
> 3. Recurso especial provido.
>
> (REsp 1349790/RJ, Rel. Ministra MARIA ISABEL GALLOTTI, SEGUNDA SEÇÃO, julgado em 25/09/2013, DJe 27/02/2014)"

Daí em diante o STJ seguiu firmemente reiterando a aplicação deste precedente[23], até mesmo por Nancy Andrighi[24], que respeitou a decisão de seus pares.

---

21 Nos moldes do que será visto mais adiante, o NCPC verdadeiramente confluiu para esta normatização.

22 Andrighi, no que se refere ao dispositivo da decisão, concordou com Gallotti. A divergência foi apenas na parte de fundamentação jurígena.

23 AgInt no AgRg no REsp 1523884/SP, Rel. Ministro Raul Araújo, Quarta Turma, j. em 14/06/2016; AgRg no REsp 1577100/SP, Rel. Ministro Moura Ribeiro, Terceira Turma, j. em 05/05/2016; AgRg no AREsp 746.052/RJ, Rel. Ministro Marco Aurélio Bellizze, Terceira Turma, j. em 16/02/2016.

24 Cf. AgRg no REsp 1459544/DF, Rel. Ministra Nancy Andrighi, Terceira Turma, julgado em 21/08/2014.

2.4 - O Novo Código de Processo Civil e a Súmula 410/STJ

Na esteira do que foi explicitado anteriormente, o Código de Processo Civil de 1973 continha omissão sobre o termo *a quo* para a incidência das *astreintes* nas obrigações de *facere* e de *non facere*. Essa lacuna legal ensejou a Súmula 410, da lavra do Superior Tribunal de Justiça, que exigia que para dar início à contagem do prazo para quitação de obrigações deste tipo, era imprescindível que o ato intimatório se desse na pessoa do devedor, não valendo a intimação feita ao seu advogado. O órgão teve seus titubeios na aplicação deste enunciado, porém foi ele que vingou por fim e na esmagadora maioria do tempo desde sua edição.

Com a criação da Lei Federal nº. 13.105/2015, que trouxe ao ordenamento jurídico pátrio o Novo Código de Processo Civil, o cumprimento de sentença que reconheça a exigibilidade de obrigação de fazer ou de não fazer ganhou novo tratamento disciplinar, compartilhando com as demais obrigações uma boa gama de normas gerais, que estão delineadas nos arts. 513 a 519. Esses dispositivos encontram-se no Título II, Capítulo I, do Novo CPC. O Título II é intitulado *Do Cumprimento da Sentença*, enquanto o seu Capítulo I denomina-se *Disposições Gerais*. Não é necessário esforço para perceber, pois, que o Capítulo I traz normas gerais sobre o cumprimento de sentença, as quais se aplicam *incontinenti* a todas as espécies do gênero cumprimento de sentença. A mera interpretação sistemática do NCPC conduz a essa conclusão, por intermédio da averiguação da nomenclatura dos demais capítulos do Título II: *Capítulo II - Do Cumprimento Provisório da Sentença que Reconhece a Exigibilidade de Obrigação de Pagar Quantia Certa*; *Capítulo III - Do Cumprimento Definitivo da Sentença que Reconhece a Exigibilidade de Obrigação de Pagar Quantia Certa*; *Capítulo IV - Do Cumprimento de Sentença que Reconheça a Exigibilidade de Obrigação de Prestar Alimentos*; *Capítulo V - Do Cumprimento de Sentença que Reconheça a Exigibilidade de Obrigação de Pagar Quantia Certa pela Fazenda Pública*; e *Capítulo VI - Do Cumprimento de Sentença que Reconheça a Exigibilidade de Obrigação de Fazer, de Não Fazer ou de Entregar Coisa.*

Nota-se com bastante clareza que o *Capítulo I - Disposições Gerais* contém normatização comum aos cumprimentos de sentença em todas as suas modalidades, que são descritas nos Capítulos II a VI. Importa destacar, nesse diapasão, que o *Capítulo VI - Do Cumprimento de Sentença que Reconheça a Exigibilidade de Obrigação de Fazer, de Não Fazer ou de Entregar Coisa* possui normas em comum com o *Capítulo III - Do Cumprimento Definitivo da*

Sentença que Reconhece a Exigibilidade de Obrigação de Pagar Quantia Certa, contidas no *Capítulo I – Disposições Gerais.*

Sendo assim, atualmente não há mais que se falar em aplicação por analogia de dispositivos concernentes ao cumprimento de sentença oriunda de obrigação de pagar quantia certa às situações de cumprimento de sentença adveniente de obrigação de fazer ou de obrigação de não fazer, como Nancy Andrighi pregava com fito de preencher lacuna legal, visto que agora o próprio legislador quis que diversas normas fossem expressamente e comumente aplicáveis a estas diferentes espécies.

Uma regra que foi compartilhada entre os diferentes tipos de cumprimento de sentença é a que estipula a maneira pela qual se dará a intimação do devedor para fins de fixação do *dies a quo* para incidência das *astreintes.* O inciso I do § 2º do art. 513 do CPC/2015 não deixa dúvidas de que a parte será intimada na pessoa de seu causídico, e não pessoalmente, qualquer que seja o tipo de obrigação a ser cumprida (incluindo a de *facere* e a de *non facere*), como se dessume da transcrição do dispositivo *infra*:

> "Art. 513. O cumprimento da sentença será feito segundo as regras deste Título, observando-se, no que couber e conforme a natureza da obrigação, o disposto no Livro II da Parte Especial deste Código.
>
> § 1º O cumprimento da sentença que reconhece o dever de pagar quantia, provisório ou definitivo, far-se-á a requerimento do exequente.
>
> § 2º O devedor será intimado para cumprir a sentença:
>
> I - pelo Diário da Justiça, na pessoa de seu advogado constituído nos autos;
>
> II - por carta com aviso de recebimento, quando representado pela Defensoria Pública ou quando não tiver procurador constituído nos autos, ressalvada a hipótese do inciso IV;
>
> III - por meio eletrônico, quando, no caso do § 1º do art. 246, não tiver procurador constituído nos autos;
>
> IV - por edital, quando, citado na forma do art. 256, tiver sido revel na fase de conhecimento.
>
> § 3º Na hipótese do § 2º, incisos II e III, considera-se realizada a intimação quando o devedor houver mudado de endereço sem prévia comunicação ao juízo, observado o disposto no parágrafo único do art. 274.
>
> § 4º Se o requerimento a que alude o § 1º for formulado após 1 (um) ano do trânsito em julgado da sentença, a intimação será feita na pessoa do devedor, por meio de carta com aviso de recebimento encaminhada ao endereço constante dos autos, observado o disposto no parágrafo único do art. 274 e no § 3º deste artigo.

> § 5º O cumprimento da sentença não poderá ser promovido em face do fiador, do coobrigado ou do corresponsável que não tiver participado da fase de conhecimento."

Portanto, a regra geral passou a ser a intimação na pessoa do advogado, através do Diário da Justiça, dispensado a ação intimatória pessoal da parte.

De muito bom alvitre foi a aposição de exceções a esta generalidade (art. 513, § 2º, II a IV, Novo CPC), determinando a intimação pessoal do devedor em situações realmente necessárias. Àquele que não tiver procurador nos autos é impossível que seja intimado por advogado, posto que inexistente este. Ao devedor que seja patrocinado por defensor público também caberá a intimação pessoal, dada a notória dificuldade de comunicação entre os defensores e os que estão sob seu pálio[25]. Às empresas públicas e privadas que não tiverem advogado constituído, é preciso que haja intimação *in persona*, entretanto, nessa modalidade, a pessoalidade do ato intimatório será por meio eletrônico, e não fisicamente, uma vez que tais empresas estão cadastradas para receber eletronicamente inclusive citação em processo (exceto as microempresas - ME - e as empresas de pequeno porte - EPP –, as quais não estão obrigadas ao cadastro nos sistemas de processo em autos eletrônicos). Como excepcionalidade ímpar, há a intimação por edital do revel citado por edital, eis que, a despeito de lhe ser nomeado curador especial, este não tem como se comunicar com a parte que representa, todavia, a lei precisa validar a ciência ao devedor através desta intimação, que alguns poderiam classificar como ficta.

Nesse diapasão, tenho por mim com muita convicção que a Súmula 410/STJ perdeu a eficácia, estando plenamente superada pelo art. 513, § 2º, I, do Novo *Codex* Adjetivo Civil. Todas as discussões que se desenvolveram histo-

---

25 Não sou totalmente concorde com isto. Em verdade, na praxe atual os defensores não conseguem cientificar seus patrocinados sobre muitos dos atos do processo, contudo, questiono se o que deveria ser revisto não seria esse *modus operandi*, ao invés de legalizá-lo e institucionalizá-lo. A mim não parece concebível que o pobre, desprovido de rendimentos para contratar um advogado particular, tenha reservado para si um defensor cuja própria lei admite e presume fragilidade na comunicação entre constituinte e constituído, conotando uma prestação de serviço de qualidade inferior. Não estou alheio à notória deficiência no número de defensores públicos, da precariedade de investimentos e até mesmo da má gestão das rubricas, e sei que isso impede que a relação entre a parte e o seu patrocinador público seja fluida, tal qual na iniciativa privada, mas, ao mesmo tempo, tenho que tecer crítica ao fato de que, ao oficializar indiretamente isto por meio de dispositivo legal, assume-se uma postura deveras conformista, que vê isso como algo normal e que não pensa que deva ser mudado. Enfim, talvez seja um mal necessário, no entanto, sem a devida pontuação desse lado negativo, a Defensoria Pública sempre terá baixas condições e atendimento precário. Assim, nunca é demais trazer à reflexão esta *quaestio*.

ricamente no tribunal, com debates e até mesmo aparentes embates entre ministros, agora não mais terão razão de existir. Ouso dizer, em nome da ciência do Direito, sem, com isso, faltar com respeito ao ilustre Superior Tribunal de Justiça, que se o órgão em baila porventura continuar a aplicar o enunciado em questão, estará infringindo flagrantemente a codificação atual, mantendo às avessas uma jurisprudência que, por mais defensável e bem amparada tecnicamente (embora dela eu pessoalmente discorde veementemente), não poderia se sustentar diante da lei, que representa a vontade do povo exercida de maneira indireta, nos exatos ditames de uma república democrática e representativa. Não é demais memorar que a lei é fonte primária do Direito, sobrepondo-se à jurisprudência, mormente em atenção ao princípio da segurança jurídica e da própria formação do Brasil como Estado Democrático de Direito, ancorada, por seu turno, no princípio da legalidade.

Como visto alhures, o Superior Tribunal de Justiça permaneceu fazendo incidir o enunciado da sua Súmula 410, inclusive recentemente, após a entrada em vigor do Novo Código de Processo Civil[26]. *A priori*, pareceria um dos primeiros dissensos entre a inovação legislativa e a manutenção de uma jurisprudência ultrapassada, por vias escusas, contudo, numa análise mais atenta, percebo que não é assim. Acontece que o STJ ainda não julgou situações fáticas em que a multa processual tenha sido aplicada sem a intimação pessoal da parte, mas no período de vigência do Diploma de Ritos Civil de 2015[27]. Com efeito, levará um tempo até que os casos concretos de fixação de *astreintes* sob a égide da codificação contemporânea cheguem ao crivo da mais alta corte brasileira incumbida da pacificação hermenêutica de leis federais. Não escondo, de toda forma, certa preocupação com o fato de que até agora o STJ não teve a iniciativa de cancelar o verbete, principalmente depois de ter se reunido por sua Corte Especial para adequar o seu Regimento Interno ao NCPC e criar diversos enunciados administrativos a respeito dele, não tendo, apesar disso, tocado na temática ora em discussão.

Por essa nova tutela estar consignada na parte do CPC/15 que trata do cumprimento de sentença, uma dúvida poderia surgir, com bastante aplicabilidade prática: a regra de intimação do advogado, não da parte, sobre a incidência das *astreintes* valeria para a fase de conhecimento, tutela provisória,

---

26 Ver nota de rodapé nº. 23.

27 O diploma legal citado passou a vigorar em 18/03/2016.

sentença e execução? Seguramente que sim, como está explícito no *caput* do art. 537 do mesmo diploma.

O que o NCPC fez foi resgatar a dignidade da advocacia, que não se coadunava com a orientação do STJ, *data venia*. Talvez tenha sido até uma resposta do legislador ao Judiciário, lembrando que o advogado é indispensável à administração da justiça, na esteira do que preleciona com maestria a Carta Magna (art. 133), que ecoou no plano infraconstitucional, o qual declarou que a advocacia é múnus público, com função social (vide art. 2º, § 1º, da Lei Federal nº. 8.906/1994 - Estatuto da Advocacia e a Ordem dos Advogados do Brasil, EAOAB). Daí se depreende que todos os atores do processo detêm a mesma presunção de legalidade no seu proceder, incluindo a devida comunicação entre causídico e cliente. Na contramão da Constituição e do EAOAB, estava o teor sumular (agora suplantado *in totum* pelo Novo CPC), que indiretamente mostrava a desconfiança do STJ à atividade do advogado, presumindo que este não fazia hodiernamente a comunicação dos atos processuais ao seu patrocinado, ao contrário do que a legislação já dispunha e que veio a ser corroborado pelo atual Código de Processo Civil, o qual, na linha do Estatuto da Advocacia e da OAB, entendeu presumível que há o diálogo necessário entre procurador e outorgante (presunção de legalidade dos atos advocatícios que decorre do mister público exercido pelo advogado).

Diante do exposto, perfilho do entendimento da Min. Nancy Andrighi quando tentou rever e até cancelar a Súmula 410[28], mesmo antes do CPC/2015. Em verdade, a questão já poderia ter sido sanada, porém, não o sendo, o novo arcabouço processual civil desfez os percalços dantes existentes, reelevando o papel da advocacia para a efetiva prestação jurisdicional. Por exemplo (dentre vários argumentos levantados pela jurista), na prática, a intimação pessoal da parte gera um enorme atraso processual, em clara afronta aos princípios da economia temporal e da celeridade processuais[29] (eis o trâmite[30]: decisão de imposição de multa processual; vista às partes e espera do prazo para eventual interposição de recurso contra o *decisum*; certificação, pela secretaria, de transcurso do prazo sem recurso, ou de recurso sem efeito suspensivo; expedição de mandado de intimação pela secretaria; envio do mandado à central

---

28 EAg 857.758/RS e REsp 1349790/RJ.

29 Ver CF, art. 5º, inc. LXXVIII.

30 Algumas divergências poderão ocorrer na ordem ou na ocorrência desta tramitação a depender das normas de organização judiciária de cada tribunal, bem como de os autos serem ou não físicos.

de oficiais de justiça ou ao correio; ida do oficial ou do carteiro ao endereço da parte[31]; juntada do mandado devolvido cumprido; início da fluência do prazo para cumprimento). Já sob a égide do Código de Processo Civil de 2015, a intimação do causídico é ligeira (trâmite[32]: decisão de imposição de multa processual; intimação via Diário da Justiça ao advogado; começo do prazo para cumprimento obrigacional pela parte, salvo se contra o *mandamus* tiver sido aviado recurso com efeito suspensivo).

Entretanto, nem tudo são prerrogativas. O bom advogado ama seus direitos tanto quanto suas obrigações, e sabe que nenhuma prerrogativa lhe é assistida sem a contrapartida de um ônus. Refiro-me ao dever de efetivamente informar ao seu constituído sobre a decisão que mandou que este cumpra obrigação de fazer ou obrigação de não fazer, sob pena de multa. Não é propriamente uma novidade[33], haja vista que este ônus é totalmente inerente à relação entre advogado e cliente, e permeia a íntegra desta mútua confiança. O que acontece nessa situação específica é a gravidade da consequência ínsita ao descumprimento do *decisum* pela parte. Dessa maneira, o causídico deve se calçar de todos os meios possíveis e imagináveis para, em casos de consectários gravosos, ter mais de uma metodologia comprobatória de que comunicou o cliente a respeito, a fim de evitar ser futuramente responsabilizado pelo não atendimento ao *mandamus* judicial, sob o pretexto alegado por eventual cliente de má-fé de que o seu procurador não o havia avisado do teor da decisão.

Considerando que se trata de uma relação consumerista[34], o advogado responde pelos danos causados ao seu cliente, ainda que de forma subjetiva (mediante a verificação de culpa). Poder-se-ia pensar, por isso, que caberia ao cliente a prova de que não foi avisado[35], contudo, devo lembrar que a prova de fato negativo é diabólica, e o próprio NCPC disciplinou a questão expressamente (art. 373, § 1º).

---

31 Não é raro haver erros de digitação nesses mandados, como no nome da rua, ou no número da residência, a impedir o cumprimento do mandado. Ademais, também não são poucos os que se ocultam de receber a intimação, já cientes do que ela se trata, pois que, ao contrário da presunção inversa capitaneada pela Súmula 410/STJ, os clientes são comunicados por seus advogados sobre todos os atos processuais relevantes, salvo exceções de maus profissionais, que não são exclusivos da advocacia, atingindo outros atores processuais.

32 Vide nota de rodapé nº. 30.

33 O mesmo já acontecia, *verbi gratia*, com a comunicação de multa do art. 475-J do CPC antigo, dentre incontáveis outros exemplos.

34 Código de Defesa do Consumidor, art. 14, § 4º.

35 Esta é a regra geral mantida também no Novo Código de Processo Civil (art. 373, I).

Não obstante, com as ferramentas eletrônicas de hoje (aplicativos de *smartphones*, *tablets* e mesmo computadores, tais como *WhatsApp*, *Facebook Messenger*; mensagens de texto; gravação de atendimento ao cliente, quando expressamente por ele autorizado, etc.), isso ficou mais fácil de provar que no passado, onde só existia o contato pessoal, o telefone, e, quando muito, o *e-mail*.

3 O PRAZO DE VIGÊNCIA DA PROCURAÇÃO E A INTIMAÇÃO NA PESSOA DO ADVOGADO: OS IMPACTOS DO CPC/2015 À INTERPRETAÇÃO DADA AO NOVO CÓDIGO DE ÉTICA E DISCIPLINA

Nos termos vistos alhures, o art. 13 do Novo Código de Ética e Disciplina estatui que, uma vez "*concluída a causa ou arquivado o processo, presume-se cumprido e extinto o mandato*" (*sic*). *Já foi dito que isto não signifi*cou uma mudança do que já constava no CED/1995, contudo, com a entrada em vigor do Novo Código de Processo Civil, em 18/03/2016, e com o início de vigência do CED/2015, em 01/09/2016, há um impacto relevante daquele na hermenêutica deste, com consectário prático explícito.

No tópico anterior, tratei das ressalvas legais à intimação na pessoa do advogado nos diversos tipos de cumprimento de sentença, incluindo aquelas que condenam o devedor a uma obrigação de fazer ou de não fazer. Dentre as excepcionalidades à regra geral, deixei, propositalmente, de falar sobre a que está no § 4º do art. 513[36], porque merecia uma abordagem mais extensa, que a correlacionasse com o NCED.

---

36 "Art. 513. O cumprimento da sentença será feito segundo as regras deste Título, observando-se, no que couber e conforme a natureza da obrigação, o disposto no Livro II da Parte Especial deste Código.

§ 1º O cumprimento da sentença que reconhece o dever de pagar quantia, provisório ou definitivo, far-se-á a requerimento do exequente.

§ 2º O devedor será intimado para cumprir a sentença:

I - pelo Diário da Justiça, na pessoa de seu advogado constituído nos autos;

II - por carta com aviso de recebimento, quando representado pela Defensoria Pública ou quando não tiver procurador constituído nos autos, ressalvada a hipótese do inciso IV;

III - por meio eletrônico, quando, no caso do § 1º do art. 246, não tiver procurador constituído nos autos

O caso é que o Novo CPC, muito atento ao projeto que viria a se transformar no Novo Código de Ética, estipulou que se o requerimento para cumprimento de sentença for formulado após 1 (um) ano do trânsito em julgado da sentença, a intimação será feita diretamente à parte, e não ao seu causídico. A razão é simples: se o art. 13 do CED/15 determina que há presunção de extinção do mandato por ocasião do arquivamento do processo, não faria sentido que, após todo esse lapso temporal de trânsito em julgado, com os autos certamente arquivados, o advogado do devedor fosse intimado sobre o início da fase de cumprimento do comando sentencial, se há a presunção contrária, de que, até segunda ordem, o causídico já não é mais o procurador da parte. Seria um contrassenso esperar que o advogado conseguisse contatar seu ex-cliente *tão rapidamente quanto o prazo judicial fixado, cabendo ressaltar que cada dia perdido na busca pelo antigo patrocinado será deduzido do tempo de que disporá este para o cumprimento do mandamus*, se é que o causídico o encontrará. Por isso surge a necessidade de que o ato intimatório se dê diretamente ao devedor, o qual não terá, por outro lado, qualquer impeditivo no que tange a continuar a ser representado pelo mesmo advogado que o acompanhara na fase cognoscível.

IV - por edital, quando, citado na forma do art. 256, tiver sido revel na fase de conhecimento.

§ 3º Na hipótese do § 2º, incisos II e III, considera-se realizada a intimação quando o devedor houver mudado de endereço sem prévia comunicação ao juízo, observado o disposto no parágrafo único do art. 274.

§ 4º Se o requerimento a que alude o § 1º for formulado após 1 (um) ano do trânsito em julgado da sentença, a intimação será feita na pessoa do devedor, por meio de carta com aviso de recebimento encaminhada ao endereço constante dos autos, observado o disposto no parágrafo único do art. 274 e no § 3º deste artigo."

29

O NOVO CPC E O PAPEL DO ADVOGADO À LUZ DA BOA FÉ E DO PRINCÍPIO DA COOPERAÇÃO

Gabriel Sapucaia
Advogado

A BOA FÉ

O Código de Processo Civil em vigor, baseado em uma inspiração de modelo constitucional de Processo traz diversos princípios em seus primeiros artigos, dentre os quais merece destaque o princípio boa-fé que será abordado no presente tópico.

A boa-fé no Código em vigor tem um alcance maior do que no Código revogado de 1973, sendo elevada à condição de norma fundamental do Processo Civil, aplicado ao Código em sua inteireza e a todos os sujeitos do processo, além de se caracterizar como importante elemento hermenêutico, conforme será explicitado adiante.

Ao se tratar a boa-fé como princípio, está se discorrendo necessariamente acerca da boa-fé objetiva, uma vez que, as normas são gênero do qual são espécies princípios e regras, sendo norma a boa-fé objetiva, como dever de conduta objetivamente considerado, sem o elemento subjetivo.

A boa-fé subjetiva não é norma, sendo elemento de determinados fatos, estando diretamente ligada a intenção do sujeito processual.

Logo, não se está tratando na boa-fé objetiva da intenção do sujeito, mas sim de sua conduta objetiva que gera legítima expectativa nos demais participantes do processo. Esse é o sentido da norma insculpida no artigo 5º Código de Processo Civil. Veja-se a letra da lei:

> Art. 5º Aquele que de qualquer forma participa do processo deve comportar-se de acordo com a boa-fé.

Acerca do significado do dever de conduta imposto pelo princípio da boa--fé é oportuno o ensinamento de Humberto Theodoro Júnior:

Consiste o princípio da boa-fé objetiva em exigir do agente que pratique o ato jurídico sempre pautado em valores acatados pelos costumes, identificados com a ideia de lealdade e lisura. Com isso, confere-se segurança às relações jurídicas, permitindo-se aos respectivos sujeitos confiar nos seus efeitos programados e esperados.

A cláusula geral da boa-fé como adotada no Novo Código de Processo Civil é oriunda do direito privado e tem fundamento nos Princípios Constitucionais do Devido Processo Legal e do Contraditório, visto que, esse não é apenas fonte de direitos, mas também de deveres para os participantes do processo.

Alexandre Freitas Câmara e Fredie Didier citam Joan Pico como principal defensor da boa-fé como integrante do devido Processo Legal, segundo Pico "limitar o exercício do direito de defesa como forma de proteção do direito a efetiva tutela", utilizando a expressão *devido processo leal.*

De fato, se houver abuso do direito por um dos participantes do processo se terá de violação ao Direito dos demais participantes, sobretudo às partes, e consequentemente afronta ao Devido Processo.

Esse entendimento da boa-fé como consequência do Devido Processo é aceito pelo Supremo Tribunal, já tendo sido expressamente utilizado para fundamentação no RE 464.963-2/GO:

> *O princípio do devido processo legal, que lastreia todo o leque de garantias constitucionais voltadas para a efetividade dos processos jurisdicionais e administrativos, assegura que todo julgamento seja realizado com a observância das regras procedimentais previamente estabelecidas, e, além, representa uma exigência de fair trial, no sentido de garantir a participação equânime, justa, leal, enfim, sempre imbuída pela* ***boa-fé*** *e pela ética dos sujeitos processuais.* (Grifos nossos).

Assim para efetivação do Devido Processo Legal, deve a atuação dos sujeitos processuais ser pautada pela boa-fé. Nesse particular é precisa a lição de Fredie Didier:

> É mais fácil, portanto, a argumentação da existência de um dever geral de boa-fé processual como conteúdo do devido processo legal. Afinal, convenhamos, o processo para ser devido (giusto, como dizem os italianos, equitativo como dizem os portugueses) precisa ser ético e leal.

Não se poderia considerar justo um processo pautado em comportamentos desleais ou antiéticos.

Como norma geral do Processo Civil, com alicerce constitucional, a boa-fé objetiva é exigível não apenas das partes, mas de todos os sujeitos que atuam no processo, dentre eles o órgão jurisdicional. Acerca do alcance da norma utiliza-se novamente a lição de Fredie Didier Junior.

> Note que o destinatário da norma é "aquele que de qualquer forma participa do processo" (art. 5º, CPC), o que inclui obviamente, não apenas as partes, mas também o órgão jurisdicional. A observação é importante, pois parte dos trabalhos doutrinários sobre a boa-fé processual restringe a abrangência do princípio às partes.
>
> A vinculação do Estado-juiz ao dever de boa-fé nada mais é senão o reflexo do princípio de que o Estado, tout court, deve agir de acordo com a boa-fé, e, pois, de maneira leal e com proteção a confiança.

O entendimento de aplicação do princípio da boa-fé a todos os participantes e não apenas para as partes encontra assento também no STF, conforme manifestado no mesmo julgado acima mencionado, veja-se excerto:

> Nesse sentido, tal princípio possui um âmbito de proteção alargado, que o exige fair trial não apenas dentre aqueles que fazem parte da relação processual, ou que atuam diretamente no processo, mas de todo o aparato jurisdicional, o que abrange todos os sujeitos, instituições e órgãos, públicos e privados, que exercem diretamente ou indiretamente, funções qualificadas constitucionalmente como essenciais à Justiça.

No mesmo sentido o professor Alexandre Freitas Câmara cita julgado do Tribunal de Justiça do Rio de Janeiro de relatoria do Desembargador Heleno Pereira Nunes que anulou sentença devido ao fato do autor ter requerido prova testemunhal, tendo o magistrado de primeira instância indeferido tal prova sob o fundamento de que o fato estaria provado documentalmente nos autos, e, posteriormente na sentença o pedido relativo à prova testemunhal foi indeferido por falta de provas.

Na ocasião entendeu a turma julgadora se tratar de comportamento contraditório do magistrado que violava a boa-fé, sendo determinada a cassação da sentença para oportunizar a produção da prova testemunhal, tendo-se assim de decisão judicial que entendeu por anular a sentença por não ter o juízo de primeira instância agido com boa-fé objetiva.

Ambos julgados são anteriores ao novo Código de Processo Civil, fundamentados com base na Constituição, que conforme já exposto justifica a boa-fé objetiva como corolário dos princípios do contraditório e do devido processo legal.

Alcança-se, portanto, a inequívoca conclusão de que o princípio da boa-fé já implícito constitucionalmente, e positivado no Código Civil, agora se encontra expresso também no Processo Civil, sendo norma geral a ser efetivamente observada por todos os participantes do processo, impondo a esses não apenas direitos, mas também deveres processuais.

Como princípio gerando direitos e deveres para os participantes do processo, a doutrina elenca algumas consequências da boa-fé, dentre as quais se destacam:

Vedação de criar dolosamente posições processuais agindo com má-fé, além do artigo 5º como norma geral essa consequência se encontra também prevista expressamente nos artigos 80 ao tratar da litigância de má-fé; artigo 143, I o dolo do juiz como fundamento de sua responsabilidade civil e pessoal; artigo 258 o dolo como fundamento para multa devido ao requerimento doloso da citação por edital; artigo 966 o dolo da parte vencedora como fundamento da ação rescisória.

A vedação acima nada mais é que o reconhecimento do dolo processual como ilícito e motivo reparação.

A segunda consequência da boa-fé é denominada pela doutrina de proibição do *venire contra factum proprium*, que é a vedação de dois comportamentos, sendo o segundo contraditório ao primeiro.

A situação se justifica pelo fato das atitudes processuais criarem legítimas expectativas nos demais participantes do processo, não podendo o mesmo sujeito processual praticar um segundo ato que afronte o que se espera a partir do primeiro ato.

Como exemplos dessa proibição, temos a vedação de interposição recurso de uma decisão aceita sem ressalvas, conforme previsto no artigo 1.000 e seu parágrafo único do novo Código. Assim a parte que cumpre uma decisão de antecipação de tutela, por exemplo, sem qualquer ressalva, não pode recorrer de tal decisão.

O artigo 276 também prevê a impossibilidade de a parte pedir a invalidação a cujo efeito deu causa, sendo novo exemplo positivado de vedação a desenvolvimento de comportamento contraditório a outro anteriormente desenvolvido.

A terceira consequência da boa-fé objetiva é a vedação de abuso dos direitos processuais, todos os direitos processuais devem ser exercidos sem que a parte deles se utilize de forma abusiva, configurando eventual abuso ilícito processual.

Tais ilícitos processuais são coibidos de forma expressa pelo Código nos artigos 80, VII no caso de abuso do direito de recorrer; o abuso ao direito de defesa como fundamento da tutela de evidência prevista no artigo 311, I; sendo a situação aplicável por óbvio também ao sujeito ativo conforme previsto no artigo 805 que proíbe o abuso na execução.

As situações acima são meramente exemplificativas e expressamente positivadas no Código, podendo qualquer abuso não positivado ser coibido com base no princípio da boa-fé previsto no artigo 5º que conforme já explicitado se trata de cláusula geral aplicável a todo o processo civil.

A quarta e derradeira consequência da boa-fé é a denominada *supressio*, que se caracteriza como a perda de um poder processual pelo seu não exercício por prolongado lapso temporal, de modo a gerar nos demais sujeitos do processo a legítima expectativa que tal direito não seria exercido.

A doutrina justifica *a supressio* na confiança gerada na outra parte e nos demais sujeitos do processo de que o poder não seria exercido.

São exemplos de *supressio* a impossibilidade de execução de multa após intimação e longo período de arquivamento dos autos, sem qualquer atitude do credor; a perda do direito do juiz de examinar questões processuais após anos de regular andamento do processo sem alegação de qualquer das partes; impossibilidade da parte alegar nulidade depois de longo período de tempo.

Além do alcance e das consequências como norma geral acima explicitado; a boa-fé vem no Novo Código como importante elemento hermenêutico previsto nos artigos 322 § 2º e 489 § 3º a ser observado na interpretação do pedido e na prolação da sentença.

O primeiro dispositivo prevê que o pedido deve ser interpretado de acordo com o conjunto da postulação e a boa-fé. Assim o magistrado não deve observar apenas o pedido realizado ao final, mas todo o exposto na peça de ingresso ou na contestação sempre em consonância com a boa-fé.

A segunda norma estabelece que a decisão judicial deve ser interpretada a partir da junção de todos os seus elementos e a boa-fé.

Deve ser destacado que a função hermenêutica da boa-fé não se encontrava prevista no Código de 1973, sendo a boa-fé prevista como dever dos participantes do processo, sem a amplitude que lhe confere o Código em vigor.

DO PRINCÍPIO DA COOPERAÇÃO

A doutrina processual identifica classicamente dois princípios que correspondem a diferentes modelos de processo, quais sejam, o princípio dispositivo e o princípio inquisitivo.

Convencionou-se denominar princípio dispositivo aquele em que as partes são protagonistas diante de um órgão judicial "inerte" que decide a situação litigiosa sem dela efetivamente participar.

Lado outro, denominou-se princípio inquisitivo aquele em que o papel de destaque é do judiciário. Para fins didáticos utilizamos a lição de Fredie Didier:

> Assim, quando o legislador atribui às partes as principais tarefas relacionadas à condução e à instrução do processo, diz-se que se está respeitando o denominado princípio dispositivo, tanto mais poderes forem atribuídos ao magistrado, mais condizente com o princípio inquisitivo o processo será.

Por razões óbvias, dificilmente um modelo processual se filiará em sua integralidade a um ou outro princípio, sendo comum a adoção do princípio dispositivo em relação determinadas situações e, do princípio inquisitivo em relação a outras situações.

Assim em alguns temas como a instauração do processo prepondera o princípio dispositivo, e, em outros como possibilidade de aplicação de multa de ofício, o princípio inquisitivo.

Para a doutrina o modelo de processo atual vem em um novo paradigma de processo cooperativo, conforme previsto no artigo 6º do Novo Código de Processo Civil "*Todos os sujeitos do processo devem cooperar entre si para que se obtenha, em tempo razoável, decisão de mérito justa e efetiva*".

Assim o modelo é denominado cooperativo, pois se exige de cooperação de todos os envolvidos na lide para sua solução. Veja-se a lição de Humberto Theodoro Júnior:

> O novo CPC brasileiro esposa ostensivamente o modelo cooperativo, no qual a lógica dedutiva de resolução de conflitos é substituída pela lógica argumentativa, fazendo que o contraditório, como direito de informação/

> reação, ceda espaço a um direito de influência. Nele, a ideia de democracia representativa é complementada pela de democracia deliberativa no campo do processo, reforçando, assim, o papel das partes na formação da decisão judicial.

O princípio da cooperação que define o modelo Código de Processo Civil em vigor, tem por alicerce os princípios do contraditório, da boa-fé objetiva sobre o qual se discorreu acima e do Devido Processo Legal.

O contraditório se revela de fundamental importância como fundamento do princípio da cooperação, visto que, todos os sujeitos do processo devem participar efetivamente da construção da decisão, não devendo o juiz se portar como mero observador do duelo entre as partes, nem podendo decidir solitariamente, sem a participação dos demais sujeitos processuais, devendo todos participar de modo colaborativo. Acerca da participação das partes no processo democrático e a impossibilidade de decisão não participada, veja-se a lição de Aroldo Plínio:

> A primeira proteção que o ordenamento necessita oferecer aos jurisdicionados é a proteção de seu direito de, quando destinatário dos efeitos da sentença, participar dos atos que a preparam, concorrendo para a sua formação, em igualdade de oportunidades.

Assim todos os sujeitos processuais tem o direito de participar da construção do provimento, no entanto, conforme visto acima o contraditório também é fonte de deveres e a participação deve ser pautada pela boa-fé, devendo os sujeitos que participam do processo cooperar para sua solução.

O Devido Processo Legal que na lição de Ronaldo Brettas caracteriza-se como "um bloco aglutinado de direitos e garantias fundamentais inafastáveis" também alicerça o princípio da cooperação, tendo em vista, ser esse fundamento para o princípio da boa-fé e do contraditório dentre outros, englobando todos os princípios que devem ser observados para construção de um provimento judicial, em consôancia com um modelo constitucional de processo, dentre eles o príncípio da copperação, que nada mais é que o dever das partes de colaborar para solução do litígio.

Com o princípio em comento o que se busca é a efetiva cooperação participativa de todos os sujeitos do processo sem prevalência de uns sobre os outros.

O único ato que se comporta a não participação é o momento de ser proferida decisão, visto ser essa exclusiva do judiciário, que deve considerar no momento de produzi-lá os elementos trazidos pelos demais sujeitos processuais.

Importante observar que embora a decisão seja ato exclusivo do juiz, existe expressa previsão legal desse solicitar a cooperação das partes para saneamento do feito quando a causa tiver grande complexidade, conforme previsto no paráfrafo 3º do artigo 357 do Código de Processo Civil em vigor:

> Se a causa apresentar complexidade em matéria de fato ou de direito, deverá o juiz designar audiência para que o saneamento seja feito em cooperação com as partes, oportunidade em que o juiz, se for o caso, convidará as partes a integrar ou esclarecer suas alegações.

Constata-se assim por uma clara opção do legislador pela colaboração entre os sujeitos do processo, sendo dado às partes não apenas o direito de participar, mas também o dever de colaborar, com os demais sujeitos do processo. No parágrafo acima citado, é dever das partes colaborar com o magistrado para o devido saneamento do processo.

Assim como o princípio da boa-fé, o princípio da cooperação também se trata de regra geral aplicável a todos os sujeitos do processo, constituindo norma fundamental do processo civil.

A doutrina estabelece alguns deveres processuais que são extraídos a partir da concretização do princípio da cooperação, dentre os quais se destaca:

O primeiro exemplo dessa concretização é o dever de esclarecimento que se encontra positivado no Código, por exemplo, na possibilidade de inépcia da petição inicial em que dos fatos não decorra a conclusão ou quando contenha a exordial, pedidos incompatíveis, não sendo possível ao julgador ter exata compreensão da pretensão da parte. O princípio da cooperação obriga que a parte ao formular suas pretensões, o faça de modo claro, para compreensão pelos demais sujeitos processuais.

Por óbvio como a cooperação se aplica também ao judiciário, bem como os pelos princípios da celeridade e economia processual antes da declaração de inépcia, via de regra, será dada a parte a oportunidade de correção da peça processual, devendo o julgador indicar expressamente o que deve ser modificado.

Tem-se assim do princípio da cooperação obrigando as partes e ao julgador, em sua concretização como dever de esclarecimento.

Dentro do dever de esclarecimento se tem ainda o dever de informar e dever de consulta, caracterizando na proibição de julgamento sem que as partes sejam previamente chamadas a debater a questão, conforme expressamente previsto no artigo 10 do Novo Código que estabelece que o "*juiz não pode decidir, em grau algum de jurisdição, com base em fundamento a respeito do qual não se tenha dado às partes oportunidade de se manifestar, ainda que se trate de matéria sobre a qual deva decidir de ofício".*

Esse dever decorre também do contraditório substancial, mas se revela igualmente como concretização do princípio da cooperação.

Felizmente se encontram decisões judiciais observando efetivamente esse dever de cooperação e contraditório, como no Agravo de Instrumento 0538658.43.2016.8.13.0000 do Egrégio TJMG, de relatoria da Desembargadora Mariza de Melo Porto, que acerca da situação assim decidiu:

> *Da leitura e estudo da legislação processual civil de 2015, é notório que o agravo de instrumento, antes cabível em face de decisões interlocutórias, independente do seu conteúdo, passou a ter suas hipóteses de cabimento restritas as matérias contidas no rol taxativo do artigo 1.015.*
>
> *In casu, a decisão agravada não se encontra expressa no rol taxativo ora referido, sendo, por tanto, irrecorrível via agravo de instrumento*
>
> Dispõe o art. 10 do Código de Processo Civil de 2015 que "*o juiz não pode decidir, em grau algum de jurisdição com base em fundamento a respeito do qual não se tenha dado as partes oportunidade de se manifestar, ainda que se trate de matéria sobre a qual deva decidir de ofício".*
>
> *(...)*
>
> *Ainda no intuito de robustecer a importância do efetivo contraditório, o artigo 9º do CPC/2015 deixa claro que a regra é a oitiva prévia das partes, sendo que as exceções estão expressas na lei processual.*
>
> *Portanto, da análise da legislação processual, não restam dúvidas da imprescindibilidade da oitiva da parte antes de ser tomada qualquer decisão pelo juízo, ainda que o seu conteúdo abarque matéria de ordem pública, atitude que garante o respeito aos princípios da ampla defesa e do contraditório, consagrados pela CF/88 e, agora, pelo CPC/2015.*
>
> *Dessa feita, no intuito de evitar decisões surpresas, determino que as partes sejam intimadas para manifestarem-se, no **prazo de cinco dias**, acerca da extinção do recurso, haja vista não estar presente no rol taxativo do art. 1.015 do Código de Processo Civil 2015.*
>
> *Após, volvam os autos conclusos.*

Fala-se ainda no dever de prevenção como que se faz presente na "explicitação de pedidos pouco claros, o caráter lacunar da exposição dos fatos relevantes, a necessidade de adequar o pedido formulado à situação concreta e sugestão de certa atuação pela parte" (Didier, 2016).

O dever de prevenção pode ser verificado em alguns dispositivos do Novo Código, como o artigo 76 (suspensão do processo para regularização de vício); artigo 932, parágrafo único (concessão de prazo para correção de vício ou apresentação de documentação antes de extinção do recurso); dentre outros.

O dever de lealdade que também é consequência do princípio da boa-fé, mas se caracteriza do mesmo modo como concretização do princípio da cooperação, encontrando-se, previsto, por exemplo, no artigo 79 (proibição de litigar de má-fé).

Tem-se ainda do dever de proteção, do qual se extrai o dever de a parte não causar danos para a parte contrária como previsto no artigo 520, I (responsabilidade do exequente pela execução provisória) e 805 (obrigação da execução prosseguir do modo menos gravoso, quando possa prosseguir de vários modos).

Com efeito, recebe de fato grande destaque a cooperação no Novo Código de modo que todos os sujeitos do processo atuem para buscar a solução de mérito, sempre que possível, evitando-se, por exemplo, às extinções do feito por razões processuais, sem que se oportunize a correção do vício ou defeito que conduziria o processo à extinção.

Na sistemática do Código de 1973 seria impensável que a ilegitimidade de parte não conduzisse o feito a extinção, no Código atual a alegação de ilegitimidade passiva faculta ao autor corrigir o polo passivo da lide, de modo a se buscar pela solução de mérito, conforme expressamente previsto no artigo 6º do Código Vigente.

O PAPEL DO ADVOGADO A LUZ DOS PRINCÍPIOS ACIMA EXPLICITADOS

Conforme acima exposto, o novo Código de Processo Civil estabelece a boa-fé objetiva, bem como a ideia de cooperação como direitos/deveres para todos aqueles que participem do processo.

Nesse contexto é de se indagar o papel do profissional da advocacia em um paradigma jurídico de um processo leal e cooperativo, com todas as suas concretizações no direito processual, bem como consequências para os sujeitos processuais.

Revela-se inequívoco no novo Código De Processo Civil a busca por uma solução de mérito para a lide, apontando o diploma legal inclusive a composição como modo preferencial para pôr fim aos conflitos, devendo o advogado atuar de forma colaborativa para solucionar a lide.

Logo, o papel do advogado se torna mais amplo, devendo conhecer não apenas os institutos processuais para efetiva defesa dos interesses dos clientes em juízo, embora sejam esses de fundamental importância. Mas, além de dito conhecimento, nesse novo contexto deve o profissional estar atento para uma nova postura, no sentido de compreender as outras formas de solução de conflitos como a conciliação e a mediação, que claramente incentivadas pelo novo Código. Assim assevera Luiz Fernando Valladão Nogueira:

> De nada adianta a provocação legal à conciliação se os advogados não compreenderem que devem estar sempre equilibrados e em busca da paz social. A parcialidade do advogado pode sim fazê-lo aguerrido, mas nunca levá-lo a perder o foco.

Deve ainda o advogado orientar o cliente para que esse também contribua de modo a buscar uma solução para a lide, devendo o profissional por óbvio, observar para que os direitos e interesses do cliente sejam resguardados, se abstendo, no entanto, de praticar condutas desprovidas de boa-fé ou criar embaraços a resolução do litígio.

A mudança necessária não é simples, pois requer também uma modificação cultural da qual devem participar inclusive os cursos jurídicos, no sentido de incentivar a solução consensual dos conflitos, em contraponto a uma atuação meramente beligerante, trabalhando os mecanismos consensuais de solução dos conflitos disponíveis com os operadores do direito em formação.

Deve o advogado efetivamente atuar para que o feito possa ser solucionado, com boa-fé, de maneira cooperativa, incentivando e orientando o cliente a agir da mesma forma, de modo a deixar de conceber o outro litigante como inimigo, mas buscando-se a participação de todos para um objetivo comum, qual seja, a solução do conflito. Nesse sentido esclarece o ex presidente da Ordem dos Advogados do Brasil, Marcos Vinicius Furtado Coêlho:

> Além da capacitação técnica, o advogado deve se portar eticamente, respeitando os valores da decência, lealdade e urbanidade. De igual modo, as instituições devem se portar dentro dos padrões éticos, como requisito indispensável à realização da justiça.

O advogado também deve se empenhar para a celeridade dos processos, pois o profissional da advocacia é mais valorizado quando o Judiciário é efetivo. A cultura da morosidade deve ceder espaço ao cumprimento do postulado constitucional da rápida distribuição da justiça.

Lado outro, parece existir um segundo viés do papel do advogado na sistemática do Novo Código De Processo Civil, como fiscal do cumprimento dos princípios estabelecidos pelos demais sujeitos do processo.

Conforme acima exposto os princípios da boa-fé objetiva e da cooperação ora comentados, são postos no Código em vigor como cláusula geral a ser observada por todos os sujeitos do processo, cabendo ao advogado efetivamente acompanhar o cumprimento de tais princípios pelos demais sujeitos processuais, como a parte contrária, o advogado *adverso*, o juiz, o perito e qualquer outro que participe da lide.

Nesse enfoque parece que a observação/fiscalização da atuação do juiz será a mais importante, pela necessidade de mudança da cultura jurídica, para que se tenha efetivamente de decisões participadas.

A necessidade de mudança cultural se dá pelo fato de que embora a Constituição da República trate o contraditório e outros princípios do processo como fundamentais, permanece arraigada na nossa prática jurídica a observância de um contraditório apenas formal, de uma ampla defesa diminuída em que o magistrado decide sem efetiva participação dos demais sujeitos do processo ou sem colheita das provas necessárias, em consequente violação aos princípios da boa-fé e cooperação ora explicitados.

Assim caso o advogado esteja diante de um caso em que o magistrado falte com o dever de boa-fé objetiva ou com a devida cooperação para solução participada do litígio, é papel do advogado demonstrar seja na instância superior, seja ao próprio magistrado a violação ao princípio da boa-fé objetiva ou ao princípio da cooperação e o desacerto da decisão.

No mesmo sentido é dever do advogado "rebelar-se" contra toda e qualquer decisão sem a prévia oitiva das partes sobre o assunto, sendo missão do profissional zelar efetivamente pela construção participada do provimento, tendo a coragem e a consciência de que seu papel não é superior nem inferior aos dos demais sujeitos do processo, inclusive o juiz. Nesse sentido é a lição de Dierle Nunes:

> De imediato, a nova legislação promoverá um equilíbrio salutar dos papéis da magistratura e advocacia, de modo a proscrever as concepções de protagonismo de viés estatalista, com o juiz no centro, ou liberais, com os advogados com papel predominante. Certamente ele será acusado de ser o "Código dos juízes", pelos advogados, e o "dos advogados" pelos magistrados, porque, em verdade, ele será de todos e necessitará da assunção de um papel adequado pelos sujeitos processuais.

> Nesses termos, há um evidente reforço do debate e responsabilidade destes sujeitos mediante a assunção de premissas fortes como a do contraditório, como garantia de influência e não surpresa, da fundamentação estruturada das decisões, da boa fé objetiva processual, entre outras.

Essa postura exigirá coragem e independência do advogado que não deve ter receio de desagradar ao julgador e qualquer outro sujeito do processo agindo sempre que necessário para defender a construção efetivamente participada das decisões, bem como a observância da boa-fé e da cooperação pelos demais sujeitos do processo, inclusive o órgão julgador, enfrentamento qualquer pensamento autoritário de superioridade do magistrado.

Necessita-se, portanto, que seja o advogado mais flexível para compreender sua nova postura, não apenas beligerante, mas também leal e cooperativa, respeitando os direitos dos demais sujeitos processuais e empreendendo os esforços possíveis para solução do litígio.

Lado outro, deve o profissional da advocacia ser ainda mais combativo e até beligerante quando necessário, no sentido de fazer valer o direito seu e do cliente de participar e colaborar para construção da decisão, seja através de suas manifestações jurídicas, seja por meio da produção das provas necessárias, visto que, somente com efetiva participação do advogado e respeito ao profissional da advocacia, bem como ao seu representado, poderá ser alcançado o objetivo de um processo verdadeiramente democrático, leal e cooperativo.

BIBLIOGRAFIA

Disponível em http://oab-pa.jusbrasil.com.br/noticias/2327579/secretario-nacional-da-oab-fala-do-papel-do-advogado-dentro-do-novo-cpc Autor Marcus Vinicius Furtado Coelho.

http://noticias.uol.com.br/opiniao/coluna/2016/08/21/novo-codigo-de-processo-civil-contribui-para-melhoramento-etico.htm Autor Luiz Fernando Valladão Nogueira.

Disponível em http://www.conjur.com.br/2014-dez-17/dierle-nunes-cpc-promove--equilibrio-entre-juizes-advogados Autor Dierle Nunes.

Theodoro Júnior, Humberto. Curso de Direito Processual Civil – Teoria Geral do Direito Processual Civil, processo de conhecimento e procedimento comum - vol. I/Humberto Theodoro Júnior. 57. ed. Ver., atual e ampl. - Rio de Janeiro: Forense, 2016.

Didier Jr, Fredie. Curso de Direito Processual Civil: introdução ao direito processual civil parte geral e processo de conhecimento - 18. Ed. - Salvador: Ed. Jus Podivm, 2016.

Novo Código de Processo Civil: comparado - Lei 13.105/2015 / coordenação Luiz Fux; organização Daniel Amorim Assumpção Neves. - Rio de Janeiro: Forense: São Paulo: Método, 2015.

DIAS, Ronaldo Brêtas de Carvalho. Fundamentos da Jurisdição no Estado Democrático De Direito. *In:* GALLUPO, Marcelo Campos (coord.). Constituição e Democracia: fundamentos. Belo Horizonte: Fórum, 2009, p. 292.

GONÇALVES. Aroldo Plínio. Técnica Processual e Teoria do Processo. Rio De Janeiro. Editora Aide. 1992. 220 páginas.

Alexandre Freitas Câmara Palestra Boa-Fé e o Contraditório disponível em http://www.oabmg.org.br/videos_cpc/

Novo Código de Processo Civil. Atlas S.A 2015. São Paulo.

Disponível em http://oab-pa.jusbrasil.com.br/noticias/2327579/secretario-nacional-da-oab-fala-do-papel-do-advogado-dentro-do-novo-cpc Autor Marcus Vinicius Furtado Coelho.

http://noticias.uol.com.br/opiniao/coluna/2016/08/21/novo-codigo-de-processo-civil-contribui-para-melhoramento-etico.htm Autor Luiz Fernando Valladão Nogueira.

Disponível em http://www.conjur.com.br/2014-dez-17/dierle-nunes-cpc-promove-equilibrio-entre-juizes-advogados Autor Dierle Nunes.

BRASIL; Oliveira Júnior, Arnaldo. Constituição Federal (1988): atualizada até a emenda Constitucional nº 52, de 8 de março de 2006. 7 ed. Belo Horizonte: Mandamentos, 2006.

30

A ATUAÇÃO DO ADVOGADO E A NOVA TÉCNICA DE JULGAMENTO NOS TRIBUNAIS, EM CASOS DE DIVERGÊNCIA

Jorge Moisés Júnior
Advogado

BREVE HISTÓRICO

Definiam-se os embargos infringentes, em nosso sistema jurídico processual, como o recurso cabível, no próprio tribunal prolator da decisão impugnada, que visava modificar acórdão não unânime, proferido em apelação ou ação rescisória.

Por outras palavras, a pretensão da parte vencida em apelação ou ação rescisória, julgadas em acórdão não unânime, era a de fazer que se prevalecesse o voto vencido que estampava divergência da maioria.

Ficava claro o objetivo do legislador, com o instituto dos embargos infringentes, de conferir aos julgamentos a melhor justiça na aplicação da lei, diante da divergência que se fizesse presente, muito embora nem sempre os julgamentos por maior número de juízes sejam necessariamente mais justos.

Assim, a parte que, vencida no julgamento colegiado, tivesse em seu favor um voto, com base neste interpunha os embargos infringentes, com vistas a, provocando um novo pronunciamento da câmara julgadora, agora com a totalidade de seu membros, fazer com que aquele voto minoritário prevalecesse sobre os demais votos colhidos, por exemplo, na apelação.

Antes da alteração do artigo 530 do Código de Processo Civil de 1973, imposta pela Lei nº 10.352/2001, assim era redigido o referido dispositivo legal:

"Art. 530. Cabem embargos infringentes quando não for unânime o julgado proferido em apelação e em ação rescisória. Se o desacordo for parcial, os embargos serão restritos à matéria objeto da divergência."

Veja-se que, na antiga redação, os embargos infringentes eram cabíveis com relação a qualquer julgado não unânime, proferido em apelação ou ação rescisória, tenha ele reformado ou não a sentença, de mérito ou não.

Seja qual fosse a divergência, de mérito ou não, isso era suficiente ao manejo dos infringentes.

Entretanto, no ano de 2001, a Lei nº 10.352 veio a modificar a redação do artigo 530 do antigo Diploma Processual, para restringir o cabimento do referido recurso, nos seguintes termos:

"Art. 530. Cabem embargos infringentes quando o acórdão não unânime houver reformado, em grau de apelação, a sentença de mérito, ou houver julgado procedente ação rescisória. Se o desacordo for parcial, os embargos serão restritos à matéria objeto da divergência" (Redação dada pela Lei nº 10.352, de 26.12.2001).

Comparando-se com a anterior, nota-se que a nova redação limita o uso do referido recurso contra acórdão não unânime, apenas nos casos em que este tenha reformado, em apelação, a sentença de mérito, ou houver julgado procedente a ação rescisória.

Assim, desde a edição daquela lei, os infringentes não eram mais cabíveis contra qualquer acórdão não unânime que tivesse ou não reformado a sentença, de mérito ou não. A partir da nova redação, só as questões de mérito poderiam ser objeto daquele recurso, desde que o acórdão houvesse reformado a sentença de mérito ou julgado procedente a ação rescisória. Sua interposição não mais se admitiu para impugnar acórdão que, proferido por maioria, não apreciasse o mérito da questão *sub judice*, que mantivesse a sentença ou que julgasse improcedente pedido em ação rescisória.

Portanto, enquanto existiram os embargos infringentes, cabia ao advogado da parte vencida, diante da divergência, interpor, oportunamente, aquele recurso, buscando fazer com que prevalecesse o voto divergente, diante de mais dois votos que eram colhidos no julgamento.

Se no julgamento da apelação eram colhidos os votos de três desembargadores (relator, revisor e vogal), já no julgamento dos embargos infringentes cinco votavam, dentre os quais os três que participaram do julgamento do apelo e mais dois que compunham a câmara julgadora.

Opostos os infringentes, o recurso seguia para o relator da apelação, a quem cabia o exame dos pressupostos formais de cabimento do recurso. Admitidos os embargos à discussão, o relator ordenava a distribuição dos mesmos a um dos magistrados que não haviam participado do julgamento da apelação.

Processado o referido recurso, era praxe dos advogados de trincheira levar memoriais a todos os cinco magistrados que julgariam os infringentes, principalmente àqueles a quem caberia solucionar a divergência, lembrando-se de que, não raramente, algum magistrado, que ao julgar a apelação, tivesse proferido voto contrário aos interesses do embargante, acabava por reformular aquele seu voto no exame dos embargos.

Em nossa experiência do dia a dia, houve casos, inclusive, em que, no julgamento de apelação, os dois prolatores dos votos majoritários se retrataram por ocasião do julgamento dos infringentes, de forma a que o resultado deste, no acolhimento dos recurso, fosse unânime (cinco votos a zero), quando na apelação o resultado havia sido de dois a um.

E além dos memoriais que eram entregues a todos os componentes da câmara julgadora, a sustentação oral se fazia imprescindível quando se tratava de solucionar uma divergência de mérito, surgida no julgamento da apelação, diante da reforma da sentença, segundo o antigo Código de Processo Civil que acaba de ser inteiramente revogado.

A NOVA SISTEMÁTICA E ATUAÇÃO DO ADVOGADO

Quando se estava construindo o projeto do Novo Código de Processo Civil, chegamos a enviar nossa sugestão que se afinava com a nova sistemática acerca da solução das divergências em julgamentos, sem que necessário fosse o manejo dos embargos infringentes, eis que estes estavam fadados à extinção, como se divulgava à época.

E o novo Diploma Processual trouxe importantíssima alteração ao suprimir do rol recursal os embargos infringentes.

Eis a redação do artigo 942 do atual Código de Processo Civil:

> ***Art. 942. Quando o resultado da apelação for não unânime, o julgamento terá prosseguimento em sessão a ser designada com a presença de outros julgadores, que serão convocados nos termos previamente definidos no regimento interno, em número suficiente para garantir a possibilidade de***

inversão do resultado inicial, assegurado às partes e a eventuais terceiros o direito de sustentar oralmente suas razões perante os novos julgadores.

§ 1o Sendo possível, o prosseguimento do julgamento dar-se-á na mesma sessão, colhendo-se os votos de outros julgadores que porventura componham o órgão colegiado.

§ 2o Os julgadores que já tiverem votado poderão rever seus votos por ocasião do prosseguimento do julgamento.

§ 3o A técnica de julgamento prevista neste artigo aplica-se, igualmente, ao julgamento não unânime proferido em:

I - ação rescisória, quando o resultado for a rescisão da sentença, devendo, nesse caso, seu prosseguimento ocorrer em órgão de maior composição previsto no regimento interno;

II - agravo de instrumento, quando houver reforma da decisão que julgar parcialmente o mérito.

§ 4o Não se aplica o disposto neste artigo ao julgamento:

I - do incidente de assunção de competência e ao de resolução de demandas repetitivas;

II - da remessa necessária;

III - não unânime proferido, nos tribunais, pelo plenário ou pela corte especial.

Aqui está uma das importantíssimas alterações trazidas pelo novo CPC, a compor o capítulo que trata da ***"DA ORDEM DOS PROCESSOS NO TRIBUNAL"***.

Suprimidos que foram os embargos infringentes, o art. 942 veio a estabelecer, em relação ao resultado não unânime dos julgamentos de apelação, uma nova técnica de julgamento que se daria em sessão a ser designada, com a presença de outros julgadores a serem convocados nos termos do regimento interno de cada Corte, em número que possa garantir a possibilidade de inversão do resultado inicial, assegurando-se às partes e a eventuais terceiros interessados o direito à sustentação oral diante dos novos julgadores.

Tudo isso ocorrerá, sem a interposição dos embargos infringentes, e se aplicará, também, aos julgamentos não unânimes proferidos em ação rescisória, quando o resultado for o de rescisão da sentença (nesta hipótese o julgamento prosseguirá em órgão de maior número de membros, conforme previsto em regimento interno), e em a agravo de instrumento quando, no julgamento deste, houver a reforma de decisão que julgar parcialmente o mérito (hipótese do art. 356, § 5º).

Quanto à aplicabilidade da nova técnica de solução da divergência, em julgamento de ação rescisória, é de se verificar, pela literalidade do inciso I, do §3º, do artigo 942, que ela só se aplica à hipótese de rescisão não unânime de sentença e não de acórdão.

No tocante à aplicação da técnica ao julgamento não unânime de agravo de instrumento, ela só tem cabimento quando este impugnar decisão que julgar parcialmente o mérito, sendo irrelevante que o acórdão tenha ou não confirmado a decisão agravada.

Fica claro que a nova sistemática de solução de divergência não depende de qualquer provocação da parte ou do julgador, por se tratar de procedimento imposto por lei.

E nada impede que os julgadores revejam seus votos por ocasião do novo julgamento que solucionará a divergência.

Observa-se na obra coletiva ***"NOVO CÓDIGO DE PROCESSO CIVIL ANOTADO", Lei n. 13.105, de 16 de março de 2015"***, cuja coordenação geral é de Elaine Harzheim Macedo e Carolina Moraes Migliavacca, a seguinte anotação:

> ***"De todas as regras constantes deste capítulo, mais relevante e, quiçá, mais suscetível de discussão, é a do art. 942, que estabelece um julgamento por capítulos, que se dará no mínimo em duas sessões subsequentes (nada impede, por exemplo, de pedido de vista na segunda sessão), com intervenção de novos membros julgadores.***
>
> ***A técnica proposta se dará em qualquer caso de julgamento por maioria (não unânime), em sede de apelação, ação rescisória que tenha por objeto rescisão de sentença e agravo de instrumento quando o recurso se voltar contra decisão de julgamento parcial de mérito (art. 356, § 5º), irrelevante se a maioria decidiu para confirmar ou reformar a decisão de origem, bem como se esta é decisão de mérito ou de extinção do processo (arts. 487 e 485, respectivamente).***
>
> ***Frente à decisão não unânime, suspende-se o julgamento remetendo-se o processo para outra sessão, que deverá comportar os julgadores originários e o acréscimo de mais no mínimo dois julgadores, conforme os tribunais definirem em seus regimentos, quando então terá prosseguimento o julgamento. Trata-se de comando ex vi lege, que independe de manifestação das partes ou dos julgadores.***
>
> ***A composição mínima de 5 (cinco) membros na continuidade do julgamento é para permitir eventual revisão da tese que originariamente fora adotada pela maioria, ainda que o Código não estabeleça expressamente tal número.***

No prosseguimento do julgamento, os julgadores que participaram da primeira sessão poderão rever seus votos e será assegurado às partes que se valham da sustentação oral, mesmo que já a tivessem exercitado antes, o que, pelo Código, não seria aplicável ao agravo de instrumento (art. 942, § 4º, inciso III), já que não está o mesmo arrolado no art. 937, conforme alhures comentado, salvo, é claro, eventual construção pretoriana, que só o tempo poderá dizer.

Críticas severas têm sido levantadas contra esta técnica de julgamento, que se mostra como uma compensação pela revogação do recurso de embargos infringentes, mostrando-se o Código contraditório em eliminar um recurso que já tinha previsão limitada e incluir este procedimento que amplia as hipóteses até então passíveis de um terceiro grau de jurisdição e que sequer se dá pela voluntariedade da parte vencida, regra comum aos recursos, isso porque, em tese, ter-se-ia o novo Código inspirado pela exigência da celeridade no trato das controvérsias levadas ao Poder Judiciário e a garantia da tempestividade processual. Ao fim e ao cabo, mantém-se a centenária resistência às decisões jurisdicionais locais."

Não obstante a extinção dos embargos infringentes, não acompanhamos a corrente que vê com certo pessimismo a nova técnica de julgamento, até porque esta amplia as hipóteses de sua aplicação, comparando-se com a anterior sistemática dos embargos infringentes.

A propósito, feliz, também, foi a observação de nosso dileto colega, ROGÉRIO VIEIRA SANTIAGO, em salutar troca de ideias sobre a nova técnica de julgamento:

"... outra novidade que também ampliou o direito de defesa de que dispõem os recorrentes trazida nesta nova sistemática de julgamento prevista no art. 942 do CPC/2015, é o fato visível a "olho nu" de que, também quando ocorrem posicionamentos divergentes quanto a questões preliminares (na maioria das vezes processuais-formais), tal sistemática de julgamento é aplicável, devendo o presidente da Câmara, tão logo vislumbrar a ocorrência da divergência, sobrestar ali o julgamento do recurso e determinar que, noutra sessão, os demais integrantes daquele órgão jurisdicional fracionário se posicionem acerca da dita questão preliminar.

Esta questão, especificamente considerada, é uma novidade extremamente importante trazida pelo CPC/2015, já que ela viabiliza que o próprio tribunal competente ao exame do recurso, possa aperfeiçoar a prestação jurisdicional dele demandada, quando ocorrente hipótese de acolhimento ou desacolhimento de questão preliminar por parte da turma julgadora, o que na sistemática do CPC/1973 não acontecia, porque incabível era o manejo dos "embargos infringentes" quando a matéria objeto da divergência fosse uma preliminar.

> ***Em relação a esta questão, especificamente considerada, houve sensível avanço da legislação processual civil, já que na sistemática do CPC/1973, quando ocorrente divergência na turma julgadora de determinado recurso quanto a preliminares, só restava àquele que restou vencido, reeditar seu inconformismo ao STJ através de "recurso especial", fato que na imensa maioria das vezes causava retardamento da marcha processual, máxime quando provida a irresignação recursal especial pelo tribunal de destino.***

Ademais, o fato, por si só, de não poder o advogado manejar aquele antigo recurso, não o impede de elaborar e entregar memoriais àqueles que farão o novo julgamento acerca da divergência. Não vejo prejuízo algum para as partes na aplicação da nova técnica. Pelo contrário, a ampliação das hipóteses de sua aplicação é benéfica, além de ter sido simplificada, pois independe da interposição de recurso e, por conseguinte eliminou-se a necessidade de preparo e a submissão ao crivo de admissibilidade do relator, como ocorria anteriormente, em que era devido preparo para aquele recurso que ainda era submetido ao juízo de admissibilidade do relator da apelação.

Na sempre clara lição do professor LUIZ FERNANDO VALLADÃO NOGUEIRA (*"RECURSOS E PROCEDIMENTOS NOS TRIBUNAIS no Novo Código de Processo Civil"*, D´Plácido Editora, p. 79/80),

> ***"Quanto ao cabimento dessa técnica de julgamento, é oportuno dizer que, comparativamente ao recurso de embargos infringentes (CPC/73), houve ampliação. É que, para efeito de aplicação do procedimento em exame, não se exige que haja reforma de sentença de mérito. Com efeito, à míngua de restrição legal, pode-se dizer que, mesmo na divergência que versar sobre anulação (vício formal) ou que reformar sentença sem resolução de mérito, deverá ser imposta pelo tribunal a técnica de julgamento do art. 942 NCPC. De igual forma, se houver confirmação da sentença, mas por maioria, devem ser colhidos os votos suficientes a trazer a alteração do resultado e o resgate daquele até então vencido."***

O emérito processualista destaca observa ainda:

> ***"Cabe destacar que, em havendo alteração do julgamento anterior por força de efeito infringente atribuído aos embargos declaratórios, e havendo divergência quando de tal modificação, deverá ser imposta a técnica de julgamento quanto à parte divergente posteriormente surgida. É que os embargos declaratórios consistem em recurso de integração, donde se pode afirmar que a divergência nele ocorrida compõe o próprio julgamento da apelação. Aliás, tal raciocínio já prevalecia para efeito de cabimento dos embargos infringentes, agora substituídos pela técnica de julgamento em exame (...)"*** (ob. cit, p. 80).

Conhecendo-se a nova técnica de solução da divergência, mais ampla do que os extintos embargos infringentes, pode-se dizer, com segurança, que não há prejuízo algum, seja para o jurisdicionado, seja para o advogado, eis que este, embora não possa mais manejar aquele recurso, poderá, nesse intervalo compreendido entre uma sessão e outra, entregar memoriais àqueles que irão julgar a divergência, de forma a fazer prevalecer ou não o voto minoritário, além do que poderá fazer uso da palavra quando do julgamento, em sustentação oral.

Bem sabem os advogados militantes que nem sempre a decisão colegiada unânime é sinônimo de justiça. Muitas vezes o voto vencido é que se mostra acertado, à luz dos fatos, da lei e do direito, de forma que sua prevalência, quando da solução da divergência, acaba por fazer justiça.

A busca do melhor julgamento, notadamente quando se trata de matéria fática, há de ser feita nas instâncias ordinárias, soberanas que são na apreciação das provas, cujo exame é vedado nas instâncias extraordinárias.

E nisso é evidente a contribuição da nova técnica de solução de divergências, a propiciar melhor julgamento diante de um voto que se afasta do julgamento da maioria.

31

AS LIDES TEMERÁRIAS E A ATUAÇÃO DO ADVOGADO NO NOVO CÓDIGO DE PROCESSO CIVIL (Lei nº. 13.105 de março de 2015)

Jair Marques da Silva Júnior
Advogado

INTRODUÇÃO

O ano de 2016 foi marcado por grandes e importantes acontecimentos em que se fez presente o Poder Judiciário. O ano em que se concluiu o processo de *impeachment* da presidente Dilma Rousseff, em que se cassou o mandato do ex deputado e presidente da Câmara, Eduardo Cunha, é o mesmo ano em que se deu início de vigência ao chamado "Novo Código de Processo Civil" ou, simplesmente, Código de Processo Civil de 2015. Além disso outra significativa mudança é justamente a introdução do processo eletrônico e a consequente extinção dos autos físicos do processo. O profissional deve se adequar a tais mudanças que foram introduzidas com a finalidade última de modernização e adequação à contemporaneidade.

Lado outro, muitos são os princípios do Direito que não se perdem com a promulgação de novel código processual, haja vista que tais princípios decorrem de diretrizes constitucionais e da própria natureza do processo. A boa fé e a devida observância aos requisitos da condição da ação, a título de exemplo, são pressupostos que nunca alcançarão o *status* de elementos ultrapassados porquanto a ausência de tais pressupostos torna inviável o "devido processo".

O advogado, *indispensável à administração da justiça*[1], deve agir sempre pautado na boa fé. A ausência da boa-fé torna temerário o processo, afinal, o advogado é defensor do Estado Democrático de Direito, dos direitos humanos

---

1 CR/1988 - Art. 133.

e garantias fundamentais, da cidadania, da moralidade, da Justiça e da paz *social, cumprindo-lhe exercer o seu ministério em consonância com a sua elevada função pública e com os valores que lhe são inerentes*[2].

O NOVO CÓDIGO DE PROCESSO CIVIL, A BOA-FÉ OBJETIVA E AS LIDES TEMERÁRIAS

Sob a vertente etimológica, temerária não é apenas a ação em que se constate a má-fé mas também a ação que, de alguma forma, se traduza em uma "aventura judicial" ou mesmo a ação que não possua condição de *ser*. Neste viés, faz-se *mister* relembrar que para o alcance do provimento final é necessário o devido preenchimento dos requisitos da ação, a saber, a legitimidade das partes, o interesse de agir e a possibilidade jurídica.[3]

A legitimidade das partes diz respeito à pertinência subjetiva daquele que compõe a ação. O interesse de agir decorre da imprescindibilidade do alcance da tutela jurisdicional. A possibilidade jurídica, por sua vez, diz respeito não somente à possibilidade jurídica do *pedido* mas de todos os atos e elementos da ação. Ora, estes são pressupostos básicos sem os quais torna-se inviável a prolação de um provimento final ou, como preferem alguns, de uma decisão de mérito.

Resta disposto no Código de Processo Civil/2015 que as partes, seus procuradores e todos aqueles que de qualquer forma participem do processo devem expor os fatos em juízo conforme a verdade. Além disso, não se pode permitir a formulação de pedido ou defesa destituída de fundamento bem como resta defesa a produção de provas e prática de atos inúteis à declaração ou à defesa do direito. Enfim, estes e vários outros deveres atrelados à "boa-fé" estão impostos pela lei processual àqueles que de qualquer forma figurem no processo:

> Código de Processo Civil/2015
>
> CAPÍTULO II
>
> DOS DEVERES DAS PARTES E DE SEUS PROCURADORES
>
> Seção I

---

2 Código de Ética e Disciplina da Ordem dos Advogados do Brasil (art. 2º).

3 Código de Processo Civil de 2015
Art. 17. Para postular em juízo é necessário ter interesse e legitimidade.

Dos Deveres

Art. 77. Além de outros previstos neste Código, são deveres das partes, **de seus procuradores** e de todos aqueles que de qualquer forma participem do processo:

I - expor os fatos em juízo conforme a verdade;

II - não formular pretensão ou de apresentar defesa quando cientes de que são destituídas de fundamento;

III - não produzir provas e não praticar atos inúteis ou desnecessários à declaração ou à defesa do direito;

IV - cumprir com exatidão as decisões jurisdicionais, de natureza provisória ou final, e não criar embaraços à sua efetivação;

V - declinar, no primeiro momento que lhes couber falar nos autos, o endereço residencial ou profissional onde receberão intimações, atualizando essa informação sempre que ocorrer qualquer modificação temporária ou definitiva;

VI - não praticar inovação ilegal no estado de fato de bem ou direito litigioso.

O artigo 77 do CPC/2015 ainda tratou de prever sanções para o descumprimento dos deveres acima previstos:

§ 1° Nas hipóteses dos incisos IV e VI, o juiz advertirá qualquer das pessoas mencionadas no caput de que sua conduta poderá ser punida como ato atentatório à dignidade da justiça.

§ 2° A violação ao disposto nos incisos IV e VI constitui ato atentatório à dignidade da justiça, devendo o juiz, sem prejuízo das sanções criminais, civis e processuais cabíveis, aplicar ao responsável multa de até vinte por cento do valor da causa, de acordo com a gravidade da conduta.

§ 3° Não sendo paga no prazo a ser fixado pelo juiz, a multa prevista no § 2° será inscrita como dívida ativa da União ou do Estado após o trânsito em julgado da decisão que a fixou, e sua execução observará o procedimento da execução fiscal, revertendo-se aos fundos previstos no art. 97.

§ 4° A multa estabelecida no § 2° poderá ser fixada independentemente da incidência das previstas nos arts. 523, § 1°, e 536, § 1°.

§ 5° Quando o valor da causa for irrisório ou inestimável, a multa prevista no § 2° poderá ser fixada em até 10 (dez) vezes o valor do salário-mínimo.

Observe-se que as sanções previstas nos §§ 2° a 5° não se aplicam aos advogados, de modo que a única sanção prevista no artigo 77 que a estes se aplica é a advertência prevista no § 1°:

> § 6º Aos advogados públicos ou privados e aos membros da Defensoria Pública e do Ministério Público não se aplica o disposto nos §§ 2º a 5º, devendo eventual responsabilidade disciplinar ser apurada pelo respectivo órgão de classe ou corregedoria, ao qual o juiz oficiará.

Por outro lado, o Estatuto da Advocacia[4] prevê a atribuição de responsabilidade ao advogado que praticar atos, no exercício da profissão, com dolo ou culpa. Em caso de lide temerária, a responsabilidade poderá ser atribuída em caráter solidário ao advogado acaso se constate que este e o outro pretendiam lesar a parte contrária. No entanto, nos parece que a eventual atribuição de responsabilidade ao patrono só pode ser permitida se constatado o dolo, notadamente em caso de vontade de causar dano.

Estas evidências são verificadas nos próprios autos da ação em que se deu a prática dos atos eivados de má-fé, de modo que só o patrocinado pode ser punido em tal ação na medida em que é ele quem possui legitimidade ativa (ou passiva). No entanto, a atribuição da responsabilidade solidária do advogado se dará em processo autônomo, exclusivamente voltado para esta finalidade.

A responsabilidade por perdas e danos[5] e as penalidades aplicáveis àquele que litigar de má-fé estão previstas no art. 79 e seguintes do CPC/2015:

---

4 Art. 32. O advogado é responsável pelos atos que, no exercício profissional, praticar com dolo ou culpa.

Parágrafo único. Em caso de lide temerária, o advogado será solidariamente responsável com seu cliente, desde que coligado com este para lesar a parte contrária, o que será apurado em ação própria.

5 PROCESSUAL CIVIL - RECURSO ESPECIAL - VIOLAÇÃO DO ART. 535 DO CPC NÃO CARACTERIZADA - LITIGÂNCIA DE MÁ-FÉ. CONDENAÇÃO DO ADVOGADO. IMPOSSIBILIDADE.

(...)

2. O ressarcimento dos danos eventualmente causados pela conduta do advogado deverá ser verificado em ação própria, não cabendo, nos próprios autos do processo em que fora praticada a alegada conduta de má-fé ou temerária, a condenação do advogado nas penas a que se refere o art. 18 do Código de Processo Civil.

3. Recurso especial conhecido e parcialmente provido para afastar da sentença a condenação do advogado do recorrente nas penalidades do artigo 18 do CPC.

(STJ - REsp 1194683/MG, Rel. Ministra ELIANA CALMON, SEGUNDA TURMA, julgado em 17/08/2010, DJe 26/08/2010)

Seção II

Da Responsabilidade das Partes por Dano Processual

Art. 79. Responde por perdas e danos aquele que litigar de má-fé como autor, réu ou interveniente.

Os artigos 80 e 81 do CPC/2015 elencam condutas que ensejam as penalidades aplicáveis à litigância de má-fé:

Art. 80. Considera-se litigante de má-fé aquele que:

I - deduzir pretensão ou defesa contra texto expresso de lei ou fato incontroverso;

II - alterar a verdade dos fatos;

III - usar do processo para conseguir objetivo ilegal;

IV - opuser resistência injustificada ao andamento do processo;

V - proceder de modo temerário em qualquer incidente ou ato do processo;

VI - provocar incidente manifestamente infundado;

VII - interpuser recurso com intuito manifestamente protelatório.

Art. 81. De ofício ou a requerimento, o juiz condenará o litigante de má-fé a pagar multa, que deverá ser superior a um por cento e inferior a dez por cento do valor corrigido da causa, a indenizar a parte contrária pelos prejuízos que esta sofreu e a arcar com os honorários advocatícios e com todas as despesas que efetuou.

§ 1º Quando forem 2 (dois) ou mais os litigantes de má-fé, o juiz condenará cada um na proporção de seu respectivo interesse na causa ou solidariamente aqueles que se coligaram para lesar a parte contrária.

§ 2º Quando o valor da causa for irrisório ou inestimável, a multa poderá ser fixada em até 10 (dez) vezes o valor do salário-mínimo.

§ 3º O valor da indenização será fixado pelo juiz ou, caso não seja possível mensurá-lo, liquidado por arbitramento ou pelo procedimento comum, nos próprios autos.

Depreende-se que a parte que litiga de má-fé está sujeita a sanções de natureza pecuniária bem como ao dever de indenizar aquele que prejudicado por seus atos. A lide temerária, por sua vez, acarreta a responsabilização ao advogado em caráter solidário.

Temerário é aquilo que "*que contém certo risco, perigoso, cheio de audácia, arrojado, imprudente, infundado*"[6]. Se traduz em lide temerária a ação do ad-

6 Dicionário Houaiss.

vogado que, conhecendo verdade dos fatos, a distorce deliberadamente com o objetivo de alcançar vantagem. Muitas são as decisões que correlacionam o conceito de "lide temerária" como o ato ou ação em que se constate a prática da má-fé, observe-se:

> DIREITO DE VIZINHANÇA. AÇÃO DEMOLITÓRIA. DECADÊNCIA. ART. 1302 DO CÓDIGO CIVIL. REPARAÇÃO CIVIL. PRESCRIÇÃO. ART. 206, §3º, V, DO CÓDIGO CIVIL. LITIGÂNCIA MÁ-FÉ.
>
> O direito potestativo do proprietário, de exigir o desfazimento de obra nociva em prédio vizinho, sujeita-se a prazo decadencial de ano e dia, contado da conclusão física da obra. Inteligência do art. 1.302 do Código Civil. A pretensão de reparação civil prescreve em 3 (três) anos n na forma do art. 206, §3, V do Código Civil. Para que se configure a litigância de má-fé é necessário que se demonstre conduta intencionalmente maliciosa da parte ou o manejo de lide temerária, bem como a existência de dano processual à parte adversa.
>
> (TJMG - Apelação Cível 1.0035.12.011600-5/001, Relator(a): Des.(a) Estevão Lucchesi, 14ª CÂMARA CÍVEL, julgamento em 16/06/2016, publicação da súmula em 24/06/2016)
>
> EMENTA: APELAÇÃO CÍVEL. AÇÃO DECLARATÓRIA DE INEXISTÊNCIA DE DÉBITO C/C INDENIZAÇÃO. INSCRIÇÃO EM CADASTRO DE PROTEÇÃO AO CRÉDITO. FALHA NO SERVIÇO DA INSTITUIÇÃO FINANCEIRA NÃO COMPROVADA. CONTRATO DE FINANCIAMENTO FIRMADO PELO AUTOR. AUSÊNCIA DE DEVER DE INDENIZAR. EXISTÊNCIA DA DÍVIDA. LITIGÂNCIA DE MÁ FÉ. OMISSÃO CUIDADOSA DE FATOS. PENALIDADES DO ART.18 DO CPC/73. JUSTIÇA GRATUITA. REVOGAÇÃO MANTIDA.
>
> 1. Não havendo prova de falha na prestação de serviços da instituição financeira, tendo em vista que o autor celebrou contrato de financiamento com a ré, não há que se falar em inexistência de débito, tampouco em dever de indenizar, já que a negativação ocorreu de forma regular.
>
> 2. O fato de o autor ter cuidadosamente afirmado na inicial que "não possui a dívida", sem fundamentar sua pretensão de forma clara, não admitindo a celebração do contrato objeto da negativação, demonstra o intuito de levar o juízo a erro, o que realmente configura litigância de má fé e deve ser penalizado nos termos do art.18 do CPC/1973.
>
> **3. Apesar de entender que litigância de má fé e gratuidade de justiça são institutos jurídicos diversos, é inegável que os documentos juntados pela ré demonstram que o autor tem realizado várias contratações,**

obrigando-se ao pagamento de prestações consideráveis, o que evidencia capacidade financeira e que tentou se abrigar indevidamente na gratuidade judiciária para ajuizar lide temerária, razão pela qual deve ser mantida a revogação do benefício.

(TJMG - Apelação Cível 1.0024.13.177836-7/001, Relator(a): Des.(a) Wagner Wilson, 16ª CÂMARA CÍVEL, julgamento em 22/06/2016, publicação da súmula em 01/07/2016)

A propósito da boa-fé processual, Fredie Didier Jr preleciona que:

> "Os sujeitos processuais devem comportar-se de acordo com a boa-fé, que, nesse caso, deve ser entendida como uma norma de conduta ("boa-fé objetiva"). Esse é o princípio da boa fé processual, que se extrai do art. 5º do CPC: "Aquele que de qualquer forma participa do processo deve comportar-se de acordo com a boa-fé". (DIDIER JR, Fredie.

O brilhante jurista traça a seguinte distinção conceitual entre a boa-fé objetiva e a boa-fé subjetiva:

> "Não se pode confundir o princípio (norma) da boa-fé com a exigência de boa-fé (elemento subjetivo) para a configuração de alguns atos ilícitos processuais, como o manifesto propósito protelatório, apto a permitir a tutela provisória prevista no inciso I do art. 311 do CPC. A boa-fé subjetiva é elemento do suporte fático de alguns fatos jurídicos; é fato, portanto. A boa-fé objetiva é uma norma de conduta: impõe e proíbe condutas, além de criar situações jurídicas ativas e passivas. Não existe princípio da boa-fé subjetiva. O art. 5º do CPC não está relacionado à boa-fé subjetiva, à intenção do sujeito processual: trata-se de norma que impõe condutas em conformidade com a boa-fé objetivamente considerada, independentemente da existência de boas ou más intenções".

A lide temerária, embora muito próxima à "litigância de má-fé", com ela não se confunde. À litigância de má-fé aplicam-se punições à parte na própria ação, ao passo que em relação à lide temerária responsabiliza-se o advogado em ação autônoma.

Tudo isto evidencia o óbvio: cabe ao advogado agir pautado na boa-fé, em obediência aos mais diversos princípios constitucionais e em consonância com a função que exerce em um Estado Democrático de Direito.

CONCLUSÃO

No “Novo Código de Processo Civil” restam previstas importantes inovações e benesses ao exercício da advocacia. É o primeiro código de direito processual civil promulgado sob a égide do Estado Democrático de Direito e justamente por este motivo está mais apropriado ao paradigma estatal vigente.

Mas ao advogado estão impostos deveres e obrigações, os quais, se desrespeitados, ensejam a atribuição de responsabilidade ao patrono. A responsabilidade e o eventual de dever de indenizar serão aferidos em ação própria, ou seja, distinta daquela em que constatada a lide temerária.

BIBLIOGRAFIA

BRASIL, Constituição da República Federativa do Brasil de 1988. Disponível em http://www.planalto.gov.br/ccivil_03/Constituicao/Constituicao.htm. Acesso em setembro/2016;

BRASIL, Lei 13.105 de 16 de março de 2015, Código de Processo Civil. Disponível em http://www.planalto.gov.br/ccivil_03/_ato2015-2018/2015/lei/l13105.htm. Acesso em setembro/2016;

DIDIER JR, Fredie. Curso de direito processual civil: introdução ao direito processual civil, parte geral e processo de conhecimento. 18ª edição, Salvador, Editora Jus Podivm, 2016.

HOUAISS, Antônio e Villar, Mauro de Salles. Dicionário Houaiss da Língua Portuguesa. Rio de Janeiro, Editora Objetiva, 2001.

32

LIBERDADE E INDEPENDÊNCIA DO ADVOGADO NO CÓDIGO DE PROCESSO CIVIL DE 2015

Amanda Cézar Silvano
Gustavo Henrique de Souza e Silva
Advogados

1 INTRODUÇÃO

Liberdade[1] e independência[2] são valores indispensáveis para que um indivíduo possa exercer qualquer atividade, inclusive a profissional.

A liberdade se relaciona à autonomia. É o direito de agir de uma pessoa de acordo com sua própria vontade. A liberdade relaciona-se, ainda, com a ética, uma vez que deve ser exercida com responsabilidade, sem desrespeitar princípios morais e legais.

A independência se relaciona com a condição da pessoa livre, que não depende e nem se submete a outra.

No que tange à advocacia, seus *experts* arriscariam dizer que esses atributos são ainda mais necessários, pois seu trabalho somente pode ser exercido de forma plena se presentes, por completo, a sua liberdade e independência profissional. Sobre o assunto, Calheiros Bomfim afirma:

> A liberdade, entendida, do ponto de vista profissional, ao nível de norma, valor ou ideal, está intrinsecamente ligada ao ministério da advocacia, constituindo o seu principal fundamento e integrando a sua própria definição. Impossível, portanto, o exercício pleno da advocacia sem que seja assegurada ao profissional ampla liberdade de ação à sua atividade, sem

---

1 HAYEK, Friedrick. Os fundamentos da liberdade. Trad. Anna Maria Capovilla e José ítalo Stelle: VISÃO, 1983.

2 SARTRE, Jean-Paul. O ser e o nada: ensaio de ontologia fenomenológica. Trad. Paulo Perdigão. Petrópolis: Vozes, 2005.

restrições. Isto porque uma das características da advocacia é a independência profissional e obviamente não se pode ser independente sem um comportamento conscientemente livre[3].

A luta pela liberdade e independência é uma constante na profissão do advogado, uma vez que sem essas virtudes a advocacia se amesquinha.

Neste estudo, o objetivo é pontuar, analisando seus reflexos, as novidades do Código de Processo Civil de 2015, no que tange à atuação livre e independente do advogado.

2 BREVES CONSIDERAÇÕES HISTÓRICAS SOBRE A ADVOCACIA

A advocacia é uma das mais antigas profissões da história da humanidade.

Não existem dados precisos sobre o primeiro registro desta profissão, mas suspeita-se que foi na Suméria, três milênios antes de Cristo, que surgiram as primeiras indicações da advocacia[4].

No entanto, é a Grécia o verdadeiro berço da advocacia. Naquela época, as partes firmavam compromisso, através de juramento, na presença de um conselho e faziam pessoalmente suas defesas. Nas causas públicas, passou-se a escolher um orador para sustentar a acusação e defender o acusado, mas posteriormente as próprias partes faziam-se substituir por terceiros, surgindo, de fato, a profissão. Foi na Grécia que surgiram grandes oradores como Demóstenes.

A advocacia se converteu em profissão organizada quando o Imperador Justino constituiu a primeira Ordem de Advogados no Império Romano do Oriente.

No Brasil, durante o período colonial, a advocacia era livre, exercida por quem aprendia e exercia o ofício na prática. Com o advento das Ordenações Filipinas, a advocacia limitou-se àqueles que haviam cursado direito, pelo período de oito anos, na Universidade de Coimbra, de forma que o título de bacharel era alcançado apenas pela alta burguesia. Com o Alvará régio de 24 de julho de 1713, os que não fossem da Corte poderiam, desde que pessoa idônea, tirando

---

3 BOMFIM, Calheiros. Conceitos sobre advocacia, magistratura, justiça e direito. Rio de Janeiro: edições trabalhistas S.A. 1983.

4 LÔBO, PauloLuiz Netto. Comentários ao Estatuto da Advocacia e da OAB, 3ª ed. ver. e atual. São Paulo: Saraiva 2002.

Provisão, exercer a profissão advocatícia. A figura do provisionado vigorou no Brasil até o advento do atual Estatuto da Advocacia - Lei nº 8.906/94[5].

Com o passar do tempo, constatou-se a necessidade de profissionalização desta atividade, sua regulamentação, com a indicação expressa dos deveres e direitos daqueles que exercem a advocacia.

Dessa forma, os direitos dos advogados foram, progressivamente, aparecendo nas legislações aplicáveis. Antes, a luta era para adquirir os direitos e hoje, basicamente, para que esses sejam, na prática, aplicados.

3 A FUNÇÃO DO ADVOGADO NO CONTEXTO CONSTITUCIONAL

Está em nossa Constituição da República, especificamente no artigo 133[6], a indispensabilidade do advogado à administração da justiça.

Mas advogar está muito além do que o conceito posto em nossa Constituição. Sobre o tema, José Anchieta da Silva diz:

> O exercício da advocacia, além da previsão do artigo 133 da Constituição da República, confere ainda aos seus profissionais a função de guardiães de todas aquelas inderrogáveis prerrogativas de cidadania, insculpidas no seu artigo 5º.
>
> (...)
>
> **É ao advogado que cabe decidir a oportunidade em que a defesa dos interesses em conflito, esteja a reclamar a sua presença diante do magistrado. Sem ouvir o Advogado, o magistrado não estará ouvindo exatamente a pessoa que a** Carta da República definiu como profissional indispensável à administração da Justiça[7].

O advogado exerce uma função social, em virtude de sua ausência implicar não apenas em ausência de justiça, mas também ausência da própria sociedade organizada. Neste aspecto, assim dispõe Paulo Lobo:

---

5 BRASIL. LEI Nº 8.906, de 4 de julho de 1994. Estatuto da Advocacia e a Ordem dos Advogados do Brasil. Disponível em http://www.planalto.gov.br/ccivil_03/leis/L8906.htm

6 Art. 133. O advogado é indispensável à administração da justiça, sendo inviolável por seus atos e manifestações no exercício da profissão, nos limites da lei.

7 SILVA, José Anchieta da. A carreira do Advogado. In: Vinte anos de advocacia: (textos doutrinários e palestras) / José Anchieta da Silva (JASA) e Ricardo Arnaldo Malheiros Fiuza (Del Rey), coordenadores. - Belo Horizonte; Del Rey, 2010.

> O princípio da indispensabilidade não foi posto na Constituição como favor corporativo aos advogados ou para reserva de mercado profissional. Sua *ratio* é de evidente ordem pública e de relevante interesse social, como instrumento de garantia de efetivação da cidadania. É garantia da parte e não do profissional[8].

Para exercer a sua atividade de forma satisfatória o advogado deve ter energia e avidez, deve ter bom comportamento perante os colegas, clientes e magistrados, deve utilizar de forma oportuna e correta a palavra, em seu discurso escrito e oral, e para todos esses, e outros não comentados, predicados, é necessária a presença da liberdade e da independência profissional.

A concretização destes direitos é sempre o grande desafio.

Isto porque, não são raras as vezes que os advogados se deparam com situações, em sua atividade profissional, que lhes restrinjam o seu direito de agir, de acordo com a sua própria vontade, muitas vezes tendo que se submeter, desnecessariamente, já que no âmbito da administração da justiça não há hierarquia entre os seus operadores, a atos e opiniões de terceiros.

Neste aspecto, registre-se que o advogado não está subordinado ao magistrado, promotor, delegado, nem a qualquer outra autoridade, pois todos são igualmente indispensáveis para a promoção da Justiça.

Quando ocorrem situações que constranjam ou intimidam os advogados em sua função jurisdicional, para além da dificuldade de exercer uma profissão, o que está sendo, na verdade, afetada é a administração da Justiça, na medida em que há o desequilíbrio das funções do Estado, em julgar (judiciário) e acusar (ministério público).

Neste aspecto, o Código de Processo Civil de 2015 representa um importante momento vivido pela advocacia, na medida em que garante, expressamente, direitos que refletem a liberdade e independência dos advogados.

4 ALTERAÇÕES TRAZIDAS PELO CÓDIGO DE PROCESSO DE 2015

O Código de Processo Civil de 2015, substituindo texto usado há mais de 40 anos, trouxe algumas mudanças que beneficiam diretamente os advogados, no que tange à liberdade e à independência em sua atuação.

---

8 LÔBO, PauloLuiz Netto. Comentários ao Estatuto da Advocacia e da OAB, 3ª ed. ver. e atual. São Paulo: Saraiva 2002. p. 3.

Trazendo maior segurança aos advogados, o novo Código de Processo Civil, no que tange às intimações das publicações, incorporou três importantes alterações: (i) nulidade da intimação que não contiver o nome do advogado e seu número de inscrição na OAB, de acordo com o §2º do artigo 272 do Código de Processo Civil de 2015[9]; (ii) vedação a abreviatura no nome do advogado cuja grafia deve ser a mesma da procuração ou de seu registro na OAB, de acordo com o §4º do artigo 272 do Código de Processo Civil de 2015[10]; e, por último, mas não menos importante (iii) as intimações devem, obrigatoriamente, ser dirigidas ao advogado indicado, se houver pedido expresso nesse sentido, sob pena de nulidade, de acordo com o §5º do artigo 272 do Código de Processo Civil de 2015[11].

Essas alterações referentes à intimação do advogado refletem na sua independência ao exercer a profissão, uma vez que o profissional não mais depende da solicitude ou prestatividade do judiciário para realizar intimações com segurança, já que esse zelo é, agora, uma obrigação.

De modo a contornar a morosidade do judiciário, o novo Código de Processo Civil, em seu artigo 269, §1º[12], trazendo maior liberdade permitiu que o advogado de uma parte proceda a intimação do advogado da outra parte.

A intimação por iniciativa do advogado também traz maior independência ao profissional que não dependerá de decisão de magistrado ou ato praticado pelos serventuários da justiça.

---

9 "Art. 272. Quando não realizadas por meio eletrônico, consideram-se feitas as intimações pela publicação dos atos no órgão oficial. (...) § 2o Sob pena de nulidade, é indispensável que da publicação constem os nomes das partes e de seus advogados, com o respectivo número de inscrição na Ordem dos Advogados do Brasil, ou, se assim requerido, da sociedade de advogados."

10 "Art. 272. Quando não realizadas por meio eletrônico, consideram-se feitas as intimações pela publicação dos atos no órgão oficial. (...) § 4o A grafia dos nomes dos advogados deve corresponder ao nome completo e ser a mesma que constar da procuração ou que estiver registrada na Ordem dos Advogados do Brasil."

11 "Art. 272. Quando não realizadas por meio eletrônico, consideram-se feitas as intimações pela publicação dos atos no órgão oficial. (...)§ 5o Constando dos autos pedido expresso para que as comunicações dos atos processuais sejam feitas em nome dos advogados indicados, o seu desatendimento implicará nulidade."

12 "Art. 269. Intimação é o ato pelo qual se dá ciência a alguém dos atos e dos termos do processo.
§ 1o É facultado aos advogados promover a intimação do advogado da outra parte por meio do correio, juntando aos autos, a seguir, cópia do ofício de intimação e do aviso de recebimento."

O artigo 937, §4º, do Código de Processo Civil de 2015[13] permitiu ao advogado realizar sustentação oral por meio de videoconferência, ou outro recurso semelhante, quando tiver domicilio profissional em cidade diversa daquela onde está sediado o tribunal de justiça.

Essa alteração possibilita maior liberdade do profissional em utilizar os meios tecnológicos em benefício de uma melhor atuação profissional.

O artigo 459 da nova Lei Processual Civil[14], trouxe, no que tange a atuação do advogado, mais uma relevante alteração. Em audiência de instrução e julgamento, os advogados poderão direcionar as suas perguntas diretamente às testemunhas, dispensando a intervenção do juiz. Essa alteração amplia a liberdade do advogado, na medida em que a testemunha deverá responder as perguntas exatamente como formuladas pelo advogado, desde que respeitados os ditames legais.

A alteração no que tange à possibilidade de sustentação oral em cidade diversa, bem como a alteração no que tange as perguntas direcionadas às testemunhas, representam maior liberdade e autonomia ao advogado também pelo fato dessas inovações aplicarem o princípio da oralidade.

Ainda como uma importante alteração, a redação do novo Código de Processo Civil, mas especificamente nos §§5º e 6º do artigo 367[15], permitiu ao advogado gravar, sem prévia autorização, as audiências, de modo a coibir atos

---

13 "Art. 937. Na sessão de julgamento, depois da exposição da causa pelo relator, o presidente dará a palavra, sucessivamente, ao recorrente, ao recorrido e, nos casos de sua intervenção, ao membro do Ministério Público, pelo prazo improrrogável de 15 (quinze) minutos para cada um, a fim de sustentarem suas razões, nas seguintes hipóteses, nos termos da parte final do caput do art. 1.021: (...) *§ 4o É permitido ao advogado com domicílio profissional em cidade diversa daquela onde está sediado o tribunal realizar sustentação oral por meio de videoconferência ou outro recurso tecnológico de transmissão de sons e imagens em tempo real, desde que o requeira até o dia anterior ao da sessão.*"

14 "Art. 459. As perguntas serão formuladas pelas partes diretamente à testemunha, começando pela que a arrolou, não admitindo o juiz aquelas que puderem induzir a resposta, não tiverem relação com as questões de fato objeto da atividade probatória ou importarem repetição de outra já respondida."

15 "Art. 367. O servidor lavrará, sob ditado do juiz, termo que conterá, em resumo, o ocorrido na audiência, bem como, por extenso, os despachos, as decisões e a sentença, se proferida no ato.

(...)

§ 5o A audiência poderá ser integralmente gravada em imagem e em áudio, em meio digital ou analógico, desde que assegure o rápido acesso das partes e dos órgãos julgadores, observada a legislação específica.

§ 6o A gravação a que se refere o § 5o também pode ser realizada diretamente por qualquer das partes, independentemente de autorização judicial."

arbitrários que restrinjam a liberdade e a independência dos advogados no exercício de sua profissão.

O artigo 334, §12, do Código de Processo Civil de 2015[16] dispôs que a pauta das audiências de conciliação ou mediação devem respeitar um intervalo mínimo de vinte minutos entre elas.

Aqueles que não são da área podem até achar essa alteração insignificante, mas para os advogados representa importante alteração, na medida em que, na vigência do Código anterior (de 1.973) era comum perceber audiências agendadas de um em um minuto, ou até mesmo audiências designadas no mesmo horário, em desrespeito aos advogados e seus clientes.

Destaca-se, também, a obrigatoriedade de as decisões judiciais serem fundamentadas. O Código de Processo Civil em seu artigo 489 dispôs sobre essa obrigatoriedade[17].

---

16 "Art. 334. Se a petição inicial preencher os requisitos essenciais e não for o caso de improcedência liminar do pedido, o juiz designará audiência de conciliação ou de mediação com antecedência mínima de 30 (trinta) dias, devendo ser citado o réu com pelo menos 20 (vinte) dias de antecedência.

(...)

§ 12. A pauta das audiências de conciliação ou de mediação será organizada de modo a respeitar o intervalo mínimo de 20 (vinte) minutos entre o início de uma e o início da seguinte."

17 "Art. 489. São elementos essenciais da sentença:

I - o relatório, que conterá os nomes das partes, a identificação do caso, com a suma do pedido e da contestação, e o registro das principais ocorrências havidas no andamento do processo;

II - os fundamentos, em que o juiz analisará as questões de fato e de direito;

III - o dispositivo, em que o juiz resolverá as questões principais que as partes lhe submeterem.

§ 1o Não se considera fundamentada qualquer decisão judicial, seja ela interlocutória, sentença ou acórdão, que:

I - se limitar à indicação, à reprodução ou à paráfrase de ato normativo, sem explicar sua relação com a causa ou a questão decidida;

II - empregar conceitos jurídicos indeterminados, sem explicar o motivo concreto de sua incidência no caso;

III - invocar motivos que se prestariam a justificar qualquer outra decisão;

IV - não enfrentar todos os argumentos deduzidos no processo capazes de, em tese, infirmar a conclusão adotada pelo julgador;

V - se limitar a invocar precedente ou enunciado de súmula, sem identificar seus fundamentos determinantes nem demonstrar que o caso sob julgamento se ajusta àqueles fundamentos;

VI - deixar de seguir enunciado de súmula, jurisprudência ou precedente invocado pela parte, sem demonstrar a existência de distinção no caso em julgamento ou a superação do entendimento.

Esta inovação, ainda que indiretamente, reflete na liberdade e independência na atuação do advogado, na medida em que a decisão, quando expressamente fundamentada, tende a afastar a aperfeiçoar a prestação jurisdicional.

Atendendo uma antiga reinvindicação da advocacia, o Código de Processo Civil esclarece que os honorários de sucumbência são devidos ao advogado e não à parte vencedora. Além disso, os honorários advocatícios passam a ter natureza alimentar, com os mesmos privilégios dos créditos oriundos da legislação trabalhista. Essas alterações estão previstas no artigo 85, §14º do Código de Processo Civil de 2015[18].

Embora pareça obvia essa constatação, o fato do antigo Código não esclarecer o destinatário dos honorários de sucumbência, bem como sua natureza, abria margem para interpretação em sentido contrário pelos magistrados[19] e, até mesmo, discussões com os próprios jurisdicionados.

O esclarecimento feito pelo novo Código de Processo Civil representa, portanto, maior independência na medida em que, para fazer *jus* aos honorários sucumbenciais, o advogado não dependerá de interpretação, por terceiros, de texto de lei.

Ainda atendendo a uma antiga reinvindicação, incluiu-se na redação do novo Código de Processo Civil, em seu artigo 220[20], a suspensão de prazos entre o período de 20 de dezembro e 20 de janeiro, garantido o direito às férias dos advogados, que não precisarão preocupar-se, neste período, com as audiências e os prazos relacionados aos processos que patrocinam.

---

§ *2o* No caso de colisão entre normas, o juiz deve justificar o objeto e os critérios gerais da ponderação efetuada, enunciando as razões que autorizam a interferência na norma afastada e as premissas fáticas que fundamentam a conclusão.

§ *3o* A decisão judicial deve ser interpretada a partir da conjugação de todos os seus elementos e em conformidade com o princípio da boa-fé."

18 "Art. 85. A sentença condenará o vencido a pagar honorários ao advogado do vencedor. (...)

§ 14. Os honorários constituem direito do advogado e têm natureza alimentar, com os mesmos privilégios dos créditos oriundos da legislação do trabalho, sendo vedada a compensação em caso de sucumbência parcial."

19 Neste sentido, confira-se voto do Ministro Marco Aurélio no julgamento da Ação Direta de Inconstitucionalidade nº 1194/DF, quando vigente o Código de Processo Civil de 1.973: "(...) os honorários de sucumbência, a teor do disposto no art. 20 do CPC, são devidos à parte vencedora e não ao profissional da advocacia"

20 "Art. 220. Suspende-se o curso do prazo processual nos dias compreendidos entre 20 de dezembro e 20 de janeiro, inclusive."

Da mesma forma, a contagem de prazos em dias úteis também está garantida na nova redação, de forma que os advogados terão seus finais de semana e feriados livres, uma vez que os prazos relacionados aos processos sob seu patrocínio não serão contados nestes dias, de acordo com o artigo 219 do Código de Processo Civil de 2015[21].

Garantir, por lei, férias, feriados e finais de semana aos advogados representa maior independência na sua atuação, na medida em que o seu trabalho não ficará prejudicado em função dessas datas, assim como essas datas não ficarão prejudicadas em função de seu trabalho.

Esta acertada alteração do novo Código de Processo Civil está de acordo com o disposto no artigo 7º, inciso XVII, da Constituição da República[22].

5 CONCLUSÃO

Conclui-se, portanto, que para o advogado exercer plenamente a sua atividade, ao postular em juízo ou fora dele, e desempenhar seu papel de forma satisfatória, perante o seu cliente, se faz necessária a presença, em sua forma mais completa, da liberdade e independência profissional. Sem liberdade e independência a advocacia falece.

Neste ponto, destaca-se o papel do advogado, indispensável não apenas à administração da justiça, como previsto na própria Constituição da República, mas também ao exercer uma função social, reclamando pelos direitos daqueles que vivem em sociedade.

Dessa forma, se o advogado é privado de seus direitos e prerrogativas, também os interesses dos cidadãos são afetados, prejudicando a própria Justiça.

As alterações do Código de Processo Civil de 2015, neste aspecto, foram de grande importância, uma vez que as inovações reconheceram direitos dos advogados e aclararam pontos antes obscuros da legislação, que dificultavam a plenitude da atuação livre e independente.

---

21 "Art. 219. Na contagem de prazo em dias, estabelecido por lei ou pelo juiz, computar-se-ão somente os dias úteis."

22 "Art. 7º São direitos dos trabalhadores urbanos e rurais, além de outros que visem à melhoria de sua condição social: (...)XVII - gozo de férias anuais remuneradas com, pelo menos, um terço a mais do que o salário normal;"

Há de se registrar, no entanto, que mesmo com essas alterações que beneficiam diretamente o advogado, em relação a sua atuação, a batalha pelos seus direitos é constante, seja para reconhecê-los ou para aplicá-los, de forma que, embora ressaltemos as conquistas, continuemos a lutar pela sua ampliação e aplicação.

6 REFERÊNCIAS

BRASIL. Constituição da República Federativa do Brasil de 1988. Diário Oficial da União, Brasília, 5 out. 1988. Disponível em: <http://www.planalto.gov.br/ccivil_03/ Constituicao/Constitui%E7ao_Compilado.htm>. Acesso em 10 mar. 2012.

BRASIL. Lei nº 13.105, de 16 de março de 2015. Código de Processo Civil. Disponível em: http://www.planalto.gov.br/ccivil_03/_ato2015-2018/2015/lei/l13105.htm

BRASIL. Superior Tribunal de Justiça. Ação Direta de Inconstitucionalidade. Relator: Maurício Corrêa. Brasília. J. em: 11.09.2009. Disponível em http://www.stf.jus.br/portal/processo/verProcessoAndamento.asp?incidente=1606896

BRASIL. LEI Nº 8.906, de 4 de julho de 1994. Estatuto da Advocacia e a Ordem dos Advogados do Brasil. Disponível em http://www.planalto.gov.br/ccivil_03/leis/L8906.htm

HAYEK, Friedrick. Os fundamentos da liberdade. Trad. Anna Maria Capovilla e José ítalo Stelle: VISÃO, 1983.

SARTRE, Jean-Paul. O ser e o nada: ensaio de ontologia fenomenológica. Trad. Paulo Perdigão. Petrópolis: Vozes, 2005.

LÔBO, PauloLuiz Netto. Comentários ao Estatuto da Advocacia e da OAB, 3ª ed. ver. e atual. São Paulo: Saraiva 2002. p. 3.

BOMFIM, Calheiros. Conceitos sobre advocacia, magistratura, justiça e direito. Rio de Janeiro: edições trabalhistas S.A. 1983.

SILVA, José Anchieta da. A carreira do Advogado. In: Vinte anos de advocacia: (textos doutrinários e palestras)/José Anchieta da Silva (JASA) e Ricardo Arnaldo Malheiros Fiuza (Del Rey), coordenadores. – Belo Horizonte; Del Rey, 2010.

33
SOCIEDADES DE ADVOGADOS

Stanley Martins Frasão
Advogado

Introdução

Trata-se o presente artigo sobre as Sociedades de Advogados e as Sociedades Unipessoais de Advocacia, focalizando-se os reflexos trazidos pelo novo Código de Processo Civil (NCPC) e o novo Código de Ética e Disciplina (NCED).

Justifico as transcrições de dispositivos legais, no corpo do texto, diante das novidades trazidas pelo NCPC e pelo NCED e para justamente possibilitar a rápida visualização.

Quando fui convidado, gentilmente, pela Comissão Organizadora do Livro, que agradeço, indiquei o tema do presente artigo, Sociedade de Advogados, com finalidade de trazer aos Colegas Advogados e estudantes de direito algumas reflexões sobre o assunto, principalmente com a vigência recente dos dois novos diplomas, acima citados.

1. Sociedade de Advogados e Sociedade Unipessoal de Advocacia

O clamor de muitos advogados foi atendido quando, em 12 de janeiro de 2016 foi sancionada a Lei 13.247, convertendo o Projeto de Lei 166/2015, de autoria do Deputado Aelton Freitas (PR-MG), que deu nova redação ao título do Capítulo IV e aos artigos 15, 16 e 17 da Lei n. 8.906/94, de 4 de julho de 1994, para permitir a constituição da Sociedade Individual de Advocacia.

Vale registrar que durante a tramitação do PL 166/2015, a Comissão de Finanças e Tributação da Câmara dos Deputados, em 23/09/2015, aprovou o Parecer do relator, Dep. Rodrigo Pacheco (PMDB-MG), pela não implicação da matéria em aumento ou diminuição da receita ou da despesa públicas, não cabendo pronunciamento quanto à adequação financeira e orçamentária do Projeto de Lei nº 166/2015 e do PL nº 1041/2015, apensado; e, no mérito, pela aprovação do PL nº 166/2015 e do PL nº 1041/2015, apensado, com Substitutivo.

A conversão do PL 166/2015 na Lei 13.247 trouxe reflexos imediatos porque em muitas sociedades de advogados que são constituídas por apenas dois sócios, que são a grande maioria (em Minas Gerais representam 74,22% das sociedades ativas) e várias são compostas assim somente porque até 12.01.2016 a exigência legal era de no mínimo dois sócios, e também para os advogados individuais, que passaram a constituir a sociedade individual de advocacia, com os benefícios do regime tributário do Supersimples.

Os profissionais do direito têm conhecimento de que as sociedades de advogados e a sociedade unipessoal de advocacia são regidas pelo Estatuto da Advocacia e da OAB, Lei 8.906, de 4 de julho de 1994, Lei 13.247, 12 de janeiro de 2016 (EAOAB), Regulamento Geral do Estatuto da Advocacia e da OAB (RGEAOAB), Provimento 112/2006, Provimento 169/2015 e Provimento 170/2016, todos do Conselho Federal, razão pela qual devem obedecer a citada legislação especial, sob pena de ser consideradas irregulares e de seus respectivos sócios serem apenados por infração ética-disciplinar (art. 34, II, Lei 8.906/1994).

O registro das espécies de sociedade de advogados, que é efetivado exclusivamente na OAB, observa os requisitos e procedimentos previstos em Provimento do Conselho Federal (Art. 43. do Regulamento Geral), atualmente, os Provimentos 112/2006 e Provimento 170/2016.

A sociedade de advogados e a sociedade unipessoal de advocacia, na forma do art. 15, parágrafo 1º., do EAOAB, "adquirem personalidade jurídica com o registro aprovado dos seus atos constitutivos no Conselho Seccional da OAB em cuja base territorial tiver sede". É a dupla natureza do registro: Declaratória, certifica a criação da sociedade; e, Constitutiva, atribui a personalidade jurídica.

A natureza jurídica é de sociedade simples. Independentemente de sua organização ou complexidade, a Sociedade de Advogados jamais poderá ser sociedade empresária. A vedação à apresentação de caráter mercantil decorre da própria lei especial que a regula. A atividade do advogado é indiscutivelmente de caráter intelectual. Não constitui elemento de empresa, o que poderia fazer com que se enquadrasse na hipótese trazida pela parte final do artigo 966 do parágrafo único do Código Civil. A reunião de advogados em Sociedades volta-se para suas próprias necessidades e não para a atividade em si.

1.1. Razões Sociais. Conflitos de Iguais e Semelhantes

O art. 16 do EAOAB dispõe que *"não são admitidas a registro nem podem funcionar todas as espécies de sociedades de advogados que apresentem forma ou características de sociedade empresária, que adotem denominação de fantasia, que realizem atividades estranhas à advocacia, que incluam como sócio ou titular de sociedade unipessoal de advocacia pessoa não inscrita como advogado ou totalmente proibida de advogar."*

O § 1° do art. 16 do EAOAB prescreve que *"a razão social deve ter, obrigatoriamente, o nome de, pelo menos, um advogado responsável pela sociedade, podendo permanecer o de sócio falecido, desde que prevista tal possibilidade no ato constitutivo."*

O Provimento 112/2006 e o Provimento 170/2016 ratificam a norma da razão social:

(i) Provimento 112/2006:

Art. 2° O Contrato Social deve conter os elementos e atender aos requisitos e diretrizes indicados a seguir:

I - a razão social, constituída pelo nome completo, ou patronímico, dos sócios ou, pelo menos, de um deles, responsáveis pela administração, assim como a previsão de sua alteração ou manutenção, por falecimento de sócio que lhe tenha dado o nome, observado, ainda, o disposto no parágrafo único deste artigo; (Ver Provimento n. 172/2016 publicado no DOU, S.1, 05.07.2016, p. 53).

§1° Da razão social não poderá constar sigla ou expressão de fantasia ou das características mercantis, devendo vir acompanhada de expressão que indique tratar-se de Sociedade de Advogados, vedada a referência a «Sociedade Civil» ou «*S.C.*"; *(NR. Provimento n° 147/2012).*

(ii) Provimento 170/2016:

Art. 2° O ato constitutivo da sociedade unipessoal de advocacia deve conter os elementos e atender aos requisitos e diretrizes indicados a seguir:

I - a razão social, obrigatoriamente formada pelo nome do seu titular, completo ou parcial, com a expressão "Sociedade Individual de Advocacia", vedada a utilização de sigla ou expressão de fantasia;

Nas palavras do professor Alfredo de Assis Gonçalves Neto, em sua obra Sociedades de Advogados, 6ª Edição, Lex Editora, 2015, p. 60:

"... a razão social, a igual do que ocorre com os demais nomes de sociedades civis ou comerciais, deve observar os princípios que são inerentes à sua função, a saber:

a) o princípio da **veracidade**, segundo o qual ela há de retratar a realidade da composição societária;

b) o princípio da **originalidade**, que impõe seja ela diferente de outras já existentes, de modo a não provocar confusão dentro do espaço geográfico em que é suposto o seu conhecimento pela clientela do respectivo escritório, respeitados os limites do território nacional; e

c) o princípio da **unicidade**, que não permite que a sociedade possua mais de um nome para identificar-se."

O parágrafo 3º do aludido art. 16 do EAOAB prescreve que "é proibido o registro, nos cartórios de registro civil de pessoas jurídicas e nas juntas comerciais, de sociedade que inclua, entre outras finalidades, a atividade de advocacia."

O parágrafo 4º do mesmo art. 16 do EAOAB, com a redação dada pela Lei nº 13.247, de 2016, prescreve que "*A denominação da sociedade unipessoal de advocacia deve ser obrigatoriamente formada pelo nome do seu titular, completo ou parcial, com a expressão 'Sociedade Individual de Advocacia.*"

O procedimento que trata da resolução do conflito de razões sociais iguais ou semelhantes está previsto no artigo 24-A do Regulamento Geral, parágrafos 4º e 5º:

§ 4º São proibidas razões sociais iguais ou semelhantes, prevalecendo a razão social da sociedade com inscrição mais antiga.

§ 5º Constatando-se semelhança ou identidade de razões sociais, o Conselho Federal da OAB solicitará, de ofício, a alteração da razão social mais recente, caso a sociedade com registro mais recente não requeira a alteração da sua razão social, acrescentando ou excluindo dados que a distinga da sociedade precedentemente registrada.

§ 6º Verificado conflito de interesses envolvendo sociedades em razão de identidade ou semelhança de razões sociais, em Estados diversos, a questão será apreciada pelo Conselho Federal da OAB, garantindo-se o devido processo legal.

1.2. Do Objeto Social

O objetivo social da Sociedade de Advogados é regular e disciplinar as relações entre advogados, administrativa e financeiramente. Diferentemente das demais sociedades de serviço, que é a prestação de serviços a terceiros. A Sociedade de Advogados pratica atos que não sejam privativos de advogados.

O elemento que também deve ser respeitado é o Objeto Social, que é restrito:

"*o objeto social, que consistirá, exclusivamente, no exercício da advocacia, podendo especificar o ramo do direito a que a sociedade se dedicará;* " (inciso II, art. 2º, Provimento 112/2006 e inciso II, art. 2º, Provimento 170/2016).

A comunidade jurídica tem o conhecimento no sentido de que as espécies de sociedades de advogados não prestam serviços, são proibidas de tal exercício, e sim os seus sócios, associados e advogados empregados, porque as atividades privativas de advocacia são exclusivamente exercidas por inscritos na OAB, artigos 1º e 8º da Lei 8.906, de 4 de julho de 1994.

Os serviços de advocacia serão sempre prestados pelos Advogados e não pela Sociedade, embora o contrato com os Clientes seja sempre firmado em nome desta, habilitando-a a executar honorários de sucumbência em nome de seus Sócios (NCPC, art. 85, § 15, que concede o direito de o advogado poder requerer que o pagamento dos honorários que lhe caibam seja efetuado em favor da sociedade de advogados que integra na qualidade de sócio.) ou honorários contratados e não pagos.

Aliás, o NCED trouxe uma inovação ao permitir "*ser levado a protesto o cheque ou a nota promissória emitido pelo cliente em favor do advogado, depois de frustrada a tentativa de recebimento amigável*" (parágrafo único do art. 52).

1.3. Da Responsabilidade

Sobre a **responsabilidade** é importante que seja frisado que além da sociedade, o sócio ou associado responderá subsidiária e ilimitadamente pelos danos causados aos clientes, por ação, omissão ou dolo, no exercício da advocacia, sem prejuízo da responsabilidade disciplinar. (Provimento 112/2006, art. 2º, XI e § 2º e Provimento 170/2016, art. 2º, VII).

As dívidas não oriundas de danos causados aos clientes, por ação ou omissão, no exercício da advocacia, devem receber o tratamento na forma do art. 1.023 do Código Civil:

Art. 1.023. Se os bens da sociedade não lhe cobrirem as dívidas, respondem os sócios pelo saldo, na proporção em que participem das perdas sociais, salvo cláusula de responsabilidade solidária.

1.4. Sociedades de Advogados vs. Advogados Autônomos

Alinha-se algumas vantagens que os advogados reunidos em Sociedades de Advogados detêm sobre os Advogados Autônomos:

SOCIEDADES DE ADVOGADOS	ADVOGADO AUTÔNOMO
Menor carga tributária	Maior carga tributária
Participa de Licitações	Pouco participa de Licitações
As empresas preferem contratar	Dificuldade de grandes e médias empresas contratarem
Trabalho em equipe	Depende de "favores" de colegas
Maior possibilidade de ganhos	Limitados à força de trabalho individual
Atendimento em várias áreas do Direito	Não cobre a multiplicidade de especializações, reduzindo ganhos.
Maior atendimento do volume de audiências	Agenda restrita diante da coincidência de audiências, descentralização do foro
Recessos/férias em várias épocas do ano.	Recessos/férias em datas de acordo com o calendário do Poder Judiciário
Maior facilidade na prospecção de clientes	Dificuldade na prospecção de clientes
Organização da atividade	Menor organização da atividade
Divisão de tarefas que proporciona ao advogado focar na sua atuação mantendo a administração da atividade com a pessoa mais indicada	O advogado tem que fazer tudo Ausência de burocracia Total autonomia no estabelecimento de procedimentos interno e administrativo
Normalmente os escritórios possuem setor administrativo/financeiro, o que alivia os advogados da maior parte das preocupações referentes a pagamentos e cobranças	Total autonomia na condução das atividades, sem ter que compartilhar as decisões.
Trabalhar com mais advogados possibilita maior troca de ideias e apoio, dentro e entre departamentos	Dificuldade em razão da concorrência e do próprio tempo dos que desenvolvem suas atividades individualmente.
Permite a especialização dos advogados sem perda de mercado ou clientes	Força de trabalho única, maior sacrifício

Divisão de trabalho, responsabilidades e custos	Concentração das responsabilidades, trabalho, custos e de Ganhos
Maior facilidade na contratação e gestão de estagiários (Lei 11.788/2008, Art. 9º.)	Limitação na contratação e gestão de estagiários

1.5. Da Filial

O parágrafo 5º do art. 15 do EAOAB dispõe que "*o ato de constituição de filial deve ser averbado no registro da sociedade e arquivado junto ao Conselho Seccional onde se instalar*".

Registra-se que as filiais das espécies de sociedades de advogados somente podem ser constituídas e instaladas no Brasil.

Deve ser considerado que a constituição de uma filial fora do território brasileiro não encontra sustentação:

(i) O artigo 15 da Lei 8.906 prescreve em seu parágrafo 5º. que "*o ato de constituição de filial deve ser averbado no registro da sociedade e arquivado junto ao Conselho Seccional onde se instalar, ficando os sócios obrigados a inscrição suplementar.*"

(ii) A norma descrita no item (i) acima também está prevista no parágrafo 1º do artigo 7º do Provimento 112/2006;

(iii) No artigo 8º do Provimento 112/2006, o inciso VI prescreve que deve ser averbado à margem do registro da sociedade "*a abertura de filial em outra Unidade da Federação;*"

(iv) É previsto no artigo 34 da Lei 8.906 que constitui infração disciplinar: "*II – manter sociedade profissional fora das normas e preceitos estabelecidos nesta lei.*"

(v) O Regulamento Geral do Estatuto da Advocacia e da OAB prescreve: *Art. 1º - A atividade de advocacia é exercida com observância da Lei 8.906/94 (Estatuto), deste Regulamento Geral, do Código de Ética e Disciplina e dos Provimentos*; e,

(vi) O artigo 4º do Regulamento Geral do Estatuto da Advocacia e da OAB: *A prática de atos privativos de advocacia, por profissionais e sociedades não inscritos na OAB, constitui exercício ilegal da profissão.*

Parágrafo único – É defeso ao advogado prestar serviços de assessoria e consultoria jurídica para terceiros, em sociedades que não possam ser registradas na OAB.

(vii) Sociedades de Advogados brasileiras não podem efetivar o seu registro em Portugal, diferentemente da permissão de inscrição concedida aos advogados brasileiros (Provimento 129/2008).

Dessa forma, não é possível a constituição de Filial fora do território brasileiro por quaisquer das espécies de sociedade de advogados, o que certamente também abriria a oportunidade para se violar o Provimento 91/2000 do Conselho Federal da Ordem dos Advogados do Brasil (item 2 deste).

E nem se argumente que a vedação da criação de uma filial para funcionamento em território estrangeiro fira o direito constitucional assegurado à Livre Iniciativa, afinal o argumento não encontra aplicação à espécie porque a pretensão romperia com a legalidade, até porque a averbação de uma filial de uma sociedade de advogados fora do território brasileiro constituiria obstáculo aos órgãos da OAB de fiscalizar a Filial e seus sócios em território estrangeiro.

Afinal, a existência de uma Filial em outro estado da federação implica na prévia inscrição de todos os sócios, patrimoniais e de serviço, na seccional da OAB onde se instalar (parágrafo 5º, art. 15 do EAOAB).

1.6. Das Averbações à Margem do Registro da Sociedade

O Provimento 112/2006, art. 8º, e o Provimento 170/2016, art. 7º, informam os atos que são averbados à margem do registro da sociedade, a juízo de cada Conselho Seccional, em livro próprio ou ficha de controle mantidos para tal fim, bem como os demais atos que a sociedade julgar convenientes ou que possam envolver interesses de terceiros.

Alerta-se que os livros ou documentos contábeis relativos às sociedades de advogados e à sociedade individual de advocacia terão os seus registros efetuados também na OAB.

1.7. Das Associações entre as Espécies de Sociedades de Advogados

O parágrafo 3º, art. 8º do Provimento 112/2006 é claro no sentido de que "*as associações entre sociedades de advogados não podem conduzir a que uma passe a ser sócia de outra, cumprindo-lhes respeitar a regra de que somente advogados, pessoas naturais, podem constituir sociedades de advogados.* "

Este dispositivo lembra da possiblidade de que as espécies de Sociedades de Advogados podem firmar Ajustes de Associação ou de Cooperação, que devem ser averbados à margem do registro de cada Sociedade envolvida (art. 8º, IV, Provimento 112/2006 e art. 7º, II, Provimento 170/2016)

Os Ajustes de Associação ou de Cooperação podem ser firmados entre uma ou mais sociedade de advogados, entre uma ou mais sociedades de advogados e uma ou mais sociedade individual de advocacia ou entre uma ou mais sociedades individuais de advocacia.

Basicamente, algumas cláusulas são importantes no estabelecimento de um Ajuste de Associação ou de Cooperação entre sociedades, a seguir indicadas:

(i). Associam-se as Sociedades de Advogados para atuação conjunta e integrada exclusivamente na área da advocacia, ficando sob a incumbência de ambas, por meio de seus advogados, sócios, associados ou contratados, prestarem apoio aos clientes das Sociedades.

(ii). Os clientes comuns permanecerão sendo atendidos cada qual pelas Sociedades Associadas nas respectivas áreas de atuação.

(iii). A remuneração pelos serviços prestados, de conformidade com os termos desta associação, será feita mediante a elaboração de tabela especial de honorários, firmada por ambas as contratantes, onde ficarão determinados os valores atribuíveis a cada uma, de conformidade com os serviços que forem prestados.

(iv). Os honorários e as despesas com o pagamento dos empregados e dos advogados vinculados a cada uma das contratantes continuam a ser satisfeitas pela contratante que os mantém, salvo contratação solidária, a ser ajustada em cada caso concreto.

(v). A presente associação não implica tornar-se uma contratante sócia da outra nem a criação de uma nova pessoa jurídica, mantendo cada qual das contratantes sua independência e sua clientela exclusiva no ramo da atividade da advocacia atendido pelos advogados a elas vinculados.

(vi). As contratantes, na execução do presente contrato, não poderão atender clientes de interesses opostos, ressalvados os casos de cliente exclusivo das ora contratantes, o qual, diante da situação aqui aventada, ficará excluído do atendimento comum pactuado neste instrumento.

(vii). A presente associação será levada à averbação junto aos registros das contratantes no Conselho Seccional da OAB, na forma do Provimento 112/2006, art. 8º, IV, e Provimento 170/2016, art. 7º, II, ambos do Conselho Federal.

Quanto à eventual e qualquer controvérsia que surgir da execução ou da interpretação da associação ou que com ela se relacionar, a sugestão é de que seja resolvida por meio de mediação e/ou arbitragem, recomendando-se o estabelecimento de uma cláusula compromissória.

Estes Ajustes podem ser a solução para o crescimento das espécies de sociedades de advogados sem que haja o ônus decorrente da criação e manutenção de uma Filial.

1.8. Sociedades de Advogados. Constituição de Alianças ou Redes

Surgiu no Brasil as denominadas Alianças ou Redes de Sociedades de Advogados, que em geral:

- Busca-se uma atuação nacional, integrada e coordenada em prol da viabilização jurídica, estratégica e logística de seus associados, visando, inclusive, reduzir o impacto gerado pelas grandes sociedades de advogados com suas filiais.

- Em geral são constituídas Associações com a finalidade de abrigar e formalizar a Aliança/Rede.

Neste caso é recomendável assinatura de ajustes de associação ou de colaboração entre as Sociedades.

Fechando este tema, não poderia deixar de mencionar os denominados Correspondentes, que é a forma mais antiga e usual, principalmente diante da necessidade de se cumprir prazos, realização de audiências para Sociedades de Advogados que necessitam de tais serviços fora de suas bases. Em geral, os honorários são contratados por evento ou de forma mensal.

Neste caso, sugere-se a regularização da parceria com a formalização do Ajuste de Sociedade (item 7) ou Contrato de Associação (art. 39 do RGEAOAB e Provimento 169/2015).

1.9. Provimento 169/2015

O Provimento 169/2015, dispõe sobre as relações societárias entre sócios patrimoniais e de serviços, e o advogado associado, como previsto no artigo 39 do Regulamento Geral do Estatuto da Advocacia e da Ordem dos Advogados do Brasil.

Aludido Provimento foi editado com a finalidade de harmonizar as normas visando uma convivência pacífica entre os integrantes das sociedades de advogados, bem como normatizar assuntos já debatidos no Colégio de Presidentes das Comissões de Sociedades de Advogados das Seccionais da OAB e na Comissão Nacional de Sociedades de Advogados.

Há muito o artigo 39 do RGEAOAB merecia uma regulamentação.

O artigo 2º do aludido Provimento deixou claro que a sociedade de advogados será constituída por sócios patrimoniais ou por sócios patrimoniais e sócios de serviço, os quais não poderão pertencer a mais de uma sociedade na mesma base territorial de cada Conselho Seccional, independentemente da quantidade de quotas que possua cada sócio no contrato social. E o sócio de capital não poderá possuir quotas de serviço concomitantemente.

Os sócios patrimoniais e de serviço terão os mesmos direitos e obrigações, exceto no que toca à contribuição pecuniária para a constituição do capital social, que é exclusiva dos sócios patrimoniais, fazendo jus à participação nos lucros da sociedade, na forma prevista nos respectivos contratos sociais ou em instrumentos específicos que a disciplinem.

Uma novidade trazida pelo Provimento 169/2015 foi a permissão de mais de um vínculo ao advogado associado, porque poderá participar de uma ou mais sociedades de advogados, mantendo sua autonomia profissional, sem subordinação ou controle de jornada e sem qualquer outro vínculo, inclusive empregatício.

Mas é necessário que o contrato de associação, que poderá estabelecer livremente a forma de pagamento, facultado basear-se em critério de proporcionalidade ou consistir em adiantamentos parciais, ou, ainda, honorários fixados por estimativa, para acerto final, ou por outra forma que as partes ajustarem, seja averbado no Registro de Sociedades de Advogados perante o respectivo Conselho Seccional.

Nesta hipótese, sendo o advogado associado a mais de uma sociedade de advogados deverá comunicar prévia e formalmente às sociedades contratantes os demais vínculos.

Se eventualmente surgir um conflito de interesses entre o advogado associado e as sociedades de advogados com as quais mantenha contrato associativo, o associado deverá observar os dispositivos que rezam sobre conflito de interesses no Código de Ética e Disciplina da OAB (artigos 19 e 20).

O exercício da advocacia deve ser sempre ético, impondo-se a renúncia imediata de um dos mandatos, porque a atividade do advogado prima pela liberdade e independência (NCED, art. 20).

Admitir-se-á cláusula de mediação, conciliação ou arbitragem, para dirimir eventuais conflitos de interesses entre os advogados associados e a sociedade de advogados, facultada a indicação do órgão competente do Conselho Seccional da OAB.

2. Sociedades de Advogados Estrangeiras no Brasil

O Provimento do Conselho Federal da OAB 91/2000, dispõe sobre o exercício da atividade de consultores e sociedades de consultores em direito estrangeiro no Brasil:

(i) O estrangeiro profissional em direito, regularmente admitido em seu país a exercer a advocacia, somente poderá prestar tais serviços no Brasil depois de autorizado pela Ordem dos Advogados do Brasil, na forma do Provimento 91.

(ii) A autorização da Ordem dos Advogados do Brasil, sempre concedida a título precário, ensejará exclusivamente a prática de consultoria no direito estrangeiro correspondente ao país ou estado de origem do profissional interessado, vedados expressamente, mesmo com o concurso de advogados ou sociedades de advogados nacionais, regularmente inscritos ou registradas na OAB: I - o exercício do procuratório judicial; e, II - a consultoria ou assessoria em direito brasileiro.

(iii) As sociedades de consultores e os consultores em direito estrangeiro não poderão aceitar procuração, ainda quando restrita ao poder de substabelecer a outro advogado.

(iv) A autorização para o desempenho da atividade de consultor em direito estrangeiro obedece ao art. 2º do Provimento 91.

(v) O consultor em direito estrangeiro autorizado e a sociedade de consultores em direito estrangeiro cujos atos constitutivos hajam sido arquivados na Ordem dos Advogados do Brasil devem, respectivamente, observar e respeitar as regras de conduta e os preceitos éticos aplicáveis aos advogados e às sociedades de advogados no Brasil e estão sujeitos à periódica renovação de sua autorização ou arquivamento pela OAB.

(vi) A autorização concedida a consultor em direito estrangeiro e o arquivamento dos atos constitutivos da sociedade de consultores em direito estrangeiro, concedidos pela OAB, deverão ser renovados a cada três anos, com a atualização da documentação pertinente.

(vii) Aplicam-se às sociedades de consultoria em direito estrangeiro e aos consultores em direito estrangeiro as disposições da Lei Federal nº 8.906 de 4 de julho de 1994, o Regulamento Geral do Estatuto da Advocacia e da OAB, o Código de Ética e Disciplina da OAB, os Regimentos Internos das Seccionais, as Resoluções e os Provimentos da OAB, em especial o Provimento 91, podendo a autorização e o arquivamento serem suspensos ou cancelados em caso de inobservância, respeitado o devido processo legal.

Ainda, com relação ao Provimento 91/2000, é bom que se relembre o disposto na Lei 8.096, artigo 34:

> "Art. 34. Constitui infração disciplinar:
>
> IV - angariar ou captar causas, com ou sem a intervenção de terceiros; "

Assim, considerando o movimento de advogados e sociedades estrangeiras no Brasil, as espécies de sociedades de advogados e advogados brasileiros devem ficar atentos ao Provimento 91/2000 e ao art. 34 da Lei 8.906.

A exceção prevista no Provimento 129/2008 do Conselho Federal, que regulamenta exclusivamente a inscrição de advogados de nacionalidade portuguesa na Ordem dos Advogados do Brasil, não se aplica às sociedades de advogados, artigo 9º. do mencionado Provimento.

Sobre o tema deste item é importante trazer as conclusões do voto do Relator, saudoso amigo Dr. ORLANDO GIACOMO FILHO, no Processo nº 2011.08.02228-05 - Exercício: 2011, perante a Comissão Nacional de Sociedades de Advogados, do Conselho Federal da Ordem dos Advogados do Brasil:

> " **36.** Os limites de cooperação, alianças e parcerias terão que ser examinados caso a caso, na hipótese de fiscalização ou de denúncia, e a título de sugestão deste autor, poderiam constar de voto do Órgão Especial do Conselho Federal da OAB, apreciando os autos deste processo. Quais são estes limites? Penso que são os seguintes:
>
> **(i)** É permitida a colaboração eventual, não exclusiva, entre sociedades de advogados brasileiras e sociedades de advogados estrangeiras, ou sociedades de consultores em direito estrangeiro, ou consultores em direito estrangeiros, desde que as sociedades de advogados brasileiras mantenham independência profissional, operacional e financeira, sem interferência recíproca na gestão das mesmas, e que não caracterize propriedade indireta de suas quotas por parte de sociedades de advogados estrangeiras, ou sociedades de consultores em direito estrangeiro, ou consultores em direito estrangeiros.
>
> **(ii)** A colaboração eventual entre sociedades de advogados brasileiras e sociedades de advogados estrangeiras, ou sociedades de consultores em direito estrangeiro, ou consultores em direito estrangeiros será examinada pelos órgãos competentes do Conselho Federal e das Seccionais da Ordem dos Advogados do Brasil à luz das circunstâncias específicas envolvendo cada colaboração específica, não sendo, entretanto, permitido em hipótese alguma que as sociedades de advogados brasileiras e sociedades de advogados estrangeiras, ou sociedades de consultores em direito estrangeiro, ou consultores em direito estrangeiros:

(a) possuam instalações conjuntas ou atuem no mesmo endereço ainda que em andares distintos;

(b) em seus papéis de trabalho, "folders", cartões de visita, home pages, sites na internet, boletins, ou qualquer outro material genérico de divulgação ou comunicação aos clientes indiquem expressamente a existência de um acordo de cooperação entre elas;

(c) adotem entre si ou para seus sócios e associados um endereço de e-mail comum;

(d) promovam eventos conjuntos sobre qualquer matéria de Direito Brasileiro, ainda que o evento verse também sobre direito estrangeiro;

(e) celebrem qualquer acordo com o objetivo de dividir honorários entre si, ou enviem faturas de honorários únicas, englobando os serviços tanto das sociedades de advogados brasileiras quanto sociedades de advogados estrangeiras, ou sociedades de consultores em direito estrangeiro, ou consultores em direito estrangeiros;

(f) celebrem qualquer acordo de financiamento de suas atividades ou qualquer contrato que caracterize um subsidio financeiro dos custos de qualquer das sociedades que são partes da cooperação.

(iii) advogados brasileiros, mesmo na condição de sócios ou associados de sociedades de advogados estrangeiras ou de sociedades de consultores em direito estrangeiro não podem prestar consultoria a clientes de tais sociedades em matérias de Direito Brasileiro.

3. Comitê de Atividades Exclusivas das Sociedades de Advogados

O Conselho Seccional da Ordem dos Advogados do Brasil, Seção de Minas Gerais, instituiu o Comitê de Atividades Exclusivas das Sociedades de Advogados, no âmbito da Comissão de Sociedades de Advogados, com a finalidade de propor medidas de defesa e organização que se fizerem necessárias ao exercício profissional por Sociedades de Advogados.

Assim, o Comitê vem atuando em defesa das Sociedades de Advogados e das Sociedades Individuais de Advocacia.

Mas as espécies de Sociedades de Advogados e os próprios advogados precisam de mais.

Precisam de um Departamento, a exemplo do que existe no CREA – Conselho Regional de Engenharia e Arquitetura, visando coibir, de modo mais efetivo e eficaz, sociedades e advogados que violarem a Lei 8.906, de 4 de julho de 1994, o Regulamento Geral do Estatuto da Advocacia e da OAB, o Código de Ética e Disciplina da OAB e os Provimentos do Conselho Federal da OAB.

A criação de um Departamento de Fiscalização das Atividades das espécies de Sociedades de Advogados com tais finalidades daria suporte à Comissão de Sociedades de Advogados, à Comissão de Ética e Disciplina e ao Tribunal de Ética e Disciplina.

E para tanto, a sugestão é a de se acrescentar dois parágrafos ao artigo 7º. do Provimento 112/2006:

> Artigo 7º.
>
> Parágrafo 3º. No âmbito da Comissão de Sociedades das Advogados de cada Conselho Secional deverá ser criado e instalado, até (data), um Departamento de Fiscalização das Atividades das espécies de Sociedades de Advogados.
>
> Parágrafo 4º. O Comitê, composto por funcionários da OAB, com número de integrantes fixado pelo Conselho Secional, tem poder fiscalizatório, devendo ser orientado e relatar suas atividades ao Presidente da Comissão das Sociedades de Advogados, que tomará as providências que assim entender necessárias, inclusive perante à Comissão de Ética e Disciplina e ao Tribunal de Ética e Disciplina.

4. Arbitragem

De acordo com o disposto no art. 55 do Regimento Interno da Ordem dos Advogados do Brasil, Secção de Minas Gerais, compete à Comissão das Sociedades de Advogados (CSA) resolver eventuais conflitos de exercício profissional surgidos entre sociedades de advogados e entre os próprios integrantes destas.

De acordo com as disposições das Leis 8.906/94 e 9.307/96 (devendo ser lembrado que a Lei 13.129, de 26 de maio de 2015, alterou parcialmente a Lei 9.307), o Egrégio Conselho da Ordem dos Advogados do Brasil - MG, regulamentou a Câmara de Arbitragem (CÂMARA-CSA-OAB/MG) da referida Comissão.

A CÂMARA-CSA-OAB/MG é o órgão de administração de procedimentos de arbitragem da CSA da OAB-MG, tendo por função administrar a solução, por meio de arbitragem, de disputas que lhe forem submetidas, em conformidade com o Regulamento de Arbitragem, cuja decisão será dos árbitros eleitos pelas partes nos termos do Regulamento.

Os membros da CÂMARA-CSA-OAB/MG são os integrantes da Comissão das Sociedades de Advogados e da Comissão de Mediação e Arbitragem, sob a Presidência do Presidente da CSA e terão este múnus enquanto componentes das referidas Comissões.

Poderão, ainda, compor a CÂMARA-CSA-OAB/MG outros advogados indicados ou aprovados pelo Egrégio Conselho Seccional da OAB-MG, independentemente de fazerem ou não parte das aludidas Comissões.

A Secretaria da CSA é órgão auxiliar da CÂMARA-CSA-OAB/MG e tem por função coordenar o andamento dos procedimentos arbitrais, dando suporte às partes e aos árbitros, de acordo com o estabelecido no Regulamento.

O inciso XII, art. 2º do Provimento 112/2006, indica, inclusive, ser admitida a cláusula de mediação, conciliação e arbitragem, podendo o Tribunal de Ética e Disciplina da OAB ser o órgão para resolver os conflitos.

A seguir uma sugestão de Cláusula Compromissória, lembrando-se que o número de árbitros deve ser ímpar:

> Toda e qualquer controvérsia que surgir da execução ou da interpretação do presente contrato, ou que com ele se relacionar, inclusive nas hipóteses de exclusão, retirada ou dissolução parcial ou total da sociedade, será resolvida por meio de arbitragem, de acordo com as normas do Regulamento de Arbitragem da CÂMARA DE ARBITRAGEM DA ...., por _ árbitro (s), nomeado (s) conforme o disposto no referido Regulamento. O procedimento arbitral será realizado na cidade de .... (Estado). "

5. É permitido o enquadramento das espécies de sociedades de advogados como microempresas ou empresa de pequeno porte?

Esta questão é recorrente perante a Comissão de Sociedades de Advogados, não só de Minas Gerais, mas de todos os estados brasileiros, tendo o assunto sido debatido na Comissão Nacional de Sociedades de Advogados do Conselho Federal da OAB e pelo Colégio de Presidentes das Comissões de Sociedades de Advogados das Seccionais da OAB.

Deve ser registrado que não compete à Ordem dos Advogados do Brasil, diante das suas atribuições prescritas na Lei 8.096 (artigo 3º. e 44 e incisos I e II, bem como reger as sociedades de advogados e sociedades individuais, artigos 15, 16 e seus parágrafos) e seu Regulamento Geral (artigo 43), definir que uma das espécies de sociedade de advogados é microempresa ou empresa de pequeno porte, recepcionando-se este entendimento com base na legislação que enquadrou as sociedades de advogados no regime do Supersimples, o que proporcionaria às mesmas tratamento tributário diferenciado, simplificado e favorecido, para o pagamento de impostos e contribuições, porque esta competência é única e exclusiva do Poder Executivo.

O poder de autorregulamentação da OAB não deve ser assim interpretado e aplicado, sob pena de a OAB ser responsabilizada civilmente.

A Lei Complementar nº 123, de 14 de dezembro de 2006, que instituiu o Estatuto Nacional da Microempresa e da Empresa de Pequeno Porte, definiu e declinou somente as seguintes empresas:

> "Art. 3º. - Para os efeitos desta Lei Complementar, consideram-se microempresas ou empresas de pequeno porte a sociedade empresária, a sociedade simples, a empresa individual de responsabilidade limitada e o empresário a que se refere o art. 966 da Lei n º 10.406, de 10 de janeiro de 2002 (Código Civil), devidamente registrados no Registro de Empresas Mercantis ou no Registro Civil de Pessoas Jurídicas, conforme o caso, desde que: (Redação dada pela Lei Complementar nº 139, de 10 de novembro de 2011) (Produção de efeitos - vide art. 7º da Lei Complementar nº 139, de 2011) ..."

Assim, somente o Poder Executivo, por sua competência exclusiva, poderá possibilitar o enquadramento das sociedades de advogados ou sociedades individuais de advocacia, não como microempresas ou empresa de pequeno porte, porque elas não são sociedades empresárias, mas em sua própria categoria econômica, modificando o artigo 3º. da Lei Complementar nº 123 para incluir as espécies de sociedades de advogados.

6. O Novo Código de Processo Civil (NCPC)

As Sociedades de Advogados, a cada dia, ganham maior relevância no Brasil. Agora a confirmação vem com a vigência do Novo Código de Processo Civil (NCPC), sendo destaques o artigo 85, § 15, que concede o direito de o advogado poder requerer que o pagamento dos honorários que lhe caibam seja efetuado em favor da sociedade de advogados que integra, na qualidade de sócio e o artigo 272, § 1º, que prescreve que os advogados poderão requerer que, na intimação a eles dirigida, figure apenas o nome da sociedade a que pertençam, desde que devidamente registrada na Ordem dos Advogados do Brasil.

Vale transcrever os artigos abaixo do NCPC que traduzem a conquista alcançada pelas Sociedades de Advogados, fruto do trabalho efetivado no Congresso Nacional pelo Conselho Federal da OAB, com a participação efetiva da Comissão Nacional de Sociedades de Advogados, inclusive, e do CESA - Centro de Estudos das Sociedades de Advogados:

> Art. 85. A sentença condenará o vencido a pagar honorários ao advogado do vencedor.
>
> § 14. Os honorários constituem direito do advogado e têm natureza alimentar, com os mesmos privilégios dos créditos oriundos da legislação do trabalho, sendo vedada a compensação em caso de sucumbência parcial.
>
> § 15. O advogado pode requerer que o pagamento dos honorários que lhe caibam seja efetuado em favor da sociedade de advogados que integra na qualidade de sócio, aplicando-se à hipótese o disposto no § 14.
>
> Art. 105. A procuração geral para o foro, outorgada por instrumento público ou particular assinado pela parte, habilita o advogado a praticar todos os atos do processo, exceto receber citação, confessar, reconhecer a procedência do pedido, transigir, desistir, renunciar ao direito sobre o qual se funda a ação, receber, dar quitação, firmar compromisso e assinar declaração de hipossuficiência econômica, que devem constar de cláusula específica.
>
> § 1º. A procuração pode ser assinada digitalmente, na forma da lei.
>
> § 2º. A procuração deverá conter o nome do advogado, seu número de inscrição na Ordem dos Advogados do Brasil e endereço completo.
>
> § 3º. Se o outorgado integrar sociedade de advogados, a procuração também deverá conter o nome dessa, seu número de registro na Ordem dos Advogados do Brasil e endereço completo.
>
> Art. 106. Quando postular em causa própria, incumbe ao advogado:
>
> I - declarar, na petição inicial ou na contestação, o endereço, seu número de inscrição na Ordem dos Advogados do Brasil e o nome da sociedade de advogados da qual participa, para o recebimento de intimações;
>
> Art. 272. Quando não realizadas por meio eletrônico, consideram-se feitas as intimações pela publicação dos atos no órgão oficial.
>
> § 1º. Os advogados poderão requerer que, na intimação a eles dirigida, figure apenas o nome da sociedade a que pertençam, desde que devidamente registrada na Ordem dos Advogados do Brasil.
>
> § 2º. Sob pena de nulidade, é indispensável que da publicação constem os nomes das partes e de seus advogados, com o respectivo número de inscrição na Ordem dos Advogados do Brasil, ou, se assim requerido, da sociedade de advogados.

§ 6°. A retirada dos autos do cartório ou da secretaria em carga pelo advogado, por pessoa credenciada a pedido do advogado ou da sociedade de advogados, pela Advocacia Pública, pela Defensoria Pública ou pelo Ministério Público implicará intimação de qualquer decisão contida no processo retirado, ainda que pendente de publicação.

§ 7°. O advogado e a sociedade de advogados deverão requerer o respectivo credenciamento para a retirada de autos por preposto.

Art. 363. Havendo antecipação ou adiamento da audiência, o juiz, de ofício ou a requerimento da parte, determinará a intimação dos advogados ou da sociedade de advogados para ciência da nova designação

Art. 511. Na liquidação pelo procedimento comum, o juiz determinará a intimação do requerido, na pessoa de seu advogado ou da sociedade de advogados a que estiver vinculado, para, querendo, apresentar contestação no prazo de 15 (quinze) dias, observando-se, a seguir, no que couber, o disposto no Livro I da Parte Especial deste Código.

Art. 841. Formalizada a penhora por qualquer dos meios legais, dela será imediatamente intimado o executado.

§ 1°. A intimação da penhora será feita ao advogado do executado ou à sociedade de advogados a que aquele pertença.

Art. 1.003. O prazo para interposição de recurso conta-se da data em que os advogados, a sociedade de advogados, a Advocacia Pública, a Defensoria Pública ou o Ministério Público são intimados da decisão.

7. O Novo Código de Ética e Disciplina da Ordem dos Advogados (NCED)

Conselho Federal da Ordem dos Advogados do Brasil, aprovou e editou o Código de Ética e Disciplina da Ordem dos Advogados do Brasil, em vigor a partir de 1°. de setembro de 2016, revogando o CED anterior, de 13 de fevereiro de 1995, exortando os advogados brasileiros à sua fiel observância:

" O CONSELHO FEDERAL DA ORDEM DOS ADVOGADOS DO BRASIL, ao instituir o Código de Ética e Disciplina, norteou-se por princípios que formam a consciência profissional do advogado e representam imperativos de sua conduta, os quais se traduzem nos seguintes mandamentos: lutar sem receio pelo primado da Justiça; pugnar pelo cumprimento da Constituição e pelo respeito à Lei, fazendo com que o ordenamento jurídico seja interpretado com retidão, em perfeita sintonia com os fins sociais a que se dirige e as exigências do bem comum; ser fiel à verdade para poder servir à Justiça como um de seus elementos essenciais; proceder com lealdade e boa-fé em

suas relações profissionais e em todos os atos do seu ofício; empenhar-se na defesa das causas confiadas ao seu patrocínio, dando ao constituinte o amparo do Direito, e proporcionando-lhe a realização prática de seus legítimos interesses; comportar-se, nesse mister, com independência e altivez, defendendo com o mesmo denodo humildes e poderosos; exercer a advocacia com o indispensável senso profissional, mas também com desprendimento, jamais permitindo que o anseio de ganho material sobreleve a finalidade social do seu trabalho; aprimorar-se no culto dos princípios éticos e no domínio da ciência jurídica, de modo a tornar-se merecedor da confiança do cliente e da sociedade como um todo, pelos atributos intelectuais e pela probidade pessoal; agir, em suma, com a dignidade e a correção dos profissionais que honram e engrandecem a sua classe."

O exercício da advocacia exige conduta compatível com os preceitos Código de Ética e Disciplina, do Estatuto, do Regulamento Geral, dos Provimentos do Conselho Federal e com os princípios da moral individual, social e profissional. (Art. 1º NCED)

O NCED trouxe uma inovação, que prestigia a remuneração digna dos advogados, conforme prescrito no artigo 29 e parágrafo único:

"Art. 29. O advogado que se valer do concurso de colegas na prestação de serviços advocatícios, seja em caráter individual, seja no âmbito de sociedade de advogados ou de empresa ou entidade em que trabalhe, dispensar-lhes-á tratamento condigno, que não os torne subalternos seus nem lhes avilte os serviços prestados mediante remuneração incompatível com a natureza do trabalho profissional ou inferior ao mínimo fixado pela Tabela de Honorários que for aplicável. "

"Parágrafo único. Quando o aviltamento de honorários for praticado por empresas ou entidades públicas ou privadas, os advogados responsáveis pelo respectivo departamento ou gerência jurídica serão instados a corrigir o abuso, inclusive intervindo junto aos demais órgãos competentes e com poder de decisão da pessoa jurídica de que se trate, sem prejuízo das providências que a Ordem dos Advogados do Brasil possa adotar com o mesmo objetivo. "

As palavras do professor Paulo Roberto de Gouvêa Medina, em seu livro Comentários ao Código de Ética e Disciplina da OAB (Forense, 2016, p. 77), bem traduzem o espírito do dispositivo:

" Seu escopo é o de impedir que modestos advogados, sobretudo no interior do país, sejam contratados para protocolar petições ou fazer audiências mediante paga simbólica ou honorários aviltantes. "

"O dispositivo resultou do anteprojeto e foi mantido pelo Plenário do Conselho Federal, com pequeno acréscimo, ao final, estabelecendo com parâmetro

da remuneração devida a Tabela de Honorários adotada em cada Seccional da OAB. "

As sociedades de advogados e a sociedade individual de advocacia devem também obedecer ao Código de Ética e Disciplina da Ordem dos Advogados do Brasil (§ 2º, artigo 15 da Lei 8.906/1994) com previsão expressa também no NCED:

"Art. 76. As disposições deste Código obrigam igualmente as sociedades de advogados, os consultores e as sociedades consultoras em direito estrangeiro e os estagiários, no que lhes forem aplicáveis."

Infelizmente, vez ou outra a Comissão de Ética da OAB recebe denúncias de infrações disciplinares cometidas por advogados, que insistem em fazer propagandas de suas Sociedades de Advogados, o que é vedado.

O Capítulo VIII do NCED trata *Da Publicidade Profissional*, trazendo em seu artigo 39 a seguinte diretriz:

"Art. 39. A publicidade profissional do advogado tem caráter meramente informativo e deve primar pela discrição e sobriedade, não podendo configurar captação de clientela ou mercantilização da profissão. "

Muitos insistem em mercantilizar a profissão, inclusive fazendo inclusões de conteúdos persuasivos em sites, cartões de visita, dentre outros, o que configura infração ética.

Os artigos 40 e 41 do NCED são bastantes claros, apontando os meios proibidos de publicidade:

Art. 40. Os meios utilizados para a publicidade profissional hão de ser compatíveis com a diretriz estabelecida no artigo anterior, sendo vedados:

I - a veiculação da publicidade por meio de rádio, cinema e televisão;

II - o uso de outdoors, painéis luminosos ou formas assemelhadas de publicidade;

III - as inscrições em muros, paredes, veículos, elevadores ou em qualquer espaço público;

IV - a divulgação de serviços de advocacia juntamente com a de outras atividades ou a indicação de vínculos entre uns e outras;

V - o fornecimento de dados de contato, como endereço e telefone, em colunas ou artigos literários, culturais, acadêmicos ou jurídicos, publicados na imprensa, bem assim quando de eventual participação em programas de rádio ou televisão, ou em veiculação de matérias pela internet, sendo permitida a referência a e-mail;

> *VI - a utilização de mala direta, a distribuição de panfletos ou formas assemelhadas de publicidade, com o intuito de captação de clientela.*
>
> *Parágrafo único. Exclusivamente para fins de identificação dos escritórios de advocacia, é permitida a utilização de placas, painéis luminosos e inscrições em suas fachadas, desde que respeitadas as diretrizes previstas no artigo 39.*
>
> *Art. 41. As colunas que o advogado mantiver nos meios de comunicação social ou os textos que por meio deles divulgar não deverão induzir o leitor a litigar nem promover, dessa forma, captação de clientela.*

Outro dispositivo que deve ser citado é a vedação imposta pelo CED revogado, artigo 33, inciso IV: "*O advogado deve abster-se de: (...); IV – divulgar ou deixar que seja divulgada a lista de clientes e demandas;* ", que foi mantida no NCED "artigo 42: É vedado ao advogado: (...); IV - divulgar ou deixar que seja divulgada a lista de clientes e demandas; ".

Os advogados devem ficar atentos para não se promoverem pessoal e profissionalmente à luz do disposto no artigo 43 do NCED:

> *"Art. 43. O advogado que eventualmente participar de programa de televisão ou de rádio, de entrevista na imprensa, de reportagem televisionada ou veiculada por qualquer outro meio, para manifestação profissional, deve visar a objetivos exclusivamente ilustrativos, educacionais e instrutivos, sem propósito de promoção pessoal ou profissional, vedados pronunciamentos sobre métodos de trabalho usados por seus colegas de profissão. "*
>
> *"Parágrafo único. Quando convidado para manifestação pública, por qualquer modo e forma, visando ao esclarecimento de tema jurídico de interesse geral, deve o advogado evitar insinuações com o sentido de promoção pessoal ou profissional, bem como o debate de caráter sensacionalista. "*

Para advogados e sociedades de advogados, é impositivo se ter em mente também o Provimento 94/2000 do Conselho Federal da OAB, que dispõe sobre a publicidade, a propaganda e a informação da advocacia, para que se evitem atos de infração disciplinar.

Um procedimento proibido que várias Sociedades adotam é o uso de expressão fantasia. A vedação está prevista no artigo 16 da Lei 8.906/1994, artigo 2º., § 1º do Provimento 112/2006 e artigo 2º., I, do Provimento 170/112, constituindo infração disciplinar (art. 34, II, § 2º da Lei 8.906/1994).

A razão social é aquela que está registrada na OAB e ela não pode sofrer qualquer modificação e ser lançada na papelaria da Sociedade, cartões de visita dos sócios ou associados, site, dentre outros. Aliás, é recomendável a leitura do artigo 44 do NCED:

> *"Art. 44. Na publicidade profissional que promover ou nos cartões e material de escritório de que se utilizar, o advogado fará constar seu nome ou o da sociedade de advogados, o número ou os números de inscrição na OAB. "*
>
> *"§ 1º Poderão ser referidos apenas os títulos acadêmicos do advogado e as distinções honoríficas relacionadas à vida profissional, bem como as instituições jurídicas de que faça parte, e as especialidades a que se dedicar, o endereço, e-mail, site, página eletrônica, QR code, logotipo e a fotografia do escritório, o horário de atendimento e os idiomas em que o cliente poderá ser atendido. "*
>
> *"§ 2º É vedada a inclusão de fotografias pessoais ou de terceiros nos cartões de visitas do advogado, bem como menção a qualquer emprego, cargo ou função ocupado, atual ou pretérito, em qualquer órgão ou instituição, salvo o de professor universitário. "*

Uma vez identificada a violação da norma, a instauração de processo disciplinar será efetivada, certamente.

O NCED, em seus artigos 45 e 46, indicam, também de forma cristalina, os meios admissíveis de publicidade:

> *"Art. 45. São admissíveis como formas de publicidade o patrocínio de eventos ou publicações de caráter científico ou cultural, assim como a divulgação de boletins, por meio físico ou eletrônico, sobre matéria cultural de interesse dos advogados, desde que sua circulação fique adstrita a clientes e a interessados do meio jurídico. "*
>
> *"Art. 46. A publicidade veiculada pela internet ou por outros meios eletrônicos deverá observar as diretrizes estabelecidas neste capítulo. "*
>
> *"Parágrafo único. A telefonia e a internet podem ser utilizadas como veículo de publicidade, inclusive para o envio de mensagens a destinatários certos, desde que estas não impliquem o oferecimento de serviços ou representem forma de captação de clientela. "*

Vale ressaltar a incidência do art. 34, II da Lei 8.906/1994 em três situações:

(i) No que se refere à redução do número de sócios a um. A pluralidade deverá ser reconstituída em até cento e oitenta dias, sob pena de dissolução da sociedade - irregular (art. 5º, Provimento 112). E, hoje, a solução ou opção para o sócio único e remanescente, se não encontrar outro sócio, no prazo de 180 dias a contar da retirada do segundo sócio, residirá, havendo a opção no mencionado prazo, na transformação da Sociedade de Advogados em Sociedade Individual de Advocacia;

(ii) Da razão social não poderá constar sigla ou expressão de fantasia ou das características mercantis, devendo vir acompanhada de expressão que indique tratar-se de **Sociedade de Advogados**, vedada a referência a "Sociedade Civil" ou "S.C." (Parágrafo único do art. 2°. do Provimento 112/2006); e,

(iii) É vedada a divulgação de advocacia em conjunto com outra atividade (Parágrafo 3°, art. 1°, Lei 8.906).

É preciso que os administradores, sócios e titulares das espécies de sociedades de advogados tenham a consciência de que o descumprimento das regras estabelecidas não gerará novos clientes; ao contrário, emergirão processos disciplinares.

O Presidente da OABMG, Antônio Fabrício Gonçalves, sobre o assunto assim se pronunciou: "o respeito ao Código é essencial para alcançarmos o respeito de nossos pares e da sociedade. "

Diante do sucesso do "Pokémon GO" é bom lembrar que o "app" não combina com Sociedades de Advogados, o que configuraria a mercantilização da profissão, com interesses claros de se buscar visitantes e eventuais clientes em suas unidades, uma disfarçada forma inovadora de captação de clientela.

Considerações finais

Conclui-se que o registro das espécies de sociedades de advogados é da competência exclusiva da Ordem dos Advogados do Brasil, na forma da Lei 8.906/1994, seu Regulamento Geral, Provimentos 112/2006, 169/2015 e 170/2016, devendo ser respeitado o Código de Ética e Disciplina.

O número do registro da Sociedade de Advogados e da sociedade individual de advocacia deve ser indicado em todos os contratos que esta celebrar (parágrafo 2°, art. 7°, Provimento 112/2006 e parágrafo 2°., art. 6°. Provimento 170/2016).

Ressalta-se que, na forma do § 4°, artigo 15 do EAOAB, "nenhum advogado pode integrar mais de uma sociedade de advogados, constituir mais de uma sociedade unipessoal de advocacia, ou integrar, simultaneamente, uma sociedade de advogados e uma sociedade unipessoal de advocacia, com sede ou filial na mesma área territorial do respectivo Conselho Seccional. "

Vale a lembrança do § 3°, artigo 1° da Lei 8.906/1994 que prescreve: "é vedada a divulgação de advocacia em conjunto com outra atividade. " e o art. 5° do NCED prescreve que "*o exercício da advocacia é incompatível com qualquer procedimento de mercantilização.*"

Finalmente, a Comissão de Sociedade de Advogados da OABMG informa (29/08/2016) que há um total de 4.323 Sociedades de Advogados ativas registradas, das quais 452 são Sociedades Individuais e 3.871 são Sociedades de

Advogados. E desde a vigência da Lei 13.247/2016, 54 sociedades de advogados foram transformadas em sociedade individual de advocacia.

Referências bibliográficas

GONÇALVES NETO, Alfredo de Assis, Sociedades de Advogados, 6ª Edição, São Paulo: Lex Editora, 2015.

MEDINA, Paulo Roberto de Gouvêa, Comentários ao Código de Ética e Disciplina da OAB, Rio de janeiro: Forense, 2016.

Endereços Eletrônicos Consultados:

http://www.oab.org.br

http://www.oabmg.org.br

34

A PUBLICIDADE DOS ATOS PROCESSUAIS E A INFORMATIZAÇÃO DO PODER JUDICIÁRIO

Bernardo Menicucci Grossi
Advogado

1 INTRODUÇÃO

A mais recente onda reformadora do Direito Processual Civil brasileiro, que culminou com a edição da Lei 13.105/15, ainda que se vislumbre um longo caminho evolutivo a percorrer, tem sido enfática na priorização da garantia fundamental à razoável duração do processo[1], da efetividade da tutela jurisdicional[2] e na criação de mecanismos que propiciem a concretização de um processo justo, como bem observado por Humberto Theodoro Junior[3]:

> A noção de processo justo está intimamente ligada à efetividade da prestação jurisdicional, de modo a garantir a todos o acesso à justiça, em tempo que não extrapole os limites do razoável. Com isso, entende-se a necessidade de a justiça efetiva aparelhar-se para propiciar ao titular do direito um provimento que seja contemporâneo à lesão ou à ameaça de lesão ,consistindo em solução justa para o litígio.

Como forma de equacionar os diversos interesses oriundos da controvérsia de relações jurídicas de direito material que desaguam na jurisdição estatal, e também de influenciar os custos de transação[4] para potencializar soluções negociadas para a pacificação das relações sociais, inúmeras iniciativas legisla-

---

1 Art. 5°, LXXVIII, da Constituição Federal.

2 Art. 5°, XXXV, da Constituição Federal.

3 THEODORO JUNIOR, Humberto. *Curso de Direito Processual Civil*, 57a ed. Volume 1. Rio de Janeiro: Forense, 2016, pág.85.

4 COOTER, Robert. Et. Al. *Direito & Economia*, 5a ed. São Paulo: Bookman, pág.35-71

tivas foram tomadas com o intuito de se reduzir entraves burocráticos para a célere prestação jurisdicional, o que aparentemente é fruto de constatação similar à de Armando Castellar[5] no sentido de que dentre as principais causas da ineficiência do Poder Judiciário brasileiro estariam o seu *mau funcionamento*, a *falta de infraestrutura* e a *ausência de mão de obra qualificada*.

O caminhar das sucessivas reformas da legislação processual e da própria administração do Poder Judiciário, desempenhada pelo Conselho Nacional de Justiça, priorizaram ações diretas e menos onerosas para potencializar a efetividade da tutela jurisdicional, com o que é possível notar grande ênfase no aparelhamento tecnológico de tribunais que foi evidenciada pela edição, ainda em 2010, da Meta CNJ 10, segundo o qual todos os tribunais brasileiros deveriam *realizar, por meio eletrônico, 90% das comunicações oficiais entre os órgãos do Poder Judiciário*[6].

Outra questão que também ilustra bem o constante aparelhamento do Poder Judiciário com vistas a cooperar em um complexo sistema de pacificação das relações sociais pode ser compreendida pela análise do *Relatório Justiça em Números 2015* do Conselho Nacional de Justiça, onde se constata, por exemplo, que um magistrado de 1° grau da Justiça Estadual Mineira recebeu, em média, 1.641 casos novos naquele ano, com média de julgamento de 1.651. Os indicadores de tal relatório deixam claro que aliado ao investimento em recursos humanos , seja na aquisição ou na qualificação de mão-de-obra, também é necessário fornecer estrutura adequada à gestão e operação de um volume substancial de processos judiciais.

Nesse contexto, a substituição do meio físico pelo eletrônico, evitando-se o tráfego e manuseio material de documentos, autenticações e certificações, além da conferência manual para evitar a perda de informação, é muito mais do que conveniente, mas medida imperativa para que o próprio Poder Judiciário possa concentrar seus esforços na prestação de tutela jurisdicional, deixando que a gestão documental e organizacional dos processos passe a ser feita de forma automatizada[7]. Em outras palavras, privilégio ao princípio da eficiência.

---

5 CASTELAR, Armando (Org.). *Judiciário e Economia no Brasil*. Rio de Janeiro: Centro Edelstein de Pesquisas Sociais, 2009, pág.63.

6 E cujo resultado apurado pelo Conselho Nacional de Justiça ficou muito abaixo do percentual estabelecido pela Meta 10, como pode ser observado no *Relatório Final: Metas Prioritárias do Poder Judiciário 2010*. Disponível em http://www.cnj.jus.br/files/conteudo/arquivo/2015/02/1b6702e826e5294f183e02589c87e63b.pdf - Acesso em 04 set. 2016.

7 Não se poderia sustentar, aliás, que tal gestão estaria alheia à atividade-fim do Poder Judiciário, mas apenas que as rotinas eminentemente burocráticas e que fisicamente são

O corte epistemológico do presente trabalho é a problematização da publicidade processual em um contexto de constante evolução tecnológica e de cotidiana implementação de inovações na gestão do Poder Judiciário e no processo judicial com vistas a privilegiar um constante caminhar em busca de tutela jurisdicional efetiva, o que evidentemente contempla a face de sua tempestividade, e a propiciar a valorização da garantia fundamental do acesso à justiça, à razoável duração do processo, à dignidade da pessoa humana, à eficiência e a concretização de um processo justo.

1.1. As normas fundamentais do Código de Processo Civil

Não seria possível iniciar-se uma análise do tema proposto em enfrentar, ainda que de modo breve em razão do objetivo deste trabalho, as normas fundamentais do processo civil brasileiro, as quais foram positivadas nos artigos 1° a 12 da Lei 13.105/15.

Ainda que a prevalência do Estado Democrático de Direito pudesse dar ao intérprete mais afoito a aparência que a reincidente sistematização de princípios no Código de Processo Civil fosse redundante, concorda-se com José Miguel Garcia Medina[8] que se nota um importante efeito pedagógico[9].

E o motivo de se analisar, ainda que brevemente, as normas fundamentais do processo civil, é que estas constituem o núcleo principiológico a partir do qual se deve interpretar o ordenamento processual, com especial atenção à sua harmonização com a Lei 11.419/06.

Neste diapasão, o princípio do devido processo legal acaba por compreender uma norma geral que se irradia na própria Constituição Federal e não pode ser interpretado apenas em sua perspectiva reducionista de constituir exigência de respeito à ordem procedimental, mas na verdadeira concretização da garantia do juiz natural, do acesso à justiça, da ampla defesa e contraditório

causa de morosidade podem ser mais efetivamente tuteladas pela implementação de recursos informatizados.

8 MEDINA, José Miguel Garcia. *Direito Processual Civil Moderno*. São Paulo: Revista dos Tribunais, 2015, pág.80.

9 E já no artigo 1° do Código de Processo Civil é possível notar enorme diferenciação daquilo que estava previsto no Código anterior (1973). Enquanto aquele normatiza que o processo civil é ordenado, disciplinado e interpretado conforme os valores e normas fundamentais estabelecidos na Constituição Federal, esse apontava que a jurisdição civil era exercida conforme as disposições do próprio Código.

e também no dever de fundamentação da decisão judicial[10], e que nas palavras de José Miguel Garcia Medina[11], *trata-se de um princípio com raízes no due process of law do direito norte-americano, mais recentemente estudado pela doutrina sob o título de "garantias de um processo justo" ou "equitativo".*

Como salienta Humberto Theodoro Junior[12]:

> O devido processo legal, no Estado Democrático de Direito, jamais poderá ser visto como simples procedimento desenvolvido em juízo. Seu papel é o de atuar sobre os mecanismos procedimentais de modo a preparar e proporcionar provimento jurisdicional compatível com a supremacia da Constituição e a garantia de efetividade dos direitos fundamentais.

Sob esta perspectiva, somente estaria em pleno acordo com o princípio do devido processo legal aquela disposição que assegurasse a plenitude das garantias fundamentais inerentes ao exercício das faculdades processuais e à garantia de acesso a uma tutela jurisdicional efetiva, ampla e que não venha a lesar direitos individuais, o que na concepção de Cândido Rangel Dinamarco[13] constituiria a *jurisdição constitucional das liberdades.*

Ao lado da garantia fundamental ao devido processo legal, o artigo 4° do Código de Processo Civil estabelece que *as partes tem o direito de obter em prazo razoável a solução integral do mérito, incluída a atividade satisfativa.* Ainda que não seja possível estabelecer-se aprioristicamente uma régua para medir o tempo eficaz de cada processo, a noção aqui compreendida é que a garantia fundamental à razoável duração do processo significa a adoção do procedimento diretamente proporcional à realização do direito material no menor tempo possível ante a necessária conciliação do exercício do contraditório e dos meios e recursos a ele inerentes, assim como a busca permanente da verdade real.

A esse respeito, é importante observar que a informatização das rotinas de trabalho dos servidores públicos direta ou indiretamente vinculados à prestação da tutela jurisdicional pelo Estado é capaz de contribuir decisivamente

---

10 THEODORO JUNIOR, Humberto. *Curso de Direito Processual Civil,* 57a ed. Volume 1. Rio de Janeiro: Forense, 2016, pág.47.

11 MEDINA, José Miguel Garcia. *Direito Processual Civil Moderno.* São Paulo: Revista dos Tribunais, 2015, pág.113-114.

12 THEODORO JUNIOR, Humberto. *Curso de Direito Processual Civil,* 57a ed. Volume 1. Rio de Janeiro: Forense, 2016, pág.49.

13 DINAMARCO, Cândido Rangel. *Instituições de Direito Processual Civil,* 8a ed. Volume 1. São Paulo: Malheiros, 2016, pág.120.

para a redução da morosidade dos atos processuais causada pela infraestrutura física deficiente e pela mão-de-obra pouco qualificada[14], evitando-se que autos físicos, petições e documentos permaneçam alocados em setores administrativos, escaninhos e mesas aguardando por autuação, numeração, aposição de carimbos, rúbricas e até que haja condição material de que o juízo emita seu pronunciamento.

O necessário aperfeiçoamento de tais rotinas, aliás, constitui condição importante para a maior eficiência do sistema judiciário e que poderia causar efeitos práticos sensíveis sem alteração substancial do quadro de recursos humanos que poderia ser mais bem aproveitado.

Assim, a garantia da razoável duração do processo pode ser compreendida, ao menos, em dois espectros sensivelmente diversos, quais sejam, a adoção dos meios necessários à efetiva realização do direito material e ao melhor aproveitamento dos recursos humanos e físicos dos Tribunais para propiciar maior produtividade e que a tutela jurisdicional seja prestada mais rapidamente.

1.2 A publicidade dos atos processuais

Em especial atenção ao objetivo deste trabalho, é absolutamente relevante compreender o conceito de publicidade na Constituição Federal e, consequentemente, no Código de Processo Civil, a fim de contextualizá-la com a realidade operada pelos sistema de informatização do processo judicial.

Não se poderia iniciar de outra forma, senão pela análise do artigo 8° do Código de Processo Civil que apresenta a reunião de inúmeros princípios constitucionais, a saber:

> Art. 8°. Ao aplicar o ordenamento jurídico, o juiz atenderá aos fins sociais e às exigências do bem comum, resguardando e promovendo a dignidade da pessoa humana e observando a proporcionalidade, a razoabilidade, a legalidade, a publicidade e a eficiência.

Ainda que de difícil conceituação, os fins sociais e a exigência de bem comum aludidos pelo referido dispositivo dizem respeito, primeiramente, ao propósito pelo qual a norma processual foi instituída e aos ditames de preservação de liberdade, segurança e utilidade social, cuja decisão é direcionada pela aplicação de critérios de proporcionalidade e razoabilidade ao caso concreto.

---

14 CASTELAR, Armando (Org.). *Judiciário e Economia no Brasil.* Rio de Janeiro: Centro Edelstein de Pesquisas Sociais, 2009, pág.63-64.

Entretanto, voltando-se aos estreitos fins deste trabalho, é importante compreender que a aplicação do ordenamento jurídico reclama a promoção da dignidade da pessoa humana e o respeito à legalidade, à publicidade e à eficiência.

A esse respeito, Cândido Rangel Dinamarco[15] observa que:

> A publicidade dos atos processuais constitui projeção da garantia constitucional do direito à informação (Const., art. 5°, inc. XIV) em sua específica manifestação referente ao processo. Os agentes públicos, atuando como personificação viva do próprio Estado, dão conta de suas atividades aos sujeitos diretamente interessados, aos seus próprios superiores hierárquicos, aos órgãos de fiscalização institucionalizada e ao público, a bem da transparência, destinada a permitir o controle interno e externo daquilo que fazem ou omitem. Para controle de seu grau de aplicação ao serviço público, lisura no proceder e qualidade do serviço, eles devem estar sob uma vigilância tal que permita a justa reação dos destinatários de seus atos, a formação de opinião pública e a atuação fiscalizadora e disciplinar dos órgãos competentes.

A publicidade dos atos processuais, portanto, constitui garantia de controle social sobre os atos praticados pelo Estado-juiz em cooperação com as partes e seus procuradores[16], admitindo restrição apenas em virtude de circunstância excepcional relativa ao interesse público ou social, à proteção da intimidade, nas causas que versem sobre casamento, separação de corpos, divórcio, separação, união estável, filiação, alimentos e guarda de crianças e adolescentes, ou quando as partes possam subtrair da jurisdição estatal o conhecimento da lide e assim convencionem, consoante estabelece o artigo 189 do Código de Processo Civil. Ainda assim, tal restrição somente pode derivar de Lei.

De acordo com o artigo 11 do Código de Processo Civil:

> *Todos os julgamentos dos órgãos do Poder Judiciário serão públicos... podendo a lei limitar a presença em determinados atos, às próprias partes e a seus advogados, ou somente a estes, em casos nos quais a preservação do direito à intimidade do interessado no sigilo não prejudique o interesse público à informação.*

---

15 DINAMARCO, Cândido Rangel. *Instituições de Direito Processual Civil,* 8a ed. Volume 1. São Paulo: Malheiros, 2016, pág.364-365.

16 Art. 6° do CPC: Todos os sujeitos do processo devem cooperar entre si para que se obtenha, em tempo razoável, decisão de mérito justa e efetiva.

Cândido Rangel Dinamarco[17] ressalta a importância da informação no âmbito do processo civil brasileiro para propiciar maior participação da sociedade civil na construção de um ideal e democrático diálogo com o Poder Judiciário. Tal perspectiva é reforçada pelas recentes iniciativas de transmissão dos julgamentos do Poder Judiciário na tv aberta[18], admitindo-se a restrição da publicidade apenas em virtude da prevalência de garantias individuais excepcionalmente violadas pela publicização exacerbada, e cuja normatização encontra clara normativa no artigo 189 do Código de Processo Civil.

Tamanha é a relevância da publicidade dos atos processuais para a garantia do controle social sobre os atos do Poder Judiciário, que o artigo 93, IX, da Constituição Federal assegurou que *todos os julgamentos* serão públicos e *fundamentadas todas as decisões, sob pena de nulidade*, admitindo-se que limitação a esta característica democrática fosse pautada por Lei baseada na *preservação do direito à intimidade do interessado* e relevando ainda o manifesto *interesse público à informação.*

Uma das mais importantes iniciativas adotadas pelo Poder Judiciário para potencializar o dever de manter públicos os atos processuais foi abandonar gradativamente a publicação do Diário Oficial em meio físico, passando-o para o meio eletrônico com disponibilização diária pela *internet.* A título meramente exemplificativo, a partir de 31 de maio de 2008, o Tribunal de Justiça do Estado de Minas Gerais criou o Diário da Justiça Eletrônico - DJE para substituir integralmente a versão em papel do Diário Oficial que era editado e impresso pela Imprensa Oficial[19], e que tem observado as normas e critérios mínimos de segurança da informação de que trata a Medida Provisória 2.200-2/01.

2 A INFORMATIZAÇÃO DO PROCESSO

A informatização de rotinas simples inerentes ao cotidiano da atividade jurisdicional não constitui novidade relevante para a administração da justiça. O Código de Processo Civil de 1939 estabelecia, por exemplo, que o escrivão

---

17 DINAMARCO, Cândito Rangel. *Fundamentos do Processo Civil Moderno*, 6a ed. Tomo I. São Paulo: Malheiros, 2010, pág.148-149.

18 Inclusive com reconhecimento internacional: http://www.stf.jus.br/portal/cms/verNoticiaDetalhe.asp?idConteudo=102249 - Acesso em 04 set. 2016.

19 A qual, inclusive, teve fim por reforma administrativa realizada pelo Governo do Estado de Minas Gerais a partir do PL 3.511/16 e pela sanção da Lei Estadual 22.257/16.

deveria datilografar as audiências (art. 122) e que a petição inicial deveria ser necessariamente escrita (art. 158), com o que ficava claro que a implementação de recursos tecnológicos, no caso a máquina de escrever, não encontravam grandes óbices em sua implementação diária.

O Código de Processo Civil de 1973, por sua vez, também continha previsão no sentido de que os atos e termos do processo deveriam ser datilografados ou escritos com tinta escura indelével (art. 169), já sem repetir a observação de que a petição inicial deveria sê-lo.

Já no Código de Processo Civil de 2015, é possível notar uma sensível modificação do apego à representação das ideias em meio físico, seja em datilografia ou por escrito a tinta, até mesmo porque com o passar dos anos e pelo natural desenvolvimento tecnológico, foi a prática que consagrou a substituição da datilografia pela digitação em computadores sem que maiores problemas hermenêuticos fossem criados. A palavra "eletrônico", aliás, se repete por 81 vezes ao longo do texto da Lei 13.105/15, a qual dedicou uma seção especial, a Seção II do Capítulo I, do Título I, do Livro IV, para normatizar a prática de atos processuais validadas com a utilização de recursos informatizados.

2.1 Informatização de atos processuais isolados

Uma das maiores modificações no panorama de informatização do processo trazida pela Lei 11.419/06 foi abandonar a implementação de recursos tecnológicos apenas em rotinas isoladas do cotidiano do servidor público para, verdadeiramente, contemplar uma relação processual desvinculada da materialidade do papel, o que pode ser notado, ao menos, pela análise de quatro Leis que entraram em vigor para influenciar o Código de Processo Civil de 1973 e, mais a mais, estão a apontar para uma conclusão singular.

A Lei 8.245/91, que regulamenta a locação de imóveis urbanos e os procedimentos a ela pertinentes, tem uma das mais curiosas provisões no que se refere à admissibilidade de recursos informáticos para minimizar a morosidade inerente à prestação da tutela jurisdicional.

É que o seu artigo 58, inciso IV, admite que nas ações de despejo, consignação em pagamento de aluguel e acessórios da locação, assim como nas revisionais e renovatórias, a citação e a notificação poderiam ser concretizadas pelo envio de comunicado de *fac-símile* ou por telex[20] desde que as partes convencionassem tal possibilidade em contrato.

---

20 Telex é um sistema internacional de comunicações escritas que prevaleceu até ao final do século XX. Consistia numa rede mundial com um plano de endereçamento numérico, com

O conhecimento empírico, assim como a pesquisa de jurisprudência em 27 Tribunais de Justiça e no Superior Tribunal de Justiça não indicaram um único precedente em que a citação em ações reguladas pelo artigo 58, *caput*, da Lei 8.245/91 tenha sido utilizada, embora tal instrumento continue à disposição dos operadores do Direito até esta data.

Posteriormente a isso, a Lei 9.800/99 passou a admitir a prática de ato processual, o protocolo de petições, fosse feita através do seu envio por *fac-símile* (art. 1° e art. 2°), o que acabou encontrando grande adesão dos operadores do Direito e fizeram com que os Tribunais organizassem minimamente um sistema para recepção de petições.

Um inconveniente, entretanto, ficou consagrado pelo artigo 2° da Lei 9.800/99, que é a necessidade de se apresentar ao protocolo do órgão judiciário a petição em papel devidamente assinada no prazo de 05 dias após a sua transmissão por *fac-símile* como forma de convalidação do ato, ainda que o cumprimento de prazos fosse considerado atendido pela transmissão e comprovação do envio telemático da petição.

É importante observar, aliás, que grande parte dos aparelhos de *fax* utilizados no final da década de 1990 e nos anos seguintes imprimiam as transmissões em bobinas de papel térmico com baixíssima durabilidade. Assim, natural que o documento gerado necessitasse ser substituído por outro com maior durabilidade para conservação das informações processuais com o patamar de segurança do qual todos estavam habituados[21].

---

terminais únicos que poderia enviar uma mensagem escrita para qualquer outro terminal. Ainda está em funcionamento em muitos países apesar do número de subscritores do serviço se encontrar em queda, pela introdução do e-mail, mais barato. Os terminais pareciam e funcionavam como máquinas de escrever ligadas a uma rede igual à telefônica.

Uma das particularidades deste sistema de comunicações escritas, ao contrário do que acontece com outros sistemas de comunicação de mensagens escritas actuais como o FAX ou o E-mail, era a garantia de entrega imediata com autenticação dos terminais. (Fonte: https://pt.wikipedia.org/wiki/Telex - Acesso em 05 set. 2016).

21 A jurisprudência nunca se mostrou amplamente favorável ao emprego de analogia à Lei 9.800/99 para admitir a adoção de outros meios telemáticos mais eficientes para a transmissão de petições, com por exemplo o e-mail. O seguinte julgado do Superior Tribunal de Justiça é representativo do entendimento majoritário:PROCESSUAL CIVIL. AGRAVO REGIMENTAL NOS EMBARGOS DE DECLARAÇÃO NO RECURSO ESPECIAL. RECURSO MANEJADO SOB A ÉGIDE DO CPC/73. RECURSO INTEMPESTIVO. E-MAIL. MODALIDADE DE COMUNICAÇÃO NÃO PREVISTA NA LEI Nº 9.800/99. RESOLUÇÃO DE TRIBUNAL DE ORIGEM. NÃO APLICAÇÃO A RECURSOS DIRIGIDOS AO STJ. DECISÃO MANTIDA. 1. Inaplicabilidade do NCPC a este julgamento ante os termos do Enunciado Administrativo nº 2 aprovado pelo Plenário do STJ na sessão de 9/3/2016: Aos recursos interpostos com fundamento no CPC 1973

A Lei 10.259/01, aplicável somente aos Juizados Especiais Cíveis e Criminais da Justiça Federal, veio a estabelecer que os Tribunais poderiam *organizar serviço de intimação das partes e de recepção de petições por meio eletrônico*, ainda sem muito rigor no tocante à segurança da informação principalmente em virtude do princípio da informalidade que rege aquela justiça especializada.

Posteriormente a isso, a Lei 11.280/06 reformou o Código de Processo Civil de 1973 para nele incluir um parágrafo único ao artigo 154 no qual normatizou que:

> Art. 154. (...)
> Parágrafo Único. Os tribunais, no âmbito da respectiva jurisdição, poderão disciplinar a prática e a comunicação oficial dos atos processuais por meios eletrônicos, atendidos os requisitos de autenticidade, integridade, validade jurídica e interoperabilidade da Infra-Estrutura de Chaves Públicas Brasileira - ICP - Brasil.

E foi somente com a edição da Lei 11.280, de 16 de fevereiro de 2006, que se conseguiu alcançar ostensivamente aquilo que a Lei 11.280/01 contemplava há praticamente 05 anos, isto é, que os Tribunais organizassem forma eletrônica de intimação das partes, substituindo-se os antigos Diários Oficiais pelos, então denominados, Diários da Justiça Eletrônica.

A título meramente ilustrativo, o Tribunal de Justiça de São Paulo[22] apurou uma economia diária de 17 toneladas de papel, o que corresponderia a um corte diário de 340 árvores e o Tribunal de Justiça da Bahia apurou uma economia anual de R$2.300.000,00 em insumos que eram adquiridos para a edição e impressão do antigo jornal em meio físico. O Tribunal de Justiça de

(relativos a decisões publicadas até 17 de março de 2016) devem ser exigidos os requisitos de admissibilidade na forma nele prevista, com as interpretações dadas até então pela jurisprudência do Superior Tribunal de Justiça. 2. A jurisprudência desta Corte encontra-se pacificada no sentido de que não se admite a interposição de recurso por meio de e-mail, modalidade de comunicação não prevista na Lei nº 9.800, de 1999. Agravo regimental não conhecido (AgRg no RE no AgRg no AgRg no Ag 1.152.535/RJ, Rel. Ministro ARI PARGENDLER, Corte Especial, j. 12/4/2010, DJe 10/5/2010). 3. A Resolução nº 5/07, editada pelo Tribunal Regional Federal da 5ª Região, que permite o envio de petições àquela Corte por correio eletrônico, não pode ser aplicada aos recursos dirigidos a esta instância superior, considerando seu processamento ser regulado por lei federal. 4. Agravo regimental não provido. (STJ, AgRg no EDcl no REsp 1.499.440/AL. 3a Turma. Rel. Min. Moura Ribeiro. DJe 22 jun. 2016).

22 http://www.tjsp.jus.br/Institucional/CanaisAtendimentoRelacionamento/DuvidasFrequentes/DJE/Default.aspx - Acesso em 05 set. 2016.

Minas Gerais estimou[23], ainda em 2006, uma economia nacional de 21.000.000 de páginas de papel por mês.

A tais benefícios, deve-se agregar ainda a circunstância de que a publicação em meio eletrônico permite pesquisa textual mais ágil, dinâmica e permite a busca de informações históricas em poucos segundos, em contraposição à necessidade de consultar antigas edições em papel para seleção manual de informações. Outro grande benefício propiciado pelo formato em que tais informações passaram a ser divulgadas diariamente por cada um dos Tribunais, foi possibilitar que a iniciativa privada desenvolvesse melhores aplicações para a coleta de informações e repasse aos seus usuários, em grande parte advogados.

As iniciativas legislativas acima mencionadas são capazes de demonstrar que embora a utilização de recursos telemáticos pelo Poder Judiciário e, em especial, para a informatização do processo é capaz de apresentar visíveis resultados positivos, ainda que com a utilização de recursos cotidianos, constituindo-se o verdadeiro obstáculo de sua disseminação o aspecto cultural e organizacional.

A pouca, ou gradativa, aderência dos operadores do Direito a tais benefícios, entretanto, é capaz de denotar que há um grande obstáculo cultural a ser equacionado, não se tratando apenas de colocar à disposição do jurisdicionado tais práticas informatizadas. Isto porque, em análise pontual, diferentemente do fato social motivar a criação ou modificação da Lei, nestes casos houve um verdadeiro avanço da Lei à frente do fato social, sem que toda a sociedade estivesse adequadamente preparada, material e intelectualmente, para tal inovação.

2.2 Informatização do processo

Aos 19 dias do mês de dezembro de 2016, foi publicada a Lei 11.419 que dispôs sobre a informatização do processo judicial e, mais uma vez, alterou o Código de Processo Civil de 1973, superando-se as iniciativas isoladas anteriormente adotadas para sistematizar, de uma vez por todas, a prestação da tutela jurisdicional pelo meio eletrônico.

Com um capítulo especialmente dedicado à comunicação eletrônica dos atos processuais, a Lei 11.419/06 voltou a insistir que os Tribunais *poderiam* criar o Diário da Justiça Eletrônico. Entretanto, como se tratou de uma norma muito mais completa e clara no que se refere à substituição do meio físico, ao

23 http://gilbertomelo.com.br/judiciario-discute-diario-oficial-unico-na-internet/ - Acesso em 05 set. 2016.

qual todos estavam naturalmente apegados, pelo eletrônico, o resultado prático foi realmente mais ostensivo a ponto de fazer com que o Conselho Nacional de Justiça afirmasse ter sido esta Lei a criadora dos Diários da Justiça Eletrônico[24].

2.2.1 A publicidade no processo eletrônico

Um tema que sofreu grandes modificações, ainda que não tenha contado com a necessária atenção da doutrina, foi o da publicidade dos atos processuais a respeito do qual a Ordem dos Advogados do Brasil ajuizou uma ação direta de inconstitucionalidade em 30 de março de 2007[25], e cujo pedido liminar foi indeferido.

Infelizmente, a petição inicial da referida ADI não tratou do tema da publicidade processual sob o prisma ora questionado. O grande equívoco que se verifica foi inserido no artigo 5° da Lei 11.419/06 que regulamentou que as intimações seriam feitas em *portal próprio* do Poder Judiciário, o que dispensaria a respectiva publicação no Diário da Justiça Eletrônico, eliminando-se qualquer forma de publicização dos atos processuais e fazendo com que somente as partes, mormente seus procuradores, tomassem conhecimento dos atos e termos do processo.

Vale dizer, a Lei 11.419/06 deliberadamente alterou o panorama da publicidade processual para não mais admiti-la nos moldes então preconizados pela doutrina e jurisprudência nacionais, para fazer vigorar uma concepção totalmente restritiva da publicização dos atos processuais, agora divulgados individualmente somente às partes e advogados ligados a cada um dos processos. Eliminou-se, de uma só vez, um repositório público dos atos processuais que poderia ser consultado tanto por terceiros quanto pelas próprias partes para verificação *a posteriori*.

É importante notar que a Lei de Informatização do processo introduziu a forceps um sistema de intimações privadas no Direito brasileiro, conquanto inexista doutrina que pudesse justificar uma substancial alteração no conteúdo e na eficácia desta garantia processual.

Ocorreu exatamente o que Lessig[26] apontou anos antes, isto é, que a arquitetura da *internet*, neste caso dos sistemas que operariam o processo eletrônico

---

24 http://www.cnj.jus.br/radio-cnj/413-acoes-e-programas/modernizacao-do-judiciario/13263-diario-de-justica-eletronico - Acesso em 05 set. 2016.

25 http://www.oab.org.br/noticia/9429/oab-nacional-ajuiza-adin-contra-lei-do-processo-eletronico - Acesso em 05 set. 2016.

26 *Code and Other Laws of Cyberspace*. New York: Basic Books, 1999, pág.93

passariam a contar com uma condicionante na liberdade dos usuários, pois não é apenas a Lei que regula a conduta do indivíduo, mas também a arquitetura da rede que potencializa ou minimiza o exercício de garantias constitucionais. Neste caso, tal definição decorreu de previsão em Lei.

Ainda que os portais do Poder Judiciário tenham sido desenvolvidos posteriormente com a possibilidade de uma consulta pública, independentemente da utilização de certificação digital, capaz de dar acesso à íntegra das decisões, é preciso encontrar individualmente cada um dos processos para neles localizar as informações. A rigor, a Lei 11.419/06 permitiu que um repositório público e único das informações relativas aos processos judiciais deixasse de existir, prejudicando sobremaneira a ciência e o controle das decisões judiciais pela sociedade civil organizada. Fato que é ainda mais agravado ao se verificar que não há qualquer forma de se auditar externamente o código-fonte de tais sistemas, sejam eles privados ou públicos. Caso uma informação seja maliciosamente alterada no sistema, não há qualquer garantia de que as partes poderão fazer prova de sua ocorrência, tampouco se amparar em repositório público para comprovar que um ato processual realmente existiu. Presume-se integral confiança em um sistema desenvolvido pelo Poder Judiciário que jamais teve o desenvolvimento de sistemas como sua atividade-fim, faltando-lhe nítida *expertise*.

Foi decidido pelo Conselho Nacional de Justiça, em ofício encaminhado ao Conselho Federal da Ordem dos Advogados do Brasil[27], que o acesso às informações de gestão, arquitetura e desenvolvimento do sistema PJe não se enquadraria no permissivo da Lei 12.527/11[28], conquanto a manutenção de sigilo acerca de tais informações constituísse prejuízo à segurança da sociedade e do Estado.

Como verdadeira moeda de troca da anomalia processual que se criara, o próprio artigo 5°, em seu parágrafo 3° assegurou um prazo adicional de 10 dias corridos ao advogado para que, não sendo feita a consulta individual com a utilização de certificado digital a determinada intimação no portal do Poder Judiciário, fosse deflagrado o prazo processual.

Isso significa que uma vez lançada uma intimação destinada ao advogado no Portal do Poder Judiciário, se o advogado dela tomasse ciência formalmente, seu prazo processual se iniciaria no primeiro dia útil subsequente. Entre-

---

27 CNJ, Ofício n°. 195/GP/2014.

28 Lei do Acesso à Informação.

tanto, caso não o fizesse, aquela intimação ali permaneceria pelo período de até 10 dias, considerando-se aperfeiçoada no décimo dia e iniciando-se o prazo processual no primeiro dia útil subsequente.

Essa talvez tenha sido a primeira e mais relevante experiência do Poder Judiciário em legislar sobre a informatização do processo sem a necessária atenção à criação prévia e organizada de um sistema para gerir toda esta problemática relação[29], o que deu origem a iniciativas privadas[30] e públicas[31] com diferentes estágios evolutivos e, principalmente, diferentes conceitos sobre as funcionalidades essenciais de tal sistema.

O resultado desse problema então criado foi contingenciado pelo Conselho Nacional de Justiça com a edição da Resolução 185, de 18 de dezembro de 2013, a qual contém inúmeras disposições e regulamentações da Lei de Informatização do Processo mas que, principalmente, estabeleceu que o sistema PJe[32] seria a plataforma pública obrigatória para todos os tribunais.

A referida normativa administrativa do Conselho Nacional de Justiça estabelece em seu artigo 2° que o PJe compreende do controle do sistema judicial em diversos aspectos, dentre eles, *a produção, o registro e publicidade dos atos processuais.*

Ao longo de seus 49 artigos, a Resolução CNJ/185/2013 contribui muito pouco para o aprofundamento a problemática analisada, isto é, da necessária compatibilização do Princípio da Publicidade dos atos processuais no âmbito da Lei 11.419/06 com o ordenamento jurídico[33].

O artigo 19 da referida normativa estabelece que as *citações, intimações e notificações, inclusive da Fazenda Pública, far-se-ão por meio eletrônico,* mantendo-se a harmonia com a previsão do artigo 5° da Lei 11.419/06. Entretanto, um claro reconhecimento do equívoco conceitual cometido pela Lei de Informatização do Processo é encontrado no artigo 19, §3°, da Resolução CNJ/185/2013,

---

29 Ou, ao menos, para a especificação de critérios e funcionalidades mínimos.

30 https://www.softplan.com.br/a-softplan/ - Acesso em 05 set. 2016.

31 https://www.trf5.jus.br/documento/?arquivo=O+PROCESSO+VIRTUAL+NO+JUDICI%C1RIO+BRASILEIRO+VIS%C3O+DE+FUTURO+PARA+O+TRIBUNAL+REGIONAL+FEDERAL+DA+5%AA+REGI%C3O.pdf&tipo=teses_e_dissertacoes - Acesso em 05 set. 2016.

32 Acrônimo de Processo Judicial Eletrônico, um sistema público desenvolvido pelo Conselho Nacional de Justiça a partir de experiências de diversos tribunais brasileiros.

33 Ainda que se trate de Lei Ordinária, equivalente ao Código de Processo Civil, o que se coloca em evidência, neste momento, é a unidade e harmonia do sistema jurídico processual.

o qual preceitua que *os tribunais poderão publicar no Diário da Justiça Eletrônico as citações, intimações e notificações de processos em tramitação no sistema PJe,* citando como fundamento o artigo 4° e seus parágrafos da Lei 11.419/06.

Todavia, o artigo 4° da Lei de Informatização do Processo trata da possibilidade dos tribunais criarem o Diário da Justiça eletrônico, nos quais devem ser publicizados os *atos judiciais e administrativos próprios e dos órgãos* subordinados e *comunicações em geral,* ao passo em que o artigo 5° determina que as *intimações* devem ser feitas em *portal próprio,* o que não poderia fundamentar a normativa administrativa do Conselho Nacional de Justiça por clara inaplicação ao caso de que trata seu artigo 19.

Não se poderia olvidar de que o artigo 5° da Lei 11.419/06 encontraria clara inconstitucionalidade face a disposição do artigo 93, inciso IX, da Constituição Federal, conquanto a publicidade dos atos processuais tenha sido determinada não em função de interesse social ou de proteção à intimidade do jurisdicionado, mas como clara normativa geral e conceitual da própria Lei de Informatização do Processo, o que certamente ainda está a merecer a redobrada atenção do Supremo Tribunal Federal no julgamento da Ação Direta de Inconstitucionalidade n°. 3.880.

2.3 A necessária compatibilização da Lei 11.419/06 com o Código de Processo Civil

Recentemente, um outro elemento passou a integrar essa equação e está a merecer a devida atenção, qual seja, o Código de Processo Civil instituído pela Lei 13.105/15, que deu grande ênfase à prática eletrônica dos atos processuais.

Em especial, o artigo 205, §3°, do Código de Processo Civil determina que *os despachos, as decisões interlocutórias, o dispositivo das sentenças e a ementa dos acórdãos serão publicados no Diário da Justiça Eletrônico,* o que constitui medida absolutamente autônoma e complementar às intimações feitas no portal próprio do sistema PJe.

A partir desta compreensão, constituindo-se um exemplo aquele adotado pelo Tribunal de Justiça do Estado de Minas Gerais, procedeu-se à alteração das rotinas internas e até do próprio PJe para que houvesse comunicação com o Diário da Justiça Eletrônico e as decisões, de um modo geral, passassem a ser publicadas.

Entretanto, observada a especialidade da Lei de Informatização do Processo, a contagem de prazos processuais permaneceu atrelada à intimação realizada no sistema PJe, constituindo-se a obrigação prevista no Código de Processo Civil com medida suplementar.

Interessa observar que o artigo 194 do Código de Processo Civil preceitua que:

> Art. 194. Os sistemas de automação processual respeitarão a publicidade dos atos, o acesso e a participação das partes e de seus procuradores, inclusive nas audiências e sessões de julgamento, observadas as garantias da disponibilidade, independência da plataforma computacional, acessibilidade e interoperabilidade dos sistemas, serviços, dados e informações que o Poder Judiciário administre no exercício de suas funções.

Se contávamos com uma absolutamente questionável autorização para que a intimação dos atos processuais não mais ocorresse de forma pública, o que se levou a efeito pelo artigo 5° da Lei 11.419/06, o Código de Processo Civil, ao menos a partir de 18 de março de 2015, restabeleceu a ordem ao determinar que os sistemas informatizados adotados pelo Poder Judiciário não podem mais desprezar a publicidade dos atos processuais, o que é claramente contrário à metodologia de se intimar apenas os procuradores das partes em sistema fechado no qual os mesmos são identificados por certificação digital.

Além disso, o artigo 195 do Código de Processo Civil estabeleceu que *o registro de ato processual eletrônico deverá ser feito em padrões abertos, que atenderão aos requisitos de autenticidade, integridade, temporalidade, não repúdio* e *conservação,* requisitos contemplados atualmente pela infra-estrutura de chaves públicas de que trata a Medida Provisória n°. 2.200-2/01.

Não se trata, neste particular, apenas do que José Miguel Garcia Medina[34] observou: *de acordo com o art. 195 do CPC/2015, os padrões de registro dos atos processuais eletrônicos deverão ser abertos, isso é, o programa utilizado não poderá ter custo ou limitação de uso (art. 195 do CPC/205).*

A imposição do Código de Processo Civil de que a publicidade do ato processual deva ser feita em padrão aberto significa não apenas a adoção de programas de computador (como o PJe) com código-fonte aberto[35] com a finalidade de se permitir amplo controle da sociedade acerca dos requisitos de au-

---

34 *Direito Processual Civil Moderno*. São Paulo: Revista dos Tribunais, pág.331

35 Em nítida contrariedade ao que decidiu o Conselho Nacional de Justiça no Ofício n°. 195/GP/2014.

tenticidade, integridade, temporalidade, não repúdio e conservação, pois trata de expressa indicação de que o critério admissível de publicização dos atos processuais não se compatibiliza com aquele do artigo 5° da Lei 11.419/06, isto é, feito em um portal com acesso através de certificação digital e destinado apenas e exclusivamente aos advogados das partes envolvidas. O padrão fechado de tais intimações, por si só, não é admissível ou compatível com qualquer interpretação que se pretenda da Constituição Federal (art. 93, IX) e do Código de Processo Civil (art. 195).

2.4 A Resolução CNJ 234/2016

Em meio a esse ambiente de incerteza jurídica diante da pouca atenção que o tema tem recebido da doutrina, o Conselho Nacional de Justiça publicou a Resolução 234/2016, instituindo um *Diário Eletrônico Nacional*, que atende pelo acrônimo DJEN, como plataforma nacional para publicação dos atos judiciais dos órgãos do Poder Judiciário, em cujo artigo 5°, §1°, estabeleceu que:

> Art. 5°. O Diário de Justiça Eletrônico Nacional (DJEN) substitui os atuais diários de justiça eletrônicos mantidos pelos órgãos do Poder Judiciário e estará disponível no sítio do CNJ na rede mundial de computadores.
>
> §1°. A publicação do DJEN substitui qualquer outro meio de publicação oficial, para fins de intimação, à exceção dos casos em que a lei exija vista ou intimação pessoal.

Não há outra conclusão possível senão a de que o próprio Conselho Nacional de Justiça reconheceu, por via oblíqua, que a intimação realizada no portal a que alude o artigo 5° da Lei 11.419/06, o que tem sido atualmente praticado pela inserção dos atos processuais no sistema PJe não mais é compatível com os artigos 189 e 195 do Código de Processo Civil e também com o artigo 93, IX, da Constituição Federal.

Entretanto, não foi possível obter informações junto ao Conselho Nacional de Justiça ou mesmo aos tribunais estaduais, do motivo pelo qual o sistema PJe continuou inalterado mesmo após o dia 18 de março de 2015, quando entrou em vigor o Código de Processo Civil, e mesmo após a Resolução CNJ/234/2016 que estabeleceu ser o DJEN o meio pelo qual as intimações dos atos processuais, substituindo-se *qualquer outro meio de publicação oficial*, hipótese em que a intimação via portal ainda permaneceria útil como forma de tornar mais célere a intimação pessoal, não mais se lhe admitindo para as hipóteses de intimação ficta.

3 CONCLUSÃO

Este trabalho teve como objetivo analisar, ainda que brevemente, o Princípio da Publicidade no Direito Processual Civil e sua compatibilidade com as diversas disposições que tratam da informatização do processo, em especial, daquela prevista no artigo 5° da Lei 11.419/06 que inovou no ordenamento jurídico ao dispensar a publicização das intimações processuais, permitindo que as mesmas fossem feitas internamente em sistema do Poder Judiciário e destinada exclusivamente às partes e seus advogados.

O ponto fundamental, neste ínterim, é chamar a atenção para o necessário enfrentamento do perfil democrático do processo e a sua compatibilização com o Princípio da Publicidade processual, indagando-se qual seria o modelo admitido pela Constituição Federal e pelo Código de Processo Civil.

Como afirmou Lessig[36] em seu primeiro trabalho que analisou como a arquitetura da rede (e de sistemas) constrange e atua positivamente na imposição de um padrão de conduta sobre os indivíduos, *we are at a stage in our history when we urgently need to make fundamental choices about values.*

A restrição de garantias constitucionais, aliás, não encontra fundamentação em questões meramente operacionais e opções pontuais feitas pelo legislador como o histórico desprezo pela publicidade processual, não havendo dúvida de que o artigo 5° da Lei 11.419/06 foi efetivamente derrogado pelos artigos 189, 194 e 195 do Código de Processo Civil, pois ainda que aquela previsão seja especial em relação à Lei geral, nesta hipótese, esta contém previsão especialíssima a regular a prática eletrônica de atos processuais que necessariamente devem ser públicos e feitos em ambiente aberto. Corrobora a favor desta questão a edição da Resolução CNJ/234/2016 que determinou que os atos processuais devem ser tornados públicos pela divulgação no Diário da Justiça Eletrônico Nacional.

É necessário, portanto, que haja um esforço conjunto da sociedade civil para que haja maior urgência na adaptação do sistema de intimações processuais do sistema PJe, de modo a evitar que a mencionada inconstitucionalidade e ilegalidade permaneçam atuais.

---

36 *Code and Other Laws of Cyberspace*. New York: Basic Books, 1999, pág.8

4 BIBLIOGRAFIA

ALLEMAND, Luis Cláudio. *Et. Al.* (Coord.). *Processo Judicial* Eletrônico. Brasília: OAB, 2014.

BAIOCO, Elton. *Processo Eletrônico e Sistema Processual: O Processo Civil na Sociedade da Informação.* Curitiba: Juruá, 2013.

CASTELAR, Armando (Org.). *Judiciário e Economia no Brasil.* Rio de Janeiro: Centro Edelstein de Pesquisas Sociais, 2009.

COOTER, Robert. Et. Al. *Direito & Economia*, 5a ed. São Paulo: Bookman.

DIDIER JUNIOR, Freddie. *Curso de Direito Processual Civil,* 17a ed. Volume 1. Salvador: Jus Podivm, 2015.

DINAMARCO, Cândido Rangel. *Et. Al.Teoria Geral do Novo Processo Civil.* São Paulo: Malheiros, 2016.

DINAMARCO, Cândido Rangel. *Instituições de Direito Processual Civil,* 8a ed. Volume 1. São Paulo: Malheiros, 2016.

DINAMARCO, Cândito Rangel. *Fundamentos do Processo Civil Moderno,* 6a ed. Tomo I. São Paulo: Malheiros, 2010.

EFING, Antônio Carlos. *Et. Al.* (Org.). *Direito e Questões Tecnológicas Aplicados no Desenvolvimento Social.* Volume 2. Curitiba: Juruá, 2012.

FAZZALARI, Elio. *Instituições de Direito Processual.* Campinas: BookSeller, 2006.

MEDINA, José Miguel Garcia. *Direito Processual Civil Moderno.* São Paulo: Revista dos Tribunais, 2015,

PAULA, Wesley Roberto. *Publicidade no Processo Judicial Eletrônico: Busca da indispensável relativização.* São Paulo: LTr, 2009.

RAYMOND, Eric. *The Cathedral & the Bazaar: musings on linux and open source by an accidental revolutionary.* Sebastopol: O'Reilly.

TEIXEIRA, Tarcisio. *Et. Al.* (Coord.). *Direito das Novas Tecnologias: Legislação Eletrônica Comentada, Mobile Law e Segurança Digital.* São Paulo: Revista dos Tribunais, 2015.

THEODORO JUNIOR, Humberto. *Curso de Direito Processual Civil,* 57a ed. Volume 1. Rio de Janeiro: Forense, 2016.

SANTOS, Leilson Mascarenhas. *Processo Eletrônico e Acesso à Justiça.* Rio de Janeiro: Lumen Juris, 2014.

35

ADVOCACIA COLABORATIVA, ATUAÇÃO ÉTICA EM CONSONÂNCIA COM O NOVO CPC

Franco Giovanni Mattedi Maziero

Advogado

1 INTRODUÇÃO

O ano de 2016 tem sido interessante para a advocacia. O Código de Processo Civil entrou em vigor em março, alterando grande parte das regras e da principiologia processual. Em setembro, foi a vez do novo Código de Ética e Disciplina da Advocacia ("CED"), que atualizou grande parte dos deveres dos advogados. As duas codificações impactam de forma direta em uma advocacia moderna, permeada pela busca da boa-fé.

Infelizmente, como é sabido, nosso Poder Judiciário[1] está por demais sobrecarregado[2], prejudicando a entrega eficaz e razoável de seu desiderato. Os

---

1 "Um dos principais motivos do descrédito no Judiciário é a morosidade processual, mal reconhecido pela opinião pública, pelos veículos de comunicação, pela magistratura, pelas autoridades públicas que de algum modo se vinculam ao problema, pela Ordem dos Advogados do Brasil e pelas associações de magistrados e do Ministério Público, como pode ser observado das opiniões de colunistas, profissionais da área jurídica e de entrevistas de autoridades públicas sobre esse assunto, divulgadas frequentemente pela mídia ou em jornais e informativos internos das referidas associações de magistrados, como a AMB – Associação dos Magistrados Brasileiros e a ANAMATRA – Associação Nacional dos Magistrados do Trabalho, e ainda, a CONAMP – Associação Nacional dos Membros do Ministério Público. Enfim, há consenso de que o processo judiciário brasileiro é extremamente lento, necessitando de providências urgentes, seja no campo da legislação processual, seja no da estruturação do Poder Judiciário." (2008, p. 272)

2 Segundo dados do Conselho Nacional de Justiça, são quase 100 (cem) milhões de processos tramitando no Judiciário brasileiro.

processos demoram anos e muitas vezes, as partes, mesmo com uma decisão que lhes seja favorável, não entendem que a justiça fora efetivamente realizada.

Neste diapasão, muitos entendem de maneira equivocada que são os advogados, com seus recursos *intermináveis* que provocam esta *morosidade* do judiciário. Lêdo engano. Sabe-se que o número de magistrados[3] **não cresce na** mesma proporção que o número de processos[4], um dos fatores de congestionamento cada vez mais alto[5].

Com uma tendência contínua de aumento no número de demandas, provavelmente, o trabalho de cada magistrado[6] ficará ainda mais sobrecarregado e, para dar vazão[7] ao volume, a tendência será a adoção de "medidas de abstra-

---

3 "É claro que há uma série de causas concorrentes, entre as quais avulta a sempre insuficiente quantidade de juízes, inclusive nos tribunais, em relação à população e ao número de processos. Comparativamete a outros países, como sabido, o número de juízes no Brasil é muito baixo em relação à população. Daí aparecerem estagiários e funcionários, muitas vezes ainda estudantes, dando sentenças e votos, o que só agrava o problema, com a geração de decisões absurdas, a provocar recursos. E é justamente contra os recursos que se têm voltado, equivocadamente, muitos dos que procuram soluções para a morosidade da justiça." (SOUZA, 2003, p. 66)

4 "É significativo notar que o singelo aumento do número de magistrados não foi suficiente para sensibilizar a distribuição do número de processos que ingressaram a cada ano, pois, no período: o número de casos novos aumentou em maior proporção ao número de juízes e os casos pendentes se avolumaram desmedidamente, com praticamente uma dobra do número de estoque de processos." (SANTOS, 2016, p. 54)

5 "A título de comparação, em 2008, a Itália, cujo regramento da jurisdição se assemelha muito ao do Brasil, o número de juízes por cem mil habitantes era de 10,2, enquanto que sua taxa de congestionamento dos processos judiciais era de 52%. No Brasil, no mesmo ano, o número de juízes por cem mil habitantes era de 8,3 e a taxa média de congestionamento dos processos judiciais era de 70%. E apesar de o número de casos novos ajuizados na Itália ter sido muito superior ao do Brasil (10.224 mil casos novos para 4.464 no Brasil), a carga de trabalho da Itália é infinitamente inferior (1.989 para 4.616), eis que apurada com base na soma de casos novos e casos pendentes, dividida pelo número de juízes." (SANTOS, 2016, p. 55)

6 Segundo Bastos e Carnevale (2015), há no Brasil, 16.281 juízes, considerando os juízes estaduais, federais e trabalhistas. Considerando o número de processos existentes, o volume, por magistrado se torna elevadíssimo.

7 "Em muitos países, as partes que buscam uma solução judicial precisam esperar dois ou três anos, ou mais, por uma decisão exequível. Os efeitos dessa delonga, especialmente se considerados os índices de inflação, podem ser devastadores. Ela aumenta os custos para as partes e pressiona os economicamente fracos a abandonar suas causas, ou aceitar acordos por valores muito inferiores àqueles a que teriam direito. A Convenção Europeia para Proteção dos Direitos Humanos e Liberdades Fundamentais reconhece explicitamente, no artigo 6º, parágrafo 1º que a Justiça que não cumpre suas funções dentro de um 'prazo razoável' é, para muitas pessoas, uma Justiça inacessível." (CAPPELLETTI, 1988, p. 20-21)

ção que impulsionam a entrega de sentenças em modelo seriado"[8]. Ora, além de mais demoradas, as decisões serão ainda mais impessoais, compondo tão somente números de estatísticas que nem sempre vão servir aos jurisdicionados de forma adequada e justa.

O advogado, portanto, ao recorrer, visa, na maioria das vezes, resguardar os interesses de seus clientes, prejudicados pela inobservância por parte de alguns magistrados, das provas e das argumentações expostas em cada caso concreto.

Uma nova regulamentação processual e um novo preceito quanto à ética do advogado não terão o condão de tornar o processo mais célere, já que não são os causídicos os responsáveis por tal morosidade. A busca, por outro lado, de condutas mais éticas e morais, tanto das partes quanto dos advogados, poderá reduzir a atitude daqueles poucos que possuem o interesse nitidamente protelatório.

Entendemos, na verdade, que a celeridade processual pode se mostrar, no Brasil e em grande parte dos países do mundo, algo inalcançável. A inafastabilidade do acesso **à justiça,** a visão litigadora com a qual as faculdades e universidades de direito formam seus alunos[9] e a mentalidade da maioria dos cidadãos[10] atrai a busca constante pelo Poder Judiciário.

Muitos não se recordam, entretanto, que o advogado **é indispensável à administração da justiça**[11e12] e que esta, não necessariamente se perfaz apenas

---

8 SANTOS, 2016, p. 55

9 Feita uma consulta à ementa de várias faculdades brasileiras, observou-se que a minoria delas possui, em sua grade, disciplinas voltadas para os meios extrajudiciais de solução de controvérsias.

10 "A complexidade da vida em sociedade vem acompanhada de um traço de litigiosidade extrema e antes não observada. Essa extrema conflituosidade pode ser marcada pelo triunfo da sociedade pós-industrial, decorrente, entre outros fenômenos, da difusão do consumo de massa e da sociedade de massa. Neste ambiente, os conflitos que se avolumam e acabam por se repetir na sociedade da urgência estão a receber igualmente uma vulgarização pelo Estado que, além de não lhes proporcionar o devido tratamento preventivo e repressivo, está a lhes menos prezar ao oferecer tratamento jurisdicional constitucionalmente inadequado." *(SANTOS, 2016, p. 147)*

11 Constituição Federal: A"rt. 133. O advogado é indispensável à administração da justiça, sendo inviolável por seus atos e manifestações no exercício da profissão, nos limites da lei." (BRASIL, 1988)

12 "Considerando que o advogado é indispensável à administração da Justiça, devendo guardar atuação compatível com a elevada função social que exerce, velando pela observância dos preceitos éticos e morais no exercício de sua profissão;" (ORDEM DOS ADVOGADOS DO BRASIL, 2015)

no judiciário. Há outros meios. Alguns são mais tradicionais, como a Arbitragem e a Mediação e outros, inovadores, já se colocam à disposição para tutela dos interesses individuais, como a Justiça Restaurativa e a Advocacia Colaborativa.

É exatamente neste contexto que se encaixa este artigo que, visando avaliar, sob o espeque dos novos Códigos de Ética e Disciplina da Advocacia e de Processo Civil, como a Advocacia Colaborativa pode ser exercida de forma a auxiliar, no século XXI os problemas substanciais que envolvem a busca pela justiça no Direito Brasileiro.

2 ACESSO À JUSTIÇA

Não se admite mais, em países civilizados, a autotutela, sendo que os cidadãos renunciaram ao exercício da vingança privada e pessoal para que o Estado exercesse a atividade sancionadora[13].

Assim, "não sendo possível a autotutela e tocando ao Estado o dever de proteção dos direitos individuais, nada mais natural que se adequar os regramentos processuais para se facilitar a tutela de mencionados direitos"[14]. Ora, se assim não fosse, certamente se veria uma irregular e constante prática da vingança pessoal.

O Estado, ao assumir para si, o múnus de proteger seu cidadão, trouxe consigo o dever de realizar a justiça de maneira adequada. O ser humano, geralmente, tem como necessidade íntima, a percepção da realização do justo.

---

13 Direito à proteção deve ser entendido, pois, como todo e qualquer direito que um titular de direito fundamental possui perante o Estado, para que esse o proteja das intervenções indevidas de terceiros, não sendo demasiado afirmar, nesse prisma, que a função dos direitos fundamentais como dever público de proteção deduz-se do princípio do Estado de direito. Assim, a teoria dos deveres de proteção parte do pressuposto de que os direitos fundamentais estão dirigidos tanto às relações entre os particulares quanto às relações com os poderes públicos. Isso se coaduna com a afirmação de que os direitos fundamentais, enquanto parte mais importante da Constituição como fonte do direito, protegem o cidadão perante o poder. Os poderes públicos, além do dever de criarem as condições necessárias para a efetivação dos direitos fundamentais e de se absterem de violá-los, têm, igualmente, o dever de proteger os direitos fundamentais contra quaisquer ameaças, inclusive aquelas provenientes da atuação de sujeitos privados, adquirindo relevo, nesse particular, a proteção da dignidade humana. (DUQUE, 2014, 113-114)

14 MAZIERO, 2016, p. 20.

Por isso, uma vez centralizado no Estado referida tarefa, o cidadão passa a ter o direito[15] à sua concretização.

Este direito se consagrou de forma fundamental[16], na Constituição de 1988, assegurando-se ao cidadão, portanto, o direito de pleitear a tutela estatal[17], através do princípio[18] do acesso à justiça[19e20].

---

15 A concepção que identifica os direitos fundamentais como princípios objetivos legitima a ideia de que o Estado se obriga não apenas a observar os direitos de qualquer indivíduo em face das investidas do Poder Público (direito fundamental enquanto direito de proteção ou de defesa - Abwehrrecht), mas também a garantir os direitos fundamentais contra agressão propiciada por terceiros (Schutzpglicht des Staats). (MENDES, 2014, p. 36)

16 "Os direitos fundamentais (incluindo suas garantias) recebem dupla caracterização: de um lado consistem em núcleos de liberdade assegurados pela Constituição: de um lado consistem em núcleos de liberdade assegurados pela Constituição, recebendo uma proteção mais forte que a concedida a outros direitos não fundamentais, reconhecidos em normas não constitucionais e, de outro lado, representam valores que servem de inspiração para a organização da comunidade política, justificando a própria existência de uma Constituição." (PAROSKI, 2008, 102)

17 "(...) facilitar o acesso da população em geral, em particular as camadas mais pobres, à justiça não é apenas colocar à sua disposição os instrumentos indispensáveis para que se submeta determinada demanda à apreciação judicial, mas alcança também a eliminação das causas que provocam a controvérsia, quando isso é possível; a simplificação de procedimentos; a diminuição de despesas processuais ou mesmo a criação de formas mais céleres de exercício de direitos, muitas vezes sem a intervenção judicial, ou, ainda que haja esta intervenção, através de meios mais simples, informais e econômicos." (PAROSKI, 2008, p. 184)

18 "Sendo os direitos fundamentais emanações em maior ou em menor grau do princípio da dignidade, surge para o Estado um dever de proteção geral e abrangente desses direitos, que pode ser compreendido, até mesmo, sob a perspectiva de unidade do ordenamento jurídico, ao se levar em conta que a pessoa é o valor supremo do ordenamento. Desse modo, o mandamento de vinculação dos órgãos estatais aos direitos fundamentais constitui a base jurídica dos deveres de proteção do Estado, em que se destaca a categoria dos objetivos e das tarefas estatais, ou seja, aquilo que o Estado tem que promover." (DUQUE, 2014, 112-113)

19 **"É de se ter em conta que, no moderno Estado Democrático de Direito, o acesso à justiça não se resume ao direito de ser ouvido em juízo e de obter uma resposta qualquer do órgão jurisdicional. Por acesso à Justiça hoje se compreende o direito a uma tutela efetiva e justa para todos os interesses dos particulares agasalhados pelo ordenamento jurídico."** (THEODORO JÚNIOR, 2015, p. 102)

20 "O acesso à justiça pode, portanto, ser encarado como o requisito fundamental - o mais básico dos direitos humanos - de um sistema jurídico moderno e igualitário que pretenda garantir, e não apenas proclamar os direitos de todos". (CAPPELLETTI, 1988, p. 12)

É de bom alvitre lembrar, entretanto, que justiça[21e22] **não possui um conceito uníssono na doutrina brasileira**[23], valendo compreender, para fins do presente artigo como sendo o tradicional: dar a cada um o que é seu. Neste sentido, o acesso à justiça da forma tradicional não se mostra adequada para cumprir seu desiderato, pois o processo prolonga-se no tempo, de maneira suficiente a dar a cada um o que é seu, depois de tê-lo suprimido por anos, e sem a possibilidade de *reembolso* do tempo perdido. Assim, a sensação relativa ao *seu*, que cada um possui, fica mitigada pela perda do tempo decorrido entre o pleito e o real exercício do seu direito. Diz-se, desta forma, que justiça tardia **é uma forma de injustiça**[24].

Desta feita, inevitável é se buscar novas formas de solução de controv**ér-sias. Sabe-se que elas existem**[25], tocando às partes e aos advogados identificar

---

21 "(...) Pretender definir a justiça a partir da norma - como valor ou dimensão original da lei - é tempo perdido. Cada vez que se procurou definir a justiça sob a perspectiva da lei - e algumas tentativas vêm da Antiguidade grega -, caiu-se em uma nova torre de Babel. Nos últimos tempos, apareceram mais de duzentas definições da justiça, a ponto de ser possível observar uma crescente dose de ceticismo sobre a noção de justiça. Isso porque se errou na perspectiva. A justiça não é originariamente um efeito da norma, não nasce da lei, e, por isso, não é uma dimensão originária - nascida - da política. À política e, portanto, à lei, é dada a justiça. E é dada pelo direito (as coisas justas). Não é algo disposto originariamente pela lei e pela política. Por isso, fazer todo direito derivar da lei impede entender a justiça. Porque a justiça depende do direito e, portanto, apenas quando se admite algum direito preexistente à lei e à arte da política, pode-se introduzir a justiça na lei e na política. (...)" (HERVADA, 2006, 21)

22 As discussões modernas sobre a justiça costumam encará-la sob dois aspectos que poderíamos classificar da seguinte maneira. Em seu aspecto formal, ela aparece como um valor ético-social de proporcionalidade em conformidade com o qual, em situações bilaterais normativamente reguladas, exige-se a atribuição a alguém daquilo que lhe é devido. Trata-se da ideia clássica do suum cuique tribuere, que reclama, porém, num segundo aspecto, a determinação daquilo que é devido a cada um. A conformidade ou não com critérios sobre o que e a quem é devido é o problema do aspecto material da justiça. (FERRAZ JÚNIOR, 2007, p. 367)

23 André Franco Montoro discorre sobre a justiça, lembrando que há concepções em sentido latíssimo, lato e em sentido próprio ou estrito, afirmando serem características da justiça (i) a necessidade de pluralidade de pessoas para que se realize; (ii) a existência de um dever, uma obrigatoriedade na relação entre referidas pessoas e (iii) um padrão de igualdade. (MONTORO, 2008)

24 Em verdade, o exercício pleno do direito de acesso à justiça pressupõe que ao jurisdicionado seja proferida uma decisão em tempo oportuno, entendida como aquela capaz de tutelar os interesses em conflito, através de um instrumento que garanta a efetividade da tutela jurisdicional" (SAID FILHO, 2016, p. 19)

25 "(...) the question is not whether a dispute resolution process is needed; the importante question is, 'What is the best form of dispute resolution for a particular cliente and hir or her situation?" (ABNEY, 2011, p. 45)

a mais adequada ao caso concreto. Se a busca é a entrega a cada um do que lhe pertence, a solução de controvérsias em tempo hábil se mostra adequada a tal fim. Uma vez que o Judiciário não consegue realizar esta tarefa da forma esperada, outros meios devem ser buscados.

Apresenta-se, pois, ao cidadão, a tradicional arbitragem[26] ou mesmo a mediação[27]. Metodologias extrajudiciais tradicionais[28] e conhecidas, que ganharam espaço nos últimos anos, sobretudo em decorrência de novas regulamentações legais.

Além de regramento próprios, arbitragem e mediação foram incentivadas pelo Código de Processo Civil ora vigente, tendo amplo espaço para desenvolvimento.

Felizmente, além do Poder Judiciário, da arbitragem e da mediação, a Advocacia Colaborativa, recentemente desenvolvida, possui amplo campo e boas razões para se tornar uma excelente forma de solução de controvérsias e de acesso à justiça.

O CED traz princípios de ordem ética e relacionadas à boa fé. Mesmo delineamento apresentado pelo Código de Processo Civil vigente e que, também o é, na Advocacia Colaborativa e que visa uma atuação marcada pela higidez, honestidade e ética.

Assim, a Advocacia Colaborativa, como forma de acesso à justiça, se coaduna com os novos preceitos apresentados pelas duas codificações, conforme será a seguir abordado.

3 BREVES COMENTÁRIOS SOBRE A ADVOCACIA COLABORATIVA

O Brasil, baseado na civil law[29], não possui regra expressa sobre a Advocacia Colaborativa. Entretanto, duas novas codificações que estão vigentes a

---

26 Lei n. 9.307, de 1996.

27 Lei 13.140, de 2015.

28 Pedro Martins lembra que na visão mais entusiasmada de alguns, o instituto [da arbitragem] e sua prática surgem antes da formação dos Poderes Legislativo e Judiciário (MARTINS, 2012, 35)

29 "O sistema jurídico brasileiro tem uma característica muito peculiar, que não deixa de ser curiosa: temos um direito constitucional de inspiração estadunidense (daí a consagração de

partir de 2016 podem servir de grande incentivo para que o procedimento colaborativo se torne conhecido e incentivado em nosso país.

Este incentivo decorre do fato de se possibilitar (i) por um código, o de Processo Civil, uma maior flexibilidade dos negócios processuais e, (ii) por ambos os códigos, se incentivar a auto composição. A Advocacia Colaborativa depende destes dois fatores, adicionados a outros tantos, para obter sucesso.

De origem estadunidense, a *Collaborative Law*[30], como por lá é conhecida, surgiu graças à irresignação do advogado Stuart Webb[31] que, vendo os resultados devastadores de seus casos litigiosos de direito de família promoviam nas vidas dos envolvidos, experimentou uma nova forma de atuar. Sua aposentadoria precoce não justificava o abandono de um último e complicado caso, mas serviria para uma final tentativa de atuação livre de qualquer intento litigioso. Apenas pretendia Stuar Webb, neste último caso, resolver o problema das partes envolvidas. A atuação obteve um surpreendente êxito e, ao invés de aposentadoria, tornou-se no início de uma nova carreira direcionada à composição, à solução amigável. Tal forma de atuação foi aprimorada e aplicada em novas e diferentes oportunidades, dando origem ao procedimento das práticas colaborativas.

Surgida no direito de família, teve como parte de sua estrutura a sigilosidade, mas sobretudo, o real interesse das partes e de seus advogados em solu-

uma ´serie de garantias processuais, inclusive, expressamente, do devido processo legal) e um direito infraconstitucional (principalmente o direito privado) inspirado na família romano-germânica (França, Alemanha e Itália, basicamente). Há controle de constitucionalidade difuso (inspirado no judicial review estadunidense) e concentrado (modelo austríaco). Há inúmeras codificações legislativas (civil law) e, ao mesmo tempo, constói-se um sistema de valorização dos precedentes judiciais extremamente complexo (súmula vinculante, súmula impeditiva, julgamento modelo para causas repetitivas etc. (...)), de óbvia inspiração no common law. Embora tenhamos um direito privado estruturado de acordo com o modelo do direito romano, de cunho individualista, temos um microssistema de tutela de direitos coletivos dos mais avançados e complexos do mundo; como se sabe, a tutela coletiva de direitos é uma marca da tradição jurídica do common law." (DIDIER JÚNIOR, 2016, p. 59-60)

30 "Collaborative Practice ('CP') is an importante new process for the resolution of legal disptutes. It emerged in the early 1990s as a response by legal, financial, and mental healh professionals who had grave concerns about the impact of traditional divorce practice on the Family. CP is still most frequently used in the Family law arrea, but can be apllied to any substantive área of law in which the parties want to reach a mutually bneficial settlement and avoid litigation. It has the potencial to transform law practice at a time when law practice is in need of transformation." (COCHRAN, 2009, p. 537)

31 WEBB, 2007.

cionar a demanda sem o suporte de terceiros, sejam eles mediadores, conciliadores e, principalmente, magistrados.

Stu, como gosta de ser chamado, consultou vários colegas que logo aderiram à ideia, expandindo a prática não só para todos os estados daquele país como, também, para outras regiões do mundo e outros ramos do direito, como casos de responsabilidade civil e direito empresarial. A *Collaborative Law* expandiu-se para o Canadá, América do Sul e Europa, onde existem associações focadas nas práticas colaborativas. No Brasil vem ganhando espaço e, com os Códigos abordados neste trabalho, tende a se desenvolver rapidamente.

É importante lembrar que a Advocacia Colaborativa surgiu na década de 1990. Ou seja, trata-se de uma metodologia de solução de controvérsias extremamente recente e que depende da adesão de vários advogados para perfeito e eficaz funcionamento. Não se compara, por exemplo, ao judiciário ou a própria arbitragem[32].

O Código de Processo Civil traz regras relacionadas à autocomposição, estimulando-a. Da mesma forma, o CED apresenta como dever de o advogado *estimular, a qualquer tempo, a conciliação e a mediação entre os litigantes, prevenindo, sempre que possível, a instauração de litígios*[33e34].

Conceituamos a Advocacia Colaborativa em outra oportunidade da seguinte forma:

> Advocacia Colaborativa consiste no procedimento extrajudicial não adversarial de resolução de conflitos, de caráter voluntário, sem intervenção de terceiros, nos quais as partes e seus advogados buscam, de boa-fé, colaborando mutuamente, a solução real do conflito. (MAZIERO, 2016, p. 38)

Não é papel deste artigo, explicar cada uma das características desta metodologia, o que fazemos em trabalhos próprios, mas apenas verificar a sua aplicabilidade em consonância com as novas disposições apresentadas pelo Código de Processo Civil e pelo Código de Ética e Disciplina da OAB.

---

32 Pedro Martins lembra que *na visão mais entusiasmada de alguns, o instituto* [da arbitragem] *e sua prática surgem antes da formação dos Poderes Legislativo e Judiciário* (MARTINS, 2012, 35)

33 Código de Ética e Disciplina da OAB, Art. 2º, parágrafo único.

34 Talvez, teria sido mais sensata a disposição legal se o dever do advogado fosse por *estimular, a qualquer tempo, a autocomposição entre os litigantes* e não somente a conciliação e a mediação. Isso porque, conciliação e mediação são apenas metodologias de autocomposição, que podem deixar, como de fato já está a acontecer, de serem as únicas formas adequadas.

Neste diapasão, é importante se atentar ao fato de que se pode extrair muita semelhança entre a prática da metodologia e alguns dos objetivos do CED. Observemos, por exemplo, que um dos princípios que regem o procedimento consiste no princípio da informação[35]e[36]. O artigo 9º do atual Código de Ética e Disciplina da OAB apresenta deveres semelhantes ao Advogado, que *deve informar o cliente, de modo claro e inequívoco, quanto a eventuais riscos da sua pretensão, e das consequências que poderão advir da demanda.*

Também se destaca o disposto no parágrafo único do artigo 4º do mesmo *Códex*. Referido dispositivo determina que **é legítima a recusa, pelo advogado, do patrocínio de causa (...) [que]** *contrarie orientação que tenha manifestado anteriormente.* Ora, uma das principais características da Advocacia Colaborativa consiste exatamente no dever do causídico em não atuar para o cliente em caso de insucesso da metodologia colaborativa.

É sabido que os advogados, geralmente, atuam no interesse de seus clientes, com independência[37], preparando-os para eventual litígio. Ao atuar desta forma, entretanto, limitam-se as informações àquelas necessárias à melhor estratégia processual que, pode, quiçá, não ser a melhor estratégia para resolução da controvérsia.

---

35 "Pelo princípio da informação, o advogado terá o papel de, diante de uma situação potencialmente litigiosa de seu cliente, expor a ele todas as alternativas possíveis, incluindo os pontos positivos e negativos de cada uma delas, como custos, o tempo estimado para solução do conflito, os riscos envolvidos e demais possibilidades." (MAZIERO, 2016, p. 123-124)

36 "In the collaborative process there is no formal discovery. The parties agree to voluntarily deliver any information that is relevant to the resolution of the dispute to all other parties. Relevant information may be defined as documents or any verbal statements or tangible things that are necessary to resolving any of the issues in dispute. The simplest way to determine relevancy is to ask this question, 'if I were the other party, would I need to know this information before I could agree to what I would consider a fair settlement?' If the answer to that question is, 'Yes', the information must be shared with all of the participants. Participants in the collaborative process should remember that htere is a difference between 'want' to know and 'need' to know information." (ABNEY, 2011, p. 141)

37 "Art. 11. O advogado, no exercício do mandato, atua como patrono da parte, cumprindo-lhe, por isso, imprimir à causa orientação que lhe pareça mais adequada, sem se subordinar a intenções contrárias do cliente, mas, antes, procruando esclarecê-lo quanto à estratégia traçada."

No âmbito da Advocacia Colaborativa, os advogados comprometem-se a não representar o cliente no âmbito litigioso[38]. Ao explicarem o procedimento ao cliente, passando todas as informações necessárias, demonstram os pontos positivos e negativos desta decorrência natural do procedimento colaborativo. Expõem que um aspecto positivo desta forma de atuação os desamarra das presilhas da estratégia e permite-lhes atuar com base na confiança recíproca[39] para efetivamente resolver as divergências existentes.

Não só o advogado *renuncia*[40] à atuação contenciosa, como **o próprio cliente também** o faz, através de negócio processual[41], no qual estabelece procedimento específico em caso de insucesso da metodologia colaborativa.

Assim, a Advocacia Colaborativa acaba se apresentando como uma excelente forma de resolução de controvérsias aos advogados, pois os livra de prazos processuais, decisões contrárias às provas, riscos processuais, morosidade e uma série de outros fatores, sem que qualquer tipo de alteração honor**ária venha a ocorrer.** Aliás, o Artigo 48, parágrafo 5º, se aplica com perfeição ao caso, determinando que **é vedada, em qualquer hipótese, a diminuição dos honorários contratados em decorrência da solução do litígio por qualquer mecanismo adequado de solução extrajudicial.**

Assim, a Advocacia Colaborativa se abre aos advogados do século XXI, sob a égide das novas codificações tratadas neste artigo, sem que quaisquer impactos sofram em seus honorários em contrapartida a uma provável redução no prazo de acompanhamento processual e de outros ônus típicos da advocacia contenciosa.

---

38 "Também é importante mencionar que as partes e seus advogados firmam o Termo de Colaboração. Os advogados, ao assinarem o Termo de Colaboração, assumem obrigações não somente perante seus respectivos clientes, mas perante todas as partes envolvidas. São os deveres já tratados neste trabalho, com destaque para o dever negativo de não representar o cliente litigiosamente caso o procedimento colaborativo fracasse. (MAZIERO, 2016, p. 175)

39 Artigo 10 do Código de Ética e Disciplina da OAB.

40 Não se trata de uma renúncia propriamente dita, mas apenas condições específicas para a efetivação de seu acesso à justiça.

41 "Assim, a novidade trazida a cargo do art. 190 do novo CPC é a possibilidade que se confere às partes de regular ou modificar o procedimento, adequando-o às minúcias do caso concreto. Com efeito, por meio de um negócio bilateral (ou plurilateral, em alguns casos), as partes poderão modificar o procedimento a que submeterão para acertamento do direito material" (FARIA, MAZIERO, 2016, p. 234-235)

4 PRINCÍPIOS GERAIS COMUNS À ADVOCACIA COLABORATIVA E AOS CÓDIGOS DE PROCESSO CIVIL E DE ÉTICA E DISCIPLINA DA OAB

Vigente a partir de 2016, o Código de Processo Civil trouxe em seu bojo várias características que estimulam a autocomposição[42e43] e, portanto, a Advocacia Colaborativa. Destaca-se, neste ínterim, a possibilidade de se realizar negócios processuais, conforme será destacado oportunamente neste mesmo artigo.

Humberto Theodoro Júnior lembra que, "no estudo de qualquer ramo do direito, é muito importante pesquisar os seus princípios, visto serem eles o caminho para alcançar o estado de coisas ideal visado na aplicação do conjunto de normas analisado."[44] Da mesma forma, em outra oportunidade, dissemos que, "se tais princípios se configuram no objetivo final do Código de Processo Civil e se tais princípios corroboram os ideiais da Advocacia Colaborativa, então o estímulo identificado pode, de fato, ocorrer"[45]. Assim, vejamos, mesmo que sucintamente, os principais princípios[46] que, ao reger o direito processual, podem estimular a Advocacia Colaborativa no Brasil em consonância com os atuais ditames do CED.

O primeiro destes princípios é o relativo ao devido processo legal[47], também conhecido como justo processo legal. Tal princípio amolda outros im-

---

42 Como, por exemplo, os artigos 165 ao 175, que trata da mediação e conciliação, sendo que o 165 assim determina: "Art. 165. Os tribunais criarão centros judiciários de solução consensual de conflitos, responsáveis pela realização de sessões e audiências de conciliação e mediação e pelo desenvolvimento de programas destinados a auxiliar, orientar e estimular a autocomposição."

43 "Compreende-se que a solução negocial **não é apenas um meio eficaz e econômico de resolução dos litígios: trata-se de importante instrumento de desenvolvimento da cidadania, em que os interessados passam a ser protagonistas da construção da decisão jurídica que regula as suas relações. Neste sentido, o estímulo à autocomposição pode ser entendido como um reforço da participação popular no exercício do poder – no caso, o poder de solução dos litígios. Tem, também por isso, forte caráter democrático." (DIDIER JR., 2016, p. 271)**

44 THEODORO JÚNIOR, 2015, p. 76.

45 MAZIERO, 2016, p. 60.

46 Nas palavras de Humberto Ávila *são normas imediatamente finalísticas. Eles estabelecem um fim a ser atingido.* (Ávila, 2015, p. 102)

47 "Trata-se, portanto, o princípio do devido processo legal, depois de inserido no texto constitucional, de mandamento garantidor do acesso do cidadão às decisões do sistema judiciário, mediante normas processuais adredemente estabelecidas

portantes, como o contraditório, a ampla defesa, a boa fé processual, a efetividade, a garantia do juiz natural, o acesso ao judiciário e a fundamentação das decisões. A construção de referido princípio remonta a séculos[48], através de trabalho doutrinário, legislativo e jurisprudencial, sendo imperioso a sua manutenção[49] cada vez mais institucionalizado e aplicado.

O processo deve permitir equilíbrio às partes, assegurando-lhes igualdade processual[50], de forma que qualquer das partes possa, efetivamente, influir no *decisium*. O advogado, em consonância com os novos Códigos de Processo Civil e de **Ética e Disciplina deverá agir de forma séria, competente e diligente** para que, **não só os interesses de seus clientes sejam assegurados, mas como**, também, o princípio do devido processo legal não seja violado.

Neste espeque, vale lembrar que o devido processo legal e todos os regramentos relativo à atividade do advogado se fazem presentes na Advocacia Colaborativa, eis que presente nas relações privadas, tal princípio:

---

ao nível da elaboração legislativa, e do qual decorrem alguns postulados básicos para o sistema democrático, tais como o julgamento por um juiz natural, o da instrução contraditória com amplitude de defesa, o da assistência judiciária aos necessitados, isto é, que pretendam a decisão judicial, mas não disponham de meios, para custear a ativação do sistema judiciário, dentre tantos outros, de igual relevância. Todos juntos, possibilitam a existência de um sistema processual, de origem constitucional, em que todos os esforços são desenvolvidos no sentido de se oferecer ao cidadão, um meio eficaz e seguro de busca de soluções para os conflitos de interesse, individuais ou coletivos, em que esteja envolvido." (Wambier, 2011, p. 2)

48 "Ao longo dos séculos, inúmeras foram concretizações do devido processo legal que se incorporaram ao rol das garantias mínias que estruturam o devido processo. Não é lícito, por exemplo, considerar desnecessário o contraditório ou a duração razoável do processo, direitos fundamentais inerentes ao devido processo legal. Nem será lícito retirar agora os direitos fundamentais já conquistados; vale, aqui, o princípio de hermenêutica constitucional que proíbe o retrocesso em tema de direitos fundamentais." (DIDIER JR; 2016, p. 67)

49 A garantia do devido processo legal, porém, não se exaure na observância das formas da lei para a tramitação das causas em juízo. Compreende algumas categorias fundamentais, como a garantia do juiz natural (CF, art. 5º, XXXVII) e do juiz competente (CF, art. 5º, LIII), a garantia de acesso à Justiça (CF, art. 5º, XXXV), de ampla defesa e contraditório (CF, art. 5º, LV) e, ainda, a de fundamentação de todas as decisões judiciais (art. 93, IX). (THEODORO JÚNIOR, 2015, p. 80)

50 "(...) la credibilidad del proceso como instrumento de solución de conflictos de intereses depende esencialmente de su capacidad para ofrecer a los respectivos titulares una perspectiva de ecuanimidad. Es indispensable, ante todo, que ambos litigantes puedan nutrir alguna esperanza de vencer; y, más, aún, que puedan confiar en la ventaja práctica de la victoria. La igualdad de las partes se traduce aqui, en primer **término, por** igualdad de riesgos. (Moreira, 2011, p. 1)

> *O devido processo legal aplica-se, também, às relações jurídicas privadas. Na verdade, qualquer direito fundamental pode aplicar-se ao âmbito das relações jurídicas privadas, e o devido processo legal é um deles. A palavra 'processo', aqui, deve ser compreendida em seu sentido amplo, conforme já visto: qualquer modo de produção de normas jurídicas (jurisdicional, administrativo, legislativo ou negocial).* (DIDIER JÚNIOR, 2016, p. 73)

Outro princípio presente no Código de Processo Civil atualmente vigente, consiste no princípio da verdade real. Mencionamos em outra oportunidade que "**são inúmeros os casos em que** não se concretiza uma sentença 'justa' porque não havia, nos autos, material probatório que permitisse ao juiz alcançar tal intento." (MAZIERO, 2016, p. 65). Assim, o que se busca no processo é a verdade real, nos limites das provas acostadas aos autos. Vê-se que, se em determinadas ocasiões, não se permite ao magistrado ter uma decisão adequada em razão da impossibilidade de avaliação real de todas as provas[51], em outras ocasiões, permitir que ele julgue sem levar em consideração as provas acostadas aos autos transformaria o judiciário em ambiente de total insegurança jurídica. Também sob a égide deste princípio, deve o causídico atuar na mais centrada boa-fé.

Na Advocacia Colaborativa se busca descobrir como efetivamente se solucionar a controvérsia. Para isso, o princípio da transparência, que lhe é típico, se coaduna, de certa forma, com o princípio da verdade real. É que, na metodologia colaborativa, as partes se comprometem a apresentarem todas as informações e documentos imprescindíveis para a solução da controvérsia[52]. Por óbvio, não é possível atuar desta forma, se os ditames do novo CED **não prevalecerem.**

Outro princípio importante se refere à boa-fé objetiva. Tal princípio processual, vale frizar, se relaciona com as atitudes efetivamente tomadas e não

---

51 "Nesse processo moderno, o interesse em jogo é tanto das partes como do juiz, e da sociedade em cujo nome atua. Todos agem, assim, em direção ao escopo de cumprir os desígnios máximos da pacificação social. A eliminação dos litígios, de maneira legal e justa, é do interesse tanto dos litigantes como de toda a comunidade. O juiz, operando pela sociedade como um todo, tem até mesmo interesse público maior na boa atuação jurisdicional e na justiça e efetividade do provimento com que se compõe o litígio." (THEODORO JÚNIOR, 2015, p. 87)

52 Consiste este princípio na necessidade das partes, questionadas ou não, de apresentarem as informações e documentos que podem ser relevantes para o deslinde da questão. É o princípio mais típico, pois contraria o senso comum das estratégias jurídicas, nas quais informações importantes e documentos essenciais são mantidos em sigilo pela parte que o entende como estratégico. (MAZIERO, 2016, p. 132)

com as eventuais intenções que as partes possuam[53]. No âmbito do processo civil, há a nítida diferença entre a atitude e o pensamento. Aquele é o objetivo deste princípio, enquanto o último não se coíbe em qualquer hipótese.

Quando se adentra na esfera do CED, bem como na Advocacia Colaborativa também não se pune o *pensamento* imoral ou antiético, mas apenas a *atitude*. Entretanto, a simples intenção imoral ou antiética pode colocar em cheque a atividade do causídico perante seu cliente e, por conseguinte, toda a classe, ou, pode, também, prejudicar o procedimento colaborativo como um todo.

No Código de Ética e Disciplina da OAB há disposições como a contida no 3º, no qual se atribui um dever de consciência ao advogado. Da mesma forma, no procedimento da Advocacia Colaborativa pretende-se que as partes e seus advogados tenham o real interesse na solução da controvérsia de maneira eficaz. O pensamento de que a metodologia pode não funcionar, mesmo que as atitudes sejam no sentido oposto, pode ocasionar o real fracasso do procedimento colaborativo.

Entretanto, o que se pretende, de fato, coibir é a atitude danosa, a prática antiética, o comportamento imoral. Espera-se que o profissional atue com base na boa-fé[54], seja em que esfera de atuação for.

O princípio da boa-fé consta, vale lembrar, expressamente no parágrafo único do artigo 2º do vigente Código de Ética e Disciplina, objetivando a atuação com "destemor, independência, honestidade, decoro, veracidade, lealdade

---

53 "Não se pode confundir o princípio (norma) da boa-fé com a exigência de boa-fé (elemento subjetivo) para a configuração de alguns atos ilícitos processuais, como o manifesto propósito protelatório, apto a permitir a tutela provisória prevista no inciso I do art. 311 do CPC. A boa-fé subjetiva é elemento do suporte fático de alguns fatos jurídicos; é fato, portanto. A boa-fé objetiva é uma norma de conduta: impõe e proíbe condutas, além de criar situações jurídicas ativas e passivas. Não existe princípio da boa-fé subjetiva. O art. 5º do CPC não está relacionado à boa-fé subjetiva, à intenção do sujeito processual: trata-se de norma que impõe condutas em conformidade com a boa-fé objetivamente considerada, independentemente da existência de boas ou más intenções." (DIDIER JÚNIOR, 2016, p. 106)

54 O Código de Ética e Disciplina da Advocacia em vigor, traz em seus fundamentos básicos, nos seus considerandos, a seguinte informação: "Considerando que o advogado é indispensável à administração da Justiça, devendo guardar atuação compatível com a elevada função social que exerce, velando pela observância dos preceitos éticos e morais no exercício de sua profissão". Além disso, traz no próprio corpo legal, no artigo 2º, a seguinte disposição: "O advogado, indispensável à administração da Justiça, é defensor do Estado Democrático de Direito, dos direitos humanos e garantias fundamentais, da cidadania, da moralidade, da Justiça e da paz social, cumprindo-lhe exercer o seu ministério em consonância com a sua elevada função pública e com os valores que lhe são inerentes."

e dignidade"[55]. E não é só aí. São várias as disposições do referido código que pressupõem uma atividade focada na boa-fé[56].

5 DEVERES DO ADVOGADO

O advogado possui deveres que são próprios do exercício de sua profissão. Tais deveres constam expressamente do novo Código de Ética e Disciplina da Advocacia se adequam com precisão à Advocacia Colaborativa.

Observe que o parágrafo único do artigo 2º do referido Código estabelece:

> Parágrafo único. São deveres do advogado:
>
> I – preservar, em sua conduta, a honra, a nobreza e a dignidade da profissão, zelando pelo caráter de essencialidade e indispensabilidade da advocacia;
>
> II – atuar com destemor, independência, honesteidade, decoro, veracidade, lealdade, dignidade e boa-fé;
>
> III – velar por sua reputação pessoal e profissional;
>
> IV – empenhar-se, permanentemente, em seu aperfeiçoamento pessoal e profissional;
>
> V – contribuir para o aprimoramento das instituições, do Direito e das leis;
>
> VI – estimular a conciliação entre os litigantes, prevenindo, sempre que possível, a instauração de litígios;
>
> VII – aconselhar o cliente a não ingressar em aventura judicial;
>
> VIII – abster-se de:
>
> Utilizar de influência indevida, em seu benefício ou do cliente;
>
> Patrocinar interesses ligados a outras atividades estarnhas à advocacia, em que também atue;
>
> Vincular o seu nome a empreendimentos de cunho manifestamente duvidoso;
>
> Emprestar concurso ao s que atentem contra a ética, a moral, a honestidade e a dignidade da pessoa humana;
>
> Entender-se diretamente com a parte adversa que tenha patrono constituído, sem o assentimento deste.

---

55 Art. 2º, Parágrafo único, II, do Código de Éitca e Disciplina da Advocacia.

56 Por exemplo, Art. 1º, Art. 2º, Parágrafo único, I, II, III, VII, VIII, X, XII, Art. 4º, Parágrafo único, Art. 6º,

> IX – pugnar pela solução dos problemas da cidadania e pela efetivação dos seus direitos individuais, coletivos e difusos, no âmbito da comunidade.
>
> X – adotar conduta consentânea com o papel de elemento indispensável à administração da Justiça;
>
> XI – cumprir os encargos assumidos no âmbito da Ordem dos Advogados do Brasil ou na representação da classe;
>
> XII – zelar pelos valores institucionais da OAB e da advocacia;
>
> XIII – ater-se, quando no exercício da função de defensor público, à defesa dos necessitados.

Vê-se, pois, que todos estes deveres se referem a todos os advogados, mas aqueles que se utilizam da metodologia colaborativa, deve, além destes, atuar com (i) diligência; (ii) respeito e (iii) confiança.

Pelo dever de diligência, deve o advogado:

> "diligenciar para: (i.) manter o procedimento no roteiro adequado; (ii) manter o cliente informado quanto ao procedimento colaborativo; (iii) disponibilizar tempo e recursos necessários para a real solução do conflito; (iv) assegurar que o cliente e a sua própria atuação se mantenham na boa-fé esperada; (v) evitar que o litígio seja uma solução desejada." (MAZIERO, 2016, p. 148-149)

A Advocacia Colaborativa não possui regras plenamente *fechadas*, entretanto, a experiência prática faz crer que seguir os procedimentos à risca, aumenta imensamente as chances de uma conclusão positiva. Compete aos advogados, diligenciar para que o procedimento seja efetiva e integralmente cumprido.

Além disso, o causídico deve assegurar que seu cliente participe do procedimento sempre sob a égide da boa-fé. Se assim não for, as chances não só da Advocacia Colaborativa fracassar são elevadas, como também o são, das partes efetivamente encontrarem a *justiça* que buscam. Neste diapasão, a atuação em conformidade com a nova principiologia trazida pelos códigos abordados neste artigo, se mostra imperiosa e inafastável.

Ainda segundo o dever de diligência é importante se lembrar a necessidade de participação de advogados representando todas as partes envolvidas, não devendo um profissional iniciar o procedimento colaborativo se houver parte que não esteja representada[57].

---

57 "A Advocacia Colaborativa não tem este nome à toa. Ela está adstrita à participação de advogados auxiliando as duas partes na concretude do objetivo. Por isso, um profissional não poderá dar início a um procedimento colaborativo se a outra

O advogado tem papel fundamental na Advocacia Colaborativa e, portanto, sua tarefa se mostra essencial e indispensável, sendo imprescindível que as partes estejam devidamente representadas.

Outro dever colaborativo, consiste na necessidade de respeito[58], que pode ser assim compreendido:

> "Por respeito, deve ser entendido o tratamento igualitário entre as partes durante o procedimento, de forma que todos possam ouvir e se fazer ouvir. As opiniões, sugestões e soluções devem ser efetivamente ouvidas. Não se quer dizer que cada parte deverá ter igualdade de tempo para se manifestar como ocorre no Poder Judiciário, por exemplo, mas que as partes, enquanto manifestarem suas opiniões, serão devidamente ouvidas e compreendidas." (MAZIERO, 2016, p. 152)

Há necessidade de educação e de boa-fé na condução de qualquer procedimento jurídico, sobretudo na Advocacia Colaborativa[59], onde o dever de respeito rege as relações entre advogados.

Necessário se lembrar, ainda, o dever de confiança[60], que se afigura na metodologia colaborativa com a renúncia do causídico quanto à representação

---

parte não tiver constituído advogado hábil à execução das atividades e que tenha certo conhecimento da Advocacia Colaborativa, caso contrário, poderá tentar sabotar o procedimento para ter êxito nas vias conflitivas." (MAZIERO, 2016, 131)

58 "Art. 27. O advogado observará, nas suas relações com os colegas de profissão, agentes políticos, autoridades, servidores públicos e terceiros em geral, o dever de urbanidade, tratando a todos com respeito e consideração, ao mesmo tempo em que preservará seus direitos e prerrogativas, devendo exigir igual tratamento de todos com quem se relacione." (ORDEM DOS ADVOGADOS DO BRASIL, 2015)

59 Na Advocacia Colaborativa: "O dever de respeito, portanto, extrapola os limites da boa educação e da boa tratativa e alcança necessidades específicas de informação e de correição. Busca um entendimento real entre as partes, através de atitudes variadas perpetrada pelos advogados." (MAZIERO, 2016, 154)

60 Sob o ponto de vista jurídico, a valorização contemporânea da confiança abre uma brecha nas bases voluntaristas e individualistas do direito privado. Tradicionalmente, a eficácia obrigacional das condutas adotadas dependia exclusivamente da vontade do seu praticante e da adequação desta vontade aos requisitos formalmente estabelecidos pelo direito positivo. A confiança, inserida no amplo movimento de solidarização do direito, vem justamente valorizar a dimensão social do exercício dos direitos, ou seja, o reflexo das condutas individuais sobre terceiros.

Em outras palavras, o reconhecimento da necessidade de tutela da confiança desloca a atenção do direito, que deixa de se centrar exclusivamente sobre a fonte das condutas para observar também os efeitos fáticos da sua adoção. Passa-se da obsessão pelo sujeito e pela sua vontade individual, como fonte primordial das obrigações, para uma visão que, solidária, se faz atenta à repercussão externa dos atos individuais sobre os diversos centros litigiosa do cliente em caso de insucesso da Advocacia Colaborativa naquele caso concreto. Apenas ciente desta renúncia e do interesse real em solucionar a controvérsia é que os advogados se sentirão confortáveis quanto ao cumprimento das demais regras da metodologia. A ética permeia esta atitude, sendo passível de punição[61] aquele advogado que violar tais preceitos utilizando-se da Advocacia Colaborativa como meio de obtenção de informações e estratégias.

Observa-se, portanto, fina sintonia entre os deveres codificados pela Ordem dos Advogados daqueles procedimentais da metodologia colaborativa.

6 CONCLUSÃO

Observa-se, com base nos breves estudos apresentados, que a advocacia do século XXI deverá ser pautada pela higidez e ética da conduta profissional, sendo que suas atividades deverão ser realizadas de forma a se concretizar o princípio da boa-fé.

A Advocacia Colaborativa, em um momento de esperança de mudanças, mas potencial manutenção da realidade triste de morosidade dos processos judiciais, se apresenta como uma metodologia de solução de controvérsias adicional no cenário nacional.

Tanto o Código de Processo Civil, quanto o Código de Ética e Disciplina da Ordem dos advogados do Brasil, ambos vigentes a partir do ano de 2016, promovem a autocomposição e a atuação regida pela boa-fé, razão pela qual acreditamos a Advocacia Colaboativa encontrar grande possibilidade de expansão no atual cenário nacional.

Esta expansão somente será possível se os advogados contemporâneos acreditarem que o litígio pode ser substituído por outras formas de solução de controvérsias sem que, com isso, tenha qualquer prejuízo em relação aos seus honorários. Também será importante, demonstrar aos seus clientes que a

de interesses, atribuindo-lhes eficácia obrigacional independentemente da vontade ou da intenção do sujeito que os praticou. É neste contexto que se inserem a teoria da declaração, a teoria da aparência, e até, de certa forma, a ampliação dos casos de responsabilidade objetiva, além de outras manifestações jurisprudenciais que apenas recentemente vêm sendo objeto de um esforço sistematizador capaz de remetê-las à tutela da confiança. (Schreiber, 2012, p. 93-94)

61 "A violação da confiança e quebra do contrato poderá, inclusive, ocasionar início de procedimento disciplinar na Ordem dos Advogados do Brasil." (MAZIERO, 2016, 155)

sua atuação se mostra extremamente importante e necessária na metodologia colaborativa, não devendo, sob qualquer pretexto, baixar os seus valores de honorários.

Ainda incipiente e sujeita a muitas críticas, a Advocacia Colaborativa deve, inicialmente, se fazer conhecida para, depois, entre erros e acertos, se expandir no território nacional.

REFERÊNCIAS

ABNEY, Sherrie R.. Civil collaborative law – the road less travelled. Indiana: Traffor Publishing, 2011

ÁVILA, Humberto. Teoria dos princípios da definição à aplicação dos princípios jurídicos. São Paulo: Malheiros Editores, 2015.

BASTOS, Aurélio Wander; CARNEVALE, Marcos. O poder judiciário e a justiça em números. Disponível em: <httpÇ//www.editorajc.com.br/2015/01/o-poder-judiciario-e-justica-em-numeros/> Acesso em: 08 set 2016.

BRASIL. Constituição da República Federativa do Brasil de 1988. *Diário Oficial da União*, 5 de out. 1988. Disponível em <http://www.planalto.gov.br/ccivil_03/Constituicao/Constituicao.htm>. Acesso em: 12 jun 2016.

BRASIL. Lei n. 8.906, de 4 de julho de 1994. Dispõe sobre o Estatuto da Advocacia e a Ordem dos Advogados do Brasil (OAB), 5 jul. 1995. Disponível em <http://www.planalto.gov.br/ccivil_03/leis/L8906.htm> Acesso em: 11 jan. 2016.

BRASIL. Lei n. 9.307, de 23 de setembro de 1996. *Diário Oficial da União*, 24 de set. 1996. Disponível em <http://www.planalto.gov.br/ccivil_03/leis/L9307.htm>. Acesso em: 12 jun 2016.

BRASIL. Lei n. 13.105, de 16 de março de 2015. Código de Processo Civil. *Diário Oficial da União*, 17 mar. 2015. Disponível em http://www.planalto.gov.br/ccivil_03/_ato2015-2018/2015/lei/l13105.htm>. Acesso em: 22 jun 2016.

CAPPELLETTI, Mauro. Acesso à justiça. Tradução de Ellen Gracie Northfleet. Porto Alegre: Fabris, 1988.

COCHRAN, Robert F. Jr. "Legal ehtics and collaborative practice ethic. Hofstra Law Review: 2009. Vol. 38: Iss. 2, Article 4. Disponível em: <http://scholarlycommons.law.hofstra.edu/hlr/vol38/iss2/4>. Acesso em 12 jun 2016.

CONSELHO FEDERAL DA OAB <http://www.oab.org.br/institucionalconselhofederal/quadroadvogados> Acesso em 10 jun. 2016.

CONSELHO NACIONAL DE JUSTIÇA <http://www.cnj.jus.br/programas-e-acoes/politica-nacional-de-priorizacao-do-1-grau-de-jurisdicao/dados-estatisticos-priorizacao> Acesso em 10 jun. 2016

CONSELHO NACIONAL DE JUSTIÇA. Justiça em números 2015: ano-base 2014. Brasília: CNJ, 2015. <http://s.conjur.com.br/dl/relatorio-justica-numeros-2015-final-web.pdf> Acesso em 12 jun. 2016

DIDIER JÚNIOR, Fredie. Curso de direito processual civil: introdução processual civil, parte geral e processo de conhecimento / Fredie Didier Jr. 18. ed. Salvador: Ed. Jus Podivm, 2016.

DUQUE, Marcelo Schenk.. Fundamentação em torno da chamada drittwirkung dos direitos fundamentais. In: GRUNDMANN, Stefan; MENDES, Gilmar; MARQUES, Cláudia Lima; BALDUS, Christian; MALHEIROS, Manuel (Organizadores). *Direito privado, constituição e fronteiras : encontros da associação luso-alemã de juristas no Brasil.* 2. ed. rev., atual. e ampl.. São Paulo: Editora Revista dos Tribunais, 2014. p. 91-123.

FERRAZ JÚNIOR, Tércio Sampaio. *Introdução ao estudo do direito : técnica, decisão, dominação.* 5. ed. 2. reimpr. São Paulo: Atlas, 2007.

HERVADA, Javier. O que é o diretio? A moderna resposta do realismo jurídico : uma introdução ao direito / Javier Hervada; tradução Sandra Marta Dolinsky; revisão da tradução Elza Maria Gasparotto; revisão técnica Gilberto Callado de Oliveira. São Paulo: WMF Martins Fontes, 2006 (justiça e direito)

MARTINS, Pedro A. Batista. *Arbitragem no Direito Societário.* São Paulo: Quartier Latin, 2012.

MAZIERO, Franco Giovanni Mattedi Maziero. *Manual da advocacia colaborativa* / Franco Giovanni Mattedi Maziero. Rio de Janeiro: Lumen Juris, 2016.

MAZIERO, Franco Giovanni Mattedi. FARIA, Guilherme Henrique Lage. *Reflexos nos Contratos Empresariais da Legitimação Extraordinária de Origem negocial no novo CPC.* In: MAZIERO, Franco Giovanni Mattedi Maziero. O Direito Empresarial sob Enfoque do Novo Código de Processo Civil. Rio de Janeiro: Lumen Juris, p. 223-256.

MAZIERO, Franco Giovanni Mattedi;. *O futuro da advocacia colaborativa no direito empresarial brasileiro e o novo código de processo civil.* In: MAZIERO,

Franco Giovanni Mattedi Maziero. O Direito Empresarial sob Enfoque do Novo Código de Processo Civil. Rio de Janeiro: Lumen Juris, p. 21-58.

MENDES, Gilmar Ferreira. Direitos fundamentais: eficácia das garantias constitucionais nas relações privadas. In: GRUNDMANN, Stefan; MENDES, Gilmar; MARQUES, Cláudia Lima; BALDUS, Christian; MALHEIROS, Manuel (Organizadores). *Direito privado, constituição e fronteiras : encontros da associação luso-alemã de juristas no Brasil.* 2. ed. rev., atual. e ampl.. São Paulo: Editora Revista dos Tribunais, 2014. p. 31-55.

MONTORO, André Franco. *Introdução à ciência do direito*. 27. ed. rev. e atual. São Paulo: Revista dos Tribunais, 2008.

MOREIRA, José Carlos Barbosa. La igualdad de las partes en el proceso civil. *Revista de Processo*, São Paulo, Revista dos Tribunais, vol. 44, p. 176, out. 1986.

ORDEM DOS ADVOGADOS DO BRASIL. Código de Ética e Disciplina da OAB. Disponível em: <https://www.oabmg.org.br/pdf/CodEticaDisciplina.pdf> Acesso em 13 fev. 2016

PAROSKI, Mauro Vasni. Direitos fundamentais e acesso à justiça na constituição / Mauro Vasni Paroski. São Paulo: LTr, 2008.

SAID FILHO, Fernando Fortes. (Re)pensando o acesso à justiça: a arbitragem como mecanismo alternativo à crise funcional do poder judiciário. Rio de Janeiro: Editora Lumen Juris, 2016.

SANTOS, KarinneEmanoela Goettems dos. Processo civil e litigiosidade: para além da jurisdição dos conceitos sem coisas. / KarinneEmanoela Goettems dos Santos. Rio de Janeiro: Lumen Juris, 2016.

SCHREIBER, Anderson. *A proibição de comportamento contraditório – tutela da confiança e venire contra factum proprium.* 3ª. Ed. ver. e atual. / Anderson Schreiber. Rio de Janeiro: Renovar, 2012.

SOUZA, José Barcelos de. Morosidade da justiça e recursos. *Revista do instituto dos advogados de minas gerais.* Belo Horizonte, Del Rey, número 9, 66-75, 2003.

THEODORO JÚNIOR, Humberto. Curso de direito processual civil – teoria geral do direito processual civil, processo de conhecimento e procedimento comum – vol. I / Humberto Theodoro Júnior. 56. ed. rev. atual. e ampl. Rio de Janerio: Forense, 2015

WAMBIER, Luiz Rodrigues. Anotações sobre o princípio do devido processo legal. *Revista de Processo*, São Paulo, Revista dos Tribunais, vol. 54, jul. 1991.

WEBB, Stuart G.; OUSKY, Ron D. *The collaborative way to divorce – the revolutionayr method that results in less stress, lower costs, and happier kids – without going to court*. New York: First Plume Printing, 2007.

36

O INCIDENTE DE RESOLUÇÃO DE DEMANDAS REPETITIVAS - IRDR

Diego Abras Rodrigues
Advogado

Desde março de 2016 está em vigor o Novo Código de Processo Civil – NCPC, o que se deu por intermédio da promulgação da Lei 13.105/2015, através de um enorme clamor social pelo aprimoramento do Judiciário, engessado por um sistema processual arcaico. Era necessário, há muito, que fosse dada maior celeridade e efetividade às demandas judiciais, aumentando, via de consequência, a eficácia das decisões proferidas nas lides processuais.

Já é cediço que, em todo o território nacional, o Poder Judiciário se encontra abarrotado de demandas, complexas ou não, em número vertiginosamente crescente e sem previsão, até então, de julgadores suficientes para finaliza-las em um ritmo superior ao de seu ingresso. Ou seja, as lides processuais vêm multiplicando exponencialmente, ano após ano, dia após dia, propostas perante um Poder, Constitucionalmente criado, que não possui servidores suficientes para dar-lhes o seu devido encerramento.

Tal fato se deu por termos atualmente, no Brasil, mais de 206 (duzentos e seis) milhões de habitantes, de acordo com última estimativa do IBGE, em 2016[1], divididos em 27 (vinte e sete) Unidades Federativas, sendo 26 (vinte e seis) Estados e um Distrito Federal. Tratam-se, todos, de potenciais utilizadores do nosso Sistema Judiciário, número este que, por mais impressionante que seja, ainda deve ser acrescido do total de personalidades jurídicas ativas em todo o país. Salienta-se que, nos dias de hoje, a expectativa é de que nasça uma pessoa no país a cada 20 (vinte) segundos, o que gera um acréscimo po-

1 Disponível em: http://www.ibge.gov.br/apps/populacao/projecao/

pulacional surpreendente, mas sem que, em contrapartida, sejam fornecidas verbas suficientes para que o Judiciário acompanhe este crescimento, de forma orgânica, saudável e bem estruturada.

Em uma sociedade expressiva e massificada como esta, é natural que tenhamos demandas igualmente massificadas e impressionantemente similares. Mormente em uma época na qual, como nunca antes visto, há um tráfego de informações tão formidável, por sua espantosa velocidade e abrangência, facilitando a comunicação e conhecimento de todos, sobretudo quanto aos seus direitos e deveres, especialmente no tangente à seara consumeirista.

Nesta toada, os nossos Tribunais são inundados, quase que diariamente, de ações judiciais análogas, principalmente quando tratamos de temas atinentes ao, *v.g.*, Fundo de Garantia do Tempo de Serviço - FGTS ou ao Instituto Nacional do Seguro Social - INSS. Temos, portanto, teoricamente, dezenas de milhares de lides processuais que versam sobre o mesmo tema, apresentando como base as mesmas questões de fato e de direito, sejam estas meramente semelhantes ou, até mesmo, idênticas.

É cediço que no Direito existem sempre diferentes posicionamentos, jurisprudenciais ou doutrinários, sobre um mesmo tema, por mais simples que seja. Óbvio, então, concluir que, em milhares de demandas similares, alguns jurisdicionados acabariam por obter tutelas judiciais divergentes umas das outras, muitas vezes até colidentes, o que violaria claramente o Princípio Constitucional da Isonomia.

O Ministro do Supremo Tribunal Federal Luiz Fux[2], em sua obra elucidativa sobre o Novo Código de Processo Civil, completando o entendimento exposto acima, asseverou:

> "uma sociedade de massa, no pensar de Mauro Capeletti, gera litígios de massa, vale dizer, ações individuais homogêneas quanto à causa de pedir e o pedido. Assim, v.g., o Brasil experimenta esse contencioso de massa por meio de milhares de ações questionando a legalidade da assinatura básica, os índices de correção da poupança em confronto com as perdas geradas pelos planos econômicos, os índices de correção do FGTS, o pagamento de impostos por determinadas categorias, a base de cálculo de tributos estaduais, municipais, federais etc.. Essas demandas, ao serem decididas, isoladamente, geram, para além de um volume quantitativo inassimilável por juízos e tribunais, abarrotando-os, o risco de decisões para causas iguais, com, grave violação da cláusula pétrea da isonomia (...)."

2 FUX, Luiz. Novo Código de Processo Civil Temático. São Paulo: ed. Mackenzie,2015.

Há, portanto, uma enorme gama de jurisdicionados que buscam o Judiciário para a resolução de suas demandas pessoais, que quase sempre encontram similitudes com a de terceiros, seja em suas características de fato ou de direito, devendo ter, ao final da lide processual, decisões proporcionalmente iguais na medida de suas igualdades.

Tais demandas jurídicas, aqui chamadas de repetitivas, são propostas massivamente e deveriam ter, por coerência, um desfecho proporcionalmente idêntico às suas similitudes, consectário lógico de uma aplicação do princípio constitucional da isonomia, previsto no art. 5º da Constituição Federal de 1988. Mas tal situação somente seria possível em uma Sociedade utópica, onde não houvesse entendimentos diversos sobre uma mesma matéria, seja na doutrina ou jurisprudência, onde o Julgador não expusesse em suas decisões seus sentimentos pessoais, ou mesmo onde houvesse a completa imparcialidade do sistema.

Por tais razões, e inúmeras outras, é comum que casos similares acabem recebendo decisões díspares, às vezes até conflitantes entre si, algumas vezes até proferidas pelo mesmo julgador(es). Por este motivo, e desde 1973, havia um bramido por mudanças, para que fosse possível ser efetivada a isonomia jurídica de uma maneira célere, igualitária e satisfatória.

De todo este contexto eclodiu o Incidente de Resolução de Demandas Repetitivas – IRDR, no Brasil, juntando-se, para tanto, a necessidade de instauração do instituto com a experiência angariada através do sistema vanguardista alemão.

Em 2005, na Alemanha, fora criada, de forma experimental, a Lei "*Kapitalanleger-Musterverfahrensgesetz*" - KapMuG, ou *Investors – Model Case Act*[3], com o intuito de reger o mercado de capitais e suas peculiaridades, muito embora tenha tido prazo de validade de somente 05 (cinco) anos naquela ocasião, sendo extinta logo depois de decorrido tal balizamento temporal. Antes de sua extinção, no entanto, fora incorporada ao próprio ordenamento jurídico alemão, por tamanho sucesso obtido em sua aplicação cirúrgica no caso específico para o qual fora criada.

Atualmente, a Lei-modelo utilizada em 2005, na Alemanha, faz parte do Código de Processo Civil Alemão ZPO "Zivilprozessordnung", adequando tal sistema para obter soluções defronte à propositura amontoada de processos judiciais de natureza idêntica.

---

3 Tradução, *ipsis litteris*: Lei de Mercado de Capitais – Caso Modelo

O primeiro caso onde a ferramenta fora utilizada, e para a qual fora criada experimentalmente, remonta um acontecimento do inicio do milênio, na Alemanha. A *Deutsche Telekom* - DT, empresa que detinha, à época, mais de 03 (três) milhões de acionistas, publicou ato aos seus investidores no qual informava a extensão do patrimônio da sociedade, mas o ato se deu de forma irregular por meio de duas circulares de ofertas de ações, entre os anos de 1999 e 2000. Na ocasião, milhares de investidores se sentiram lesados pelo ato perpetrado pela DT, ingressando imediatamente na justiça, com a expectativa de serem ressarcidos pelos danos materiais que lhe foram causados pela empresa.

As demandas, por versarem sobre direitos atinentes ao Mercado de Capitais, foram todas propostas na corte distrital de Frankfurt, município sede da Bolsa de Valores Alemã - *Frankfurter Wertpapierbörse*, por centenas de advogados diferentes e somavam, em seus pedidos, mais de cento e cinquenta milhões de euros.

Desde a propositura das ações judiciais na Corte Alemã, mais de 03 (três) anos se passaram sem o agendamento de nenhuma audiência, de qualquer natureza. Por este motivo, parte dos Litigantes iniciou uma reclamação perante o Tribunal Constitucional Federal - *Bundesverfassungsgericht*, sob a alegação de impedimento de acesso à justiça. O tribunal rejeitou todas as queixas constitucionais propostas pelos demandantes, mas reconheceu que o problema deveria ser sanado, agilizando a tramitação dos procedimentos instaurados.

Fora criada, então, como já dito alhures, a KapMuG, procedimento modelo do mercado de capitais. A Lei experimental previa a escolha de uma causa em trâmite perante a primeira instância local, dentre o universo de todas as cerca de 15 (quinze) mil distribuídas, para que fosse julgada na instância seguinte, sendo a sua decisão aplicável à todas as demais, desde que pertinentes ao mesmo caso específico.

Dierle Nunes[4], complementando os entendimentos aqui elaborados, sustentou a simplicidade do sistema, bem como a sua atuação de vanguarda em uma corte que se encontrava inundada de causas idênticas desde o seu âmago, *verbis*:

> "A ideia da lei alemã era simples, mas também ousada: introduzir no bojo do processo judicial um expediente incidental com a pretensão de estabele-

4 NUNES, Dierle. Artigo científico: O IRDR do Novo CPC : este "estranho" que merece ser compreendido. Disponível em: < http://justificando.com/2015/02/18/o-irdr-novo-cpc-este-estranho-que-merece-ser-compreendido/ >. Acesso em: 01 set. 2016.

cer, a partir do julgamento de uma causa-modelo, um padrão decisório, de acordo com o qual todos os demais casos repetitivos seriam posteriormente examinados e julgados. Era, como se pensou, a solução mais adequada, dentro dos parâmetros da ordem processual alemã, vinculada ao civil law."

Seguindo as diretrizes experimentais da Legislação alemã, mesmo que tardiamente, depois de mais de uma década de sua criação, a Legislação Processual Civil, com a promulgação do Novo Código de Processo civil, incorporou aquele sistema único, que restou expresso no art. 976 , e seguintes, do NCPC, *verbis*:

> Art. 976. É cabível a instauração do incidente de resolução de demandas repetitivas quando houver, simultaneamente:
>
> I - efetiva repetição de processos que contenham controvérsia sobre a mesma questão unicamente de direito;
>
> II - risco de ofensa à isonomia e à segurança jurídica.
>
> Compreende-se, então, do instituto em vigor, que será cabível a instauração do Incidente de Resolução de Demandas Repetitivas – IRDR, quando houverem processos versando sobre a mesma questão de direito e um risco de ofensa à isonomia e à segurança jurídica. Nota-se, já, de imediato, a semelhança clara havida com o sistema processual civil alemão - *Zivilprozessordnung.*

A sistemática de sua aplicação originariamente, segundo Dierle Nunes, se daria da seguinte forma:

> "O KapMuG engendrou procedimento que compreende três fases distintas:
>
> 1) Eleição da causa representante; 2) processamento da demanda perante o tribunal, com realização de audiências, produção de provas, e decisão resolvendo as questões de fato e de direito envolvidas na controvérsia; 3) julgamento posterior de todas as outras causas, sobrestadas em primeira instância, que serão decididas com base na decisão-modelo prolatada pelo tribunal estadual."

Nota-se, ali, que se tratava de um sistema simples e rudimentar, onde são poucas as partes que podem participar do mesmo ou sequer instaurá-lo, dificultando sua aplicação, nos exatos mesmos moldes, no Brasil, por não respeitar o contraditório e a ampla defesa.

No judiciário Brasileiro, em respeito ao Princípio do Contraditório e da Ampla Defesa, deverá haver a mais ampla e específica divulgação e publicidade, por meio de registro eletrônico no Conselho Nacional de Justiça (Art.

979, CPC), bem como a oitiva de todas as partes, incluindo adicionalmente o Ministério Público, e demais interessado naquela demanda específica, podendo todos estes requerer juntada de documentos e realização de diligências, nos termos já previstos no Art. 983 do CPC, *verbis*:

> *Art. 983. O relator ouvirá as partes e os demais interessados, inclusive pessoas, órgãos e entidades com interesse na controvérsia, que, no prazo comum de 15 (quinze) dias, poderão requerer a juntada de documentos, bem como as diligências necessárias para a elucidação da questão de direito controvertida, e, em seguida, manifestar-se-á o Ministério Público, no mesmo prazo.*
>
> § 1o Para instruir o incidente, o relator poderá designar data para, em audiência pública, ouvir depoimentos de pessoas com experiência e conhecimento na matéria.

Ressalte-se, aqui, a possibilidade de designação de audiência pública para elucidação da matéria tratada no Incidente de Resolução de Demandas Repetitivas, ocasião em que o Julgador poderá ouvir depoimentos de pessoas com experiência e conhecimento na matéria, com a finalidade de instruir o procedimento e obter maiores subsídios argumentativos.

O procedimento, em si, fora lapidado em relação ao seu antecessor alemão, deixando poucas margens de dúvida quanto à sua facilitação no julgamento das diversas demandas-núcleo que inundam o Judiciário Brasileiro. Este sistema deverá ser levado rigorosamente a sério pelos tribunais de modo que possa auxilia-los no julgamento de seus processos, seja em qualidade, isonomia e, principalmente, quantidade. Para tanto, deverá haver uma clara estipulação deste instituto no Regimento interno dos Tribunais, conforme preleção do art. 978 do Código de Processo Civil Brasileiro.

Tomando-se o Tribunal de Justiça de Minas Gerais como exemplo, ocupando o lugar que outrora era das Câmaras de Uniformização de Jurisprudência, foram criadas as "Seções Cíveis", com o único e exclusivo intuito de julgar os IRDRs. Nestas Seções, tal procedimento seguirá um trâmite pouco mais apurado do que o previsto no *ZPO*, como se segue:

> *"1 - O pedido de instauração do incidente será dirigido ao presidente do tribunal pelo juiz ou relator, pelas partes, ou pelo Ministério público ou Defensoria pública; 2 - O incidente será julgado no prazo de 1 ano e terá preferência sobre os demais feitos, ressalvados os que envolvam réu preso e os pedidos de habeas corpus; 3 - A seção Cível procederá o juízo de admissibilidade do incidente; 4 - Admitido o incidente, o relator suspenderá os processos pendentes e intimará o MP para, querendo, se manifestar em 15 dias; 5 - O relator ouvirá as partes e interessados que, no prazo comum de 15 dias,*

poderão requerer a juntada de documentos e diligências necessárias; 6 – No julgamento, o relator fará a exposição do objeto do incidente, depois poderão sustentar o autor, o réu e o MP pelo prazo de 30 minutos e, por último os demais interessados, pelo mesmo tempo."[5]

Portanto, pode-se perceber que a todos os processos, sejam individuais ou coletivos, julgados sob a égide do IRDR ser-lhe-ão aplicadas a tese jurídica julgada por aquela Seção Cível. Isto significará, então, que a decisão valerá para todas as demandas semelhantes agrupadas em torno daquele incidente. A mesma tese jurídica será aproveitada, também, aos casos futuros que venham a tramitar no território de competência daquele Tribunal, desde que versem sobre idêntica questão de direito.

Este procedimento, tal qual fora acima explicado, teve a sua primeira realização no dia 06 de junho de 2016 no Distrito Federal, através da Câmara de Uniformização do Tribunal de Justiça do Distrito Federal e dos Territórios – TJDFT. Na sessão realizada naquela oportunidade, tratou-se do juízo de admissibilidade de quatro demandas repetitivas[6] instauradas no Distrito Federal, três delas versavam sobre a competência para processar e julgar execuções fiscais e outra versando sobre exigências em edital para concurso público.

Naquela ocasião a Câmara de Uniformização do TJDFT, no julgamento do IRDR 2016.00.2013471-4 Requerido pelo Distrito Federal, seguiu à risca todas as diretrizes do *nouveau* sistema criado, dando a mais ampla publicidade aos atos que seriam ali praticados, intimando, "por edital, as partes de processos pendentes no tribunal, todos os órgãos e entidades e demais interessados no objeto do incidente", para que pudessem se manifestar naquele incidente, em claro respeito aos princípios da Publicidade, Contraditório e Ampla Defesa.

> Requerente : DISTRITO FEDERAL Requerido : NÃO HÁ Interessado(s) : LARISSA MISANY SILVA VIEIRA Amicus Curiae : ORDEM DOS ADVOGADOS DO BRASIL - CONSELHO SECCIONAL DO DISTRITO

---

5 TJMG. Incidente de Resolução de Demandas Repetitivas (IRDR). Disponível em <http://www.tjmg.jus.br/portal/legislacao/novo-cpc/novidades/detalhes-6.htm>. Acesso em: 12 set. 2016.

6 Foram julgados, na TJDFT, quatro processos: Autos N. 2016.00.2.013471-4, 2016.00.2.012253-0 e 2016.00.2.012014-9, tratando de agravos de instrumento interpostos contra reiteradas decisões do Juízo da Vara de Execuções Fiscais do Distrito Federal, declarando-se incompetente para processar a totalidade das execuções – aproximadamente, 11,2 mil execuções fiscais contra devedores da Fazenda Pública; e o Incidente 2016.00.2.012315-7, que tem como matéria de fundo a questão da legalidade da exigência de avaliação psicológica, ou exame psicotécnico, em concurso público para ingresso nos quadros da Polícia Militar do Distrito Federal.

FEDERAL- OAB/DF Relator : Desembargador JOSÉ DIVINO DE OLIVEIRA

Intimem-se, por edital, as partes de processos pendentes no tribunal, todos os órgãos e entidades e demais interessados no objeto do incidente, a saber: a) a natureza jurídica do encargo de 10% do valor do crédito inscrito em dívida ativa, disciplinada pelo art. 42, §§ 1º e 2º da Lei Complementar n.º 4, de 30.04.94; b) se o encargo legal previsto no art. 42 da CTDF, cobrando conjuntamente com o crédito tributário, nos termos do art. 39, § 4º da Lei 4.320/64 e do art. 2º, §§ 1º e 2º da Lei n.º 6.830/80 pode ser desmembrado e c) se a destinação dos percentuais determinada pelo art. 42, § 2º da CTDF, implica na incompetência funcional da Vara de Execução Fiscal para execução da totalidade dos encargos.

Prazo para manifestação e juntada de documentos: 15 (quinze) dias.

Relator Desembargador JOSÉ DIVINO DE OLIVEIRA

Noutro ponto, assim como o seu predecessor alemão, o instituto do IRDR brasileiro deve seguir alguns passos e critérios para sua seleção, tais quais a existência, simultaneamente, de efetiva repetição de processos que contenham controvérsia sobre a mesma questão unicamente de direito (I), risco de ofensa à isonomia e à segurança jurídica (II), processo pendente e quando um dos Tribunais Superiores, no âmbito de sua respectiva competência, ainda não tiver afetado recurso para definição de tese sobre questão de direito material ou processual repetitiva (CPC, art. 976, § 4º).

Estes foram os exatos pontos determinados pela Câmara de Uniformização do Tribunal de Justiça do Distrito Federal e dos Territórios –TJDFT, no julgamento do IRDR 0014857-26.2016.8.07.0000, senão vejamos:

"PROCESSO CIVIL. INCIDENTE DE RESOLUÇÃO DE DEMANDAS REPETITIVAS. EXECUÇÃO FISCAL. LEI COMPLEMENTAR Nº 4/94. NATUREZA JURÍDICA DO ENCARGO DE 10%. COBRANÇA CONJUNTA COM CRÉDITO TRIBUTÁRIO. DESMEMBRAMENTO. EXECUÇÃO ESPECÍFICA. DESTINAÇÃO DO VALOR COBRADO. DESLOCAMENTO DE COMPETÊNCIA. PROLIFERAÇÃO DE DECISÕES IDÊNTICAS. SOLUÇÕES DISTINTAS. ADMISSIBILIDADE DO INCIDENTE.

I - A instauração do Incidente de Resolução de Demandas Repetitivas é cabível quando houver, simultaneamente, efetiva repetição de processos que contenham controvérsia sobre a mesma questão unicamente de direito (I), risco de ofensa à isonomia e à segurança jurídica (II), processo pendente e quando um dos Tribunais Superiores, no âmbito de sua respectiva competência, ain-

da não tiver afetado recurso para definição de tese sobre questão de direito material ou processual repetitiva (CPC, art. 976, § 4º).

II - A natureza jurídica do IRDR é de incidente processual coletivo, suscitado perante o tribunal onde se encontra o processo paradigma pendente, com a finalidade de fixar previamente uma tese jurídica a ser aplicada aos casos concretos e abrangidos pela eficácia vinculante da decisão.

III - Demonstrada a proliferação de decisões idênticas sobre a mesma questão de direito em execução fiscal, com o deletério efeito multiplicador de recursos repetitivos, bem como a aplicação de soluções distintas pelos órgãos fracionários do Tribunal de Justiça, deve ser instaurado o incidente para definir a natureza jurídica do encargo de 10% do valor do crédito tributário inscrito em dívida ativa, disciplinada pelo art. 42, §§ 1º e 2º da Lei Complementar n.º 4, de 30.04.94, se pode ser cobrado conjuntamente com a dívida tributária, e se a destinação dos percentuais implica na incompetência funcional da Vara de Execução Fiscal para execução da totalidade da Certidão de Dívida Ativa.

IV - Admitido o processamento dos Incidentes de Resolução de Demandas Repetitivas." (20160020134714IDR - (0014857-26.2016.8.07.0000 - Res. 65 CNJ). Relator Des. José Divino. Câmara de Uniformização do Distrito Federal. Pub. Em 23/06/2016)

Após escolhido e devidamente instruído o Incidente, passará o Julgador para a prolação da decisão do IRDR. Primeiramente o relator fará a exposição do objeto do incidente, depois, de forma sucessiva, poderão sustentar suas razões o autor e o réu do processo originário e o Ministério Público, pelo prazo de 30 (trinta) minutos, seguidos pelos demais interessados, no prazo de 30 (trinta) minutos, divididos entre todos, podendo este prazo ser ampliado caso o número de inscritos seja elevado. Findas estas etapas, será redigido o acórdão, que, obrigatoriamente, abrangerá a análise de todos os fundamentos suscitados concernentes à tese jurídica discutida, sejam favoráveis ou contrários.

Julgado o incidente, a tese jurídica será aplicada a todos os processos individuais ou coletivos que versem sobre idêntica questão de direito e que tramitem na área de jurisdição do respectivo tribunal, inclusive àqueles que tramitem nos juizados especiais do respectivo Estado ou região, bem como aos casos futuros que versem idêntica questão de direito e que venham a tramitar no território de competência do tribunal.

Deve ser feita aqui uma ressalva quando da aplicação da decisão proferida no rito do Incidente de Resolução de Demandas Repetitivas, quando o terceiro que tiver o seu processo efetivamente afetado não houver sido capaz, comprovadamente, de participar do julgamento daquela demanda repetitiva específica.

Em respeito a todos os princípios constitucionais que alicerçaram a criação do instituto em tela, não se pode admitir que um jurisdicionado, comprovadamente alheio ao processo que esteja sendo julgado sob a égide do IRDR, seja afetado diretamente pela decisão que nele for proferida, ocasião na qual aquela decisão não poderá, em nenhuma hipótese, lhe ser imputada, devendo o seu processo seguir seu trâmite natural perante o órgão competente para o seu julgamento.

Trata-se, portanto, de um aparelho novo e que trará muitas mudanças no cotidiano dos operadores do direito. O seu claro objetivo é a redução drástica no número de demandas similares existentes em nosso sistema processualista serial, onde milhares de demandas idênticas são propostas diariamente.

Assim, aparelhando o Judiciário através do Incidente de Resolução de Demandas Repetitivas - IRDR, ladeado, claro, por outros tantos novos institutos tais como, *e.g.*, o da negociação processual, busca o NCPC dar a tão almejada celeridade nas lides processuais.

37

A CALENDARIZAÇÃO DO PROCESSO NO NOVO CPC

Guilherme Henrique Lage Faria

Advogado

1 INTRODUÇÃO

O problema da morosidade da atividade jurisdicional já deixou de ser novidade para aqueles que militam no judiciário, principalmente na seara cível. Há muito enfrentamos um judiciário que não mais comporta o volume de demandas deduzidas à apreciação do Estado, ocasionando um problemático prolongamento do tempo de duração dos processos em curso.

Esta 'demora', via de regra, não é ocasionada pela inatividade das partes e de seus procuradores, pois estes, na maioria das vezes, cumprem rigorosamente os prazos processuais buscando afastar a ocorrência da preclusão.

Com significativo o aumento do número de processos em curso[1], o exercício da função jurisdicional passou a reivindicar inúmeras e necessárias transformações, em especial no tocante à ampliação de sua estrutura, bem como do número de servidores e magistrados.

Entretanto, as referidas transformações restaram abaixo do necessário, resultando, de forma lógica, o abarrotamento das estruturas do judiciário, em razão do elevado número de processos em tramitação.

O resultado deste quadro não poderia ser outro, senão, a problemática morosidade que passou a assolar o exercício da função jurisdicional pelo Estado, haja vista que o contingente de servidores e magistrados não é suficiente para

---

1 Segundo dados extraídos do Relatório "*Justiça em Números*" do Conselho Nacional de Justiça do ano de 2015, há no Brasil mais de 100 (cem) milhões de demanda em curso. Disponível em: http://www.cnj.jus.br/programas-e-acoes/pj-justica-em-numeros.

a procedimentalização das demandas em tempo hábil, fazendo com que os processos sejam consumidos pelas chamadas *etapas mortas*, nas quais os feitos, após a manifestação de alguns dos sujeitos do processo, passam por longos períodos de tempo em que os atos que devem ser praticados pelo juízo não o são, restando paralisados.

De acordo com Carlos Henrique Soares e Ronaldo Brêtas de Carvalho Dias:

> *"O que deve ser combatida é a demora exagerada ou excessivamente longa da atividade jurisdicional, a fim de que as partes recebam pronunciamento decisório conclusivo em prazo razoável, evitando-se as dilações indevidas do processo, resultantes dos períodos prolongados em que não são praticados atos no processo ou o são fora da previsão legal do tempo em que deveriam ser realizados (etapas mortas do processo), em desobediência aos prazos previstos no Código e impostos ao Estado, ao prestar o serviço publico jurisdicional que monopoliza."*[2]

Assim, a gestão do tempo procedimental, em tempos de abarrotamento do judiciário, se torna questão de essencial importância na resolução dos conflitos deduzidos em juízo através do exercício do direito constitucional de ação.

Atento a tal situação, o presente estudo tem por escopo analisar o instituto da *Calendarização do Processo*, implementado no sistema processual brasileiro através da entrada em vigor do Código de Processo Civil de 2015, com previsão em seu artigo 191[3], o qual propicia uma releitura da força motriz de impulso do processo, ofertando às partes uma ferramenta de maior controle e fiscalização do tempo procedimental.

Para tanto, apresentaremos a origem da negociação processual e sua admissibilidade no ordenamento jurídico brasileiro, demonstrando a inquestionável possibilidade de celebração de negócios processuais típicos, para que, por fim, tenhamos condição de propiciar ao leitor a adequada compreensão da Calendarização Processual como técnica de gestão compartilhada do tempo do processo.

Obviamente, até mesmo por questões de espaço e densidade da temática, não se tem a pretensão de esgotamento do tema, o que se mostraria absolutamente impossível no atual contexto, mas sim, compartilhar com o interlocutor

---

2 SOARES, Carlos Henrique; DIAS, Ronaldo Brêtas de Carvalho. Manual Elementar de Processo Civil. 2ª Ed. – Belo Horizonte: Del Rey, 2012, p. 134-135.

3 Art. 191. De comum acordo, o juiz e as partes podem fixar calendário para a prática dos atos processuais, quando for o caso.

algumas noções de historicidade, cabimento e limites do referido instituto à luz do Modelo Constitucional de Processo.

2 NEGÓCIOS PROCESSUAIS – ORIGEM E ADMISSIBILIDADE NO MODELO PROCESSUAL BRASILEIRO

O conceito de acordo ou contrato processual foi tratado de maneira aprofundada pela primeira vez por Josef Köhler[4], ainda no Séc. XIX, mais precisamente em 1887.

Köhler, em perspectiva privatista, sustentava que a vontade das partes poderia ser orientada negocialmente para produzir efeitos no processo, determinando a conformação de situações jurídicas processuais, sendo o "contrato" uma categoria da teoria do direito, e não somente do direito privado.[5] De acordo com Antônio do Passo Cabral:

> "Partia-se, então, de uma ampla convencionalidade processual: toda vez que o ordenamento ofertasse às partes uma opção de interferência no procedimento entre duas alternativas, elas poderiam fazê-lo por contrato, reduzindo as possibilidades a uma dessas alternativas." [6]

Desde então o tema passou a ser enfrentado pela doutrina Alemã.

Contudo, os contratos e convenções processuais não tiveram destaque na jurisprudência alemã do Séc. XIX, muito em razão do Movimento de Socialização Processual e da teoria de Oskar Bülow.[7]

O processo, antes de adquirir autonomia científica, era considerado um apêndice do direito privado. Foi com os estudos de Bülow sobre as exceções processuais e os pressupostos processuais que se fundou a escola publicista do processo, libertando o processo dos domínios do direito material.[8]

---

4 KOHLER, Josef. Ueber processrechtliche Verträge und Creationen. Gesammelte Beiträge zum ZivilprozeB. Berlin: Scientia Verlag Aalen, 1894, Reed. 1969.

5 CABRAL, Antônio do Passo. Convenções Processuais: Entre Publicismo e Privatismo. Tese apresentada como requisito parcial para obtenção do grau de Livre-Docente. São Paulo: Faculdade de Direito do Largo São Francisco, 2015. p. 90.

6 CABRAL, Antônio do Passo. Convenções Processuais: Entre Publicismo e Privatismo. p. 90.

7 CABRAL, Antônio do Passo. Convenções Processuais: Entre Publicismo e Privatismo. p. 90.

8 CABRAL, Antônio do Passo. Convenções Processuais: Entre Publicismo e Privatismo. p. 92.

Bülow estruturou a autonomia do estudo do Direito Processual mediante o delineamento de uma relação jurídico-processual lastreada primordialmente na figura do juiz, uma vez que as partes apresentavam-se como meros colaboradores deste na formação dos provimentos decisórios, o qual era emanado de seu "*senso inato de justiça*", em verdadeiro culto ao protagonismo judicial.[9]

Com fulcro neste pensamento, Bülow sustentou que os acordos processuais seriam inadmissíveis porque, ante a publicidade da relação jurídica processual, era vedado às partes convencionar sobre poderes de outrem (Estado-juiz). Para ele, "*seria impossível imaginar que houvesse um ato de vontade de um sujeito privado que mudasse regras processuais ou suspendesse a eficácia de normas cogentes*". Nestes termos, os acordos processuais, fora do que fosse expressamente definido em lei, representariam grave ofensa ao ordenamento jurídico.[10]

Com efeito, eram tidos por inválidos e ineficazes os negócios processuais eventualmente celebrados pelas partes.

A popularidade da tese de Bülow e a grande adesão que a concepção publicista do processo ganhou na Alemanha e na Europa, em especial em decorrência dos estudos de Anton Menger e Franz Klein[11], forjaram uma premissa de proibição do "processo convencional". "*Privilegiava-se o caráter público decorrente da presença da autoridade estatal, e dele se extraía a ausência de espaço para os acordos processuais*".[12]

Desse modo, sempre que os efeitos de atos jurídicos dependessem de uma atuação das partes no processo, esses efeitos seriam produzidos por força da lei e não da vontade privada.

Na Itália, alguns autores aderiram ao pensamento de Bülow. Chiovenda admitia os acordos, mas opunha diversas restrições, dentre as quais se encontra a necessidade de expressa previsão legal. Ou seja, só seriam cabíveis convenções processuais previstas na lei (típicas). [13]

---

9 NUNES, Dierle José Coelho. Processo Jurisdicional Democrático. Curitiba: Juruá, 2008. p. 100.

10 CABRAL, Antônio do Passo. Convenções Processuais: Entre Publicismo e Privatismo. p. 92-93.

11 NUNES, Dierle José Coelho. Processo Jurisdicional Democrático. Curitiba: Juruá, 2008.

12 CABRAL, Antônio do Passo. Convenções Processuais: Entre Publicismo e Privatismo. p. 94.

13 CHIOVENDA, Giuseppe. Instituições de Direito Processual Civil. Tradução Paulo Capittanio. Campinas. Bookseller, 1998, v. 3, p. 25-26.

Antônio Cabral ressalta que, dentre os italianos, Salvatore Satta foi quem mais ecoou as premissas do publicismo, tendo sido "*um dos maiores opositores dos contratos processuais*", negando a convencionalidade como característica do processo. Afirmava o autor italiano, na mesma linha de Bülow, que "*a relação jurídica processual é pública, e esta qualidade impediria qualquer convenção porque no processo estariam em jogo interesses públicos, pertencentes a toda a sociedade*".[14]

Satta negava veementemente a possibilidade de o contrato ser um instituto próprio do direito público[15], fazendo com que a vontade das partes não pudesse determinar efeitos jurídicos no processo, criando ou modificando situações jurídicas processuais.

Neste espeque, Antônio Cabral ressalta que:

> *"Segundo Satta, como a relação jurídica processual é pública, ainda que houvesse convenção ou contrato, os contratantes teriam sempre a possibilidade de não cumprir o acordo anterior quando esse fosse invocado em juízo, e o juiz também poderia ignorá-lo, com a consequência de o pacto tornar-se um mero motivo intrínseco ao processo e indiferente a ele."* [16]

Entretanto, vale salientar que, em que pese ser um dos maiores críticos à convencionalidade do processo, com o passar do tempo, Satta adotou posição similar à de Chiovenda, admitindo que os negócios processuais poderiam ser celebrados nos casos previstos expressamente em lei.[17]

Enrico Tulio Liebman, um dos autores italianos de maior influência no Brasil, era manifestamente contrário aos negócios processuais, ainda que, em algumas passagens, tenha admitido a existência de acordos com eficácia no processo.[18]

Por conseguinte, forjou-se, assim, a tradição de que somos herdeiros e em cujas premissas fomos "ensinados": "*processo é direito público, infenso aos espaços de liberdade autorizadores da disposição em razão da vontade privada*".[19]

---

14 CABRAL, Antônio do Passo. Convenções Processuais: Entre Publicismo e Privatismo. p. 96.

15 SATTA, Salvatore. *Contributo alla dottrina dell'arbitrato*. Milano: Vita e Pensiero, 1931. p. 44.

16 CABRAL, Antônio do Passo. Convenções Processuais: Entre Publicismo e Privatismo. p. 97.

17 SATTA, Salvatore. *Accordo (diritto processuale civile)*. Enciclopedia del Diritto. Milano: Giuffré, vol.I, 1958. p. 300-301.

18 LIEBMAN, Enrico Tullio. Manual de Direito Processual Civil, I. Tradução e notas Candido Rangel Dinamarco. 3 ed. São Paulo: Malheiros, 2005.

19 CABRAL, Antônio do Passo. Convenções Processuais: Entre Publicismo e Privatismo. p. 98. Daniel Mitidiero salienta que "*o processo civil nasce no final do século XIX, na*

Como pode se observar, o tema dos negócios processuais coloca-se no centro do debate entre o publicismo e o privatismo, refletindo a tensão entre o processo e a vontade privada dos indivíduos envolvidos.[20]

Destarte, não nos parece exagerado afirmar que os debates sobre a divisão de trabalho[21] entre o juiz e as partes é um tema que reivindica a compreensão da mudança de concepção do direito processual[22], haja vista que tal fato encontra-se umbilicalmente vinculado à concepção paradigmática do direito, alterando-se de maneira vertiginosa nos paradigmas liberal e social.

Aos poucos o publicismo foi se espalhando por todos os institutos processuais, dele sendo extraídas conclusões e consequências normativas que reforçavam as premissas em que baseado, dentre as quais o Antônio Cabral elenca:

> *"(a) o Estado almejaria implantar, pelo processo, escopos públicos, que se sobrepõem aos interesses privados das partes e que levariam à aplicação imperativa da regra legislada, considerada a lei a única fonte da norma processual;*
>
> *(b) a concepção de que as normas processuais seriam todas de ordem pública, e portanto cogentes, estabelecidas no interesse público e inderrogáveis pela vontade das partes; a vontade dos litigantes não poderia interferir decisivamente no trâmite do procedimento de maneira diversa daquela prevista na norma legal.*
>
> *(c) rejeição do processo como "coisa das partes" e a inflação dos poderes oficiosos do juiz, inclusive e sobretudo na condução do procedimento; o Estado-juiz passou a ser o personagem central da relação jurídica processual"*[23]

Assim, opondo-se ao processo como "*coisa das partes*", que remetia ao privatismo romano, o Movimento da Socialização Processual ensejou um aumen-

---

Alemanha, profundamente influenciado pela pandectística. Isto irremediavelmente marca o direito processual civil com uma característica cientificista, que acaba por determinar sua neutralidade em relação à cultura. O programa alemão para ciência do processo é encampado pela doutrina italiana da primeira metade do século XX, daí aportando para o direito brasileiro." (MITIDIERO, Daniel. O processualismo e a formação do Código Buzaid. *Revista de Processo*, nº 183 São Paulo: RT, maio de 2010, p. 190).

20 GRECO, Leonardo. Publicismo e privatismo no processo civil. Revista de Processo. ano 33, nº 164, out., 2008. p. 31.

21 BARBOSA MOREIRA. O problema da "divisão do trabalho" entre juiz e partes: aspectos terminológicos. Temas de Direito Processual (Quarta Série). São Paulo: Saraiva, 1989.

22 OLIVEIRA, Carlos Alberto Alvaro. Poderes do juiz e visão cooperativa do processo, disponível em *www.abdpc.org.br*, consultado em 17 de agosto de 2014.

23 CABRAL, Antônio do Passo. Convenções Processuais: Entre Publicismo e Privatismo. p. 100.

to dos poderes do juiz, tendo sido largamente difundida a ideia de que a direção formal do processo caberia exclusivamente ao magistrado, e nem mesmo parcialmente as partes poderiam tolher do julgador este poder.[24]

Neste espeque, Robson Godinho frisa que, se a publicização do processo ensejou conquistas, o rechaço à idéia de efetiva participação das partes e da formulação de negócios jurídicos processuais, como se integrassem uma espécie de trauma epistemológico, não encontra mais lugar nesta quadra histórica.[25]

Para o autor, "*trata-se, indubitavelmente, de uma discussão clássica que exige e suporta cores absolutamente novas, afastando-se definitivamente o receio de que a publicização do processo não possa conviver com a autonomia privada*" [26].

Com a promulgação da Constituição Brasileira de 1988, sobretudo em razão do disposto nos artigos 1º, *caput*, 5º, incisos II, XXXV, LIII, LIV, LV e 93, inciso IX, fora adotado um novo paradigma no Brasil, o Estado Democrático de Direito, estabelecendo-se bases estruturantes (direitos e garantias fundamentais) para uma constitucionalização do processo[27].

A referida alteração paradigmática permitiu o aprofundamento de estudos em teoria do processo que buscam ofertar uma releitura constitucionalizada das matrizes teóricas que influenciaram (e ainda influenciam) a doutrina, a jurisprudência, bem como o próprio legislador.

---

24 GUIMARÃES, Luiz Machado. Processo autoritário e regime liberal. In Estudos de Direito Processual Civil. Rio de Janeiro: Jurídica e Universitária, 1969, p. 128.

25 GODINHO, Robson Renault. Convenções sobre o ônus da prova - estudo sobre a divisão do trabalho entre as partes e os juízes no processo civil brasileiro. Tese de doutoramento. São Paulo: PUC, 2013. p. 3-4.

26 GODINHO, Robson Renault. Convenções sobre o ônus da prova - estudo sobre a divisão do trabalho entre as partes e os juízes no processo civil brasileiro. p. 1.

27 André Del Negri esclarece que: "*No Brasil, com a Constituição de outubro de 1988, um novo marco teórico foi instituído e a partir daí o denominado Estado de Direito Democrático (art. 1º, CB/88), apresentou um projeto de democracia estruturado por princípios de direitos fundamentais, com aplicação imediata (art. 5º, 1º, da CB/88), e uma operacionalidade posta à disposição do cidadão (eixo desse projeto), entendido como construtor e reconstrutor do seu próprio ordenamento jurídico, por intermédios de procedimentos de participação popular e ações processuais constitucional*". (DEL NEGRI. André. Teoria da Constituição e do Direito Constitucional. Belo Horizonte: Forum, 2009, p.101). Como afirma Marcelo Campos Galuppo, baseando-se na obra de Lênio Streck: "*A Constituição de 1988 é o marco mais importante em nossa história recente (STRECK, 2007, p. 310-311) de um projeto que transcende ao próprio momento de promulgação do texto da Constituição e que lhe dá sentido normativo, de um projeto que é muito anterior, que vem se desenvolvendo, ainda que sujeito a tropeços, a atropelos, há muito tempo.*" (GALUPPO, Marcelo Campos (Coord). Constituição e democracia: fundamentos.Belo Horizonte: Del Rey, 2004., p.246).

A valorização dos princípios, sua incorporação, explícita ou implícita, pelos textos constitucionais e o reconhecimento pela ordem jurídica de sua normatividade fazem parte desse ambiente.

Para Marcelo Andrade Cattoni de Oliveira, a Constituição de 1988 resgataria o espírito das Constituições de 1891, de 34 e 46, no seu compromisso com a noção cara ao constitucionalismo de governo limitado, democraticamente eleito e comprometido com os direitos fundamentais.[28]

Por conseguinte, evidencia-se que o Estado Democrático de Direito se assenta em dois pilares: a *democracia* e os *direitos fundamentais*.[29] Não há democracia sem o respeito e a realização dos direitos fundamentais, e não há direitos fundamentais sem democracia.

O Poder Democrático, nos termos da Constituição de 1988, é exercido por representantes do povo, o que, por óbvio, não implica sua exclusão, haja vista que, com a outorga do poder ao povo pela Carta Magna, tem-se por indispensável a participação deste nos atos do Estado. Nas palavras de Cattoni de Oliveira:

> *"Há uma diferença técnico-conceitual entre representação e substituição que aqui é pertinente (...) Representar é agir em nome alheio na defesa de direitos ou interesses alheios; substituição é agir em nome próprio na defesa de direitos ou interesses alheios. A questão é que a representação não implica necessariamente, como no caso da substituição, exclusão do representado do processo. O problema, portanto, de se confundir representante e substituto é o de se entender erroneamente que a representação, ao contrário de mediar, viabilizar institucionalmente a participação do representado no processo deliberativo, exclui essa participação, com conseqüências obviamente desastrosas do ponto de vista democrático."*[30]

---

28 CATTONI DE OLIVEIRA, Marcelo Andrade. A legitimidade democrática da Constituição da República Federativa do Brasil: uma reflexão sobre o projeto constituinte do Estado Democrático de Direito no marco da teoria do discurso de Jürgen Habermas. In: GALUPPO, Marcelo Campos (Coord.). Constituição e democracia: fundamentos. Belo Horizonte, Fórum, 2009, p.242-243.

29 STRECK, Lenio Luiz. Jurisdição Constitucional e Decisão Jurídica. 3ª. ed. São Paulo. RT. 2013. p. 123

30 CATTONI DE OLIVEIRA, Marcelo Andrade. A súmula Vinculante n. 4 do STF e o "Desvio" Hermenêutico do TST: notas programáticas sobre a chamada "nova configuração" da jurisdição constitucional brasileira nos vinte anos da Constituição da República. In: MACHADO, Felipe Daniel Amorim; CATTONI DE OLIVEIRA, Marcelo Andrade (Coords). Constituição e Processo: a contribuição do processo ao constitucionalismo brasileiro. Belo Horizonte. Del Rey, 2009, p. 49

Nesse contexto Godinho ressalta que "*a participação das partes no processo vem sendo objeto de novas abordagens, sobretudo com publicações acerca da cooperação ou colaboração no processo e uma nova visão acerca do princípio do contraditório*". Como decorrência dessas discussões, tem-se a "*necessidade de se estudar o âmbito normativo da autonomia privada no processo e, correlatamente, os limites e possibilidades da atuação do juiz*".[31]

Atento a tais premissas constitucionais, o Novo Código de Processo Civil, com fulcro no Princípio da Cooperação[32] (art. 6º[33]), bem como no reforço da participação (democrática) do jurisdicionado no processo, abre-se à possibilidade da realização de adequações procedimentais pelas partes, ora sozinhas, ora em conjunto com o juiz, buscando a construção de procedimentos aptos a ensejar um processo constitucionalizado efetivo (e adequado) para a resolução do conflito. Do mesmo modo, no intento de oportunizar uma melhor adequação do procedimento ao caso concreto, o Novo CPC autoriza às partes disporem sobre seus ônus, poderes, faculdades e deveres processuais.

Com efeito, o Novo CPC autoriza a celebração de negócios processuais *típicos*, os quais encontram previsão expressa em diversos dispositivos do código, e *atípicos*, estes respaldados na clausula geral de negociação processual (art. 190).

Contudo, para os fins do presente estudo, consoante já ressaltado, doravante dedicaremos nossa análise aos negócios típicos, e, dentro destes, ao calendário do processo, previsto no art. 191 do CPC, buscando a devida compreensão de seus pilares e o alcance de sua implementação prática, sem, contudo, se descuidar de apontar alguns de seus limites frente à sistemática processual pátria.

---

31 GODINHO, Robson Renault. Convenções sobre o ônus da prova – estudo sobre a divisão do trabalho entre as partes e os juízes no processo civil brasileiro. p. 2.

32 Para melhor compreensão da influência da cooperação intersubjetiva na recepção da técnica de negociação processual no Brasil: FARIA, Guilherme Henrique Lage. Negócios Processuais no Modelo Constitucional de Processo. Salvador: JusPodvm, 2016.

33 Art. 6º Todos os sujeitos do processo devem cooperar entre si para que se obtenha, em tempo razoável, decisão de mérito justa e efetiva.

3 NEGÓCIOS TÍPICOS

Leonardo Carneiro da Cunha define os negócios jurídicos como "*produtos da autonomia privada ou da autorregulação do interesse, implicando liberdade de celebração e de estipulação*"[34]. Entretanto, tal fato não impede que o regime dos negócios seja determinado pela lei. Nestes casos, configuram-se os chamados Negócios Processuais Típicos, nos quais é "*dispensável o esforço da parte na sua regulação*"[35], haja vista ser esta pré-estabelecida pela legislação.

Bruno Redondo aduz que devido à contundência do protagonismo judicial na relação processual, a autonomia privada das partes, para convencionarem sobre questões processuais, encontrou, como regra geral, espaço bastante limitado sob a égide do CPC de 1973.[36]

Contudo, é importante ressaltar que os negócios típicos não são uma novidade implementada no sistema processual brasileiro pelo advento do Novo CPC, uma vez que já havia no Código de Processo Civil de 1973 uma rica gama de negócios processuais típicos, dentre os quais Cunha elenca os seguintes:

> "*a) modificação do réu na nomeação à autoria (arts. 65 e 66);*
>
> *b) Sucessão do alienante ou cedente pelo adquirente cessionário da coisa litigiosa (art. 42, § 1º);*
>
> *c) acordo de eleição de foro (art. 111);*
>
> *d) prorrogação da competência territorial por inércia do réu (art. 114);*
>
> *e) desistência do recurso (art. 158; art. 500, III);*
>
> *f) convenção sobre prazos dilatórios (art. 181);*
>
> *g) convenção para suspensão do processo (art. 265, II e 792);*
>
> *h) desistência da ação (art. 267, § 4º; art. 158, parágrafo único);*
>
> *i) convenção de arbitragem (art. 267, VII; art. 301, IX);*
>
> *j) revogação da convenção de arbitragem (art. 301, IX, e § 4º);*
>
> *k) reconhecimento da procedência do pedido (art. 269, II);*

---

34 CUNHA, Leonardo Carneiro Da. Negócios jurídicos processuais no Processo Civil Brasileiro. In: CABRAL, Antônio do Passo; NOGUEIRA, Pedro Henrique (Coords). Negócios processuais. Salvador: JusPodvm, 2015.p. 42.

35 CUNHA, Leonardo Carneiro Da. Negócios jurídicos processuais no Processo Civil Brasileiro. p. 42.

36 REDONDO, Bruno Garcia. Negócios processuais: necessidade de rompimento radical com o sistema do CPC/1973 para a adequada compreensão da inovação do CPC/2015. In: CABRAL, Antônio do Passo; NOGUEIRA, Pedro Henrique (Coords). Negócios processuais. Salvador: JusPodvm, 2015. p. 271.

l) transação judicial (arts. 269, III; 475-N, III e V, e 794, II);

m) renúncia ao direito sobre o qual se funda a ação (art. 269, V);

n) convenção sobre a distribuição do ônus da prova (art. 333, parágrafo único)

o) acordo para retirar dos autos documento cuja falsidade foi argüida (art. 392, parágrafo único);

p) conciliação em audiência (art. 447 e 449);

q) adiamento da audiência por convenção das partes (art. 453, I);

r) convenção sobre alegações finais orais de litisconsortes (art. 454, § 1º);

s) liquidação por arbitramento em razão de convenção das partes (art. 475-C, I);

t) escolha do juízo da execução (art. 475-P, parágrafo único);

u) renúncia ao direito de recorrer (art. 502);

v) requerimento conjunto de preferência no julgamento perante os tribunais (art. 565, parágrafo único);

w) desistência da execução ou de medidas executivas (art. 569);

x) escolha do foro competente pela fazenda pública na execução fiscal (art. 578, parágrafo único);

y) opção do exequente pelas perdas e danos na execução de obrigação de fazer (art. 633);

z) desistência da penhora pelo exequente (art. 667, III);

aa) administração de estabelecimento penhorado (art. 677, § 2º);

bb) dispensa da avaliação se o exequente aceitar a estimativa do executado (art. 684, I);

cc) opção do exequente por substituir a arrematação pela alienação via internet (art. 689-A);

dd) opção do executado pelo pagamento parcelado (art. 745-A);

ee) acordo de pagamento amigável pelo insolvente (art. 783);

ff) escolha de depositário de bens seqüestrados (art. 824, I);

gg) acordo de partilha (art. 1.031)."[37]

Analisando-se o referido rol, percebe-se que a maioria é constituída de negócios comissivos, mas há omissões negociais, a exemplo das hipóteses "*d*" e "*j*" acima apontadas. Cunha afirma que a propositura de demanda em juízo relativamente incompetente, aliada à inércia do réu em opor a exceção de incompetência, caracteriza um "*acordo tácito ou implícito de vontades*". Do

37 CUNHA, Leonardo Carneiro Da. Negócios jurídicos processuais no Processo Civil Brasileiro. p. 42-43.

mesmo modo, "*a propositura de demanda no juízo estatal, não obstante a convenção de arbitragem, aliada à inércia do réu em alegá-la, caracteriza convenção implícita*". Em suma, tem-se clarividente a possibilidade de omissões negociais ou "*negócios omissivos*".[38]

Os negócios típicos produzem efeitos imediatos. Atento a tal fato, Cunha chama a atenção para a desistência da ação, que produzirá efeitos apenas após a homologação pelo juiz. Frise-se, contudo, que a exigência de homologação não subtrai da desistência da ação sua natureza negocial. "*Trata-se apenas de uma condição legal para a produção de efeitos*". O negócio processual já existe com a manifestação da vontade e, se já apresentada a contestação, com a concordância do réu, "*apenas seus efeitos só se produzem com a homologação*". Portanto, "*não se pode confundir o plano da existência com o da eficácia*".[39]

O fato de a lei ser mais rigorosa na disciplina do negócio jurídico, ou submetê-lo a controle, e até mesmo exigir determinada condição, não afasta a natureza negocial da manifestação de vontade de desistir da ação. Com efeito, para Cunha, "*a parte pode escolher a categoria jurídica, o que já é suficiente para que se tenha aí um negócio jurídico*".[40]

Considerando as inúmeras hipóteses de negócios processuais típicos elencadas no Novo CPC, faz-se impossível a abordagem de todas elas no presente estudo, o que também fugiria das intenções da abordagem que ora se realiza, entretanto, no intento de oportunizar uma análise mais profícua de uma destas espécies negociais típicas ao leitor, analisaremos a seguir o calendário processual previsto no art. 191 do Novo CPC.

---

38 CUNHA, Leonardo Carneiro Da. Negócios jurídicos processuais no Processo Civil Brasileiro. p. 43.

39 CUNHA, Leonardo Carneiro Da. Negócios jurídicos processuais no Processo Civil Brasileiro. p. 44.

40 CUNHA, Leonardo Carneiro Da. Negócios jurídicos processuais no Processo Civil Brasileiro. p. 44.

4 A CALENDARIZAÇÃO DO PROCESSO

4.1 A Origem do Instituto e sua Recepção pelo Direito Brasileiro

A calendarização é técnica de governança privada bastante usual em trabalhos de auditoria, gestão de projetos e produção. O transplante dessa técnica para a esfera pública ocorreu, fundamentalmente, a partir das recomendações do *New Public Management* de Mark Moore, tão difundidas nos anos 1980 pelas gestões de Margareth Tatcher e Ronald Reagan.[41]

A necessidade de eficiência governamental fez a *rigidez formal* da *racionalidade de comando* dar lugar à *flexibilidade informal* da *racionalidade e de consenso* (fundada em noções privatísticas, técnicas empresariais e modelos gerenciais).[42]

Destarte, as relações jurídicas capitaneadas pela Administração Pública passaram a ser cada vez menos reguladas por leis, regulamentos e portarias, e cada vez mais por acordos, convenções, cartas, pactos, quase contratos, etc.[43]

Vale ressaltar que o calendário processual aqui analisado não constitui inovação no campo da processualística, tendo em vista que, em 28 de dezembro de 2005, mediante uma reforma no sistema processual francês, fora introduzida no referido ordenamento uma espécie de contrato entre o juiz e as partes (*contrat de procédure*), buscando a fixação de prazos de duração do procedimento acordados entre os sujeitos processuais, em consonância com o disposto no art. 764 do *Nouveau Code de Procédure Civile*[44].

---

41 COSTA, Eduardo José da Fonseca. Calendarização Processual. In: CABRAL, Antônio do Passo; NOGUEIRA, Pedro Henrique (Coords). Negócios processuais. Salvador: JusPodvm, 2015. p. 358.

42 COSTA, Eduardo José da Fonseca. Calendarização Processual. p. 358.

43 COSTA, Eduardo José da Fonseca. Calendarização Processual. p. 358.

44 Art. 764. O juiz do procedimento fixa, progressivamente, os prazos necessários à instrução da causa, tendo em conta a natureza, a urgência e à complexidade de esta, após ter provocado a manifestação dos advogados. Pode atribuir prorrogações de prazo. Pode, após ter recolhido a anuência dos advogados, fixar um calendário do procedimento. O calendário comporta o número previsível e a data das trocas de conclusões, data do encerramento, a dos debates, de acordo com primeiro e segundo parágrafos do art. 450, e à de entrega da decisão. Os prazos fixados no calendário do procedimento não podem ser prorrogados salvo casos de causa grave e devidamente justificada.

Seguindo uma tendência mundial de flexibilização procedimental para além das hipóteses expressamente previstas em lei, os franceses concederam maior autonomia às partes e seus advogados, no intento de possibilitar-lhes a adequação do procedimento às necessidades do caso concreto.[45]

Diogo Almeida ressalta, no entanto, que a expressão *contrat de procédure*

> *"recebeu acepções diversas, tendo-se notícia de sua aplicação a mecanismos semelhantes, mas não idênticos. Primeiramente, foi adotada na década de 1980, com (i) a possibilidade de acordos entre advogados para a fixação de um calendário processual. Mais tarde, no início dos anos 2000, os contratos de procedimento serviram para nomear (ii) os protocolos estabelecidos entre os tribunais e a ordem dos advogados, elaborados com o intuito de solucionar questões pontuais no processamento dos casos em cada corte. Por fim, a expressão é observada na doutrina quando são abordados (iii) os negócios jurídicos travados entre as partes e que contêm cláusulas atinentes ao processo ou ao procedimento – futuro ou já instaurado –,como a eleição de perito, a modificação da regra do ônus da prova, a previsão de cláusula de foro, a determinação de mediação prévia ou incidental obrigatória com maior ou menor interferência dos tribunais franceses e com o escopo de conferir agilidade e qualidade ao rito desenvolvido, sempre, considerando as especificidades de cada corte ou do caso concreto."*[46]

O autor informa ainda que, em meados da década de 1980, advogados e magistrados franceses identificaram questões que dificultavam a tramitação do processo ou a prestação jurisdicional como um todo, e que poderiam ser enfrentadas por meio de convenções celebradas entre advogados, com a aquiescência das cortes. No ano de 1985, "*esse contrato de procedimento consistia em um calendário estabelecido pelo acordo das partes*", em primeira ou segunda instância, "*que fixava de início as datas em que cada litigante deveria apresentar suas conclusões e aquela na qual ocorreria o julgamento*".[47]

Marcel Caratini aduz que os *contrats de procédure* buscavam remediar a lentidão da justiça francesa.[48] No entanto, segundo Diogo Almeida, Marcel

45 ALMEIDA, Diogo Diogo Assunpção Rezende de. As convenções processuais na experiência francesa e no Novo CPC. In: CABRAL, Antônio do Passo; NOGUEIRA, Pedro Henrique (Coords). Negócios processuais. Salvador: JusPodvm, 2015. p. 246-247.

46 ALMEIDA, Diogo Diogo Assunpção Rezende de. As convenções processuais na experiência francesa e no Novo CPC. p. 247.

47 ALMEIDA, Diogo Diogo Assunpção Rezende de. As convenções processuais na experiência francesa e no Novo CPC. p. 247-248.

48 CARATINI, Marcel. Le 'Contrat de procédure': une illusion? Gazette du Palais, nov. 1985, p. 639.

Cararini se demonstrava pouco entusiasmado com a novidade, posto que ressaltava a antinomia entre o sistema introduzido e aquele constante no *Nouveau Code de Procédure Civile*, que concedia ao magistrado o poder de impulso do processo. Não obstante, o autor francês entendia que bastava aplicar corretamente o rito legal que se alcançariam as vantagens pretendidas com a simplificação ocasionada pelos contratos de procedimento.[49]

Discordando do pessimismo de Caratini, Pierre Estoup, presidente da *Cour d'appel de Versailles*, defendia a inovação ao afirmar que somente uma disciplina comum entre advogados e magistrados permitiria reduzir os inaceitáveis atrasos que o sistema vigente impunha aos jurisdicionados. Segundo Estoup, a delimitação de prazos para o término dos processos produzia um impacto psicológico importante e não enxergava o risco de redução do impulso oficial do juiz da *mise en* état (primeira fase do procedimento bifásico francês, na qual são desenvolvidos os atos postulatórios, de saneamento e instrutórios) com a aplicação dos *contrats de procédure*.[50]

Da mesma forma, Diogo Almeida noticia que a implementação do calendário no *Tribunal de Grande Instance de Bordeaux*, presidido por Léonard Gaudin, alcançou os efeitos desejados, constatando-se a redução do tempo de tramitação dos recursos.[51]

Em 2005, com a promulgação do decreto nº. 1.678, alterou-se a redação do art. 764 do *Nouveau Code de Procédure Civile*. A nova redação introduziu a possibilidade de o juiz, com a aquiescência das partes, fixar um calendário para o procedimento da *mise en* état. A alteração legislativa "*foi recebida pela doutrina como a consagração normativa ou a introdução formal na lei dos contrats de procédure, que já se faziam presentes no processo civil francês*", em decorrência dos acordos celebrados entre tribunais e os advogados.[52]

Segundo Diogo Almeida:

49 ALMEIDA, Diogo Diogo Assunpção Rezende de. As convenções processuais na experiência francesa e no Novo CPC. p. 248.

50 ALMEIDA, Diogo Diogo Assunpção Rezende de. As convenções processuais na experiência francesa e no Novo CPC. p. 248.

51 ALMEIDA, Diogo Diogo Assunpção Rezende de. As convenções processuais na experiência francesa e no Novo CPC. p. 248.

52 ALMEIDA, Diogo Diogo Assunpção Rezende de. As convenções processuais na experiência francesa e no Novo CPC. p. 249.

"A doutrina local acolheu a novidade com algumas críticas, mas também reconheceu a utilidade do calendário para adaptação do procedimento à natureza do litígio. Por meio dele, é possível prever o número e as datas de troca de alegações e as datas em que se pronunciará a decisão final. Bertrand Lissarrague considerou positiva a possibilidade de fixação de prazos, mas não como uma forma de conferir maior flexibilidade ao processo. O autor constatou que, antes da reforma, o procedimento da mise en état *era prorrogado indefinidamente por apresentações pelas partes de argumentos no último minuto, com a anuência do juiz. O calendário poderia evitar essas manifestações imprevistas, porquanto estabelece com exatidão as datas aproximadas para a prática de cada ato, e restringe a modificação dos prazos somente em casos emergenciais."*[53]

Vale ressaltar que a crítica mais severa à alteração do art. 764 do *Nouveau Code de Procédure Civile* fica a cargo da ausência de previsão de sanções, tanto dirigidas às partes, quanto ao juiz, quando desrespeitados os prazos fixados no calendário processual.[54]

Loïc Cadiet, um dos maiores expoentes da negociação processual na atualidade, enxerga na contratualização do processo promovida pelo ordenamento francês uma forma de contribuir para a aceitação social da atividade jurisdicional e, ademais, promover uma justiça mais democrática, sob a tutela do estado, encarregado de manter o equilíbrio social.[55]

Esta abertura à consensualidade do direito francês, de acordo com Humberto Theodoro Júnior, Dierle Nunes, Alexandre Bahia e Flávio Pedron, promove um campo novo para a análise dos conflitos, de toda ordem, atingindo tanto os litígios tradicionais (patrimoniais e bipolares) quanto os litígios de interesse público.[56]

Do mesmo modo que no sistema francês, o calendário processual aqui abordado já se encontra previsto no Código de Processo Civil Italiano, em seu

---

53 ALMEIDA, Diogo Diogo Assunpção Rezende de. As convenções processuais na experiência francesa e no Novo CPC. p. 250.

54 ALMEIDA, Diogo Diogo Assunpção Rezende de. As convenções processuais na experiência francesa e no Novo CPC. p. 251.

55 CADIET, Loïc. Les conventions relatives au procès en droit français sur la contractualisation du règlement des litiges. Revista de Processo. São Paulo: RT, nº. 160, ano 33, p. 61-82, 2008. p.82.

56 THEODORO JÚNIOR, Humberto; NUNES, Dierle; BAHIA, Alexandre Melo Franco; PEDRON, Flávio Quinaud. Novo CPC – Fundamentos e sistematização. Rio de Janeiro: Forense, 2015. p. 240

art. 81-bis[57], introduzido pela *Legge 18 giugno 2009, n. 69*, devendo o juiz italiano, em consonância com as disposições do Código de Processo Civil, "*fixar o calendário, levando em conta a natureza, a urgência e a complexidade da causa*"[58]. Posteriormente, o art. 81-bis foi alterado pela *Legge 14 settembre 2011, n. 148*, acrescentando que "*o juiz há de fixar o calendário em respeito ao princípio da duração razoável do processo*".[59]

Gian Franco Ricci salienta que a previsão do calendário processual é inspirada no critério de velocidade[60], evitando-se atos protelatórios.[61] Ademais, além de instrumento gestado para implementar maior celeridade no procedimento, o calendário processual é técnica que serve à organização e à previsibilidade do processo.[62]

Os procedimentos, através da calendarização, passam a ter uma feição individualizada a cada necessidade, escapando de uma vala comum legal, o que supostamente permite adaptações e que se revestem em ganhos de economicidade e de celeridade.

Érico Andrade alerta, contudo, que:

---

57 "*Il giudice, quando provvede sulle richieste istruttorie, sentite le parti e tenuto conto della natura, dell'urgenza e della complessità della causa, fissa, nel rispetto del principio di ragionevole durata del processo, il calendario delle udienze successive, indicando gli incombenti che verranno in ciascuna di esse espletati, compresi quelli di cui all'articolo 189, primo comma. I termini fissati nel calendario possono essere prorogati, anche d'ufficio, quando sussistono gravi motivi sopravvenuti. La proroga deve essere richiesta dalle parti prima della scadenza dei termini.*

Il mancato rispetto dei termini fissati nel calendario di cui al comma precedente da parte del giudice, del difensore o del consulente tecnico d'ufficio può costituire violazione disciplinare, e può essere considerato ai fini della valutazione di professionalità e della nomina o conferma agli uffici direttivi e semidirettivi."

58 CUNHA, Leonardo Carneiro Da. Negócios jurídicos processuais no Processo Civil Brasileiro. p. 51.

59 CUNHA, Leonardo Carneiro Da. Negócios jurídicos processuais no Processo Civil Brasileiro. p. 51.

60 Em sentido contrário, Elisa Picozza afirma que o calendário do processo "é um instrumento de organização do tempo do processo e não se presta a acelerar o procedimento, embora essa gestão conjunta dos sujeitos processuais possibilite a cooperação ativa dos envolvidos." (PICOZZA, Elisa. Il calendário del processo. Rivista di Diritto Processuale, Padova, CEDAM, ano 64, n. 6, nov./dic. 2009. p. 1.652.)

61 RICCI, Gian Franco. La reforma del processo civile: legge 18 giugno 2009, n.69. Torino: G. Giappichelli Editore, 2009, p.36.

62 RICCI, Gian Franco. La reforma del processo civile: legge 18 giugno 2009, n.69. p. 37

> *"O calendário por si só não é causa direta de aceleração do processo ou de diminuição de sua duração, mas é de grande importância como instrumento de gestão processual e para oferecer às partes a previsão inicial da duração do processo. Assim, as partes, desde o início da causa, já sabem, de antemão, qual será a duração da tramitação do feito em juízo, e podem, então, valorar se a via judicial é o melhor caminho para a solução da controvérsia."*[63]

Atento a essa abertura à gestão participativa e dialogal do processo, o art. 191 do Novo CPC[64] prevê a possibilidade de celebração de um negócio processual entre as partes e o juiz, estabelecendo-se um calendário para a realização dos atos do processo.

Segundo Cunha, "*trata-se de um negócio plurilateral típico, celebrado entre juiz, autor e réu, bem como, se houver, intervenientes*"[65].

Destarte, no sistema processual brasileiro

> *"o calendário é sempre negocial; não pode ser imposto pelo juiz. Trata-se de negocio jurídico processual plurilateral, havendo a necessidade de acordo de, pelo menos, três vontades: a do autor, a do réu e a do juiz. Se houver intervenientes, estes também devem integrar o negócio processual que fixa o calendário. É bem verdade que o juiz deve zelar pela duração razoável do processo (NCPC, art. 139, II), mas isso, por si só, não lhe autoriza impor o calendário processual. É necessário que haja fixação de "comum acordo" pelo juiz e pelas partes, tal como dispõe o art. 191 do NCPC."*[66]

Trícia Cabral, atentando-se para a necessidade desta junção de vontades dos sujeitos do processo, ressalta que a fixação do calendário envolve atos e prazos das partes e do juiz, fazendo com que o instituto ganhe nítido interesse público, capaz de afastar a exclusiva disponibilidade das partes, e, consequentemente, a natureza material do acordo.[67]

---

63 ANDRADE, Érico. As novas perspectivas do gerenciamento e da "contratualização" do processo. Revista do Programa de Pós-Graduação em direito da Universidade Federal da Bahia, Salvador. n.22, 2011, p. 221.

64 Art. 191. De comum acordo, o juiz e as partes podem fixar calendário para a prática dos atos processuais, quando for o caso. § 1º O calendário vincula as partes e o juiz, e os prazos nele previstos somente serão modificados em casos excepcionais, devidamente justificados.§ 2º Dispensa-se a intimação das partes para a prática de ato processual ou a realização de audiência cujas datas tiverem sido designadas no calendário.

65 CUNHA, Leonardo Carneiro Da. Negócios jurídicos processuais no Processo Civil Brasileiro. p. 51.

66 CUNHA, Leonardo Carneiro Da. Negócios jurídicos processuais no Processo Civil Brasileiro. p. 52.

67 CABRAL, Trícia Navarro Xavier. Reflexos das convenções em matéria processual nos

Contudo, não há óbice para que as partes fixem extrajudicialmente um negócio processual e estabeleçam, entre outros termos, o calendário para ser submetido ao controle e aceitação do juiz.[68]

Frisa-se que, no campo extraprocessual, é ineficaz o negócio que envolva atos do juiz, uma vez que este é terceiro nessa relação, de modo que, nos termos do Enunciado nº. 402 do Fórum Nacional de Processualistas Civis, "*a eficácia dos negócios processuais para quem deles não fez parte depende de sua anuência, quando lhe puder causar prejuízo*". [69]

Considerando os preceitos do art. 191 do CPC, caso celebrem o calendário por acordo extrajudicial (ato bilateral), as partes devem submetê-lo para análise e anuência do magistrado, haja vista ser indispensável a manifestação da vontade do juiz para a validade do referido negócio processual.

Destarte, o ideal é que as partes requeiram, ou o próprio juiz designe, de ofício, uma audiência de conciliação para que os termos do calendário sejam estabelecidos, possibilitando a todos contribuir efetivamente para a formação do negócio processual plurilateral.[70]

Na esteira deste entendimento, Cunha ressalta que não há impedimentos para que o juiz "*designe uma audiência apenas para negociar com as partes a fixação do calendário, organizando melhor a realização dos futuros atos processuais*"[71] [72].

---

atos judiciais. In: CABRAL, Antônio do Passo; NOGUEIRA, Pedro Henrique (Coords). Negócios processuais. Salvador: JusPodvm, 2015. p. 232.

68 Aqui, faz-se importante salientar, respaldados nos ensinamentos de Trícia Cabral, que, quando celebrado extrajudicialmente, o negócio processual deve ser formulado na forma escrita, tendo em vista que sua eficácia no processo está condicionada à sua inserção nos autos, submetendo-se, via de consequência, em consonância com o parágrafo único do art. 190 do NCPC, ao controle por parte do juiz de sua validade. (CABRAL, Trícia Navarro Xavier. Reflexos das convenções em matéria processual nos atos judiciais. p. 229)

69 Segundo Diogo Almeida, no ordenamento francês, seguindo a mesma premissa, a jurisprudência exige a concordância do juiz quando o acordo atingir alguma de suas prerrogativas. Caso contrário, produz efeitos imediatamente. (ALMEIDA, Diogo Diogo Assunpção Rezende de. As convenções processuais na experiência francesa e no Novo CPC. p. 39-40).

70 CABRAL, Trícia Navarro Xavier. Reflexos das convenções em matéria processual nos atos judiciais. p. 232.

71 CUNHA, Leonardo Carneiro Da. Negócios jurídicos processuais no Processo Civil Brasileiro. p. 52.

72 No mesmo sentido encontra-se o Enunciado nº. 299 do Fórum Permanente de Processualistas Civis: "*O juiz pode designar audiência também (ou só) com objetivo*

4.2 – O Calendário Processual como Técnica de Gestão Compartilhada do Tempo do Processo

Conforme se verificou, as partes e o juiz, com base nos preceitos do art. 191 do Novo CPC, fixarão datas para a realização dos atos processuais, que ficariam todos previamente agendados.

Uma vez estabelecidas as datas realização dos atos processuais, dispensa-se a intimação das partes para sua prática, de mesmo modo que se tornam desnecessárias qualquer intimação para as audiências cujas datas tiverem sido fixadas no calendário. Em suma, "*a dispensa de intimação das partes é a principal finalidade do calendário processual*"[73].[74]

Fixado o calendário processual, o término do prazo para o autor já deflagra, automaticamente, o prazo superveniente para o réu. Eduardo Costa ressalta que tal pratica evita os chamados "*buracos negros*" (*Black Holes*), os quais denominamos anteriormente de '*etapas mortas*' do processo, isto é, os lapsos temporais perdidos com a juntada de petição, conclusão dos autos ao juiz para despacho em gabinete, devolução dos autos pelo gabinete à serventia judicial (cartório ou secretaria), remessa do teor do despacho à publicação em imprensa, certificação da publicação nos autos e retirada dos autos pela parte interessada para o cumprimento do ato pertinente. "*Tudo já está antevisto e rigorosamente datado a fim de não haver dilações improdutivas*".[75]

Assim, em vez de os autos migrarem de '*estante para estante*', há para cada sujeito processual uma agenda que previamente define datas nas quais as partes apresentarão petições e praticarão certos atos processuais, por exemplo.[76]

---

de ajustar com as partes a fixação de calendário para fase de instrução e decisão." (Grupo: Petição inicial, resposta do réu e saneamento).

73 CUNHA, Leonardo Carneiro Da. Negócios jurídicos processuais no Processo Civil Brasileiro. p. 51.

74 "*Nos processos em que se adotar o calendário processual, a cópia do instrumento do negócio é meio hábil para comprovar a tempestividade do agravo de instrumento, suprimindo a exigência do art. 1017, CPC de cópia "da certidão da respectiva intimação ou outro documento oficial que comprove a tempestividade". Caberá à parte recorrida, se for o caso, comprovar em contrarrazões o descumprimento do calendário, que importou intempestividade do recurso.*" (LIPIANI, Júlia; SIQUEIRA, Marília. Negócios jurídicos processuais sobre a fase recursal. In: CABRAL, Antônio do Passo; NOGUEIRA, Pedro Henrique (Coords). Negócios processuais. Salvador: JusPodvm, 2015. p. 464.)

75 COSTA, Eduardo José da Fonseca. Calendarização Processual. p. 356.

76 THEODORO JÚNIOR, Humberto; et al. Novo CPC – Fundamentos e sistematização. p. 255. Com esteio em Trícia Cabral, salienta-se que, para o correto funcionamento do instituto, não basta a existência de um documento ou termo de audiência contendo os

Com a calendarização processual, "*o impulso oficial sofre uma releitura*", pois não se vê o juiz movimentando o procedimento de fase em fase, tendo em vista que "*a força motriz da marcha processual deixa de estar nos despachos e passa a residir no ato inaugural que instituiu o cronograma*".[77] [78]

Por essa razão, a calendarização processual altera completamente as rotinas cartoriais e a forma de gestão da secretaria judicial.

Para Eduardo Costa, "*em verdade, o instrumento central para controle do expediente cartorial passa a ser uma agenda*". Nesta senda, tão logo os autos retornem da audiência (com o acordo de calendarização), "*cabe ao serventuário da justiça lançar, numa agenda, todas as datas-limites dos atos do processo já combinadas*", organizando-se para que as respectivas petições estejam "*prontamente juntadas a fim de que a parte contrária delas disponha e possa praticar os atos ou diligências que lhe competem*", nos prazos previamente estabelecidos.[79]

Caso seja viável[80], a principal vantagem da calendarização é permitir às partes uma previsão da duração do procedimento. De acordo com Theodoro

---

prazos fixados para a prática dos atos processuais. Se os autos forem físicos, sugere-se que os prazos sejam afixados na contracapa para que todos tenham uma rápida visualização. Por sua vez, se os autos forem eletrônicos, sugere-se a criação de uma ferramenta distintiva no programa atentando para a existência de um calendário processual, permitindo que todos, inclusive os terceiros interessados, possam ter conhecimento, em especial considerando a dispensa de intimações existente no § 2º do art. 191 do CPC. (CABRAL, Trícia Navarro Xavier. Reflexos das convenções em matéria processual nos atos judiciaisp. 234).

77 COSTA, Eduardo José da Fonseca. Calendarização Processual. p. 356.

78 Carlos Henrique Borlido Haddad, ressaltando o quão valiosa é a ideia do advogado como um co-gestor do tempo processual, aduz que "*os próprios advogados [...] não se enxergam como agentes capazes de contribuir para fomentar a celeridade processual. E não adianta a Constituição Federal estabelecer, com clareza mediterrânea, que o advogado é indispensável à administração da justiça, porque a imposição normativa esbarra na resistência cultural. Por seu turno, os juízes americanos veem necessidade de alocar os advogados nos esforços para gerenciar o ritmo dos litígios e os consideram naturais parceiros no desenvolvimento de programas de redução do atraso na condução dos processos.*" (HADDAD, Carlos Henrique Borlido. Gerenciamento processual e demandas repetitivas. Seminário demandas repetitivas na Justiça Federal: possíveis soluções processuais e gerenciais. Brasília: Conselho da Justiça Federal, Centro de Estudos Judiciário, 2013, p. 88)

79 COSTA, Eduardo José da Fonseca. Calendarização Processual. p. 357.

80 Acordos que importarão impacto no funcionamento dos tribunais devem ser analisados de forma acurada pelo magistrado, haja vista a necessidade de aferir a viabilidade da própria calendarização, eis que seu efeito pode gerar uma dificuldade na rotina administrativa do órgão jurisdicional. Nesta senda, na concepção de Theodoro Júnior, Dierle Nunes, Alexandre Bahia e Flávio Pedron, é importante o *court management*. (THEODORO JÚNIOR, et al. Novo CPC - Fundamentos e sistematização. p. 256) No mesmo sentido, Flávio Yarshell ressalta que "*diferentemente do árbitro, o juiz estatal tem sob sua presidência*

Júnior, Nunes, Bahia e Pedron, este ganho de previsibilidade acaba por se revestir em um ganho de efetividade.[81]

É importante ressaltar que, por se tratar de negócio plurilateral, entendemos que o calendário vincula as partes e o juízo[82], em que pese o §1º do art. 191 do CPC fazer referência à figura do juiz, uma vez que, se assim o fosse, a calendarização do processo restaria manifestamente prejudicada em comarcas de primeira entrância, tendo em vista a grande alternância dos magistrados, bem como em qualquer hipótese de modificação do juiz ao longo do processo, o qual poderia, assumindo conduta claramente anti-cooperativa, desconsiderar a validade do calendário processual, e, ter por intempestivo ato praticado na data pré-estabelecida (estando este alcançado pela preclusão, em decorrência da não observância do prazo previsto em lei - art. 218 do Novo CPC), ocasionando, assim, enorme prejuízo à parte.

A título de baliza contrafática à referida prática não cooperativa, os prazos previstos no calendário, uma vez que estabelecidos de modo coparticipativo pelos sujeitos processuais, "*só podem ser alterados em casos excepcionais, devidamente justificados*"[83], haja vista que, nos termos do Enunciado nº. 407 do Fórum Nacional de Processualistas Civis, "*nos negócios processuais, as partes e o juiz são obrigados a guardar nas tratativas, na conclusão e na execução do negócio o princípio da boa-fé*".

É importante salientar que, em que pese ser possível, a mudança dos prazos estabelecidos no calendário processual, quando devidamente justificada, somente deve ocorrer "*antes do escoamento dos prazos fixados*"[84], em

---

outros processos (frequentemente em número significativo)" tal fato poderia fazer com que fosse "*indesejável ou sequer factível que o juízo estabeleça regras diferenciadas que, inclusive, poderiam comprometer o respeito à ordem cronológica que a própria lei cuidou de estabelecer (art. 12)*". (YARSHELL, Flávio Luiz. Convenção das partes em matéria processual: rumo a uma nova era? In: CABRAL, Antônio do Passo; NOGUEIRA, Pedro Henrique (Coords). Negócios processuais. Salvador: JusPodvm, 2015. p. 79)

81 THEODORO JÚNIOR, Humberto; et al. Novo CPC – Fundamentos e sistematização. p. 257

82 Corrobora com o presente entendimento o Enunciado nº 414 do Fórum Permanente de Processualistas Civis: "*O disposto no §1º do artigo 191 refere-se ao juízo*". (Grupo: Negócios processuais)

83 CUNHA, Leonardo Carneiro Da. Negócios jurídicos processuais no Processo Civil Brasileiro. p. 51.

84 CUNHA, Leonardo Carneiro Da. Negócios jurídicos processuais no Processo Civil Brasileiro. p. 53.

analogia ao disposto no parágrafo único do art. 139 do CPC[85], tendo em vista que, após o término do prazo estabelecido de comum acordo pelos sujeitos processuais, o ato estaria alcançado pela preclusão temporal (art. 223 do mesmo diploma normativo).

Urge imperioso salientar que, para o correto funcionamento dessa técnica de dinamização do procedimento, mostra-se imprescindível que o magistrado chegue ao acordo com as partes acerca das datas dos atos processuais, estabelecendo-se um calendário do processo que deverá ser rigorosamente obedecido, salvo, conforme já ressaltado, razões de grave justificativa, tal como no modelo francês.[86]

Segundo Gian Franco Ricci, o calendário processual normalmente se relaciona com a prática de atos instrutórios.[87] Assim, fixado o calendário para os atos instrutórios do processo, "*tudo torna-se mais previsível; todos os atos ficam agendados*", sabendo-se quando serão praticados, "*concretizando-se a duração razoável do processo*".[88] Cunha afirma que "*quando o juiz determina a realização de perícia, deve haver, se possível, a fixação de calendário para os atos relativos à prova pericial (NCPC, art. 357, §8º)*"[89].

Faz-se oportuno ressaltar que a calendarização pode ser estabelecida em qualquer fase do procedimento, tendo em vista que "é possível estabelecer o calendário *processual para a prática de atos postulatórios, a exemplo das razões finais, bem como para a prática de atos decisórios e executivos*", em que pese ser mais provável, sua ocorrência na fase de organização e saneamento do processo. Com efeito, o §8º art. 357 do CPC prevê que "*caso tenha sido determinada a produção de prova pericial, o juiz deve observar o disposto no art. 465 e, se possível, estabelecer, desde logo, calendário para sua realização*".[90]

---

85 O referido dispositivo permite a dilação de prazo processual pelo juiz somente caso determinada antes de encerrado o prazo regular.

86 THEODORO JÚNIOR, Humberto; et al. Novo CPC – Fundamentos e sistematização. p. 256

87 RICCI, Gian Franco. La reforma del processo civile: legge 18 giugno 2009, n.69. p. 37

88 CUNHA, Leonardo Carneiro Da. Negócios jurídicos processuais no Processo Civil Brasileiro. p. 52.

89 CUNHA, Leonardo Carneiro Da. Negócios jurídicos processuais no Processo Civil Brasileiro. p. 52.

90 CUNHA, Leonardo Carneiro Da. Negócios jurídicos processuais no Processo Civil Brasileiro. p. 52.

Contudo, urge inexorável salientar que o calendário previsto no §8º do art. 357 do CPC não se confunde com o calendário processual aqui analisado (art. 191), uma vez que este último "é fixado, de comum acordo, entre juiz e as partes para quaisquer atos processuais e, uma vez estabelecido, vincula todos, dispensando intimações dos atos agendados". Ao passo que "*o calendário da prova pericial é imposto pelo juiz, não dispensando as intimações*".[91]

Nada impede, todavia, que a prova pericial passe a integrar o calendário processual estabelecido de comum acordo entre o juiz e as partes, nos moldes do art. 191 do CPC. Neste caso, a prova pericial seria apenas mais uma etapa processual que estaria contemplada no calendário.

Com efeito, de acordo com Cunha, "*o §8º do art. 357 do CPC prevê um calendário específico só para a prova pericial, quando as partes e o juiz não tenham, de comum acordo, fixado o calendário processual, ou não a tenham nele incluído*"[92].

É possível, porém, que o juiz e as partes, de comum acordo, nos termos do art. 191 do CPC, estabeleçam um calendário específico para a prova pericial. Neste caso, "*ficam vinculados e dispensam-se as intimações dos atos pertinentes à prova pericial*"[93].

Em sede de execução também é plenamente possível a instituição de uma tabela temporal para a etapa de implementação prática de uma sentença condenatória de obrigação de fazer (nos casos em que o condenado concorde em cumpri-la).[94]

De acordo com as lições de Eduardo Costa:

> "*Na etapa de execução da tutela específica, é possível que as partes celebrem um cronograma de cumprimento voluntário. Isso permitirá que o juiz e autor promovam um controle individual ou conjunto do cumprimento das etapas do cronograma, e, realizem o acompanhamento e monitoramento desses timinsg [procedural timings controls]. Em execuções de obrigação de fazer mais complexas (e.g., implantação de políticas públicas em juízo), a supervisão pari passu do cumprimento das tarefas também pode ser realizada por*

91 CUNHA, Leonardo Carneiro Da. Negócios jurídicos processuais no Processo Civil Brasileiro. p. 53.

92 CUNHA, Leonardo Carneiro Da. Negócios jurídicos processuais no Processo Civil Brasileiro. p. 53.

93 CUNHA, Leonardo Carneiro Da. Negócios jurídicos processuais no Processo Civil Brasileiro. p. 53.

94 COSTA, Eduardo José da Fonseca. Calendarização Processual. p. 367.

> *administrador da confiança do juiz, ou indicado pelas partes (chamado pela doutrina estadunidense de master), sem que lhe sejam atribuídos poderes de intervenção no Poder Público, ou de gestão direta sobre a implantação da política. Com isso se percebe que, em execuções complexas e delongadas sob racionalidade cooperativa, a dinâmica do processo se assemelha muito a uma atividade reguladora: as cláusulas de acordo de calendarização definem os marcos regulatórios [rule-making] e os meios de fiscalização do cumprimento do cronograma [monitoring].*"[95]

No bojo deste acordo seria possível estipular:

> "*a) a incidência de multa penal pelo atraso no cumprimento de cada etapa do cronograma (ou seja, é possível a estipulação de sanções pelo descumprimento dos timings), sem prejuízo de multa diária em caso de expiração do prazo para o cumprimento total da obrigação de fazer; b) a incidência de multa diária em caso de expiração do prazo para o cumprimento total da obrigação, sem incidir qualquer multa penal pelo atraso nos timings.*"[96]

Em suma, a própria fase de implementação prática do direito por intermédio da tutela executiva sofre uma releitura com a calendarização do processo, uma vez que a força coercitiva dos institutos inerentes ao processo executivo dá lugar à racionalidade negocial (de consenso), fazendo com que as partes e o juízo possam deliberar sobre o modo e o prazo adequado para cumprimento da decisão, ou implementação da obrigação constante do título executivo extrajudicial.

Na hipótese de caso fortuito ou força maior, pode qualquer das partes invocar a Teoria da Imprevisão e requerer a convocação de uma nova audiência para que se discuta a revisão do acordo, a fim de que ele seja readequado às novas circunstâncias que dificultam o cumprimento da obrigação no tempo anteriormente previsto.[97]

Para se evitar a constante necessidade de revisão do cronograma, Eduardo Costa ressalta ser possível "*que cada etapa seja objeto de rodada própria de negociação. Ou seja, é possível que, ao fim de cada etapa realizada, o juiz convoque as partes para uma negociação do passo subsequente*". A esse agrupamento

---

95 COSTA, Eduardo José da Fonseca. Calendarização Processual. p. 367. Para maior compreensão da execução negociada de políticas públicas: THEODORO JR., Humberto; NUNES, Dierle; BAHIA, Alexandre. Litigância de Interesse Público e Execução Comparticipada de Políticas Públicas. Revista de Processo. São Paulo: RT, 2013, nº. 224. p. 122-152.

96 COSTA, Eduardo José da Fonseca. Calendarização Processual. p. 367-368.

97 COSTA, Eduardo José da Fonseca. Calendarização Processual. p. 368.

funcional de acordos dá-se o nome de *coligação de negócios jurídicos* (Orlando Gomes) ou *união interna de negócios jurídicos* (Pontes de Miranda).[98]

Outra questão relevante a ser observada é se o calendário vincularia terceiros que eventualmente fossem inseridos no processo.

Neste ponto, Trícia Cabral ressalta que:

> *"Nos casos de inclusão, sucessão ou de substituição das partes, de seu representante ou de seu procurador, ou mesmo do juiz, o calendário deve seguir as características de cada uma dessas figuras processuais para fins de vinculação ou não do calendário.*
>
> *Assim, em relação às partes, seus representantes e procuradores, a substituição vincula os sucessores (art. 108 a 112, NCPC). Se a hipótese é de litisconsórcio, será necessária a concordância do litisconsorte, já que considerado litigante distinto. No que tange às figuras de intervenção de terceiros, considerando que também são litigantes distintos, será imprescindível a concordância ou adesão do terceiro ao calendário, salvo nos casos de assistência simples, em que o assistente será apenas incluído no calendário, mas não precisará concordar com seus termos, nem mesmo se o assistido for revel ou omisso e houver a substituição processual de que trata o parágrafo único do art. 121, do NCPC."*[99]

Em suma, o calendário revela-se uma técnica democrática, e, caso bem compreendida e implementada de modo adequado, poderá resultar em consideráveis ganhos de economia e eficiência para a atividade processual.

4.3 – A (In)Possibilidade de Inclusão da Sentença no Calendário Processual

Questão recorrentemente enfrentada pelos estudiosos da calendarização processual encontra-se na possibilidade (ou não) de inclusão da data de prolação da sentença no calendário.

Nesta senda, passa-se ao enfrentamento da referida questão à luz das *Normas Fundamentais* do Novo CPC.

Analisando as Normas Fundamentais do Novo CPC, verifica-se, em seu art. 12, que, visando ofertar ao jurisdicionado maior previsibilidade do julgamento de sua demanda, bem como maior controle sobre a atividade jurisdicional, esta-

---

98 COSTA, Eduardo José da Fonseca. Calendarização Processual. p. 368.

99 CABRAL, Trícia Navarro Xavier. Reflexos das convenções em matéria processual nos atos judiciais. p. 234-235.

beleceu-se que "*os juízes e os tribunais atenderão, preferencialmente, à ordem cronológica de conclusão para proferir sentença ou acórdão*". Ou seja, institui-se uma ordem cronológica do julgamento das demandas pela conclusão dos processos para decisão, devendo, por conseguinte, aqueles que foram conclusos primeiro, serem julgados antes daqueles que lhes sucederam na conclusão.

Tal previsão, em que pese resultar em elementar ferramenta de controle e fiscalização dos atos do Estado, importa em grande problemática para a calendarização do processo, tendo em vista que, se a sentença somente pode ser proferida de acordo com a ordem cronológica, a princípio, não haveria possibilidade de se estabelecer no calendário a data de prolação desta.

Nas palavras de Cunha, "*como compatibilizar o calendário processual fixado entre as partes e o juiz (NCPC, art. 191) com o respeito à ordem cronológica de julgamento)?*"[100]

Por se tratar de norma fundamental do Novo CPC, tem-se por elementar que não é possível fixar no calendário uma data para a prolação da sentença sem observância da ordem cronológica. Ademais, a referida disposição atingiria terceiros que aguardam na "fila" de conclusão para sentença.

Frise-se que o negócio processual passível de ocasionar prejuízo a terceiro não pode produzir efeitos em sua esfera jurídica sem a concordância deste, tendo em vista que a vontade é requisito essencial à validade (e neste caso, em especial, à eficácia) do negócio jurídico, sem a qual este não pode surtir efeitos.[101]

Visando solucionar a problemática, Cunha aponta que a compatibilização do calendário processual com a ordem cronológica de julgamento poderia ocorrer de duas maneiras:

> *"(a) ou bem se entende que a sentença não é ato que possa ser inserido no calendário processual; (b) ou, no calendário, fica estabelecido que a sentença será proferida em audiência especificamente designada para tanto, com sua data fixada no próprio calendário. É que a sentença proferida em audiência exclui-se da ordem cronológica (NCPC, art. 12, §2º, I)"*[102]

---

100 CUNHA, Leonardo Carneiro Da. Negócios jurídicos processuais no Processo Civil Brasileiro. p. 53.

101 Corrobora com este entendimento o conteúdo do Enunciado nº. 402 do Fórum Nacional de Processualistas Civis: "*A eficácia dos negócios processuais para quem deles não fez parte depende de sua anuência, quando lhe puder causar prejuízo.*" (Grupo: Negócios processuais)

102 CUNHA, Leonardo Carneiro Da. Negócios jurídicos processuais no Processo Civil Brasileiro. p. 53.

Para analisar as alternativas postas pelo autor, fazem-se importante algumas ponderações.

A designação de audiência específica para julgamento da demanda, conforme proposto por Cunha na opção "b", resultaria em latente violação ao disposto no art. 12 do Novo CPC, incorrendo os sujeitos processuais em clarividente ofensa à sistemática processual, em decorrência da fraude à ordem cronológica de julgamento. Sem embargo, urge ressaltar, mais uma vez, que a referida convenção, por resultar prejuízo a terceiros, os quais se encontram aguardando na 'fila' de julgamento estabelecida pela conclusão de suas demandas, apenas poderá produzir efeitos em caso de anuência destes, conforme entendimento elucidado no já mencionado Enunciado nº. 402 do Fórum Permanente de Processualistas Civis.

Em suma, a alternativa "*b*" não encontra respaldo no ordenamento jurídico.

Por outro lado, o art. 366 do NCPC prevê que "*encerrado o debate ou oferecidas as razões finais, o juiz proferirá sentença em audiência ou no prazo de 30 (trinta) dias*". Nesta hipótese, caso a sentença seja proferida ao final da audiência de instrução e julgamento, não há de se falar em fraude à ordem cronológica de julgamento, tendo em vista se tratar de situação excluída da regra prevista no caput do art. 12 do Novo CPC, em consonância com o disposto em seu §2º, inciso I[103].

Com efeito, considerando que não há como as partes, conjuntamente com o juiz, calendarizarem uma audiência específica para julgamento da demanda, uma boa opção negocial para fomentar a prolação da sentença em sede audiência de instrução e julgamento (art. 366 do NCPC) é o *saneamento compartilhado*[104] estabelecido no §2º do art. 357 do NCPC, o qual estabelece que "*as partes podem apresentar ao juiz, para homologação, delimitação consensual das questões de fato e de direito a que se referem os incisos II e IV, a qual, se homologada, vincula as partes e o juiz*".[105]

---

103 § 2º Estão excluídos da regra do *caput*: I – as sentenças proferidas em audiência, homologatórias de acordo ou de improcedência liminar do pedido;

104 No mesmo sentido, Trícia Cabral ressalta que "*para que o calendário tenha máxima efetividade, é importante que seja conjugado com outros atos de otimização do processo, como a fixação de pontos controvertidos, a delimitação de fatos, questões de direito e das provas, a resolução de questões pendentes, tudo para que os prazos sejam cumpridos sem obstáculo e sem a necessidade de alterações*". (CABRAL, Trícia Navarro Xavier. Reflexos das convenções em matéria processual nos atos judiciais. p. 234.)

105 Escudados nas premissas do Modelo Constitucional de Processo, tem-se o saneamento compartilhado previsto no §2º do art. 357 do NCPC, do mesmo modo que o calendário

Aqui, dado a delimitação das questões que serão objeto de debate, minorando a necessidade de oferecimento de memoriais (§ 2° do art. 364 NCPC), facilitado estaria o enfrentamento pelo juiz de todos os argumentos deduzidos no processo capazes de, em tese, infirmar a conclusão adotada pelo julgador (§ 1°, IV do art. 489 NCPC), oportunizando, desse modo, que a sentença seja proferida ao final da audiência de instrução e julgamento, não necessitando que o processo seja incluído na ordem cronológica em razão da conclusão.

Por consectário, em que pese não ser possível a calendarização da decisão, tal como proposto por Cunha na alternativa "*a*", há maneiras negociais de fomentar sua ocorrência na hipótese do art. 12, §2°, I do Novo CPC.

Com efeito, em que pese se tratar de técnica de gestão capaz de dar maior celeridade à atividade processual, o Novo CPC apresenta um limite para o alcance da calendarização do processo, tanto na fase de conhecimento, quanto na fase recursal, a qual se encontra, nos termos do art. 12, limitada ao momento de conclusão da demanda para julgamento.

CONSIDERAÇÕES FINAIS

Ao longo do presente estudo percebeu-se que para a adequada implementação da técnica de negociação processual instituída pelo CPC/2015, e, em especial, do calendário processual previsto em seu art. 191, é necessário partir-se de uma nova premissa.

As alterações legislativas (e sistêmicas) implementadas pelo Novo CPC, em especial a possibilidade de celebração de negócios processuais, já revela

processual, deve vincular as partes e o juízo, tendo em vista que, desde os ensinamentos de Fazzalari, o provimento decisório é formado em contraditório entre as partes e o juízo. A decisão, como ultimo ato do processo, deve ser o resultado lógico da atividade desenvolvida pelas partes e pelo juízo no *iter* procedimental. Assim sendo, considerando que as partes podem apresentar a "*delimitação consensual das questões de fato e de direito a que se referem os incisos II e IV*" para homologação, uma vez homologada, a referida delimitação deverá vincular as partes e o juízo, haja vista que após este momento dar-se-á início a fase probatória, na qual irão ser objeto de dilação probatória apenas os pontos controvertidos delimitados de maneira consensual, não podendo as partes, na hipótese de alternância do julgador, serem surpreendidas com a "*ausência de comprovação*" de questões já previamente decididas (de forma consensual), e homologadas pelo Estado, no momento do saneamento compartilhado. Vale lembrar que a *não-surpresa* e o *dever de consulta* são garantias processuais-constitucionais do jurisdicionado constantes no art. 5°, LIV e LV da CF/88, bem como nos arts. 9° e 10 do NCPC.

uma tendência de democratização do processo, adotando um direito mais eficiente e próximo da sociedade e da solução das demandas.

A própria concepção de que o processo civil, por ser ramo do direito público, estaria revestido apenas por normas cogentes e indisponíveis (insuscetíveis de alteração), já se mostra ultrapassada.

A título de exemplo poder-se-ia mencionar o Direito Francês, no qual o enquadramento do processo civil como ramo do direito público já foi abandonada, sendo certo que o mesmo (na atualidade) é denominado *droit judiciaire prive*, ou, traduzido livremente, '*Direito Judiciário Privado*', uma vez que se entende que o processo civil encontra-se situado entre o direito público e o direito privado, não se vinculando de forma definitiva a nenhum deles.

A evolução da sistemática processual civil no direito brasileiro direciona-se para a flexibilização do procedimento em prol da implementação de maior efetividade do processo, enquanto metodologia constitucional de concretização dos direitos.

É evidente que o processo rígido e inflexível nem sempre oferta, com eficiência e celeridade, o que as partes desejariam para a solução de seu conflito.

Neste sentido, é necessário buscar a construção de um direito processual, pautado em um paradigma democrático, que perceba a importância do papel de todos os sujeitos processuais na gestão e controle do processo.

Os negócios processuais são, neste sentido, exemplos claros que o processo não é obra exclusiva do julgador, bem como que o contrato também não é obra exclusiva das partes. O procedimento jurisdicional pode sim empregar soluções negociais em prol de sua efetividade.

A adequada administração da justiça é de interesse de todos os sujeitos processuais, não apenas do órgão jurisdicional, em especial ao se considerar que os maiores interessados na efetiva resolução do litígio são as partes.

Com efeito, revela-se essencial a compreensão da Calendarização do Processo como técnica de gestão compartilhada do tempo procedimental, haja vista que esta, conforme se verificou, é capaz de oportunizar uma minoração das 'etapas mortas' do processo, que tanto violam o Princípio Constitucional da Razoável Duração do Processo.

A referida compreensão perpassa pelo conhecimento da maneira correta de implementação e da percepção da amplitude do instituto, em especial no que tange a seus limites, haja vista que, no Modelo Constitucional de Processo, jamais poderiam ser consideradas válidas disposições processuais, ainda que negociais, contrárias aos preceitos constitucionais e às Normas Fundamentais do Novo CPC.

REFERÊNCIAS BIBLIOGRÁFICAS

ANDRADE, Érico. **As novas perspectivas do gerenciamento e da "contratualização" do processo.** Revista do Programa de Pós-Graduação em direito da Universidade Federal da Bahia, Salvador. n.22, 2011.

ALMEIDA, Diogo Diogo Assunpção Rezende de. As convenções processuais na experiência francesa e no Novo CPC. In: CABRAL, Antônio do Passo; NOGUEIRA, Pedro Henrique (Coords). **Negócios processuais**. Salvador: JusPodvm, 2015.

BARBOSA MOREIRA. **O problema da "divisão do trabalho" entre juiz e partes: aspectos terminológicos**. Temas de Direito Processual (Quarta Série). São Paulo: Saraiva, 1989.

CABRAL, Antônio do Passo. **Convenções Processuais: Entre Publicismo e Privatismo**. Tese apresentada como requisito parcial para obtenção do grau de Livre-Docente. São Paulo: Faculdade de Direito do Largo São Francisco, 2015.

CABRAL, Trícia Navarro Xavier. Reflexos das convenções em matéria processual nos atos judiciais. In: CABRAL, Antônio do Passo; NOGUEIRA, Pedro Henrique (Coords). **Negócios processuais**. Salvador: JusPodvm, 2015.

CADIET, Loïc. **Les conventions relatives au procès en droit français sur la contractualisation du règlement des litiges**. Revista de Processo. São Paulo: RT, nº. 160, ano 33, p. 61-82, 2008.

CARATINI, Marcel. **Le 'Contrat de procédure': une illusion?** Gazette du Palais, nov. 1985.

CATTONI DE OLIVEIRA, Marcelo Andrade. A súmula Vinculante n. 4 do STF e o "Desvio" Hermenêutico do TST: notas programáticas sobre a chamada "nova configuração" da jurisdição constitucional brasileira nos vinte anos da Constituição da República. In: MACHADO, Felipe Daniel Amorim; CATTONI DE OLIVEIRA, Marcelo Andrade (Coords). **Constituição e Processo: a contribuição do processo ao constitucionalismo brasileiro**. Belo Horizonte. Del Rey, 2009.

CATTONI DE OLIVEIRA, Marcelo Andrade. A legitimidade democrática da Constituição da República Federativa do Brasil: uma reflexão sobre o projeto constituinte do Estado Democrático de Direito no marco da teoria do discurso de Jürgen Habermas. In: GALUPPO, Marcelo Campos (Coord.). **Constituição e democracia: fundamentos**. Belo Horizonte, Fórum, 2009.

CHIOVENDA, Giuseppe. **Instituições de Direito Processual Civil**. Tradução Paulo Capittanio. Campinas. Bookseller, 1998, v. 3.

CONSELHO NACIONAL DE JUSTIÇA. **Relatório Justiça em Números - 2015**. Disponível em: <http://www.cnj.jus.br/programas-e-acoes/pj-justica-em-numeros>. Acesso em 08/10/2016.

COSTA, Eduardo José da Fonseca. Calendarização Processual. In: CABRAL, Antônio do Passo; NOGUEIRA, Pedro Henrique (Coords). **Negócios processuais**. Salvador: JusPodvm, 2015.

CUNHA, Leonardo Carneiro da. Negócios jurídicos processuais no Processo Civil Brasileiro. In: CABRAL, Antônio do Passo; NOGUEIRA, Pedro Henrique (Coords). **Negócios processuais**. Salvador: JusPodvm, 2015.

DEL NEGRI. André. **Teoria da Constituição e do Direito Constitucional**. Belo Horizonte: Forum, 2009.

FARIA, Guilherme Henrique Lage. Negócios Processuais no Modelo Constitucional de Processo. Salvador: JusPodvm, 2016.

GALUPPO, Marcelo Campos (Coord). **Constituição e democracia: fundamentos**. Belo Horizonte: Del Rey, 2004.

GODINHO, Robson Renault. **Convenções sobre o ônus da prova - estudo sobre a divisão do trabalho entre as partes e os juízes no processo civil brasileiro**. Tese de doutoramento. São Paulo: PUC, 2013.

GRECO, Leonardo. **Publicismo e privatismo no processo civil**. Revista de Processo. ano 33, nº 164, out., 2008.

GUIMARÃES, Luiz Machado. **Processo autoritário e regime liberal**. In Estudos de Direito Processual Civil. Rio de Janeiro: Jurídica e Universitária, 1969.

HADDAD, Carlos Henrique Borlido. **Gerenciamento processual e demandas repetitivas**. Seminário demandas repetitivas na Justiça Federal: possíveis soluções processuais e gerenciais. Brasília: Conselho da Justiça Federal, Centro de Estudos Judiciário, 2013.

KOHLER, Josef. **Ueber processrechtliche Verträge und Creationen**. Gesammelte Beiträge zum ZivilprozeB. Berlin: Scientia Verlag Aalen, 1894, Reed. 1969.

LIEBMAN, Enrico Tullio. **Manual de Direito Processual Civil, I**. Tradução e notas Candido Rangel Dinamarco. 3 ed. São Paulo: Malheiros, 2005.

LIPIANI, Júlia; SIQUEIRA, Marília. Negócios jurídicos processuais sobre a fase recursal. In: CABRAL, Antônio do Passo; NOGUEIRA, Pedro Henrique (Coords). **Negócios processuais**. Salvador: JusPodvm, 2015.

MITIDIERO, Daniel. **O processualismo e a formação do Código Buzaid**. Revista de Processo, nº 183 São Paulo: RT, maio de 2010.

NUNES, Dierle José Coelho. **Processo Jurisdicional Democrático**. Curitiba: Juruá, 2008.

OLIVEIRA, Carlos Alberto Alvaro. **Poderes do juiz e visão cooperativa do processo**. disponível em *www.abdpc.org.br*, consultado em 17 de agosto de 2014.

PICOZZA, Elisa. **Il calendário del processo**. Rivista di Diritto Processuale, Padova, CEDAM, ano 64, n. 6, nov./dic. 2009.

REDONDO, Bruno Garcia. Negócios processuais: necessidade de rompimento radical com o sistema do CPC/1973 para a adequada compreensão da inovação do CPC/2015. In: CABRAL, Antônio do Passo; NOGUEIRA, Pedro Henrique (Coords). **Negócios processuais**. Salvador: JusPodvm, 2015

RICCI, Gian Franco. **La reforma del processo civile: legge 18 giugno 2009, n.69**. Torino: G. Giappichelli Editore, 2009.

SATTA, Salvatore. **Contributo alla dottrina dell'arbitrato**. Milano: Vita e Pensiero, 1931.

SATTA, Salvatore. **Accordo (diritto processuale civile)**. Enciclopedia del Diritto. Milano: Giuffré, vol.I, 1958.

SOARES, Carlos Henrique; DIAS, Ronaldo Brêtas de Carvalho. **Manual Elementar de Processo Civil**. 2ª Ed. - Belo Horizonte: Del Rey, 2012.

STRECK, Lenio Luiz. **Jurisdição Constitucional e Decisão Jurídica**. 3ª. ed. São Paulo. RT. 2013.

THEODORO JR., Humberto; NUNES, Dierle; BAHIA, Alexandre. **Litigância de Interesse Público e Execução Comparticipada de Políticas Públicas. Revista de Processo**. São Paulo: RT, 2013, nº. 224.

THEODORO JÚNIOR, Humberto; NUNES, Dierle; BAHIA, Alexandre Melo Franco; PEDRON, Flávio Quinaud. **Novo CPC - Fundamentos e sistematização**. Rio de Janeiro: Forense, 2015.

YARSHELL, Flávio Luiz. Convenção das partes em matéria processual: rumo a uma nova era? In: CABRAL, Antônio do Passo; NOGUEIRA, Pedro Henrique (Coords). **Negócios processuais**. Salvador: JusPodvm, 2015.

38

A ATUAÇÃO DO ADVOGADO NAS AÇÕES DE DIREITO DE FAMÍLIA NO NOVO CÓDIGO DE PROCESSO CIVIL BRASILEIRO

Carlos Henrique Soares

Advogado

1 DIREITOS DE FAMÍLIA

Para a proteção da família e para a garantia dos direitos, é indispensável entender o novo conceito, pós-moderno, de família, e assim, verificar os instrumentos processuais que temos a disposição para resguardar os direitos dos entes familiares, no que tange à guarda, filiação, alimentos, visitas, reconhecimento e extinção de sociedade conjugal e união estável.

Constitucionalmente, segundo o art. 226 da Constituição brasileira, a família é a base da sociedade e tem proteção especial do Estado. Isso significa que o conceito de família não ficou definido pela constituição, mas ficou definido que a mesma será protegida.

Portanto, família é um *locus* que deve ser protegido, no sentido de garantir aos indivíduos, componentes da família, o desenvolvimento moral, psicológico e de integridade física, sendo-lhe garantido, a dignidade humana (art. 1º., CR/88).

Para Cristiano Chaves de Farias e Nelson Rosenvald é inadmissível um sistema familiar fechado, eis que, a um só tempo, atentaria contra a dignidade humana, assegurada constitucionalmente, contra a realidade social viva e presente da vida e, igualmente, contra os avanços da contemporaneidade, que restariam tolhidos, emoldurados numa ambientação previamente delimitada. Por isso, estão admitidas no Direito de Família todas as entidades fundadas no afeto, na ética e na solidariedade recíproca, mencionadas, ou não, expressamente pelo comando do art. 226 da Carta Maior[1].

Quando utilizamos o termo *direitos das famílias* queremos informar que não há apenas uma forma de constituição de família, mas sim, várias modalidades de família.

De acordo com Vianna, a família não decorre somente do casamento civil e nem é concebida exclusivamente como união duradoura entre homem e mulher. Por força do disposto no parágrafo 4º do artigo 226 da CF, a família é concebida, na sua noção mínima, como a comunidade formada por qualquer dos pais e seus descendentes, abrangendo, também, as outras formas de entidade familiar, como aquela decorrente do casamento civil, do casamento religioso, e da união estável entre o homem e a mulher, nos termos dos outros dispositivos contidos no artigo 226 da CR/88[2].

Assim, podemos identificar diversas modalidades de famílias e todas gozam de proteção pela Constituição e pela legislação federal. São elas: a) família matrimonial; b) família monoparental; c) União Estável; d) Família Substituta; e) Família anaparental; f) família homoafetiva.

O importante, no conceito de família, é saber que se trata de um laço afetivo, e por tal razão, todos os conflitos que possam surgir desse laço afetivo, devem ser tratados sobre dois planos, quais sejam, o **jurídico** e o **psicológico**. Qualquer tentativa de resolver a questão, apenas por um dos pontos, será, infelizmente, fadada ao insucesso, haja vista que sempre ficará pendente de resolução, a outra face da moeda, pois a afetividade e seus problemas, não serão resolvidos apenas com decisão judicial.

Ressalve-se apenas que, quando se propõe resolver problemas familiares, em dois âmbitos do conhecimento humano distintos, mas conexos, juridicamente e psicologicamente, verificamos que o Judiciário precisará ter uma nova estrutura, e isso ainda não é a realidade no Brasil. Esse também deve ser o desafio que os novos profissionais do direito, em especial os advogados, conciliadores e mediadores. Nesse sentido, em que pese uma tendência moderna no ponto de vista

---

1 Cristiano Chaves de Farias e Nelson Rosenvald. Direito das Famílias. Rio de Janeiro: Editora Lumen Juris, 2008, p.37.

2 VIANNA, Roberta Carvalho. **O instituto da família e a valorização do afeto como princípio norteador das novas espécies da instituição no ordenamento jurídico brasileiro.** Diposnível em: <http://www.google.com.br/url?sa=t&rct=j&q=novas%20modalidades%20de%20familia&source=web&cd=8&cad=rja&ved=0CEwQFjAH&url=http://revista.esmesc.org.br/re/article/download/41/45&ei=QYZsUOSzL4am8QTryYGwBg&usg=AFQjCNH1SSftEzhEWE4-NQOE_qykaTdnvA>. Acesso em: 04 out 2012.

normativo, infelizmente, esperamos sua deturpação do ponto de vista de aplicação, por absoluta falta de estrutura judiciária e de pessoal qualificado.

2 CONSIDERAÇÕES SOBRE AÇÕES DE FAMÍLIA PREVISTA PELO NOVO CÓDIGO DE PROCESSO CIVIL

2.1. Pretensões de direito de família e a participação do advogado

Como indicado, a resolução dos conflitos envolvendo o direito das famílias deve ser resolvido, buscando, a um só tempo, a pacificação jurídica e psicológica dos envolvidos.

Atendo a tais questões, o CPC/2015, acabou por criar o procedimento especial intitulado "ações de família", ressaltando que tais conflitos que envolvem relacionamentos interpessoais continuados, com forte conotação psicológico.

A primeira consideração sobre o procedimento de direito de família é que o mesmo reúne diversas pretensões, conforme estabelece o art. 693 do CPC/2015, devendo ser aplicado nos **processos contenciosos.** Ou seja, todas as pretensões que envolvam, de alguma forma, questões familiares controvertidas devem seguir o mesmo procedimento. Em que pese o caráter contencioso das partes no procedimento, há uma forte imposição para a realização da conciliação e mediação como forma de enaltecer a duração razoável do processo e a celeridade procedimental.

Quando as partes familiares envolvidas no conflito já estiverem de acordo com a separação, divórcio, partilha de bens e todas as outras questões que envolvem o rompimento da sociedade conjugal, ou seja, quando se verificar a ausência de lide entre as mesmas, o procedimento que se deve aplicar está previsto no art. 731 e seguintes do CPC/2015, em procedimento judicial ou extrajudicial consensual[3].

---

3 Art. 731. A homologação do divórcio ou da separação consensuais, observados os requisitos legais, poderá ser requerida em petição assinada por ambos os cônjuges, da qual constarão: I - as disposições relativas à descrição e à partilha dos bens comuns; II - as disposições relativas à pensão alimentícia entre os cônjuges; III - o acordo relativo à guarda dos filhos incapazes e ao regime de visitas; e IV - o valor da contribuição para criar e educar os filhos. Parágrafo único. Se os cônjuges não acordarem sobre a partilha dos bens, far-se-á esta depois de homologado o divórcio, na forma estabelecida nos arts. 647 a 658. Art. 732. As disposições relativas ao processo de homologação judicial de divórcio ou de separação consensuais aplicam-se, no que couber, ao processo de homologação da extinção consensual de união

O que o CPC/2015 prevê, com o art. 731 e seguintes é uma maior facilidade e agilidade da separação e do divórcio judicial e extrajudicial, no objetivo de desburocratização e maior informalidade, possibilitando a dissolução da sociedade conjugal através de escritura pública ou decisão judicial homologatória de acordo posto em juízo.

Portanto, para que ocorra a separação e o divórcio extrajudicial, ou também chamado de divórcio por escritura pública são necessários os seguintes requisitos: 1) Não possuir filhos menores ou incapazes; 2) Elaboração de uma escritura pública, da qual constarão as disposições relativas à descrição e à partilha dos bens comuns e à pensão alimentícia e, ainda, ao acordo quanto à retomada pelo cônjuge de seu nome de solteiro ou à manutenção do nome adotado quando se deu o casamento (a escritura não depende de homologação judicial e constitui título hábil para o registro civil e o registro de imóveis); 3) Participação e assistência da elaboração da escritura pública por advogado comum ou advogados de cada um deles ou por defensor público, cuja qualificação e assinatura constarão do ato notarial[4].

Veja que tanto no procedimento judicial quanto no procedimento extrajudicial de separação e divórcio é **indispensável** a participação do advogado. Tal participação não pode ser mais uma participação efetivamente técnica, qual seja, de elaboração de minuta e proposta de acordo. Isso é pouco para o profissional do direito que pretende trabalhar com o direito de família. É necessário

---

estável. Art. 733. O divórcio consensual, a separação consensual e a extinção consensual de união estável, não havendo nascituro ou filhos incapazes e observados os requisitos legais, poderão ser realizados por escritura pública, da qual constarão as disposições de que trata o art. 731. § 1º A escritura não depende de homologação judicial e constitui título hábil para qualquer ato de registro, bem como para levantamento de importância depositada em instituições financeiras. § 2º O tabelião somente lavrará a escritura se os interessados estiverem assistidos por advogado ou por defensor público, cuja qualificação e assinatura constarão do ato notarial. Art. 734. A alteração do regime de bens do casamento, observados os requisitos legais, poderá ser requerida, motivadamente, em petição assinada por ambos os cônjuges, na qual serão expostas as razões que justificam a alteração, ressalvados os direitos de terceiros. § 1º Ao receber a petição inicial, o juiz determinará a intimação do Ministério Público e a publicação de edital que divulgue a pretendida alteração de bens, somente podendo decidir depois de decorrido o prazo de 30 (trinta) dias da publicação do edital. § 2º Os cônjuges, na petição inicial ou em petição avulsa, podem propor ao juiz meio alternativo de divulgação da alteração do regime de bens, a fim de resguardar direitos de terceiros. § 3º Após o trânsito em julgado da sentença, serão expedidos mandados de averbação aos cartórios de registro civil e de imóveis e, caso qualquer dos cônjuges seja empresário, ao Registro Público de Empresas Mercantis e Atividades Afins.

4 Cf. Carlos Henrique Soares e Ronaldo Brêtas de Carvalho Dias. Manual Elementar de Processo Civil. 2ª. Edição. Del Rey: Belo Horizonte – MG, 2014, p. 848.

que o advogado tenha espírito conciliador, que saiba conduzir as dores de um divórcio, os problemas de partilha de bens, as dores da separação para os filhos menores e a dificuldades que serão enfrentadas pelas pessoas que tomam a decisão de separar.

O advogado deve ser muito mais que um profissional exclusivamente jurídico. Deve o mesmo atenta-se para as questões psicológicas que o caso demanda e muitas vezes aconselhar as partes a realizar terapia e um tratamento psicológico especializado para conseguir vencer os traumas de uma separação e as dificuldades dessa nova situação jurídica.

Não deve o advogado confundir ou cumular a função de profissional jurídico e terapeuta. Pelo contrário, tal cumulação inclusive é vedada pelo Estatuto da Advocacia. O que se pretende é a necessidade de admitir que os problemas advindos da dissolução de sociedade conjugal ou os problemas de filiação, paternidade, guarda e alimentos sejam tratados sempre por profissionais multidisciplinares, ou seja, que possam a um só tempo, resolver as questões jurídicas e trazer um pouco de paz na tomentosa relação existente entre os familiares em conflito.

Além disso, ressalta-se que o CPC/2015 reconhece que o casamento e a união estável devem ter o mesmo tratamento procedimental. Isso significa que tanto faz para o código processual se a relação jurídica de direito material está sacramentada por uma certidão de casamento ou por uma escritura pública de reconhecimento de união estável ou até mesmo por uma situação de fato que se perpetua ao longo do tempo. O importante é a proteção dos direitos e processualmente falando, recebem o mesmo tratamento, tanto na forma judicial contenciosa, quanto na forma consensual (judicial ou extrajudicial).

2.2 Separação Judicial

Um outro ponto que merece destaque no CPC/2015 é a manutenção expressão **separação judicial**. Muitos indicam que tal expressão era desnecessária e indevida, uma vez que com a Emenda Constitucional n. 66, que alterou o art. 226 da Constituição da República, tal indicação de separação não teria mais sentido, pois agora não seria mais um pressupostos para o divórcio, passar por uma separação judicial.

De fato, tal consideração é pertinente. Não há mais a necessidade de separar (colocar fins aos deveres matrimoniais) para após colocar fim ao casamento ou a união estável com o divórcio. Casa-se ou estabelece-se a união estável e em caso de desacordo, procede-se o divórcio, com o fim do casamento ou da união estável.

Sobre a manutenção do instituto da separação no direito brasileiro, é importante levar em consideração o que releva Lidia Caldeira Lustosa Cabral, vejamos:

> *"A preservação do instituto da separação judicial tem o escopo de manter a liberdade entre os cônjuges para decidir acerca de sua relação civil, haja vista que a proteção do Estado volta-se na nova ordem constitucional, para as pessoas, centro do ordenamento jurídico, e que seus direitos fundamentais devem, imperativamente, ser tutelados. O novo comando do art. 226, §6º. da Constituição Federal, afastou o decurso de tempo como pressuposto para o divórcio no menor espaço de tempo - se separados judicialmente (um ano). Contudo, o tempo garantidor à melhor reflexão do passo a ser dado pelos cônjuges é de razão subjetiva, e poderá ser mantido agora sem tempo determinado. O direito de contrair casamento, ou desfazê-lo, é de interesse particular das partes envolvidas, mantendo-se afastado o Estado, e acreditamos ter sido esta a razão do legislador ao eliminar a exigência da separação judicial prévia, ou de fato, por dois anos, para a obtenção do divórcio. Nesse sentido, caso seja de interesse dos cônjuges, a separação judicial poderá preceder o divórcio, resguardando-se a oportunidade de restaurar, a qualquer tempo, o casamento, sem contudo dissolver o vincula matrimonial"*[5].

A nova redação do artigo 226 da Constituição da República, fornecida pela Emenda Constitucional 66, apenas afirmou que o casamento pode ser dissolvido pelo divórcio, mas não vetou e proibiu a possibilidade de manutenção do instituto da separação judicial, em nome da autonomia da vontade das partes, para buscar apenas a suspensão dos direitos e deveres conjugais, mantendo-se o casamento, caso assim os cônjuges desejem. Assim, a melhor exegese do artigo 226 da CR/88, é no sentido de ampliação dos direitos subjetivos das partes/cônjuges acerca do fim do casamento.

Portanto, nesse ponto, o CPC/2015, em sua previsão normativa, acatando os limites da autonomia da vontade dos cônjuges, permite a dissolução da sociedade conjugal através da separação, que seria uma forma branda de rompimento conjugal sem colocar fim ao matrimonio. Permitindo inclusive, caso queiram, o restabelecimento da vida conjugal sem maiores formalidades exigidas quando da ocorrência do divórcio, onde novo casamento será necessário.

---

5 Cf. CABRAL, Lidia Caldeira Lustosa. Separação Judicial. Um Instituto Jurídico Derrogado? Revista Emerj. Rio de Janeiro. V. 14, n. 56, p. 119-124, out-dez, 2011. Disponível em: <http://www.emerj.tjrj.jus.br/revistaemerj_online/edicoes/revista56/revista56_119.pdf.> Acesso em 12 mar. 2014, p. 121 e 122.

Nesse sentido, o advogado deve, ao verificar que a vontade das partes não é o rompimento total da sociedade conjugal buscar efetivar a separação (judicial ou extrajudicial) com o estabelecimento de deveres conjugais mas sem a extinção da sociedade conjugal, impedindo assim que as partes possam contrair novas núpcias.

2.3 Conciliação e mediação nas ações de direito de família e a participação do advogado

Outro ponto que merece nossa consideração no CPC/2015 sobre o procedimento de família é com relação ao art. 693 que assim dispõe:

> "Nas ações de família, todos os esforços serão empreendidos para a **solução consensual da controvérsia**, devendo o juiz contar com o **auxílio de profissionais de outras áreas de conhecimento** para a **mediação e conciliação**.
>
> Parágrafo único. O juiz, de ofício ou a requerimento, pode determinar a suspensão do processo enquanto os litigantes se submetem a **mediação extrajudicial ou a atendimento multidisciplinar**."(grifos nossos)

Com a leitura desse artigo, verificamos que o CPC/2015 admite de forma expressa que as soluções que envolvem controvérsias de direito de família deverão passar por atendimento multidisciplinar, bem como, sempre que possível, pela conciliação e mediação. Isso significa que o CPC/2015 rompe com a tradição processual brasileira de se preocupar com as questões eminentemente jurídicas e passa a também a tratar o aspecto psicológico das relações familiares.

Numa primeira leitura do supracitado artigo procedimental, percebe-se que a ideia do legislador é louvável. O incentivo ao estabelecimento de técnicas de resolução de conflitos como a conciliação e a mediação e a participação de profissionais não exclusivamente do direito ou exclusivamente técnicos são qualidades que passam a ser enaltecidas para as novas fronteiras do direito de família e da resoluções dos conflitos.

Se por um lado, a busca de uma nova perspectiva para a resolução dos conflitos familiares passa pelo enaltecimento da conciliação e mediação, por outro, temos que admitir que o Judiciário ainda não está preparado para absorver as demandas nesse novo paradigma, pois não existem profissionais em número suficientes para tanto, e nem os Advogados e Juízes e membros do Ministério Públicos estão preparados para as novas fronteiras que o direito de família envolve.

E a ausência de preparo técnico-profissional para trabalhar com uma nova perspectiva de direito de família e os novos conflitos que daí podem surgir é um grande problema e para tanto, precisamos admitir que os profissionais do direitos são apenas uma parte importante do caminho para a resolução de conflitos familiares, mas precisamos admitir que há a necessidade de pedir auxílios aos profissionais médicos e psicólogos no objetivo de não só tratar com leis mas também tratar das pessoas envolvidas nos conflitos.

A experiência mostra que os conflitos de direito de família são juridicamente fáceis de resolver, no entanto, psicologicamente difíceis de serem apaziguado. Devedores de alimentos, que não querem assumir a condição paterna colocam todas as dificuldades econômicas e jurídicas possíveis para se furtar ao pagamento dos alimentos. Casais em processo de divórcio criam todos os problemas possíveis para atrapalhar o andamento do processo de divórcio e o rompimento do laço afetivo e emocional. Problemas com partilha de bens sempre existem, com demanda por todos por maior fatia dos bens constituídos durante o casamento, dentre outros problemas que não podem ser resolvido exclusivamente pelo âmbito judicial.

Temos que reconhecer que a conciliação, mediação e a participação efetiva de profissionais multidisciplinar, são importantes para a solução dos conflitos de família. Apenas com a aceitação psicológica de que o casamento acaba e que não existe mais o *animus* de permanecer juntos é que pode facilitar uma transação e composição no sentido de colocar fim ao casamento. Apenas com o convencimento de que a paternidade é uma atividade indispensável para o crescimento de um filho é que pode fazer com que os alimentos sejam pagos da forma devida. Apenas com o convencimento de que a partilha dos bens de forma equânime entre o casal, que contribuíram de forma efetiva para sua aquisição poderá confortar os familiares em uma decisão de partilha de bens.

Obviamente, não podemos ser levianos no sentido de acreditar que a conciliação ou mediação é um remédio para todos os males que envolvem os conflitos de direito de família. Nunca! Temos que acreditar que tais mecanismos são importantes, podem e devem ser utilizados em grau máximo, mas isso não cura dor, não impede o sofrimento humano e não pode fazer com que as partes fiquem felizes. A conciliação e mediação são técnicas de resolução de conflitos que garantem a razoável duração do processo e não uma técnica exclusiva de apaziguamento psicológico das partes. Isso deve ser tratado por profissionais da área de saúde, mas devem ser levados em consideração pelo Judiciário no objetivo de buscar a composição.

Pelo que podemos extrair do art. 694 do CPC/2015[6], a assertiva de tratar o problema do direito de família no campo multidisciplinar é importante e nobre para a busca de uma resolução do conflito familiar. A participação de conciliadores, advogados com experiência em conflitos de família, juízes e ministério público especializados nesse ramo do direito é necessária mas não suficiente. O CPC/2015 permite que profissionais médicos e psicólogos auxiliem as partes envolvidas no conflito.

No entanto, precisamos informar que para a aplicação do art. 694 do CPC/2015 ao Judiciário, o mesmo deve melhorar sua infraestrutura, possuir profissionais preparados para o auxílio das partes e os advogados devem receber formação especializada para contribuir para a resolução dos problemas familiares. A ausência de profissionais preparados, quaisquer que sejam, acabam por tornar o art. 694 do CPC/2015 inócuo, bem como, impede o exercício da cooperação, previsto pelo art. 6º. do CPC.

O artigo 694 do CPC/2015 enaltece as técnicas alternativas de resolução de conflitos, com incentivo à realização da conciliação e mediação, como forma de solução célere e com menor desgaste psicológico para as partes envolvidas nos conflitos familiares. As vantagens da conciliação e mediação para os processos de direito de família são enormes, tanto para as partes, quanto para o Judiciário e interessados, como para os familiares e a própria sociedade.

O tratamento do direito de família como sendo um ramo do direito multidisciplinar é importante para todos, mas precisamos também admitir que o Judiciário precisa de muito investimento pessoal e financeiro para atender ao que determina o art. 694 do CPC/215. Portanto, se o tratamento multidisciplinar é defendido, na mesma via, deve-se efetivar a contratação de profissionais especializados que possam colaborar com a devida prestação jurisdicional pensada pelo legislador processual.

É bom lembrar que a conciliação e mediação não precisam passar pelo Judiciário, podendo ser feita de forma extrajudicial. Nos casos de separação ou divórcio que não envolvam menores ou incapazes, desde que possuam um advogado para a elaboração de minuta e a celebração de escritura pública é

---

6 CPC/2015: Art. 694. Nas ações de família, todos os esforços serão empreendidos para a solução consensual da controvérsia, devendo o juiz dispor do auxílio de profissionais de outras áreas de conhecimento para a mediação e conciliação. Parágrafo único. A requerimento das partes, o juiz pode determinar a suspensão do processo enquanto os litigantes se submetem a mediação extrajudicial ou a atendimento multidisciplinar.

perfeitamente possível que todo o processo de composição seja feita nos escritórios de advocacia.

Aqui, cabe ressaltar que os advogados devem trabalhar no objetivo de buscar a celebração de um acordo que seja a um só tempo o cumprimento da lei e daquilo que é da vontade das partes. Técnicas de conciliação e mediação nos presentes casos são importantíssimas e devem ser adquiridas pelos profissionais do direito que trabalham com o direito de família. Não adianta mais conhecer apenas o direito material. Isso é pouco para os advogados de direito de família. É preciso dominar e desenvolver a capacidade conciliativa e sempre saber contornar o conflito e as animosidades que os conflitos familiares sempre envolvem. O advogado ou advogada de direito de família deve acima de tudo ser uma pessoa preocupada em conciliar ou mediar os conflitos, observando os parâmetros jurídicos e se possíveis psicológicos dos conflitos. Advirta-se que o advogado não é psicólogo mas deve saber ouvir seus clientes para poder entender suas dores e poder auxiliar numa possível conciliação ou mediação de conflito.

Para evitar conflitos éticos-profissionais, sempre é aconselhável que nas conciliações e mediações extrajudiciais cada parte envolvida no conflito possua seu próprio advogado. Isso impede qualquer mácula sobre o trabalho do advogado e permite que o mesmo possa atuar na demanda em caso de não celebração de acordo e de necessidade de ajuizamento de ação de família.

Se a conciliação ou mediação extrajudicial se mostrar impossível, o advogado deve colocar a questão em juízo, buscando a defesa dos direitos de seu constituído. Mas sendo colocada a questão em juízo, isso não impede que novamente os advogados das partes e o juízo busquem a composição, vençam os problemas psicológicos que num primeiro momento impeçam a celebração de acordo. É sempre importante deixar claro para as partes envolvidas no conflito familiar que questões jurídicas não resolvem as questões psicológicas e vice-versa. Não será com uma decisão judicial que tornará alguém pai. Os alimentos se constituem de uma pequena parcela da paternidade. A imposição de decisão judicial pode afetar a autonomia de vontade das partes e justificar o não cumprimento da decisão. Já a transação (conciliação e mediação) corre menos riscos de não ser cumprida em razão de possibilitar às partes se identificarem como produtores da própria decisão judicial.

Neste contexto, compete ao conciliador/mediador estabelecer a comunicação entre as partes, ouvir, buscar nas entrelinhas o significado interior das coisas, enfim, ter a sensibilidade de trazer a realidade do problema à tona, em um autêntico processo de tradução. Como lembra Boaventura de Sousa Santos:

> *Diz-nos o sábio Kierkegaard: "A maioria das pessoas são subjetivas a respeito de si próprias e objectivas - algumas vezes terrivelmente objectivas - a respeito dos outros. O importante é ser-se objectivo em relação a si próprio e subjectivo em relação aos outros[7]".*

No entanto, é necessário informar, que a presente técnica de conciliação e mediação, agora, enaltecida e defendida pelo CPC/2015, não é uma técnica inovadora. A mesma já vem sendo aplicada há muito tempo no Judiciário e também fora dele. O que é preciso evitar no procedimento conciliatório é a interferência expressa e direta na autonomia da vontades das partes ou se revestir a conciliação/mediação de um caráter impositivo. Qualquer tentativa de impor um pensamento ou conduta ou por meio de coação feita pelo mediador pode interferir drasticamente no resultado e nas vantagens da conciliação e da mediação para as partes. É preciso atentar para esse fato e os profissionais do direito, especialmente os advogados devem zelar pela observância e manutenção da autonomia da vontade das partes.

A diferença entre a conciliação/mediação e o processo judicial está centrada justamente no discurso a ser desenvolvido. Enquanto no processo a lógica do discurso é a de existir um ganhador e um perdedor, na lógica da conciliação/mediação o que existe é sempre uma diálogo entre as partes e sempre ganhadores, tanto do ponto de vista processual como do ponto de vista econômico-jurídico. Assim, assinala a Fabiana Marion Spengler:

> *"A ritualidade diferenciada entre a mediação e o processo se dá principalmente em duas linhas: a primeira diz respeito ao fato de que o processo sempre trabalha com a lógica de ganhador/perdedor. Num segundo momento, a ritualidade do processo tem por objetivo (além de dizer quem ganha e quem perde a demanda) investigar a verdade real dos fatos, enquanto que a mediação pretende restabelecer a comunicação entre os conflitantes, trabalhando com a lógica ganhador/ganhador[8]".*

Por fim, é importante ressaltar que a mediação deve ser feita de modo profissional e buscando sempre a imparcialidade na resolução de conflitos. Isso

---

7 SANTOS, Boaventura de Sousa. Pela mão de Alice: o social e o político na pós-modernidade. 12. ed. São Paulo: Cortez, 2008. p.78.

8 SPENGLER, Fabiana Marion. O tempo do processo e o tempo da mediação. In: *Revista Eletrônica de Direito Processual Civil - REDP*. v. VIII. p. 321. Disponível em <www.redp.com.br>. Acesso em 16. mar. 2014.

significa dizer que não é possível que a mediação seja feita por pessoas sem qualquer treinamento prático-profissional ou com conotação amadora. Os advogados devem se preparar para as novas fronteiras do direito de família, para os novos desafios conciliatórios. Se não encararmos o procedimento de conciliação/mediação como uma atividade profissional especializada corremos o risco de transformar o presente procedimento de família numa ficção, de pouca aplicação prática e com sérios riscos à efetividade processual.

2.4 Citação nas ações de direito de família e a atuação do advogado

Outra questão complexa no procedimento de direito de família e que merece comentários é justamente o artigo 695[9] do CPC/2015. Segundo verificamos, o parágrafo primeiro deste artigo estabelece o mandado de citação para o réu conterá apenas os dados necessários para a audiência de mediação e conciliação, sendo que não será acompanhado da petição inicial.

Segundo o ex-Relator do CPC/2015, Deputado Sérgio Barradas, a ausência de petição inicial no instrumento de mandado é para que não haja a necessidade de apresentação de contestação em audiência de conciliação. Segundo suas palavras:

> "*A novidade é que até o momento da audiência de conciliação não será exigida a contestação da parte ré, justamente para evitar o litígio embutido nestas nessas peças compostas de raiva e restos do amor*"[10].

Tal dispositivo, sobre o enforque da garantia do contraditório é manifestadamente inconstitucional, pois inviabiliza, ao réu saber, imediatamente, no momento da citação, os fatos e fundamentos jurídicos que a pretensão contém.

Mesmo que o artigo estabeleça a possibilidade de consulta dos autos a qualquer tempo pelo réu, isso não garante o contraditório, pois, o mesmo,

---

9 Art. 695. Recebida a petição inicial, após as providências referentes à tutela antecipada, se for o caso, o juiz ordenará a citação do réu para comparecer à audiência de mediação e conciliação, observado o disposto no art. 709. § 1º. O mandado de citação conterá apenas os dados necessários para a audiência e não deve estar acompanhado de cópia da petição inicial. § 2º. A citação ocorrerá com antecedência mínima de quinze dias da data designada para a audiência.

10 Cf. Sérgio Barradas, em entrevista publicada no jornal *Direito e Justiça* da Câmara dos Deputados, na data de 26.10.2011. Informação acessada no sítio http://www2.camara.leg.br/camaranoticias/noticias/DIREITO-E-JUSTICA/204639-RELATOR-DO-CPC-QUER-PROCEDIMENTO-ESPECIAL-PARA-CAUSAS-DE-FAMILIA.html acesso em 19.03.2014

deve ser observado no exato momento da citação e nunca em momento posterior, desnaturando o direito indisponível de publicidade que o instituto da citação reserva.

Assim, o parágrafo primeiro do art. 695 do CPC/2015 não está em consonância com a Constituição da República e muito menos com a garantia do contraditório e ampla defesa, previstas no art. 5º., inc. LV e no art. 7º. do CPC/2015.

A título de exemplificação, apenas para demonstrar o equívoco da norma sob comento, verifica-se que pode acontecer o recebimento do mandado citatório pelo réu com o deferimento de uma tutela provisória (bloqueio de bens, alimentos provisórios, arresto, sequestro, busca e apreensão ou outra medida acautelatória qualquer) e o mesmo não tomar as medidas judiciais cabíveis para a reforma ou modificação da decisão, aguardando uma audiência de conciliação/mediação que ocorrerá após já ter passado o prazo para interposição de qualquer recurso para a modificação da decisão interlocutória acautelatória ou antecipatória de mérito previstas entre os arts 294 a 311 do CPC/2015. Isso por si só já é um problema duplo, tanto do ponto de vista de garantia do contraditório quanto do ponto de vista de garantia do direito a recurso e impugnação da decisão. Ou seja, recebe o réu um mandado com ordem para pagar alimentos sem que o mesmo saibam quais foram os fundamentos utilizados pela parte autora para o deferimento dos alimentos provisórios ou outras medidas acautelatórias.

Além de não conferir a ciência necessária para garantir o efetivo contraditório no ato processual da citação, verificamos que no art. 695 do CPC/2015, em seu parágrafo segundo, estabelece o prazo de 15 dias para oferecimento da contestação, com a devida intimação pessoal da parte em audiência ou do advogado legalmente constituído, sem a necessidade de poderes especiais. No entanto, como a citação não indica a necessidade de comparecimento com advogado ou a necessidade de comparecimento pessoal, isso poderá ensejar prejuízos à amplitude de defesa, nos termos do art. 5º., inciso LV da Constituição da República.

A sistemática de citação sem entrega de contrafé viola princípios básicos da mediação como a igualdade das partes e de seu poder decisório, a decisão informada, a autonomia da vontade, a autodeterminação das partes no que tange ao conteúdo do acordo ou não acordo, e a potencialização do acesso à justiça (art. 5º, XXXV, CR/88), condenando esta ao fracasso. Além disso, viola os direitos fundamentais à igualdade (art. 5º, *caput*, CR/88), à informação (art.

5º, XIV, XXXIV, "b", CR/88) e ao contraditório e à ampla defesa (art. 5º., LX da CR/88).

O advogado que for procurado pelo cliente que foi citado pelo procedimento de direito de família deve antes de mais nada juntar procuração nos autos e tomar ciência da petição inicial e documentos que a instruem e logo repassar para seu cliente as principais questões que envolvem a lide, o que está sendo pretendido pela parte autora e quais provas estão a embasar e justificar seus pedidos. Após a conversa preliminar, deve o advogado colher todas as provas necessárias junto ao seu cliente para a feitura da defesa, que somente será aplicada após a realização da audiência de conciliação.

A conciliação e mediação também passa pela avaliação do advogado das provas que a parte possui e das contraprovas que o réu possui. Tal avaliação é indispensável para que o advogado possa orientar seu cliente quanto a melhor forma de estabelecimento de acordo ou quanto a melhor estratégia de defesa e argumentos jurídicos a serem seguidos para a resolução do conflito.

Além disso, no objetivo de cooperar com o juízo, nos termos do art. 6º. do CPC/2015, pode o advogado entrar em contato com o advogado da parte autora e tentar uma conciliação/mediação no sentido de estabelecer um acordo para a devida homologação em juízo. Esse é o comportamento que se espera dos profissionais do direito adequados às novas realizadas e expectativas do CPC/2015. Estabelecendo o acordo entre as partes o juízo apenas fica com a responsabilidade de verificar sua viabilidade e homologar o que ficou decidido pela autonomia das partes.

Ademais, é importante informar que a realização da audiência de conciliação/mediação no procedimento de família é obrigatório e se constitui de termo inicial (*dies a quo*) para que seja oferecida a defesa (contestação) em 15 dias úteis. A possibilidade de cancelamento da referida audiência pelas partes deve se dar por petição exclusiva para esse fim, nos termos do art. 334, § 4o , inc. II do CPC/2015. Se assim ocorrer, a partir do protocolo da referida petição, já se inicial o prazo para a apresentação de contestação nos termos do art. 335, inc. II do CPC/2015.

A ausência das partes nas audiências de conciliação/mediação do procedimento de família poderá ser motivo para a aplicação de multa nos termos do art. 334, § 8o do CPC/2015. Tal multa será de até dois por cento da vantagem econômica pretendida ou do valor da causa e será revertida em favor da União ou do Estado.

Assim, deve o advogado, para o fiel patrocínio da causa e do procedimento de família avisar seus constituídos de que a audiência de conciliação/mediação é um ato processual importante, necessário e que não podem faltar injustificadamente, pois tais condutas serão considerada ato atentatório à dignidade da justiça.

2.5. Fracionamento da audiência de conciliação e mediação

Outro ponto que merece consideração no procedimento de família é justamente a possibilidade de fracionamento da audiência de conciliação e mediação conforma indicado no art. 696[11] do CPC/2015.

Como dito, não podemos negar a importância da conciliação e da mediação para o processo de resolução de demandas de direito de família. Há situações em que a justiça conciliatória (ou coexistencial) é capaz de produzir resultados melhores que as decisões judiciais[12].

No entanto, numa leitura mais aprofundada da presente norma do art. 696 do CPC/2015, verificamos que a mesma pode atrapalhar a celeridade processual e a duração razoável do processo. Isso porque se o art. 696 do CPC/2015 não estabelece um limite para a realização das audiências de conciliação e mediação. Pelo que estabelece a norma, é possível a realização de um número infindáveis de audiências de conciliação/mediação para a resolução do problemas de direito de família. É o que chamamos de **fracionamento indeterminado da audiência.**

Obviamente, a norma prevista no art. 696 do CPC/2015 não quer permitir que hajam inúmeras audiências de conciliação/mediação sem objetivo algum ou sem responsabilidade. O que se pretende é a busca da composição e a superação do conflito pelas partes e pela garantia da autonomia da vontade.

Assim, em nome da lealdade processual e da boa-fé, devem as partes informarem se estão ou não dispostas a estabelecer a conciliação/medicação ou não. Não são obrigadas a conciliar, mas no momento que se manifestam no sentido de interesse em conciliar/mediar, tal interesse também é do Judiciário, e assim, deve buscar marcar as audiências necessárias.

---

11 Art. 696 do novo CPC: A audiência de mediação e conciliação poderá dividir-se em tantas sessões quantas sejam necessárias para viabilizar a solução consensual, sem prejuízo de providências jurisdicionais para evitar o perecimento do direito.

12 CAPPELLETI, Mauro. Os Métodos Alternativos de Solução de Conflitos no Quadro do Movimento Universal de Acesso à Justiça. Revista de Processo, São Paulo, v. 74. p. 82-97, abr.-jun., 1992.

O que deve ser reprimido pelo Judiciário, como litigância de má-fé, é a conduta das partes em informar seu interesse no acordo com o objetivo único de atrasar o procedimento e retardar uma decisão judicial. Isso é prática reprovável e previstas pelos artigos 80 e 81 do CPC/2015.

O artigo 696 do CPC/2015 somente merece ser aplicado dentro da razoabilidade, pois não podemos admitir que audiências de conciliação/mediação sejam marcadas de forma limitada. É necessário que o fracionamento seja justificado, que haja motivos, pois do contrário, isso desserve à celeridade e pode prejudicar o andamento razoável do processo, trazendo prejuízo ao direito fundamental ao art. 5º., inciso LXXVIII da Constituição da República.

O fracionamento da audiência de conciliação e mediação pode ser necessário, quando a matéria a ser discutida e debatida pelas partes, para se chegar a eventual acordo seja complexa, e não possa ser realizada de plano, numa audiência única. Lado outro, o adiamento só se justifica se verificar a possibilidade real de composição. Não é possível remarcar nova audiência de conciliação/ mediação sem a apresentação de fundamentos.

Assim, conciliando a norma do art. 696 do CPC/2015 com a duração razoável do processo prevista no art. 4º. e 6º. do CPC/2015 nos parece que o advogado ao comparecer à audiência de conciliação/mediação deve estar preparado para apresentar fundamentos jurídicos sólidos e convincentes para requerer o adiamento, evitando assim, atrasos injustificados e a duração irrazoável do processo.

3 CONCLUSÃO

Assim, diante das considerações sobre o procedimento especial sobre as ações de direito de família e a participação do advogado, concluímos com as seguintes afirmações, quais sejam:

a) Quando se propõe resolver problemas familiares, judicialmente, em dois âmbitos do conhecimento humano, conexos, juridicamente e psicologicamente, verificamos que o Judiciário precisará ter uma nova infraestrutura e funcionamento, e isso ainda não é a realidade no Brasil. O advogado terá que desenvolver novas técnicas e habilidades para poder ingressar em um universo novo, no qual a composição será fundamental para a resolução dos conflitos advindos do direito de família.

b) O novo CPC enaltece o instituto da conciliação e da mediação como forma de colocar fim aos conflitos de direito de família. No entanto, é importante ressaltar que a mediação e conciliação devem ser feitas de modo profissional e buscando sempre a imparcialidade na resolução de conflitos. Isso significa dizer, não é possível que a mediação e conciliação sejam feitas por pessoas sem qualquer treinamento prático-profissional. Cursos e capacitação serão necessários e consequentemente, investimento em pessoal treinado. O advogado também deverá se programar para isso. O tratamento e a condução de um procedimento de família dependem muito da forma que são conduzidas as conversas das partes com seus advogados.

c) A sistemática de citação sem entrega de contrafé, como previsto no CPC/2015 viola princípios básicos da mediação como a igualdade das partes e de seu poder decisório, a decisão informada, a autonomia da vontade, a autodeterminação das partes no que tange ao conteúdo do acordo ou não acordo, e a potencialização do acesso à justiça (art. 5º, XXXV, CR/88), condenando esta ao fracasso. Além disso, viola os direitos fundamentais à igualdade (art. 5º, *caput*, CR/88), à informação (art. 5º, XIV, XXXIV, "b", CR/88) e ao contraditório e à ampla defesa (art. 5º., LX da CR/88).

d) O fracionamento da audiência de conciliação e mediação pode ser necessário, quando a matéria a ser discutida e debatida pelas partes, para se chegar a eventual acordo seja complexa, e não possa ser de plano, numa audiência una, discutida e resolvida. O novo CPC, precisa ser mais claro nos requisitos que irão autorizar o adiamento da presente audiência de mediação e conciliação, pois do contrário, verificaremos ainda mais delongas injustificadas no processo que trata de direito de família e ainda mais dramas familiares não sendo resolvidos pela inoperância do Judiciário e de sua estrutura rudimentar para tratar sobre questões multidisciplinares.

e) A participação do Ministério Público, nas audiências de conciliação e mediação, que envolvam interesses de incapazes, deve ser efetiva, isso significa que não pode o mesmo, deixar de comparecer à audiência, ou emitir parecer, em outro momento, sem ter sua presença verificada nesse ato processual. A função do Ministério Público não é eminentemente uma função formal, e sim, uma função-garantia da observância legal e a ausência nesse ato processual conciliatório, pode, pela lei ser considerado um ato processual nulo e permitir anular todo o processo.

4 BIBLIOGRAFIA

BARRADAS, Sérgio. Entrevista publicada no jornal *Direito e Justiça* da Câmara dos Deputados. 2011. Disponível em http://www2.camara.leg.br/camaranoticias/noticias/DIREITO-E-JUSTICA/204639-RELATOR-DO-CPC--QUER-PROCEDIMENTO-ESPECIAL-PARA-CAUSAS-DE-FAMILIA.html Acesso em 19 de mar de 2014.

BRASIL. Código de Processo Civil brasileiro.

BRASIL. Texto do Código de Processo Civil aprovado pela Câmara dos Deputados em 26.11.2013.

CABRAL, Lidia Caldeira Lustosa. ***Separação Judicial. Um Instituto Jurídico Derrogado?*** Revista Emerj. Rio de Janeiro. V. 14, n. 56, p. 119-124, out-dez, 2011. Disponível em: <http://www.emerj.tjrj.jus.br/revistaemerj_online/edicoes/revista56/revista56_119.pdf.> Acesso em 12 mar. 2014.

CAPPELLETI, Mauro. ***Os Métodos Alternativos de Solução de Conflitos no Quadro do Movimento Universal de Acesso à Justiça.*** Revista de Processo, São Paulo, v. 74. p. 82-97, abr.-jun., 1992.

FARIAS, Cristiano Chaves de. ROSENVALD, Nelson. ***Direito das Famílias.*** Rio de Janeiro: Editora Lumen Juris, 2008.

SANTOS, Boaventura de Sousa. ***Pela mão de Alice: o social e o político na pós-modernidade.*** 12. ed. São Paulo: Cortez, 2008.

SOARES, Carlos Henrique Soares e DIAS, Ronaldo Brêtas de Carvalho. ***Manual Elementar de Processo Civil.*** 2ª. Edição. Del Rey: Belo Horizonte - MG.

SPENGLER, Fabiana Marion. ***O tempo do processo e o tempo da mediação.*** In: *Revista Eletrônica de Direito Processual Civil - REDP*. v. VIII. p. 321. Disponível em <www.redp.com.br>. Acesso em 16. mar. 2014.

VIANNA, Roberta Carvalho. ***O instituto da família e a valorização do afeto como princípio norteador das novas espécies da instituição no ordenamento jurídico brasileiro.*** Disponível em: <http://www.google.com.br/url?sa=t&rct=j&q=novas%20modalidades%20de%20familia&source=web&cd=8&cad=rja&ved=0CEwQFjAH&url=http://revista.esmesc.org.br/re/article/download/41/45&ei=QYZsUOSzL4am8QTryYGwBg&usg=AFQjCNH1SSftEzhEWE4-NQOE_qykaTdnvA>. Acesso em: 04 out 2012.

39

O PAPEL ÉTICO DO ADVOGADO E A FUNÇÃO SOCIAL DA ADVOCACIA NA HARMONIZAÇÃO DAS RELAÇÕES DE CONSUMO PELA CONCILIAÇÃO

Marcelo Rodrigo Barbosa
Advogado

*"Para além das ideias de
certo e errado, existe um campo.
Eu me encontrei com você lá"*
- Rumi

Com o advindo do Código de Defesa do Consumidor, Lei Federal 8.078, de 11 de setembro de 1990, por mandamento constitucional, o Estado passou a garantir ao consumidor, na forma de direito individual e coletivo, a proteção em todas as esferas da federação na sua relação de consumo com o fornecedor. Constituição Federal, artigo 5°, XXXII). Além da proteção estatal ao consumidor, a atividade econômica desenvolvida no Brasil deve ter como um de seus princípios a defesa do consumidor (Constituição Federal, artigo 170, V).

E o legislador federal, sabiamente, classificou o Código de Defesa do Consumidor como norma de ordem pública e interesse social, tamanho o seu alcance para atender as necessidades dos consumidores, a melhoria da sua qualidade de vida e a harmonia das relações de consumo, dentro da chamada Política Nacional das Relações de Consumo, conceitos estes enraizados nos artigos 1° e 4° do Código de Defesa do Consumidor. Diz a Lei 8.078/90 em seus artigos 1° e 4°:

" Art. 1°. O presente código estabelece normas de proteção e defesa do consumidor, de ordem pública e interesse social, nos termos dos arts 5°, XXXII, 170, inciso V,da Constituição Federal e art. 48 de suas Disposições Transitórias."...

...Art. 4º. A Política Nacional das Relações de Consumo tem por objetivo o atendimento das necessidades dos consumidores, o respeito à sua dignidade, saúde e segurança, a proteção de seus interesses econômicos, a melhoria da sua qualidade de vida, bem como a transparência e harmonia das relações de consumo."

Tudo isso para garantir com efetividade a concretização de fundamentos constitucionais na nossa República, como a cidadania e a dignidade da pessoa humana e dos objetivos fundamentais do nosso país, dentre eles o de construir uma sociedade justa e solidária e de promover o bem comum, fundamentos estes elencados e garantidos por nossa Carta Maior, em seus artigos 1º e 3º, assim redigidos:

"Art. 1º. A República Federativa do Brasil, formada pela união indissolúvel dos Estados e Municípios e do Distrito Federal, constitui-se em um Estado Democrático de Direito e tem como fundamentos:...

II – a cidadania;

III – a dignidade da pessoa humana;...

Art.3º. Constituem objetivos fundamentais da República Federativa do Brasil:

I – construir uma sociedade livre, justa e solidária;...

IV – promover o bem de todos, sem preconceitos de origem, raça, sexo, cor, idade e quaisquer outras formas de discriminação."

Pela Lei 8.078/90, garantiu-se ao consumidor o direito de acesso aos órgãos judiciários e administrativos (Procons) com vistas a prevenção ou reparação de danos patrimoniais e morais, assegurada a proteção jurídica, administrativa e técnica aos necessitados. Contudo, cabe esclarecer que essa proteção estatal que, na maioria das vezes, é feita pelos órgãos de defesa do consumidor, é oferecida e garantida ao consumidor, embora a educação para o consumo deva ser prestada também aos fornecedores, a respeito de seus direitos e deveres. Não resta dúvida de que o PROCON[1] é o advogado estatal do consumidor, o que não dispensa a contratação do profissional advogado para a sua orientação e defesa.

O PROCON é um dos órgãos de atuam na defesa do consumidor, tendo também o Ministério Público, por meio de Promotorias de Justiça, as Dele-

---

1 Coordenador do Procon da Assembleia Legislativa do Estado de Minas Gerais
Membro da Comissão de Defesa do Consumidor da Ordem dos Advogados do Brasil – Seção Minas Gerais e da Comissão Nacional de Defesa do Consumidor da Ordem dos Advogados do Brasil

gacias especializadas, a Defensoria Pública, os Juizados Especiais Cíveis e as entidades civis de defesa do consumidor.

O PROCON é órgão, a priori, do Poder Executivo estadual ou municipal, podendo ser criado também no âmbito do Poder Legislativo, como é o caso do Procon da Assembleia Legislativa do Estado de Minas Gerais e os mais de 20 Procons mineiros criados em Câmaras Municipais.

É um órgão por excelência destinada à proteção e defesa dos direitos e interesses dos consumidores. É ele que promove a interface, por via administrativa, do consumidor com o fornecedor estando, portanto, bem próximo dos cidadãos. Cumpre-lhe, basicamente, as funções de acompanhamento e fiscalização das relações de consumo ocorridas entre fornecedores e consumidores garantida, como já dito anteriormente, a estes últimos, a proteção jurídica, técnica e administrativa.

O PROCON funciona como instância de instrução e julgamento, no âmbito de sua competência. O seu procedimento administrativo é regulado basicamente pelo Decreto Federal 2.181/1997. Antecedendo à instauração do processo administrativo, o Procon poderá abrir investigação preliminar, onde está prevista a realização de uma audiência de conciliação entre o consumidor e o fornecedor, lembrando que o pacto conciliatório pode ser realizado em qualquer momento processual antecedente à decisão administrativa. Veja o que reza o artigo 33 do referido Decreto:

" Art.33. As práticas infrativas às normas de proteção e defesa do consumidor serão apuradas em processo administrativo, que terá início mediante:

I - ato, por escrito, da autoridade competente;

II - lavratura de auto de infração;

III - reclamação

§1 Antecedendo à instauração do processo administrativo, poderá a autoridade competente abrir investigação preliminar, cabendo, para tanto, requisitar dos fornecedores informações sobre as questões investigadas, resguardado o segredo industrial, na forma do disposto no §4º do art. 55 da Lei 8.078, de 1990.

§2º A recusa à prestação das informações ou o desrespeito às determinações e convocações dos órgãos do SNDC caracterizam desobediência, na forma do art 330 do Código Penal, ficando a autoridade administrativa com poderes para determinar a imediata cessação da prática, além da imposição das sanções administrativas e civi cabíveis."

Á título de esclarecimento, a sigla SNDC acima mencionada, refere-se ao Sistema Nacional de Defesa do Consumidor, assim conceituado no artigo 105 da Lei 8.078/90:

"Art. 105. Integram o Sistema Nacional de Defesa do Consumidor (SNDC), os órgãos federais, estaduais, do Distrito Federal e municipais e as entidades provadas de defesa do consumidor."

As investigações preliminares que antecedem à instauração do processo administrativo, chamadas de CIP (Carta de Investigação Preliminar), trazem no seu bojo a possibilidade de contatos formais com o fornecedor para esclarecimentos, a expedição de notificações para a solução da demanda e a convocação de audiências de conciliação.

Não havendo a possibilidade da solução da demanda em um primeiro contato do órgão administrativo com o fornecedor, o Procon fará a notificação ao infrator, via a Carta de Investigação Preliminar - CIP para, no prazo de dez dias, a contar de seu recebimento, apresentar a sua defesa. Esse procedimento está previsto no artigo 42 do Decreto 2191/97.

O fornecedor, uma vez notificado para prestar esclarecimentos e/ou solucionar a demanda, envia resposta/defesa ao órgão administrativo que, após análise de seu conteúdo, decidirá pela convocação da audiência de conciliação ou pelo arquivamento do processo.

Na intermediação de conflitos fica claro, pois, a busca de acordos, por parte do PROCON, entre os consumidores e fornecedores. É o momento administrativo de se tentar a conciliação, a promoção da paz social, tão almejada em nossos dias. A princípio, o consumidor que procura o PROCON já procurou resolver o problema com o fornecedor por todas as formas de contato para a solução de conflito oferecidas, tais como o atendimento pessoal, o SAC (Serviço de Atendimento ao Cliente), e-mails, as ouvidorias, agências reguladoras, etc. Portanto, esse momento administrativo de solução das demandas, proporcionado pelo PROCON, deve ser muito valorizado, evitando assim a judicialização das relações de consumidor, tão cara a todos, Estado, consumidor e fornecedor, seja pelo tempo ou pelo custo.

Embora não se deseje o conflito, este sempre existiu e sempre existirá. E pela Moderna teoria do Conflito, ele tem um caráter construtivo, embora seja estranho assim falar, pois achamos que o conflito é sempre destrutivo. O conflito construtivo traz a paz e o equilíbrio, estabilizando as relações e propondo mudanças. E como solucionar o conflito?

Doutrinariamente falando, sabe-se que existem processos de resolução de demandas, em especial a evitação do conflito, a negociação, a mediação, a conciliação e a judicatura, sendo a evitação do conflito e a negociação feitas na forma de autocomposição direta, a mediação e a conciliação na forma de autocomposição indireta e a Judicatura por meio de ação proposta pelo consumidor junto ao Poder Judiciário.

Os órgãos administrativos de defesa do consumidor, em especial os Procons, se utilizam corriqueiramente da conciliação como processo de resolução das demandas entre consumidores e fornecedores.

Vale ressaltar que, sendo a mediação e a conciliação processos de resolução de autocomposição de forma indireta, ou seja, assistida ou facilitada por terceiro imparcial, nos órgãos de defesa do consumidor há necessariamente a parcialidade do conciliador, pela própria natureza do órgão, que é defesa do consumidor.

E quais são os objetivos de uma conciliação? Em primeiro lugar, a reconciliação das partes, tendo como o norte a busca eterna da harmonização das relações de consumo. Em segundo lugar, a realização de um acordo sem os vícios do consentimento, como forma de demonstração da capacidade das partes de resolverem a demanda sem a necessidade de intervenção de terceiros, em especial do Poder Judiciário. Somos capazes de resolver esse conflito de forma adulta, respeitosa, justa e equilibrada.

Os órgãos de defesa do consumidor devem perseguir o acordo de todas as formas legais e humanas possíveis. Contatos telefônicos com o fornecedor, envio de e-mails, notificações e, principalmente, a atitude do conciliador durante a realização da audiência de conciliação, com visão permanente na realização do acordo.

Acordo no Procon é sempre motivo de comemoração por todos, conciliadores, consumidores e fornecedores. Já o não acordo nos entristece. Muitas vezes o acordo não ocorre porque o fornecedor, no seu direito de defesa, apresentou argumentações legais, contratuais e de ordem técnica que convenceram o Procon. Em outras situações, o fornecedor não apresenta proposta de acordo e nem sequer justifica o porquê do não acordo. Simplesmente diz que não tem acordo e pronto. Isso é inadmissível, além de incorrer em crime de desobediência previsto no artigo 55 do Código de Defesa do Consumidor e no artigo 33 do Decreto Federal 2181/97. Outras vezes, há a pura má vontade do fornecedor em não fazer o acordo, a ponto de alguns dizerem, por meio de seus advogados ou não, que o caso só será resolvido na Justiça.

E quando uma demanda vai para a Justiça perde-se por completo toda a noção de tempo e custo para a solução da mesma. São mais de cem milhões de processos tramitando na Justiça brasileira, com custo médio de R$2.400,00 (dois mil e quatrocentos reais) por ação. Essa informação é do Índice de Desempenho da Justiça - IDjus. Além disso, o índice de acordo na audiência de conciliação do Poder Judiciário, mesmo nos Juizados Especiais, é bem menor que o percebido nos Procons, sem contar com o fator demora. Em geral, a tramitação de um processo de relação de consumo no Juizado Especial tramita por quase 12 meses, isso se não houver recurso.

O índice de acordo nos conflitos apresentados aos PROCONS de todo o país tem crescido a cada ano, embora nunca tivesse sido abaixo dos 50%, numa demonstração clara e inequívoca da efetividade da solução administrativa dos conflitos. Como forma de exemplo, apresentação os gráficos do índice de resolutividade das demandas apresentadas ao Procon Assembleia/MG nos anos de 2015 e 2016 (1° semestre):

Índice de solução das demandas registradas pelo Procon 2015

Período de coleta/ mensuração	Resultado do Indicador	Meta/Faixa de Tolerância
Janeiro	85,43%	80,00%
Fevereiro	85,25%	80,00%
Março	81,91%	80,00%
Abril	80,42%	80,00%
Maio	83,26%	80,00%
Junho	80,99%	80,00%
Julho	81,39%	80,00%
Agosto	81,17%	80,00%
Setembro	82,11%	80,00%
Outubro	81,75%	80,00%
Novembro	81,18%	80,00%
Dezembro	80,18%	80,00%

Índice de solução das demandas registradas pelo Procon 1° semestre de 2016

Período de coleta/ mensuração	Resultado do Indicador	Meta/Faixa de Tolerância
Janeiro	87,48%	80,00%
Fevereiro	83,14%	80,00%
Março	82,28%	80,00%
Abril	84,76%	80,00%

Maio	84,53%	80,00%
Junho	82,39%	80,00%

Há mais de cinco anos que o Procon Assembleia, assim como os demais procons do Brasil, apresentam um índice de acordo acima dos 80% (oitenta por cento).

Fixou-se no Procon Assembleia/MG e acredito que em outros procons também, a meta mínima de 80% de acordos nas demandas apresentadas pelos consumidores. Todo o esforço é feito pelos órgãos de defesa do consumidor para alcançar essa meta: capacitação dos conciliadores, suporte jurídico por parte dos assessores e constante valorização do momento conciliatório. Esse preparo e mensagem têm de ser recepcionados pelo fornecedor, por meio de seu corpo jurídico, responsável pelo contencioso administrativo e judicial que envolve as relações de consumo.

A conciliação é um meio de se resolver, consensualmente, os conflitos. A decisão cabe aos envolvidos, com a intermediação de um conciliador. É uma forma rápida e eficaz de resolver o conflito, lembrando sempre a máxima de que ***só vale acordo justo em relação a qualquer demanda. (grifo nosso)***

Segundo Júnia Penido Monteiro, conciliadora e instrutora de Cursos de Capacitação em Conciliação pelo Conselho Nacional de Justiça e pelo Tribunal de Justiça do Estado de Minas Gerais, **"a paz social não virá com a supressão dos conflitos sociais, mas com a escolha do caminho para a solução." (grifo nosso).**

O próprio Código de Defesa do Consumidor, Lei 8.078/90, determinou, em seu artigo 4º, III, que um dos princípios da Política Nacional das Relações de Consumo é a harmonização dos interesses dos participantes das Relações de consumo, sempre com base na boa-fé e equilíbrio nas relações entre consumidores e fornecedores. E essa harmonização se concretiza, na maioria das vezes, por meio do acordo.

Se buscarmos no dicionário o conceito de acordo, encontraremos expressões como ajuste formal, pacto, convenção, resultado da comunhão de ideias, de sentimentos, entendimento recíproco, concórdia, decisão ou resolução conjunta e **harmonia (grifo nosso).** É o acordo como meio de harmonização das relações de consumo.

A escolha desse caminho dependerá única e exclusivamente da posição a ser tomada pelo conciliador do Procon e pelo fornecedor, representado ou não por seu advogado. É a chamada condução dos trabalhos, tendo como norte o respeito mútuo e a legislação. E é aí que entra a figura do profissional advogado, in casu, o advogado do fornecedor, no momento conciliatório do processo administrativo dos órgãos de defesa do consumidor, em especial durante a audiência de conciliação realizada dentro de um PROCON.

O Novo Código de Processo Civil, Lei 13.105/2015, traz em seu bojo e fundamento a incontestável intenção na autocomposição da lide pelas partes, seja por meio da conciliação ou da mediação. Já em seu artigo 1º, a norma maior processual determina a consonância de todo ato processual com os fundamentos da Constituição da República. A ordem ao Estado é que ele deve promover, sempre que possível, a solução consensual dos conflitos. "A finalidade do processo passa a ser a composição e a solução do conflito", destacou o Ministro Villas Bôas Cueva, do Superior Tribunal de Justiça, durante evento realizado pela Escola Nacional de Formação e Aperfeiçoamento de Magistrados (Enfam) sobre o novo CPC. Disse ainda ser a conciliação uma política de estado para a solução consensual dos conflitos. Nesse sentido, rezam os artigos iniciais da lei processual civil brasileira:

"Art. 1º O processo civil será ordenado, disciplinado e interpretado conforme os valores e as normas fundamentais estabelecidos na Constituição da República Federativa do Brasil, observando-se as disposições deste Código.

Art. 2º O processo começa por iniciativa da parte e se desenvolve por impulso oficial, salvo as exceções previstas em lei.

Art. 3º Não se excluirá da apreciação jurisdicional ameaça ou lesão a direito.

§ 1º É permitida a arbitragem, na forma da lei.

§ 2º O Estado promoverá, sempre que possível, a solução consensual dos conflitos.

§ 3º A conciliação, a mediação e outros métodos de solução consensual de conflitos deverão ser estimulados por juízes, advogados, defensores públicos e membros do Ministério Público, inclusive no curso do processo judicial.

Art. 4º As partes têm o direito de obter em prazo razoável a solução integral do mérito, incluída a atividade satisfativa.

Art. 5º Aquele que de qualquer forma participa do processo deve comportar-se de acordo com a boa-fé.

Art. 6º Todos os sujeitos do processo devem cooperar entre si para que se obtenha, em tempo razoável, decisão de mérito justa e efetiva.

Art. 7º É assegurada às partes paridade de tratamento em relação ao exercício de direitos e faculdades processuais, aos meios de defesa, aos ônus, aos deveres e à aplicação de sanções processuais, competindo ao juiz zelar pelo efetivo contraditório.

Art. 8º Ao aplicar o ordenamento jurídico, o juiz atenderá aos fins sociais e às exigências do bem comum, resguardando e promovendo a dignidade da pessoa humana e observando a proporcionalidade, a razoabilidade, a legalidade, a publicidade e a eficiência."

Destacam-se aqui, para o tema em discussão, os artigos 3º, §3ºe 5º. O advogado, que agirá sempre com boa-fé, deve estimular a conciliação, seja no âmbito administrativo ou jurisdicional.

No Capítulo III do Título IV da Lei 13.105/2015 estão elencados, no artigo 149, os auxiliares da Justiça. Dentre eles, está o conciliador judicial. Por analogia, vou estender esse conceito ao conciliador extrajudicial, aquele que atua, por exemplo, no âmbito administrativo de um PROCON. Nesse caso, estenderei ainda mais o conceito, transportando toda essa responsabilidade conciliatória também para o advogado do fornecedor perante uma audiência de conciliação promovida por um órgão de defesa do consumidor.

A Seção V do referido Capítulo trata dos conciliadores. Destaco, aqui, os seguintes artigos:

"Art. 165. Os tribunais criarão centros judiciários de solução consensual de conflitos, responsáveis pela realização de sessões e audiências de conciliação e mediação e pelo desenvolvimento de programas destinados a auxiliar, orientar e estimular a autocomposição.

§ 1º A composição e a organização dos centros serão definidas pelo respectivo tribunal, observadas as normas do Conselho Nacional de Justiça.

§ 2º O conciliador, que atuará preferencialmente nos casos em que não houver vínculo anterior entre as partes, poderá sugerir soluções para o litígio, sendo vedada a utilização de qualquer tipo de constrangimento ou intimidação para que as partes conciliem.

§ 3º O mediador, que atuará preferencialmente nos casos em que houver vínculo anterior entre as partes, auxiliará aos interessados a compreender as questões e os interesses em conflito, de modo que eles possam, pelo restabelecimento da comunicação, identificar, por si próprios, soluções consensuais que gerem benefícios mútuos.

Art. 166. A conciliação e a mediação são informadas pelos princípios da independência, da imparcialidade, da autonomia da vontade, da confidencialidade, da oralidade, da informalidade e da decisão informada.

§ 1º A confidencialidade estende-se a todas as informações produzidas no curso do procedimento, cujo teor não poderá ser utilizado para fim diverso daquele previsto por expressa deliberação das partes.

§ 2º Em razão do dever de sigilo, inerente às suas funções, o conciliador e o mediador, assim como os membros de suas equipes, não poderão divulgar ou depor acerca de fatos ou elementos oriundos da conciliação ou da mediação.

§ 3º Admite-se a aplicação de técnicas negociais, com o objetivo de proporcionar ambiente favorável à autocomposição.

§ 4º A mediação e a conciliação serão regidas conforme a livre autonomia dos interessados, inclusive no que diz respeito à definição das regras procedimentais...

Art. 174. A União, os Estados, o Distrito Federal e os Municípios criarão câmaras de mediação e conciliação, com atribuições relacionadas à solução consensual de conflitos no âmbito administrativo, tais como:

I - dirimir conflitos envolvendo órgãos e entidades da administração pública;

II - avaliar a admissibilidade dos pedidos de resolução de conflitos, por meio de conciliação, no âmbito da administração pública;

III - promover, quando couber, a celebração de termo de ajustamento de conduta.

Art. 175. As disposições desta Seção não excluem outras formas de conciliação e mediação extrajudiciais vinculadas a órgãos institucionais ou realizadas por intermédio de profissionais independentes, que poderão ser regulamentadas por lei específica.

Parágrafo único. Os dispositivos desta Seção aplicam-se, no que couber, às câmaras privadas de conciliação e mediação."

Nota-se, claramente, pelo exposto nos artigos acima, a vontade estatal de que a atividade e a função conciliatória se estendam por todos os âmbitos possíveis, do judicial ou administrativo e até mesmo, por interpretação teleológica, ao particular.

É é na audiência de conciliação promovida por um PROCON que podemos perceber claramente essa atuação que, na maioria das vezes é do conciliador do órgão, mas que deveria ser também do advogado do fornecedor. Em destaque abaixo, os artigos da Lei 13.105/2015, que tratam da audiência de conciliação no âmbito do Poder Judiciário:

"Art. 334. Se a petição inicial preencher os requisitos essenciais e não for o caso de improcedência liminar do pedido, o juiz designará audiência de conciliação ou de mediação com antecedência mínima de 30 (trinta) dias, devendo ser citado o réu com pelo menos 20 (vinte) dias de antecedência.

§ 1º O conciliador ou mediador, onde houver, atuará necessariamente na audiência de conciliação ou de mediação, observando o disposto neste Código, bem como as disposições da lei de organização judiciária.

§ 2º Poderá haver mais de uma sessão destinada à conciliação e à mediação, não podendo exceder a 2 (dois) meses da data de realização da primeira sessão, desde que necessárias à composição das partes.

§ 3º A intimação do autor para a audiência será feita na pessoa de seu advogado.

§ 4º A audiência não será realizada:

I - se ambas as partes manifestarem, expressamente, desinteresse na composição consensual;

II - quando não se admitir a autocomposição.

§ 5º O autor deverá indicar, na petição inicial, seu desinteresse na autocomposição, e o réu deverá fazê-lo, por petição, apresentada com 10 (dez) dias de antecedência, contados da data da audiência.

§ 6º Havendo litisconsórcio, o desinteresse na realização da audiência deve ser manifestado por todos os litisconsortes.

§ 7º A audiência de conciliação ou de mediação pode realizar-se por meio eletrônico, nos termos da lei.

§ 8º O não comparecimento injustificado do autor ou do réu à audiência de conciliação é considerado ato atentatório à dignidade da justiça e será sancionado com multa de até dois por cento da vantagem econômica pretendida ou do valor da causa, revertida em favor da União ou do Estado.

§ 9º As partes devem estar acompanhadas por seus advogados ou defensores públicos.

§ 10. A parte poderá constituir representante, por meio de procuração específica, com poderes para negociar e transigir.

§ 11. A autocomposição obtida será reduzida a termo e homologada por sentença.

§ 12. A pauta das audiências de conciliação ou de mediação será organizada de modo a respeitar o intervalo mínimo de 20 (vinte) minutos entre o início de uma e o início da seguinte."

A intenção da norma processual é tão clara quanto à intenção da conciliação, que o Juiz, durante a audiência de instrução e julgamento e antes de julgar um processo, deverá tentar uma conciliação entre as partes, como prevê o artigo 359, abaixo transcrito:

"Art. 359. Instalada a audiência, o juiz tentará conciliar as partes, independentemente do emprego anterior de outros métodos de solução consensual de conflitos, como a mediação e a arbitragem."

Ressalta-se, porém, que cada órgão de defesa do consumidor pode disciplinar os procedimentos próprios a serem observados na realização de uma audiência de conciliação, não se afastando da análise das disposições disposições previstas no Código de Processo Civil, Lei 13.105/2015 e no Decreto Federal 2.181/1997. Do que com certeza não podemos nos afastar é da busca incansável da conciliação. E esse papel é de todos os envolvidos na demanda e no processo, inclusive do advogado do fornecedor.

A própria 13.105/2015 reza, em se artigo 334, §9º, acima transcrito, que é obrigada a participação do advogado para assistir as partes nas audiências iniciais de conciliação, enaltecendo assim a importância do profissional advogado no fomento do método conciliatório na resolução dos litígios junto aos seus clientes, sejam eles, in casu, consumidores ou fornecedores. Se é assim na Justiça, por que não nos Procons? Quantos processos judiciais deixariam de ser abertos?

Fica clara a importância da participação do advogado do fornecedor na audiência do PROCON, que deve atuar sempre de forma ética, com boa fé e com os olhos e atos na direção da conciliação, na promoção paz social e na administração da justiça. Esse é o papel do advogado, assim exposto pela Constituição, em seu artigo 133, abaixo transcrito:

"Art, 133 – O advogado é indispensável à administração da justiça, sendo inviolável por seus atos e manifestações no exercício da profissão, nos limites da lei,

Na mesma linha, e não podia se diferente, o Estatuto da Advocacia, Lei 8.906/1994, dispõe sobre a atuação do advogado, em artigos abaixo destacados:

..." Art. 2º O advogado é indispensável à administração da justiça...

Art. 31. O advogado deve proceder de forma que o torne merecedor de respeito e que contribua para o prestígio da classe e da advocacia.

§ 1º O advogado, no exercício da profissão, deve manter independência em qualquer circunstância.

§ 2º Nenhum receio de desagradar a magistrado ou a qualquer autoridade, nem de incorrer em impopularidade, deve deter o advogado no exercício da profissão.

Art. 32. O advogado é responsável pelos atos que, no exercício profissional, praticar com dolo ou culpa...

Art. 33. O advogado obriga-se a cumprir rigorosamente os deveres consignados no Código de Ética e Disciplina.

Parágrafo único. O Código de Ética e Disciplina regula os deveres do advogado para com a comunidade, o cliente, o outro profissional e, ainda, a publicidade, a recusa do patrocínio, o dever de assistência jurídica, o dever geral de urbanidade e os respectivos procedimentos disciplinares.

Art. 34. Constitui infração disciplinar:

...VI - advogar contra literal disposição de lei, presumindo-se a boa-fé quando fundamentado na inconstitucionalidade, na injustiça da lei ou em pronunciamento judicial anterior;...

XIV - deturpar o teor de dispositivo de lei, de citação doutrinária ou de julgado, bem como de depoimentos, documentos e alegações da parte contrária, para confundir o adversário ou iludir o juiz da causa;...

XX - locupletar-se, por qualquer forma, à custa do cliente ou da parte adversa, por si ou interposta pessoa;...

XXV - manter conduta incompatível com a advocacia;"

Descreve-se e destaca-se, como visto acima, a atuação ética do advogado. Em campo a atuação valorativa e moral do profissional advogado. Da apresentação da edição do Estatuto do Advocacia e a Ordem dos Advogados do Brasil, feita pela Editora Del Rey, em 1994, ecoam até hoje as palavras do então Presidente da Ordem dos Advogados do Brasil, -Seção Minas Gerais, Dr. Raimundo Cândido Júnior, abaixo transcritas:

"...Espera-se, agora, que os colegas advogados cumpram bem e fielmente as novas disposições estatutárias, não transgredindo com os direitos outorgados à classe e exercitando, com responsabilidade, os graves deveres que lhes foram impostos...E é lei que já pegou, sobretudo porque os advogados, com suas primeiras ações, têm demonstrado que querem-na exercida e cumprida em plenitude, menos em defesa dos seus próprios interesses corporativistas, **mais e fundamentalmente em defesa dos sublimes e impostergáveis interesses da sociedade civil brasileira**, a qual, ao longo dos tempos, tem na OAB o principal interlocutor de seus anseios." (grifo nosso)

Para tanto, o advogado deve atuar sempre com honestidade, decoro, veracidade, lealdade e boa-fé, tudo isso já determinado pelo Código de Ética e Disciplina da classe.

Resta, por fim, a análise da responsabilidade social das empresas, ora fornecedores na relação de consumo, e do comportamento ético das mesmas, com a observância do princípios constitucionais que norteiam a ordem econômica brasileira, em especial o a defesa do consumidor. Pelo disposto no artigo

170 da Constituição Federal, a ordem econômica tem por fim assegurar a todos existência digna, conforme os ditames da justiça social. De novo, a importância do advogado do fornecedor para fazer valer e aplicar esse mandamento constitucional em toda a atividade econômica desenvolvida pela empresa, seja na produção e na comercialização de produtos, seja na prestação de serviços.

Além disso, o Código de Defesa do Consumidor, Lei 8.078/1990, aponta em seu artigo 4º, V, como um dos princípios da Política Nacional das Relações de Consumo, a criação, pelos fornecedores, de mecanismos alternativos de solução de conflitos de consumo. Está clara a preocupação do legislador com a solução amigável da demanda, sem a necessidade da intervenção estatal, seja por intermédio dos órgãos judiciários ou administrativos.

Uma vez não sendo possível a solução diretamente com o fornecedor, resta ao consumidor procurar a ajuda dos órgãos de defesa do consumidor ou a apreciação da lide pelo Poder Judiciário. O direito do consumidor de acesso a esses órgãos é garantido pelo Código de Defesa do Consumidor, em seu artigo 6º, VIII. E é nesse momento, preferencialmente no trâmite da demanda apresentada ao PROCON, que é mais rápida e sem nenhum, ônus, que a atuação do advogado do fornecedor, com vistas à conciliação, deve prevalecer e perseguida sempre. Essa é a chance da conciliação no âmbito administrativo, momento precioso onde o conciliador do PROCON e o advogado do fornecedor não podem deixar escapar.

Não basta a intenção de conciliação por parte do advogado do fornecedor, se a empresa não está com esse propósito ou intenção. Mais uma vez se faz importante a presença do advogado, com seus argumentos e ponderações, para sensibilizar o fornecedor da importância do diálogo com o seu consumidor-cliente e da conciliação.

Sobre a obra "A Era do Diálogo - Reflexões, ideias e propostas para a evolução das relações de Consumo no Brasil", de Roberto Meir e Jacques Meir, o Presidente de uma importante empresa de TV por Assinatura diz que "todos os agentes das relações de consumo - empresas" (e aqui incluo os seus advogados), "órgãos de defesa do consumidor e consumidores - devem propor soluções práticas para as questões mais relevantes que afetam essa relação."

No prefácio da mesma obra, a ex-Secretária Nacional do Consumidor, Dra. Juliana Pereira da Silva, afirma com propriedade que "o diálogo transparente, maduro e responsável poderá resultar em avanços nas relações de consumo e contribuir para a prevenção e diminuição de conflitos." E eu vou mais além, pode contribuir para a busca e alcance da conciliação, uma vez instaurado o conflito.

Mais uma vez se fará necessária a atuação do advogado do fornecedor para o alcance desse objetivo conciliatório, demonstrando para a empresa as vantagens desse mecanismo de solução de conflitos, quebrando assim alguns paradigmas que não fazem mais parte das relações de consumo dos dias de hoje como, por exemplo, "pequenas lesões, grandes negócios", "temos de levar vantagem sempre", "esse negócio de que o consumidor tem sempre razão é um absurdo", dentre outras. O esforço deve ser sempre no sentido de melhorar o mercado de consumo, tornando-o um mercado saudável e equilibrado e com harmonia em suas relações.

Philipp Schiemer, Presidente da Mercedez-Benz no Brasil, disse ao final de sua entrevista à Revista "Veja" sobre o risco de extinção da indústria brasileira (Edição 2495, de 14/09/2016): "Sempre digo que o que pode ser acertado em um acordo é algo bom. E o que pode ser feito por dinheiro é barato. Porque, se acaba em briga, sai mais caro."

O conciliador do PROCON já está imbuído do seu papel legal. Resta ao advogado do fornecedor incorporar essa ideia, aproveitar desse momento para possibilitar a reconciliação das partes e a realização de um acordo, colaborando, por fim, para a promoção da paz social, tão almejada por todos. Agindo assim, o profissional advogado estará, sem sombra de dúvidas, administrando de forma plena a justiça.

Promover a harmonização das relações de consumo, além de meta é uma obrigação dos órgãos de defesa do consumidor e nossa máxima sempre será: CONCILIAR É LEGAL E FAZ BEM!

Gostaria de encerrar esse breve artigo com um trecho da letra da música "Tempos Modernos", de autoria de Marisa Monte, para reflexão de todos:

> "...Eu vejo um novo começo de era
> De gente fina, elegante e sincera
> Com habilidade pra dizer mais sim do que não..."

Que assim seja!

REFERÊNCIAS BIBLIOGRÁFICAS

BRASIL. Constituição (1988). **Constituição da República Federativa do Brasil.** Brasília, DF: Senado, 1988.

BRASIL. **Lei 8.078,de 11 de setembro de 1990**. Código de Defesa do Consumidor. Dispõe sobre a proteção do consumidor e dá outras providências. Brasília. DF: Senado, 1990.

BRASIL. **Decreto Federal 2.181, de 20 de março de 1997.** Dispõe sobre a organização do Sistema Nacional de Defesa do Consumidor – SNDC, estabelece normas gerais de aplicação das sanções administrativas previstas na Lei 8.078, de 11 de setembro de 1990, revoga o Decreto nº 861, de 9 de julho de 1993, e dá outras providências. Brasília, DF: Senado, 1997.

BRASIL. **Lei 8.906, de 4 de julho de 1994**. Dispõe sobre o estatuto da Advocacia e a Ordem dos Advogados do Brasil – OAB. Brasília, DF: Senado, 1994.

BRASIL. **Lei 13.105, de 16 de março de 2015**. Dispõe sobre o Código de Processo Civil. Brasília, DF: Senado, 2015.

BIBLIO

FOTO DE CARTAZES NA SALA DE AUDIÊNCIAS DO PROCON ASSEMBLEIA

MEIER, Roberto; MEIER, Jacques. **A era do diálogo**: reflexões, ideias e propostas para a evolução das relações de consumo no Brasil, São Paulo: Padrão Editorial, 2013.

FISHER, Roger E URY, Willian. **Como chegar Ao Sim**. Rio de Janeiro: Ed. Imago, 2005.

UNIVERSIDADE DE BRASILIA - UNB. Grupo de Pesquisa e Trabalho em Resolução Apropriada de Disputas. http://vsites.unb.br/fd/gt/

40

O DEVER DO ADVOGADO DE ESTIMULAR A CONCILIAÇÃO E MEDIAÇÃO ENTRE OS LITIGANTES NO NOVO CPC

Felippe Figueiredo Diniz

Advogado

1 CONSIDERAÇÕES INICIAIS

A efetividade da prestação jurisdicional na solução de litígios pelo Poder Judiciário de forma rápida e satisfatória talvez seja o grande desafio atualmente do mundo jurídico. A morosidade e falta de eficiência da justiça são bastante questionadas pelos operadores do direito uma vez que prejudicam todo o procedimento, a satisfação das pretensões e acaba por desprestigiar o processo como instrumento de pacificação social.

Face ao crescente volume de causas que diariamente são submetidas ao Poder Judiciário, este possui grande dificuldade de solucioná-las de forma célere e eficaz, conforme espera a sociedade.

Não é muito raro um processo judicial tramitar durante vários anos, sendo que durante o tempo de sua lenta marcha processual muitas das vezes as pretensões ali expostas perdem o sentido ou a urgência, ocasionando a perda de credibilidade da justiça e também do advogado, prejudicando de sobremaneira os diretamente interessados.

A morosidade na solução dos processos é ocasionada tanto pelo despreparo do Poder Judiciário em atender um número excessivo de processos com a celeridade e eficiência necessária e esperada, quanto pela dificuldade dos advogados, condutores do processo, em deixar de lado uma posição de litigância excessiva e procurar soluções amigáveis para o encerramento da controvérsia.

A preferência por métodos alternativos de resolução de conflitos vem ganhando força no Brasil e **já há algum tempo, a** conciliação e a mediação têm ocupado posição de destaque como instrumentos importantes para a tentativa de solução rápida e pacífica de conflitos, tanto na esfera judicial, quanto na extrajudicial.

O crescimento acelerado da sociedade, bem como o aumento ao acesso à informação e a quantidade de dados trocados diariamente, acarreta inevitavelmente numa ocorrência maior de conflitos judiciais. Sendo o processo um instrumento do direito dotado de capacidade de pacificação social, deve o mesmo acompanhar essa mudança.

Nesse sentido, as atividades de conciliação e mediação se mostram indispensáveis ao exercício de toda e qualquer atividade jurídica, seja ela por parte do advogado ou do Poder Público.

Sem a pretensão de esgotar o tema, trataremos nesse artigo da posição extremamente importante do advogado, frente ao novo Código de Processo Civil, no que diz respeito ao dever de estímulo, desenvolvimento e aplicação da conciliação e mediação em qualquer tipo de conflito que venha a atuar.

2 DA CONCILIAÇÃO E DA MEDIAÇÃO

É verdade que o Código de Processo Civil de 1973 já previa a utilização da conciliação, nas ações de procedimento sumário, conforme disposto no artigo 277, bem como no procedimento preliminar à apresentação da defesa pelo réu, em audiência, e em ações de procedimento ordinário, após o decurso do prazo para a defesa, por designação do juiz, conforme o **§ 1º** do artigo 331, senão vejamos:

> Art. 277. O juiz designará a audiência de conciliação a ser realizada no prazo de 30 (trinta dias), citando-se o réu com a antecedência mínima de dez dias e sob advertência prevista no § 2º deste artigo, determinando o comparecimento das partes. Sendo ré a Fazenda Pública, os prazos contar-se-ão em dobro. (Redação dada pela Lei nº 9.245, de 26.12.1995);
>
> Art. 331. Se não ocorrer qualquer das hipóteses previstas nas seções precedentes, e versar a causa sobre direitos que admitam transação, o juiz designará audiência preliminar, a realizar-se no prazo de 30 (trinta) dias, para a qual serão as partes intimadas a comparecer, podendo fazer-se representar por procurador ou preposto, com poderes para transigir. (Redação dada pela Lei nº 10.444, de 7.5.2002)

> **§ 1º** Obtida a conciliação, será reduzida a termo e homologada por sentença. (Incluído pela Lei nº 8.952, de 13.12.1994);

Além disso, a Lei 9.099/95, que trata dos Juizados Especiais Cíveis, também prevê a utilização da conciliação durante todo o seu texto, fazendo referência a tal instituto logo em seus artigos 1° e 2°, *in verbis*:

> Art. 1º Os Juizados Especiais Cíveis e Criminais, órgãos da Justiça Ordinária, serão criados pela União, no Distrito Federal e nos Territórios, e pelos Estados, para conciliação, processo, julgamento e execução, nas causas de sua competência.
>
> Art. 2º O processo orientar-se-á pelos critérios da oralidade, simplicidade, informalidade, economia processual e celeridade, buscando, sempre que possível, a conciliação ou a transação.

Porém, na prática, as disposições legais citadas acima eram pouco ou mal utilizadas pelos magistrados, que na maioria das vezes se limitavam a questionar sobre a possibilidade de composição, esbarrando no desinteresse das partes ou pouco empenho dos advogados para solucionar o processo de forma rápida, eficiente e satisfatória para ambas as partes.

O novo Código de Processo Civil (lei nº 13.105/15) trouxe dentre diversas inovações aos processos cíveis, outros métodos de solução consensual de conflitos e a obrigatoriedade da audiência de conciliação ou mediação, em regra, antes da apresentação da contestação pelo réu, conforme previsto no artigo 334 do citado Diploma Legal, *in verbis*:

> Art. 334. Se a petição inicial preencher os requisitos essenciais e não for o caso de improcedência liminar do pedido, o juiz designará audiência de conciliação ou de mediação com antecedência mínima de 30 (trinta) dias, devendo ser citado o réu com pelo menos 20 (vinte) dias de antecedência.
>
> § 1º O conciliador ou mediador, onde houver, atuará necessariamente na audiência de conciliação ou de mediação, observando o disposto neste Código, bem como as disposições da lei de organização judiciária.
>
> § 2º Poderá haver mais de uma sessão destinada à conciliação e à mediação, não podendo exceder a 2 (dois) meses da data de realização da primeira sessão, desde que necessárias à composição das partes.

As exceções quanto a essa obrigatoriedade estão previstas em casos de improcedência liminar do pedido (conforme artigo citado acima), no caso de apresentação de contestação em que o réu alegar, em preliminar, a incompetência absoluta ou relativa do juízo (§ 3° do artigo 340) ou ainda quando todas as partes do processo manifestem expressamente o desinteresse pela sua realização ou caso não seja possível a autocomposição (§ 4º do artigo 334, incisos I e II), senão vejamos:

> Art. 340. Havendo alegação de incompetência relativa ou absoluta, a contestação poderá ser protocolada no foro de domicílio do réu, fato que será imediatamente comunicado ao juiz da causa, preferencialmente por meio eletrônico.
>
> (...)
>
> **§ 3º** Alegada a incompetência nos termos do caput, será suspensa a realização da audiência de conciliação ou de mediação, se tiver sido designada.
>
> Art. 334. (...)
>
> **§ 4º** A audiência não será realizada:
>
> I - se ambas as partes manifestarem, expressamente, desinteresse na composição consensual;
>
> II - quando não se admitir a autocomposição.

A conciliação encontra-se em um patamar tão importante do procedimento judicial no novo Código de Processo Civil, que a ausência injustificada à audiência de conciliação é considerado ato atentatório à dignidade da justiça, cabendo inclusive sanção à parte ausente, conforme disposto no § 8º artigo 334:

> Art. 334. (...)
>
> **§ 8º** O não comparecimento injustificado do autor ou do réu à audiência de conciliação é considerado ato atentatório à dignidade da justiça e será sancionado com multa de até dois por cento da vantagem econômica pretendida ou do valor da causa, revertida em favor da União ou do Estado.

Certo é que tanto a conciliação como a mediação mostram-se importantes meios alternativos de resolução de conflitos, uma vez que buscam maior eficácia e celeridade processual e embora tenham muitas semelhanças, são institutos diversos, cada um com suas características individuais.

A conciliação é uma forma de resolução de conflitos, onde o conciliador, neutro e imparcial ao conflito, tem como objetivo facilitar a comunicação entre as partes que mantêm uma relação pontual, orientando-as através de técnicas adequadas a buscarem uma solução ou acordo satisfatório.

Geralmente é mais indicada quando há uma identificação evidente do problema que é verdadeiramente a razão do conflito e que pede uma intervenção do conciliador no sentido de um acordo justo para ambas as partes e no estabelecimento de como esse acordo será cumprido.

Nas audiências de conciliação, o condutor da audiência, um conciliador, auxiliará de forma ativa as partes na resolução do conflito, inclusive propondo medidas possíveis para a solução da controvérsia, não devendo haver entre conciliador e partes, vínculo anterior, conforme disposto no § 2º do artigo 165, senão vejamos:

> Art. 165. (...)
>
> **§ 2º** O conciliador, que atuará preferencialmente nos casos em que não houver vínculo anterior entre as partes, poderá sugerir soluções para o litígio, sendo vedada a utilização de qualquer tipo de constrangimento ou intimidação para que as partes conciliem.

A missão do conciliador é tentar aproximar os interesses de ambas as partes, criando um ambiente propício ao entendimento mútuo, orientando-as na formação de um acordo. Em geral, na conciliação existem concessões recíprocas com vistas a resolver antecipadamente o conflito com um acordo razoável para os envolvidos, devendo o conciliador participar diretamente da formação da comunhão de vontades.

A Mediação, por sua vez, é a forma de resolução de conflitos, onde o mediador, neutro, facilita a comunicação entre as partes que mantém uma relação continuada no tempo, na busca de seus interesses e na identificação de suas questões com uma composição satisfatória para ambas.

Trata-se de um método de resolução de disputas no qual se desenvolve um processo composto por vários atos procedimentais pelos quais o mediador, imparcialmente, facilita uma negociação entre as partes envolvidas no conflito, com o objetivo de fazê-las melhor compreender suas posições naquela controvérsia, para que possam encontrar soluções que se compatibilizam com suas necessidades e interesses.

Nas audiências de mediação, conduzidas por um mediador, este terá um papel mais coadjuvante, ou seja, apenas direcionará as partes, sem, no entanto, intervir ou propor na solução desse conflito e deverá ter, preferencialmente, entre mediador e partes, vínculo anterior, conforme dispõe o § 3º do art. 165, *in verbis*:

> Art. 165. (...)
>
> **§ 3º** O mediador, que atuará preferencialmente nos casos em que houver vínculo anterior entre as partes, auxiliará aos interessados a compreender as questões e os interesses em conflito, de modo que eles possam, pelo restabelecimento da comunicação, identificar, por si próprios, soluções consensuais que gerem benefícios mútuos.

Tem-se como objetivo inicial recuperar o diálogo entre as partes, devendo o mediador utilizar técnicas de abordagem para que seja restaurado o diálogo para tratar posteriormente do conflito existente tentando visualizar uma solução para a disputa em questão. Diferente da conciliação, o mediador não tem a prerrogativa de sugerir uma solução para o conflito, devendo as partes propor as próprias soluções.

De todo modo, tanto a Conciliação quanto a Mediação são pautadas pelos seguintes princípios:

- Independência: este princípio está relacionado **à** atuação do conciliador e mediador. Os referidos auxiliares de justiça não podem sofrer pressões externas, sejam das partes, do juiz, do advogado ou de qualquer outro sujeito ou interessado do processo;
- Imparcialidade: a atuação de conciliadores e mediadores deve se pautar pela ausência total de favoritismo, preferência ou preconceito, de maneira que valores pessoais não interfiram em sua atividade, sob o risco de arguição de suspeição. A atuação deve ser livre de qualquer comprometimento em relação às partes envolvidas na disputa e jamais devem aceitar qualquer espécie de favor ou presente;
- Autonomia da vontade: a atuação de conciliadores e mediadores deve respeitar os diferentes pontos de vista das partes, permitindo-lhes a liberdade para chegar a suas próprias decisões, voluntárias e não coercitivas, em todo e qualquer momento do processo, sendo-lhes facultada, inclusive, a desistência e a interrupção da conciliação ou mediação a qualquer momento;
- Confidencialidade: o conciliador e o mediador não podem expor qualquer tipo de informação presenciada no curso do procedimento. Tudo que tiveram conhecimento na condição de mediador e conciliador deve ficar em sigilo, podendo, inclusive, escusarem-se de depor como testemunhas.
- Oralidade: o processo é oral, e a estrutura de comunicação é aberta e flexível. O objetivo principal é que as partes compreendam as visões e perspectivas umas das outras, mesmo sem necessariamente concordar, e que seus interesses sejam discutidos, para que opções possam ser exploradas sem comprometimento, até que um acordo seja alcançado;

- Informalidade: é um processo informal, construído pelas próprias partes com ajuda do conciliador e do mediador, em que estas devem focar mais em seus interesses e possíveis soluções para o problema do que em formalmente expor e convencer umas às outras sobre suas posições jurídicas;
- Decisão informada: O procedimento de conciliação e mediação deve produzir uma decisão final (acordo) com as informações pelas partes apresentadas e acordadas. Devem ficar claros tanto os termos do acordo como as suas consequências.

Além da aplicação dos princípios elencados acima, são também admitidas aplicações de técnicas negociais, com o objetivo de proporcionar ambiente favorável à autocomposição.

A mediação e a conciliação têm princípios próprios, considerando-se que são meios alternativos de resolução de litígios, onde a solução é construída pelas próprias partes e não por um terceiro interveniente que produz uma decisão para a solução do litígio.

Dispõe o artigo 165 do novo Código de Processo Civil sobre o papel do conciliador e do mediador, já que os dois institutos não se confundem. O conciliador tem a prerrogativa de sugerir uma solução e operará preferencialmente nos casos em que não houver vínculo anterior entre as partes. O mediador, por sua vez, preferencialmente atuará nos casos em que houver vínculo anterior entre as partes, auxiliando os interessados a compreender as questões e os interesses em conflito, de modo que eles possam, após restabelecerem a comunicação, identificar, por si próprios, soluções consensuais que gerem benefícios mútuos.

Com o novo Código de Processo Civil, os métodos de solução consensual de conflitos como a conciliação e a mediação foram alçadas entre as chamadas "normas fundamentais do Processo Civil" devendo por tanto serem estimuladas por juízes, advogados, defensores públicos e membros do Ministério Público conforme previsto no § 3° do artigo 3°:

> Art. 3°. (...)
>
> § 3° A conciliação, a mediação e outros métodos de solução consensual de conflitos deverão ser estimulados por juízes, advogados, defensores públicos e membros do Ministério Público, inclusive no curso do processo judicial.

Especialistas apontam inúmeros benefícios e vantagens que podem ser alcançados pela mediação e conciliação, tais como: redução do desgaste emocional e do custo financeiro; construção de soluções adequadas às reais necessidades e possibilidades dos interessados; maior satisfação dos interessados envolvidos; maior rapidez na solução de conflitos, desburocratização na solução de conflitos, possibilidade da solução do litígio por profissional escolhido pelos interessados, conforme a natureza da questão e a garantia de privacidade e sigilo.

Por fim, é possível afirmar que tanto a mediação quanto a conciliação serão regidas conforme a livre autonomia dos interessados, inclusive no que diz respeito à definição das regras procedimentais, ou seja, o conciliador ou o mediador e as partes definirão a sua estrutura e desenvolvimento, que dependerá do tipo de disputa, do estilo do mediador e das partes, e do programa judicial em que o processo está inserido.

3 O PAPEL DO ADVOGADO NO ESTIMULO À CONCILIAÇÃO E MEDIAÇÃO

O advogado sempre teve um importante papel junto à sociedade cuidando dos direitos das pessoas que a ele confiam seus anseios e seus problemas, vindo a colaborar com os demais órgãos encarregados dessa prestação.

Está disposto no artigo 133 da Constituição Federal Brasileira:

> Art. 133. O advogado é indispensável à administração da justiça, sendo inviolável por seus atos e manifestações no exercício da profissão, nos limites da lei.

O artigo 2º do Estatuto da OAB assim dispõe:

> Art. 2º. O advogado é indispensável à administração da justiça.
>
> § 1º No seu ministério privado, o advogado presta serviço público e exerce função social.
>
> § 2º No processo judicial, o advogado contribui, na postulação de decisão favorável ao seu constituinte, ao convencimento do julgador, e seus atos constituem múnus público.

Bem como o artigo 2º Código de Ética da OAB:

> Art. 2º. O advogado, indispensável à administração da Justiça, é defensor do estado democrático de direito, da cidadania, da moralidade pública, da

> Justiça e da paz social, subordinando a atividade do seu Ministério Privado à elevada função pública que exerce.

A participação do advogado como postulante dos direitos de seu cliente não está atrelada somente ao acesso ao Poder Judiciário, mas sim ao acesso à justiça, a fim de resguardar os valores sociais e políticos.

O advogado, além de ser indispensável à administração da justiça, exerce função social, detém capacidade postulatória, defende os interesses das partes em juízo ou fora dele e presta assessoria e consultoria. Entretanto, a habilidade que atualmente se mostra mais importante é aquela em utilizar-se de técnicas para solucionar conflitos antes que eles cheguem aos tribunais.

Além de postular ações em juízo e defender seus clientes em lides, o papel do advogado é também viabilizar que eventuais conflitos não sejam levados à apreciação do Poder Judiciário, buscando apresentar soluções céleres às demandas que lhe são confiadas, colocando em prática todos os meios conciliatórios de que dispõe e contribuindo para desafogar os tribunais do número de processos, diminuindo-os e tornando a justiça mais eficaz e célere.

O advogado durante sua formação tem uma grande base conceitual sobre a sociedade e todos os problemas que ela enfrenta tendo total capacidade para desenvolver e aplicar os meios alternativos de solução de conflitos.

Devido à celeridade e eficácia na resolução de conflitos, os meios alternativos ou extrajudiciais como a conciliação e mediação vem ganhando cada vez mais espaço entre os operadores do direito.

Quanto aos meios alternativos de solução dos conflitos aqui citados, tanto na conciliação quanto na mediação a figura do advogado se mostra indispensável para que tais procedimentos possam de fato se tornar corriqueiros na resolução de conflitos.

A presença do advogado tanto na audiência de conciliação ou mediação é imprescindível de modo a garantir-se o conhecimento das implicações jurídicas de qualquer acordo a ser celebrado na audiência, bem como as consequências de não fazê-lo, estando disposta no § 9º do artigo 334, senão vejamos:

> Art. 334 (...)
>
> **§ 9º** As partes devem estar acompanhadas por seus advogados ou defensores públicos.

Neste ponto os avanços do novo diploma processual são de muita importância para a advocacia representando não somente um ganho para a modernização das práticas da Justiça, mas também um avanço no sentido da valorização e do reconhecimento da advocacia enquanto função indispensável à Justiça, consoante consagrado pela Constituição Federal.

Além de bom inquiridor, redator ou tecnicamente preparado para atuar em litígio, o advogado precisa adotar uma postura mais cooperativa, porque a do litígio não funciona na conciliação e mediação. Estimular a conciliação entre os litigantes, prevenindo, sempre que possível, a instauração de litígios é um dos deveres do advogado, previsto no item VI, do parágrafo único, do artigo 2º, do Código de Ética e Disciplina da Ordem dos Advogados do Brasil que assim dispõe:

> Art. 2º. (...)
>
> Parágrafo único. São deveres do advogado:
>
> (...)
>
> VI - estimular, a qualquer tempo, a conciliação e a mediação entre os litigantes, prevenindo, sempre que possível, a instauração de litígios.

Ainda que as partes estejam abertas ao diálogo, é preciso que seus advogados também participem da mediação e fomentem a conciliação. O advogado é a pessoa de confiança do cliente. É aquele que conhece os efeitos jurídicos de cada proposta e poderá explicar a seu cliente os efeitos de um eventual acordo. O advogado tem um papel chave em todos esses procedimentos.

O advogado, focado em atuar em litígios, combativo e confrontador, precisará se moldar à nova situação estimulada pelo Código. Na mediação, por exemplo, o advogado deve ser mais cooperativo, criativo, paciente, propositivo para também auxiliar as partes a encontrar o consenso, caso contrário, poderá frustrar a busca pela pacificação naquele momento e até prejudicar um possível acordo.

Como é ele quem tem o contato prévio com o cliente, pode trazer tanto à conciliação quanto à mediação, os esclarecimentos necessários sobre este meio de resolver conflitos, indicar as suas vantagens e prestar orientações jurídicas sobre o assunto antes e durante a sessão de conciliação ou mediação, principalmente na fase final do procedimento, que é a de discussão de um acordo.

As orientações jurídicas somente poderão ser prestadas por advogados, ficando vedado aos mediadores prestarem quaisquer esclarecimentos legais durante a sessão. Por isso, a função do advogado na mediação precisa ser estimulada sempre por mediadores.

Assim, para que o advogado seja bem sucedido em uma conciliação ou mediação será necessário abandonar as técnicas que funcionam bem no contencioso, para adotar técnicas adequadas aos meios alternativos de conflito. Mostra-se importante o estudo de **técnicas de negociação** e a capacitação para exercer essa função tão importante para a sociedade atual, que é assessorar seu cliente a resolver um conflito sem a necessidade da intervenção de um magistrado ou de um árbitro.

O profissional que se encontra preparado para atuar em uma sessão de conciliação ou mediação exerce uma função tão relevante quanto aquele que atua de forma tradicional nos processos judiciais. A forma de conduta, porém deve ser diferente uma vez que não é adequado que um advogado se comporte em uma sessão de mediação, por exemplo, como faria se estivesse diante de um júri ou atuando durante uma audiência de instrução e julgamento.

A classe advocatícia precisa passar por esta mudança cultural quando se trata de mediação, conciliação ou advocacia colaborativa. **É preciso entender que nesses casos** a função do advogado não é convencer ninguém sobre o seu ponto de vista, sendo importante ser colaborativo e não combativo como acontece nas ações judiciais.

Na mediação, por exemplo, o principal objetivo é a facilitação do diálogo entre as partes na tentativa de resolver o litígio em questão. O advogado pode ao invés de ter uma atitude pró-ativa que lhe seria exigida em uma audiência de instrução e julgamento, simplesmente aproveitar o momento para escutar ativamente as explicações e os relatos das partes, ajudando a criar um ambiente de tranquilidade.

Sendo o local propício para o restabelecimento da comunicação entre as partes, quando os advogados chegam desarmados e colaborativos, o trabalho do mediador tem mais chances de evoluir e chegar a um desfecho esperado por todos que é o da pacificação social e, consequentemente, o do acordo.

Ao advogado que assessora o cliente durante a conciliação ou mediação, destacam-se as seguintes funções:

- Antes da audiência, é importante preparar seu cliente para a sessão, informando-o sobre as normas, auxiliando na avaliação dos fatos, interesses e metas, e avaliando os custos e os riscos dos diversos mecanismos existentes (Judiciário, mediação, arbitragem, negociação), bem como suas vantagens e desvantagens;
- Durante a sessão, o advogado deve atuar em prol dos interesses de seu cliente com vistas à colaboração, trazer aportes de questões jurídicas

quando for relevante e útil para a negociação, respeitar o protagonismo de seu cliente, redigir e revisar o acordo;

- Após a conciliação ou mediação, cabe ao advogado acompanhar o cumprimento do acordo entabulado, verificar a satisfação do cliente, propor a revisão e executar o acordo, se necessário.

Ao advogado compete, portanto, tranquilizar e conscientizar o seu cliente acerca da verdadeira função da conciliação e da mediação, ou seja, do espírito desses procedimentos onde se deve praticar o diálogo, a comunicação não defensiva; cooperando com o conciliador ou mediador, facilitando, ao máximo, o trabalho de reaproximação das partes envolvidas no conflito, reduzindo, naquele oportuno momento, a energia de litigiosidade presente no ambiente. O advogado resistente e defensivo em nada colaborará com o serviço do conciliador ou mediador, mas, ao contrário, se torna mais um ingrediente nocivo no já conturbado cenário de conflito.

Fato é que quando o advogado se mostra extremamente litigioso na mediação e se comporta como se estivesse na frente de um juiz ao tentar convencer e mostrar quem tem razão, os conflitos tendem a aumentar. O caminho, então, será o do processo judicial, ainda que existam casos em que este caminho realmente seja inevitável.

É aí que o papel do advogado se mostra novamente fundamental nesse tipo de procedimento, pois uma vez que a conciliação ou mediação não tenham o fim esperado, qual seja a resolução do conflito através de um acordo, o advogado tendo acompanhado toda a tentativa de resolução do conflito, já identificou os interesses em jogo, podendo facilmente indicar qual o será o tipo de pleito adequado ao seu cliente e quais as possíveis consequências desse pleito.

O advogado de hoje além de estar preparado para os embates normais de seu cotidiano, tem o dever de estimular a conciliação e mediação, bem como qualquer outra forma de resolução alternativa de conflito, buscando sempre solucionar os conflitos de seus clientes de forma célere e satisfatória.

Como vem sendo dado destaque em toda a comunidade jurídica, o profissional do direito do futuro é aquele que conseguirá apresentar soluções que satisfarão os interesses de seus clientes e que ao mesmo tempo conseguirá evitar que a discussão de tais interesses chegue às vias judiciais.

4 CONCLUSÃO

Não resta dúvida que a conciliação e a mediação se apresentam como importantes instrumentos para a pacificação e solução de conflitos em quase todas as áreas do direito.

O novo Código de Processo Civil apresenta a conciliação e a mediação como importantes instrumentos para a pacificação e solução de conflitos de forma célere e satisfatória, cabendo aos operadores do direito, se adaptarem aos novos tempos, e participarem de maneira efetiva na busca da pacificação social, buscando uma melhor atuação do Poder Judiciário, e uma prestação jurisdicional mais efetiva.

A formação acadêmica do futuro profissional das ciências jurídicas deve contemplar as novas tendências de soluções pacíficas dos conflitos e os profissionais atuantes deverão se adequar, buscando os conhecimentos necessários ao desempenho das atividades de mediação/conciliação para a disseminação da justiça e evolução social.

Entretanto, independente disso, deve o advogado, por si só, buscar aprimorar esses meios de negociação e principalmente estimular a aplicação da conciliação e mediação procurando proporcionar melhores condições para a solução dos conflitos da sociedade.

De toda forma, certo é que novo Código de Processo Civil trás um grande desafio para o advogado, que deve dominar a prática da conciliação e mediação, podendo, dessa forma, exercer suas funções de modo a melhor satisfazer os interesses dos clientes, em decorrência da celeridade e satisfação das partes, que são próprias das soluções consensuais, nos mais diversos tipos de conflitos tradicionalmente levados para o Judiciário.

5 REFERÊNCIAS

BRASIL. CONSELHO NACIONAL DE JUSTIÇA. Azevedo, André Gomma de (Org.). Manual de Mediação Judicial, 6ª Edição (Brasília/DF;CNJ), 2016.

Didier Jr., Fredie - Curso de direito processual civil: introdução ao direito processual civil, parte geral e processo de conhecimento I Fredie Didier Jr. - 17. ed. - Salvador: Ed. Jus Podivm, 2015. Vl. 1.

Código de Processo Civil Anotado - OAB/ Ordem dos Advogados do Brasil - Paraná, 2015.

BRASIL. Constituição Federativa do Brasil de 1988. Lei 13.105 de 16 de março de 2015. Institui o Novo Código de Processo Civil.

BRASIL. Lei N.o 9.099, de 26 de setembro de 1995.

41

FÉRIAS FORENSES – EVENTUAL RECRIAÇÃO ATRAVÉS DOS ARTS. 214 E 215 DO CPC/2015 - VALIDADE E EFICÁCIA DAS NORMAS DIANTE DA PREVISÃO CONSTITUCIONAL EXISTENTE NO ART. 93, XII, DA CF/88 (REDAÇÃO DADA PELA EMENDA CONSTITUCIONAL Nº 45/2004), QUE PERMANECE COM EFICÁCIA CONTIDA, DADA A AUSÊNCIA DE CRIAÇÃO DO ESTATUTO DA MAGISTRATURA PREVISTO NO CAPUT DA MESMA DISPOSIÇÃO CONSTITUCIONAL

Lauro Bracarense Filho[1]

Advogado

Os advogados nunca tiveram direito a férias! Essa é a verdade!

O que ocorria até a Emenda Constitucional (EC) nº 45, de 08 de dezembro de 2004, é que, aos Juízes, eram garantidas férias coletivas de 30 (trinta) dias por ano, e individuais de mais 30 (trinta).

Assim, como os Juízes estavam em férias, e o Código de Processo Civil de 1973, nos artigos 173 e 174, impedia a prática de atos processuais nas férias, e regulava situações urgentes e especiais, nas quais não se pode deixar de existir

1 Com revisão da Prof. Mônica Aragão

a atividade jurisdicional sob pena do perecimento de um direito, os advogados, de forma indireta e reflexa, também estavam de férias.

Mas, reforça-se, verdade seja dita, tal direito nunca foi legalmente reconhecido aos advogados! E nem se diga que os advogados, profissionais autônomos e liberais, assim como os médicos, escolheram a profissão e devem se submeter às consequências da natureza das relações advindas da atividade exercida. É um argumento tão superficial, que nem se deve ter o trabalho de rebatê-lo.

Voltando ao assunto, porém, mesmo sem o direito legalmente reconhecido, os advogados tinham férias na prática.

Muito se debateu, à época, os efeitos imprimidos pela Emenda Constitucional (EC) nº 45, que, como sabido, instituiu alterações em vários dispositivos da Constituição Federal, dentre elas, as efetivadas no artigo 93, inserido no Capítulo III, na parte que trata 'Do Poder Judiciário' e de sua organização.

Para os advogados, o fim das férias foi a primeira alteração a ser sentida e vivenciada, pois, foi nesse instante, ou seja, com o advento da EC nº 45/2004, e a inclusão do inciso XII, no art. 93, que se foram as férias coletivas nos Juízos e Tribunais de Segundo Grau, mais conhecidas como férias forenses.

Por sinal, é muito fácil criar uma norma, independentemente de sua hierarquia, determinando que a atividade jurisdicional é ininterrupta, quando um dos atingidos pela determinação, o Juiz, mesmo diante dela, tem direito a 60 (sessenta) dias de férias por ano e, no gozo respectivo, outro Juiz, em substituição ou cooperação, é o responsável pelo processo.

Isso não significa, e desde já fique registrado, que o presente artigo levante uma bandeira contra as férias garantidas aos membros do Judiciário.

Muito antes pelo contrário! São legais e merecidíssimas!

O volume de trabalho dos Magistrados é insano e só aumenta; a estrutura é precária, principalmente na Primeira Instância; e, nos Tribunais, com o aumento do acesso à Justiça – que deve ser total, frise-se bem, pois um dos pilares do exercício da cidadania e da democracia –, a demanda de processos submete seus membros a jornadas cada vez mais longas. Não é raro um Juiz ou Desembargador trabalhar doze, quatorze horas por dia, nos finais de semana e feriados, e ainda levar trabalho para casa.

Fato é que existia uma cultura arraigada, impregnada nos operadores do direito (Juízes, Defensores Públicos, Servidores, membros do Ministério Público e Advogados), a respeito das chamadas férias forenses, período no qual todos podiam usufruir do sagrado descanso, recomendável, inclusive, por questões de saúde mental, psíquica e física, a qualquer trabalhador.

Com a alteração constitucional, contudo, certamente fruto de algum arroubo moralizador demagógico, o efeito prático foi o seguinte: aos Juízes nada mudou, permaneceram os 60 (sessenta) dias de férias; aos advogados tudo mudou, ficamos com nenhum! Nesta questão específica, a EC nº 45, ao vedar as férias coletivas, mirou num alvo, mas acertou em outro.

Para contextualizar de forma mais minuciosa, vale mencionar que, até então, a Lei Complementar Federal nº 35, de 14 de março de 1979 - a Lei Orgânica da Magistratura, LOMAN -, estabelecia as férias coletivas aos membros dos Tribunais, nos períodos de 2 a 31 de janeiro e de 2 a 31 de julho, e aos Juízes de Primeiro Grau, nos termos da Lei de Organização Judiciária de cada unidade da Federação.

Em Minas Gerais, por exemplo, tal situação era regulada pela Lei Complementar Estadual nº 59/2001, que, nos artigos 118 e 120[2], expressamente estabelecia o período de 2 a 31 de janeiro para as férias coletivas, tanto dos membros dos Tribunais, quanto dos magistrados de Primeiro Grau, e deixava os outros trinta dias de férias individuais, a serem estabelecidos em período de acordo com a conveniência do Tribunal de Justiça, que, neste particular, não só como uma praxe de conveniência para coincidirem com as férias escolares do meio do ano, estendia aos Juízes de Primeiro Grau, o disposto no §1º, do artigo 66, da LOMAN[3], que fixava o período de 2 a 31 de julho aos membros dos Tribunais.

A EC nº 45/2004, entretanto, sob o moralizador demagógico fundamento de que a atividade jurisdicional deveria ser ininterrupta, mudou, para pior, aquilo que sempre funcionou perfeitamente, contrariando a máxima de se al-

---

2 "Art. 118 – Os membros dos tribunais gozarão trinta dias de férias coletivas no período de 2 de janeiro a 31 de janeiro e trinta dias de férias individuais em período a ser estabelecido de acordo com a conveniência do Tribunal de Justiça."

"Art. 120 – Os magistrados de primeiro grau gozarão trinta dias de férias coletivas no período de 2 de janeiro a 31 de janeiro e trinta dias de férias individuais em período a ser estabelecido de acordo com a conveniência do Tribunal de Justiça."

3 "Art. 66 – Os magistrados terão direito a férias anuais, por sessenta dias, coletivas ou individuais.

§1º - Os membros dos Tribunais, salvo os dos Tribunais Regionais do Trabalho, que terão férias individuais, gozarão de férias coletivas, nos períodos de 2 a 31 de janeiro e de 2 a 31 de julho. Os Juízes de primeiro grau gozarão de férias coletivas ou individuais, como dispuser a lei."

terar o mínimo possível, aquilo que sempre foi entendido, ou realizado, do mesmo modo.

E o que é pior, tal alteração contou com apoio destacado do Conselho Federal da OAB, e de praticamente todas as Seccionais.

Desde então, os advogados ficaram privados de tais períodos, nos quais, sem prazos a cumprir e audiências ou julgamentos a comparecer, a não ser nas hipóteses legalmente excepcionadas em que os processos tinham curso, os profissionais podiam exercer a oportunidade de descansar totalmente ou, pelo menos, diminuir o ritmo das atividades, sem prejuízo às causas ou aos clientes.

Durante muito tempo, dessa forma, a cada final de ano se percorria um desgastante caminho que contava, é verdade, com atuação da OAB, certamente arrependida por ter apoiado a desnecessária mudança, para que o Tribunal local editasse ato administrativo fixando um recesso que, em média, ocorria de 20 de dezembro a 06 de janeiro, não sem antes todos que dependiam de tal definição serem submetidos a grande expectativa, em procedimento que tornava impossível qualquer organização prévia da vida pessoal.

A questão das férias forenses, assim, mais precisamente a falta delas, se tornou um problema e uma questão dos advogados por todo país, que ganhou ainda mais corpo por ocasião do início da vigência do Novo Código de Processo Civil (NCPC), instituído pela Lei nº 13.115/2015, em vigor um ano após sua publicação, em 18 de março de 2016.

Alguma celeuma surgiu por conta do previsto nos artigos 214, 215 e 220, do Novo Código, ao determinarem, respectivamente, que "Durante as férias forenses e nos feriados, não se praticarão atos processuais", que certos casos "Processam-se durante as férias forenses, onde as houver, e não se suspendem pela superveniência delas", e que "Suspende-se o curso do prazo processual nos dias compreendidos entre 20 de dezembro e 20 de janeiro, inclusive".

Estariam recriadas, as férias forenses, pelos artigos 214, 215 e 220, do NCPC? Estes mesmos artigos possuem validade e eficácia, diante da previsão constitucional existente no artigo 93, XII, da Constituição Federal, com a redação que lhe foi dada pela EC nº 45/2004, que, por outro lado, permanece com eficácia contida, diante da ausência de criação do Estatuto da Magistratura, previsto no *caput* da mesma norma?

A resposta é negativa para todas as perguntas!

Oportuno mencionar que o artigo 93 é norma não auto-executável, portanto, de eficácia contida, tanto assim, que prevê a necessidade de Lei Complementar, de iniciativa do Supremo Tribunal Federal, para tratar e dispor do Estatuto da Magistratura, que, como sabido, em observância e nos limites constitucionalmente impostos, fixará e determinará toda organização e funcionamento do Poder Judiciário no Brasil.

Tal artigo 93, em seus incisos, já estabelece os princípios e as diretrizes a serem obrigatoriamente observados pela Lei Complementar a ser editada, sendo interessante destacar que, mesmo não sendo auto-executável, vários de seus incisos trazem normas proibitivas, o que, por natureza, e paradoxalmente, as tornam auto-aplicáveis ou auto-executáveis.

O mestre Geraldo Ataliba[4] citou Ruy Barbosa ao lembrar que, para este último, "as disposições proibitivas não comportam regulamentação", pois, "a norma proibitiva encerra em si mesma tudo quanto se há mister, para que desde logo se torne obrigatória a proibição, embora a sanção contra o ato que a violar ainda não esteja definida. Se uma Constituição proíbe formalmente certos e determinados atos, a prática de qualquer deles transgride *ipso facto* o preceito constitucional".

Relevante, também, a advertência de Araújo Castro, no sentido de que "Nas Constituições, porém, há certas normas que não precisam de medidas legislativas para serem executórias. Tais são, sobretudo, as de caráter proibitivo ou restritivo. É que a norma proibitiva ou restritiva encerra quase sempre, em si mesma, tudo que é mister para que se torne obrigatória a proibição ou restrição."[5]

Nesse sentido, vale observar que, dentre as novas redações e acréscimos realizados pela EC nº 45/2004, no artigo 93, especificamente, foi instituído o inciso XII, estabelecendo que "a atividade jurisdicional será ininterrupta, <u>sendo vedado férias coletivas nos juízos e tribunais de segundo grau</u>, funcionando, nos dias em que não houver expediente forense normal, juízes em plantão permanente;" sendo propositais, os destaques, para que se visualize o teor proibitivo da norma, que, como acima se viu, dispensa regulamentação.

A norma proibitiva, portanto, tem conteúdo aniquilador, ainda mais quando fruto de mandamento constitucional; nessa hipótese, como a do inciso XII, do artigo 93, por exemplo, fere de morte, retira a eficácia e expulsa do mundo

---

4 Geraldo Ataliba; In 'Lei Complementar na Constituição'; editora RT; 1971; p.10.

5 Araújo Castro, In 'A Nova Constituição Brasileira'; Ed. Freitas Bastos; Rio de Janeiro; 1935; p. 182.

jurídico aquilo que com seu conteúdo não mais é compatível, e nem deixa nascer aquilo que contrarie seus termos.

Pensando nos conceitos de efetividade, eficácia e eficiência, e tendo a (i) efetividade como a "concreta produção de efeitos"[6]; a (ii) eficácia como a potencialidade de produzir determinado resultado ou efeito; e a (iii) eficiência como o resultado obtido, sendo mais ou menos eficiente, se mais ou menos próximo daquilo pretendido pelo legislador, vale dizer que o inciso XII, em questão, tem efetividade máxima, eficácia plena e eficiência total. Não pode porque a Constituição diz que não pode, sendo desnecessário qualquer outra norma para dizer que não pode!

Ocorrem dois fenômenos na espécie, regulados pelo marco temporal; as leis anteriores à EC nº 45, de 08 de dezembro de 2014, sejam elas complementares ou ordinárias, que com a nova determinação constitucional se tornaram incompatíveis, se tornaram, no mesmo instante, ineficazes, pois revogadas pela nova ordem constitucional. Este é o primeiro fenômeno.

Aliás, sobre essa situação, a doutrina clássica apresenta certa divergência quanto ao seu alcance. O grande Geraldo Ataliba considera que a lei anterior que se tornou incompatível com a nova ordem constitucional, tornou-se meramente ineficaz (ob. cit.; p. 54); para ele, "as normas jurídicas só revogam normas de igual natureza. Relativamente às normas inferiores, elas limitam-se a paralisar-lhes a eficácia." (ob. cit.; p. 55). O brilhante Vicente Nunes Leal, por sua vez, vai mais além; para ele, "sempre que uma lei opere validamente até determinado momento, e daí por diante deixe de operar em virtude da expedição de uma norma nova, o fenômeno jurídico que temos é o da revogação, pouco importando que a norma nova seja de categoria igual ou superior à da norma anterior revogada."[7]

Mesmo não tendo a dimensão de tais mestres, e sem a menor pretensão de debater no mesmo nível, aqui se adota o posicionamento do segundo, pois, se a lei nova tem força para revogar a anterior de igual categoria, quem dirá a nova previsão constitucional, de hierarquia máxima, cuja consequência normativa é ainda mais devastadora! Nessa situação, além de tornar a lei anterior ineficaz, ela a revoga e lhe expulsa do mundo jurídico.

---

6 J.J. Calmon de Passos, In Cidadania e Efetividade do processo; Revista Síntese de Direito Civil - Nº 1 - Set-Out/99 - Doutrina.

7 Vicente Nunes Leal, In RDA, vol. VII, p. 390/391.

Esse debate não é sem importância, mas, pelo contrário, assume especial relevância, na medida em que a revogação pode ser declarada até pelo Juiz singular, mas, para declaração de inconstitucionalidade, existe a cláusula de reserva de plenário, prevista no artigo 97, da Constituição Federal[8].

O segundo fenômeno diz respeito às leis posteriores à EC nº 45, de 08 de dezembro de 2014, sejam elas complementares ou ordinárias, e que contrariem seus termos e não observem os limites da nova ordem constitucional introduzida no art. 93. Em tal situação ocorre o efeito da inconstitucionalidade.

Nessa hipótese, Vicente Nunes Leal resolve a questão, ao ensinar que "o vício de inconstitucionalidade importa nulidade da lei. A lei que ofende a Constituição é como se não existisse" (ob. cit.; p. 390).

Comentando os artigos 214 e 215, do NCPC, os Professores Nelson Nery Júnior e Rosa Maria de Andrade Nery deixam claro que "o *caput* da norma comentada refere-se a *férias forenses*. Com a inclusão do inciso XII à CF 93, pela EC 45/04 (DOU 31.12.2004), no sistema judicial brasileiro estão proibidas as férias forenses, isto é, as férias coletivas. Assim, a expressão 'férias' do CPC214 tem-se como não escrita, por inconstitucional, e poderia ter sido evitada na elaboração do atual CPC."[9]

Eles chegam até a ponderar que, "tendo em vista a flagrante inconstitucionalidade do dispositivo, é de se indagar se o legislador quis fazer referência ao recesso forense de final de ano,..."[10], numa menção implícita ao artigo 220, do NCPC, que expressamente suspendeu "o curso do prazo processual nos dias compreendidos entre 20 de dezembro e 20 de janeiro, inclusive."

Com todo respeito, não há inconstitucionalidade nos arts. 214 e 215, e neles não há qualquer referência, nem implícita, à suspensão do curso dos prazos processuais, trazida pelo novo artigo 220.

Isso fica bastante claro ao se observar que o inciso XII, do art. 93, inserido pela EC nº 45, se direciona, exclusivamente, aos "juízos e tribunais de segundo grau".

---

8 Art. 97 – Somente pelo voto da maioria absoluta de seus membros, ou dos membros do respectivo órgão especial poderão os tribunais declarar a inconstitucionalidade de lei ou ato normativo do Poder Público.

9 Nelson Nery Júnior e Rosa Maria de Andrade Nery, In Código de Processo Civil Comentado; 16ª ed.; São Paulo; Editora Revista dos Tribunais; 2016; p. 800; Comentário 3 ao art. 214, e Comentário 2 ao art. 215, ambos no NCPC; p. 803.

10 Nelson Nery Júnior e Rosa Maria de Andrade Nery; ob. cit. ; p. 800; Comentário 3 ao art. 214.

O comando constitucional, portanto, não se dirige aos Tribunais Superiores, que, por isso, não receberam vedação às férias coletivas.

É por isso que o artigo 215, ao especificar os procedimentos, ações e processos que tramitam nas férias forenses, fez incluir a expressão "*onde as houver*", pois elas, de forma coletiva, estão permitidas nos Tribunais Superiores, já que fora dos limites constitucionais impostos pelo inciso XII, do art. 93.

O artigo 220, por sua vez, não trata de férias, mas da suspensão do curso de prazo processual durante determinado período do ano nele especificado; é norma de caráter geral e absoluto, abrangendo, em regra, todos os prazos em curso no território nacional, sendo certo que nenhuma unidade da Federação, em sua respectiva Lei de Organização Judiciária, poderá alterar, modificar, alargar ou reduzir tal período. Por conta disso, então, tanto os artigos 214 e 215 não fazem qualquer referência ao artigo 220, que os primeiros, um em complemento do outro, trazem a hipótese da existência de férias "*onde as houver*" - leia-se, nos Tribunais Superiores -, enquanto este último, de forma ampla e geral, estabelece não as férias, mas a suspensão dos prazos processuais, para todos os lugares, indistintamente.

Por tais motivos, não há que se falar que os artigos 214 e 215 teriam recriado as férias forenses, ou as férias coletivas, porque tais normas, ao preverem o que previram no bojo do NCPC, em vigor desde março de 2016, se encontram dentro dos limites impostos pelo inciso XII, 93, da CF/88, com a redação instituída pela EC nº 45, de 08 de dezembro de 2004.

Não há que se falar, portanto, em inconstitucionalidade da expressão "*férias forenses*", prevista nos artigos 214 e 215.

Daí se poder afirmar, com convicção, que os artigos 214 e 215 não recriaram as férias forenses; como acima se viu, eles não poderiam fazê-lo, diante da vedação constitucional surgida com o advento da EC nº 45 que, de mais a mais, foi além de simplesmente determinar o princípio da atividade jurisdicional ininterrupta, ao transformar o assunto *férias coletivas nos juízos e tribunais de segundo grau*, em tema de índole constitucional. E tendo índole constitucional, somente o legislador constituinte, originário ou derivado, poderá dele tratar.

A lei, porém, desde sua concepção e dos motivos determinantes que justificaram sua criação, é o que o homem, na qualidade de intérprete, diz que ela é. Por tal motivo, o ideal de rigidez de seus termos ganha certo atributo de fluidez, pela necessidade de se conformar não apenas à interpretação e aos significados que as experiências lhe emprestam, mas, também, no rumo que mais propicie o equilíbrio e harmonia do sistema legal, como um todo.

Nesse sentido, por mais que o legislador, nos artigos 214 e 215, não tenha tido o objetivo de fazer qualquer referência à suspensão do curso dos prazos prevista no artigo 220, é esta própria norma que, mesmo assim, àquelas primeiras naturalmente se adequa, pelo fato delas trazerem exceções que se compatibilizam com o conteúdo previsto nesta última, tornando harmônico, pois, o sistema, ao se interpretar que, naquele período específico, o curso dos prazos processuais ficará suspenso (art. 220), com exceção dos atos, procedimentos, ações e processos previstos nos arts. 214 e 215.

Tudo isso, então, significa que o advogado não tem férias, ou que não existem férias forenses?

Não é bem assim!

Em verdade, como mencionado no início deste artigo, o advogado, do ponto de vista legal, diretamente nunca as teve; delas usufruía de forma reflexa ou indireta, por ser atingido, também de forma reflexa ou indireta, por um direito que, até a EC nº 45, era outorgado por lei aos Juízos e Tribunais de Segundo Grau - o direito às férias coletivas.

Entretanto, como muita coisa na vida, senão tudo, o costume e a reiteração de atos tomam forma, ganham conteúdo e substância. As férias coletivas dos membros do Poder Judiciário, sempre em janeiro e julho de cada ano, com o tempo, passaram a ser conhecidas como *férias forenses*. E se eram *férias forenses*, também o eram dos advogados, integrantes, que somos, da engrenagem propulsora dos processos e da própria máquina judicial.

A consequência era óbvia: sem Juízes para despachar ou analisar os pedidos, pois em férias coletivas, não tinha sentido a presença dos advogados, mesmo porque, vale repetir, os artigos 173 e 174, do CPC/73, em patente consonância com o sistema, respectivamente, vedavam a prática de atos processuais nas férias, ressalvando aqueles que nelas poderiam ser praticados.

Com a EC nº 45, como se sabe, isso se acabou; as férias previstas nos artigos 173 e 174, do Código anterior, e na LOMAN, tornaram-se proibidas pela nova ordem constitucional, e, por mais que os artigos 214 e 215, do NCPC, tenham repetido, no *caput*, a antiga redação com a simples inclusão da expressão "*forenses*", antes não existente, depois da palavra "*férias*", interessante observar que é o costume que ajuda a tornar mais claro o alcance das novas normas.

É que, mais do que *"férias"*, a expressão *"férias forenses"* denota o sentido das férias coletivas expressamente vedadas aos Juízos e Tribunais de Segundo Grau, pela determinação inserida com a EC nº 45, no inciso XII, do art. 93.

Desde sempre, contudo, *"férias coletivas"* e *"férias forenses"*, na prática, expressam a mesma coisa; embora não sejam sinônimas, as expressões estão intimamente ligadas. O laço que as une é de causa e efeito, donde se conclui que férias forenses (ou recesso forense) sempre foi uma consequência das férias coletivas dos Magistrados e, propriamente, uma consequência da suspensão dos prazos processuais. No jargão dos Fóruns, por todo país, as *"férias coletivas"* eram as *"férias forenses"*.

Mas, então, as *"férias forenses"* foram recriadas? Se o foram, como puderam ser, diante da vedação constitucional?

Paradoxalmente, a resposta é positiva! Sim!

Não pelos artigos 214 e 215, destaque-se, mas pelo artigo 220 e sua bendita previsão de suspensão do curso dos prazos processuais.

Novamente aí se mostra a força do costume, pelo que, o contexto histórico de necessidade de dar ao advogado, algum período de descanso, explica a inserção de tal norma no NCPC.

Tanto assim, que autorizada doutrina de Tereza Arruda Alvim Wambier, Fredie Didier Jr, Eduardo Talamini e Bruno Dantas, antes de explicar os efeitos da EC nº 45, e o fato dos advogados privados, dentre todos os operadores do direito, serem os únicos que não tinham resguardados um período de férias, deixou claro que "outro pleito da advocacia que restou atendido no art. 220 do Novo CPC diz respeito à positivação de um período para férias forenses para os advogados privados."[11]

E a proibição constitucional não está violada, pois, o §1º, do artigo 220, cuidou de especificar que, mesmo no período de suspensão, os demais operadores do direito exercem, normalmente, suas atribuições.

A suspensão do curso dos prazos, então, foi a forma pela qual o legislador reparou o erro que afetou diretamente aos advogados! Nada mais justo!

Do ponto de vista legal, não são férias forenses, pois estas, no sentido de férias coletivas, como acima se viu, estão constitucionalmente vedadas nos Juízos e Tribunais de Segundo Grau; do ponto de vista dos usos e costumes,

11 Tereza Arruda Alvim Wambier, Fredie Didier Jr., Eduardo Talamini e Bruno Dantas; In Breves Comentários ao NOVO CÓDIGO DE PROCESSO CIVIL; Ed. Revista dos Tribunais; 2ª ed.; São Paulo; 2016; p. 699.

todavia, e na prática, a suspensão já é interpretada como férias forenses e tem exatamente o mesmo efeito.

Uma questão, aliás, merece ponderação, sem que se queira, por óbvio, se chegar a uma conclusão definitiva: será que o advogado privado, autônomo, profissional liberal e avulso, como trabalhador no sentido *lato* que é, não tem direito a férias?

Ainda que o artigo 220 não tenha tido motivação em outras razões, além da inafastável necessidade dos advogados terem um período de descanso, não se pode perder de vista que a própria Constituição Federal incluiu o direito ao lazer, à saúde, e o direito às férias, que com estes se relacionam, como Direitos e Garantias Fundamentais[12], tendo como princípio norteador a dignidade da pessoa humana.

O direito ao trabalho e ao lazer são Direitos Sociais, conforme o artigo 6º, da CF; e aos trabalhadores urbanos e rurais são garantidas férias, conforme previsto no artigo 7º, inciso XVII.

J. Cretella Jr., em seus Comentários à Constituição de 1988, de forma bem simples, sintetizou que "*trabalhador urbano* é o que exerce atividade no perímetro da cidade e, assim, por exclusão, o trabalhador que cultiva terras *fora do perímetro da cidade*, no campo, é o *rural*."[13]

O que é o advogado privado, além de autônomo, profissional liberal e avulso, senão, um trabalhador urbano?!

O mesmo Cretella Jr. deixou claro "que não existe trabalhador da categoria A, da categoria B e da categoria C, mas apenas das categorias A e B, que são os urbanos e rurais." Concluindo que, "entre trabalhadores não existem - e nem pode existir - 'privilegiados' e 'não privilegiados'.[14]

E nem se diga que o artigo 7º, da CF, se direciona, apenas e tão somente, aos trabalhadores com carteira assinada, ou seja, os que possuam relação de emprego! O *caput* não faz tal distinção, usa o termo geral *trabalhadores urbanos e rurais*, e a relação de emprego está expressamente tutelada no inciso I.

Pensar diferente, seria reduzir a própria Constituição e negar ensinamento pontificado por Ruy Barbosa, lembrado pelo já citado Geraldo Ataliba, no

---

12 Constituição Federal, Título II

13 J. Cretella Jr.; In Comentários à Constituição de 1988; vol. II; Ed. Forense Universitária; 2ª ed.; Rio de Janeiro; 1991; p. 897.

14 J. Cretella Jr.; ob. cit; p. 897.

sentido de que "As Constituições não têm o caráter analítico das codificações legislativas. São, como se sabe, largas sínteses, sumas de princípios gerais onde, por via de regra, só se encontra o *substractum* de cada instituição nas suas normas dominantes, a estrutura de cada uma, reduzida, as mais das vezes, a uma característica, a uma indicação, a um traço. Ao legislador cumpre, ordinariamente, revestir-lhes a ossatura delineada, impor-lhes o organismo adequado, e lhes dar capacidade real de ação."[15]

Em síntese: antes de qualquer coisa, a Constituição é uma Carta de Princípios; tanto assim, que, como acima se viu, nela se encontram normas não auto-executáveis, dependentes, por natureza, da atuação do legislador ordinário. E, ainda que desça a detalhes em alguns temas, ela direciona tudo e submete todos, ao seu campo magnético.

Portanto, ao tratar dos trabalhadores, sejam eles rurais ou urbanos, por sinal, sejam eles quais forem, a Constituição tratou de todos, dentre os quais, os advogados!

Sendo assim, se o §2º, do artigo 5º, da CF, determina que "os direitos e garantias expressos nesta Constituição não excluem outros decorrentes do regime e dos princípios por ela adotados", não se pode perder de vista que, em razão do Princípio da Igualdade, aos advogados, na condição de trabalhadores *lato sensu*, devem ser estendidos os Direitos e Garantias Fundamentais, nos quais se inserem os Direitos Sociais e, dentre estes, o direito à saúde e ao lazer (art. 6º), por meio de férias anuais, previstas no art. 7º, XVII.

O fato de não existir relação de emprego, por conta da autonomia da profissão, não retira a condição de trabalhador, do advogado, e não lhe retira, em consequência, o direito e garantia fundamental às férias.

Se o Princípio Constitucional da Igualdade é o que garante o tratamento igual aos iguais e desigual aos desiguais, na medida em que se desigualam, o gozo de férias anuais é garantia aplicável, também, ao advogado, como trabalhador que é, na acepção ampla do termo, como já mencionado, e a questão da remuneração ou não das férias, conforme previsto no inciso XVII, do art. 7º, atenderá a cada um, especificamente, dependendo da relação que cada um possuir, não havendo dúvidas quanto ao advogado empregado, ao qual é garantido o gozo de férias remuneradas, mas também ao autônomo e avulso, profissional trabalhador liberal por excelência, o qual deve ter a garantia das férias, como consequência do Princípio da Igualdade, mas que, por óbvio, não

15 Geraldo Ataliba; ob. cit.; p. 8.

serão remuneradas, pela diferença da relação havida, sendo essa, pois, a medida em que se desigualam.

O que não se pode, é ter a negativa de tal direito.

Não fosse o bastante tudo isso, o inciso XXXIV, do mesmo art. 7º, em questão, parece dirimir qualquer dúvida a respeito da aplicabilidade de seus termos a todos os trabalhadores, indistintamente, ao estabelecer a "igualdade de direitos entre o trabalhador com vínculo empregatício permanente e o trabalhador avulso."

E se reformula o questionamento anterior: o que é o advogado privado, além de um trabalhador urbano, autônomo, profissional liberal e avulso?!

Como conclusão, e remetendo, pois, à primeira linha deste texto, vale pequeno acréscimo: Os advogados nunca tiveram direito a férias! Essa é a verdade! *Até agora...*

Agora as temos, não importa o *nomen juris* de suspensão do curso do prazo processual, trazida no art. 220, do NCPC; na prática, são as férias que por doze anos nos foram negadas, mas, finalmente, sem qualquer favor, nos foram legalmente reconhecidas.

42

ADVOCACIA NO INTERIOR E O ENFRENTAMENTO DA MOROSIDADE DA PRESTAÇÃO JURISDICIONAL FACE A IMPLEMENTAÇÃO DE UM PROCESSO JUDICIAL ELETRÔNICO E O NOVO CÓDIGO DE PROCESSO CIVIL

Robson Eduardo Brandão Krepp
Rafaelli Moreira Cesar
Advogados

1 INTRODUÇÃO

O funcionamento do judiciário nas cidades do interior sofre com os mesmos problemas dos grandes centros, dada a proporção entre volume de demandas e estrutura da maquina judiciária. Não obstante as diversas alterações legislativas para tentar resolver esta questão, temos hoje a tecnologia como aliada inevitável de juízes, procuradores e das próprias partes. Contudo, a adesão a um sistema processual eletrônico está sendo tardio e conturbado. Sua implementação não abrange todas as comarcas e grandes problemas e desafios começam ser enfrentados. A justiça Mineira e interiorana que já foi reconhecida pela vanguarda na criação de práticas que tornam o processo mais célere, seguro e transparente parece ter perdido os trilhos. Diante disso, necessário se faz uma reflexão sobre quais os maiores problemas enfrentados e quais as possíveis soluções para que a justiça do interior, lançando mão do Processo Judicial Eletrônico, seja novamente referência de eficiência.

2 JUSTIÇA: CELERIDADE E SEGURANÇA

Tanto os operadores do direito como a coletividade social sabem que a lentidão na Justiça brasileira é motivada tanto pela complexidade da legislação processual quanto na falta de recursos humanos e materiais no Judiciário. Todos sabem que existe um significativo congestionamento nos tribunais e, que este congestionamento permanece elevado ao longo dos últimos anos com tendência de aumento constante. Corroborando com a situação, sabemos ainda que os Indicadores de Produtividade dos Magistrados e Servidores diminuíram.

Bom, nós, operadores do direito, entendemos que talvez a solução do problema não está só nas mãos do Judiciário. A alteração da legislação como o que vem sendo feito, no caso o Novo Código de Processo Civil, é o início de um longo processo de evolução do sistema judiciário brasileiro.

Atualmente, com uma multiplicidade de recursos, quatro instâncias recursais, bem como deficiência estrutural e legislativa, logo, só podemos esperar um congestionamento.

Em algumas Comarcas do país, mesmo já com o PJ-e (processo judicial eletrônico) em uso, sentimos que o sistema não é suficiente para interferir nessa lentidão.

Podemos resumir que o judiciário é um dos pilares necessários para a realidade social do país. Uma reforma no sistema judiciário, assim como outras reformas como a reforma política ou até mesmo a reforma previdenciária não iriam diminuir o congestionamento que vemos nos dias de hoje simplesmente pela cultura que a sociedade vem adotando em tutelar tudo nas vias judiciais.

Sempre as críticas têm sido lançadas contra o judiciário, tendo como principal a lentidão no trâmite e no término das demandas. Assim, nada mais é que uma forma de tratar o assunto de maneira superficial, entendendo que uma prestação jurisdicional mais rápida resolveria todo o problema do judiciário.

Certamente vários fatores contribuem para a lentidão do judiciário, o tipo de procedimento utilizado, a complexidade de cada caso, o tempo gasto na documentação e registro do feito, prazos para prática de atos processuais, tempo para operacionalização dos atos de comunicação processual, tempo gasto na coleta de provas e conclusão de perícias, resolução de incidentes, e até o desempenho pessoal de cada profissional envolvido no caso.

O grande número de demandas e atribuições é caracterizado por infinitas ações que obrigatoriamente são apreciadas pelo judiciário brasileiro. O grande número de atribuições alcança o julgador, o juízo com atos de documentação e execução de diversas tarefas que poderiam ser providenciadas pelas partes, como a citação, intimação de testemunhas, cumprimento de cartas precatórias, etc. Consequentemente, a sobrecarga atinge os servidores do judiciário, responsáveis pela materialização das ordens e finalmente às partes envolvidas.

Muitas demandas desnecessárias a cargo do judiciário poderiam ser resolvidas por outras instâncias administrativas, o mesmo se diga sobre os inúmeros outros processos de jurisdição voluntária (onde não existe nenhum litígio), como a interdição de pessoas portadoras de enfermidades mentais e idosos com certa incapacidade.

Assim, inúmeros processos que tramitam na justiça poderiam ser resolvidos em menor tempo, com custo muito mais baixo, sem prejudicar as atribuições judiciárias. Ações de pouca complexidade e que não envolvem conflitos sociais dignos de apreciação pelo Poder Judiciário poderiam ser resolvidas de forma extrajudiciais. O grande número de demandas deste tipo alimenta um círculo vicioso agravando a lentidão da justiça. Os processos criam pilhas e pilhas nos cartórios. Consequentemente, ocupam grande tempo dos magistrados e servidores que, por sua pouca complexidade, são apreciados antes dos casos sérios, complexos e de grande importância social.

Não obstante ao que ocorre nas comarcas do interior, o acúmulo de processos no Supremo Tribunal Federal, causa lentidão no julgamento de causas e interfere na conclusão de julgamentos de outros tribunais, que intuitivamente aguardam o posicionamento daquela corte, para poder dar continuidade aos processos. Pedidos de vistas dos ministros atrasam decisões importantes como o poder investigatório do Ministério Público e o foro privilegiado para julgamento de certas autoridades que já não exercem as funções.

Necessário é ter um andamento processual rápido, mas que, inicialmente, ofereça segurança jurídica. Isso no que se refere a via judicial, pois o mais importante mesmo é que causas levadas ao magistrado, muitas delas sejam resolvidas via acordo civil entre as partes, longe do poder judiciário, pois o direito civil oferece uma esfera de atuação ampla das partes para resolver seus assuntos particularmente, só que, muitos não cumprem suas obrigações como se propuseram a cumprir, fazem um acordo obrigacional e não aceitam como foi acordado, se propõem a cumprir algo, mas não cumprem com a esperança de recorrer ao judiciário e conseguir algo a mais do que ficou relativizado na relação jurídica.

Como rogar então por uma segurança jurídica no processo, quando esta segurança depende da atuação dos juízes e, estes juízes, encontram-se submersos em pilhas e pilhas de processos?

Fato é que, o grande obstáculo à celeridade não é só o trâmite e estrutura processual. Como fazer um processo ser célere e seguro do ponto de vista jurídico. Eliminar recursos processuais acelera o provimento judicial, mas lhe retira a segurança. Criar súmulas e uniformização jurisprudencial faz o processo ser decidido mais rápido, mas nivela os julgamentos e faz com que a justiça não analise cada caso como se fosse único com suas particularidades, tornando a decisão, temerária e insegura. Algumas limitações, ainda desafogam o judiciário, mas flagrantemente ferem de morte o princípio do acesso à justiça.

O processo como forma de solução de litígios é um sistema dinâmico e dilatado que por consequência lógica não exaure seu ciclo vital em um único momento tendo a necessidade de se desenvolver no tempo.

O tempo é um elemento tão necessário quanto imprescindível para o processo, e embora haja o momento certo para a realização dos atos processuais, estes se desenrolam em varias etapas ou fases. O slogan da justiça rápida e segura que anda na boca de políticos inexperientes, contém, lamentavelmente uma contradição in adjecto: se a justiça é rápida não é segura ,e se é segura, não é rápida.

Certamente, o grande desafio do processo civil atual, esta ligado ao equacionamento desses dois valores: tempo e segurança. A decisão judicial deve prestar sua tutela no menor tempo possível. Entretanto, deve respeitar também as garantias de defesa (duplo grau de jurisdição), sem as quais não será proferida decisão segura. Por isso se diz que a celeridade processual não pode ser confundida com precipitação e segurança com eternização.

No entanto, não há relatos de que na humanidade se tenha promovido a conciliação entre as duas vertentes. Segundo dados sobre a administração da justiça, se constatou que na maioria dos países do globo que seguem a doutrina *common law*, não era raro um feito civil se arrastar por alguns anos, e levar até 10 anos para se proferida uma decisão pela corte suprema.

No Brasil tampouco poderia ser diferente. O STJ recebe mais de 200.000 processos por ano, cabendo a apreciação de mais de 6.000 recursos para cada um de seus 33 ministros, o que consome inegável tempo. O Tribunal de Justiça de São Paulo, ao lado do Tribunal Regional Federal da 3ª Região, são seguramente hoje as cortes mais lentas do País, com estimativa temporal de julgamento de recurso de apelação (sem prioridade legal ou regimental) para mais de cinco anos.

Uma vez que seja escopo do processo a pacificação social, não se torna coerente, como função institucional, se prolongar demasiadamente no tempo. A razoabilidade aplicada ao fator tempo se faz meio para que o processo propicie a satisfação jurídica.

José Rogério Cruz alertava "que, quanto mais distante da ocasião tecnicamente propícia for proferida a sentença, a respectiva eficácia será proporcionalmente mais fraca e ilusória, pois um julgamento tardio irá perdendo progressivamente seu sentido reparador, na medida em que se postergue; e, transcorrido o tempo razoável para resolver a causa, qualquer solução será, de modo inexorável, injusta, por maior que seja o mérito cientifico do conteúdo da decisão."

Também é fator critico da mora processual, a desigualdade social enfrentada em nosso País, uma vez que a parte que possui uma condição financeira favorável (rica) pode suportar os ônus da demora da prestação jurisdicional, ao passo de que os prejuízos para aqueles que pouco possuem, podem ser irreparáveis, até mesmo porque o que lhes resta na maioria das vezes é o bem da vida que se encontra no meio do litígio. Conclui-se que o tempo processual nas mãos dos que se beneficiam de estabilidade econômica, pode ser uma arma perigosa que favorece a desigualdade paritária processual, pondo em discussão as vendas da Deusa da justiça.

Mas uma vez que falamos da celeridade processual, devemos mencionar que em sua contrapartida existe a segurança, e essa segurança é cedida no sistema atual, principalmente pelos recursos, que através de seus escopos confere a quem da justiça necessitar, um procedimento que lhe traga mais confiança e segurança de que o que foi decidido está justo.

O problema surge quando tentamos alinhar as duas cosias. Se eu modifico a estrutura base dos atos concatenados, para adquirir uma justiça célere, eu obrigatoriamente tenho que modificar a estrutura recursal, mas tenho por consequência a perda da qualidade processual. Por outro lado, se modifico a estrutura base do duplo grau de jurisdição para conferir mais segurança ao procedimento, obrigatoriamente deverei aumentar as burocracias do procedimento, tendo a consequência da demora da prestação processual.

Notadamente nos dias de hoje, devido ao grande aumento da demanda judicial e a revolução tecnológica mundial que infelizmente não é acompanhada na mesma proporção pela evolução legislativa e nem administrativa dos órgãos judiciais, surgem inúmeros projetos de lei, que se propõem a deixar o processo cada vez mais sincrético, como forma de acelerar o alcance a tutela jurisdicional.

Justamente nesta perspectiva que as novas leis que vem surgindo se afrontam, pois se por um lado querem criar uma justiça célere e ágil que suporte a demanda, do outro tiram sua eficiência e qualidade, rompendo com a segurança processual garantida principalmente pelos recursos.

Talvez essa seja hoje a grande esperança da implementação urgente do Processo Eletrônico e do Novo Código de Processo Civil: processo célere e seguro. Mas para que essa realidade venha a tona muito ainda deve ser feito. Necessário entendermos um breve histórico de como a tecnologia se fez presente e em quais momento se mostrou efetiva ferramenta processual, para que os erros do passado não se repitam nesta nova e inevitável realidade que é o processo judicial eletrônico.

3 A TECNOLOGIA E O PROCESSO NO INTERIOR

A justiça brasileira sempre foi conhecida por sua lentidão. Ouvimos sempre que "a justiça tarda, mas não falha". O saudoso jurista Rui Barbosa, em 1921 já dizia que "justiça atrasada não é justiça; senão injustiça qualificada e manifesta".

Vivemos por muitos anos com a busca pelo equilíbrio entre celeridade e segurança da prestação jurisdicional. Mudanças na lei, supressão de recursos e de fases processuais, até mesmo o estímulo a solução de conflitos por meios extrajudiciais como a mediação e arbitragem, criação dos juizados especiais, todos estes mecanismos não foram capazes de alcançar a tão almejada justiça célere e segura.

A tecnologia parecia ser a saída. Tecnologia sempre existiu para facilitar a vida do ser humano, seja na qualidade de um trabalho feito ou na agilidade com que o mesmo é realizado.

A realidade nos mostra que a tecnologia está presente, faz parte de nossas vidas e permanecerá assim, em constante evolução até o fim dos tempos. Ela surge em alguns locais específicos, se desenvolve e tem aplicabilidade em outros.

É estranho pensar que em um tempo não tão distante, os advogados, juízes e servidores do judiciário tinham como grandes aliados tecnológicos a maquina de escrever e o mimeógrafo. As consultas processuais só podiam ser feitas presencialmente nas secretarias dos fóruns e, interposições de eventuais recursos aos Tribunais Superiores demandavam uma logística onerosa para acesso as capitais dos estados. Me arrisco dizer que a justiça talvez seja a ultima instancia beneficiada com o emprego de tecnologia.

Desde cedo tive a oportunidade de frequentar os corredores dos fóruns, acompanhar como o trabalho era feito. Mais tarde, na faculdade tive oportunidade de estagiar em secretarias do fórum e hoje, frequento o local como advogado. O resultado é que pude acompanhar o desenvolvimento tecnológico da Justiça Mineira nos últimos 20 anos - especificamente a do interior - de perto e com propriedade.

Por volta de 1994/95 era implementado o SISCOM - Sistema de Informatização dos Serviços das Comarcas, com um ambiente revolucionário para a época, permitia acesso a recursos de cadastramento de processos, situação e andamento, localização, dentre outros. O investimento feito pelo TJMG em tecnologia foi tão grande que foram enviados computadores para cada gabinete dos magistrados e também para as secretarias. Computadores extremamente avançados para a época, diga-se. A implementação foi rápida e abrangeu de uma só vez, todas as comarcas.

A revolução foi muito grande e a Justiça Mineira estava na vanguarda. Era comum ouvir que "A justiça de Minas é a mais moderna e avançada", "está anos-luz dos demais estados".

Em seguida entramos na era da internet. O Tribunal de justiça de Minas já estava na frente e possuía um banco de dados recheado. Não foi difícil dar outro passo largo à frente da justiça dos demais estados: um site eletrônico com a possibilidade de consulta aos processos e todas as informações inerentes à ele: partes, advogados, publicações, datas das audiências. Estava tudo lá. O que facilitou a alimentação dos bancos de dados on-line foi justamente o fato de que o Tribunal de Justiça já tinha esses dados prontos e todos dentro do SISCOM. Foi só juntar uma coisa a outra para que tudo desse certo.

Importante destacar que, não menos importante, podia-se realizar protocolos de recursos e distribuição de processos de competência originária através de fac-símile, com a exigência de que os originais fossem apresentados em até cinco dias.

A promessa com todo este investimento e avanço era a obtenção de algo de muitos cidadãos brasileiros clamavam: celeridade processual com segurança e transparência.

Com o passar dos anos, descobrimos que não foi bem assim. Todo este investimento e tecnologia empregados, revelaram-se aliados no acesso a informação, no tramite interno dos processos, organização e logística. Contudo, na pratica, o tempo de duração e concretização do processo, desde a distribuição da inicial até a decisão transitada em julgado se mostrou o mesmo.

Pode-se até dizer que tenha sido culpa do grande aumento no volume de processos, mas há de se consignar que toda tecnologia implementada deve prever a duração de sua prestação. Quando se constrói um imóvel, prevemos quanto tempo ele irá durar sem uma reforma. Quando compramos um carro, estimamos relativamente quanto tempo ele irá nos servir, assim como foi previsto no passado quanto tempo um computador ou telefone celular iriam atender as necessidades e demanda.

Já no caso da tecnologia como ferramenta de celeridade processual, já de início de sua implementação, não conseguimos vislumbrar melhora efetiva no tempo de encerramento de um processo com uma decisão célere e segura, demonstrando que muito ainda deve ser feito.

4 O PROCESSO JUDICIAL ELETRÔNICO

Com os recursos disponíveis e o avanço rápido da tecnologia, já era esperado que em um futuro não muito distante os processos seriam totalmente digitais.

Diversas foram as leis para regulamentação dos procedimentos de utilização de recursos tecnológicos até chegarmos nos embriões do processo digital e culminar na Lei 11.419/2006 que trata da regulamentação do processo eletrônico digital (PJ-e).

O lançamento do sistema foi rápido, contudo, sua implementação foi lenta e difícil. A maior dificuldade foi o fato de que, quando o ambiente processual eletrônico estava pronto e totalmente desenhado, os softwares e hardwares já estavam muito avançados e toda a arquitetura eletrônica já havia ficado obsoleta. Assim, passaram-se anos esperando-se que a arquitetura ficasse pronta antes de ficar ultrapassada. Os fatores burocráticos eram os maiores impasses para que o processo eletrônico virasse uma realidade, tais como licitações, empresas, escolha e uniformização das plataformas, dentre outros.

Quando finalmente parecia estar tudo pronto, a demora foi na implementação, que foi sendo feita de forma homeopática em nosso estado. Começou pela capital e posteriormente foi sendo implementado em comarcas maiores, sendo que no interior, até hoje o numero de comarcas abrangidas é muito pequeno.

Onde efetivamente já se trabalha com o Processo Judicial Eletrônico, há muitos problemas de funcionamento. Obviamente, o maior deles é que o sistema já está atrasado e usando plataforma e ambiente arcaicos e pouco seguros, tais como *Java* e *Flash*. Temos ainda a incompatibilidade de navegadores, certificados e uma infinidade de burocracias tecnológicas. Não menos importante é o fato de que, além de aprender a lidar com o sistema e se adaptar às suas exigências de software, hardware e certificado, cada Estado usa um sistema diferente, e cada instância e justiça usam outro.

Se imaginarmos um processo que dure em primeira instancia cerca de um ano, a pratica nos mostra que dez meses eram a fase de instrução e tramite interno da secretaria e os outros dois meses seriam o tempo para a sentença. Já com o sistema eletrônico, o processo tramita quatro meses, mas a sentença leva oito para ser proferida. No final o processo não andou mais rápido, ele durou o mesmo um ano nas duas hipóteses. Somente foram realocados o tempo de cada fase.

Faço uma comparação: A justiça antes do processo eletrônico era um "cano" onde se jogava os processos e a sentença saída no outro lado da ponta. Hoje, após a implementação do sistema, ele é um "funil" pois tem a boca de entrada muito larga, recebendo altas quantidades de processo, mas a outra ponta é fina e estreita dificultando a passagem do conteúdo. Ou seja, o acesso se tornou amplo, o trâmite rápido, mas tudo converge na sentença que deve entrar em uma fila cronológica.

Isso tudo quer dizer que, não adianta resolver o problema do trâmite processual, acelerar somente o seu fluxo. Há de se ter uma estrutura adequada a acompanhar a agilidade deste tramite e dar vazão aos processos. A quantidade de magistrados não aumentou, mas sua carga de trabalho sim. Com tantos processos chegando rapidamente à conclusão para sentença não será difícil escutar críticas aos magistrados que serão os grandes vilões da lentidão do judiciário a partir de agora. Irão dizer que há investimento em tecnologia, que o processo é digital e rápido, que os juízes ganham altos salários e, mesmo assim há demora para dar a sentença.

Desta forma, há de se pensar que com a implementação da tecnologia, há de se investir também em mão de obra qualificada para gerir toda a cadeia processual, inclusive a sentença. Nosso sistema legal ainda não permite informatizar a sentença. Não há como digitar o problema numa maquina e sair um papel com a sentença na hora. Ainda precisamos de seres humanos, humanizados e que exprimam seu sentimento com a causa. Maior efetivo de juízes e maior qualidade dos mesmos.

Infelizmente, não obstante a falta de investimentos e de abertura de vagas necessárias a dar contingência aos processos do estado, há uma indústria criada nos últimos anos, pregando que o concurso público é a salvação da vida pessoal e profissional do indivíduo. Ingressos na faculdade já são instruídos a pensar que advogar não traz sucesso profissional, há proliferação de cursinhos preparatórios e, a motivação hoje é de pessoas querendo adentrar nos cargos públicos, inclusive a magistratura, para resolver seus problemas financeiros, suas frustrações pessoais e ganhar certo status. A era dos vocacionados está chegando ao fim, visto que muitos têm de enfrentar anos de estudos, sacrifício e talvez depois de quatro ou cinco concursos, acabe desistindo. São talentos jogados fora, porque em sua maioria são pessoas humildes e que tem consciência da importância do dever do cargo, mas não conseguem competir com candidatos que tem um poder aquisitivo suficiente para bancar livros apostilas e cursinhos de ponta e tempo integral para se dedicar aos estudos.

Não obstante, quando se abre vagas para estes concursos, temos de doze a dezessete vagas e, quase sempre elas sequer chegam a ser preenchidas, devido ao alto grau de conhecimento (ou decoreba) que é exigido nos exames.

Dito isso, é necessário que se mude a mentalidade dos tribunais para que os mesmos repensem sua estrutura e cria protocolos seguros e eficientes para a implementação do Processo Judicial Eletrônico com efetividade. Melhorar a estrutura do judiciário e a forma de seleção de seus servidores dando ênfase ao preparo para utilizar-se das ferramentas tecnológicas para que não seja inócuo as inovações tecnológicas implementadas são um primeiro passo para que se ganhe efetividade na tutela jurisdicional na era digital.

5 CONSEQUÊNCIAS PRATICAS DA IMPLEMENTAÇÃO TECNOLÓGICA E ALTERAÇÕES DA LEI

As duas grandes revoluções do momento certamente são a implementação do PJ-e e o Novo Código de Processo Civil. São alterações importantes e drásticas. Diante da importância e relevância das transformações almejadas por estas duas inovações, inevitável que algumas mudanças sociais e profissionais ocorressem. Destaco que a maior delas, especialmente no interior, é a eliminação de vários profissionais do mercado.

A implantação da informatização do processo judicial pode trazer dificuldades a alguns profissionais de advocacia, notadamente para aqueles que têm resistência ao uso da ferramenta digital para o exercício da profissão. O conhecimento das tecnologias de informatização dos processos passa a ser tão importante quanto o conhecimento jurídico. Para a atuação no processo eletrônico, faz-se necessário por parte do advogado o conhecimento de como enviar uma petição on-line, consultar a íntegra de uma decisão relativa ao seu processo, a data de audiência ou da perícia; utilizando somente o computador, o advogado não precisa ir a tribunais para ajuizar ações ou protocolar petições. Ocorre que além da adaptação, há a dificuldade trazida pela própria natureza do sistema, o que faz com que até advogados mais "antenados" tecnologicamente acabem tendo dificuldades de se adaptar: a vulnerabilidade do sistema, a falta de unificação, a carência de infraestrutura, acessibilidade insuficiente, o formalismo do procedimento, não facultando, quando necessário, o uso do processo convencional, o que prejudica o acesso à justiça. Dentre os vários obstáculos diagnosticados, pode-se juntar a eles a insegurança do sistema quanto a sua indisponibilidade temporária, a interceptação de dados telemáticos, além disto, a legislação brasileira prevê a livre utilização de *software*, permitindo conflitos entre sistemas operacionais utilizados por usuários e Tribunais.

Como há resistência nesta adaptação, certamente muitos profissionais não irão se adaptar e entrarão num processo de esquecimento, frustração e sufocamento. Certamente um fenômeno com consequências profissionais e sociais sérias iremos presenciar.

A Ordem dos Advogados do Brasil é favorável ao processo eletrônico, mas resistente à forma impositiva de sua implementação, por entender que o sistema exclui alguns advogados e cidadãos da Justiça.

O presidente da Comissão Especial de Direito e Tecnologia do Conselho Federal da OAB, a época da implementações do PJe, Luiz Cláudio Allemand, criticou o CNJ, ao implantar o método virtual sem ouvir a opinião da OAB, que deixou de colaborar e participar do desenvolvimento do sistema em conjunto com o Judiciário, consequentemente erros e falhas poderiam ser evitados, permitindo que o sistema fosse acertado desde a sua introdução.

Em fevereiro de 2013, a referida entidade divulgou os cinco principais problemas na utilização do PJe, quais sejam, a carência de infraestrutura da Internet; os obstáculos na acessibilidade; problemas nos sistemas de processo eletrônico; melhorias na utilização do sistema; e a ausência de unificação dos sistemas de processo eletrônico, corroborando com o que já falamos anteriormente e reforçando que a tecnologia é positiva, mas se não for implementada com segurança e planejamento, de nada adiantará.

6 CONCLUSÃO

A lei que permitiu a informatização do processo no Judiciário Brasileiro trouxe inovações para o ordenamento jurídico, como a citação e intimação eletrônica, o Diário da Justiça Eletrônico, a prática de atos processuais e a emissão de carta precatória por meio eletrônico, além de modificações estruturais no ambiente forense. O destaque da lei fica na prática dos atos processuais por meio eletrônico, prática essa que diminui o tempo de trâmite do processo, minimizando os entraves do Poder Judiciário. Lembrando que o processo eletrônico, tem como escopo a celeridade dos atos processuais e não do processo em si, razão pela qual o processo ficou mais rápido em sua tramitação, mas não em sua efetivação.

A própria estrutura do Poder Judiciário, como se encontra hoje, deve ser alterada para atender a esta nova realidade. Os legisladores seguiram uma nova tendência, a da informatização, e isso está desafiando o Judiciário Brasileiro. O advento da Lei 11.419/2006, que trata do processo eletrônico, introduz nova sistemática no processo e, consequentemente, tende a diminuir a reclamada morosidade da justiça.

O advogado, em parte, também teve uma mudança na sua atividade e certamente muitos não se adaptarão e acabarão sendo drasticamente eliminados do mercado de trabalho.

A magistratura, por seu turno, sofreu mudanças, na medida em que o processo passa a ser todo eletrônico. Com o processo eletrônico, há um grande ganho de tempo, o que diminui bastante a morosidade do Judiciário e o trâmite do processo, mas a falta de estrutura, no interior especificamente, atrai a culpa da demora no provimento judicial quase que exclusivamente ao Estado.

Portanto, a utilização da tecnologia da informação na tramitação processual, apesar do pouco tempo de utilização, tem se aperfeiçoado e apresentado resultados positivos, o que denota ser este um caminho sem possibilidade de retrocesso. A informatização do processo judicial, ao nosso ver, ainda está longe de ser a resposta que a sociedade espera para solucionar, ao menos em parte, a histórica demanda sobre a morosidade do judiciário.

43

A BOA-FÉ COMO PRINCÍPIO E MANEIRA DE SER

Aristoteles Atheniense
Luciana Rodrigues Atheniense
Advogados

O atual Código Civil Brasileiro instituiu a observância da **boa-fé** como pressuposto da validade dos atos jurídicos.

Convenhamos que não se tratava de uma novidade.

No anteprojeto do Código de 1916, na última década do século XIX, **Clóvis Bevilaqua** referiu-se àquele requisito encontrado no Código de Napoleão. Este, marcado pelo individualismo, foi considerado, a seu tempo, como a "Constituição do Direito Privado". Tratava-se da única fonte legislativa a reger a relação entre os particulares.

O mesmo sucedeu com a promulgação do nosso Código Civil de 1916, que, sofrendo a influência francesa, fez do princípio da autonomia da vontade o manancial das obrigações contraídas.

A aplicação da lei deveria proteger o contrato da vontade pactuada entre as partes, manifestada de modo livre, sem estabelecer interferências externas coercitivas.

Após a sua promulgação, verificou-se a necessidade da intervenção do Estado na economia e na relação entre os particulares, em razão dos conflitos sociais emergentes naquela época

Segundo assinalou **Gustavo Tepedino**:

> "A era de estabilidade e segurança, retratada pelo Código Civil Brasileiro de 1916, entra em declínio na Europa já na segunda metade do século XIX, com reflexos na política legislativa brasileira a partir dos anos 20[1]".

Diante desta nova realidade social-econômica, o sistema jurídico civilista brasileiro tornou-se inadequado para solução dos litígios e insuficiente no atendimento das demandas da sociedade.

Com o advento da Constituição Federal de 1988, voltada para a dignidade da pessoa humana (CF, art.1°, III)[2], os institutos clássicos da propriedade e do contrato sofreram sensível abrandamento, prestigiando a função social dos direitos contemplados naquele Estatuto.

Esta situação foi assim condensada por **Gustavo Tepedino**:

> "O Código Civil perde, assim, definitivamente, o seu papel de constituição do direito privado. Os textos constitucionais, paulatinamente, definem princípios relacionados a temas antes reservados exclusivamente ao Código Civil e ao império da vontade: a função da propriedade, os limites da atividade econômica, a organização da família, matérias típicas do direito privado, passam a integrar uma nova ordem pública constitucional[3]".

Destarte, mesmo sem romper com todos os cânones do modelo tradicional, foi estabelecida uma conciliação entre a índole liberal do Código Civil anterior com as tendências contemporâneas da sociedade.

No rol dessas transmutações, o primado da **boa-fé** adquiriu posição de relevo na

> "mudança de um sistema jurídico fechado para um sistema jurídico aberto, por meio da admissão de cláusulas gerais e da compreensão da relação obrigacional como uma totalidade concreta desenvolvida através de um processo dinâmico"[4].

---

1 TEPEDINO, Gustavo. Premissas metodológicas para constitucionalização do Direito Civil. In Temas de Direito Civil. Rio de Janeiro: Renovar, 2004, p. 7.

2 Art. 1º A República Federativa do Brasil, formada pela união indissolúvel dos Estados e Municípios e do Distrito Federal, constitui-se em Estado Democrático de Direito e tem como fundamentosL...) III - a dignidade da pessoa humana.

3 TEPEDINO, Gustavo. Premissas metodológicas para constitucionalização do Direito Civil. In Temas de Direito Civil. Rio de Janeiro: Renovar, 2004, p. 7.

4 COUTO E SILVA, Clóvis V. do. A obrigação como processo, p. 15.

CÓDIGO DE DEFESA DO CONSUMIDOR: BOA-FÉ OBJETIVA

Devido aos abusos cometidos pelos agentes econômicos no regime capitalista, a proteção dos consumidores, sabidamente a parte mais fraca na relação jurídica com o fornecedor, passou a exigir um tratamento especial.

A necessidade de "harmonização" e de "equilibrar" essa relação jurídica desigual decorreu da vulnerabilidade tecnológica do consumidor, cujo conhecimento é do monopólio do fornecedor. Este último responde e decide os aspectos técnicos e administrativos para fabricação de produtos e prestação de serviços, além do aspecto financeiro, por possuir maior capacidade econômica em relação ao consumidor.

Até então, o termo "**boa-fé**" era utilizado somente em sua acepção "subjetiva". Compreendia o estado psicológico e de consciência individual de agir, de modo a não prejudicar a outra parte.

A normatização do princípio da **boa-fé objetiva** foi formalizada com a edição do Código de Defesa do Consumidor em seu artigo 4º, inciso III[5], como linha de interpretação, e também no artigo 51, inciso IV[6], como cláusula geral.

Com a implantação da legislação consumerista, veio à tona a **boa-fé objetiva**. Esta englobou os valores éticos, do homem médio, compreendendo **tanto o consumidor como o fornecedor**, de forma a instituir o equilíbrio entre as partes.

A **boa-fé objetiva** foi retratada por **Cláudia Lima Marques** neste excerto:

---

5 Lei 8078/90- Art 4º A Política Nacional das Relações de Consumo tem por objetivo o atendimento das necessidades dos consumidores, o respeito à sua dignidade, saúde e segurança, a proteção de seus interesses econômicos, a melhoria da sua qualidade de vida, bem como a transparência e harmonia das relações de consumo, atendidos os seguintes princípios:

(...)

III - harmonização dos interesses dos participantes das relações de consumo e compatibilização da proteção do consumidor com a necessidade de desenvolvimento econômico e tecnológico, de modo a viabilizar os princípios nos quais se funda a ordem econômica (art. 170, da Constituição Federal), sempre com base na **boa-fé** e equilíbrio nas relações entre consumidores e fornecedores;

6 Art. 51. São nulas de pleno direito, entre outras, as cláusulas contratuais relativas ao fornecimento de produtos e serviços que:

(....)

IV - estabeleçam obrigações consideradas iníquas, abusivas, que coloquem o consumidor em desvantagem exagerada, ou sejam incompatíveis com a **boa-fé** ou a eqüidade;

> "A grande contribuição do Código de Defesa do Consumidor (Lei 8.078/90) ao regime das relações contratuais no Brasil foi ter positivado normas específicas, impondo o respeito à boa-fé na formação e na execução dos contratos de consumo, confirmando o princípio da boa-fé como um princípio geral do direito brasileiro, como linha teleológica para a interpretação das normas de defesa do consumidor (artigo 4º, III, do CDC), como cláusula geral para a definição do que é abuso contratual (artigo 51, IV do CDC), como instrumento legal para a realização da harmonia e equidade das relações entre consumidores e fornecedores no mercado brasileiro (artigo 4º, I e II, do CDC) e como novo paradigma objetivo limitador da livre iniciativa e da autonomia da vontade (art. 4º, III, do CDC combinado com art. 5º, XXXII, e art. 170, caput e inc. V, da Constituição Federal"[7].

A **boa-fé objetiva** subsiste, independentemente das intenções dos interessados. Há de constituir uma "regra de conduta" fundada na ética, honestidade, retidão, lealdade e colaboração nas relações de consumo.

Neste sentido, **Sérgio Cavalieri** ensina:

> "É comportamento ético, padrão de conduta, tomado como paradigma o homem honrado, leal e honesto. Em síntese: boa-fé objetiva é ética negocial[8]".

Antes da vigência da legislação consumerista, de um lado, alguns empresários tinham como objetivo enganar "para ganhar"; de outro, alguns consumidores buscavam "levar vantagem", procurando encontrar uma brecha na lei que lhes permitisse "pagar menos e lucrar mais".

Após a vigência da boa-fé objetiva, o mercado tornou-se mais exigente não só em relação à transparência na oferta dos serviços/produtos, como pela honestidade e responsabilidade das partes contratantes, em todos os estágios da negociação (pré-contratual e pós-contratual). Não há como isolar um de outro.

---

7 MARQUES, Cláudia Lima. Planos privados de assistência à saúde. Desnecessidade de opção do consumidor pelo novo sistema. Opção a depender da conveniência do consumidor. Abusividade de cláusula contratual que permite a resolução do contrato coletivo por escolha do fornecedor: parecer. Revista de Direito do Consumidor, São Paulo, v. _, n.31, p. 134, jul./set. 1999.

8 Programa de Direito do Consumidor , 3º Edição- Editora Atlas pg. 39

FUNÇÕES DA BOA-FÉ OBJETIVA – CÓDIGO DE DEFESA DO CONSUMIDOR

A **boa-fé** objetiva exerce funções que se evidenciam nas diversas fases da relação contratual, desde a sua formação, ou mesmo antes, na fase pré-contratual, até após a sua extinção.

As principais funções imputadas à boa-fé são: de integração, interpretação e controle.

É bem de ver que **primeira função é integrativa**, estabelece deveres anexos ou acessórios, tais como o dever de informar, que tem como objeto uma afirmação de conhecimento; o dever de cooperação, que é o de colaborar antes, durante e após o contrato e o dever de cuidado, que se concretiza na preservação da outra parte contra prejuízos ou danos.

Esses "deveres" deverão estar presentes, ainda que não inscritos expressamente no contrato de consumo, durante toda a relação contratual e até mesmo após o término desta.

Neste sentido, **Sérgio Cavalieri** ressalta que:

> "(...) os contratantes não são apenas obrigados a realizar a prestação principal, mas também a usar os seus esforços para garantir o perfeito adimplemento contratual. Quem quer os fins quer também os meios necessários á respectiva consecução. Destarte, o credor tem a obrigação de se abster de todo ou qualquer ato, mesmo lícito, que seja capaz de tornar a execução da obrigação do devedor mais onerosa"[9].

A **segunda função é a interpretativa**, a ser exercida pelo juiz na interpretação do negócio jurídico, sob a sua apreciação. Cabe-lhe zelar pela função social do contrato, reprimindo as disposições abusivas ou potestativas.

Se constatar que a avença, nos termos em que se deu, fere a paridade entre os contratantes e está sendo utilizada de modo que uma parte obtenha vantagem ilícita sobre a outra, deverá penalizar o infrator.

Ainda, no entendimento de **Sérgio Cavalieri,**

> "O juiz parte do princípio de que em todas as relações de consumo as partes devem pautar-se por um padrão ético de confiança e lealdade, indispensável para o próprio desenvolvimento normal da convivência social"[10].

---

9 Pag. 40 - Programa de Direito do Consumidor , 3º Edição- Editora Atlas, p. 39.

10 Programa de Direito do Consumidor, 3º ed.- Editora Atlas pg. 39

A **terceira função é de controle** e consiste em impedir que ocorra o abuso de direito quando do exercício dos direitos subjetivos, ainda que disfarçado em linguagem escorreita no texto contratual.

Há um limite ao exercício dos direitos subjetivos, "seja reduzindo a liberdade dos parceiros contratuais ao definir algumas condutas como abusivas, seja controlando a transferência dos riscos profissionais e liberando o devedor, em face da não razoabilidade de outra conduta[11]".

A legislação consumerista repele tal procedimento, validando as cláusulas eficazes e tomando como abusivas e "nulas de pleno direito" as estipuladas pelos fornecedores que

> "IV - estabeleçam obrigações consideradas iníquas, abusivas, que coloquem o consumidor em desvantagem exagerada, ou sejam incompatíveis com a **boa-fé** ou a equidade;"

O STJ tem, invariavelmente, penalizado essa conduta ao considerar que:

> CIVIL E PROCESSUAL CIVIL. PLANO DE SAÚDE. ALTERAÇÃO UNILATERAL DO CONTRATO. INTERNAÇÃO EM HOSPITAL NÃO CONVENIADO. CDC. BOA-FÉ OBJETIVA.
>
> 1. A operadora do plano de saúde está obrigada ao cumprimento de uma boa-fé qualificada, ou seja, uma boa-fé que pressupõe os deveres de informação, cooperação e cuidado com o consumidor/segurado.
>
> 2. No caso, a empresa de saúde realizou a alteração contratual sem a participação do consumidor, por isso é nula a modificação que determinou que a assistência médico hospitalar fosse prestada apenas por estabelecimento credenciado ou, caso o consumidor escolhesse hospital não credenciado, que o ressarcimento das despesas estaria limitado à determinada tabela. Violação dos arts. 46 e 51, IV e § 1º do CDC.
>
> Recurso especial provido."[12]

No mercado de consumo atual, decorridos quase vinte e cinco anos de vigência da legislação consumerista, é inaceitável que o fornecedor estabeleça cláusulas exorbitantes, aproveitando-se da vulnerabilidade do cliente, da sua condição social ou de seu despreparo, enfim, na realização do negócio.

---

11 MARQUES, Cláudia Lima. Contratos no Código de Defesa do Consumidor: o regime das relações contratuais. 6ª ed. rev., atual e ampl. São Paulo: Editora Revista dos Tribunais, 2011, p. 215.

12 STJ REsp 418572 / SP Rel Min Ministro LUIS FELIPE SALOMÃO julg. 10/03/2009

A consequência dessa conduta insólita é, em princípio, a nulidade de pleno direito da avença que contrarie a boa-fé objetiva, sem prejuízo de outras sanções penais previstas na legislação específica.

BOA-FÉ: CÓDIGO DE DEFESA DO CONSUMIDOR – CÓDIGO CIVIL

O Código Civil é um sistema geral e genérico para as relações entre iguais, aplicável a contratos civis e comerciais e nada menciona sobre consumidores.

Já o Código de Defesa do Consumidor, é um microssistema para as relações desequilibradas entre consumidores e fornecedores, tendo uma finalidade própria, ocupando-se de situações determinadas, merecedoras de tratamento particularizado.

O CDC e o consumidor não foram "incorporados" ao CC/2002, que considera que este tema deva ser regulado por lei "especial" (de acordo a Constituição Federal, no artigo 48 do ADCT).

Vale esclarecer que até mesmo as normas sobre função social do contrato (art. 421[13]), princípio da boa-fé (art.422[14]) do CC/2002 e contrato de adesão (art.424) [15], não fazem nenhuma referência ao consumidor.

Daí se retira que as leis especiais (não incorporadas ao CC/2002) ficaram preservadas e são prevalentes em relação à lei civil geral subsidiária[16].

DOS JUIZADOS ESPECIAIS (LEI 9099 DE 26/9/95)

Os Juizados Especiais foram criados para facilitar o acesso à justiça, na medida que desburocratizaram os procedimentos e reduziram os custos da ação judicial.

---

13 Art. 421. A liberdade de contratar será exercida em razão e nos limites da função social do contrato.

14 Art. 422. Os contratantes são obrigados a guardar, assim na conclusão do contrato, como em sua execução, os princípios de probidade e boa-fé.

15 Art. 424. Nos contratos de adesão, são nulas as cláusulas que estipulem a renúncia antecipada do aderente a direito resultante da natureza do negócio.

16 MARQUES, Cláudia Lima. Ob. cit., p. 699

Desde 26/9/1995, o cidadão brasileiro tem o direito de optar pela legislação do Juizado Especial, orientada por critérios mais simples e rápidos que a justiça comum.

O Juizado Especial permite que a parte recorra ao seu manejo, independentemente de advogado, em se tratando de causa de valor inferior a 20 salários mínimos. Entretanto, de 20 até 40 salários mínimos, o mesmo deverá propor ação representado pelo advogado, que passa a ser requisito para ingressar com a reclamação. Não há custas judiciais para propositura da ação. Isso acontece só na fase de recurso para Turma Recursal.

A importância do Juizado Especial para a relação de consumo não restringe-se apenas por ser uma via coercitiva de aplicação do CDC, mas, sobretudo, pela facilidade de acesso à Justiça com celeridade, tornando-se presente na vida cotidiana do consumidor.

Esta facilidade de pleitear seus direitos, remete ao consumidor o desejo e a satisfação de conseguir obter a reparação dos danos causados pelo fornecedor, seja em relação ao produto ou serviço contratado.

A demanda no Juizado Civil da Capital mineira é intensa e engloba ações contra prestadores de energia (CEMIG), saneamento e água (COPASA), planos de saúde, cartões de crédito, bancos, agências de turismo, companhias aéreas, seguradoras, marcenarias, construção civil, agências de veículos, dentre outras empresas.

Neste sentido, **Nilson Dias de Assis Neto** enfatiza que:

> "Os juizados, ou JECS, e a defesa do consumidor com o direito do consumerista, são definições que se encontram conectadas, porque a principal e mais comum forma de se exercer a defesa do consumidor é por meio dos JE's."[17]

Portanto, tanto a lei do Juizado Especial (9.099/95), como a consumerista (8.078/90), foram de suma importância para a sociedade brasileira, já que estabeleceram a garantia de direitos do indivíduo, assegurando o acesso rápido à justiça, garantindo direito fundamental e permitindo a correta ação de proteção do Estado.

---

17 Juizado Especiais e Defesa do Consumidor; O Consumidor acessa á Justiça Defender seus direitos em juízo . Acesso em 20/09/2013

OS DESTINATÁRIOS DA BOA-FÉ PROCESSUAL (ART. 5º DO CPC/2015)

Com o advento do Código de Processo Civil/2015, o primado da **boa-fé** assumiu maior importância devido à conexão existente entre a força normativa dos princípios com os direitos sociais.

Segundo o artigo 5º do novo Digesto, "aquele que **de qualquer forma participa do processo deve comportar-se de acordo com a boa-fé**".

O cumprimento desse preceito não prescinde de um processo participativo e cooperativo, tendo como destinatários "todos os sujeitos processuais **e não somente as partes, alcançando juízes e tribunais**" (NUNES, Dierle. "Novo CPC, Fundamentos e Sistematização". Forense, 2015).

Compete, também, aos julgadores um comportamento **coerente, íntegro e sintonizado com outras prescrições processuais, a exemplo do contraditório e da primazia a ser conferida no julgamento do mérito** (arts. 282, § 2º e 283 do CPC de 2015).

Ao juiz não é dado surpreender as partes, nem se ater a um formalismo exacerbado que comprometa o exercício da jurisdição. Esse comportamento atenta contra a **boa-fé**, que, a teor do mencionado artigo 5º do CPC, constitui regra a que estão sujeitos **todos os partícipes do processo.**

A propósito, insta considerar que o artigo 235 do CPC (tal como previam os artigos 198 e 199 do Estatuto pretérito) assegurou a qualquer parte o direito de representar "contra o juiz ou relator que **injustificadamente exceder os prazos previstos em lei, regulamento ou regimento interno**".

Ainda que o conteúdo dessa regra importe numa **faculdade**, a providência resguarda **a boa-fé** de quem carece da prestação jurisdicional, não podendo ficar aguardando, por tempo indefinido, a solução de seu pleito, **injustificadamente,** pelo julgador que não vele "pela duração razoável do processo" (art. 138, II, do CPC)

O DEVER DA BOA-FÉ: ADVOCACIA E MAGISTRATURA

A **boa-fé** na advocacia compreende o acatamento que o advogado deva aos magistrados, cabendo-lhe "ter a polidez necessária para praticar a censura sem excluir o respeito".

Esta recomendação de **Milton Campos** (ex-presidente da OAB/MG) rima com a dessemelhança feita por **Calamandrei:**

> "O juiz é a velhice repousada e ascética do advogado. O sistema inglês, segundo o qual os mais altos magistrados são acolhidos entre os antigos advogados é a confirmação prática dessa solução psicológica". ("Eles, os Juízes, vistos por nós, os Advogados" - Liv. Clássica Editora Lisboa).

Dessas candentes palavras colhe-se que a imparcialidade exigida do juiz tem como substrato **a boa-fé** com que deva se portar na condução do processo. O convívio humano cordial e respeitoso com os advogados muito contribuirá para vencer a solidão do julgador em seu magistério, que poderá aturdi-lo diante do antagonismo dos contendores na solução da refrega.

Ainda na palavra experiente de **Milton Campos**, nessa convivência de irmãos do mesmo ofício: "Há sempre um demônio turbulento como fonte de atritos – **o demônio da vaidade**". Ou seja, um considerando-se **melhor do que o outro**, a contribuir para o surgimento de divergências no curso do processo. Estas, na maioria dos casos geram insinuações maldosas, palavras ferinas, indelicadezas frequentes, que comprometem a atividade judicante, em prejuízo das partes que nada têm a ver com a presunção de verdade, ostentada tanto pelo juiz como pelo advogado.

Como os juízes e os advogados não são deuses, deverão participar do fogo, tudo fazendo para não se queimarem; haverão de atravessar o lamaçal das paixões humanas sem se enlamear-se.

É o talento, aliado à **boa-fé**, que leva o advogado ao triunfo nas causas que patrocina. E não as injúrias, que revelam a malignidade íntima que se contrapõe às energias do espírito.

Se a **boa-fé** importa num pressuposto de toda atividade jurídica - como estamos convencidos e determina a lei –, ela será a salvaguarda da dignidade, que confere ao advogado prestígio na comunidade por mais causticante e arrebatada que seja a causa que esteja a defender.

Cada demanda é uma porfia que o advogado sabe somente quando começa, mas que ignora quando findará. O caráter contraditório dos debates, o emprego da má-fé em prol de um resultado útil, converterá a nossa profissão num rosário de amarguras, num penoso ofício exercido em clima de ódios e rancores.

A indispensabilidade de portar-se lealmente em relação ao nosso contendor fiel aos princípios já mencionados, o estado de consciência de quem crê que esteja procedendo em conformidade com o direito, têm como suporte a **boa-fé,** tornando-a o dote primacial para quem pretenda desenvolver uma advocacia honesta, de modo a ser reverenciado na sociedade.

44

A MEDIAÇÃO E O PAPEL DO ADVOGADO

Rodrigo Righi Capanema de Almeida

Advogado

INTRODUÇÃO

Durante toda a história humana, em todos os povos e em todas as sociedades, cada um de seus indivíduos sempre possuiu uma interna convicção a propósito do que devem ou não aceitar e, a partir disso, orientaram seus próprios comportamentos. Isto é assim até hoje em virtude de uma regra de coerência a que todos nós intuitivamente estamos ligados e a que os psicólogos definem como "a necessidade de parecer sensato". Cada pessoa tem sua própria convicção sobre determinado assunto em função do conjunto de ideias que foi sendo ao longo do tempo arquitetado em seu íntimo e que, para ela, de uma maneira lógica e sensata, é a que mais faz sentido.

Ocorre, porém, que esse conjunto de ideias, conceitos e concepções são variáveis e frequentemente mutáveis, tanto mais quando se observa que as sociedades estão em constante modificação e evolução. Um sujeito, de determinado lugar e integrante de determinada sociedade, tem um comportamento, amparado por uma convicção interna, muitas vezes bem diferente e diverso de outro, pertencente a outro local e coletividade. E, quando colocados em confronto esses comportamentos, não raras as vezes daí surge um litígio, uma lide; ou seja, um conflito de interesses.

À falta de capacidade de tais indivíduos para se auto-comporem, por uma simples necessidade de estabelecimento da paz social e preservação do bem comum, fez nascer ao Estado o poder de solucionar aquela controvérsia instaurada entre aqueles dois sujeitos, impondo-se a eles, coercitivamente, uma decisão.

Superar essas desavenças sem a presença da força impositiva do Estado certamente representa uma condição de progresso não só dos indivíduos, mas de toda a sociedade na qual estão eles inseridos. Abdicar-se de métodos adversariais para a solução dos conflitos é também progredir no sentido de ultrapassar rivalidades para não mais querer impor e fazer valer opiniões, posições, direitos e deveres entre as pessoas, sobretudo porque essa conduta tem demonstrado, ao longo da história, toda a sua incapacidade em alcançar acordos virtuosos ou a solução duradoura para os conflitos, eis que a adversariedade, por uma polaridade decorrente, sempre gera um vencedor e um vencido.

E essa condição de vencido somente ocorre verdadeiramente quando, internamente, aquela pessoa (parte) assim se considera e auto-aceita. Como o ser humano é voltado para a conquista, para o avanço, para o não regresso, até aceitar aquela condição de vencido gasta-se enorme energia e recursos, num ciclo vicioso de derrota e vitória.

Afinal, a conduta adversarial, baseada no litígio, tem o efeito avassalador de irreversivelmente macular o relacionamento entre as partes, enquanto que a conduta cooperativa, do não embate ou mesmo a da composição tem o efeito absolutamente reverso.

Como bem observa o Prof. José Maria Rossani Garcez, "felizmente já existe uma consciência e um movimento em direção às formulas administradas ou auto-administradas de solução de conflitos, passando pelas técnicas modernas de negociação, que incorporam 'insigths' da psicologia, pela aplicação dos métodos estruturados para solução de conflitos através da mediação e da arbitragem, além do leque criativo, e que se amplia a cada passo, que permite o uso de soluções alternativas combinadas entre as diversas fórmulas que vêm sendo empregadas de maneira crescente, em todo o mundo"[1].

Mas esse movimento ainda encontra diversas barreiras, principalmente entre os advogados, notadamente aqueles adeptos da litigiosidade.

---

1 GARCEZ, José Maria Rossani, *Negociação, ADRs, Mediação, Conciliação e Artbitragem*, 2ª ed., Rio de Janeiro: Lumen Juris, 2003, p. 5

De fato, a realidade de nossa sociedade permite constatar que existe uma oposição (quase sempre velada de parte do mundo jurídico) em face aos meios de resolução alternativa de litígios (RAL). Tal atitude, pouco tolerante à mudança de paradigma da administração da justiça, advém - julga-se - de um certo desconhecimento desses meios e do receio de tais advogados se tornarem dispensáveis.

Como bem pontuou em 2009 a Comissão de Mediação e Arbitragem da Ordem dos Advogados do Brasil - Seção de Minas Gerais[2], sabe-se, por exemplo, que nos Estados Unidos a mediação de conflitos é estimulada há mais de trinta anos entre os profissionais do Direito, ocasionando o descongestionamento dos tribunais, enquanto que na Europa a técnica passou a ser adotada, inclusive internamente, por diversas empresas, principalmente no âmbito comercial, o que faz barrar o número de casos levados à Justiça.

E, independentemente da nação, uma coisa é certa: o advogado é a mola mestra desse movimento, donde a sua necessidade em fazer parte dessa equação, não se devendo dela, de algum modo, subtrair-se, ainda mais por conta de receios pueris, desprovidos de lógica e sensatez, com medo de perder espaço.

O advogado é e será sempre indispensável à boa administração da Justiça, seja qual for a forma como ela vier a ser empregada.

FUNDAMENTOS DA MEDIAÇÃO

Difundidos a partir do jargão anglo-saxônico, os ADRS - em português MASCs, "Métodos (ou Sistemas) Alternativos de Solução de Conflitos" - representam, na verdade, esse novo tipo de cultura na solução dos litígios, centrado nas tentativas para se negociar determinado conflito a fim de se alcançar harmoniosamente a resolução para o impasse criado. Esses métodos ou sistemas, dentre os quais se encontra a mediação, são também muito mais direcionados para a pacificação social, assim analisada num contexto muito mais amplo e até mesmo psicológico, do que simplesmente a definição do conflito gerado entre as partes com o intuito de se restabelecer a ordem abalada.

Nessas novas proposituras negociadas encontra-se um repertório enorme de mecanismos e métodos psicológicos, indutivos e persuasivos, além de inúmeras formulações jurídicas novas que combinam instrumentos não adver-

---

2 *Cartilha de Mediação*: Org. Comissão de Mediação e Arbitragem da OAB/MG, Belo Horizonte: 2009, disponível em: http://www.conima.org.br/cartilhaoabmg

sariais para se alcançar a composição e a solução do conflito. Compreende-se dentre estes instrumentos, primeiramente, a negociação direta entre as partes - evidentemente o meio mais frontal e eficaz para a dissolução de qualquer impasse, pois além de próprio e personalíssimo, o que preserva a autenticidade na negociação, nada mais adequado e duradouro do que uma definição de um problema de modo auto-negociado.

Todavia, como muitas vezes as partes não são capazes de estabelecer o diálogo e/ou manter as tratativas de negociação, terceiros são chamados para auxiliá-las a alcançar o estágio produtivo daquelas proposituras negociadas para daí chegarem, ao depois, a um acordo.

Novamente, ensina o Prof. Garcez que "a mediação e a conciliação nada mais são, essencialmente, do que táticas psicológicas destinadas a minimizar conflitos desnecessários ao corrigir percepções unilaterais e desproporcionais em relação ao conflito, reduzir medos e ansiedades também irrazoáveis e expandir a comunicação entre as partes, de forma a permitir uma troca positiva de opiniões e discussões sobre elas, que tornem possível o acordo"[3].

Induvidosamente, para que essa negociação quanto aos interesses em choque possa ser produtiva de modo a se chegar à solução do conflito, tão importante quanto a habilidade para se criar métodos cooperativos e eficazes para se alcançar a resolução do problema é ainda mais importante fazer com que as partes se dispam da desconfiança e da animosidade, inclusive de modo a aceitar alternativas que satisfaçam, ao menos parcialmente, os seus interesses.

Neste contexto, imperioso frisar que, em hipótese alguma, pretende-se, com os instrumentos e sistemas alternativos de resolução dos conflitos, excluir ou abreviar qualquer direito, principalmente o de acesso à prestação jurisdicional. Este, aliás, é um direito assegurado a todo e qualquer um que necessite do amparo e reforço do Estado no cumprimento da lei e da ordem, inclusive porque assegurado constitucionalmente por cláusula pétrea[4].

De fato, o que os meios de resolução alternativa de litígios buscam fazer é não só desafogar o Poder Judiciário do número de processos submetidos a sua indispensável análise e definição, mas também e precipuamente estimular a auto-composição, isto é promover nas pessoas a cultura do diálogo ordenado como instrumento indispensável para tentar se chegar à solução do conflito surgido entre as partes. Afinal, o que é o processo senão o cum-

---

3 *Idem*, p. 03

4 Constituição da Republica Federativa do Brasil, art. 60, § 4º, IV.

primento e o vencer de etapas pré-dispostas a fim de se colocar em ordem as manifestações e reivindicações das partes para se conseguir resolver os impasses surgidos.

Portanto, dentro desse conjunto de ideias é que se encontra o instituto da Mediação, exemplarmente definido e delineado pela Comissão de Mediação e Arbitragem da OAB/MG: "Mediação é o procedimento não-adversarial em que uma pessoa imparcial auxilia a comunicação entre dois ou mais indivíduos em conflito por meio da utilização de determinadas técnicas com o intuito de que as próprias pessoas resolvam o impasse de maneira consciente e voluntária"[5].

Como frisa a Comissão de Mediação de Conflitos da OAB/RJ, "a Mediação é um método auto compositivo de resolução de conflitos que, por meio do trabalho habilidoso e ético de um terceiro imparcial, chamado de Mediador, facilita o diálogo entre as pessoas em conflito, estimulando-as a encontrarem soluções de benefício e satisfação mútuos, que sejam sustentáveis no tempo"[6].

A Mediação em muito se difere da Conciliação, cujo único objetivo é alcançar um acordo baseado em argumentos jurídicos.

Na Mediação, pretende-se fortalecer a capacidade negocial dos participantes, para que possam exercitar, em conjunto, seu poder decisório, por meio de um processo de comunicação e negociação assistidas, conduzido pelo mediador.

Indubitavelmente, a negociação visa a evitar o crescimento no número de processos ajuizados ou também proporcionar que as ações judiciais sejam solucionadas de uma forma mais ágil e célere, sem que haja, propriamente, vencedor e vencido.

Neste sentido é que, principalmente, a atuação do advogado negociador tem papel preponderante na mediação a fim de se alcançar uma equânime resolução da controvérsia, fazendo fazer valer uma premissa maior, qual seja, a de que ambos saiam ganhando.

Não é de hoje que se vem discutindo o papel do advogado como negociador e não mais aquele que vai defender os interesses de uma pessoa em juízo, até porque o advogado já se deu conta de que não adianta apenas deter o conhecimento técnico-jurídico para exercer bem sua profissão.

---

5 *Cartilha de Mediação*: Org. Comissão de Mediação e Arbitragem da OAB/MG, Belo Horizonte: 2009, disponível em:

6 *O que é Mediação*, *in*: http://mediacao.fgv.br/wp-content/uploads/2015/11/cartilha-o-que-e-mediacao.pdf

Alessandra Gomes do Nascimento Silva[7] aponta que o advogado precisa, a todo o momento, negociar, seja com seu cliente, colegas de escritório ou empresa, advogados da parte contrária ou funcionários públicos. Trata-se de uma nova realidade que está sendo pouco estudada nas faculdades de direito. Os cursos jurídicos deveriam trabalhar mais e melhor o assunto da negociação para formar profissionais, principalmente advogados capazes de negociar, mesmo porque as academias devem acompanhar a evolução da sociedade, que vem caminhando para que se exija esse tipo de postura.

O PAPEL DO ADVOGADO NA MEDIAÇÃO

Como se viu, a negociação está lastreada basicamente no propósito de não se obter vantagens em detrimento de desvantagens de uma parte em relação à outra, mas justamente em se obter ganhos mútuos, para que ambas consigam um equilíbrio no que desejam, bastando, para isso, que elas utilizem as ferramentas certas e adequadas para que os conflitos possam ser resolvidos de maneira negociada[8].

Para isso, o advogado tem que conhecer e praticar as já faladas técnicas de negociação, que alguns autores já vêm desenvolvendo, a exemplo de Alessandra Gomes do Nascimento Silva. O advogado não pode mais pensar que as audiências de conciliação constituem-se em mera formalidade e perda de tempo. É nessa conciliação que o advogado vai poder utilizar as técnicas capazes de solucionar aqueles determinados conflitos.

Há, na verdade e a esse respeito, incompreensível desobediência ao Código de Ética e Disciplina da Ordem dos Advogados do Brasil, na medida em que se está olvidando um dos principais deveres do advogado, o de "*estimular a conciliação entre os litigantes, prevenindo, sempre que possível, a instauração de litígios*" (art. 2º, parágrafo único, inciso VI).

Não à toa, enfim, que se tem buscado difundir essa ideia através da imposição das próprias normas que regulam a profissão do advogado, eis que abertamente estimulam seja buscada a composição através das técnicas, meios, sistemas ou métodos alternativos de solução dos conflitos.

---

7 SILVA, Alessandra Gomes do Nascimento. *Técnicas de Negociação para Advogados*. São Paulo: Saraiva, 2002, p. 2.

8 *Manual do Advogado de Sucesso*; CENTRAL JURÍDICA, disponível em: http://www.centraljuridica.com/especial.php?id=5>

Importante destacar, no cenário atual, que diversos advogados têm buscado obter essa conciliação independemente das audiências realizadas no âmbito dos tribunais e antes mesmo de se ajuizar uma demanda. Esses advogados "passam a ser parceiros e saem da posição de concorrentes", como bem observa Arnoldo Wald[9], chamando atenção à mudança de comportamento na relação havida entre advogados de partes contrárias.

Maria Fernanda Pastorello[10] adverte que o advogado terá que agir de forma neutra, procurando restabelecer o relacionamento, atuando como um catalizador e almejando potencializar aquilo que de positivo se encontra no conflito. Não pode e não deve, pois, atuar como defensor de uma das parte. Afinal, na mediação, é fundamental que o advogado, quando atuar como mediador, tenha consciência de que é um terceiro neutro que conhece o processo de mediação e que, sem emitir juízo de valor, auxilia as partes a conversarem.

O advogado, habituado à lide judicial que conta com parte e interesse contrária, no processo de mediação deve atuar de forma totalmente diversa da postura adotada em juízo quanto está ali a representar seu cliente. Enquanto mediador não pode interessar-se pelos resultados, já que seus interesses devem traduzir-se no bem estar das partes, fazendo com que elas saibam dialogar e busquem assim resolver seus conflitos.

A maior cautela a ser adotada especificamente pelo profissional do direito, enquanto mediador, é ter sempre em mente que a mediação transcende à solução de conflitos, dispondo-se a transformar o contexto adversarial em colaborativo, estimulando e vitalizando a comunicação entre os indivíduos em conflito de modo a proporcionar o que a jurisdição pública certamente não possui condições de oferecer: celeridade e restabelecimento da relação social entre as partes.

Cabe ao advogado, então, ouvir o que as partes têm a dizer e facilitar que elas cheguem a uma solução. Ele "acompanha a reflexão das partes", permitindo-lhes encontrar um acordo que melhor satisfaça os interesses de todos os envolvidos, conforme conclui, com propriedade, Maria Fernanda Pastorello[11]. O advogado mediador atua, apenas, como facilitador das partes.

---

9 WALD, Arnoldo: *Advogados consolidam papel de negociador em meio à crise*. Espaço Jurídico Bovespa; disponível em: http://www.bmfbovespa.com.br/juridico/noticias-e-entrevistas/Noticias/090107NotA.asp

10 PASTORELLO, Maria Fernanda. *Negociação, mediação e advocacia*; disponível em: http://www.cgvadvogados.com.br/html/downloads/focus_09.pdf

11 *Idem*

A LEI 13.140/2015 E A NECESSIDADE DE UMA RELEITURA DO PAPEL DO ADVOGADO NA MEDIAÇÃO

Até bem recentemente, ou seja, até o advento da Lei n. 13.140/15, muito se discutiu se o advogado poderia ou não se colocar como mediador, principalmente em conflitos familiares e/ou naqueles que envolvem direitos indisponíveis. Soava-se, inclusive, contraditória a posição adotada pelo Conselho Federal da OAB, ao chancelar recomendação do Tribunal de Ética e Disciplina da OAB/SP[12] que vedava a participação do advogado como mediador junto às Varas de Família daquele Estado da Federação ao passo que impunha a exclusividade desse profissional em participar de tal processo, consoante se colhe dos estudos que encampam o respectivo projeto de lei.

Infelizmente, notou-se, naquela época, que ao invés de discutir a qualidade e a eficiência dessa prática junto aos Tribunais, a questão se tornou muito mais uma disputa de caráter corporativo.

Ouça-se o Parecer colhido àquele ensejo:

> *Conciliação e mediação - Temas distintos - Âmbito de atuação do advogado em juízo legalmente circunscrito à conciliação.*
>
> *A mediação não se confunde com a conciliação, forma de solução dos conflitos expressamente prevista no estatuto processual, que tem lugar na audiência preliminar (art. 331), se "a causa versar sobre direitos que admitem a transação", e no início da audiência de instrução e julgamento (art. 447), "quando o litígio versar sobre direitos patrimoniais de caráter privado". Já a mediação consiste num procedimento pelo qual um profissional, estranho e neutro em relação às partes, participa da construção da solução de um conflito, atuando, assim, de forma mais abrangente, inclusive sobre direitos indisponíveis, de modo a fazer com que as partes alcancem uma solução consensual para o conflito.*
>
> *Consoante decidido no processo E-3.074/2004, é vedada a participação dos advogados em instituto de mediação, com atuação em Vara da Família e das Sucessões, pela quebra do segredo de justiça e evidente captação de clientela, com base nas seguintes linhas de argumentação: falta de autorização legislativa para a instituição da mediação; caráter personalíssimo das ações de família, cujos atos são cobertos pelo segredo de justiça; restrição processual à participação de psicólogos e assistentes sociais no limite da produção de provas periciais, documentais e de inspeção judicial; cerceamento da prova, e do devido processo legal, e aumento da discricionariedade judicial e im-*

---

12 *In* Boletim Jurídico do Tribunal de Ética da OAB/SP, Jan 2007, n 1° 29, Ano 3 - Processo Disciplinar E-3.153/2005

previsibilidade do resultado final da demanda; cerceamento do exercício da advocacia, à luz do art. 133 da Carta Federal.

O fato de o advogado, normalmente, utilizar-se da mediação ou técnicas semelhantes em seu escritório para solução de conflitos das partes que o constituíram em nada se confunde com a interpolação de um terceiro estranho ao conflito diretamente diante do juízo, o que pode traduzir-se em prejulgamento da demanda e cerceamento do direito à prova e demais postulados do devido processo legal.

Pretender essa extrapolação de conceitos é, sem dúvida, violar a lei processual e restringir o exercício profissional da advocacia"[13].

Contudo, essa posição não mais se sustenta após o advento da Lei nº 13.140/2015 e ainda mais agora por conta da vigência do novo Código de Processo Civil.

Aliás, vale ressaltar que o novo CPC tornou obrigatória a convocação das partes, embora não obrigue à permanência, à mediação na esfera judicial, com a participação precípua e premente do advogado.

Reza a Lei 13.140/2015, concebida para ser efetivamente aplicada no mundo real, que *"o mediador será designado pelo tribunal ou escolhido pelas partes"* (art. 4º), cabendo-lhe conduzir *"o procedimento de comunicação entre as partes, buscando o entendimento e o consenso e facilitando a resolução do conflito"* (§ 1º do mesmo dispositivo legal).

Prossegue a lei estabelecendo que *"poderá funcionar como mediador extrajudicial qualquer pessoa capaz que tenha a confiança das partes e seja capacitada para fazer mediação, independentemente de integrar qualquer tipo de conselho, entidade de classe ou associação, ou nele inscrever-se"* (art. 9º), enquanto que como mediador judicial *"poderá atuar a pessoa capaz, graduada há pelo menos dois anos em curso de ensino superior de instituição reconhecida pelo Ministério da Educação e que tenha obtido capacitação em escola ou instituição de formação de mediadores, reconhecida pela Escola Nacional de Formação e Aperfeiçoamento de Magistrados - ENFAM ou pelos tribunais, observados os requisitos mínimos estabelecidos pelo Conselho Nacional de Justiça em conjunto com o Ministério da Justiça"* (art. 11).

Em ambos os casos, *"a pessoa designada para atuar como mediador tem o dever de revelar às partes, antes da aceitação da função, qualquer fato ou circunstância que possa suscitar dúvida justificada em relação à sua imparcialida-*

---

13 Parecer e ementa do relator do Processo Disciplinr E-3.153/2005, Dr. Luiz Francisco Torquato Avólio, j. em 19/5/2005

de para mediar o conflito, oportunidade em que poderá ser recusado por qualquer delas" (par. único do art. 5º), sendo que o mediador ficará *"impedido, pelo prazo de um ano, contado do término da última audiência em que atuou, de assessorar, representar ou patrocinar qualquer das partes"* (art. 6º).

O mediador também não poderá *"atuar como árbitro nem funcionar como testemunha em processos judiciais ou arbitrais pertinentes a conflito em que tenha atuado como mediador"* (art. 7º), valendo por fim destacar que *"o mediador e todos aqueles que o assessoram no procedimento de mediação, quando no exercício de suas funções ou em razão delas, são equiparados a servidor público, para os efeitos da legislação penal"* (art. 8º).

Quer tudo isto dizer, portanto, que não há nenhum óbice ao advogado para que possa atuar como mediador, seja na esfera judicial, seja extrajudicialmente, e qualquer que seja a natureza do conflito, caindo, assim, a recomendação retrógada do Tribunal de Ética da OAB de São Paulo, pois o advogado deve ser fiscalizado e coibido quando extrapola sua função e age fora de um comportamento ético e moral que se exige da profissão. Não se deve impor determinadas restrições simplesmente com o receio de que alguém possa praticar deslizes éticos em razão de sua atuação profissional. E a nova lei da mediação muito bem delineou os casos em que o mediador estará impedido de atuar.

Mas o fato é que dita lei se afina com o todo esse contexto voltado para a busca soluções pela via amigável, motivo a mais pelo qual a advocacia deve superar o receio e o desconhecimento ainda existentes em relação à ferramenta, fazendo-se com que os profissionais se preparem e se capacitem cada vez mais a esse propósito, pois certamente lhes serão exigidos o desenvolvimento de novas habilidades e a postura colaborativa em vez da combativa mais comumente adotada nos litígios.

Ademais, a preferência por métodos alternativos de resolução de conflitos facilmente ganha força no Brasil pela própria lentidão do Judiciário. Do ponto de vista da efetiva função do advogado na solução de controvérsias, este deveria apresentar para o cliente todas as vias existentes e, quando possível, indicar a que pareça mais favorável. O movimento, como se disse no começo, já é a praxe em países como Estados Unidos e Reino Unido. Há, inclusive, obrigação profissional dos advogados daqueles países no sentido de ter que informar seus clientes a respeito de todas as possibilidades de mecanismos existentes, sob pena de incorrer em infração profissional e punição pela respectiva entidade de classe.

REFLEXÕES FINAIS

Seja como mediador ou como negociador, o advogado tem em suas mãos instrumentos eficientes capazes de realizar justiça e obter o bem para ambas as partes, o que vai exigir a cooperação até mesmo entre os advogados das partes contrárias. Na verdade, o advogado não tem mais como função principal a de postular em juízo, mas sim a de tentar solucionar os conflitos antes deles chegarem ao conhecimento dos tribunais.

Conforme se verifica, a negociação e a mediação constituem meios alternativos para que se dê celeridade aos processos ou se evite o surgimento deles, assim como a arbitragem. São instrumentos que produzem um resultado mais rápido e eficiente para aqueles que procuram a solução dos seus conflitos.

Como pondera ainda Maria Fernanda Pastorello, em meio às crises que os tribunais enfrentam com a burocracia excessiva, a falta de celeridade processual e o exacerbado número de processos para serem julgados, surge o papel do advogado mediador/negociador para tentar minimizar esses problemas. Afinal e nesse contexto, completa a autora, *"ciente de que as garantias elencadas na Constituição Federal com o escopo de resguardar o jurisdicionado produzem resultados insatisfatórios em face da crise enfrentada pelo Judiciário, bem como, de que essa circunstância não pode obstar a justiça, deve o mediador/negociador advogado apoiar os novos meios de composição de conflitos, numa perfeita concretização do justo, impedindo dessa forma a injustiça legalizada que caminha lado a lado com o Poder Judiciário, que por outro lado, tamb*ém busca através de reformas le*gislativas obter o equilíbrio entre a segurança jurídica e a efetividade processual"*.

O que interessa para a advocacia como atividade não é apenas o dever de postulação, mas de assessoria e consultoria e, acima de tudo, de mediação e negociação para se chegar à solução da controvérsia. Estará o advogado, assim, contribuindo para a concretização dos preceitos constitucionais, respeitando os ditames legais.

Não se espera que todos os advogados e os demais práticos do Direito se convertam de forma milagrosa à mediação; também não se fará um apologismo cego deste meio de RAL na expectativa de uma evangelização forçada que em nada beneficia o objetivo maior que é alcançar a justa solução da demanda.

Um elogio desmedido dessas práticas não as tornam completamente eficazes. Aventa-se que parte da resistência dos juristas à mediação deriva de uma promoção um pouco fantasiosa dela mesma, com a pretensão de que resolverá todas as lides porventura existente. Encará-la como uma alternativa implica visionar a mediação como um todo e não apenas os seus casos de sucesso.

A resistência, como sabemos, abrange grande parte do mundo judiciário, porém, para efeitos desta reflexão, nos dispomos a focar no papel do advogado, enquanto pilar fundamental da Justiça, pois acreditamos que num sistema eficaz e esclarecido, existirá uma complementaridade entre a advocacia e a mediação. Enquanto o advogado direciona as partes para a mediação quando entenda que esta será a solução mais apropriada (mas, para tal, terá de a conhecer e estar ciente das suas vantagens e aplicabilidade), concomitantemente, o mediador remeterá as partes para um advogado, como garante dos seus direitos, uma vez que não pode representar as partes em conflito.

A mediação, como se viu, não está vedada aos advogados. Podem atuar como mediadores ou podem assessorar seus clientes na sessões de mediação. Devem, sempre, ter uma postura adequada à função e ao papel que exercem, invariavelmente assumindo um papel de retaguarda e não de protagonista. Os protagonistas do conflito são os mediados e, enquanto no sistema tradicional de justiça, naturalmente opositivo, a função de exprimir a vontade das partes cabe ao advogado, na mediação, este queda-se como um garante das posições jurídico-inalienáveis do seu cliente ou daqueles que estão sendo por ele mediados, sendo este o seu limite de atuação, não se imiscuindo no desenrolar da sessão.

A advocacia, enquanto servidora de uma boa administração do Direito e da Justiça, tem aqui um papel importante a desempenhar e cabe àqueles que a exercem assumir dez fato e de vez uma conduta profissional que a represente e a dignifique.

A justiça do futuro passa por uma colaboração plena e o respeito aos mais princípios éticos e deveres profissionais indeclináveis, à semelhança do que também se espera de outros operadores.

Só assim se cumprirá de forma absoluta a prerrogativa de acesso à Justiça, decantada e acautelada pelo Estado de Direito.

45
OS HONORÁRIOS ADVOCATÍCIOS NO NOVO CÓDIGO DE PROCESSO CIVIL

Silvio Mendonça Filho
Tiago Mendonça
Ana Teresa Guimarães Zanhar
Advogados

1 - INTRODUÇÃO

Dentre as principais modificações e novidades depreendidas do Novo Código de Processo Civil (Lei nº 13.105/2015), há várias afetas ao exercício da advocacia.

É desse contexto que surgem os artigos da Seção III, do Capítulo II, do Título I, do Livro III, do Novo Código, que disciplinam as despesas processuais, os honorários advocatícios e as multas aplicáveis no âmbito do processo.

A mera leitura do Novel Código evidencia o aprimoramento no trato da questão. Enquanto o art. 85 do CPC/2015 possui dezenove parágrafos disciplinando exaustivamente a verba sucumbencial, o art. 20 do Código de Processo Civil de 1973 (Lei nº 5.869/1973) possuía apenas quatro, incorrendo em diversas omissões, agora sanadas.

As novidades legislativas representam melhoria no exercício da advocacia, reivindicadas pelos advogados em verdadeiro complemento ao Estatuto da Advocacia (Lei nº 8.906/1994), evidenciando a boa articulação política da classe.

Em um primeiro momento, faz-se necessário analisar a redação legal para identificar as concepções adotadas pelo legislador para disciplinar a verba advocatícia. Em seguida, investigar as principais modificações e novidades legais sobre o tema, tendo sempre em mente as discussões travadas sobre os honorários do advogado e que mereceram, em várias oportunidades, expressivos pronunciamentos judiciais por parte de nossos Tribunais Superiores, inclusive, com a edição de Súmulas sobre o assunto.

2 DESENVOLVIMENTO

2.1 A Natureza dos honorários advocatícios e o direito à sucumbência

É preciso entender os honorários do advogado como gastos necessários expendidos pela parte para obter a sua respectiva representação em juízo. Nessa acepção e em coerência com a Seção III, do Capítulo II, do Título I, do Livro III, do Código, que rege a matéria, tal verba pode ser considerada como espécie do gênero despesas processuais.

Partindo de tal preceito, aquele que é vencido em uma demanda judicial, denominado sucumbente, deveria ressarcir a parte vencedora pelos gastos envolvidos na obtenção de decisão judicial que tutelasse os seus direitos. A partir de tal ideia, o antigo Código de Processo Civil de 1973 determinava em seu artigo 20 que *"A sentença condenará o vencido a pagar ao vencedor as despesas que antecipou e os honorários advocatícios"*.

Contudo, no que se refere à sucumbência, o novo Código teve o zelo de segregar as despesas processuais dos honorários, sendo garantindo à parte vencedora do processo apenas o ressarcimento de parte das despesas processuais. É que a parte perdedora, por força da regra do art. 84 do Código em questão, apenas restituirá em favor da outra as custas dos atos do processo; a indenização de viagem; a remuneração do assistente técnico e a diária da testemunha.

Os honorários advocatícios devidos pela parte perdedora a título de sua sucumbência na demanda, por outro lado, gozam de tratamento especial dispensado pela lei.

A verba é considerada de titularidade exclusiva do advogado, o que é reforçado pela redação do novo diploma processualista. Embora tal previsão já constasse no art. 23 da Lei nº 8.906 de 1994[1], o antigo Código nada dizia a respeito.

---

1 "Art. 23. Os honorários incluídos na condenação, por arbitramento ou sucumbência, pertencem ao advogado, tendo este direito autônomo para executar a sentença nesta parte, podendo requerer que o precatório, quando necessário, seja expedido em seu favor."

Outrossim, é dotada de caráter alimentar, com os mesmos privilégios dos créditos de natureza trabalhista, sendo vedada a sua compensação em caso de sucumbência parcial, nos termos do art. 85, § 14º do Código.

A compensação de honorários era expressamente prevista pelo art. 21 do CPC/1973[2] e autorizada pelo enunciado da Súmula 306 do Superior Tribunal de Justiça (STJ), editada em 2004, que dispunha que "*Os honorários advocatícios devem ser compensados quando houver sucumbência recíproca, assegurado o direito autônomo do advogado à execução do saldo sem excluir a legitimidade da própria parte*".

Dentre os precedentes que levaram à publicação da súmula, destaca-se o julgamento do Recurso Especial nº 290.141[3], no qual o Ministro Carlos Alberto Menezes Direito, votou em sentido contrário à compensação, entendendo o seguinte:

> (...) Quanto à compensação, havia divergência entre as Turmas que compõem a Seção de Direito Privado quando a Terceira Turma entendeu de remeter o feito para que fosse a questão dirimida de uma vez por todas pela Corte Especial. Recentemente, em sessão de 13/6/01, a Segunda Seção decidiu pela possibilidade da compensação (REsp nº 155.135/MG, Relator o Senhor Ministro Nilson Naves).
>
> Todavia, estando o presente recurso em pauta para que seja o tema reapreciado nesta Corte Especial, diante do interesse de todas as Seções, mantenho o entendimento que prevalecia na Terceira Turma, no sentido de que "com o novel Estatuto dos Advogados, pertencendo a verba, autonomamente, aos advogados, não mais é possível a compensação" (REsp nº 143.073/SP, da minha relatoria, DJ de 13/10/98; REsp nº 177.637/RS, da minha relatoria, DJ de 23/10/00). De fato, na minha compreensão, se há direito autônomo, a compensação é impossível porque não se pode compensar direitos que a partes diferentes pertencem. Cada advogado é credor da parte contrária, daí a absoluta inviabilidade da compensação pretendida. (...)

---

2 "Art. 21. Se cada litigante for em parte vencedor e vencido, serão recíproca e proporcionalmente distribuídos e compensados entre eles os honorários e as despesas.

Parágrafo único. Se um litigante decair de parte mínima do pedido, o outro responderá, por inteiro, pelas despesas e honorários."

3 REsp 290.141/RS, Rel. Ministro CARLOS ALBERTO MENEZES DIREITO, Rel. p/ Acórdão Ministro ANTÔNIO DE PÁDUA RIBEIRO, CORTE ESPECIAL, julgado em 21/11/2001, DJ 31/03/2003, p. 137.

Infelizmente, restou vencido acertado entendimento, prevalecendo a interpretação de que o art. 23 da Lei nº 8.906, de 1994, não teria revogado o art. 21 do Código de Processo Civil de 1973.

Por certo, equivocada estava a jurisprudência do STJ, pois a compensação é forma de extinção da obrigação, prevista no art. 368 do Código Civil, segundo o qual "*se duas pessoas forem ao mesmo tempo credor e devedor uma da outra, as duas obrigações extinguem-se, até onde se compensarem*".

Ou seja, a compensação consiste na "*extinção das obrigações quando duas pessoas forem, reciprocamente, credora e devedora*"[4], significa "*contrabalançar, contrapesar, equilibrar, estabelecer ou restabelecer um equilíbrio, (...) acerto de débito e crédito entre duas pessoas que têm, ao mesmo tempo, a condição recíproca de credor e devedor*"[5].

Por óbvio, a aplicação desse instituto para fins de compensação de honorários sucumbenciais se dava de forma errônea, visto que inexiste, nessa situação, identidade nas figuras de devedor e credor apta a justificar a extinção das obrigações.

Ora, o litigante em parte sucumbente não detém legitimidade para exigir o pagamento dos honorários pertencentes ao seu advogado.

Logo, bem-vinda a revogação do art. 21 do CPC de 1973 pelo Novo Código, fulminando o amparo legal para aplicação da Súmula 306 do STJ e fazendo justiça ao direito dos advogados à percepção da verba honorária sucumbencial.

Ainda, ao advogado é garantida a possibilidade de requerer o pagamento de sua verba em favor da sociedade de advogados que integre na qualidade de sócio.

Será a sentença que resolverá a questão dos honorários, salvo nas hipóteses de execução e de cumprimento de sentença, nas quais a questão merecerá tratamento por meio de decisão interlocutória. A partir de tal premissa, o ressarcimento dos gastos referentes à verba do advogado será sempre pautado a partir do valor indicado pelo Magistrado na sentença, não importando o contrato de prestação de serviços firmado entre o causídico e a parte que representou em juízo.

---

4 PEREIRA, Caio Mário da Silva. **Instituições de Direito Civil.** Volume II. 27º edição. Rio de Janeiro: Editora Forense, 2015, p. 244.

5 VENOSA, Sílvio de Salvo. **Direito Civil: Teoria Geral das Obrigações e Teoria Geral dos Contratos**. São Paulo: Editora Atlas, 2010, p. 280.

A partir do art. 85 do Novo Código, não se olvida que os honorários advocatícios de sucumbência decorrem de determinação legal. Dessa forma, mesmo diante de ausência de pedido expresso acerca de tal verba, há obrigação da parte que sucumbiu na demanda de pagar os honorários sucumbenciais, sendo que ao Magistrado cabe a obrigação de condenar o vencido a pagar honorários em favor do Procurador da parte vencedora, mesmo na hipótese do causídico advogar em causa própria.

Uma exceção ao princípio da sucumbência, que reza que a parte derrotada no processo seja condenada ao pagamento dos honorários, reside no art. 81 do CPC. Trata-se da hipótese de responsabilidade das partes por dano processual causado por litigância de má-fé. Tal caso prescinde da delimitação e presença da sucumbência na demanda. O critério que irá nortear tal espécie de condenação ao pagamento de honorários é o reconhecimento em juízo de que a parte seja litigante de má-fé.

Atento ao comando da Súmula 453[6] do colendo Superior Tribunal de Justiça, o legislador instituiu a regra do art. 85, § 18[7] no Código de Processo Civil, afastando a aplicabilidade de tal entendimento sumulado. Diante de sentença silente quanto aos honorários, ou mesmo omissa acerca do valor destes, mesmo após o trânsito em julgado, é possível ao titular do direito à verba honorária ajuizar ação autônoma para definir o valor e cobrança dos honorários.

Outrora, a interpretação jurisprudencial entendia que a posterior fixação dos honorários quando omissa a sentença a respeito violaria o princípio da coisa julgada, esculpido no art. 5º, XXXVI, da Constituição Federal[8]. Sobre tal instituto, cabe destacar as considerações de Didier:

> (...) a impugnabilidade das decisões não pode ser irrestrita; a partir de certo momento, é preciso garantir a estabilidade daquilo que foi decidido, sob pena de perpetuar-se a incerteza sobre a situação jurídica submetida à apreciação do Judiciário (por ser objeto de um porcesso, cujo resultado é incerto, a situação jurídica deduzida é uma mera afirmação).

---

6 STJ - Súmula 453: "Os honorários sucumbenciais, quando omitidos em decisão transitada em julgado, não podem ser cobrados em execução ou em ação própria."

7 "Art. 85. A sentença condenará o vencido a pagar honorários ao advogado do vencedor.

(...) § 18. Caso a decisão transitada em julgado seja omissa quanto ao direito aos honorários ou ao seu valor, é cabível ação autônoma para sua definição e cobrança."

8 "XXXVI - a lei não prejudicará o direito adquirido, o ato jurídico perfeito e a coisa julgada;"

> De uma forma geral, nos ordenamentos jurídicos atuais, admite-se a revisão das decisões judiciais. Mas não sem se impor limites. Esgotados ou não utilizados adequadamente os recursos previstos em lei, encerra-se o debate e o julgametno final torna-se imutável e indiscutível. Surge, então, a coisa julgada. (...)
>
> A coisa julgada é instituo jurídico que integra o conteúdo do direito fundamental à segurança jurídica, assegurado em todo Estado Democrático de Direito,encontrando consaração expressa, em nosso ordenamento, no art. 5º, XXXVI, CF. Garante ao jurisdicionado que a decisão final dada à sua demanda será definitva, não podendo ser rediscutida, alterada ou desrespeitada – seja pelas partes, sja pelo prórpio Poder Judiciário.
>
> A coisa julgada não é instrumento de justiça, frise-se. Não assegura a justiça das decisões. É, isso sim, garantia da segurança, ao impor a definitividade da solução judicial acerca da sistuação jurídica que lhe foi submetida.[9]

Destarte, visando a imutabilidade da decisão transitada em julgado impedir a rediscussão no futuro, em prestígio à segurança jurídica, despropositado se tornar indiscutível o que sequer foi decidido, razão pela qual agiu com acerto o legislador.

O custo da parte vencedora com os honorários contratuais, aqueles pagos por força de estipulação contratual em favor do representante em juízo, podem ser objeto de pedido de indenização por perdas e danos a ser postulado por aquele que precisou demandar a parte vencida em juízo. A ideia é de que como é a parte vencida quem deu causa ao processo, também será ela a responsável por ressarcir, de forma integral, a parte vencedora pelo prejuízo ocasionado. Tal pleito encontra embasamento legal nos artigos 389[10], 395[11], e 404[12] do Có-

---

9 DIDIER JÚNIOR, Fredie. **Curso de direito processual civil.** Vol .2. 4ª edição. Salvador: Editora Juspodivm, 2009, p. 407-408.

10 "Art. 389. Não cumprida a obrigação, responde o devedor por perdas e danos, mais juros e atualização monetária segundo índices oficiais regularmente estabelecidos, e honorários de advogado."

11 "Art. 395. Responde o devedor pelos prejuízos a que sua mora der causa, mais juros, atualização dos valores monetários segundo índices oficiais regularmente estabelecidos, e honorários de advogado.

Parágrafo único. Se a prestação, devido à mora, se tornar inútil ao credor, este poderá enjeitá-la, e exigir a satisfação das perdas e danos."

12 "Art. 404. As perdas e danos, nas obrigações de pagamento em dinheiro, serão pagas com atualização monetária segundo índices oficiais regularmente estabelecidos, abrangendo juros, custas e honorários de advogado, sem prejuízo da pena convencional.

digo Civil, sendo resguardado por entendimento do Superior Tribunal de Justiça[13] sobre o tema.

2.2 Honorários nas execuções

Em execuções de títulos extrajudiciais não embargadas, verdadeiro instrumento processual de cobrança que independe de sentença condenatória do Réu para a sua promoção, o devedor será onerado com a obrigação de pagar honorários em favor do Procurador do Exequente. Em tal contexto, ao despachar a inicial, cabe ao Juiz fixar o valor da verba honorária em 10% (dez por cento) do valor da execução, independentemente da oposição de embargos pelo devedor, em consonância com o que prescreve o art. 827[14] do Código em voga.

Em caso de distribuição de embargos, caberão honorários na execução e nos embargos, cumulativamente. Entretanto, os Tribunais serão provocados acerca de eventual limite para tais honorários cumulativos, vez que o Novo Código não os fixou.

Ainda na vigência do Código de 1973, a orientação do STJ era a de que o limite máximo de 20% (vinte por cento) deveria ser observado no momento da fixação dos honorários da execução em conjunto dos embargos. Em breve, os Tribunais irão se pronunciar em relação à manutenção ou alteração do entendimento jurisprudencial consolidado sob a vigência do Código de 1973.

Também merece análise o incidente de exceção de pré-executividade, modalidade de defesa do Executado, fruto de construção doutrinária e jurisprudencial, na qual a parte postula, independentemente da prestação de garantia ao valor perseguido em juízo, a extinção do feito executivo em virtude da ocorrência de causa de nulidade da execução.

Parágrafo único. Provado que os juros da mora não cobrem o prejuízo, e não havendo pena convencional, pode o juiz conceder ao credor indenização suplementar."

13 STJ, Terceira Turma, Relator Ministro Sidnei Beneti, AgRg nos EDcl no REsp 1412965/RS, publicado em 05.02.2014.

14 Art. 827. Ao despachar a inicial, o juiz fixará, de plano, os honorários advocatícios de dez por cento, a serem pagos pelo executado.

§ 1o No caso de integral pagamento no prazo de 3 (três) dias, o valor dos honorários advocatícios será reduzido pela metade.

§ 2o O valor dos honorários poderá ser elevado até vinte por cento, quando rejeitados os embargos à execução, podendo a majoração, caso não opostos os embargos, ocorrer ao final do procedimento executivo, levando-se em conta o trabalho realizado pelo advogado do exequente."

O acolhimento do incidente em questão enseja a extinção do feito executivo, hipótese apta a motivar a incidência da verba honorária. Por outro lado, caso o incidente seja julgado improcedente, a execução seguirá o seu regular curso, não havendo condenação ao pagamento de verba honorária, por força de entendimento consolidado do STJ.

Partindo do pressuposto de que é a extinção do processo executivo que motiva a condenação ao pagamento dos honorários ao Exequente, ainda que parcialmente, o STJ deverá se pronunciar em breve sobre a matéria, em sede de recurso repetitivo. No caso, a Primeira Seção da respectiva Corte irá decidir, nos autos do Recurso Especial nº 1.358.837, se cabe condenação de honorários na exclusão de sócio em execução fiscal não extinta. O tema do repetitivo foi cadastrado sob o número 961. Caso seja mantida coerência com tal premissa, o Superior Tribunal de Justiça deverá reconhecer a possibilidade de condenação ao pagamento da verba honorária no contexto fático e jurídico objeto de análise do respectivo recurso repetitivo.

2.3 Honorários no cumprimento de sentença

Em sede de cumprimento de sentença, não ocorrendo o pagamento voluntário no prazo legal, haverá incidência de multa e honorários advocatícios. Na hipótese de pagamento parcial do débito, os honorários terão como base de cálculo o remanescente do débito reclamado. É o que dispõe o art. 523 do Novo Código e seus respectivos parágrafos[15].

Porém, cabe registro que a regra não se aplica em desfavor do Poder Público, haja vista que o art. 85, § 7º do CPC em vigor determina que não há incidência de honorários no cumprimento de sentença contrário à Fazenda Pública que motiva a expedição de precatório. Contudo, diante de impugnação ao cumprimento de sentença, será devida a verba honorária sucumbencial. Portanto, para a Fazenda Pública houve a concessão do privilégio

15 "Art. 523. No caso de condenação em quantia certa, ou já fixada em liquidação, e no caso de decisão sobre parcela incontroversa, o cumprimento definitivo da sentença far-se-á a requerimento do exequente, sendo o executado intimado para pagar o débito, no prazo de 15 (quinze) dias, acrescido de custas, se houver.

§ 1º Não ocorrendo pagamento voluntário no prazo do caput, o débito será acrescido de multa de dez por cento e, também, de honorários de advogado de dez por cento.

§ 2º Efetuado o pagamento parcial no prazo previsto no caput, a multa e os honorários previstos no § 1º incidirão sobre o restante."

de responder pela execução de sentença sem nova condenação aos honorários sucumbenciais, desde que não haja resistência ao cumprimento de sentença.

Cumpre destacar que os honorários também são devidos no cumprimento provisório de sentença, conforme expressa previsão do art. 520, §2º do CPC[16]. Mais uma conquista da classe de advogados, vez que, na vigência do CPC de 1973, o Superior Tribunal de Justiça havia firmado o entendimento de que não cabia honorários de advogado na execução provisória, conforme julgamento de recurso especial representativo da controvérsia assim ementado:

> "RECURSO ESPECIAL REPRESENTATIVO DE CONTROVÉRSIA. ART. 543-C DO CPC. DIREITO PROCESSUAL CIVIL. EXECUÇÃO PROVISÓRIA. HONORÁRIOS.
>
> 1. Para efeitos do art. 543-C do CPC, firmam-se as seguintes teses: 1.1. Em execução provisória, descabe o arbitramento de honorários advocatícios em benefício do exequente.

---

16 "Art. 520. O cumprimento provisório da sentença impugnada por recurso desprovido de efeito suspensivo será realizado da mesma forma que o cumprimento definitivo, sujeitando-se ao seguinte regime:

I - corre por iniciativa e responsabilidade do exequente, que se obriga, se a sentença for reformada, a reparar os danos que o executado haja sofrido;

II - fica sem efeito, sobrevindo decisão que modifique ou anule a sentença objeto da execução, restituindo-se as partes ao estado anterior e liquidando-se eventuais prejuízos nos mesmos autos;

III - se a sentença objeto de cumprimento provisório for modificada ou anulada apenas em parte, somente nesta ficará sem efeito a execução;

IV - o levantamento de depósito em dinheiro e a prática de atos que importem transferência de posse ou alienação de propriedade ou de outro direito real, ou dos quais possa resultar grave dano ao executado, dependem de caução suficiente e idônea, arbitrada de plano pelo juiz e prestada nos próprios autos.

§ 1º No cumprimento provisório da sentença, o executado poderá apresentar impugnação, se quiser, nos termos do art. 525.

§ 2º A multa e os honorários a que se refere o § 1º do art. 523 são devidos no cumprimento provisório de sentença condenatória ao pagamento de quantia certa.

§ 3º Se o executado comparecer tempestivamente e depositar o valor, com a finalidade de isentar-se da multa, o ato não será havido como incompatível com o recurso por ele interposto.

§ 4º A restituição ao estado anterior a que se refere o inciso II não implica o desfazimento da transferência de posse ou da alienação de propriedade ou de outro direito real eventualmente já realizada, ressalvado, sempre, o direito à reparação dos prejuízos causados ao executado.

§ 5º Ao cumprimento provisório de sentença que reconheça obrigação de fazer, de não fazer ou de dar coisa aplica-se, no que couber, o disposto neste Capítulo."

> 1.2. Posteriormente, convertendo-se a execução provisória em definitiva, após franquear ao devedor, com precedência, a possibilidade de cumprir, voluntária e tempestivamente, a condenação imposta, deverá o magistrado proceder ao arbitramento dos honorários advocatícios.
>
> 2. Recurso especial provido." (REsp 1291736/PR, Rel. Ministro LUIS FELIPE SALOMÃO, CORTE ESPECIAL, julgado em 20/11/2013, DJe 19/12/2013)

2.4 Honorários no âmbito recursal

Uma das principais novidades do Novo CPC no que concerne à matéria dos honorários, é a obrigação dos Tribunais de majorarem o valor dos honorários sucumbenciais anteriormente fixados pela sentença objeto de apreciação recursal. Tal obrigação legal (art. 85, § 11º do CPC) considera a existência do trabalho adicional dos Procuradores das partes em razão da sua atuação em grau recursal.

Além disso, a medida desestimula a oposição de recursos protelatórios, contribuindo assim com a celeridade processual.

2.5 Honorários dos advogados públicos

A lei passa a reconhecer o direito do advogado público ao recebimento dos honorários de sucumbência. A disciplina relacionada à divisão entre os Procuradores públicos será regulada por lei própria.

2.6. Dos critérios para fixação dos honorários

Sob a regência do CPC de 1973, questionamentos eram feitos de forma reiterada acerca de quais seriam os critérios objetivos que pautam a fixação dos honorários advocatícios de sucumbência pelo Magistrado competente, especialmente, em relação ao aspecto quantitativo da condenação.

Visando eliminar tais questionamentos e qualquer grau de subjetividade acerca do tema, o Novo CPC apresenta critérios objetivos para balizar a fixação dos honorários de sucumbência, estabelecendo limites mínimos e máximos a serem respeitados em relação aos valores.

Tais limites gravitam em função da condenação imposta contra a parte perdedora da ação pela sentença ou a partir do proveito econômico obtido. Apenas no caso de não ser possível mensurar tal proveito econômico é que o Novo Código autoriza a utilização do valor atualizado da causa como base de cálculo.

Estabelecidas as bases de cálculo, os percentuais a serem aplicados oscilam entre o mínimo de 10% (dez por cento) e o máximo de 20% (vinte por cento). Para se alcançar tal percentual, serão observados os seguintes parâmetros (art. 85, § 2º): grau de zelo profissional; o local da prestação de serviços; a natureza e a importância da causa; o trabalho desempenhado pelo advogado e o tempo exigido para a prestação dos seus serviços.

Foi praticamente rechaçada a adoção da equidade como critério de fixação, ao contrário do que ocorria sob a vigência do Código anterior. Apenas nos processos em que a causa for de valor inestimável, muito baixo, ou mesmo irrisório o proveito econômico obtido é que o Juiz poderá arbitrar o valor devido a partir de apreciação equitativa, pautado pelos critérios elencados pelo § 2º do art. 85 do Novo Código, em clara tentativa legislativa de se evitar o aviltamento da verba honorária (art. 85, § 8º).

As particularidades e prerrogativas outorgadas legalmente à Fazenda Pública também estão presentes em relação aos honorários advocatícios. As principais novidades do Novo Código nesse particular são, especialmente, a adoção de um critério único de cálculo para todas as causas em que a Fazenda Pública litigue, aplicáveis para todas as partes envolvidas; o fim do critério da equidade, passando-se a adotar percentuais sobre o valor da condenação ou do proveito econômico obtido pela parte vencedora da demanda, observando-se o escalonamento de valores e percentuais estabelecidos pelo § 3º do art. 85 do CPC. Evidentemente, a aplicação de tais critérios exige a liquidação da sentença.

Sobre a base de cálculo a ser utilizada, também vale destacar a regra do § 3º do art. 85, sendo que o salário mínimo a ser considerado para fins de definição do escalonamento de valores e percentuais estabelecidos pelo § 3º do art. 85 do CPC será o vigente à época em que a sentença líquida for proferida, ou daquela proferida em sede de liquidação.

Preservando o valor da verba honorária mesmo diante do decurso do tempo e de casos de mora, haverá a incidência de correção monetária e juros moratórios. O termo inicial para a contagem destes é a data do trânsito em julgado da decisão que estabelecer a condenação ao pagamento da verba advocatícia, desde que a condenação seja fixada em quantia certa.

Diante de sucumbência recíproca, o cálculo dos honorários observará a proporção em que cada parte saiu vitoriosa do processo, sendo vedada a compensação de valores, como visto. Afinal, tratam-se de créditos de titularidade exclusiva dos Procuradores, não podendo as partes transacionarem sobre a verba honorária sem a anuência dos titulares de tais valores, no caso, os advogados. A ideia é inerente à noção de autonomia do direito do advogado aos honorários.

No caso de litisconsórcio entre as partes que sucumbiram na demanda, essas irão responder, proporcionalmente, pelo valor dos honorários, em consonância com o art. 87 do CPC.

CONCLUSÃO

Conforme o exposto, conclui-se que o Novo Código de Processo Civil é um marco para a advocacia, especialmente, em razão da nova disciplina legal concernente aos honorários advocatícios de sucumbência.

Há várias conquistas a serem celebradas. A maior e mais louvável, indubitavelmente, decorre de uma notável preocupação de se estabelecer critérios objetivos aptos a pautarem a obrigação legal dos Magistrados de fixarem o valor da verba honorária. Coube ao Código, por diploma legal próprio, instituir procedimento objetivo sobre a questão. Não há mais espaço para subjetividade no trato do tema. O Novo Código, portanto, almeja segurança jurídica no momento da fixação dos honorários.

O legislador esteve também atento às principais discussões sobre a matéria alvo de apreciação de nossas Cortes, bem como aos principais entendimentos jurisprudenciais sobre o assunto. A pretensão do NCPC, novamente, é a de promover a segurança jurídica e sepultar antigas discussões e disputas acerca dos honorários.

Há mais garantias e instrumentos que asseguram a autonomia do direito do advogado aos honorários, além de prerrogativas asseguradas à verba honorária.

Portanto, a nova disciplina legal introduzida a partir do Novo Código de Processo Civil é de suma importância para os advogados, pois institui regras e procedimentos salutares em relação à problemática dos honorários, valorizando a profissão que é indispensável à administração da justiça, conforme previsão constitucional[17].

17 "Art. 133. O advogado é indispensável à administração da justiça, sendo inviolável por seus atos e manifestações no exercício da profissão, nos limites da lei."

BIBLIOGRAFIA

BRASIL. **Constituição da República Federativa do Brasil de 1988.** Disponível em: <http://www.planalto.gov.br/ccivil_03/Constituicao/Constituicao.htm>. Acesso em: 03 jun. 2013.

BRASIL. **Lei nº 5.869, de 11 de janeiro de 1973.** Institui o Código de Processo Civil. Disponível em: <http://www.planalto.gov.br/ccivil_03/leis/l5869.htm>. Acesso em: 30 nov. 2016.

BRASIL. **Lei nº 8.906, de 4 de julho de 1994.** Dispõe sobre o Estatuto da Advocacia e a Ordem dos Advogados do Brasil. Disponível em: < http://www.planalto.gov.br/ccivil_03/leis/L8906.htm >. Acesso em: 30 nov. 2016.

BRASIL. **Lei nº 10.406, de 10 de janeiro de 2002.** Institui o Código Civil. Disponível em: < http://www.planalto.gov.br/ccivil_03/leis/2002/L10406compilada.htm>. Acesso em: 30 nov. 2016.

BRASIL. **Lei nº 13.105, de 16 de março de 2015.** Código de Processo Civil. Disponível em: <https://www.planalto.gov.br/ccivil_03/_ato2015-2018/2015/lei/l13105.htm>. Acesso em: 30 nov. 2016.

PEREIRA, Caio Mário da Silva. **Instituições de direito civil.** Volume II. 27º edição. Rio de Janeiro: Editora Forense, 2015.

DIDIER JÚNIOR, Fredie. **Curso de direito processual civil**. Volume .2. 4ª edição. Salvador: Editora Juspodivm, 2009.

THEODORO JÚNIOR, Humberto. **Curso de Direito Processual Civil - Teoria Geral do direito processual civil, processo de conhecimento e procedimento comum.** Volume III. 47. ed. rev., atual. e ampl. Rio de Janeiro: Forense, 2016.

VENOSA, Sílvio de Salvo. **Direito Civil: Teoria Geral das Obrigações e Teoria Geral dos Contratos.** São Paulo: Editora Atlas, 2010.

46

IMPACTOS DO NOVO CPC NO ÂMBITO DA AÇÃO CIVIL PÚBLICA AMBIENTAL

Bruno Campos Silva
Advogado

1 INTRODUÇÃO

De início, gostaríamos de agradecer, imensamente, ao honroso convite formulado pelos ilustres Professores (*e verdadeiros advogados de trincheira!*) Luiz Fernando Valladão Nogueira, Rogério Santiago e Alexandre Figueiredo de Andrade Urbano, no intuito de integrar e participar de relevante coletânea destacada para servir de palco exclusivo daqueles que exercitam intensamente a atividade advocatícia, cumprindo fielmente a norma constante do art. 133, CF/88.

O presente trabalho tem por finalidade investigar e apontar, de forma crítica, alguns principais impactos do novo Código de Processo Civil no âmbito da Ação Civil Pública ambiental (ACP ambiental); tais quais: a) a escorreita aplicabilidade das normas processuais civis no âmbito da ACP ambiental; b) a tutela preventiva, em especial, a tutela inibitória (*ex vi* do art. 497, *caput* e parágrafo único, CPC); c) o recurso de apelação na ACP ambiental (p. ex., juízo de admissibilidade e efeito suspensivo).

2 DA ESCORREITA APLICABILIDADE DAS NORMAS PROCESSUAIS CIVIS NO ÂMBITO DA ACP AMBIENTAL

As normas processuais civis vigentes deverão ser aplicadas, *de forma supletiva* (*ex vi* do art. 15, CPC), às ações civis públicas ambientais, consoante a dicção do art. 19, da Lei n. 7.347/1985 e do art. 1.046, § 2º, CPC.

Disso, pode-se constatar que o novo CPC não revoga a legislação extravagante inerente à ação civil pública (ACP).

Segundo Teresa Arruda Alvim Wambier, Maria Lúcia Lins Conceição, Leonardo Ferres da Silva Ribeiro e Rogerio Licastro Torres de Mello: "**3. Parágrafo segundo.** O NCPC não revoga leis extravagantes (*lex specialis*) e continua se aplicando às hipóteses regidas por estas leis esparsas, **supletivamente** (a respeito desta expressão, v. comentários ao art. 15)".[1]

Nesse aspecto, se a legislação extravagante trouxer norma para determinada situação, é ela que deverá ser aplicada, prevalecendo em relação àquela prevista no novo CPC, a qual somente será aplicável de maneira supletiva (em caso de lacuna ou quando não contrariar o já previsto na lei extravagante).[2]

---

1 *Primeiros comentários ao novo código de processo civil: artigo por artigo*. 2. ed. São Paulo: Revista dos Tribunais, 2016, p. 1705.

2 Eis o posicionamento de Alexandre Freire e Leonard Ziesemer Schmitz. "Comentários ao art. 15". In: STRECK, Lenio Luiz; NUNES, Dierle; CUNHA, Leonardo Carneiro da (orgs.); FREIRE, Alexandre (coord. exec.). *Comentários ao Código de Processo Civil*. São Paulo: Saraiva, 2016, p. 63: "(...) O mesmo ocorre em matéria eleitoral, cujo procedimento é regido pela Lei n. 4.737/1965, que também tem suas próprias regras processuais (em especial os arts. 257 e s., que tratam dos recursos). (...) Embora na legislação eleitoral e administrativa não haja, via de regra, previsão expressa, a aplicação do CPC também só poderá ocorrer naquilo que não for incompatível com as regras específicas de cada procedimento. Eis a razão da subsidiariedade. Há uma diferença técnica importante entre o CPC ser supletivo e subsidiário a outras leis. Quando uma lei é simplesmente *omissa* em relação a uma situação concreta, é preciso suprir essa lacuna normativa por meio da utilização supletiva de outra lei. Já quando existe texto normativo para o caso, mas sua aplicação não condiz a um resultado adequado, pode-se falar em subsidiariedade. O CPC, como diz o art. 15, opera em ambas as dimensões: tanto supre lacunas quanto serve de subsídio a casos em que a lei específica não se mostra constitucionalmente adaptada à situação concreta (KOURY, Susy Cavalcante. As repercussões do novo Código de Processo Civil no Direito do Trabalho: avanço ou retrocesso. *Revista TST*, v. 78, n. 3, p. 257, jul./set. 2012). Isso significa 'permitir a aplicação subsidiária do CPC não somente na hipótese (tradicional) de lacuna normativa do processo laboral, mas também quando a norma do processo trabalhista apresentar manifesto envelhecimento que, na prática, impede ou dificulta a prestação jurisdicional justa e efetiva desse processo especializado' (LEITE, Carlos Henrique Bezerra. *Curso de direto processual do trabalho*. 9. ed., São Paulo: LTr, 2011, p. 100)". Também, destaca-se a lição de Teresa Arruda Alvim Wambier, Maria Lúcia Lins Conceição, Leonardo Ferres da Silva Ribeiro e Rogério Licastro Torres de Mello. *Primeiros comentários ao novo código*

Eis a lição de Nelson Nery Junior e Rosa Maria de Andrade Nery: "§ 2º: 16. Procedimentos específicos da legislação extravagante. Os procedimentos especiais estipulados em legislação extravagante (MS, ACP etc.) continuam a ser regidos pelas disposições específicas dessas leis, sendo mantida a aplicação supletiva das regras do CPC, tal qual ocorria no regime do CPC/1973".[3]

3 DAS TUTELAS PREVENTIVAS – ESPECIALMENTE, A TUTELA INIBITÓRIA[4]

As tutelas preventivas, *com raiz constitucional* (*ex vi* do art. 5º, XXXV, CF), devem ser priorizadas na salvaguarda dos bens ambientais.

Dentre as tutelas preventivas (para se evitar agressão ao bem ambiental – *preferíveis à tutela ressarcitória*), a tutela inibitória possui uma função de extrema relevância, já que vocacionada contra a ameaça de ato ilícito (contrário ao direito).

E, para a tutela do meio ambiente, nesse caso, a técnica processual será utilizada para debelar a ameaça de um ato contrário ao direito, e não um dano ambiental; mas, a *ameaça grave, real e concreta* de um ilícito ambiental (*futuro ilícito ambiental*); é uma tutela direcionada ao futuro.

---

de processo civil: artigo por artigo. 2. ed. São Paulo: Revista dos Tribunais, 2016, p. 84: "**Aplicação subsidiária x aplicação supletiva.** Não se trata somente de aplicar as normas processuais aos processos administrativos, trabalhistas e eleitorais *quando não houver normas*, nestes ramos do direito, que resolvem a situação. **1.1.** A **aplicação subsidiária** ocorre também em **situações** nas quais **não há omissão**. Trata-se, como sugere a expressão 'subsidiária', de uma possibilidade de enriquecimento, de leitura de um dispositivo sob outro viés, de extrair-se da norma processual eleitoral, trabalhista ou administrativa um sentido diferente, iluminado pelos **princípios fundamentais do processo civil. 1.2.** A **aplicação supletiva** é que ocorre apenas quando há **omissão**. Aliás, o legislador, deixando de lado a preocupação com a própria expressão, precisão da linguagem, serve-se das duas expressões. Não deve ter suposto que significam a mesma coisa, senão, não teria usado as duas. Mas como empregou também a mais rica, mais abrangente, deve o intérprete entender que é disso que se trata. 1.3. Na verdade, teria sido suficiente (e melhor) que o legislador se tivesse referido apenas à subsidiariedade". Grifos do original

3 *Comentários ao código de processo civil*. São Paulo: Revista dos Tribunais, 2015, p. 2237.

4 Este capítulo foi elaborado com base no artigo de nossa autoria "A Tutela Inibitória Antecipada e o Novo CPC". In: COSTA, Eduardo José da Fonseca; PEREIRA, Mateus Costa; GOUVEIA FILHO, Roberto P. Campos (coordenadores). DIDIER JR., Fredie (coordenador geral). Coleção grande temas do novo CPC. *Tutela provisória*. 2. ed. V. 6. Salvador: JusPodivm, 2017 (no prelo).

As tutelas preventivas (gênero) são aquelas aptas a debelar atos contrários ao direito (atos ilícitos); e a tutela inibitória (espécie) é direcionada contra uma ameaça (grave, real, atual e concreta) de ilícito.

Daí, pode-se concluir que a *tutela inibitória, portanto preventiva com raiz constitucional*, afigura-se *voltada contra um ato ilícito futuro capaz de ultrajar direitos (e, no caso, um futuro ilícito ambiental)*, sem que isso possa implicar em qualquer perquirição do dano ambiental (o foco da tutela inibitória – será o ilícito ambiental).[5]

A *tutela inibitória* (*espécie de tutela preventiva*) albergada pelo texto constitucional tem estreita relação com a *"ameaça"* a direito, e não com a *"lesão"* a direito; já que a lesão está relacionada ao dano ambiental, e não necessariamente ao ilícito ambiental.

Segundo o entendimento do mestre João Batista Lopes: "Independentemente de previsão legal expressa, a *tutela inibitória* é decorrência necessária de uma das situações de crise do direito material e, por isso, a jurisprudência brasileira tem conferido a ela a relevância necessária para a garantia da efetividade do processo. Cuida-se, em verdade, de espécie de tutela jurisdicional diferenciada que possui características próprias, já que o autor não pretende reparação de lesão a direito, mas sim impedir que o réu pratique ato contrário ao ordenamento jurídico. Por exemplo, sabendo que revista de grande circulação vai publicar sua foto na capa, sem prévia autorização, artista famosa ingressa em juízo para obstar o ilícito, não obstante o benefício patrimonial que poderia decorrer da publicação. O que ela pretende não é, pois, tutela de

---

5 Já manifestamos o seguinte: «A *tutela inibitória voltada contra o ilícito* não guarda relação com situações monetizantes, já que *não se volve contra o dano e sua respectiva reparação.* (...) De se ressaltar, uma vez mais, que *a tutela inibitória não se volta contra o dano, mas contra o ato ilícito.* E, isso, parece não ser bem assimilado pelos magistrados, com o devido respeito, ao utilizarem a técnica inibitória expedita contrária à prática, reiteração ou continuação do ato ilícito (ameaça de ilícito)". (SILVA, Bruno Campos. Tutela inibitória e meio ambiente do trabalho – alguns aspectos processuais relevantes. In: FELICIANO, Guilherme Guimarães; URIAS, João; MARANHÃO, Ney; SEVERO, Valdete Souto (coordenadores). *Direito ambiental do trabalho: apontamentos para uma teoria geral.* v. 2. São Paulo: LTr, 2015, p. 177). No mesmo sentido, a lição do jurista Antônio Pereira Gaio Jr.: "Constata-se assim que, ao se referir na irrelevância da 'demonstração da ocorrência de dano ou da existência de culpa ou dolo', reconhece inequivocamente o legislador do novato Código a importância de se inibir a prática, a reiteração ou a continuação de um ilícito, ainda que dele não gere ou venha gerar dano, manifestação veraz do caminhar *pari passu* com a dinâmica jurídica hodierna". (Apontamentos para a tutela específica no novo código de processo civil. *Revista Magister de Direito Civil de Processual Civil.* Coordenação: Luiz Guilherme Marinoni e Daniel Mitidiero. v. 70 (jan./fev. 2016). Porto Alegre: Magister, p. 82).

caráter *ressarcitório* (que poderá ser pleiteada posteriormente, se for o caso), mas, sim, meramente *preventivo*.

Precisamente porque se pretende apenas *evitar* a prática do ilícito, ou seja, opor barreira à conduta do réu, não há cogitar, na espécie, de prova do dolo ou da culpa para o manejo da tutela inibitória.

Sem embargo de não haver, no estatuto vigente, sistematização adequada da tutela inibitória, sua admissibilidade emerge da utilização do verbo *inibir* no parágrafo único do art. 497, que reza: 'Para a concessão da tutela específica destinada a inibir a prática, a reiteração ou a continuação de um ilícito, ou a sua remoção, é irrelevante a demonstração da ocorrência de dano ou da existência de culpa ou dolo'.

Como foi dito, o novo CPC não cuidou de sistematizar adequadamente a matéria, uma vez que não disciplinou a tutela inibitória ao lado de outras espécies de tutela de urgência, limitando-se a tratar da matéria no artigo retrocitado".[6]

O texto constitucional é transparente, ao trazer nítida distinção entre *ameaça* e *lesão* a direito.

Na verdade, a *efetiva inibição* (como expressa *prevenção* gerada pela tutela) somente teria sentido, em regra, com relação a fatos futuros oriundos de prováveis ilícitos a serem praticados, não sendo, portanto, apta a combater fatos pretéritos advindos de ilícitos já consumados (*a não ser que o fato passado indique, ou melhor, aponte para uma ameaça de violação a direito*).[7]

---

6 A prova na tutela antecipada. In: BUENO, Cassio Scarpinella; MEDEIROS NETO, Elias Marques de; OLIVEIRA NETO, Olavo de; OLIVEIRA, Patrícia Elias Cozzolino de; LUCON, Paulo Henrique dos Santos (coordenadores). *Tutela provisória no novo CPC: dos 20 anos de vigência do art. 273 do CPC/1073 ao CPC/2015*. São Paulo; Saraiva, 2016, p. 218-219)

7 Luiz Guilherme Marinoni afirma o seguinte: "Na ação inibitória não é necessária a alegação de probabilidade de dano, nem a sua prova. Ou seja, se uma norma proíbe a prática de determinado ato ou atividade, e se esta violação é provável, bastará a sua alegação e demonstração, não sendo necessário afirmar e provar que, ao lado desta provável violação, ocorrerá um possível dano. Do ponto de vista probatório, é muito mais fácil provar a probabilidade da prática, repetição, ou continuação de *ato contrário ao direito*, do que a probabilidade de *dano*. Na ação inibitória é necessário verificar não só a probabilidade da prática de ato, mas também se tal ato configura ilícito. Por isto, requer-se o confronto entre a descrição do ato temido e o direito. É possível que o réu negue que praticará o ato, mas afirme que este não terá a natureza ou a extensão do ato vedado pela regra legal. Neste caso, tratando-se de ação voltada a impedir a repetição ou a continuação do ilícito, basta verificar se o ato anteriormente praticado realmente enquadra-se na proibição legal. Mais difícil será a prova da ilicitude do ato quando ato 'igual' não foi ainda praticado. Em tal hipótese deverá ser demonstrado que o ato que se pretende praticar é realmente vedado por norma legal. Nas situações em que se discute apenas a extensão e a natureza do ato que

Nesse aspecto, para se salvaguardar direitos de um *ilícito futuro*, haja vista a efetiva *ameaça grave, real, atual e concreta*, necessária a utilização de uma *tutela inibitória*; e, no direito ambiental, mais imprescindível ainda, vez que, se não houver efetiva inibição da ameaça de prática, reiteração (repetição) ou continuação de um ilícito ambiental, o bem ambiental sofrerá o trauma de um dano consumado e, que, à evidência, poderá implicar apenas em ressarcimento em pecúnia; o que, com certeza, atenta contra a finalidade da tutela preventiva.

Já a tutela ressarcitória tem capacidade apenas de atingir fatos pretéritos, dos quais advieram danos relevantes ao patrimônio do jurisdicionado (*e, aqui, ao meio ambiente - direito/interesse difuso*); portanto, a tutela ressarcitória é aquela direcionada a combater o dano grave oriundo de um ato ilícito, com a necessidade, em regra (exceções - casos em que a responsabilidade civil é objetiva - por exemplo, *danos ambientais*) de se demonstrar o elemento subjetivo para tanto, qual seja, o dolo ou a culpa, ao contrário da inibitória que prescinde de tal demonstração.[8]

---

estaria sendo negado como ilícito, *a prova não terá por fim demonstrar um fato que indique a probabilidade da prática de um ato futuro, mas sim evidenciar que o ato que se pretende praticar é ilícito.* Problema diverso é o da prova da afirmação de que o ato (admitido como ilícito) será praticado, repetido ou continuará. Note-se que a questão da prova é mais intrincada na ação inibitória do que na ação de remoção. É que na ação inibitória, além de também não importar o dano, mas só o ato contrário ao direito, leva-se em conta um ilícito futuro e não um ilícito já ocorrido. Quando ato anterior já foi praticado, da sua modalidade e natureza se pode inferir com grande aproximação a probabilidade da sua continuação ou repetição no futuro. Maior dificuldade existe na produção da prova de que um ato será praticado quando nenhum ilícito anterior foi cometido. No caso em que se teme a prática de ilícito, e nenhum ilícito já foi praticado, o autor deverá alegar fatos que sejam suficientes para permitir ao juiz formar um juízo acerca da alegação de que provavelmente será praticado um ilícito. Ou seja, quando é considerada apenas a probabilidade da prática do ato (a ilicitude do ato temido não é discutida), devem ser alegados fatos que, uma vez demonstrados, possam levar o juiz a concluir que provavelmente ocorrerá a violação do direito. É fundamental, na ação inibitória, manejar de forma adequada os conceitos de fato indiciário, prova indiciária, raciocínio presuntivo, presunção e juízo. Tratando-se de ação inibitória, ou seja, de ação voltada para o futuro, não é possível desconsiderar as virtudes da denominada prova indiciária. Tal modalidade de prova, se pode ser considerada auxiliar importante em face das tradicionais ações repressivas, assume lugar de destaque e importância diante da ação inibitória. A tutela inibitória depende da prova de fatos que já ocorreram e apontam para a probabilidade de que o fato temido venha a ser praticado. Trata-se, assim, de prover fatos indiciários que confiram ao juiz a oportunidade de ver a probabilidade da prática do ato que se deseja inibir». (*Tutela contra o ilícito: inibitória e de remoção - Art. 497, parágrafo único, CPC/2015*. São Paulo: Revista dos Tribunais, 2015, p. 113-114)

8 Eis a lição de Luiz Guilherme Marinoni e Sérgio Cruz Arenhart: "A ação inibitória tem por fim impedir a prática, a repetição ou a continuação do ilícito. Trata-se, assim, de uma ação voltada *para o futuro*, que se dissocia, nesse sentido, da ação ressarcitória, que objetiva

De acordo com o jurista Sérgio Cruz Arenhart: "Realmente, a essencial distinção que se deve fazer entre tais categorias (inibitória, ressarcitória, reintegratória e do adimplemento) está na concepção global do instrumento utilizado para sua proteção. Como cediço, qualquer classificação somente tem utilidade se puder conduzir a algum resultado relevante para o operacionalidade do sistema. Essa classificação possui essa característica, mas esta não reside, *exclusivamente*, na dimensão da eficácia da sentença utilizada. Em especial, interessa como ponto central para a utilidade da distinção o tema da cognição do juiz sobre cada espécie de demanda.

Sob esse enfoque, a tutela ressarcitória é a tutela mais demorada de todas, porque a cognição do juiz terá de tomar em conta os elementos do *dano* e da *culpa* (ao menos na generalidade dos casos) para poder incidir. Como se sabe, a cláusula geral para o ressarcimento do dano, prevista no art. 927 do CC brasileiro, exige, como pressupostos para essa proteção, que o causador do dano tenha agido com dolo ou culpa; mais que isso, é necessário que tenha existido um dano efetivo, apurável no mundo concreto (art. 186 do CC). Por seu turno, a tutela do adimplemento - utilizada para permitir o adimplemento de um contrato não cumprido - exige apenas a presença do elemento subjetivo (culpa) para viabilizar-se, na medida em que se prescinde da demonstração de dano para fazer incidir a regra que determina esse cumprimento. Já em relação às tutelas inibitória e reintegratória - desenhadas à proteção contra o ilícito, para o objetivo de impedir sua realização ou repetição, ou ainda para removê-lo quando realizado, respectivamente -. ambos os elementos (dano e culpa) tornam-se de questionamento impertinente na ação, que tem como exclusivo *thema decidendum* a questão do ilícito.

Por essas observações, pode-se ter alguma idéia da real utilidade dessa nova classificação: sua utilização permite a construção de procedimentos adequados à realidade de cada pretensão à tutela jurídica que se pode exercer no processo. Cada procedimento, nessa ótica, será dotado de mecanismos de efetivação (tutelas mandamental ou executiva *lato sensu*) adaptados à realidade material e - algo que toca diretamente nos problemas da tempestividade e da instrumentalidade da tutela jurisdicional - âmbito de cognição específico, li-

verificar se o réu deve responder pelo *dano produzido* e, então, impor a sanção ressarcitória". (*Prova e convicção: de acordo com o CPC de 2015*. SP: RT, 2015, p. 265). E mais: "Conclui-se, portanto, que na ação inibitória não há espaço para a alegação - e, consequentemente, para a prova - do dano e da culpa. O *thema decidendum* fica restrito à questão da futura ocorrência de um ilícito, e assim pode ser decomposto em dois elementos: (i) a ameaça da prática de ato e (ii) a sua ilicitude". (*Op. cit.*, p. 272) mitado exclusivamente aos temas que efetivamente importam para fazer incidir as regras atinentes à espécie de proteção buscada. Dessa forma, em uma demanda inibitória, todo questionamento a respeito do dano ou culpa se mostra completamente irrelevante e desnecessário, devendo ser extirpado da esfera instrutória e decisória; com isso, evidentemente, pode-se acelerar a demanda, haja vista a dificuldade, encontrada, em regra, na demonstração (e no meio de prova utilizado para fazê-lo) do dano e da culpa.

O essencial, portanto, nesta nova classificação de tutela, não se encontra precisamente no meio de efetivação da medida ordenada, mas na questão do ônus da afirmação e no conseqüente ônus da prova. Efetivamente, sabendo aquilo que deve a parte alegar (e, portanto, provar) no curso do processo, torna-se mais fácil dimensionar o objeto do processo e a extensão da cognição judicial. Ao tratar adequadamente desse tema, concebem-se procedimentos diferenciados em relação aos seus principais elementos (provimentos e cognição), permitindo lidar apropriadamente com diferentes pretensões, com o menor esforço possível".[9]

Ora, podemos ainda vislumbrar o seguinte para as tutelas preventivas, na seara ambiental: (i) ameaça de um ilícito - *futuro ilícito ambiental* (tutela inibitória); (ii) ilícito ambiental consumado - *lesão a direito difuso*, sem o dano (tutela para remoção do ilícito); (iii) *cumulação* da ameaça real, atual e grave do ilícito ambiental, do ilícito ambiental consumado sem dano e com efeitos espraiados e do dano ambiental grave (tutelas inibitória, para remoção do ilícito e para ressarcimento dos danos ambientais causados).

Por exemplo, uma licença que será concedida em contrariedade às normas ambientais vigentes (*ameaça de uma concreta transgressão ao direito*).

De acordo com o jurista Luiz Guilherme Marinoni: "Ora, como há um sistema de tutela coletiva dos direitos, integrado, fundamentalmente, pela Lei da Ação Civil Pública e pelo Código de Defesa do Consumidor - em razão do art. 90 do CDC, que manda aplicar às ações ajuizadas com base nesse Código as normas da Lei da Ação Civil Pública e do Código de Processo Civil, e do art. 21 da Lei da Ação Civil Pública, que afirma que são aplicáveis às ações nela fundadas as disposições processuais que estão no Código de Defesa do Consumidor -, não há dúvida de que o art. 84 do CDC sustenta a possibilidade

9 *Perfis da tutela inibitória coletiva*. São Paulo: Editora Revista dos Tribunais, 2003, p. 129-130.

da tutela inibitória destinada a proteger os direitos difusos e coletivos *contra qualquer espécie de ilícito.*

A ação inibitória coletiva pura tem sido utilizada com certa frequência, sendo significativo o seu uso nas ações que, visando à proteção do meio ambiente, impedem, v.g., que uma fábrica que ameaça agredir o meio ambiente inicie as suas atividades.

Aliás, para a demonstração da importância da tutela contra o ilícito no plano dos direitos transindividuais é importante a análise da proteção do meio ambiente, uma vez que este é um dos lugares em que a inefetividade da tutela ressarcitória evidencia-se de modo mais claro. Se é verdade que cresce em importância, nos últimos tempos, a reparação específica do dano ecológico e é necessária a responsabilização, ainda que pelo equivalente, daquele que agride o meio ambiente, o certo é que não se pode admitir a troca da tutela específica do bem ambiental pela tutela ressarcitória, sob pena de admitir-se, implicitamente, uma lógica perversa, que justificaria o cínico 'poluo, mas pago'. Como é evidente, a admissão da tutela ressarcitória no campo do direito ambiental não significa a aceitação da poluição, mas objetiva evitar que o dano fique sem a devida reparação. Para que não ocorra a degradação do meio ambiente é necessário evitar a prática do ilícito ambiental, para o que é imprescindível as tutelas inibitória e de remoção do ilícito".[10]

A *ameaça* deve se fazer presente, no caso de uma ação inibitória coletiva, seja ela pura ou não, e deve ser *grave* (não é qualquer temor - simples medo), *real* (não fictícia - do imaginário), *atual* (não ultrapassada - desgastada pelo tempo) e *concreta* (situação concreta e objetiva).[11]

---

10 *Tutela contra o ilícito:inibitória e de remoção - Art. 497, parágrafo único, CPC.* São Paulo: Revista dos Tribunais, 2015, p. 96-97.

11 Com relação à contextualização da "*ameaça*" como condição da ação (*interesse de agir*) ou mérito, interessante posicionamento de Sérgio Cruz Arenhart: "Transportando esses conceitos para o campo da ação inibitória, é de se concluir que o exame das condições da ação e a análise do mérito ocorrem em dois momentos distintos, sendo que a 'ameaça de lesão' pode corresponder tanto a um como a outro, dependendo da forma como se considera a questão. Se, de um lado, a parte autora não narra, em sua petição inicial, situação que indique a presença de uma situação *concreta* de ameaça a lesão a direito seu, então, mesmo sem qualquer exame de prova, poderá o magistrado tomá-la por carente de ação, na medida em que não tem necessidade na tutela pretendida; se, por outro ângulo, estiver o magistrado a analisar questões atinentes à prova, então a discussão a propósito da ameaça de lesão transfere-se para o domínio do mérito da pretensão, resultando em uma sentença definitiva, e não apenas terminativa. Obviamente, a ameaça enquanto condição da ação não põe maiores problemas, já que sua verificação depende exclusivamente de um exercício lógico, realizado pela mente do juiz diante da narração presente na petição inicial.

A tutela inibitória,[12] conquanto já utilizada pela prática forense, por exemplo, os interditos proibitórios e a ação de nunciação de obra nova, ganhou nova *perfomance* com o advento do novo CPC, mesmo que de forma um tanto tímida, s.m.j.

Na prática, além do exemplo mencionado, podemos visualizar outros tantos ensejadores da tutela inibitória: - ações possessórias, em especial o interdito proibitório (ameaça de esbulho ou turbação contrária à posse); - ação de nunciação de obra nova; - ação de embargos de terceiro com caráter preventivo (ameaça de um ato constritivo ilícito); - mandado de segurança preventivo;[13] dentre outros; isso, sem levar em consideração a tutela coletiva - ações para a tutela do meio ambiente,[14] do consumidor, da saúde pública,[15] dentre outros.

É no campo do mérito que a prova da ameaça apresenta maiores problemas, dignos de atenção especial". (*Perfis da tutela inibitória coletiva*. São Paulo: Revista dos Tribunais, 2003, p. 233-234)

12 O tema foi desenvolvido com maestria, em nosso País, pelo insigne Professor Doutor Luiz Guilherme Marinoni ancorado em relevante doutrina italiana (p. ex., Aldo Frignani, Cristina Rapisarda). Tanto é verdade, que seus importantes estudos dirigidos ao tema serviram de espelho ao legislador quando da redação do ***art. 497, parágrafo único, CPC***.

13 Antes mesmo das novas legislações (*mandado de segurança* e *CPC*), nesta seara, verificar a primorosa obra clássica da jurista Arlete Inês Aurelli. *O juízo de admissibilidade na ação de mandado de segurança*. São Paulo: Malheiros, 2006, p. 214/225.

14 Aliás, como forma de tutela inibitória na seara do *meio ambiente* (*direito difuso*), podemos citar exemplo trazido pelo jurista Roberto P. Campos Gouveia Filho, no X Congresso Brasileiro de Direito Processual, realizado na cidade de Uberaba-MG, em que citou a possibilidade de se utilizar a tutela inibitória para os casos de demolição do patrimônio histórico que vem correndo sistematicamente na cidade de Recife-PE. Vejam, existe expressa *norma proibitiva* de demolição do patrimônio histórico (*ex vi* do art. 216, §§ 1º e 4º, CF/88), portanto, *não é lícito demolir o patrimônio histórico*, e, por assim dizer, *a ameaça grave, real, atual e concreta ao meio ambiente cultural sustenta a utilização da tutela inibitória nesses casos, inclusive com a necessidade de se manejar uma tutela provisória de urgência, via cognição sumária* (*ex vi* do art. 300, *caput* e § 2º, CPC). Nessa hipótese, há somente a ameaça de um *ilícito futuro*; prescindindo-se do dano.

15 Neste exemplo, podemos utilizar a tutela inibitória para se evitar o fornecimento de medicamento desconforme a legislação prevista pela ANVISA, mesmo que não exista qualquer contraindicação médica relacionada à substância componente de tal medicamento; exemplo formatado em diálogo com o jurista Diego Crevelin de Sousa. Nesse caso, pode-se também propor *ação inibitória para obstar a circulação de medicamento, cujas características estejam a contrariar a legislação da ANVISA, inclusive com a possibilidade de se utilizar tutela provisória de urgência, via cognição sumária (ex vi do art. 300, caput e § 2º, CPC), diante de uma ameaça grave à saúde pública, real, atual e concreta.* Vejam que nessa hipótese, também, há somente a ameaça de um *ilícito futuro*; prescindindo-se do dano.

Eis a lição do jurista Fabio Caldas de Araújo: "A leitura do texto constitucional permite extrair com clareza duas matrizes essenciais para a utilização da tutela de urgência, o que também se aplica à tutela da evidência.

O art. 5º, XXXV, da CF/1988 consagra o princípio da inafastabilidade da jurisdição e estabelece cláusula de proteção integral ao jurisdicionado na hipótese de *ameaça* ou *lesão*. A situação de ameaça merece proteção, o que exige a concessão da tutela preventiva, que tem natureza inibitória, pois visa a coibir atos ilícitos que possam consumar uma lesão.

A tutela preventiva assumiu especial relevo no sistema jurídico no século XX, embora não possa ser considerada uma novidade. As ações possessórias de longa data permitem proteção de natureza inibitória marcada pelo interdito proibitório. É possível afirmar que a proteção à ameaça é mais importante do que a proteção à lesão. Se a situação de ameaça for devidamente tutelada evitam-se a consumação do dano e a necessidade da reparação. No entanto, a tutela preventiva assume relevo não apenas por evitar a necessidade de atuação do complexo mecanismo de reparação, mas porque tutela direitos fundamentais que não são passíveis de reparação.

Como informa a doutrina italiana, esta noção ficou muito clara no século XX com o surgimento dos 'novos direitos'. O sistema jurídico não estava maduro para a tutela de novas situações jurídicas marcadas pelo desenvolvimento dos direitos da personalidade e dos direitos coletivos. É simples e imediata a compreensão de que os direitos relacionados à personalidade do ser humano - como o nome, sua honra, imagem, vida e morte - não possam ser tutelados de modo satisfatório pela via reparatória. Não existe montante pecuniário que possa indenizar uma injúria ou inverdade escrita em um periódico. Mesmo que se aplique medida executiva para a remoção do ilícito, como a apreensão dos livros ou impressos, sempre algum exemplar restará para perpetuar o mal cometido. O que dizer dos danos coletivos, em que um ato potencialmente ilícito poderá provocar prejuízo de espectro indeterminado? A situação é gravíssima, pelos efeitos e irradiações do ato ilícito, que sequer podem ser comensurados quando se transmudam para uma lesão. Uma contaminação radioativa é um exemplo forte e persuasivo. Uma usina nuclear que provoque contaminação no meio ambiente contaminará quantas pessoas? Por quanto tempo? Quantas gerações serão afetadas? A tutela inibitória é específica e de alta relevância, o que permite cláusula aberta para sua implementação em juízo, como dessume da leitura dos arts. 497, *caput* e parágrafo único, 536, 537 do CPC. A tutela de urgência inibitória não dependerá da demonstração de culpa ou dolo (art. 497, parágrafo único), apenas do ato contra *ius*, ou seja, da atividade ilícita que possa se convolar em futuro dano.

A tutela reparatória trabalha com a hipótese do dano consumado, e por isso a concessão da tutela de urgência é fundamental como meio de reparação imediata ou, mesmo, de cessação do dano. O dano poderá ser de consumação instantânea (acidente de veículo) ou progressiva (devastação contínua de Área de Preservação Permanente). Por este motivo, nada impede que a tutela de urgência possa ser requerida de modo cumulado, ou seja, o pedido poderá ser concomitantemente preventivo e reparatório".[16]

Eis o texto do precitado dispositivo legal, *in verbis*: "**Art. 497.** Na ação que tenha por objeto a prestação de fazer ou de não fazer, o juiz, se procedente o pedido, concederá a tutela específica ou determinará providências que assegurem a obtenção de tutela pelo resultado prático equivalente. **Parágrafo único.** Para a concessão da tutela específica destinada a inibir a prática, a reiteração ou a continuação de um ilícito, ou a sua remoção, é irrelevante a demonstração da ocorrência de dano ou da existência de culpa ou dolo".

Do referido dispositivo (*a norma nele constante deverá ser aplicada supletivamente no âmbito da ACP ambiental, s.m.j.*), pode-se extrair algumas relevantes conclusões acerca da tutela inibitória, quais sejam: (i) sua previsão expressa encontra-se no parágrafo único associada ao verbo *inibir*; (ii) contrária à prática (primeira vez, primeira ameaça grave, real, atual e concreta - primária), à reiteração (repetição da ameaça grave, real, atual e concreta - secundária) ou à continuação (continuidade - ainda não cessou a ameaça real, atual e concreta) de um ato contrário ao direito (ato ilícito); (iii) irrelevância na demonstração da ocorrência de dano e na perquirição de culpa ou dolo;[17] (iv) imposição de obrigação de fazer (*facere*) e de não fazer (*non facere*).[18]

---

16 *Curso de processo civil*. São Paulo: Malheiros. Tomo I - Parte Geral. 2016, p. 977-978.

17 Eis o posicionamento dos juristas Nelson Nery Junior e Rosa Maria de Andrade Nery: "(...) O objeto da tutela inibitória é justamente evitar que decorra prejuízo da conduta que se quer ver inibida. Dado esse caráter preventivo, não faz sentido que a parte que age de forma contrária à lei argumente com a não ocorrência do dano, da culpa ou do dolo". (*Comentários ao código de processo civil*. São Paulo: Revista dos Tribunais, 2015, p. 1184)

18 No mesmo sentido, a escorreita lição do mestre João Batista Lopes: "Cumpre registrar que, a despeito de o adjetivo *inibitório* possuir carga semântica de *proibição* - o que poderia sugerir a aplicação da tutela inibitória exclusivamente às obrigações de fazer (*v.g.* ordem para restabelecimento do serviço de água ou para a editora respeitar fielmente o conteúdo de texto enviado para publicação). É claro, porém, que, sob outra perspectiva, nos exemplos citados acima, a decisão judicial pode ser vista também como ordem para abstenção da conduta (não fazer), ou seja, não cortar o fornecimento de água ou não alterar o conteúdo do

A referida imposição de obrigação de fazer ou não fazer será operacionalizada mediante uma sentença mandamental, se definitiva (também poderá ser antecipada "a obrigação", via cognição sumária – tutela de urgência satisfativa).

Nesse caso, a *mandamentalidade* será uma conjugação da ordem emanada do Estado-juiz e uma medida coercitiva apta a forçar o demandado a adimplir a obrigação imposta.

Aqui (*nas tutelas inibitórias*), temos uma ordem com coerção (*mandamentalidade*). Por exemplo, *a inibição da prática, reiteração ou continuação de ilícito ambiental, sob pena de multa (v.g., deixar de lançar esgoto em curso d´água em contrariedade à legislação ambiental, sob pena de multa diária, levando-se em consideração a grave ameaça real, atual e concreta; instalar filtro em chaminé para se evitar a poluição do ar, sob pena de multa diária, levando-se em consideração a grave ameaça real, atual e concreta)*.[19]

Eis a lição do mestre Luiz Guilherme Marinoni: "A prática de ato contrário ao direito, quando declarada judicialmente, não fica a espera de qualquer prestação do demandado, ao contrário do que acontece quando há inadimplemento de obrigação contratual ou dano. Quem viola uma obrigação ou comete um dano está obrigado a uma prestação ou ao ressarcimento do dano, não ocorrendo o mesmo quando se pratica um ato contrário ao direito. Nesse último caso, *não há que se esperar algo ou alguma prestação de quem praticou o ilícito,*

---

escrito". (A prova na tutela antecipada. In: BUENO, Cassio Scarpinella; MEDEIROS NETO, Elias Marques de; OLIVEIRA NETO, Olavo de; OLIVEIRA, Patrícia Elias Cozzolino de; LUCON, Paulo Henrique dos Santos (coordenadores). *Tutela provisória no novo CPC: dos 20 anos de vigência do art. 273 do CPC/1073 ao CPC/2015*. São Paulo; Saraiva, 2016, p. 222).

19 Para o jurista Luiz Guilherme Marinoni: "O mandado é mera decorrência da ordem; não cabe a ele definir a essência da mandamentalidade. A essência da mandamentalidade está no mandamento, vale dizer, na ordem imposta sob pena de multa. Quem pretende inibir a prática de um ilícito pede ordem sob pena de multa e não apenas mandado; mas também não pede, como é óbvio, simples condenação. O que varia do mandamento para a condenação é a natureza do provimento; o provimento condenatório condena ao adimplemento, criando pressuposto para a execução forçada, ao passo que o provimento mandamental ordena sob pena de multa. Só há mandamentalidade quando o juiz, na sentença, manda forçando; não há sentença mandamental quando o mandado destina-se apenas a servir de 'meio de execução' de uma sentença constitutiva (execução imprópria). Registre-se, porém, que o critério que nos permite definir a mandamentalidade é meramente processual. O que define a mandamentalidade é a possibilidade de se requerer ordem sob pena de multa". (*Tutela inibitória: individual e coletiva*. São Paulo: Editora Revista dos Tribunais, 1998, p. 358-359). A *teoria quinária* com base no *conteúdo eficacial das sentenças* foi desenvolvida por Pontes de Miranda e difundida no Brasil pelo saudoso mestre Ovídio Araújo Baptista da Silva. Por esta teoria, as sentenças seriam: declaratórias, constitutivas, condenatórias, mandamentais e executivas *lato sensu*.

restando à jurisdição apenas remover os seus efeitos concretos que se propagam no tempo.

Na hipótese em que a sentença declara a probabilidade da violação ou a violação do direito, o direito obviamente não depende de qualquer prestação, sendo absolutamente desnecessário esperar algo do demandado para implementar a tutela jurisdicional. Em tais situações o juiz não atua no lugar do demandado ou mesmo para suprir algo que é por ele devido. Melhor explicando: quando se inibe ou remove o ilícito, os atos executivos são praticados para que a declaração contida na sentença se transforme em realidade, ao passo que, nos casos de ressarcimento ou de adimplemento, há declaração de algo que ainda precisa ser feito, aparecendo a execução como indispensável para realizar o que deveria ter sido feito pelo demandado e, assim, para satisfazer o direito.

(...)

Nessa dimensão, as tutelas inibitória e de remoção do ilícito são prestadas por sentenças que reconhecem a necessidade da imposição de um não fazer ou de um fazer e, assim, (i) ordenam um não fazer ou um fazer sob pena de multa ou (ii) determinam uma medida de execução que iniba ou remova um ilícito independentemente da vontade do demandado. Trata-se, respectivamente, da (i) sentença mandamental e da (ii) sentença executiva".[20]

No âmbito da tutela do meio ambiente (*em específico à ação coletiva inibitória*), imprescindível, uma vez mais, colacionarmos a lição de Luiz Guilherme Marinoni: "No que diz respeito à tutela inibitória são diversas as situações que podem ocorrer. Lembre-se, de início, que o procedimento de licenciamento ambiental é complexo e encerra três tipos de licença: (i) Licença Prévia (LP); (ii) Licença de Instalação (LI); e (iii) Licença de Operação (LO). No *iter* deste licenciamento tem capital relevância o estudo de impacto ambiental, que é previsto constitucionalmente como um dos instrumentos de garantia da efetividade do direito a um meio ambiente ecologicamente equilibrado, tendo o perfil de um requisito procedimental - e, portanto, de um pressuposto de validade - do ato administrativo de licenciamento ambiental.

A Constituição Federal afirma que incumbe ao Poder Público 'exigir, na forma da lei, para instalação de obra ou atividade potencialmente causadora de significativa degradação do meio ambiente, estudo prévio de impacto ambiental, a que se dará publicidade' (art. 225, § 1º, IV). A Resolução 1/1986 do

---

20 *Tutela contra o ilícito: inibitória e de remoção - Art. 497, parágrafo único, CPC/2015*. São Paulo: Revista dos Tribunais, 2015, p. 181-194.

Conama enumera, no seu art. 2º, as obras e atividades que são consideradas capazes de causar significativa degradação do meio ambiente. Este rol é meramente exemplificativo, cabendo ao administrador apreciar *in concreto* se a atividade ou a obra para a qual se requer o licenciamento apresenta-se como potencialmente causadora de significativa degradação ambiental.

É importante ressaltar que da dicção do art. 225 da CF ressai, claramente, que não há qualquer discricionariedade para a Administração Pública quanto a exigir ou não o estudo de impacto ambiental na hipótese de pedido de licenciamento de atividade ou obra potencialmente causadora de significativa degradação do meio ambiente. Sempre que o administrador se encontrar diante de pedido de licença para atividades ou obras com estas características, não haverá espaço para qualquer subjetividade de sua parte quanto a exigir ou não o estudo. Trata-se, portanto, de atividade administrativa de conteúdo vinculado».[21]

Em outra oportunidade, manifestamos contrariedade ao *pernicioso subjetivismo* infelizmente ainda incrustado nos órgãos ambientais, o qual, sem sombra de dúvidas, provoca inconteste insegurança jurídica aos empreendedores, com nítido prejuízo ao próprio meio ambiente.[22]

---

21 *Tutela contra o ilícito: inibitória e de remoção - Art. 497, parágrafo único, CPC/2015*. São Paulo: Revista dos Tribunais, 2015, p. 98. E mais: "(...) É fácil concluir, assim, que há violação de legalidade na hipótese em que o órgão licenciador do meio ambiente dispensa o estudo de impacto ambiental perante obra ou atividade potencialmente causadora de significativa degradação do meio ambiente, esteja a obra ou atividade contida ou não no rol do art. 2º da Res. 1/1986 do Conama. Nesta hipótese, estando, v.g., uma indústria para se instalar, ou mesmo pronta para começar a operar, cabe ação inibitória. O mesmo ocorre quando o estudo de impacto ambiental não atende ao preceituado nos arts. 5º e 6º da Res. 1/1986 do Conama. (...) Entretanto, mais importante do que pensar a respeito da responsabilidade do poluidor é teorizar para inibir o ilícito e evitar o dano. Lembre-se que o estudo de impacto ambiental é um requisito procedimental do ato administrativo de licenciamento ambiental. O estudo contém as razões que devem ser levadas em conta pelo administrador no momento do licenciamento. Como já foi dito, se o administrador diverge da conclusão do estudo de impacto ambiental, terá de demonstrar as razões que o levaram a optar por uma solução diversa. É a motivação do ato que, quando em desacordo com a finalidade da norma, abre oportunidade para a impugnação judicial do licenciamento e, destarte, à tutela inibitória. Se o processo de licenciamento tem como escopo a preservação e a conservação do meio ambiente, a atuação dos órgãos administrativos não pode conduzir a um fim distinto. Havendo descompasso entre a decisão administrativa e a finalidade da norma - que é a preservação e a conservação do meio ambiente - é cabível ação coletiva inibitória, já que o ato administrativo concessivo da licença está acoimado de vício de desvio de poder". (*Op. cit.*, p. 100-101)

22 Eis o nosso posicionamento: "O *processo de licenciamento ambiental* como um todo *não deve ficar refém de subjetivismos perniciosos* (*entendimentos pessoais que negam a autonomia do Direito*), os quais infelizmente promovem a criação de parâmetros não existentes com a

Com relação às tutelas provisórias (*ex vi* dos arts. 294 a 311, CPC), também, aqui, aplica-se *supletivamente* as normas do novo CPC (*ex vi* do art. 19, da Lei n. 7.347/1985); observar o disposto no art. 12, da Lei n. 7.347/1985.

A técnica antecipatória a ser utilizada para a obtenção da efetiva inibição da ameaça do ilícito ambiental tem íntima ligação com o *perigo da demora* (aspecto relacionado ao princípio da duração razoável do processo - art. 5º, LXXVIII, CF/88 e art. 4º, CPC).[23]

---

utilização de (não)princípios, com o retardo das licenças ambientais em todo o País, em total desrespeito à legislação vigente e, com isso, ao próprio Estado de Direito". (Lei 12.815/2013 e o Direito do Ambiente - Alguns Aspectos Relevantes. In: MILARÉ, Édis; MORAIS, Roberta Jardim de; ARTIGAS, Priscila Santos; ALMEIDA, André Luís Coentro de (coordenadores). *Infraestrutura no direito do ambiente*. São Paulo: Revista dos Tribunais, 2016, p. 663).

23 Em outra oportunidade manifestamos o seguinte (*com relação à tutela do meio ambiente do trabalho*): "No direito processual do trabalho não será diferente. O juiz trabalhista, em sede de cognição sumária, com grau de certeza menos robusto, poderá antecipar os efeitos da tutela inibitória, concedendo-se liminar preventiva, com a utilização de critérios objetivos para a valoração da ameaça de ilícito e sua consequente neutralização. Interessante trazer à baila posicionamento de Daniel Mitidiero: 'A diferença está, portanto, no *grau de confirmação* da hipótese - no *grau de certeza* ofertado pelo resultado da cognição judicial. Enquanto a sentença fundada em cognição exauriente fornece *maior grau de certeza sobre a veracidade* da alegação de fato, a decisão sobre a antecipação de tutela oferece *grau de certeza menos robusto sobre a veracidade* da hipótese afirmada pelas partes'. Assim, o *perigo na demora* tem relação direta com a estruturação do processo, para bem definir o emprego da técnica processual *expedita*, segura e adequada à inibição da ameaça de ilícito, via *cognição sumária*. Já o aspecto funcional da técnica de antecipação da tutela inibitória possui estreita relação com o *perigo de infrutuosidade*. Tais aspectos (perfis estrutural e funcional) restaram muito bem destacados por Daniel Mitidiero, em especial a questão relacionada ao perigo de infrutuosidade". (SILVA, Bruno Campos. Tutela inibitória e meio ambiente do trabalho - alguns aspectos processuais relevantes. In: FELICIANO, Guilherme Guimarães; URIAS, João; MARANHÃO, Ney; SEVERO, Valdete Souto (coordenadores). *Direito ambiental do trabalho: apontamentos para uma teoria geral*. v. 2. São Paulo: LTr, 2015, p. 173). Eis o posicionamento do jurista Daniel Mitidiero: "O conceito de perigo de infrutuosidade não está no mesmo plano do conceito de perigo de tardança. Enquanto o perigo na demora concerne à *estruturação do processo*, o *perigo de infrutuosidade* diz respeito à *tutela do direito*. O perigo de infrutuosidade concerne à possibilidade de obtenção de *tutela específica* e, portanto, diz respeito à *integridade da tutela do direito*. A infrutuosidade é conceito ligado diretamente ao plano do direito material. O direito só é útil se dele se pode fruir, isto é, se pode ser exercido. O direito ameaçado por um ilícito é um direito cuja frutuosidade é ameaçada. O direito atacado por um ato ilícito é um direito que não se pode fruir. O fato danoso é, em geral, resultado eventual de um ato ilícito, cuja reparação ou ressarcimento pressupõe a adoção de comportamentos ou a existência de bens que sirvam à frutuosidade do direito à tutela contra o dano. E, nessa linha, é possível combater a *situação de infrutuosidade do direito* tanto mediante *tutela conservativa*, visando à realização futura, como mediante *tutela satisfativa*, que desde logo viabilize a concreta fruição do direito". (*Antecipação da tutela: da tutela cautelar à técnica antecipatória*. São Paulo: Revista dos Tribunais, 2013, p. 131). Ver: **(CF/88)** - "Art. 5º (*omissis*) LXXVIII - a todos, no âmbito judicial e administrativo, são assegurados a duração razoável do processo e os meios que garantam a celeridade de sua tramitação". (...)". **(CPC)** - "Art. 4º. As partes têm o direito de obter em prazo razoável a solução integral do mérito, incluída a atividade satisfativa".

Nessa quadra, o novo CPC, sob a rubrica *"tutela provisória"* (*ex vi* dos arts. 294 a 311, CPC), disciplinou, com a tentativa de sistematizar e, com isso, uniformizar o regime jurídico das tutelas de urgência (satisfativa e cautelar) e da evidência.

Para os casos de ações inibitórias,[24] ou mesmo, outras ações com pedidos inibitórios (p. ex., uma ação civil pública ambiental com pedido de tutela inibitória antecipada - "satisfativa" - via cognição sumária), a *técnica processual*

24 Segundo Aldo Frignani: "A ação inibitória é caracterizada pela presença de três condições: uma positiva - perigo de prejuízo futuro - e duas negativas - desnecessidade do dano e da culpa (...). Inicialmente, a ação inibitória era ligada ao 'dano' - aí também compreendidas as 'moléstias' que impedem a fruição real -, e a inibitória servia para *evitá-lo*. (...) Apenas mais tarde se reconheceu que a tutela inibitória serve *para prevenir o ato ilícito como fonte produtiva de dano. Hoje se reconhece a exigência de prevenção também contra a simples violação de uma norma que tutela um 'interesse' - prejuízo a um interesse tutelado*". (L'azione inibitoria contro le clausole vessatorie (considerazioni "fuori dal coro" di un civilista). *Rivista di Diritto Processuale*, Padova, Cedam, out.-dez. 1997, p. 1000). Luiz Guilherme Marinoni, sob a égide do CPC/1973, afirmou: "A tutela inibitória é requerida via ação inibitória, que constitui ação de cognição exauriente. Nada impede, contudo, que a tutela inibitória seja concedida antecipadamente, no curso da ação inibitória, como tutela antecipatória. Ao contrário, considerada a natureza da inibitória, é fácil perceber que em grande número de casos apenas a inibitória antecipada poderá corresponder ao que se espera da tutela preventiva. A inibitória funciona, basicamente, através de uma decisão ou sentença que impõe um não fazer ou um fazer, conforme a conduta ilícita temida seja de natureza comissiva ou omissiva. Este fazer ou não fazer deve ser imposto sob pena de multa, o que permite identificar o fundamento normativo-processual desta tutela nos arts. 461 do CPC e 84 do CDC. Perceba-se que no direito brasileiro, ao contrário do que ocorre no direito italiano, não há qualquer dificuldade para se conceber a inibitória como tutela atípica. A grande dificuldade de se admitir a atipicidade da inibitória na Itália advém do fato de o direito italiano não consagrar a atipicidade de uma sentença que possa impor um fazer ou um não fazer sob pena de multa. No Brasil não há este problema, podendo-se dizer que está presente, no Código de Processo Civil (art. 461), o fundamento da tutela mandamental atípica. Como a tutela inibitória é uma tutela mandamental, não existe óbice, no plano dos instrumentos processuais, para a configuração da atipicidade da inibitória. Já o fundamento maior da inibitória, ou seja, a base de uma tutela preventiva geral, encontra-se - como será melhor explicado mais tarde - na própria Constituição da República, precisamente no art. 5º, XXXV, que estabelece que 'a lei não excluirá da apreciação do Poder Judiciário lesão ou ameaça a direito'". (*Tutela inibitória: individual e coletiva*. São Paulo: Revista dos Tribunais, 1998, p. 29-30)

permite a utilização do art. 300, *caput* e § 2º, CPC, a fim de preencher os requisitos necessários à concessão "liminar"[25] do pedido da pretendida inibição.[26]

O art. 300, *caput* e § 2º, CPC, traz o seguinte: "A tutela de urgência será concedida quando houver elementos que evidenciem a probabilidade do direito e o perigo de dano ou o risco ao resultado útil do processo. (*omissis*) § 2º A tutela de urgência pode ser concedida liminarmente ou após justificação prévia (...)".

---

25 Com relação à expressão "liminar", eis o posicionamento do jurista Eduardo José da Fonseca Costa: "Explicado o que se entende por 'direito vivo', deve-se ainda esclarecer o que se há de entender por 'liminar'. A palavra deriva do latim *liminaris*, de *limen* (porta, entrada, soleira). Indica tudo o que é realizado *inicialmente*, no *começo*. No âmbito processual civil, trata-se de tutela jurisdicional concessível *in limine litis*, no princípio, com a despacho da petição inicial ou após a ouvida da parte contrária. Não há de ser ela necessariamente concedida *inaudita altera parte*, pois. Ou seja, não deixa de ser *liminar* o provimento que se concede em favor do autor logo após a manifestação do réu, mas antes da sentença. Porém, não se chega a essa conclusão pela redação de alguns dispositivos do Código de Processo Civil. (...) Assim sendo, não se pode negar que, no jargão diário forense, a palavra 'liminar' não é um simples adjetivo que qualifica o que se concede *inaudita altera parte*, mas um *substantivo* que designa a providência que se obtém *ex ante*. Para o homem do foro, liminar é o que se concede *antes* ou *após* a citação do réu, desde que antes da sentença. Ele fala tanto em 'liminar *inaudita altera parte*' quanto em liminar concedida após a ouvida do requerido'. Sem pestanejar...". (*O direito vivo das liminares*. São Paulo: Saraiva, 2011, p. 30-31)

26 Relevante a preciosa lição da jurista Arlete Inês Aurelli, com relação à diferenciação entre tutela cautelar e tutela antecipada (satisfativa) com o novo CPC: "Não há mais que se diferenciarem as tutelas cautelar e antecipada pelo *fumus boni iuris*, uma vez que o art. 300 exige a demonstração, em ambas as formas de tutelas de urgência, da probabilidade do direito. Então, o requerente da medida sempre terá que cumprir esse requisito. Veja-se que probabilidade é diferente de possibilidade. Quando se diz que é provável a chance de o direito existir é bem maior que quando se diz que é possível. No sistema do CPC da 1973, os juízes se contentavam com a mera possibilidade. Não bastam, assim, meras alegações sem qualquer comprovação. É preciso ter provas robustas do quanto alegado. Se o requerente da medida não tiver prova documental que demonstre a probabilidade do direito existir, poderá requerer audiência de justificação para produzir provas orais. A necessidade de diferenciar tutelas antecipadas das cautelares ainda remanesce no sistema do novo CPC, principalmente porque não foi adotado um regime único para ambas, sendo que somente no caso das tutelas antecipadas há a previsão da estabilização quando se tratar de concessão de forma antecedente, que reste irrecorrida pelo réu. Imagine-se, assim, que a parte tenha requerido tutela cautelar antecedente e o juiz entenda tratar-se de tutela antecipada, concedendo-a dessa forma. O réu é citado e intimado e não recorre porque não vislumbra a estabilização, uma vez que consta que o pedido foi feito de forma cautelar pelo autor. Como não apresenta recurso, o juiz entende que a medida se estabilizou. Então, percebe-se que a diferenciação, entre ambas, ainda se revela essencial, principalmente quando se fala em estabilização". (Tutelas provisórias de urgência no novo CPC. In: BUENO, Cassio Scarpinella; MEDEIROS NETO, Elias Marques de; OLIVEIRA NETO, Olavo de; OLIVEIRA, Patrícia Elias Cozzolino de; LUCON, Paulo Henrique dos Santos (coordenadores). *Tutela provisória no novo CPC: dos 20 anos de vigência do art. 273 do CPC/1973 ao CPC/2015*. SP: Saraiva, 2016, p. 57)

Assim, se a parte (*legitimado a tutela do meio ambiente*) demonstrar a *ameaça real, atual e concreta*, bem como a *probabilidade de ocorrência de um ilícito ambiental* e esse for *grave e apto a frustrar o seu direito material*, poderá pleitear uma liminar para que a inibição seja operacionalizada no começo da lide (*in limine litis*); isso, claro, se a prova for robusta e eficiente a ponto de convencer o juiz a conceder a *proteção preventiva liminarmente* sem a necessidade de se ouvir a parte contrária (*inaudita altera parte* - verificar art. 9º, parágrafo único, I, CPC).[27]

Os pressupostos previstos no *caput* do art. 300, CPC, são: (i) a probabilidade do direito (*fumus boni iuris*); e (ii) perigo de dano ou o risco ao resultado útil do processo (*periculum in mora*).

De acordo os juristas Luiz Guilherme Marinoni, Sérgio Cruz Arenhart e Daniel Mitidiero: "(...) A tutela inibitória antecipada, por exemplo, não tem como pressuposto 'perigo de dano' (art. 300, CPC). Essa tutela tem como pressuposto uma demonstração do perigo na demora da prestação da tutela final, perigo evidenciado pela possibilidade de que o ato contrário ao direito seja praticado (ou que seja repetido ou continuado) antes da prolação da sentença. O perigo na demora não constitui perigo de dano, mas sim de que o ato contrário ao direito seja praticado ou possa prosseguir ou se repetir. É um equívoco, portanto, propor-se ação cautelar para obtenção da tutela inibitória: a ação que visa à tutela inibitória é uma ação bastante em si, preventiva e contra o ilícito. A ação que visa à tutela cautelar é referível à outra ação, repressiva e voltada contra o dano".[28]

---

27 Ver: **(CPC)** - "Art. 9º. Não se proferirá decisão contra uma das partes sem que ela seja previamente ouvida. Parágrafo único. O disposto no *caput* não se aplica: I - à tutela provisória de urgência; (*onissis*)".

28 *Novo código de processo civil comentado*. São Paulo: Revista dos Tribunais, 2015, p. 506. Segundo a lição do jurista Roberto P. Campos Gouveia Filho: "(...) Todavia, penso que a noção de PREVENTIVIDADE é relacional, ou seja, algo é PREVENTIVO de outro. No caso da CAUTELAR, a prevenção é da ocorrência do DANO, independentemente de ser este produto ou não de um evento contrário a direito. Como noção relacional, a PREVENTIVIDADE na CAUTELAR liga-se a uma coisa e, na INIBITÓRIA, a outra. Pode-se dizer, pois, ser a TUTELA CAUTELAR a PREVENTIVA da ocorrência do DANO. É preciso, porém deixar claro que o DANO tem que ser juridicamente relevante, ou seja, aquele que, caso ocorrido, dá ensejo ao dever de indenizar (responsabilidade civil). Agora, a distinção entre a CAUTELAR e a PREVENTIVA PURA, vista na postagem anterior, está no fato de que, na primeira, o PERIGO DE DANO precisa ser manifesto, a parte tem o ônus de alegá-lo e, nalgum dos módulos probatórios possíveis, prová-lo, e o Estado-juiz o dever de justificá-lo na decisão concessiva da medida; já na segunda, a possibilidade de DANO é de toda irrelevante, há, como visto, uma presunção de sua ocorrência. Eis o porquê de a TUTELA PREVENTIVA PURA ser bem mais gravosa à esfera jurídica de quem a sofre. Por

Na tutela inibitória, a medida liminar a ser concedida deve possibilitar a *satisfação* do direito à inibição da ameaça de um ilícito ambiental (*perigo de tardança*), e não apenas acautelar, *assegurar* um resultado útil do processo (*ex vi* do art. 300, § 2º, CPC).[29]

Nesse aspecto, o legitimado à defesa do meio ambiente, deverá, de plano, demonstrar a probabilidade de seu direito, ou melhor, do direito à inibição da grave ameaça, real, atual e concreta da prática, repetição ou continuação de um ilícito ambiental (*fulcrada na probabilidade do ilícito*); além disso, deverá comprovar que o *perigo de ilícito ambiental futuro* poderá comprometer o provimento final, caso não seja afastada *liminarmente* (*por intermédio de uma tutela inibitória antecipada*) pelo juiz.

Na verdade, o que está redigido no *caput* do art. 300, CPC, em caso, de tutela inibitória leia-se "*perigo de ilícito*".[30]

---

fim, é preciso dizer que o PERIGO DE DANO impulsionador da TUTELA CAUTELAR difere do chamado *PERICULUM IN MORA*. O primeiro é elemento do suporte fático do chamado DIREITO À CAUTELA (e seus consectários, PRETENSÃO À SEGURANÇA e AÇÃO CAUTELAR), está, pois, no DIREITO MATERIAL (*res in iudicium deducta*); já o segundo é elemento do suporte fático do fato jurídico processual que gera a PRETENSÃO da parte contra o Estado-juiz (PRETENSÃO componente da eficácia da relação processual, portanto) a exigir deste a ANTECIPAÇÃO DA TUTELA, independentemente da natureza da TUTELA, se SATISFATIVA ou PREVENTIVA, e, neste caso, se INIBITÓRIA, PREVENTIVA PURA ou CAUTELAR". (Artigo inédito gentilmente cedido pelo autor)

29 De acordo com o jurista André Luiz Bäuml Tesser: "Dessa forma, fica claro que a situação de urgência que justifica a concessão de uma tutela cautelar é, estritamente, *um perigo de dano*, não podendo tal condição jamais ser confundida com um *perigo de demora (tardança) ou um perigo de ilícito*. Nessa dimensão, e na esteira da compreensão desta parte importante da doutrina brasileira que assimila, mas de forma crítica e contextualizada, a compreensão de que *perigo de dano e perigo de demora representam realidades distintas*, parece igualmente visualizável que o perigo de lesão está ligado à tutela cautelar, enquanto o perigo de tardança está ligado à antecipação de tutela (de que natureza for), quando fundada na urgência". (*Tutela cautelar e antecipação de tutela: perigo de dano e perigo de demora*. São Paulo: Editora Revista dos Tribunais, 2014, p. 97). E, a nosso ver, a tutela inibitória antecipada (provisória, de urgência, satisfativa) enquadra-se nessa última situação, ou seja, fulcrada no perigo de demora, tardança (perigo de ilícito).

30 Eis o entendimento dos juristas Luiz Guilherme Marinoni, Sérgio Cruz Arenhart e Daniel Mitidiero: "O legislador refere que a 'tutela de urgência' serve para combater o 'perigo de dano' ou o 'risco ao resultado útil do processo' (art. 300). O legislador incorreu em um *duplo equívoco* ao tentar caracterizar a urgência capaz de fundamentar o emprego da técnica antecipatória. Em primeiro lugar, imaginou que a tutela antecipada só pode combater um 'perigo de dano', ignorando que, se é perfeitamente possível a obtenção de tutelas finais contra o ilícito (como a tutela inibitória e a tutela de remoção do ilícito, art. 497, parágrafo único), *deve ser obviamente possível obtê-las igualmente de maneira antecipada*. Logo: a tutela antecipada serve não só para combater um 'perigo de dano', mas também um 'perigo de ilícito'. Em segundo lugar, supôs o legislador que a tutela cautelar é uma tutela voltada a

Nem todo ilícito ambiental sugere (*rectius*: ocasiona) dano, podendo, entretanto, esse ser eventual àquele.[31]

---

afastar o 'risco ao resultado útil do processo' – como se o requerimento de tutela cautelar pela parte não visasse à prestação à *tutela do seu próprio direito*. Vale dizer: a tutela cautelar não é uma tutela para proteção do processo – como pensou a doutrina há muitas e muitas décadas atrás, embalada pela metáfora policialesca do provimento cautelar como polícia do processo. É uma tutela ao direito da parte. Nesse sentido, a compreensão do significado da locução 'risco ao resultado útil do processo' só pode significar que, sem a 'tutela provisória', a *tutela do direito* corre o perigo de não poder ser realizada – daí a necessidade de satisfazer ou acautelar imediatamente o direito. Se o legislador quisesse ser ao mesmo tempo mais preciso do ponto de vista da estruturação do regime da 'tutela provisória' e mais permeável às necessidades do direito material que cabe ao processo tutelar, poderia ter caracterizado a urgência que a fundamenta alçando mão simplesmente do conceito *perigo na demora*. Como é intuitivo, é preciso decidir de forma provisória justamente porque *não é possível conviver com a demora*: sem 'tutela provisória' capaz de satisfazer ou acautelar o direito, corre-se o perigo desse não poder ser realizado. O '*pericolo di tardività*' ('*periculum in mora*'), portanto, é o termo que traduz de maneira mais apurada a urgência no processo. O *perigo na demora* é suficientemente aberto, ademais, para viabilizar tanto uma tutela contra o ilícito como uma tutela contra o dano. Há perigo na demora porque, *se a tutela tardar, o ilícito pode ocorrer, continuar ocorrendo, ocorrer novamente ou pode o dano ser irreparável, de difícil reparação ou não encontrar adequado ressarcimento*. Daí que 'perigo de dano' e 'risco ao resultado útil do processo' devem ser lidos como 'perigo na demora' para caracterização da urgência – essa leitura permitirá uma adequada compreensão da técnica processual à luz da tutela dos direitos. Pode-se proteger contra o perigo na demora mediante tutela satisfativa (tutela antecipada) ou mediante tutela cautelar. Em ambos os casos, está o juiz autorizado a *tutelar atipicamente o direito*, alçando mão das providências que entender como as mais *adequadas* e *necessárias*". (*Novo curso de processo civil: tutela dos direitos mediante procedimento comum*. Volume 2. São Paulo: Editora Revista dos Tribunais, 2015, p. 198-199-200).

31 Relevante o posicionamento do mestre Luiz Guilherme Marinoni: "Note-se, porém, que se o dano é uma conseqüência meramente eventual e não necessária do ilícito, a tutela inibitória não deve ser compreendida como uma tutela contra a probabilidade do dano, mas sim como uma tutela contra o perigo da prática, da continuação ou da repetição do ilícito, compreendido como ato contrário ao direito que prescinde da configuração do dano. Imaginou-se por muito tempo que a lei, por obrigar quem comete um dano a indenizar, não diferenciasse ilícito de dano, ou melhor, considerasse o dano como elemento essencial e necessário da *fattispecie* constitutiva do ilícito. Entretanto, o dano não é uma conseqüência necessária do ato ilícito. O dano é requisito indispensável para o surgimento da obrigação de ressarcir, mas não para a constituição do ilícito. É óbvio que o dano não pode estar entre os pressupostos da inibitória. Sendo a inibitória uma tutela voltada para o futuro e genuinamente preventiva, é evidente que o dano não lhe diz respeito. Na realidade, se o dano não é elemento constitutivo do ilícito, podendo este último existir independentemente do primeiro, não há razão para não se admitir uma tutela que leve em consideração apenas o ilícito, deixando de lado o dano. Da mesma forma que se pode pedir a cessação de um ilícito sem se aludir a dano, é possível se requerer que um ilícito não seja praticado sem a demonstração de um dano futuro. A moderna doutrina italiana, ao tratar do tema, deixa claro que a tutela inibitória tem por fim prevenir o ilícito e não o dano. Frignani e Rapisarda, que possuem as principais obras a respeito da tutela inibitória na Itália, não vacilam em afirmar que a inibitória prescinde totalmente dos possíveis efeitos concretos do ato ou da atividade ilícita, e que a sua dependência deve ficar circunscrita

De acordo com o jurista Alexandre Freitas Câmara: "Há uma regulamentação específica para o caso da *tutela inibitória*. Esta deve ser compreendida como a tutela de prevenção do ilícito. Em outros termos, tem-se aí uma decisão judicial proferida em caráter preventivo, com o objetivo de impedir a prática, a reiteração ou a continuação de um ilícito. Pense-se, por exemplo, no caso de uma decisão que proíba a divulgação da foto de uma pessoa em um filme publicitário por não ter sido autorizado a utilização da imagem. Pois neste caso, 'é irrelevante a demonstração da ocorrência de dano ou da existência de culpa ou dolo' (art. 497, parágrafo único).

Este dispositivo é extremamente importante para que se consiga evitar a confusão conceitual que resulta do Código Civil. É que o art. 186 do CC estabelece que '[a]quele que, por ação ou omissão voluntária, negligência ou imprudência, violar direito e causar dano a outrem, ainda que exclusivamente moral, comete ato ilícito'. Da leitura desse texto normativo, fica a impressão – equivocada, diga-se desde logo – que só comete ato ilícito quem, agindo culposamente, causa dano a outrem. Isso, porém, não é correto.

(...)

---

unicamente à possibilidade do ilícito. A distinção entre ilícito e dano abriu as portas para a doutrina esclarecer que a tutela preventiva objetiva impedir a prática, a continuação ou a repetição do ilícito. A diferenciação entre ilícito e dano não só evidencia que a tutela ressarcitória não é a única tutela contra o ilícito, como também permite a configuração de uma tutela genuinamente preventiva, que nada tem a ver com o dano, mas apenas com o ilícito. É certo que a probabilidade do ilícito é, com freqüência, a probabilidade do próprio dano, já que muitas vezes é impossível se separar, cronologicamente, o ilícito do dano. Contudo, o que se quer deixar claro, na linha da melhor doutrina italiana, é que para a obtenção da tutela inibitória, não é necessária a demonstração de um dano futuro, embora ele possa ser invocado, em determinados casos, até mesmo para se estabelecer com mais evidência a necessidade da inibitória. Estas considerações não são apenas relevantes para o delineamento dogmático da tutela inibitória, mas também para a sua efetiva e adequada aplicação prática". (*Tutela inibitória: individual e coletiva*. São Paulo: Editora Revista dos Tribunais, 1998, p. 36-37-38). E, ainda, de acordo com Luiz Guilherme Marinoni, Sérgio Cruz Arenhart e Daniel Mitidiero: "(...) As tutelas podem se dirigir contra o ilícito, contra o dano e contra o inadimplemento. O dano não se confunde com o ato contrário ao direito (ilícito). O fato danoso é consequência eventual, e não necessária, do ilícito. As tutelas inibitória e de remoção do ilícito se dirigem, respectivamente, contra a probabilidade de ilícito e contra o ilícito praticado; não contra a probabilidade de dano e contra o dano (art. 497, parágrafo único, CPC). O dano é requisito da tutela ressarcitória, seja no forma específica, seja pelo equivalente ao valor do dano. Assim, a culpa nada tem a ver com as tutelas inibitória e de remoção do ilícito (art. 497, parágrafo único, CPC). A culpa é critério para a imputação da sanção ressarcitória. Por outro lado, a tutela específica do adimplemento requer como pressuposto apenas o não cumprimento. Não o dano. O dano e a culpa constituem requisitos para a tutela ressarcitória eventualmente cumulada à tutela específica do adimplemento". (*Novo código de processo civil comentado*. São Paulo: Revista dos Tribunais, 2015, p. 504-505).

Ocorre que na demanda inibitória o objeto do processo não é o reconhecimento da obrigação de indenizar. O que se busca é, tão somente, uma decisão destinada a inibir a prática do ato. Por isso, é absolutamente irrelevante saber se o demandado agiu culposamente ou se algum dano foi - ou está na iminência de ser - produzido. Estas questões que poderão ser relevantes em outro processo, no qual se busque alguma indenização. Não, porém, no processo cujo objeto é a tutela inibitória. Neste, basta a demonstração de que se está na iminência da prática de um ato ilícito (contrário ao Direito), ou que este é um ato de duração prolongada no tempo e que está sendo praticado, para que se profira decisão que determine a abstenção de sua prática ou que ele não seja reiterado ou que não continue a ser praticado".[32]

Se presentes os elementos necessários ao preenchimento dos requisitos essenciais (*ex vi* do art. 300, *caput*, CPC), o juiz deverá conceder a liminar preventiva (inibitória) - tutela provisória de urgência satisfativa -; caso o juiz indefira a pretensão liminar para inibir a ameaça de ilícito, o autor poderá interpor, no prazo de 5 (cinco) dias, recurso de embargos de declaração (se presentes os vícios: omissão, contradição, obscuridade ou erro material - art. 1.022, I a III, CPC);[33] e, ainda, interpor, no prazo de 15 (quinze) dias, recurso de agravo de instrumento, consoante art. 1.015, I, CPC,[34] com a possibilidade de se requerer e obter o efeito ativo para a concessão da liminar (*tutela inibitória satisfativa*) indeferida (*ope judicis*) - art. 995, parágrafo único, CPC; art. 1.019, I, CPC.[35]

---

32 *O novo processo civil brasileiro*. 2. ed. São Paulo: Atlas, 2016, p.293-294.

33 Ver: **(CPC)** - "Art. 1.022. Cabem embargos de declaração contra qualquer decisão judicial para: I - esclarecer obscuridade ou eliminar contradição; II - suprir omissão de ponto ou questão sobre o qual devia se pronunciar o juiz de ofício ou a requerimento; III - corrigir erro material. (...)".

34 Verificar: **(CPC)** - "Art. 1.015. Cabe agravo de instrumento contra as decisões interlocutórias que versam sobre: I - tutelas provisórias; (*omissis*)".

35 Ver: **(CPC)** - "Art. 995. Os recursos não impedem a eficácia da decisão, salvo disposição legal ou decisão judicial em sentido diverso. Parágrafo único. A eficácia da decisão recorrida poderá ser suspensa por decisão do relator, se da imediata produção de seus efeitos houver risco de dano grave, de difícil ou impossível reparação, e ficar demonstrada a probabilidade de provimento do recurso". "Art. 1.019. Recebido o agravo de instrumento no tribunal e distribuído imediatamente, se não for o caso de aplicação do art. 932, incisos III e IV, o relator, no prazo de 5 (cinco) dias: I - poderá atribuir efeito suspensivo ao recurso ou deferir, em antecipação de tutela, total ou parcialmente, a pretensão recursal, comunicando ao juiz sua decisão; (...)".

Imprescindível, também, destacar a necessidade de o juiz fundamentar todas as suas decisões proferidas no âmbito da ação civil pública ambiental (ACP ambiental), de forma completa e robusta, a fim de legitimar o seu pronunciamento judicial, em consonância ao Estado de Direito, e, com isso, salvaguardar os *bens ambientais finitos.*[36]

4 O RECURSO DE APELAÇÃO NA ACP AMBIENTAL E O NOVO CPC

O sistema recursal civil brasileiro sofreu, com o advento do novo CPC, profundas alterações, as quais irão refletir, de imediato, na prática forense; e tais alterações serão aplicadas *supletivamente* à ACP ambiental, consoante art. 19, da Lei n. 7.347/1985.

O recurso de apelação, de fundamentação livre ou ampla, é aquele apto a impugnar uma sentença (definição de sentença pelo conteúdo e finalidade - mista - *ex vi* do art. 203, § 1º, CPC) ou uma decisão interlocutória não recorrível (*ex vi* do art. 203, § 2º, CPC - definição de decisão interlocutória); nesse último caso (*inovação com o novo CPC*), aquela não constante do *rol taxativo* do art. 1.015, CPC (*ex vi* do art. 1.009, § 1º, CPC).

A principal alteração, no âmbito do recurso de apelação, foi aquela relacionada ao *juízo de admissibilidade*, antes empreendido em duas fases (*bifásico*), agora em apenas uma fase (*monofásico*) pelos tribunais, ou seja, o juiz de primeira instância não deve empreender o juízo de admissibilidade, sob pena de *reclamação por usurpação de competência* (*ex vi* do art. 988, I, CPC).

Se o juiz de primeiro grau analisar qualquer requisito de admissibilidade (seja ele intrínseco ou extrínseco) estará usurpando a competência do tribunal,

---

36 Já manifestamos em outra oportunidade: «A tutela judicial do meio ambiente, via ação civil pública, também se intensifica no momento em que o juiz cumpra o seu dever de fundamentar o ato decisório advindo do direito fundamental à fundamentação (*ex vi* do art. 93, IX, da CF/88).A decisão judicial sem a devida e necessária fundamentação afigura-se despida de legitimidade (não é legítima), enfraquecendo, por isso, a proteção ao meio ambiente; daí, a imprescindível obrigação de o magistrado seguir o *roteiro vinculativo e exemplificativo* traçado no art. 489, § 1º, do NCPC (s.m.j., *o juiz estará vinculado ao seu dever de fundamentação*)". (Ação civil pública ambiental e aspectos relevantes do novo código de processo civil. In: CIANCI, Mirna; DELFINO, Lúcio; DANTAS, Bruno; DIDIER JR., Fredie; CUNHA, Leonardo Carneiro da; CAMARGO, Luiz Henrique Volpe; REDONDO, Bruno Garcia (coordenadores). *Novo código de processo civil: impactos na legislação extravagante e interdisciplinar.* V. 1. São Paulo: Saraiva, 2016, p. 155)

o qual se vincula; assim, em recurso de apelação interposto de uma sentença (procedente ou improcedente) proferida em uma ação civil pública ambiental (ACP ambiental), o magistrado não exercita qualquer juízo de admissibilidade, devendo encaminhar os autos, lógico, após o exercício do contraditório, ao respectivo tribunal competente à realização da análise dos requisitos inerentes à admissibilidade do recurso de apelação (*ex vi* do art. 1.010, § 3º, CPC).

Nem para os casos de retratação do juiz de primeira instância, previstos em lei, há possibilidade de se permitir o juízo de admissibilidade; aliás, nesse aspecto, o legislador criou um enorme problema, e isso já manifestamos em outra oportunidade.

O novo CPC manteve o duplo efeito no recurso de apelação, ou seja, efeitos devolutivo e suspensivo, sendo o efeito suspensivo automático, conforme a dicção do art. 1.012, *caput*, CPC.

As exceções encontram-se previstas no § 1º do art. 1012, CPC; e, justamente tal dispositivo encontra ressonância na legislação extravagante referente à ACP (ação civil pública) - *ex vi* do art. 14, da Lei n. 7.347/1985.

O duplo efeito, ou melhor, o efeito suspensivo automático (*ope legis*) não deverá ser aplicado ao recurso de apelação interposto contra decisão proferida em sede de ação civil pública ambiental; pelo menos, de forma automática, não há como sustentar, s.m.j.

No processo coletivo, em matéria ambiental, deverá prevalecer as regras estipuladas e previstas na legislação extravagante, como dito.

De acordo com o referido art. 14, *in verbis*: "O juiz poderá conferir efeito suspensivo aos recursos, para evitar dano irreparável à parte".

Ressalte-se que, na sistemática do novo CPC, nem mesmo o juiz de primeira instância tem competência para atribuição do efeito suspensivo *ope iudicis*, mas sim, o respectivo tribunal; para tanto, basta verificar o dispositivo do art. 1.012, § 3º, CPC.

Então, surgem as seguintes dúvidas: a) diante do novo CPC, somente o tribunal poderá conceder o efeito suspensivo ao recurso de apelação, mesmo naqueles recursos interpostos contra sentenças proferidas em ações civis públicas ambientais?; b) e o dispositivo do art. 14, da Lei n. 7.347/1985, o qual prevê a possibilidade, preenchidos os requisitos necessários à cabal demonstração, de o juiz de primeira instância conferir efeito suspensivo ao recurso de apelação? Não estaria em desarmonia, com a sistemática adotada pelo novo CPC, já que o magistrado de primeiro grau não exercita o juízo de admissibilidade?; c) ao possibilitar ao juiz empreender análise de requisitos para o deferimento ou não do efeito suspensivo *ope iudicis*, não estaria o mesmo adentrando aos requisitos de admissibilidade, o que é vedado pelo novo CPC?

A mencionada legislação extravagante, na verdade, indica a possibilidade de concessão do efeito suspensivo *ope iudicis*, ou seja, dependendo do requerimento da parte e demonstração de determinados requisitos essenciais, o magistrado está obrigado a conceder o pretendido efeito suspensivo; essa seria uma primeira interpretação do art. 14, da Lei n. 7.347/1985.

Em nosso entendimento, se o juiz de primeira instância analisa a presença ou não de requisitos necessários à concessão de efeito suspensivo ao recurso de apelação interposto contra sentença proferida em ação civil pública ambiental (pelo legitimado ou pelo réu), ele necessariamente adentra, mesmo que superficialmente, aos requisitos de admissibilidade do recurso, o que é vedado pela atual legislação processual civil (*ex vi* do art. 1.010, § 3º, CPC); ou seja, o magistrado não deverá fazer análise dos requisitos inerentes ao efeito suspensivo *ope iudicis*, sob pena de usurpação de competência a ser debelada por intermédio de reclamação a ser proposta no tribunal competente (*ex vi* do art. 988, I, CPC).

Nesses casos, o efeito suspensivo *ope iudicis* deverá ser requerido diretamente ao tribunal, consoante a dicção do art. 1.012, § 3º, CPC e desde que demonstrados os requisitos constantes do art. 1.012, § 4º, CPC.

No caso em questão, a legislação extravagante (Lei n. 7.347/1985) deixou de contemplar regras necessárias à procedibilidade dos recursos, e, destarte, deverão supletivamente ser aplicadas aquelas previstas no novo CPC, s.m.j.; daí, porque não se pode visualizar a possibilidade de o juiz de primeiro grau analisar e conceder ou não efeito suspensivo ao recurso de apelação, em se tratando de ACP ambiental.

Ora, se na estrutura de uma sentença (pronunciamento judicial - art. 203, § 1º, CPC), o juiz concede, por exemplo, uma tutela inibitória antecipada (tutela provisória de urgência satisfativa), o capítulo relacionado à tutela provisória concedida, por óbvio, também, não estará sujeito ao efeito suspensivo, produzindo-se os efeitos imediatamente (*efeitos emanados da própria decisão*), a não ser que a parte comprove os requisitos do art. 1.012, § 4º, CPC; e nesses casos, o juiz de primeira instância não deverá analisar os mencionados requisitos, vez que não empreende sequer o juízo de admissibilidade do recurso de apelação, sendo o mesmo exclusivo do tribunal (*ex vi* do art. 1.012, § 3º, CPC).

Para os casos, de o juiz de primeira instância deixar de conceder (matéria ultrapassada em sede de recurso de agravo de instrumento) ou revogar a tutela provisória concedida, postulada pelo Ministério Público (um dos legitimados à tutela do meio ambiente), o recurso de apelação interposto pelo órgão ministerial será recebido somente em seu efeito devolutivo, consoante a dicção do art. 1.012, § 1º, CPC; e o efeito suspensivo deverá ser requerido ao tribunal, eis que o juiz de primeiro grau não exercita o juízo de admissibilidade; o que, implica em afastar o disposto no art. 14, da Lei n. 7.347/1985, como já afirmado.

Também, nos casos de procedência do pedido formulado em sede de ação civil pública ambiental (ACP ambiental), inclusive com a confirmação da tutela provisória de urgência anteriormente concedida, o recurso de apelação interposto contra a sentença proferida deverá ser recebido apenas e tão somente no efeito devolutivo, consoante o disposto no art. 1.012, § 1º, CPC; e, caso a parte vencida queira suspender os efeitos da respectiva decisão contrária aos seus interesses, poderá formular requerimento em apartado ao tribunal, e não ao magistrado de primeira instância (*ex vi* do art. 1.012, § 3º, CPC).

De acordo com Daniel Amorim Assumpção Neves: "O juiz de primeiro grau não faz mais juízo de admissibilidade da apelação, limitando-se a determinar a intimação do apelado quando interposto o recurso e após o transcurso do prazo de quinze dias, com ou sem contrarrazões, encaminhar o processo ao tribunal de segundo grau. E, como não receberá a apelação, também nada declarará sobre os efeitos desse recebimento. (...) Seja como for, o juiz de primeiro grau não se pronunciará sobre os efeitos do recebimento da apelação, até porque tecnicamente não a receberá. O objetivo parece ser impedir a prolação de uma decisão interlocutória que possa vir a ser impugnada, se não pelo recurso de agravo de instrumento, cujo cabimento para essas hipóteses não está previsto em lei, pelo mandado de segurança. Sem pronunciamento judicial em primeiro grau, todas as questões a respeito dos efeitos e da admissibilidade serão transferidas para o segundo grau".[37]

Já o § 3º do art. 1.012, NCPC, prevê a possibilidade de requerimento do pedido de efeito suspensivo pelo apelante nas hipóteses do § 1º a ser dirigido: (a) *ao tribunal*, no período compreendido entre a interposição da apelação e sua distribuição, ficando o relator designado para seu exame prevento para julgá-la (inciso I); (b) *ao relator*, se já distribuída a apelação (inciso II). Nesses

---

37 *Novo código de processo civil - Lei 13.105/2015*. Rio de Janeiro: Forense; São Paulo: MÉTODO, 2015, p. 549.

casos, estar-se-á diante do efeito suspensivo *ope iudicis*, aplicável ao recurso de apelação em ACP ambiental, s.m.j.

Eis o posicionamento de Sandro Marcelo Kozikoski, com relação ao requerimento de efeito suspensivo a ser concedido ao recurso de apelação, o que aplica ao direito ambiental: "(...) Ocorre que o § 3º do art. 1.012 do CPC 2015 passou a dispor que nos casos *excepcionais*, em que o apelo é recebido somente no efeito *devolutivo*, sujeitando a sentença ao regime do cumprimento *provisório*, dar-se-á a possibilidade de atribuição da eficácia suspensiva, por meio de simples *requerimento avulso* dirigido (i) ao tribunal, no período compreendido entre a interposição do apelo e sua distribuição, ficando o relator designado para tal exame prevento para julgá-lo; ou ainda (ii) ao relator, quando já distribuída a apelação. Para concessão do efeito suspensivo, compete ao interessado demonstrar a probabilidade de provimento do recurso ou, sendo relevante a fundamentação, o risco de dano grave ou de difícil reparação advindo da execução provisória do julgado.

Por sua vez, o § 4º do art. 1.012 do CPC 2015 assegura ainda que 'a eficácia da sentença poderá ser suspensa pelo relator se o apelante demonstrar a probabilidade de provimento do recurso ou se, sendo relevante a fundamentação, houver risco de dano grave ou de difícil reparação'. Diante do conectivo 'ou', pode-se inferir que a 1ª hipótese – 'probabilidade de provimento do recurso' – assemelha-se, em certa medida, com uma *tutela da evidência* (CPC 2015, art. 311), porém adstrita à seara recursal (*vide* Enunciado nº 423 do FPPC). Por outro lado, sendo 'relevante a fundamentação', far-se-á necessário demonstrar ainda o risco de dano grave ou de difícil reparação. Aliás, a regra do § 4º do art. 1.012 do CPC difere sutilmente da norma extraível do parágrafo único do art. 995 do CPC. De qualquer forma, forçoso reconhecer que a opção pelo *requerimento avulso* para obtenção de efeito suspensivo ao recurso interposto é mais consentânea com a simplificação do procedimento recursal.

(...)

Vê-se, portanto, que a simplificação das técnicas voltadas à obtenção do efeito suspensivo em matéria recursal é perfeitamente amoldável aos sistema recursal eleitoral cível, pois não conflitam com nenhuma de suas *diretrizes* ou de suas *normas principiológicas*".[38]

---

38 "Os reflexos do NCPC no sistema recursal eleitoral cível". In: TAVARES, André Ramos; AGRA, Walber de Moura; PEREIRA, Luiz Fernando (coordenadores). *O direito eleitoral e o novo código de processo civil*. Belo Horizonte: Editora Fórum, 2016, p. 414-415.

5 CONCLUSÕES

O presente trabalho trouxe alguns impactos relevantes da nova legislação processual civil no âmbito da ação civil pública, ou melhor, a aplicabilidade de suas normas ao microssistema processual relacionado à ACP ambiental.

Tal aplicabilidade deverá ser empreendida de maneira supletiva, consoante o disposto no art. 19, da Lei n. 7.347/1985 e no art. 1.046, § 2º, CPC; observando-se, para tanto, o art. 15, CPC.

Também, investigamos e sugerimos a utilização (*rectius*: aplicabilidade) das normas representativas das tutelas provisórias (*ex vi* dos arts. 294 a 311, CPC) à ACP ambiental; com a percepção de que a prevenção, em se tratando de meio ambiente, deva sempre prevalecer ao ressarcimento, inclusive com a utilização das tutelas preventivas, em especial a tutela inibitória vocacionada a debelar a ameaça de um ilícito ambiental (seja em ação autônoma ou vinculada a um pedido formulado em uma ACP ambiental) - *ex vi* do art. 497, parágrafo único, CPC-.

Por fim, analisamos o recurso de apelação contra a sentença proferida em ação civil pública ambiental, a competência para empreender o seu juízo de admissibilidade e o efeito suspensivo, traçando alguns parâmetros interpretativos inerentes ao art. 14, da Lei n. 7.347/1985.

O advogado, militante na seara ambiental, deve ter consciência de que a escorreita interpretação/aplicação do direito ambiental desgarrada de pernicioso subjetivismo afigura-se de suma importância à efetiva distribuição da justiça (*ex vi* do art. 133, CF/88); devendo-se combater exageros (*com ética*), os quais provocam, à evidência, verdadeiro enfraquecimento à prestação da tutela jurisdicional e, com toda certeza, irremediáveis prejuízos aos jurisdicionados e ao próprio meio ambiente.

6 REFERÊNCIA BIBLIOGRÁFICA[39]

ARAÚJO, Fabio Caldas de. *Curso de processo civil.* São Paulo: Malheiros. Tomo I - Parte Geral. 2016.

ARENHART, Sérgio Cruz. MARINONI, Luiz Guilherme; MITIDIERO, Daniel. *Novo código de processo civil comentado.* São Paulo: Editora Revista dos Tribunais, 2015.

__________. *Novo curso de processo civil: tutela dos direitos mediante procedimento comum.* Volume 2. São Paulo: Editora Revista dos Tribunais, 2015.

__________. *Prova e convicção: de acordo com o CPC de 2015.* SP: RT, 2015.

__________. *Perfis da tutela inibitória coletiva.* São Paulo: Editora Revista dos Tribunais, 2003.

__________. *A tutela inibitória da vida privada.* São Paulo: Editora Revista dos Tribunais, 2000.

ARRUDA ALVIM. *Novo contencioso cível no CPC/2015.* São Paulo: Editora Revista dos Tribunais, 2016.

AURELLI, Arlete Inês. Tutelas provisórias de urgência no novo CPC. In: BUENO, Cassio Scarpinella; MEDEIROS NETO, Elias Marques de; OLIVEIRA NETO, Olavo de; OLIVEIRA, Patrícia Elias Cozzolino de; LUCON, Paulo Henrique dos Santos (coordenadores). *Tutela provisória no novo CPC: dos 20 anos de vigência do art. 273 do CPC/1973 ao CPC/2015.* SP: Saraiva, 2016.

__________. *O juízo de admissibilidade na ação de mandado de segurança.* São Paulo: Malheiros, 2006.

BONICIO, Marcelo José Magalhães. *Princípios do processo no novo código de processo civil.* São Paulo: Saraiva, 2016.

BUENO, Cassio Scarpinella; MEDEIROS NETO, Elias Marques de; OLIVEIRA NETO, Olavo de; OLIVEIRA, Patrícia Elias Cozzolino de; LUCON, Paulo Henrique dos Santos (coordenadores). *Tutela provisória no novo CPC: dos 20 anos de vigência do art. 273 do CPC/1073 ao CPC/2015.* São Paulo; Saraiva, 2016.

__________. *Manual de direito processual civil.* 2ª edição. Volume Único, 2016.

39 A bibliografia contém obras consultadas e obras sugeridas à consulta, todas de importante relevância à temática abordada no presente texto, sem prejuízo de outras substanciosas obras de notáveis juristas.

__________. *Novo código de processo civil anotado*. São Paulo: Saraiva, 2015.

CABRAL, Antonio do Passo; CRAMER, Ronaldo (coordenadores). *Comentários ao novo código de processo civil*. Rio de Janeiro: Forense, 2015.

CÂMARA, Alexandre Freitas. *O novo direito processual civil brasileiro*. 2ª edição. São Paulo: Atlas, 2016.

CIANCI, Mirna; DELFINO, Lúcio; DANTAS, Bruno; DIDIER JR., Fredie; CUNHA, Leonardo Carneiro da; CAMARGO, Luiz Henrique Volpe; REDONDO, Bruno Garcia (coordenadores). *Novo código de processo civil: impactos na legislação extravagante e interdisciplinar*. V. 1. São Paulo: Saraiva, 2016.

COSTA, Eduardo José da Fonseca. Comentários ao art. 304. STRECK, Lenio Luiz; NUNES, Dierle; CUNHA, Leonardo Carneiro da. (organizadores); FREIRE, Alexandre. (coordenador executivo). *Comentários ao código de processo civil*. SP: Saraiva, 2016.

__________. COSTA, Eduardo José da Fonseca; PEREIRA, Mateus Costa; GOUVEIA FILHO, Roberto P. Campos (coordenadores). DIDIER JR., Fredie (coordenador geral). Coleção grandes temas do novo CPC. *Tutela provisória*. 1ª edição. V. 6. Salvador: JusPodivm, 2016.

__________. *O direito vivo das liminares*. São Paulo: Saraiva, 2011.

DINAMARCO, Cândido Rangel. *Instituições de direito processual civil*. 8ª ed. São Paulo: Malheiros, v. I, 2016.

FELICIANO, Guilherme Guimarães; URIAS, João; MARANHÃO, Ney; SEVERO, Valdete Souto (coordenadores). *Direito ambiental do trabalho: apontamentos para uma teoria geral*. v. 2. São Paulo: LTr, 2015.

FREIRE, Alexandre; SCHMITZ, Leonard Ziesemer. Comentários ao art. 15. In: STRECK, Lenio Luiz; NUNES, Dierle; CUNHA, Leonardo Carneiro da (orgs.); FREIRE, Alexandre (coord. exec.). *Comentários ao Código de Processo Civil*. São Paulo: Saraiva, 2016.

FRIGNANI, Aldo. *L'injunction nella common law e l'inibitoria nel diritto italiano*. Milano: Giuffrè, 1974.

GAIO JÚNIOR, Antônio Pereira. Apontamentos para a tutela específica no novo código de processo civil. *Revista Magister de Direito Civil de Processual Civil*. Coordenação: Luiz Guilherme Marinoni e Daniel Mitidiero. v. 70 (jan./fev. 2016). Porto Alegre: Magister.

GOUVEIA FILHO, Roberto P. Campos. Artigo inédito gentilmente cedido pelo autor. (no prelo).

__________. COSTA, Eduardo José da Fonseca; PEREIRA, Mateus Costa (coordenadores). DIDIER JR., Fredie (coordenador geral). Coleção grandes temas do novo CPC. *Tutela provisória*. 1ª edição. V. 6. Salvador: JusPodivm, 2016.

GRINOVER, Ada Pellegrini; BENJAMIN, Antonio Herman; WAMBIER, Teresa Arruda Alvim; VIGORITI, Vicenzo (organizadores). *Processo coletivo: do surgimento à atualidade*. São Paulo: Revista dos Tribunais, 2014.

KOZIKOSKI, Sandro Marcelo. Os reflexos do NCPC no sistema recursal eleitoral cível. In: TAVARES, André Ramos; AGRA, Walber de Moura; PEREIRA, Luiz Fernando (coordenadores). *O direito eleitoral e o novo código de processo civil*. Belo Horizonte: Editora Fórum, 2016.

LEAL, Márcio Flávio Mafra. *Ações coletivas*. São Paulo: Revista dos Tribunais, 2014.

LOPES, João Batista. A prova na tutela antecipada. In: BUENO, Cassio Scarpinella; MEDEIROS NETO, Elias Marques de; OLIVEIRA NETO, Olavo de; OLIVEIRA, Patrícia Elias Cozzolino de; LUCON, Paulo Henrique dos Santos (coordenadores). *Tutela provisória no novo CPC: dos 20 anos de vigência do art. 273 do CPC/1073 ao CPC/2015*. São Paulo; Saraiva, 2016.

__________. *Tutela antecipada no processo civil de acordo com o novo CPC*. 5ª edição. São Paulo: Castro Lopes, 2016.

MANCUSO, Rodolfo de Camargo. *Ação civil pública: em defesa do meio ambiente, do patrimônio cultural e dos consumidores – Lei 7.347/1985 e legislação complementar*. 13. ed. São Paulo: Revista dos Tribunais, 2014.

MARINONI, Luiz Guilherme; ARENHART, Sérgio Cruz; MITIDIERO, Daniel. *Novo código de processo civil comentado*. São Paulo: Editora Revista dos Tribunais, 2015.

__________. *Novo curso de processo civil: tutela dos direitos mediante procedimento comum*. Volume 2. São Paulo: Editora Revista dos Tribunais, 2015.

__________. *Prova e convicção: de acordo com o CPC de 2015*. SP: RT, 2015.

__________. *Tutela contra o ilícito: inibitória e de remoção – Art. 497, parágrafo único, CPC/2015*. SP: RT, 2015.

__________. *Técnica processual e tutela dos direitos*. 2ª edição. São Paulo: Editora Revista dos Tribunais, 2008.

__________. *Tutela inibitória: individual e coletiva*. São Paulo: Editora Revista dos Tribunais, 1998.

MEDINA, José Miguel Garcia. *Novo código de processo civil comentado*. 3ª edição. São Paulo: Editora Revista dos Tribunais, 2015.

MENDES, Aluisio Gonçalves de Castro. *Ações coletivas e meios de resolução coletiva de conflitos no direito comparado e nacional*. 4. ed. São Paulo: Revista dos Tribunais, 2014.

MILARÉ, Édis; MORAIS, Roberta Jardim de; ARTIGAS, Priscila Santos; ALMEIDA, André Luís Coentro de (coordenadores). *Infraestrutura no direito do ambiente*. São Paulo: Revista dos Tribunais, 2016.

__________. (coordenador). *Ação civil pública após 30 anos*. São Paulo: Revista dos Tribunais, 2015.

__________. *Direito do ambiente*. 8. ed. São Paulo: Revista dos Tribunais, 2013.

MITIDIERO, Daniel. MARINONI, Luiz Guilherme; ARENHART, Sérgio Cruz. *Novo código de processo civil comentado*. São Paulo: Editora Revista dos Tribunais, 2015.

__________. *Novo curso de processo civil: tutela dos direitos mediante procedimento comum*. Volume 2. São Paulo: Editora Revista dos Tribunais, 2015.

__________. *Antecipação da tutela: da tutela cautelar à técnica antecipatória*. São Paulo: Revista dos Tribunais, 2013.

NERY JUNIOR, Nelson; NERY, Rosa Maria de Andrade. *Comentários ao código de processo civil*. São Paulo: Editora Revista dos Tribunais, 2015.

__________. *Princípios do processo na constituição federal*. 12ª edição. São Paulo: Editora Revista dos Tribunais, 2016.

NEVES, Daniel Amorim Assumpção. *Novo código de processo civil – Lei 13.105/2015*. Rio de Janeiro: Forense; São Paulo: MÉTODO, 2015.

NOGUEIRA, Luiz Fernando Valladão (organizador). As medidas de urgência nas ações ambientais. *Direito ambiental e urbanístico*. Belo Horizonte: D'Plácido Editora, 2015.

RAPISARDA, Cristina. Inibitoria. *Digesto delle discipline privatisctiche*. v. 9. 1993.

__________. *Profili della tutela civile inibitoria*. Padova: Cedam, 1987.

SILVA, Bruno Campos. A tutela inibitória antecipada e o novo CPC. In: COSTA, Eduardo José da Fonseca; PEREIRA, Mateus Costa; GOUVEIA FILHO, Roberto P. Campos (coordenadores). DIDIER JR., Fredie (coordenador geral). Coleção grande temas do novo CPC. *Tutela provisória*. 2. ed. V. 6. Salvador: JusPodivm, 2017 (no prelo).

__________. O recurso eleitoral ("apelação eleitoral") e o novo código de processo civil: alguns aspectos relevantes. In: AGRA, Walber; HENRIQUES, Patrícia; PEREIRA, Luiz Fernando (coordenadores). *Processo eleitoral e o novo CPC*. Salvador: JusPodivm, 2017 (no prelo).

__________. O recurso de apelação e o novo código de processo civil: linhas gerais e alguns aspectos controvertidos. In: DELFINO, Lúcio; MOURÃO, Luiz Eduardo Ribeiro; MAZZEI, Rodrigo Mazzei (coordenadores). *Aspectos controvertidos do novo CPC*. Portugal: Almedina, 2017 (no prelo).

__________. Ação civil pública ambiental e aspectos relevantes do novo código de processo civil. In: CIANCI, Mirna; DELFINO, Lúcio; DANTAS, Bruno; DIDIER JR., Fredie; CUNHA, Leonardo Carneiro da; CAMARGO, Luiz Henrique Volpe; REDONDO, Bruno Garcia (coordenadores). *Novo código de processo civil: impactos na legislação extravagante e interdisciplinar*. V. 1. São Paulo: Saraiva, 2016.

__________. Tutela inibitória e meio ambiente do trabalho - alguns aspectos processuais relevantes. In: FELICIANO, Guilherme Guimarães; URIAS, João; MARANHÃO, Ney; SEVERO, Valdete Souto (coordenadores). *Direito ambiental do trabalho: apontamentos para uma teoria geral*. v. 2. São Paulo: LTr, 2015.

SILVA, Ovídio Araújo Baptista da. *Do processo cautelar*. 4ª edição. Rio de Janeiro: Forense, 2009.

__________. *Curso de processo civil: processo cautelar (tutela de urgência)*. 3ª edição. São Paulo: Editora Revista dos Tribunais.

STRECK, Lenio Luiz; NUNES, Dierle; CUNHA, Leonardo Carneiro da. (organizadores); FREIRE, Alexandre. (coordenador executivo). *Comentários ao código de processo civil.* SP: Saraiva, 2016.

TALAMINI, Eduardo. Tutela de urgência no projeto de novo Código de Processo Civil: a estabilização da medida urgente e a "monitorização" do processo civil brasileiro. *RePro*, n. 209, v. 37, jul. 2012.

__________. *Tutela relativa aos deveres de faze e não fazer*. São Paulo: Editora Revista dos Tribunais, 2001.

TESSER, André Luiz Bäuml. *Tutela cautelar e antecipação de tutela: perigo de dano e perigo de demora.* São Paulo: Editora Revista dos Tribunais, 2014.

TESSLER, Luciane Gonçalves. *Tutelas jurisdicionais do meio ambiente: tutela inibitória, tutela de remoção, tutela de ressarcimento na forma específica.* São Paulo: Revista dos Tribunais, 2004.

THEODORO JÚNIOR, Humberto. *Curso de direito processual civil.* 56ª edição. Volume I. edição. Rio de Janeiro: Forense, 2015.

WAMBIER, Luiz Rodrigues; TALAMINI, Eduardo. *Curso avançado de processo civil.* 16ª edição. Volume 2. São Paulo: Editora Revista dos Tribunais, 2016.

WAMBIER, Teresa Arruda Alvim; DIDIER JR., Fredie; TALAMINI, Eduardo; DANTAS, Bruno (coordenadores). *Breves comentários ao novo código de processo civil.* São Paulo: Editora Revista dos Tribunais, 2015.

__________. CONCEIÇÃO, Maria Lúcia Lins; RIBEIRO, Leonardo Ferres da Silva; MELLO, Rogerio Licastro Torres de. *Primeiros comentários ao novo código de processo civil: artigo por artigo.* 2ª edição. São Paulo: Editora Revista dos Tribunais, 2016.

__________. GRINOVER, Ada Pellegrini; BENJAMIN, Antonio Herman; VIGORITI, Vicenzo (organizadores). *Processo coletivo: do surgimento à atualidade.* São Paulo: Revista dos Tribunais, 2014.

ZAVASCKI, Teori Albino. *Processo coletivo: tutela de direitos coletivos e tutela coletiva de direitos.* 6. ed. São Paulo: Revista dos Tribunais, 2014.

47

APONTAMENTOS SOBRE O NOVO CÓDIGO DE PROCESSO CIVIL E O DIREITO EMPRESARIAL

Jean Carlos Fernandes
Ricardo Henrique e Silva Guerra
Advogados

1 INTRODUÇÃO

Em um cenário econômico desfavorável combinado com um ambiente político que se mostra ainda nebuloso e conturbado, a busca pela eficiência se torna premissa básica para a sobrevivência empresarial. Almejar, sempre, os melhores retornos com os menores riscos[1] é um importante pressuposto para quem direciona esforços e recursos num empreendimento empresarial.

A existência de uma estrutura regulamentadora consolidada e a criação de mecanismos capazes de assegurar regras definidas e eqüitativas àqueles que "exercem profissionalmente atividade econômica organizada para a produção ou a circulação de bens ou de serviços" (empresários) é imprescindível para o desenvolvimento e a perpetuidade das sociedades empresárias. Um ambiente que propicie maior segurança jurídica e certeza econômico-financeira favorece e atrai a realização de bons investimentos. No dizer de Eros Grau, "sem a calculabilidade e a previsibilidade instaladas pelo direito moderno o mercado não poderia existir".

---

1 Na lógica econômico-financeira, as maiores possibilidades de retorno estão correlacionadas com os maiores riscos

Confiabilidade e credibilidade quase sempre refletem maiores certezas e expectativas futuras de fluxo de caixa positiva, o que significa agregar valor para as empresas[2].

Por outro lado, dúvidas de qualquer natureza, inclusive jurídicas, trazem inseguranças e isto significa risco, variável que o mercado sempre precifica e atribui aos ativos. A demora nos julgamentos dos processos afasta investimentos essenciais, aumenta o custo Brasil e, por conseguinte, prejudica o crescimento e o desenvolvimento do país. A lentidão nos julgamentos traz a sensação de impunidade e o tratamento desigual para questões idênticas consolida relevante insegurança jurídica. No dizer de Rui Barbosa, uma justiça que muita se delonga acaba se tornando uma injustiça. Em contraposição, uma justiça instantânea é uma utopia, pois não permite que o julgador se debruce sobre os fatos e possa amadurecer sua decisão.

O novo Código de Processo Civil (NCPC) surgiu da necessidade de se ter uma justiça mais ágil, dinâmica e simplificada. A finalidade maior do novel *codex* é a economia processual e a busca pela duração razoável do processo (em todas as suas fases), trazendo-lhe a tão enaltecida celeridade na prestação jurisdicional. Ao mesmo tempo, pensando o processo civil como um instrumento de composição de conflitos, uma lei que proporcionasse maior previsibilidade, efetividade e segurança jurídica.

Para combater os problemas que afligem a Justiça no Brasil, três pilares foram construídos para dar sustentação à linha mestra principiológica desse novo diploma legal.

O primeiro pilar diz respeito ao incentivo estatal à utilização dos métodos alternativos para a solução das controvérsias. Nesse diapasão, ocorre de forma expressa previsão para que o Estado, sempre que possível, promova a solução consensual dos conflitos. Os institutos da conciliação, mediação (as audiências de mediação ou conciliação ocorrerão antes mesmo da apresentação da defesa pelo réu) e arbitragem (que agora conta com a regulamentação e utilização da carta arbitral) foram fortalecidos. Isso refletirá no desafogamento do Judiciário.

O segundo pilar é o dos julgamentos concentrados e do respeito às decisões judiciais pretéritas proferidas pelos tribunais para justificar uma decisão posterior (modelo de aplicação dos precedentes). Ao se depararem com teses já uniformizadas, os julgadores poderão proferir decisões mais rápidas,

2 Nesse caso, 'empresa' como objeto de direito.

justificando-as com base nos precedentes e na jurisprudência. Nesse sentido, os denominados incidentes de resolução de demandas repetitivas e os recursos repetitivos serão importantes instrumentos para resolução de processos em massa. Ações que já tiverem sido julgadas pela sistemática desse recurso não serão sequer distribuídas nos tribunais, pois para os casos idênticos a jurisprudência será aplicada automaticamente. Ganha-se, pelo menos em tese, celeridade processual, mitiga-se o risco de ofensa ao princípio da isonomia, aumenta-se a segurança jurídica das decisões. Para alguns seria a criação de um padrão decisório. No entanto, como se depreende do art. 926, do NCPC, o que se persegue é a busca de uma uniformização decisória, mantendo-se a jurisprudência dos tribunais estável, íntegra e coerente.

O processo deve ser um instrumento para assegurar e efetivar os direitos fundamentais da pessoa. Quando são observados os princípios, postas em prática todas as garantias processuais fundamentais e prolatada uma decisão de mérito justa, obtém-se um justo processo. O novo código persegue a duração razoável do processo, a decisão de mérito justa e efetiva. O terceiro pilar do NCPC traz regras que enfatizam a qualidade (ao invés de se priorizar a quantidade) e efetividade no resultado das decisões judiciais.

O novo CPC inovou e introduziu ritos processuais específicos para alguns institutos, concedeu um foco especial às sociedades empresárias, ao empresário e, via de conseqüência, ao desenvolvimento dos negócios, da atividade negocial. Nesse sentido, verifica-se a regulamentação da ação de dissolução parcial de sociedade, do incidente de desconsideração da personalidade jurídica, do negócio processual, entre outros.

2 A AÇÃO DE DISSOLUÇÃO PARCIAL DA SOCIEDADE

A ação de dissolução parcial da sociedade, por exemplo, não estava positivada no ordenamento jurídico pátrio. Até então, tratava-se de uma construção doutrinária e jurisprudencial. Somente a dissolução total de sociedade esteve prevista no CPC/1939 (artigos 655 a 729) e no CPC/1973 (artigo 1.218, VII); e a resolução da sociedade em relação a um sócio no Código Civil de 2002. Agora, sua procedimentalização está positivada nos artigos 599 e seguintes, do NCPC.

Entre os fundamentos da dissolução parcial de uma sociedade destacam-se: os três “Es” do Direito Empresarial - empresa, empresário e estabelecimento; a função social da empresa - Lei 6.404/76, artigos 116, parágrafo único e 154; e o princípio da preservação da empresa - artigo 47, da Lei 11.101/2005.

As sociedades que podem ser parcialmente dissolvidas em juízo são: a sociedade empresária, a sociedade simples e a sociedade anônima de capital fechado.

Exaurindo-se a *affectio societatis* exsurgem as hipóteses da dissolução parcial de uma sociedade e sobre as quais repousam as hipóteses de propositura dessa ação: a retirada, a exclusão ou a morte de sócio.

Verifica-se que a ação de dissolução parcial de sociedade empresária ou simples poderá ter por objeto (art. 599, I, II e III, do NCPC): i - a resolução parcial da sociedade (desfazimento do vínculo societário); ii - somente a apuração dos haveres do sócio falecido, excluído ou que exerceu o direito de retirada ou recesso; iii - ou ainda, cumulativamente, a dissolução parcial da sociedade e a apuração dos haveres.

Cumpre ressaltar, esse processo de dissolução de sociedade e apuração de haveres pode ser afastado se o contrato social estabelecer a arbitragem como mecanismo de solução da controvérsia societária.

Essa ação pode ter também por objeto a sociedade anônima de capital fechado quando demonstrado, por acionistas que representem cinco por cento ou mais do capital social, que não pode preencher o seu fim. É o que estabelece o art. 599, § 2º do NCPC.

Inovação significativa foi trazida pelo art. 602, do NCPC. O legislador deixou expressamente consignado que na hipótese de a sociedade vir a sofrer quaisquer danos em razão da conduta do sócio que está de saída, será possível formular pedido de indenização contra ele, compensável com o valor dos haveres a apurar.

Em crítica aberta ao procedimento previsto para a denominada "ação de dissolução parcial de sociedade", o professor Marcelo Vieira Von Adamek lamenta que o legislador tenha esquecido de disciplinar aquilo que realmente necessitava de regras próprias e prevê a quão problemática será a dissolução parcial de sociedade no foro. Nesse sentido, menciona:

> No Código de Processo Civil de 2015, porém, passou-se não só a designar, mas também a disciplinar como "ação de dissolução parcial de sociedade" indistintamente tanto a demanda que tem por objeto a extinção, resolução ou dissolução do vínculo contratual que une o sócio à sociedade (isto é, a ação de dissolução parcial em sentido estrito) como a que tem por objeto

> a definição e a cobrança da sociedade do valor correspondente à participação societária daquele que deixou de ser sócio (isto é, a ação de apuração de haveres). O resultado dessa mixórdia e da tentativa de sistematização unitária dessas duas ações afigura-se bastante insatisfatório e tende a trazer uma série de delicados problemas de ordem prática [...].[3]

Mais adiante, aponta um segundo problema para o rito previsto:

> Em segundo lugar, o legislador aparentemente pretendeu instituir um problemático litisconsórcio passivo necessário entre sócios e sociedade na ação de dissolução parcial, qualquer que seja o seu objeto, dispondo no art. 601 que uns e outra deverão ser citados para a causa. [...] O legislador de 2015 resolveu genericamente prever, de maneira um tanto quanto simplista, que sempre devam então elas ser propostas contra a sociedade e todos os sócios.[4]

E completa mencionando um terceiro problema:

> O novo código não disciplinou mais a ação de dissolução total de sociedade. O código atual revogou o de 1973 e, consequentemente, também as regras do código de 1939 sobre dissolução total de sociedades (arts. 655 a 674) que ainda estavam em vigor (CPC/1973, art. 1.218, VII). No seu lugar, porém, não trouxe em substituição novas regras, por esse modo submetendo doravante a dissolução total ao procedimento comum (CPC/2015, art. 1.046, § 3º). [...] Era importante, pois, que se mantivessem regras disciplinadoras de um procedimento especial para a dissolução total de sociedades, na sua etapa de liquidação. Não foi o que o legislador fez. E, com isso, está-se agora diante de uma situação de lacuna na lei, a clamar pelo recurso às fontes secundárias de auto-integração do sistema jurídico.[5]

Como demonstrado, apesar do esforço legislativo, verifica-se que no capítulo da dissolução, o NCPC ainda deixou a desejar e, por isso, não representou o avanço esperado para o direito processual societário. Para segurança jurídica essa disciplina terá que ser revista, cabendo a jurisprudência interpretar, integrar e/ou corrigir a norma disposta, visando assim consolidar as bases dogmáticas e trazer estabilidade para esse rito.

---

3 ADAMEK, Marcelo Vieira Von. **A problemática disciplina unitária da dissolução de sociedades no CPC.** Disponível em <http://www.conjur.com.br/2016-jun-20/problematica-disciplina-unitaria-dissolucao-sociedades-cpc.> Acesso em 01.07.2016.

4 idem.

5 *ibidem*

3 O INCIDENTE DE DESCONSIDERAÇÃO DA PERSONALIDADE JURÍDICA

Com relação ao incidente de desconsideração da personalidade jurídica, a novidade legislativa está normatizada nos artigos 133 a 137, do NCPC. Finalmente, regulamentou-se um rito processual específico para esse instituto.

A doutrina da desconsideração da personalidade jurídica é aquela que autoriza o Poder Judiciário a ignorar a entidade (que tem autonomia patrimonial, capacidade e personalidade) da pessoa jurídica sociedade, afastando a separação de patrimônio que existe entre ela e os sócios e com isso responsabilizá-los pessoalmente nos limites dos danos causados. Requisito essencial é a ocorrência de "fraude". A *disregard of corporate entity*, originária do direito anglo-saxônico (caso emblemático e seminal de Salomon v. Salomon & CO. Ltd., julgado em 1897 pela *House of Lords*, na Inglaterra)[6], surgiu e desenvolveu-se nos tribunais norte-americanos para impedir abuso por meio do uso da personalidade jurídica. Lá a maioria dos doutrinadores entende que a desconsideração da personalidade jurídica é uma doutrina disponível apenas para credores, e não para a própria sociedade ou seus acionistas.

Pelo Princípio da Autonomia Patrimonial, em regra, o patrimônio dos sócios e sociedade são separados e por isso não se "misturam". Isso impede que o patrimônio pessoal dos sócios venha a responder pelas obrigações sociais. Entretanto, deve ser lembrado que essa separação patrimonial não é absoluta. Em algumas situações a lei permite que a personalidade jurídica da sociedade seja desconsiderada, possibilitando a responsabilização direta e ilimitada do sócio por obrigação da pessoa jurídica.

Nesse caso, a rigor, faz-se necessário que o sócio utilize a sociedade para finalidades estranhas ao objeto social. Esse é o entendimento preconizado na "teoria maior", forma clássica de admissibilidade do instituto da desconsideração, adotado majoritariamente pela doutrina e jurisprudência brasileira e estabelecido de forma clara no art. 50 do Código Civil / 2002, ao se destacar a necessidade de caracterização do desvio de finalidade ou confusão patrimonial. O NCPC adota, em tese, a "teoria maior". Por conseguinte, afasta de vez a possibilidade de desconsideração da personalidade jurídica sempre que

---

6 FERNANDES, Paola Cristina Rios Pereira. **Desconsideração da personalidade jurídica - Como e quando a pessoa jurídica poderá ser desconsiderada pelo juiz, em decorrência de mau uso ou irregularidade**. Disponível em <http://revistavisaojuridica.uol.com.br/advogados-leis-jurisprudencia/78/artigo274900-1.asp>. Acesso em 03/07/2016.

houver simplesmente qualquer prejuízo ao credor das obrigações sociais. Pela denominada "teoria menor", trazida na lei ambiental (art. 4º, da Lei 9.605/98) e no código consumerista (art. 28, §5º, da Lei 8.078/90), se a sociedade não tiver patrimônio para satisfazer suas obrigações sociais, busca-se o patrimônio dos sócios independentemente da caracterização e prova dos requisitos mencionados (desvio de finalidade, confusão patrimonial ou fraude).

O incidente de desconsideração da personalidade jurídica previsto no NCPC prioriza o direito ao contraditório e a ampla defesa àqueles que previamente não participaram do processo, antes mesmo de sofrerem qualquer constrição de seus bens. A instauração do procedimento incidental é admitida para que sejam apurados os fatos e verificados se estão evidenciados os requisitos que a caracterizam (fraude, desvio de finalidade ou confusão patrimonial), sendo cabível em todas as fases do processo de conhecimento, no cumprimento de sentença e na execução fundada em título executivo extrajudicial. Poderá ser instaurado a pedido da parte ou do Ministério Público quando lhe couber intervir no processo. Instaurado o incidente, o sócio ou a pessoa jurídica será citado para manifestar-se e requerer as provas cabíveis no prazo de 15 (quinze) dias e assim se defenda do pedido de desconsideração.

A regra no direito societário brasileiro é a da irresponsabilidade (não responsabilização) dos sócios pelas dívidas e obrigações sociais da sociedade. Dessa forma, deve prevalecer a limitação de responsabilidade que surge justamente para incentivar o empreendedorismo. Na sociedade limitada, por exemplo, os sócios respondem tão-somente pelo capital social subscrito e integralizado. Já nas sociedades anônimas, a responsabilidade dos sócios ou acionistas é limitada ao preço de emissão das ações subscritas ou adquiridas. As possibilidades de perdas do empresário devem estar limitadas a esse montante.

Ao integralizar o capital social, delimita-se a responsabilidade e exaure-se o risco que o empresário estava disposto a tomar. No direito brasileiro, salvo no caso da EIRELI e daquelas sociedades que dependem de autorização especial para funcionamento, tais como bancos, seguradoras, cooperativas de crédito, consórcios, inexiste uma regra societária consolidada determinando qual deve ser o capital social para uma sociedade funcionar. Daí, quando o capital social for muito aquém para a realização da atividade a qual se propõe, claramente se tem um desvio de finalidade e um abuso da personalidade jurídica, pois não se aportou recursos suficientes para se realizar determinada atividade. Trata-se de hipótese de subcapitalização, caracterizando assim uso abusivo da forma societária e desvio de finalidade. Nesse caso, o STJ entende que a personalidade deve ser desconsiderada:

> TRIBUTÁRIO - EXECUÇÃO FISCAL - DISSOLUÇÃO IRREGULAR DA SOCIEDADE - RESPONSABILIZAÇÃO DO SÓCIO-GERENTE, DIRETOR, ADMINISTRADOR OU EQUIVALENTE - POSSIBILIDADE - INTERPRETAÇÃO DO ART. 135 DO CTN - PRECEDENTES STJ. (...): APELAÇÃO CÍVEL. DÍVIDA DE ICMS. RESPONSABILIDADE DE ADMINISTRADOR DE SOCIEDADE E DE SÓCIO. DISTINÇÃO. [...] Ademais, nas circunstâncias do caso concreto, o baixíssimo capital social, contrastando com a elevadíssima dívida, em tese CARACTERIZA HIPÓTESE DE DESCONSIDERAÇÃO DA PESSOA JURÍDICA, QUE É OUTRA FORMA DE RESPONSABILIZAÇÃO DOS SÓCIOS, SEJA PELA SUBCAPITALIZAÇÃO SEJA PELO USO ABUSIVO DA FORMA SOCIETÁRIA. [...]. De acordo com o nosso ordenamento jurídico-tributário, os sócios (diretores, gerentes ou representantes da pessoa jurídica) são responsáveis, por substituição, pelos créditos correspondentes a obrigações tributárias resultantes da prática de ato ou fato eivado de excesso de poderes ou com infração de lei, contrato social ou estatutos (art. 135, III, do CTN). [...] (REsp 1.009.739/RS - MINISTRA ELIANA CALMON - 05/09/2008).

A ideia da desconsideração da personalidade jurídica surgiu muito mais em homenagem e para preservar a pessoa jurídica do que para desprestigiá-la. Somente deve ser desconsiderada a pessoa jurídica que for irregularmente ou indevidamente abusada na sua utilização, conforme a lei ou os bons princípios que a conceberam. A mera ausência de patrimônio, impontualidade e/ou inadimplemento não devem ensejar a desconsideração. Para imputação do incidente deve haver prova contundente e ser evidenciada a gestão fraudulenta, o desvio de finalidade ou a confusão patrimonial.

Na maior parte dos casos, lança-se mão de um pedido de desconsideração da personalidade jurídica em razão da dissolução irregular da sociedade. No entanto, durante um tempo, a jurisprudência do STJ foi claudicante com relação às hipóteses de desconsideração (Nesse sentido, REsp 970635 / SP e REsp 1259066/ SP). Contudo, mais recentemente, uma decisão dessa Corte pacificou o entendimento de que a dissolução, da sociedade, ainda que irregular, não é causa, por si só, para a desconsideração da personalidade jurídica a que se refere o art. 50 do CC/02. Esse acórdão foi bastante comemorado, pois homenageou a limitação da responsabilidade e a autonomia patrimonial da pessoa jurídica:

> DIREITO CIVIL. LIMITES À APLICABILIDADE DO ART. 50 DO CC. O encerramento das atividades da sociedade ou sua dissolução, ainda que irregulares, não são causas, por si sós, para a desconsideração da personalidade jurídica a que se refere o art. 50 do CC. Para a aplicação da teoria maior da desconsideração da personalidade social - adotada pelo CC -, exige-se o dolo das pessoas naturais que estão por trás da sociedade, desvirtuando-lhe os fins institucionais e servindo-se os sócios ou administradores desta para lesar credores ou terceiros. É a intenção ilícita e fraudulenta, portanto, que autoriza, nos termos da teoria adotada pelo CC, a aplicação do instituto em comento. Especificamente em relação à hipótese a que se refere o art. 50 do CC, tratando-se de regra de exceção, de restrição ao princípio da autonomia patrimonial da pessoa jurídica, deve-se restringir a aplicação desse disposto legal a casos extremos, em que a pessoa jurídica tenha sido instrumento para fins fraudulentos, configurado mediante o desvio da finalidade institucional ou a confusão patrimonial [...]. Precedentes citados: AgRg no REsp 762.555-SC, Quarta Turma, DJe 25/10/2012; e AgRg no REsp 1.173.067/RS, Terceira Turma, DJe 19/6/2012. EREsp 1.306.553-SC, Rel. Min.Maria Isabel Gallotti, julgado em 10/12/2014, DJe 12/12/2014.

Essa oscilação no entendimento da Corte Superior talvez tenha se dado em razão da influência da edição da Súmula 435/STJ[7]. Todavia, "o encerramento irregular da atividade não é suficiente, por si só, para o redirecionamento da execução contra os sócios". O Enunciado dessa Súmula limita-se meramente ao âmbito da execução fiscal (AgRg no REsp 1386576/SC).

É importante que se entenda a lógica da racionalidade econômica envolvida nos institutos da autonomia patrimonial e da limitação de responsabilidade. Aportar recursos num negócio, ainda que seja como minoritário, correndo o risco de exposição de qualquer terceiro venha a satisfazer seu crédito junto ao sócio, em hipóteses de dissolução irregular ou impontualidade, por exemplo, afugenta o empresário, o investidor. Levando-se ao extremo o raciocínio da teoria menor,

> Um acionista minoritário da Petrobrás (qualquer cidadão brasileiro que resolveu investir seu FGTS nas ações da companhia) poderia ter todo o seu patrimônio bloqueado para satisfazer dívidas da empresa com seus credores do dia para a noite, sem qualquer direito de defesa[8].

---

7 Súmula 435 do STJ: "Presume-se dissolvida irregularmente a empresa que deixar de funcionar no seu domicílio sem comunicação aos órgãos competentes, legitimando o redirecionamento da execução fiscal para o sócio-gerente".

8 AMARAL, José Romeu; STÊNICO, Rodrigo Nacarato. **Desconsideração da personalidade jurídica**. VALOR ECONÔMICO, 11, 12 e 13 abr. 2015. Caderno Legislação & Tributos. p. E2.

Somente se deve "levantar a capa da pessoa jurídica" e atingir os bens pessoais dos sócios quando estiverem presentes os requisitos que caracterizam a desconsideração da personalidade jurídica e, portanto, que autorizam o incidente. Ao se permitir a responsabilidade ilimitada dos sócios de uma sociedade, cria-se um desestímulo natural ao empreendedorismo.

Contudo, a despeito das regras existentes de responsabilização no ordenamento jurídico brasileiro, anteriormente, o sócio poderia ser surpreendido por uma determinação judicial de penhora de seus bens pessoais para satisfazer credor social, mesmo desconhecendo a causa dessa obrigação. Muitas vezes, isso ocorria já em fase de execução de sentença e o pior, sem a possibilidade daqueles que não participaram do processo exercerem o direito ao contraditório e à ampla defesa, "ferindo de morte" o devido processo legal.

Num ambiente eivado de incertezas econômico-financeiras, no qual não se vislumbra possibilidades de ganhos (retornos financeiros) compensatórios na atividade produtiva e ainda se corre riscos de toda ordem e natureza (financeiro, mercadológico, tributário, trabalhista...), mas que em contrapartida remunera o capital a elevadas taxas de juros, é preferível ficar posicionado numa aplicação financeira de renda fixa com *risk free*, obtendo-se *performances* remuneratórias muito mais interessantes. Obviamente, isso é contraproducente para aqueles que desejam empreender. A função social da empresa (objeto de direito) é gerar lucros, recolher tributos, empregos.

O NCPC está em conformidade com o atual posicionamento do Superior Tribunal de Justiça (STJ) que exige a comprovação da fraude, do desvio de finalidade da empresa ou confusão patrimonial entre sociedade e sócios para a aplicação da desconsideração da personalidade jurídica.[9]

Cabe destacar também o art. 133 §2º, do NCPC, que prevê expressamente a possibilidade da "desconsideração inversa da personalidade jurídica". Através desse mecanismo procedimental, quando demonstrada a abusividade de utilização da personalidade da pessoa jurídica (sócio transferindo patrimônio para a sociedade numa operação com o intuito de fraude, por exemplo), o patrimônio da sociedade é chamado a responder por dívidas dos sócios (ou administradores).

Antes da vigência do novo diploma processual essa hipótese já vinha sendo adotada nos casos de fraude contra credores e fraude à execução.

9 AMARAL, José Romeu; STÊNICO, Rodrigo Nacarato. *Op. Cit.*

4 O NEGÓCIO (JURÍDICO) PROCESSUAL

Quanto ao Negócio Processual, o NCPC permite que as partes em juízo elejam o procedimento que preferirem. No Código está prevista a possibilidade de a atividade empresarial estipular no contrato uma cláusula não apenas de eleição de foro, mas também de procedimento. Se o cidadão pode escolher o árbitro, a lei aplicável e o juízo, por que não pode fazer isso na justiça? Foi justamente levando em consideração a experiência bem-sucedida da arbitragem que o NCPC acolheu a possibilidade de as partes convencionarem sobre matéria processual.

O art. 190, do NCPC, disciplina o negócio jurídico processual. Nos limites da autonomia privada, consistindo o processo sobre direitos que admitam autocomposição, podem as partes plenamente capazes estipular alterações no procedimento para ajustá-lo às especificidades da causa, bem como acordarem, antes ou durante o litígio judicial, sobre os seus ônus, poderes, faculdades e deveres processuais.

Como negócio jurídico, essa convenção entre as partes estará adstrita às normas de direito material, não havendo a mesma liberdade de estipulação verificada quando estiverem contratando apenas entre si. Além disso, por mais liberalidade que a lei tenha concedido aos contratantes visando adaptação do procedimento judicial às particularidades do litígio, faz-se necessário que o negócio processual seja ratificado pelo juiz, a quem caberá controlar, de ofício ou a requerimento, a validade da convenção.

Cumpre salientar, o negócio jurídico processual não poderá ofender as normas de ordem pública, pois o interesse público impõe limitações adicionais à autonomia privada.

> Embora não seja inédito, o direito das partes de convencionar sobre matéria processual ganha hoje ares de novidade, na esteira da edição do NCPC. Espera-se que essa cláusula geral de atipicidade negocial acabe com a rígida e imperativa processualística vigente, dando início à aplicação efetiva de um modelo procedimental flexível, dialógico, no qual a autonomia privada terá aptidão de influenciar decisivamente nos métodos de realização da justiça pelo Estado, com ganhos de eficiência e legitimidade para o processo civil. Renova-se, portanto, o desafio de se estabelecer, no plano do direito material dos contratos, as possibilidades e limites das disposições contratuais geradoras de efeitos no processo estatal de resolução de conflitos.[10]

---

10 PRISCO, Alex Vasconcellos. **Negócio processual e impenhorabilidade de bens.** VALOR ECONÔMICO, 12. 13 e 14 set. 2015. Caderno Legislação & Tributos. p. E2.

5 A RECUPERAÇÃO JUDICIAL

A finalidade da recuperação de empresas é o equilíbrio dos interesses do devedor com os de seus credores, com a manutenção da eficiência econômica e da preservação da empresa. O devedor busca a aprovação de um plano que lhe conceda fôlego e prazo para liquidar as suas dívidas e obrigações; já os credores têm como objetivo salvaguardar parte do seu direito creditório sem risco. A recuperação deve ter como alicerce a boa-fé do devedor. "O instituto da recuperação está baseado na constatação de que a reorganização eficaz dos negócios de uma empresa em dificuldade representa uma das principais formas de maximização do valor dos ativos e de proteção aos credores". [11]

As mudanças trazidas pelo NCPC trazem também reflexos na Lei de Recuperação e Falências (LRF - Lei nº 11.101/05), gerando conseqüências no ambiente empresarial. Ao longo do tempo, as interferências e intercessões do NCPC no direito falimentar merecerão estudos mais aprofundados e importantes reflexões doutrinárias e jurisprudenciais.

Questão relevante que já vem sendo debatida diz respeito à contagem dos prazos. O art. 219, caput, do NCPC, determina que na "O art. 219 do novo CPC estabelece que "na contagem de prazo em dias, estabelecidos em lei ou pelo juiz, computar-se-ão somente os úteis". O parágrafo único prevê ainda que tal forma de contagem "aplica-se somente aos prazos processuais". Sendo assim, todos os prazos *processuais*, frise-se, previstos na Lei 11.101/05 deverão ser contados em dias úteis. Seguindo esse raciocínio, temos que o prazo para a realização da assembléia de credores, previsto no art. 56, parágrafo 1º, da LRF, deve ser contado em dias úteis. Entretanto, os prazos previstos no plano de recuperação para cumprimento das obrigações e pagamento dos credores (inclusive pagamento de créditos trabalhistas), por exemplo, não são considerados processuais e, portanto, não estão amparados pela regra do art. 219, do NCPC. Também não seria abarcado por essa regra o prazo de 180 dias de suspensão das ações e execuções ajuizadas contra a sociedade recuperanda (*automatic stay*), previsto no art. 6º, parágrafo 4º e no art. 53, III, da LRF. Esse prazo deve ser considerado, tecnicamente, como material e assim contado em dias corridos. Todavia, isso pode acarretar a inviabilidade da Assembléia Geral de Credores, da análise do plano pelos credores e pelo juízo dentro dos 180 dias.

11 FERNANDES, Jean Carlos. **Direito Empresarial Contemporâneo**. Rio de Janeiro: *Lumen Juris*, 2015, p. 343 e 344.

Em razão da circunstância de que esse prazo da *Automatic Stay* é composto pela soma de prazos processuais e diante da necessidade de preservação da unidade lógica da recuperação judicial, entende-se que esse prazo de 180 dias deve ser contado em dias úteis.[12]

Em entendimento complementar, coteja-se que o exame apenas do que seria prazo processual ou material não parece ser critério suficiente para encontrar a melhor aplicação da lei[13]. Nessa linha, e com o fito de busca da segurança jurídica, propõe-se a classificação dos prazos em:

> (i) prazo processual, (ii) prazo material absoluto e (iii) prazo material relativo. O prazo processual seguiria estritamente o CPC [...]; o prazo material absoluto seria contado em dias corridos, sem aplicação do CPC; [...] já o prazo material relativo será contado de acordo com o CPC, computando-se somente os dias úteis.[14]

De qualquer forma, nessa esteira, o prazo previsto no parágrafo 4º do art. 6º, da Lei 11.101/05 (*Automatic Stay*), seria tipicamente "material misto", pois seria completado a partir de uma série de prazos processuais e, portanto, deve ser contado em dias úteis, o que não muda o entendimento supracitado anteriormente.

Parece-nos que essa proposta, embora mais complexa, possa vir a ser considerada como critério geral para a contagem dos prazos. No entanto, diante da novidade legislativa, é prudente que se aguarde futuras posições doutrinárias e jurisprudenciais acerca desse tema.

Outro ponto que merece ser destacado é a relacionado ao sistema recursal das decisões interlocutórias, especificamente os agravos, previstos no rol taxativo dos incisos do art. 1.015, do NCPC, que prevê o cabimento de recurso de agravo de instrumento contra decisões interlocutórias que versarem, inclusive, sobre: incidente de desconsideração da personalidade jurídica (inciso IV); outros casos expressamente referidos em lei (inciso XIII); e processo executório (parágrafo único).

> Ante a redação do inciso XIII deste artigo, todos os agravos previstos na LREF subsistem (outros casos expressamente referidos em lei). Por outro

---

12 COSTA, Daniel Carnio. **A recuperação Judicial no novo CPC**. VALOR ECONÔMICO, 30 abr., 01 e 02 mai.2016. Caderno Legislação & Tributos. p. E2.

13 BEZERRA FILHO, Manoel Justino. **A recuperação judicial e o novo CPC**. VALOR ECONÔMICO, 31 mai.2016. Caderno Legislação & Tributos. p. E2.

14 idem.

> lado, o exame teleológico do parágrafo único do art. 1.015 leva a que se conclua que, na lei falimentar, os agravos continuarão a ser admitidos normalmente, como sempre foram. Este parágrafo único permite o agravo nos processos em fase de liquidação ou de cumprimento de sentença no processo de execução, bem como autos de inventário, porque tais autos não sobem com apelação. Isto também é o que ocorre no processo falimentar e recuperacional. Aplicado, portanto analogicamente, este parágrafo permite e aconselha o recebimento de agravos, em ações falimentares. Aliás, pelo que se percebe do exame dos primeiros casos enfrentados pelos tribunais, a impressão que se tem é que esta possibilidade de interpor agravo é o sistema que já vem sendo adotado de forma majoritária.[15]

Outro ponto relevante e que acarreta consequências diretas às estruturas societárias é o da penhora de quotas sociais. Com o NCPC, as sociedades que venham a sofrer a penhora de quotas sociais em razão de dívidas dos seus sócios terão um novo mecanismo para evitar a entrada de estranhos: a preferência na compra dessas quotas sociais. Esse procedimento está agora regulamentado no art. 861, do NCPC.

Não obstante, a penhora de quotas sociais para a quitação de dívidas já estivesse positivada no CPC/73 desde 2006 (artigo 655, inciso VI), no novo texto legal essa modalidade passa a constar em uma subseção própria, que regulamenta o procedimento de forma mais objetiva.

A nova regra estabelece que penhoradas as quotas de sócio em sociedade simples ou empresária, o juiz dará o prazo máximo de três meses (o NCPC dispõe que o prazo poderá ser ampliado, mas não fixa a sua limitação) para que a sociedade apresente o balanço, na forma da lei, e as ofereça aos demais sócios, observado o direito de preferência legal ou contratual. Todavia, não havendo interesse dos sócios na aquisição dessas quotas sociais, procede-se a liquidação delas, depositando em juízo o valor apurado, em dinheiro.

Para evitar a liquidação das quotas sociais, a sociedade poderá adquiri-las sem redução do capital social, utilizando-se de suas reservas para manutenção em tesouraria. No entanto, caso não haja interesse dos sócios no exercício de direito de preferência, não ocorra a aquisição das quotas sociais pela sociedade e a liquidação seja excessivamente onerosa para a sociedade, o juiz então poderá determinar o leilão judicial delas, o que pode fazer com que um terceiro as adquira.

---

15 ibidem

Vale salientar que, essa regra não se aplica à sociedade anônima de capital aberto, cujas ações serão adjudicadas ou alienadas em bolsa de valores, conforme o caso. Dessa forma, as ações de sociedade anônima de capital aberto não se submetem a regime especial de expropriação.

O legislador tentou evitar ao máximo o ingresso de terceiros na sociedade. No código anterior, apenas os sócios tinham preferência na aquisição das quotas sociais. Agora a sociedade também tem essa prerrogativa.

De forma inovadora, no novo procedimento, a própria sociedade pode indicar, através da apresentação de balanço especial, na forma da lei, qual o valor das suas quotas sociais. Contudo, ainda poderão surgir controvérsias com relação ao valor apurado para a sociedade.[16]

6 CONCLUSÃO

A dinâmica empresarial requer celeridade, previsibilidade e segurança jurídica. Nesse sentido, a nova lei poderá contribuir trazendo soluções hodiernas e inovadoras para os conflitos entre os sócios. Isso reforçará aspectos de eficiência do Poder Judiciário.

Para Fredie Didier Jr.,

> O novo CPC somente pode ser compreendido a partir do entendimento pleno de seu sistema, de sua unidade, e especialmente de suas normas fundamentais, de modo que não será possível interpretar/utilizar dispositivos ao longo de seu bojo sem levar em consideração seus princípios e sua aplicação dinâmica (substancial).

Preconiza a agilidade da Justiça, busca reduzir a quantidade de processos, principalmente aqueles com recursos protelatórios intermináveis que visavam tão somente procrastinar um prazo para não se cumprir uma decisão e/ou adimplir uma obrigação. Com o novo diploma processual em vigor, almeja-se celeridade na tramitação dos processos que resulte, sobretudo, numa redução do tempo dos julgamentos e na boa prestação jurisdicional.

A atividade empresarial envolve riscos, mas na medida do possível esses precisam ser mensurados e mitigados. Por isso, o empresário necessita de segurança e previsibilidade.

---

16 **Novo CPC barra entrada de estranho em sociedade.** Valor Econômico, 18/03/2016.

Criou-se um novo código processual, mas isso não significa uma ruptura com o passado e sim uma evolução no arcabouço legislativo que fomentará a atividade empresarial propiciando-lhe maior segurança jurídica e previsibilidade. No magistério do Ministro Luiz Fux, o NCPC representa um novo paradigma, diante de um novo tempo e de um novo direito.

REFERÊNCIAS BIBLIOGRÁFICAS

ADAMEK, Marcelo Vieira Von. **A problemática disciplina unitária da dissolução de sociedades no CPC.** Disponível em <http://www.conjur.com.br/2016-jun-20/problematica-disciplina-unitaria-dissolucao-sociedades-cpc.> Acesso em 01.07.2016.

ALBANI, Antônio. **O novo CPC e a Teoria Menor.** VALOR ECONÔMICO, 17 ago. 2015. Caderno Legislação & Tributos. p. E2.

AMARAL, José Romeu; STÊNICO, Rodrigo Nacarato. **Desconsideração da personalidade jurídica**. VALOR ECONÔMICO, 11, 12 e 13 abr. 2015. Caderno Legislação & Tributos. p. E2.

AMARAL, Guilherme Rizo. **O novo CPC e seus três vértices**. VALOR ECONÔMICO, 03 jul. 2015. Caderno Legislação & Tributos. p. E2.

BEZERRA FILHO, Manoel Justino. **A recuperação judicial e o novo CPC.** VALOR ECONÔMICO, 31 mai.2016. Caderno Legislação & Tributos. p. E2.

BOULOS, Daniel M.; COSTA, Sérgio. **A negociação entre as partes no novo CPC.** VALOR ECONÔMICO, 20. 21 e 22 jun. 2015. Caderno Legislação & Tributos. p. E2.

COSTA, Daniel Carnio. **A recuperação Judicial no novo CPC**. VALOR ECONÔMICO, 30 abr., 01 e 02 mai.2016. Caderno Legislação & Tributos. p. E2.

CHULAN, Eduardo. **Execução no novo Código de Processo Civil.** VALOR ECONÔMICO, 15 jan. 2015. Caderno Legislação & Tributos. p. E2.

DUTRA, Victor Barbosa; FARAH, Juliano César. **Novo CPC e dissolução parcial de sociedade**. VALOR ECONÔMICO, 05 nov. 2015. Caderno Legislação & Tributos. p. E2.

FAVER, Scilio. **As ações judiciais societárias no novo CPC**. VALOR ECONÔMICO, 24 set. 2015. Caderno Legislação & Tributos. p. E2.

FERNANDES, Jean Carlos. **Direito Empresarial Contemporâneo.** Rio de Janeiro: Lumen Juris, 2015.

FERNANDES, Paola Cristina Rios Pereira. **Desconsideração da personalidade jurídica - Como e quando a pessoa jurídica poderá ser desconsiderada pelo juiz, em decorrência de mau uso ou irregularidade.** Disponível em <http://revistavisaojuridica.uol.com.br/advogados-leis-jurisprudencia/78/artigo274900-1.asp>. Acesso em 03/07/2016.

GONÇALVES NETO, Alfredo de Assis. **Dissolução societária e penhora de quotas sociais.** Disponível em <http://agkn.com.br/blog/dissolucao-societaria-e-penhora-de-quotas-sociais > Acesso em 01/07/2016.

GRANADO, Daniel Willian; ALVIM, Eduardo A. **O novo CPC e a Desconsideração da personalidade jurídica.** VALOR ECONÔMICO, 19 mai. 2011. Caderno Legislação & Tributos. p. E2.

GRAU, Eros Roberto. **A Ordem Econômica na Constituição de 1988** (Interpretação e crítica). São Paulo, Malheiros. 13ª edição.

GUERRERO, Luís Fernando. **A busca pela racionalização dos julgamentos.** VALOR ECONÔMICO, 14 jan. 2015. Caderno Legislação & Tributos. p. E2.

LOBO, Jorge. A. **A 'desconsideração inversa' e o novo CPC.** VALOR ECONÔMICO, 05 abr. 2016. Caderno Legislação & Tributos. p. E2.

LUCON, Paulo Henrique dos Santos. **O novo CPC e o aprimoramento da Justiça.** VALOR ECONÔMICO, 10. 11 e 12 jan. 2015. Caderno Legislação & Tributos. p. E2.

NICOLAY, Thiago. **Os caminhos gerados pelo novo CPC.** VALOR ECONÔMICO, 07 out. 2015. Caderno Legislação & Tributos. p. E2.

PRISCO, Alan Vasconcellos. **Negócio processual e impenhorabilidade de bens.** VALOR ECONÔMICO, 12. 13 e 14 set. 2015. Caderno Legislação & Tributos. p. E2.

QUINTAS, Carla. **Por uma justiça mas ágil.** VALOR ECONÔMICO, 12 dez. 2013. Caderno Legislação & Tributos. p. E2.

Rubens. REQUIÃO, Rubens. **Curso de Direito Comercial.** 23ª Ed. atual. Por Rubens Edmundo Requião. São Paulo: Saraiva, 2003, vol 2

ROVAL, Armando Luiz. **Dissolução parcial de sociedade no novo CPC.** VALOR ECONÔMICO, 10 ago. 2015. Caderno Legislação & Tributos. p. E2.

SAMFINS, Daniel Gustavo Magnane. **Desconsideração da personalidade jurídica**. VALOR ECONÔMICO, 05 abr. 2011. Caderno Legislação & Tributos. p. E2.

SCHIOCHETT, Marcelo; MOLINAR, Renato Motta. **O direito empresarial e o novo Código de Processo Civil**. Disponível em <http://www.migalhas.com.br/dePeso/16,MI218434,51045-O+direito+empresarial+e+o+novo+Codigo+de+Processo+Civil> Acesso em 25.06.2016.

THEODORO JÚNIOR, Humberto; BAHIA, Alexandre Melo Franco; NUNES, Dierle; PEDRON, Flávio Quinaud. **Novo CPC - Fundamentos e Sistematização.** Rio de Janeiro: Forense, 2015.

YARSHELL, Flávio Luiz e PEREIRA, Guilherme Setoguti J. - Coordenadores. **Processo Societário II "Adaptado ao Novo CPC" Lei nº 13.105/2015**. São Paulo: Quartier Latin, 2015.

48

A RETENÇÃO DOS AUTOS PELO ADVOGADO E SUAS CONSEQUÊNCIAS

Júlio César Girundi Diamantino
Advogado

É inquestionável que é direito do procurador retirar os autos do cartório ou secretaria, mediante assinatura de carga no livro ou documento próprio.

O permissivo legal está inserido tanto no Estatuto da Advocacia, quanto no Código de Processo Civil. O Estatuto da Advocacia estabelece que "*são direitos do advogado: ter vista dos processos judiciais ou administrativos de qualquer natureza, em cartório ou na repartição competente, ou retirá-los pelos prazos legais*" (**art. 7°, inciso XV, da Lei n°. 8.906/94**). O Código de Processo Civil, em um texto semelhante, dispõe que "*o advogado tem direito a: retirar os autos do cartório ou da secretaria, pelo prazo legal, sempre que neles lhe couber falar por determinação do juiz, nos casos previstos em lei*" (**art. 107, inciso III, CPC**).

Contudo, esse direito do advogado, evidentemente, não é absoluto. Há uma limitação temporal para a retirada dos autos fora da secretaria ou do cartório. Veja que os dois permissivos legais registram propositalmente que é direito do advogado retirar os autos "pelo prazo legal". Ou seja, no término do prazo correspondente ao ato processual, deve o advogado devolver os autos à secretaria.

A retenção dos autos além do prazo legal é considerada uma infração disciplinar e ainda pode gerar consequências na condução do processo pelo advogado.

Alerta-se que a verificação de retenção dos autos tem se tornado cada vez mais eficiente, já que as correições e verificações internas dos cartórios e das secretarias estão mais automatizadas e computadorizadas. Embora o advento do processo digital torne esse assunto cada vez mais obsoleto, a lida com os processos físicos inevitavelmente ainda é muito presente na atuação do procurador. Destarte, ainda cabe estudo e análise sobre esse tema.

Pois bem, no capítulo "Das Infrações e Sanções Disciplinares", o Estatuto da Advocacia, no art. 34, inciso XXII, estabelece que:

> *Art. 34. Constitui infração disciplinar:*
>
> XXII - reter, abusivamente, ou extraviar autos recebidos com vista ou em confiança;

O advogado que reter os autos também incorrerá em sanções processuais, pois perderá o direito à vista fora de cartório. Além de ser condenado ao pagamento de multa, correspondente à metade do salário mínimo.

Eis a literalidade do art. 234, do CPC:

> *Art. 234. Os advogados públicos ou privados, o defensor público e o membro do Ministério Público devem restituir os autos no prazo do ato a ser praticado.*
>
> § 1o É lícito a qualquer interessado exigir os autos do advogado que exceder prazo legal.
>
> § 2o Se, intimado, o advogado não devolver os autos no prazo de 3 (três) dias, perderá o direito à vista fora de cartório e incorrerá em multa correspondente à metade do salário-mínimo.
>
> § 3o Verificada a falta, o juiz comunicará o fato à seção local da Ordem dos Advogados do Brasil para procedimento disciplinar e imposição de multa.
>
> § 4o Se a situação envolver membro do Ministério Público, da Defensoria Pública ou da Advocacia Pública, a multa, se for o caso, será aplicada ao agente público responsável pelo ato.
>
> § 5o Verificada a falta, o juiz comunicará o fato ao órgão competente responsável pela instauração de procedimento disciplinar contra o membro que atuou no feito.

Alerta-se que, na nova sistemática processual, não é mais possível que o juiz, de ofício, risque o escrito e desentranhe as alegações ou documentos apresentados pelo advogado que não restitui os autos no prazo legal (art. 195, CPC/1973).

Para aplicação das sanções por retenção dos autos, seja disciplinar ou processual, é indispensável que, antes, o advogado seja intimado pessoalmente para devolver os autos.

A propósito, "*não se admite a aplicação da penalidade de perda do direito de vista dos autos, fora do cartório, ao advogado que, não obstante os ter retido em sua posse além do prazo legal, não foi intimado pessoalmente para proceder à devolução*" (TJMG, proc. nº. 0420097-60.2016.8.13.0000, Rel. Desemb. Luis Carlos Gambogi, DJ. 06/12/2016).

Nas palavras de Nelson Nery Junior, "*deverá ser feita mediante intimação pessoal do advogado. Somente depois de realizada a intimação é que pode ser aplicada a sanção prevista na norma comentada*" (in Código de Processo Civil Comentado, 6ª ed., Revista dos Tribunais: Rio de Janeiro, 2002, p. 547).

O novo CPC alterou o prazo para devolução dos autos, devendo constar na intimação pessoal do advogado o atual prazo de 3 dias (§ 2º, do art. 234, CPC) e não mais o antigo prazo de 24 horas (art. 196, CPC1973).

Destaca-se que a intimação deve ser específica e pessoal. A intimação, aliás, deve ser cumprida por mandado, para que se consagre a certeza absoluta da ciência do advogado que reteve os autos. Não é o tempo de retenção dos autos, ou a motivação da retenção, que irá configurar a tipicidade infracional, mas o descumprimento da intimação pessoal do advogado para devolver os autos em três dias. Por isso, a necessidade da intimação ser específica, pessoal e investida de certeza.

Vale pensar que há situações legitimas e de boa-fé que justificam a retenção dos autos, como, por exemplo, a tentativa de acordos, providenciar documentos complexos, problemas pessoais do advogado, etc.

Com efeito, somente depois da intimação pessoal do advogado e a não devolução dos autos é que poderão ser aplicadas as sanções do art. 234, do CPC.

A aplicação da multa correspondente à metade do salário mínimo, estipulada no paragrafo 2º, do art. 234, CPC, compete exclusivamente à Ordem dos Advogados do Brasil e não ao magistrado. Por mais que possa parecer que essa multa tem natureza processual e, dessa forma, sua imposição seria de competência do Poder Judiciário, o STJ pacificou a questão, garantindo que a imposição deve ser imposta pela OAB e não pelo juiz.

Neste sentido, eis acórdão do STJ:

> *"RECURSO ESPECIAL. ADMINISTRATIVO. ORDEM DOS ADVOGADOS DO BRASIL. PROCESSO DISCIPLINAR. RETENÇÃO INDEVIDA DE AUTOS. NECESSIDADE DE INTIMAÇÃO PESSOAL. NULIDADE DA PENALIDADE. RECURSO PROVIDO. 1. O art. 196 do Código de Processo*

> *Civil dispõe que "é lícito a qualquer interessado cobrar os autos ao advogado que exceder o prazo legal. Se, intimado, não os devolver dentro em 24 (vinte e quatro) horas, perderá o direito à vista fora de cartório e incorrerá em multa, correspondente à metade do salário mínimo vigente na sede do juízo". Por sua vez, o Estatuto da Advocacia (Lei 8.906/94) estabelece, em seu art. 34, XXII, que "constitui infração disciplinar: reter, abusivamente, ou extraviar autos recebidos com vista ou em confiança". 2.* ***A interpretação a ser dada aos referidos dispositivos legais é no sentido de que a Ordem dos Advogados do Brasil é a responsável pela aplicação da multa de que trata o caput do art. 196 do CPC, por meio da instauração de processo disciplinar.*** *Ademais, para que se configure a infração de retenção indevida de autos, é necessário que o advogado seja pessoalmente intimado para sua devolução e não atenda à determinação, no prazo de 24 horas. Após esse lapso temporal, a não devolução dos autos pelo causídico configura a infração prevista no inciso XXII do art. 34 da Lei 8.906/94. 3. Não pode ser aplicada a sanção prevista no art. 196 do CPC, senão depois da realização prévia de intimação pessoal do advogado para devolver os autos. Nas palavras de Nelson Nery Junior, "deverá ser feita mediante intimação pessoal do advogado. Somente depois de realizada a intimação é que pode ser aplicada a sanção prevista na norma comentada" (in Código de Processo Civil Comentado, 6ª ed., Revista dos Tribunais: Rio de Janeiro, 2002, p. 547). 4. Essa é a orientação firmada no âmbito do Superior Tribunal de Justiça: RMS 18.508/PR, 1ª Turma, Rel. Min. Luiz Fux, DJ de 6.3.2006; REsp 29.783/RJ, 2ª Turma, Rel. Min. Antônio de Pádua Ribeiro, DJ de 26.4.1993; RHC 4.071/PR, 5ª Turma, Rel. Min. Jesus Costa Lima, DJ de 28.11.1994. 5. Recurso especial provido.* (STJ - Recurso Especial 1.063.330/PR - relatora ministra Denise Arruda - Primeira Turma - j. 5.11.2009).

O novo Código de Processo Civil sedimentou no texto legal o entendimento jurisprudencial (STJ), sobre a competência exclusiva da OAB para imposição da multa pecuniária. Tanto que o paragrafo 3º, do art. 234, dispõe que o juiz comunicará à OAB para instauração do procedimento disciplinar e a imposição da multa.

Repete-se a literalidade:

> § 3o Verificada a falta, o juiz comunicará o fato à seção local da Ordem dos Advogados do Brasil para procedimento disciplinar e imposição de multa.

A aplicação das sanções por retenção dos autos é específica ao advogado que efetivamente deu carga ao processo e que conste no livro de carga, não se estendendo aos demais advogados, que, porventura, constarem na procuração. É garantia constitucional que "*nenhuma pena passará da pessoa do condenado*" (art. 5, XLV, da CF/88).

Para aplicação da multa do paragrafo 2º, do art. 234, CPC (antigo art. 196, CPC), deve ser também garantido o devido processo legal e a ampla defesa, pela OAB. Lembra-se que ninguém sofrerá qualquer punição sem que lhe seja assegurada a ampla defesa e o contraditório, seja em processo judicial ou administrativo (art. 7, LV, da CF/88).

A OAB, quando processar a infração disciplinar por retenção dos autos, também deve ter atenção ao caráter subjetivo da infração. Para o Estatuto da Advocacia constitui infração disciplinar apenas a retenção abusiva.

Paulo Luiz Netto Lôbo explica que a abusividade envolve a intenção do advogado de tirar proveito indevido, de prejudicar, e, que, a prova do prejuízo não se presume. ("Comentários Ao Estatuto da Advocacia e da OAB", 3ª.ed., Saraiva, 2002, p.206)

Para aplicação da multa pela OAB, deve a retenção dos autos ser abusiva, predominando a intenção do advogado em tirar proveito e de prejudicar. A intenção de prejudicar do advogado nunca será presumida.

Vale destacar que caso a retenção dos autos seja realizada por advogados públicos, promotores ou defensores públicos, o juiz comunicará ao órgão competente, e não a OAB, para processar e julgar a infração disciplinar e a imposição da multa (§§ 4º e 5º, do art. 234, CPC).

As regras processuais tem aplicação imediata. Então, mesmo que eventualmente o advogado tenha dado carga dos autos na vigência do CPC/1973, aplica-se o art. 234 do CPC/2015.

Sim, "*embora os autos tenham sido retirados da Secretaria quando ainda vigente o CPC/1973, aplicável à hipótese o art. 234, § 2º, do CPC/2015, uma vez que o Advogado do agravante manteve-se na posse indevida do processo por muito tempo após entrar em vigor do CPC/2015*" (TJDF, Proc. 0031941-40.2016.8.07.0000, REl. Desemb. , DJ).

Portanto, ao direito de carga dos autos fora da secretaria é imposto limitações e o seu descumprimento acarreta sanções disciplinares e processuais, que devem ser evitadas, até mesmo para manutenção da lisura da figura do advogado.

49

O DIÁLOGO ESSENCIAL DO PODER JUDICIAL COM A ADVOCACIA NA REALIZAÇÃO DE JUSTIÇA

Cássia Marize Hatem
Sílvia Maria Maia Xavier
Advogadas

O presente artigo foi escrito à duas mãos com intuito, primeiro de conciliar a vasta experiência na atuação diária da advocacia no ramo do direito do trabalho, metamorfoseando o instituto às várias mudanças ocorridas no cenário Jurisdicional, assim como a inserção do Processo eletrônico em quase todo os municípios do Estado de Minas Gerais de forma arbitraria, ou a aplicação do novo código de processo civil em todo território nacional mesmo que de forma equivocada, Judiciário. Tais tipificações influenciaram direta e substancialmente o trato da advocacia, principalmente a trabalhista.

O segundo proposito do texto é propor uma reflexão do cenário jurisdicional diante a falta de diálogo entre os autores que compõe o Poder Judiciário, principalmente entre eles advogados e juízes, realidade que enfraquece a missão ética da advocacia para com o cidadão e distancia a aprovação de mudanças condizentes com a realidade brasileira. Ao final o artigo pretende demonstrar a crítica das autoras referente ao insulamento jurisdicional, diante o Estado Democrático de Direito, em que acaba mitigando os direitos sociais do cidadão descritos na Consolidação das Leis Trabalhistas e Constituição Federal.

INTRODUÇÃO

Há décadas não tão distantes, o Direito do Trabalho se fundou e fez presente, nasceu com o meio de resistência a condição degradante do trabalho do cidadão resquício do período industrial, era fordista, em que os muros altos, a solidez, a enormidade, ditavam o modo de ser da lei, que por sua vez se integrava a um mundo que buscava planejar, ordenar, conter, prever, manter e unificar, mesmo que sob as custas da saúde, da vida e da dignidade do trabalhador, mundo que os fracos não tinham vez. A organização em classe foi necessária para proteger a vida do trabalhador, enquanto se chegava o objetivo do lucro e da acumulação de capital.

Todavia tal mudança de paradigma não ocorreu de forma solitária, pelo contrário, somente foi possível com a ajuda de intermediários representantes que enfrentariam, junto a eles a grande hegemonia e pressão econômica que passava o país na era da industrialização. Duas pessoas que fizeram parte dessa luta foram os sindicatos- na defesa dos direitos coletivos e os advogados - na defensa de direitos individuais e na consolidação da proteção dos direitos como um todo.

O presente artigo fará o recorte tocando no assunto da advocacia trabalhista, principalmente no interior de Minas Gerais, analisado o contexto social de concretização de direitos sociais.

Diante tal cenário não há como não reconhecer que a voz dos advogados, que acaba sendo, na maioria das vezes, o clamor do cidadão, é uma segurança para que o Estado de Direito sobreviva à todas as mudanças políticas-econômicas que ocorrem durante a história, uma vez que várias dessas são como câncer para os direitos sociais e para a eficiente atuação de tal profissional.

São nos momentos de quase desfalecimento do Direito que o advogado tem voz e propõe a luta de direitos, são eles quem defendem o direito individual, o coletivo, o difuso, são eles também que trazem a esperança de justiça para o cidadão, expectativa de cumprimento da CLT, assim como das normas infraconstitucionais trabalhistas. Ele faz com que o direito positivo não seja somente um pedaço de papel, por isso não se admira que tais profissionais sejam classificados como "essenciais" para a Constituição da República do Brasil no Estado Democrático de Direito.

1 A ESSENCIALIDADE DA ADVOCACIA NA PERSPECTIVA DO DIREITO DO TRABALHO, SOB O ESTADO DEMOCRÁTICO DE DIREITO

O Estado de Direito, como paradigma ocidental de ordem política e jurídica, tem ganhado novos contornos ideológicos expandindo-se no mundo contemporâneo. Nas últimas décadas, uma multiplicidade de interesses nos diversos segmentos políticos, econômicos e sociais promoverão projetos para conformar o Estado de Direito, principalmente diante os direitos trabalhistas, tornando tarefa mais difícil, para um cidadão comum, concretizar os interesses sociais individuais. Acredita-se que essa grande dificuldade se dá por haver um único modelo, que muitas vezes não se enquadra na realidade nacional, e, talvez seja essa uma das explicações para a essencialidade constitucional da advocacia, seria essa um instrumento concretizador a disposição do cidadão para concretizar os Direitos Sociais.

> ***Art. 133.*** *O advogado é indispensável à administração da justiça, sendo inviolável por seus atos e manifestações no exercício da profissão, nos limites da lei.*

Nessa primeira parte em que se trata da essencialidade da advocacia, não há como não fazer tal reflexão sob a égide dos preceitos éticos imbuídos na atuação desse profissional, levando em consideração os atributos de competência, independência e probidade, aspectos que se refletem na conduta e constituem o penhor da confiança do cidadão, assim como colabora para a conquista dos preceitos sociais-constitucionais. Esse pensamento se coaduna com o ensinamento do autor (MEDINA, 2016)[1], quando esse propõe um sentido transcendente da atividade do advogado, o qual lhe dá o caráter de um múnus ou missão social.

> "A advocacia, como profissão liberal, deve subordinar-se a determinadas normas de conduta, que lhe disciplinem o exercício, de forma consentânea com a sua finalidade, assegurando a existência de confiança e respeito nas relações estabelecidas entre os profissionais que a exercem e as pessoas com as quais se relacionam, tais normas de conduta correspondem a ética da advocacia. "

---

1 MEDINA, Paulo Roberto Gouvêa. Comentários ao Código de Ética e Disciplina da OAB: análise do código de 2015, pelo relator de anteprojeto e da sistematização final do texto. Rio de Janeiro: Forense, 2016. Página 3.

Não só a Constituição brasileira insere a advocacia entre as funções essenciais à justiça, em que a declara indispensável à administração da justiça, como infraconstitucionalmente, o Estatuto da Advocacia (Lei n. ° 8.906/94) preceitua que o ministério privado do advogado presta serviços públicos e exerce função social, (art.2°, §1°).

> *Art. 2° O advogado é indispensável à administração da justiça.*
>
> *§ 1° No seu ministério privado, o advogado presta serviço público e exerce função social.*

Pela historicidade verifica-se que a advocacia foi uma das primeiras profissões a se preocupar em positivar o código de ética referente a sua categoria profissional, somente posteriormente vieram as demais profissionais, inclusive magistratura é posterior a advocacia. Essa cronologia induz acreditar que não há como desvincular o entendimento de que a advocacia nasceu preservando e primando pela ética, por ter consciência da importância do seu trabalho na concretização das normas programáticas do Estado Democrático de Direito.

> "Outras atividades e carreiras passaram a contar, ultimamente, com o seu código de ética. O Decreto n. °1.171, de 22 de junho de 1994, adotou o código de ética do servidor público civil do poder executivo federal. Subsequentemente, o Decreto n. °4.081, de 11 de janeiro de 2002 instituiu o código de ética dos Agentes políticos em exercício na presidência e vice-presidência da República. O conselho Nacional de Justiça aprovou, em 6 de agosto de 2008, Código de ética da Magistratura Nacional. "

Quando a Constituição no seu preâmbulo destaca que no Estado Democrático de Direito, (MEDINA, 2016)[2], preceitua que a Carta Política destina-se a assegurar o exercício pleno, concreto dos direitos sociais e individuais, a liberdade, a segurança, o bem-estar, o desenvolvimento, a igualdade e a justiça como valores supremos de uma sociedade comprometida, na ordem interna e internacional, com a solução pacifica das controvérsias, abertamente assume a hipossuficiência do cidadão em conquistar tudo isso sozinho, reconhece a necessidade de alguém a seu lado para reagir quando tais direitos fossem mitigados, não observados ou ignorados, esse alguém é o advogado.

---

2 MEDINA, Paulo Roberto Gouvêa. Comentários ao Código de Ética e Disciplina da OAB: análise do código de 2015, pelo relator de anteprojeto e da sistematização final do texto. Rio de Janeiro: Forense, 2016. Página 3.

Consonante preceitua (SILVA, 2004)[3] quando diz que o advogado tem o dever acerca com a defesa da igualdade perante a justiça, assim sendo passa a ser dever a consciência de que o direito é um meio de mitigar as desigualdades na busca do encontro de soluções justas, é um instrumento para garantir a igualdade de todos.

> "A advocacia é, sobretudo, uma missão voltada à realização da justiça. E se a igualdade é um elemento comum a toda a concepção de justiça, é fácil concluir que é missão da advocacia defender o princípio da igualdade da justiça, a igualdade perante o juiz. Pois, como já disse, é nesse momento que a igualdade ou a desigualdade se efetiva concretamente, como coisa julgada. O advogado deve, assim, travar vigorosa luta contra o desrespeito ao princípio da igualdade da justiça, porque, assim, estará cumprindo sua missão fundamental que é defender a justiça"

Cada vez mais exige a ética no dia-a-dia, de tal profissional, ADEODATO teceu comentários dizendo que a tradição do termo ética é milenar e com a expressão antigos queriam significar aquela dimensão da vida humana sobre que incidem normas, a favorecer parâmetros para decidir entre opções de conduta futura igualmente possíveis e mutuamente contraditórias.

> "*O conceito de ética sofreu profundas modificações desde então e tem quase tantas definições quantas são os autores que o examinam. Sua aplicabilidade prática, porém, permanece fiel ao sentido original de hábito, uso, costume, direito. De uma perspectiva pragmática, as normas éticas preenchem a mesma função vital: reduzem a imensa complexidade das relações humanas e ajudam a ser humano a decidir sobre como agir*[4]"

E quando trazemos essa análise para a perspectiva trabalhista concorda-se com (PAIVA, 2002)[5] que prega que a advocacia não é apenas uma profissão, é também um *múnus*, é um dos elementos da administração democrática da Justiça.

> "(...) Dupin Ainé, jurisconsulto e magistrado francês apreciando uma obra sobre o exercício da advocacia, escreveu: "humanidade, literatura, história, direito, prática, não há matéria ou ciência que o Advogado possa ignorar" ou como dizia bem Calamandrei ... sabem os ditadores, reais ou potenciais, que os advogados são "as antenas supersensíveis da justiça". E estas estão sempre do lado contrário de onde se situa o autoritarismo"

---

3 SILVA. José Afonso da.

4 ADEODATO, João Maurício. Ética e Retórica. São Paulo: Saraiva, 2002, pp. 139-140.

5 PAIVA, Mário Antônio Lobato de. A Importância do Advogado na Justiça do Trabalho. Informa jurídico, juiz de fora, v. 3, n.º27, 2002.

2 A FALTA DE DIÁLOGO ENTRE O ADVOGADO E DEMAIS INSTITUIÇÕES DO PODER JURIDICÁRIO

Em pleno Estado de Direito a realidade atual das instituições atravessam uma tensão, seja de credibilidade, seja de transparência, alguns dizem que são próprias da atualidade, outros que por força da globalização mundial, e o Poder Judiciário com a realização da justiça não ficaria fora dessa crise de valores[6]. Certo é que a prestação de contas à sociedade, que cobra cada vez mais uma postura ética do judiciário e, por consequência do advogado, atualmente adotou uma postura diferente, com a reformulação de conceitos, como de acesso à justiça, ou eficácia jurisdicional, requerendo uma solução eficaz na prestação do Poder Judiciário.

Dos direitos o do trabalho detém uma missão ainda mais árdua e sofre cada vez mais as pressões econômicas e políticas, tanto das multinacionais instituições, como de grandes grupos capitalistas.

Essa interferência econômico-política nos direitos sociais é algo que afeta diretamente a vida dos trabalhadores. Os advogados nesse interim são aqueles que estão na trincheira quando procurados a enfrentar as pressões evitando que as modificações sejam desorrazoadas e implausíveis ou desproporcionais, lutam ao lado do trabalhador, ora cliente, para implantar os incrementos e as melhorias no sistema trabalhista, ou para evitar que direitos e garantias conquistados, sejam chacinados pelas mudanças normativas.

Quando se fala de mudanças na realidade jurisdicional, sejam trabalhistas ou das demais competências, muitas vezes são construídas de maneira isoladas, sem dar ouvidos aos atores envolvidos, um exemplo foi a implantação do processo judicial eletrônico – PJE de forma arbitraria em comarcas que sequer havia uma estrutura montada, em que simplesmente ignorou o diálogo com os advogados atuantes, o que acarreta na má prestação do serviço à sociedade e cortinando a realidade precária do interior das comarcas no país, pois atinge o instrumento de trabalho desse profissional que é uma situação concreta. Esse isolamento na aprovação de medidas que envolvem o sistema processual colabora para a permanência do acesso judicial ilusório e precário.

---

6 VIANA, Márcio Túlio. ROCHA, Cláudio Jannotti da. Coordenadores, São Paulo: LTr, 2016. Como aplicar a CLT à luz da Constituição: Alternativas para os que militam no foro trabalhista.

É ainda um paradigma na história da justiça brasileira, o acesso jurisdicional, e inclui, por exemplo o acesso simples ao número de processos, ao identificar a origem dos problemas, possibilitaria soluções rápidas para a morosidade judicial, sem fechar os olhos para a realidade do interior e do cidadão que não tem acesso a internet de qualidade, ai sim seriam amenizadas as dificuldades daqueles que tem contato direto com a realidade processual, como é o caso do advogado, daí a grande importância em dar ouvido, antes de inserir ou de aprovar qualquer mudança, ou de implantar qualquer modificação permanente e drástica, aquele que lida diariamente com a situação.

A mola propulsora do desenvolvimento social que é divulgado a partir de estatísticas se faz com a participação de pessoas comprometidos com o bom funcionamento da justiça e, nesse aspecto merece, portanto, falar da advocacia. Entretanto, sabe-se que ela não participa no momento de aprovação das novas mudanças no Poder Judiciário.

Acredita-se que promover no mínimo um colóquio entre as instituições como um todo, antes de qualquer aprovação, ganharia não só o cidadão que teria conhecimento da real situação do processo, mas todo o Poder Judiciário passando a ser mais rápido, menos burocrático, mas sabendo ao certo quais as dificuldades em atuar nessa busca.

O planejamento de forma estratégica para combater as medidas burocráticas, como a uniformização de procedimentos como o PJE, poderia ser um grande facilitador e sistematizador da justiça, contudo por mais que houvesse essa questão positiva, na realidade o poder judiciário não conta com a participação efetiva do advogado, certo é que não há como implementar medidas que enaltecem a ética das instituições envolvidas ao poder jurisdicional, incluindo nesse caso a advocacia, se a eficiência e a eficácia ficam comprometidas devido as metas que são isoladas de cada órgão. É preciso reconhecer que a atuação do judiciário é conjunta, sistêmica e interligada entre todos os envolvidos. Que quando se tem uma realidade que não condiz com a proposta de mudança, requer pensar concretamente como seria em cada caso, e não ignorar tais situações ou cortinando a realidade.

Encontra-se em Habermas uma fundamentação que poderia ser aplicada nesta perspectiva, em que descreve a necessidade de abandono a uma compreensão egocêntrica, tal autor propõe uma releitura na estrutura da linguagem cotidiana, por meio da Teoria da Ação Comunicativa: (HABERMAS, 1989):

> *"Não é a relação de um sujeito solitário com algo no mundo objetivo que pode ser representado e manipulado, mas a relação intersubjetiva, que sujeitos que falam e atuam, assumem quando buscam o entendimento entre si,*

sobre algo. Ao fazer isto, os atores comunicativos movem-se por meio de uma linguagem natural, valendo-se de interpretações culturalmente transmitidas e referem-se a algo simultaneamente em um mundo objetivo, em seu mundo social comum e em seu próprio mundo subjetivo. Os homens são capazes, sim, de ação. Basta que, para tal, estes se utilizem da linguagem para se comunicarem com os outros, sempre buscando chegar a um entendimento, a um consenso".

Somada a comunicabilidade essencial do autor acima, existe a teoria da Dialogicidade do autor francês (MORIN, 2007)[7], estudada sob o prisma do pensamento complexo, que propõe um enfrentamento da complexidade com um cenário de discussão entre os atores envolvidos:

Pensar dialogicamente é compreender que a realidade se constitui, modifica, destrói e regenera a partir de princípios e forças contrárias (por exemplo, todos os fenômenos e sistemas naturais ou humanos obedecem a uma ordem que foi produzida a partir de uma desordem inicial que, por sua vez, resultou da destruição de uma ordem anterior - ordem e desordem não podem ser pensados separados, mas como um par que, na sua relação dialógica, produz as infinitas configurações e modificações do real.

Por mais que o processo eletrônico judicial esteja com vistas a contribuir para a consolidação das transformações por que passam o sistema judiciário brasileiro, para a sua plena implementação é primordial primeiro que haja realmente o acesso à justiça, no Estado Democrático de Direito sem deixar de lado a dignidade humana daqueles que buscam a justiça para a solução de seus conflitos, mas no interior do estado não se consegue sequer acompanhar o processo, ou peticionar de modo confiável, não é exceção às vezes que o processo sofre o impulso oficial, sem a devida geração da informação no sistema eletrônico para o advogado.

É preciso reconhecer que tudo está interligado, como um sistema, e com o pensamento sistêmico de (LUHMANN, 2014), que considera que a conclusão de que o Direito somente estabiliza expectativa é "autopoiese"; logo, não pode, através do pensamento desse autor, esperar muito de um isolamento em relação aos envolvidos, que neste caso poderia citar o profissional.

"*Autopodíeis* do sistema (autoprodução), pela qual o próprio sistema produz sua estrutura e seus elementos *(auto-organização) e determina seu estado seguinte a partir da limitação anterior obtida com a operação. Em suma: o sistema se constitui e se mantém através de suas operações peculiares e*

7 MORIN, E. Introdução ao pensamento complexo. 3. ed. Porto Alegre: Sulina, 2007.

exclusivas, com base na auto-observação mediada pelo código binário. É a autonomia ou independência do sistema o campo de suas operações. Este fechamento operativo é condição de abertura cognitiva — acoplamento estrutural (interdependência) — do sistema, dado que, para que as perturbações do entorno não o destruam ou o desestabilizem, aquele precisa estar suficientemente seguro e equilibrado mediante suas operações sistêmicas. Eis outro paradoxo sistêmico: a abertura através do fechamento"[8].

Como preceitua (MEDINA, 2016) é preciso reconhecer a grande necessidade de investimentos em capacitação de pessoal e institucional de rotinas adequadas para que o funcionamento das secretarias sejam mais rápidos e dê vazão ao cumprimento das decisões, uma das medidas interessantes desse autor seria a adoção do critério da meritocracia, consistente em premiar os servidores por produtividade elevada, assim pensa-se que aumentaria a convergência de atuação harmoniosa entre juízes e advogados, superando a dicotomia entre tais autores, fato esse que tenciona os desenvolvimento dos trabalhos e provoca a sensação de que há uma ausência de legitimidade no livre exercício profissional.

É preciso o reconhecimento de que, assim como o juiz, os demais autores são também indispensáveis a administração da justiça, no Brasil, no caso do advogado, é essencial a administração da justiça, e não há como defender, na atual democracia, uma cidadania autônoma nos moldes que tem hoje.

3 O EXERCÍCIO DA ADVOCACIA COMO DEVER SOCIAL

O exercício da advocacia é um imperativo de um dever social, em que implica para o profissional o mesmo compromisso de zelo como o mandato recebido do cliente quando por este contratado. É indispensável, portanto, que o advogado desenvolva trabalho à altura da confiança que nele deposita o cliente. Daí dizer o art.30, caput:

> *"No exercício da advocacia pro bono, e ao atuar como defensor nomeado, conveniado ou dativo, o advogado empregará o zelo e a dedicação habituais, de forma que a parte ele assistida se sinta amparada e confie no seu patrocínio."*

8 LUHMANN, Niklas [1995]. Introdução à teoria dos sistemas: aulas publicadas por Javier Torres Nafarrate. Trad. de Ana Cristina Arantes Nasser. Petrópolis: Vozes, 2014

Se convencerá ou não, é uma questão secundaria, o importante é sobretudo o desafio de propor a ruptura do modelo, o atrevimento da crítica aberta, refletida convicção de que, em matéria de duplo grau, o atual estado de coisas, que ainda é, já não deverá ser (Dasein), assim como prega Heidegger aput CLAUS, 2016[9] quando diz que *"acreditar na livre mobilidade no pensamento, como ato criador que dissolvera as ideologias"*, o papel social da advocacia, infelizmente, vincula-se a consequente instabilidade financeira vivenciada pela sociedade, vez que as matizes ideológicas de cunho político, jurídico e econômico atuam na expansão do Estado de Direito, assim como consequência influenciam no processo de materialização do Poder Judiciário.

O movimento de expansão do Estado de Direito global, mesmo diante de múltiplos atores e diretrizes, converge-se em dois principais blocos ideológicos, ao ter como regra fundamental a luta incessante para a manutenção do direito, destacando a advocacia que reflete a ideia de luta constante de se fazer a justiça. O fazer do advogado decorre das relações humanas de qualquer natureza, tanto profissional, quanto em situações em que haja violação de uma norma criada para organizar a vida em sociedade, ou simplesmente quando da iminência de sofrer uma violação de qualquer direito, defende com rigor os interesses de seu constituinte mesmo que não haja uma estrutura condizente com o esperado.

Atualmente a profissão da advocacia experimenta uma crise jamais vivenciada anteriormente. Não se pode olvidar que o advogado, sem distinção de gênero, abraça a carreira não só pela função social ou por pura ideologia, mas, essencialmente, como fonte de renda que lhe permita prover condignamente o seu sustento. No entanto, a trajetória seria uma das únicas forças capaz de enfrentar e se posicionar frente a tensão política o desmonte da justiça do trabalho que se presencia, as dificuldades aumentam a importância deste oficio dia após dia.

Alguns profissionais fazem da profissão um verdadeiro sacerdócio, pois dignificam ideologicamente com seu papel social. Considerando que se trata de matizes ideológicos, vale mencionar que o termo ideologia utilizado no texto é o definido por BOBBIO[10], dentro dos sistemas de crenças políticas, como "*um conjunto de ideias e de valores respeitantes à ordem pública e tendo como*

---

9 Heidegger aput CLAUS, Bem-Hur Silveira. Organizador. A função revisora dos tribunais. São Paulo. LTr, 2016.

10 BOBBIO, Norberto. **Dicionário de política.** Brasília: UnB, 1995, página 52. Leia mais: http://www.portalconscienciapolitica.com.br/ci%C3%AAncia-politica/ideologia/

função orientar os comportamentos políticos coletivos", entender-se-á por matizes ideológicos a estratégia de atuação grupos na implementação de um modelo de Estado que atenda a valores e interesses próprios, através de um embate político e econômico. A exemplo de um integrante desse grupo é o advogado.

4 O DESMONTE DA JUSTIÇA DO TRABALHO

A justiça do trabalho tem sido fruto, por um lado, de profundas mudanças ocorridas no mundo do trabalho e da necessidade, desse seguimento especializado do judiciário brasileiro, de examinar todas as causas derivadas do labor humano e, por outro, do intenso processo de luta de diversos setores organizados da sociedade comprometidos com a efetividade plena dos direitos sociais e culturais da classe trabalhadora.

É preciso ter em mente, ao exercer o mister, que distribuir justiça num contexto tão especial, quanto o das relações de trabalho é extrair o verdadeiro sentido de mudança pretendida pelo legislador fundamental, é assegurar a máxima efetividade à nova ordem (CANOTILHO, 1995)[11] l.

> *"O princípio da máxima efetividade, também designado por princípios da eficiência ou princípio da interpretação efetiva, pode ser formulado da seguinte maneira: a uma norma constitucional deve ser atribuída o sentido que maior eficácia lhe dê. É um princípio operativo em relação a todas e quaisquer normas constitucionais, e embora a sua origem esteja ligada a tese da atualidade das normas programáticas (THOMA) é hoje sobretudo invocado no âmbito dos direitos fundamentais (no caso de dúvida deve referir-se à interpretação que reconheça maior eficácia aos direitos fundamentais)* ".

A existência de uma justiça do trabalho forte, eficaz e madura constitui elemento essencial no processo de concretização desses direitos, assim como a universalização a todos os trabalhadores e trabalhadoras e, essencialmente, a advocacia e todas as demais instituições envolvidas, são pilares de sustentação dessas mudanças. (MEDINA, 2016)

> *"Art. 27 - o advogado observará, nas suas relações com os colegas de profissão, agentes públicos, autoridades, servidores públicos e terceiros em geral, o dever de urbanidade, tratando a todos com respeito e consideração, ao mesmo tempo em que preservará seus direitos e prerrogativas, devendo exigir igual tratamento de todos com quem se relacione.*

---

11 CANOTILHO. Direito Constitucional. Coimbra- Almedina, 1995. página 227 (grifos grossos acrescidos)

§1ª o dever de urbanidade há de ser observado, da mesma forma, nos atos e manifestações relacionados aos pleitos eleitorais no âmbito da Ordem dos Advogados do Brasil.

§2ª No caso de ofensa à honra do advogado ou a imagem da instituição, adotar-se-ão as medidas cabíveis, instaurando-se processo ético-disciplinar e dando-se ciência as autoridades competentes para apuração de eventual ilícito penal".

Acredita ser necessário para alcançar uma "concertação social"[12] uma solução conjunta e dialógica, em que todos envolvidos tenham voz. Por meio da participação de todos chega-se a u*ma compreensão interdisciplinar e neoparadigmática do sentido de* usa-se o diálogo entre as instituições, entre os poderes no Estado Democrático de Direito, para se chegar a outra forma de trato da realidade atual. Levar-se-á em conta a contribuição local e própria de cada realidade para se chegar a solução. Atitude contraria a essa sistematização demonstra a fala de harmonia, sendo uma incoerência já que o fim a alcançar é promover a realização concreta dos direitos sociais (MORAES, 2012)[13]:

"Como exposto (...) o setor público é o maior litigante do País, indispensável, pois, uma abordagem processual específica para a solução das demandas repetitivas daí decorrentes, com a observância dos princípios basilares do Estado Democrático de Direito, insculpido na Constituição Federal de 1988".

Não tem como desconhecer que a sociedade é complexa, como preceitua o autor (MORIN, 2007) e, como tal, os problemas também são complexos, sendo assim quanto mais interdisciplinaridade, melhor seria para encontrar uma solução plausível e razoável. A busca de soluções negociadas numa dialética dentro do razoável, própria do equilíbrio na condução das crises, primaria pela boa relação institucional.

Uma das intenções do artigo é além de descrever a crítica pela falta de diálogo, é descortinar a atuação advocatícia no interior.

E por mais que a atuação do advogado se dê de forma personalizada, caso a caso, a sua atuação ultrapassa a esfera do individual e sim convivemos com um problema social de repercussão geral que não pode mais ser ignorado pela

---

12 Concertação social, na visão do autor Antônio Gomes de Vasconcelos, é uma forma de solução de conflitos em que se propõe um agir prático de todos, em que tenha o proposito maior a sociedade.

13 MORAES, Vânila Cardoso André de. Demandas repetitivas decorrentes de ações ou omissões da Administração Pública: hipóteses de soluções a partir de um direito processual público fundamentado nos princípios da Constituição Federal. Dissertação de Mestrado defendida perante a Universidade Federal Fluminense em 16/12/2011.

política pública do poder público, que é a dificuldade de prestação jurisdicional o que ocorre em alguns lugares, o que colabora para a moralidade, falta de eficiência e de efetividade, em benefício da Sociedade. [2]

Parecem claras a afronta às garantias concernentes à dignidade da pessoa humana e ao valor social do trabalho inscritas na Constituição da República nos termos do artigo 1º, incisos III e IV na Carta Federal, quando qualquer mudança é feita sem proposta dialógica, pode-se demonstrar uma evolução do conceito de Estado de Direito, conforme nos lembra Vânila Moraes (MORAES, 2012) um agir sistêmico.

> *"Esta missão corresponde a um conceito de Estado de Direito que, em sua vertente material, refere-se à proteção da dignidade humana e da liberdade individual frente aos poderes públicos e que, por conseguinte, em sua vertente formal, se baseia em um sistema de garantias e princípios que servem para realizar esse fim, como particularmente a primazia da Constituição, a divisão dos poderes, a legalidade da atuação administrativa, a tutela judicial por tribunais independentes, a responsabilidade civil do Estado, a proibição do trato arbitrário, a segurança jurídica e o respeito aos princípios da proporcionalidade".*

Só por meio do diálogo que a própria Justiça poderá superar os problemas de execução advocatícia, ainda mais porque somente aqueles que atuam e vivenciam tal realidade que podem colaborar com possíveis e eficientes soluções.

A realidade, em que o direito trabalho mitiga a concretização e chega ao ponto de ser tão moroso quanto o civil, afronta os direitos fundamentais do Estado Democrático de Direito, pois uma sentença pode não ser ilegítima, mas a justiça pode não se fazer se muito morosa.

No plano político, a estratégica, em coerência com as premissas do constitucionalismo contemporâneo, atribui ao poder judiciário a função de promover o fortalecimento do Estado Democrático de Direito e de fomentar a construção de uma sociedade livre justa, e solidário, por meio de uma efetiva de uma efetiva prestação jurisdicional.

Por meio de alguns autores, como (MORAES, 2012) que trata em seu estudo os conflitos de massa, da mesma forma como os dados do CNJ como a justiça em números, chega-se à conclusão de que, com a proposta neo-constitucionalista do Estado de Direito, veio junto a judicialização da sociedade, embora essa ideia não conviva com o Estado Social, o advogado está na linha de frente no enfrentamento dessa questão, e requer um trato ético quando toca nesse assunto, pois é ele quem tem a capacidade de inflamar ou ponderar os conflitos.

Ao investigar os novos paradigmas epistemológicos e sua contribuição para a democratização da ação dos temas apresentados possibilita-se enfrentar a tensão de efetivação da justiça proposta pelo Estado Democrático de Direito.

O Direito que, na pós-modernidade, propõe o debate, tem uma função efetiva de realizar o projeto social - função transformadora - e, por meio da interlocução com a comunidade científica, discutir escolhas de ordem epistemológica, sociológica e filosófica, não se resumindo apenas em mudanças positivas como meio de resolução de conflitos. Para isso, lança-se mão da razão dialógica, e abre-se mão da absolutividade do positivismo, só assim constroem um olhar aprofundado da questão capaz de mudar a atual realidade e chegar-se mais próximo da efetividade dos direitos fundamentais e sociais como o direito ao trabalho.

A complexidade entra no modo de aplicar e no modo de interpretar, construídas sob o pilar da ética e responsabilidade social de cada um dos envolvidos, em uma compreensão interdisciplinar e neo-paradigmática do princípio de democracia no paradigma do Estado Democrático, com a cooperação judiciária e com a administração da justiça.

Da mesma forma, (HABERMAS, 1985) defende que não há como haver a verdade das verdades; o que há é que, em uma comunidade de comunicação, eleva-se uma verdade como a verdade das verdades. Na visão de (MORIN, 2007) a complexidade é a incapacidade de ordenar as ideias, sendo um tecido inseparável e indissociável.

> *"Aspectos de qualquer conhecimento ou produção de conhecimento se operam por seleção de dados significativos e exclusão de dados não-significativos, que são baseados em princípios lógicos, comandados por princípios supra-lógicos. Depois de escolhidos, são elevados como verdade".*

Tais conceitos podem ser trazidos como, por exemplo, ao defender a aplicabilidade concreta dos problemas enfrentados na atuação essencial do advogado nas comarcas do interior, que gera para o cidadão que busca o serviço o distanciamento da concretização da consciência de cidadania.

Mesmo que se consiga somente com esse artigo demonstrar uma ponta desse *iceberg*, tendo em vista que seria necessário um tratamento individualizado de cada comarca do interior para saber com certeza as dificuldades enfrentadas por cada uma delas, o artigo caminha para a necessidade de se chamar para compor o diálogo, acredita-se que possamos estar preparados para a construção desse diálogo, como dito por (Netto, 2001)[14], da sociedade com o poder público.

> *"Hoje nos é dado ver claramente que o público não se reduz ao estatal, pelo contrário, sabemos que sempre que essa redução ocorre, estaremos diante de uma privatização do público, passível de ser objeto do controle de constitucionalidade. Os denominados conceitos abertos ou indeterminados levaram-nos, com Garcia de Enterria, por exemplo, a ver que o poder discricionário da Administração não é sinônimo de uma autorização em branco dos administrados dada à mesma, mas que, ao contrário, tratam-se de conceitos determináveis, que sempre são aplicados em uma certa situação concreta dada, e que as especificidades da situação de aplicação exigem, a cada caso, uma única e determinada postura ou ação jurídica e constitucionalmente vinculada da Administração. Daí fomos capazes de ver sob o foco da luz do melhor Direito, com Ronald Dworkin, a tessitura aberta ou indeterminada, principiológica, de todo o ordenamento que, como demonstra Friedrich Müller, só se dá a conhecer pela mediação dos textos normativos, requerendo de modo inafastável a concretude e a singularidade das situações de aplicação. Esse hercúleo esforço de reconstrução jurídico-doutrinária permite-nos, hoje, buscar assegurar a imparcialidade na aplicação do Direito de modo muito mais complexo e, portanto, muito mais capaz de lidar com o risco de arbitrariedade sempre presente nesta atividade".*

Há uma preocupação com o papel do Direito na ciência moderna, preocupação já descrita por (BOAVENTURA, 2000)[15], pois a lei, neste momento vivenciado da criação do apogeu do Direito, foi repassada de uma forma de libertação, gerando uma tensão entre emancipação e regulação, e não há como ter essa libertação sem a atuação do advogado. Já se ultrapassa a conquista, convivendo, hoje, o Estado Democrático de Direito com um problema ético de responsabilidade social. O grande dilema que se põe é a falta de efetividade do Direito conquistado na Constituição Federal.

Como afirma (BOAVENTURA, 2000), o sistema judiciário não corresponde às expectativas sociais e a reforma judicial "*passa a ser um componente essencial do novo modelo de desenvolvimento e a base de uma boa administração*", tendo como ponto de partida a ideia de que as sociedades assentam

---

14 CARVALHO NETTO. A contribuição do Direito Administrativo enfocado da ótica do administrado para uma reflexão acerca dos fundamentos do controle de constitucionalidade das leis no Brasil: um pequeno exercício de Teoria da Constituição. *In*: *Fórum administrativo.* Ano I. Nº 1. Belo Horizonte: Fórum, março de 2001.

15 Boaventura de SOUSA SANTOS, Para uma revolução democrática da justiça. São Paulo: Cortez, 2000

no primado do direito e não funcionam eficazmente sem um sistema judicial eficiente, eficaz, justo e independente, o novo padrão de intervenção judiciária reconhece que é preciso fazer grandes investimentos para que isso ocorra, seja na dignificação das profissões jurídica e judiciárias, seja na organização de modelos organizativos que tornem o sistema judiciário mais eficiente e acessível, seja nas reformas processuais ou na formação de magistrados e funcionários.

Todavia, nesse período de transição social sai-se de um paradigma dominante e caminha para outro ainda maior, com a dimensão global de construção da concretização dos Direitos Fundamentais. Efetivar na sociedade valores como a dignidade da pessoa humana, o pluralismo, a cidadania e a soberania, fazer um chamamento das instituições para que possam retirar o véu que as exime de sua neutralidade frente aos problemas sociais e se posicionar frente à realidade social, ainda é algo que se vê mais frequentemente na advocacia, por isso que é preciso um olhar de credibilidade por parte do Poder Judiciário.

CONSIDERAÇÕES FINAIS

Partindo do pressuposto de que as sociedades contemporâneas reconhecem que o Direito e o sistema judicial, devidamente alinhados no Estado de Direito, são a fórmula ideal para regular as relações jurídicas, torna-se notório que teriam substancial interesse em investir financeiramente na reforma dos Judiciários do mundo, entretanto um sistema judicial eficiente, eficaz e independente necessita de investimentos que perpassam a estrutura do Poder desde a acessibilidade, gestão, modelo organizacional até a qualificação e dignificação das profissões jurídicas e judiciárias.

E é exatamente este ajuste entre o Direito e o sistema judicial que permanece em constante tensão entre teoria e prática, por isso a necessidade de alinhar o Estado aos interesses políticos e econômicos, com as garantias constitucionais abarcando as necessidades sociais, sabe-se que constitui tarefa hercúlea, especialmente em virtude das pressões do mercado global, mas vale salientar que a concepção e amplitude do direito à jurisdição varia conforme a ideologia de Estado, sendo que, no Estado Democrático de Direito, em que o Estado assume a postura ativa de implementar os direitos fundamentais, requer autores que também assumam uma postura mais ética.

É inconcebível uma interpretação que exclua o fator humano, que ignore a realidade caso a caso.

É a partir da atuação dos movimentos ideológicos que paira a flexibilidade conceitual do Estado de Direito, mesmo que haja a consideração das variações políticas na atuação estatal, dentro do cenário contemporâneo globalizado, o desempenho do Poder Judiciário necessita de uma postura dialógica e sistêmica, e não há como ignorar a fundamental e essencial importância da advocacia nessa construção.

REFERÊNCIA BIBLIOGRÁFICA

Constituição Federal da República Brasileira de 1988

Consolidação das Leis Trabalhistas - CLT

ADEODATO, João Maurício. Ética e Retórica. São Paulo: Saraiva, 2002, pp. 139-140.

BOBBIO, Norberto. **Dicionário de política.** Brasília: UnB, 1995, página 52. Leia mais: http://www.portalconscienciapolitica.com.br/ci%C3%AAncia-politica/ideologia/

CANOTILHO. Direito Constitucional. Coimbra- Almedina, 1995. página 227 (grifos grossos acrescidos)

CARVALHO NETTO. A contribuição do Direito Administrativo enfocado da ótica do administrado para uma reflexão acerca dos fundamentos do controle de constitucionalidade das leis no Brasil: um pequeno exercício de Teoria da Constituição. *In*: *Fórum administrativo.* Ano I. Nº 1. Belo Horizonte: Fórum, março de 2001.

Boaventura de SOUSA SANTOS, Para uma revolução democrática da justiça. São Paulo: Cortez, 2000

MEDINA, Paulo Roberto Gouvêa. Comentários ao Código de Ética e Disciplina da OAB: análise do código de 2015, pelo relator de anteprojeto e da sistematização final do texto. Rio de Janeiro: Forense, 2016. Página 3.

LUHMANN, Niklas [1995]. Introdução à teoria dos sistemas: aulas publicadas por Javier Torres Nafarrate. Trad. de Ana Cristina Arantes Nasser. Petrópolis: Vozes, 2014

Heidegger aput CLAUS, Bem-Hur Silveira. Organizador. A função revisora dos tribunais. São Paulo. LTr, 2016.

MORIN, E. Introdução ao pensamento complexo. 3. ed. Porto Alegre: Sulina, 2007.

MORAES, Vânila Cardoso André de. Demandas repetitivas decorrentes de ações ou omissões da Administração Pública: hipóteses de soluções a partir de um direito processual público fundamentado nos princípios da Constituição Federal. Dissertação de Mestrado defendida perante a Universidade Federal Fluminense em 16/12/2011.

PAIVA, Mário Antônio Lobato de. A Importância do Advogado na Justiça do Trabalho. Informa jurídico, juiz de fora, v. 3, n.º27, 2002.

SILVA. José Afonso da. Curso de Direito Constitucional.

VIANA, Márcio Túlio. ROCHA, Cláudio Jannotti da. Coordenadores, São Paulo: LTr, 2016. Como aplicar a CLT à luz da Constituição: Alternativas para os que militam no foro trabalhista.

50

A INTIMAÇÃO DA TESTEMUNHA POR ATO DO ADVOGADO – LIMITES ÉTICOS E ASPECTOS PROCESSUAIS

Antônio Novais Caiafa
Advogado

Fiquei novamente muito honrado com a possibilidade de estar ao lado de ilustres colegas da Advocacia de Minas Gerais interessados no bom Direito, em estudá-lo, em sua boa aplicação e na rápida finalização dos conflitos judicializados, tratando doravante de tema que ocupará os Advogados com o advento da nova lei processual civil.

Interessante inovação se inaugurou com a Lei n. 13.105/2015 ao veicular o novo Código de Processo Civil a partir de março de 2016.

Merece destaque aquela introduzida pelo artigo 455, que altera substancialmente a regra constante do artigo 412 do código revogado[1], dispondo o seguinte:

> "*Art. 455 -* ***Cabe ao Advogado*** *da parte informar ou intimar a testemunha por ele arrolada do dia, da hora e do local da audiência designada, dispensando-se a intimação do juízo.*
>
> *§ 1o - A intimação deverá ser realizada por carta com aviso de recebimento,* ***cumprindo ao Advogado juntar aos autos, com antecedência de pelo menos 3 (três) dias da data da audiência, cópia da correspondência*** *de intimação e do* ***comprovante de recebimento***."

---

1 *Art. 412. A testemunha é intimada a comparecer à audiência, constando do mandado dia, hora e local, bem como os nomes das partes e a natureza da causa. Se a testemunha deixar de comparecer, sem motivo justificado, será conduzida, respondendo pelas despesas do adiamento.*

As novidades são que a partir da vigência do novo CPC ***os Advogados*** *"convidarão"* para depoimento, e ***não mais a Justiça*** intimará, como no regramento anterior, as testemunhas que arrolarem para depoimento na audiência designada.

O ***juízo foi dispensado de intimá-las***, o fazendo apenas se, nos termos do inciso I do § 4º do referido dispositivo,

> *"for frustrada a intimação prevista no § 1o deste artigo",*

e em de outras situações que serão vistas mais adiante.

RAZÕES DA ALTERAÇÃO

As causas de fundo para a alteração legislativa estão ligadas a ineficiência e morosidade da Justiça verificada pelos diversos gargalos que se formaram ao longo dos anos, mergulhada cada vez mais em dificuldades multifatoriais, alguns foros à beira do colapso, podendo a medida ser vista como parte de outras com objetivo de aliviar o Judiciário de providências internas que acontecem rotineiramente nos milhares de processos cíveis em curso pelos tribunais do País.

Não é papel do novo CPC atacar as causas mais profundas e reais que determinam severas críticas ao Judiciário, mas é perceptível a clara intenção de atenuar os efeitos mais rasos das dificuldades institucionais retirando dos ombros dos servidores o encargo em destaque e os embaraços que costumam prejudicar o fluxo continuado e normal do processo, transferindo para a Advocacia ônus inato que se junta a outros que lhe são inerentes tornando ainda mais penosas as agruras diárias do Advogado.

Há muito tempo o Estado está nomeando menos e menos servidores sem qualquer tendência de que isso se reverta em curto, médio e longo prazo, sobretudo em razão da atual séria crise fiscal e orçamentária, bem como da criação do processo judicial eletrônico que inaugura fase importante do Judiciário que incentivará e determinará novas práticas, inclusive a possibilidade do chamado *"home-office"*, com muitos servidores em futuro próximo executando suas atividades sem saírem de suas residências.

Há também o fato de que muitos servidores estão se aposentando sem a correspondente reposição por parte do Estado, calhando muito bem essa solução paliativa de âmbito processual de buscar a cooperação da classe dos Advogados para reduzir a morosidade que tanto prejudica os jurisdicionados.

ADVOCACIA PRESTIGIADA

Em diversas passagens da Constituição Federal a classe dos Advogados está marcantemente prestigiada e honrada pela presença institucional em órgãos judiciários, com a indispensabilidade do artigo 133 da magna Carta[2] devidamente confirmada também em incontáveis manifestações na legislação infraconstitucional e enaltecida pela maioria dos que operam o Direito. É exatamente por causa desse *status* constitucional que a Advocacia foi chamada a esta e a outras diversas formas de cooperação com a prestação jurisdicional que cabe ao Estado, assim protagonizando papel valioso no desenvolvimento e desenrolar do processo na direção da solução da lide que se espera ocorrer em prazo razoável[3].

Mas o que se pode analisar é se uma vez transferido para o Advogado essa e outras responsabilidades que influenciam a dinâmica e o fluxo do processo cível, deve a classe sentir-se prestigiada ou não com a nova contribuição prevista no CPC de 2015.

Depende de como se vê a Advocacia no atual momento. Essa nova tarefa que implica responsabilidade e representa - como dito - transferência de ônus típico do Estado, há que estar acompanhada do bônus do reconhecimento da sociedade para a importância da Advocacia, e da comunidade jurídica o definitivo acolhimento das prerrogativas profissionais previstas na Lei 8.906/94, tantas vezes afrontada.

Se não houver ganhos que ainda faltam de respeitabilidade efetiva que confirmem na prática o disposto no artigo 133 da Constituição Federal, a medida se tornará apenas mais uma atividade inócua a atrasar o julgamento do processo, já que o desejo do legislador é que o convite do Advogado seja aceito de pronto pela testemunha e se evite que o Estado mobilize estrutura pesada para forçá-la a comparecer a uma audiência.

Sem dúvida essa medida previamente estudada por representantes da classe dos Advogados representa o ativismo e ressalta o princípio da colaboração[4] para que o processo cumpra o papel de instrumento sério do direito material, exigindo como necessária contrapartida o efetivo respeito as prerrogativas profissionais do Advogado.

---

2 *Art. 133. O Advogado é indispensável à administração da justiça, sendo inviolável por seus atos e manifestações no exercício da profissão, nos limites da lei.*

3 *Art. 5º, inciso LXXVIII da CF: - "a todos, no âmbito judicial e administrativo, são assegurados a razoável duração do processo e os meios que garantam a celeridade de sua tramitação."*

4 *Art. 6º do CPC: Todos os sujeitos do processo devem cooperar entre si para que se obtenha, em tempo razoável, decisão de mérito justa e efetiva.*

Apenas para que não fiquemos nessa medida, outra amostra interessante de forma de contribuição delegada ao Advogado é a possibilidade aberta pelo novo CPC, inserida no § 1º do artigo 269[5], pela qual o causídico de uma parte dá ciência ao seu *ex-adverso* acerca de determinado ato processual ou provimento, suprimindo a atividade dos servidores do judiciário em tal sentido.

Portanto, há sim enobrecimento da Advocacia ao contribuir para que se dê maior dinâmica ao fluxo dos processos judiciais.

PRECEDENTES LEGISLATIVOS NO DIREITO PROCESSUAL

A medida inovadora em comento não tem precedentes nas leis que ditam os trâmites processuais em outras esferas, mas não constitui nenhuma novidade na Consolidação das Leis do Trabalho – CLT - e na prática do Direito Processual do Trabalho.

A regra do artigo 845 da CLT[6] é explícita no sentido de que as partes conduzirão suas próprias testemunhas para deporem em audiências que acontecem no processo trabalhista sem nem mesmo necessitarem do arrolamento prévio. A intimação por esta Especializada somente é autorizada pelo juiz se a parte comprovar no primeiro momento oportuno da audiência ter enviado um *convite* a testemunha que se ausentou, conforme diz o § 3º do artigo 852-H da CLT que merece transcrição destacada:

> *"Só será deferida intimação de testemunha que, comprovadamente convidada, deixar de comparecer. Não comparecendo a testemunha intimada, o juiz poderá determinar sua imediata condução coercitiva"*

Portanto, a inspiração mais próxima do legislador para a inovação no novo CPC esteja talvez na CLT, que ostenta a regra transcrita há mais de 15 anos, desde a Lei 9.957/2000.

Aliás, embora devesse ser o inverso, o Direito Processual do Trabalho tem aparentemente enriquecido o Direito Processual Civil com outra providência que enxuga o elenco de recurso, como o exemplo da extinção do agravo reti-

---

5 *Art. 269. Intimação é o ato pelo qual se dá ciência a alguém dos atos e dos termos do processo.*

§ 1o É facultado aos *Advogados promover a intimação do Advogado da outra parte por meio do correio, juntando aos autos, a seguir, cópia do ofício de intimação e do aviso de recebimento.*

6 *Art. 845 - O reclamante e o reclamado comparecerão à audiência acompanhados das suas testemunhas, apresentando, nessa ocasião, as demais provas.*

do no novo CPC que é instrumento recursal inexistente na seara trabalhista contra decisões interlocutórias. No caso do processo trabalhista, basta ao demandante inconformado registrar descontentamento por petição simples ao próprio juiz prolator, e posteriormente reiterar a insurgência em sede de preliminar no futuro e em eventual recurso a sentença de mérito em que tenha sucumbido, tudo à inteligência dos artigos 794 a 798 da CLT[7].

Saindo da seara do Direito Processual do Trabalho, apreciável fazer, para fins comparativos, pequena incursão por algumas outras legislações vigentes de caráter processual, o que permite concluir que se trata mesmo de inovação que merece ser importada por outros ramos onde atue o direito processual.

Na Lei 9.099/95, que regula os Juizados Especiais, a norma prevê que a própria parte conduza à audiência as testemunhas que pretenda ouvir e, desde que requeira com antecedência, a própria Justiça fará a intimação para comparecimento, sem exigir da parte a prova do envio de convite prévio, conforme previsão do § 1º do artigo 34[8].

Vejamos que no Direito Processual Penal não há regra semelhante. O artigo 218 do CPP[9] pressupõe a intimação pela via judicial, isso porque a testemunha

---

7 *Art. 794 - Nos processos sujeitos à apreciação da Justiça do Trabalho só haverá nulidade quando resultar dos atos inquinados manifesto prejuízo às partes litigantes.*

Art. 795 - As nulidades não serão declaradas senão mediante provocação das partes, as quais deverão argüi-las à primeira vez em que tiverem de falar em audiência ou nos autos.

§ 1º - Deverá, entretanto, ser declarada ex *officio a nulidade fundada em incompetência de foro. Nesse caso, serão considerados nulos os atos decisórios.*

§ 2º - O juiz ou Tribunal que se julgar incompetente determinará, na mesma ocasião, que se faça remessa do processo, com urgência, à autoridade competente, fundamentando sua decisão.

Art. 796 - A nulidade não será pronunciada:

a) quando for possível suprir-se a falta ou repetir-se o ato;

b) quando argüida por quem lhe tiver dado causa.

Art. 797 - O juiz ou Tribunal que pronunciar a nulidade declarará os atos a que ela se estende.

Art. 798 - A nulidade do ato não prejudicará senão os posteriores que dele dependam ou sejam consequência.

8 *Art. 34. As testemunhas, até o máximo de três para cada parte, comparecerão à audiência de instrução e julgamento levadas pela parte que as tenha arrolado, independentemente de intimação, ou mediante esta, se assim for requerido.*

§ 1º O requerimento para intimação das testemunhas será apresentado à Secretaria no mínimo cinco dias antes da audiência de instrução e julgamento.

9 *Art. 218. Se, regularmente intimada, a testemunha deixar de comparecer sem motivo justificado, o juiz poderá requisitar à autoridade policial a sua apresentação ou determinar seja conduzida por oficial de justiça, que poderá solicitar o auxílio da força pública.*

que se ausentar sem justificação pode sofrer condução forçada determinada pelo juiz. Em todas as fases do Processo Penal, inclusive fase de inquérito policial, não há qualquer referência ao convite do Advogado para comparecimento de testemunha as audiências.

De forma parecida, o Código de Processo Penal Militar determina que a intimação seja feita pelo escrivão, nos termos do artigo 288[10]. Na seara Administrativa, a Lei 9.784/90, que regula o processo administrativo federal, nada dispõe acerca do "convite" a ser encaminhado pelo Advogado.

CONVENIÊNCIA DA PROVA TESTEMUNHAL

Compreendendo o Advogado que a prova testemunhal é sempre subsidiária e complementar[11], a conclusão quanto a real conveniência de utilizá-la deve ser precedida da adequada avaliação se o que se pretende provar por meio da testemunha já não foi obtido por meio da confissão ou pela prova documental, bem como pela prova técnica, estas produzidas necessariamente nas fases precedentes do processo, segundo a inteligência estabelecida pelo artigo 212 do Código Civil Brasileiro[12] e artigo 443 do CPC[13], depois ainda da decisão do

---

10 *Art. 288. As intimações e notificações, para a prática de atos ou seu conhecimento no curso do processo, poderão, salvo determinação especial do juiz, **ser feitas pelo escrivão** às partes, testemunhas e peritos, por meio de carta, telegrama ou comunicação telefônica, bem como pessoalmente, se estiverem presentes em juízo, o que será certificado nos autos.*

11 *Art. 227. (Revogado pela Lei n º 13.105, de 2015)*

Parágrafo único. Qualquer que seja o valor do negócio jurídico, a prova testemunhal é admissível como subsidiária ou complementar da prova por escrito.

12 *Art. 212. Salvo o negócio a que se impõe forma especial, o fato jurídico pode ser provado mediante:*

I - confissão;

II - documento;

III - testemunha;

IV - presunção;

V - perícia.

13 *Art. 443. O juiz indeferirá a inquirição de testemunhas sobre fatos:*

I - já provados por documento ou confissão da parte;

II - que só por documento ou por exame pericial puderem ser provados

juiz cumprindo o disposto no artigo 357 do CPC,[14] notadamente o previsto pelo inciso II.

Pontue-se que a prova testemunhal é sempre admissível, na forma da lei[15], não sendo possível que se prestem a essa condição pessoas incapazes, impedidas ou suspeitas, assim caracterizadas pelas leis de direito material ou processual[16].

Não se deve perder de vista também que a testemunha, antes de qualquer coisa, presta um favor às partes e a Justiça, dotando-a a lei da prerrogativa de depor no foro de sua residência, até mesmo em sua própria residência se comprovadamente doente e impossibilitada de locomoção, não estando obrigada a depor sobre fatos que lhes acarretem prejuízo, havendo ainda aquela que em

---

14 *Art. 357. Não ocorrendo nenhuma das hipóteses deste Capítulo, deverá o juiz, em decisão de saneamento e de organização do processo:*

I - resolver as questões processuais pendentes, se houver;

II - delimitar as questões de fato sobre as quais recairá a atividade probatória, especificando os meios de prova admitidos;

III - definir a distribuição do ônus da prova, observado o art. 373;

IV - delimitar as questões de direito relevantes para a decisão do mérito;

V - designar, se necessário, audiência de instrução e julgamento.

15 *Art. 442. A prova testemunhal é sempre admissível, não dispondo a lei de modo diverso.*

16 *Art. 447. Podem depor como testemunhas todas as pessoas,* ***exceto as incapazes, impedidas ou suspeitas.***

§ 1o São ***incapazes:***

I - o interdito por enfermidade ou deficiência mental;

II - o que, acometido por enfermidade ou retardamento mental, ao tempo em que ocorreram os fatos, não podia discerni-los, ou, ao tempo em que deve depor, não está habilitado a transmitir as percepções;

III - o que tiver menos de 16 (dezesseis) anos;

IV - o cego e o surdo, quando a ciência do fato depender dos sentidos que lhes faltam.

§ 2o ***São impedidos:***

I - o cônjuge, o companheiro, o ascendente e o descendente em qualquer grau e o colateral, até o terceiro grau, de alguma das partes, por consanguinidade ou afinidade, salvo se o exigir o interesse público ou, tratando-se de causa relativa ao estado da pessoa, não se puder obter de outro modo a prova que o juiz repute necessária ao julgamento do mérito;

II - o que é parte na causa;

III - o que intervém em nome de uma parte, como o tutor, o representante legal da pessoa jurídica, o juiz, o advogado e outros que assistam ou tenham assistido as partes.

§ 3o São ***suspeitos:***

I - o inimigo da parte ou o seu amigo íntimo;

II - o que tiver interesse no litígio.

decorrência do exercício de determinados cargos goza de prerrogativas adicionais que a lei processual também elenca, em relação às quais a nova regra ora em estudo não se aplica.

É com essas questões que o Advogado irá se confrontar no dia-a-dia.

LIMITES ÉTICOS – RESPONSABILIDADES DO ADVOGADO

No campo da relação contratual que há entre Advogado e cliente, o ato de desincumbir-se do ônus da nova atribuição pode se desdobrar em responsabilidade civil para o primeiro se concorrer para alguma falha ou inobservância da regra em estudo que produza preclusão da prova e prejuízo inequívoco ao cliente quanto a vislumbrável *perda de oportunidade ou chance*[17].

Lembre-se que a responsabilidade do Advogado é sempre subjetiva e condicionada a prova da culpa, a rigor dos artigos 32 da Lei 8.906/94[18], 186 do CCB[19] e, como se quiser, à luz do § 4º do artigo 14 do CDC[20].A determinação

---

17 *1 – TJMG - Processo: Apelação Cível 1.0024.14.206215-7/001; Relator(a): Des.(a) Arnaldo Maciel; Data de Julgamento: 13/09/2016; Data da publicação da súmula: 19/09/2016; EMENTA: APELAÇÃO CÍVEL - AÇÃO DE INDENIZAÇÃO POR DANOS MATERIAIS E MORAIS - CONTRATO DE PRESTAÇÃO DOS SERVIÇOS ADVOCATÍCIOS - RESPONSABILIDADE CIVIL DO ADVOGADO - CULPA COMPROVADA - PERDA DE UMA CHANCE - AUSÊNCIA DE PROVAS - MERO ABORRECIMENTO - DANOS MORAIS NÃO CONFIGURADOS. A responsabilidade civil do Advogado é subjetiva, visto que, conforme preceitua o art. 32 do Estatuto da Ordem, "o Advogado é responsável pelos atos que, no exercício profissional, praticar com dolo ou culpa". Demonstrada a desídia do patrono no cumprimento do mandato e na prestação dos serviços contratados, impõe-se o reconhecimento da sua responsabilidade. Contudo, inexistindo provas de que a parte autora tenha sofrido um verdadeiro abalo de ordem moral em decorrência da falha da prestação advocatício e não tendo sido comprovada a perda de uma chance, indevida é a indenização por danos morais, uma vez que o mero transtorno ou aborrecimento, por si só e ainda que de proporção significativa, não é capaz de ensejar a configuração do dano moral.*

18 *Art. 32. O Advogado é responsável pelos atos que, no exercício profissional, praticar com dolo ou culpa.*

19 *Art. 186. Aquele que, por ação ou omissão voluntária, negligência ou imprudência, violar direito e causar dano a outrem, ainda que exclusivamente moral, comete ato ilícito.*

20 *Art. 14. O fornecedor de serviços responde, independentemente da existência de culpa, pela reparação dos danos causados aos consumidores por defeitos relativos à prestação dos serviços, bem como por informações insuficientes ou inadequadas sobre sua fruição e riscos.*

§ 1º...

...

§ 4º A responsabilidade pessoal dos profissionais liberais será apurada ***mediante a verificação de culpa.***

prevista no CPC é indelegável e se soma a outras privativas do Advogado previstas no Estatuto da Advocacia.

Por se tratar de dever conferido exclusivamente ao Advogado, não convém que delegue ao cliente a providência de comunicação formal, mesmo que entre os deveres contratuais fixados em instrumento escrito esteja previsto que caberá ao contratante o óbvio fornecimento das provas por meio das quais os fatos serão demonstrados.

Uma coisa é o cliente informar ao Advogado as provas com as quais os fatos serão elucidados, outra bem diferente é o modo de acesso e de produzi-las.

ASPECTOS PRÁTICOS PROCESSUAIS

Note-se que o artigo 455 do novo CPC utiliza as expressões "informar" e "intimar" a testemunha arrolada pelo Advogado.

Ocorre que a expressão "intimar" não é apropriada por pressupor autoridade prévia e formal da qual o Advogado não está dotado, não lhe sendo dado sequer promover a condução coercitiva da testemunha que deixar de comparecer à audiência. Mais adequado seria a utilização da expressão "convidar" para comparecimento, depois de informar sumariamente sobre os propósitos da audiência designada e da contribuição testemunhal.

Em relação ao conteúdo do testemunho, pode e deve o Advogado conhecer previamente o quanto a testemunha é capaz de contribuir para elucidar o fato ainda controvertido, sem interferências, orientando o cliente a dispensá-la se concluir ser inócua a providência de ouvi-la.

O convite a ser encaminhado pelo Advogado deverá ser realizado por carta, telegrama ou outro modo inequívoco, etc., em redação concisa e precisa, ***desde que contra aviso de recebimento*** do destinatário a ser juntado pelo Advogado ao processo pelo menos três dias de antecedência à data da audiência. Os casos excluídos da aplicação da regra, ou seja, o Advogado está dispensado da providência, são aqueles em que a parte se compromete a apresentar a testemunha, no rol de testemunhas figurarem servidor público ou militar, hipótese em que o juiz o requisitará ao chefe da repartição ou ao comando do corpo em que servir; a testemunha houver sido arrolada pelo Ministério Público ou pela

Defensoria Pública, ou ainda, se a testemunha for uma daquelas dos previstas nos incisos I a XII do art. 454 do CPC[21].

O texto da correspondência a ser encaminhado pelo Advogado a testemunha arrolada deve conter ao menos o seguinte:

Localidade e data

Nome da testemunha

"Tendo Vossa Senhoria sido arrolada pelo Sr(a) .... para depor como testemunha em ação judicial movida contra o(a) Sr(a) .... , é a presente para convidá-la a comparecer, munida de documentos pessoais, a sala de audiências da .... Vara da Comarca de ...., às .... horas, no endereço da ...., para que preste depoimento no processo cível n. ....

É meu dever advertir que a ausência de V. Sa. implicará redesignação da audiência, intimação pela via judicial para comparecimento na nova data e condução forçada em caso de ausência injustificada.

Coloco-me a disposição para todos os esclarecimentos."

---

21 *Art. 454. São inquiridos em sua residência ou onde exercem sua função:*

I - o presidente e o vice-presidente da República;

II - os ministros de Estado;

III - os ministros do Supremo Tribunal Federal, os conselheiros do Conselho Nacional de Justiça e os ministros do Superior Tribunal de Justiça, do Superior Tribunal Militar, do Tribunal Superior Eleitoral, do Tribunal Superior do Trabalho e do Tribunal de Contas da União;

IV - o procurador-geral da República e os conselheiros do Conselho Nacional do Ministério Público;

V - o Advogado-geral da União, o procurador-geral do Estado, o procurador-geral do Município, o defensor público-geral federal e o defensor público-geral do Estado;

VI - os senadores e os deputados federais;

VII - os governadores dos Estados e do Distrito Federal;

VIII - o prefeito;

IX - os deputados estaduais e distritais;

X - os desembargadores dos Tribunais de Justiça, dos Tribunais Regionais Federais, dos Tribunais Regionais do Trabalho e dos Tribunais Regionais Eleitorais e os conselheiros dos Tribunais de Contas dos Estados e do Distrito Federal;

XI - o procurador-geral de justiça;

XII - o embaixador de país que, por lei ou tratado, concede idêntica prerrogativa a agente diplomático do Brasil.

Há que se ressaltar que a ausência da testemunha, intimada irregularmente, ou em relação à qual houve o compromisso de comparecimento espontâneo, determina a preclusão quanto a respectiva inquirição, tal como se colhe de dispositivo legal já enfrentado nas primeiras obras de doutrina que tratam sobre o tema:

> *"o não comparecimento da testemunha na audiência para prestar depoimento por falha na comunicação do Advogado da parte ou por não ter levado em juízo, ou seja, nas hipótese era ônus de quem a arrolou, implicará em desistência da referida prova"*[22]

Com essas breves considerações espero ter contribuído com esclarecimentos acerca da prática da nova regra, e finalizo reiterando os agradecimentos aos coordenadores, reafirmando crédito nas instituições deste País que mostram solidez e vigor, e que o mal momento pelo qual passamos atualmente em breve constará apenas da história, com o devido reparo feito por pessoas de bem interessadas numa sociedade democrática, justa, progressista, geradora de riquezas capazes de satisfazer a todas as necessidades sociais previstas na chamada constituição cidadã.

---

22 ***Rodrigues, Marcelo Abelha*** *- "in" Breves Comentários ao Novo CPC - RT Ed. 1ª - Coordenadores: Teresa Arruda Alvim Wambier, Fredie Didier Jr; Eduardo Talamini e Bruno Dantas.*

51

A MERCANTILIZAÇÃO DA ADVOCACIA E O NOVO CPC

Thiago Souza
Advogado

1 INTRODUÇÃO

O mundo, de modo geral, tem se transformado nas últimas décadas impulsionado pelas constantes mudanças tecnológicas, que criaram facilidades de acesso a informação, a internet diminuiu distancias entre os indivíduos, a divulgação de produtos e serviços, entre outras mudanças. Por conseqüência tem mudado também as relações de trabalho, e a maneira dos profissionais atuarem em suas áreas.

Em um sistema capitalista em que nosso mundo se baseia, onde maximizar o tempo e converte-lo em dinheiro é o principal objetivo, pressiona as diversas áreas profissionais a se ajustarem a essa dinâmica. Um exemplo disso são os inúmeros aplicativos de smartphones que surgem para facilitar o trabalho dos profissionais, em diversas áreas, e também, por outro lado aqueles que são utilizados para indicarem profissionais da área para o serviço. Movimento natural em um mercado capitalista que a competição por clientela é voraz.

No caso da advocacia essa mudança na dinâmica da informação tem trazido a tona questionamentos sobre até que ponto este tipo de serviço pode dispor destas ferramentas, praticando uma publicidade que esteja dentro do código de ética da OAB.

E, portanto deve-se levar em conta que o serviço de advocacia não tem como único e exclusivo fim obter lucro (característica marcante do sistema capitalista). O exercício da profissão de advogado está extremamente ligado a procura e satisfação da justiça, por isso o papel exercido é de extrema importância para o sistema judicial. Tal importância é destacada pela Constituição Federal de 1988 em seu art. 133:

> "Art. 133. O advogado é indispensável a administração da justiça, sendo inviolável por seus atos e manifestações no exercício da profissão nos limites da lei."

Sendo ainda reforçado esse papel de extrema importância pelo Estatuto da Advocacia (EAOAB), Lei n° 8.906/94, art. 2°:

> *"Art.2°- O advogado é indispensável a administração da justiça.*
>
> §1° No seu ministério privado, o advogado presta serviço público e exerce função social.
>
> §2° No processo judicial, o advogado contribui, na postulação de decisão favorável ao seu contribuinte, ao convencimento do julgador, e seus atos constituem múnus público.
>
> §3° No exercício da sua profissão, o advogado é inviolável por seus atos e manifestações nos limites da lei."

Portanto, diante do entendimento que a advocacia vai muito além de uma prestação de serviço, com papel fundamental no desempenho jurisdicional do Estado Democrático de Direito, ela não poderia seguir as mesmas regras de publicidade de outras atividades que visam o lucro exclusivamente. Devendo ser regulada, para que não haja um aviltamento do serviço de advocacia, com práticas precipuamente mercantis, criando um melhor ambiente para que o profissional e seu cliente tenham satisfeitos seus anseios de justiça.

2 MERCANTILIZAÇÃO

O Código de Ética da OAB determina as diretrizes para manter o caráter não mercantil da advocacia, e os arts. 28 a 34 tratam da publicidade permitida para esse tipo de serviço, restringindo o conteúdo da publicidade e o *modus operandi* dela.

"Art. 28- O advogado pode anunciar os seus serviços profissionais, individual ou coletivamente, com discrição e moderação, para finalidade exclusivamente informativa, vedada a divulgação em conjunto com outra atividade."

E deixa claro também a maneira que é permitida a publicidade deste serviço, dando um foco maior a formação acadêmica do advogado, e ao nome do "escritório de advocacia" ou "sociedade de advogados", caminhando, portanto para uma publicidade baseada na competência do profissional.

A Lei nº 8.906/94 (Estatuto da OAB) em seu art. 33 reforça a importância de observar sempre o Código de Ética, vejamos:

> *"Art. 33- O advogado **obriga-se** a cumprir rigorosamente os deveres consignados no Código de Ética e Disciplina.*
>
> *Parágrafo Único. O Código de Ética e Disciplina regula os deveres do advogado para com a comunidade, o cliente, o outro profissional, e ainda, a publicidade, a recusa do patrocínio, o dever de assistência jurídica, o dever geral de urbanidade e os respectivos procedimentos disciplinares." (grifo nosso)*

A própria Ordem dos Advogados do Brasil, no exercício das suas atribuições e com o intuito de preservar a essência da advocacia, através do provimento 94/2000, nos arts. 1 a 4, delineia bem forma, meio e conteúdo que os advogados podem utilizar para exercer a publicidade dos seus serviços:

"Art. 1º É permitida a publicidade informativa do advogado e da sociedade de advogados, contanto que se limite a levar ao conhecimento do público em geral, ou da clientela, em particular, dados objetivos e verdadeiros a respeito dos serviços de advocacia que se propõe a prestar, observadas as normas do Código de Ética e Disciplina e as deste Provimento.

> Art. 2º Entende-se por publicidade informativa:
>
> *a) a identificação pessoal e curricular do advogado ou da sociedade de advogados;*
>
> *b) o número da inscrição do advogado ou do registro da sociedade;*
>
> *c) o endereço do escritório principal e das filiais, telefones, fax e endereços eletrônicos;*
>
> *d) as áreas ou matérias jurídicas de exercício preferencial;*
>
> *e) o diploma de bacharel em direito, títulos acadêmicos e qualificações profissionais obtidos em estabelecimentos reconhecidos, relativos à profissão de advogado*
>
> *(art. 29, §§ 1º e 2º, do Código de Ética e Disciplina);*

f) a indicação das associações culturais e científicas de que faça parte o advogado ou a sociedade de advogados;

g) os nomes e os nomes sociais dos advogados integrados ao escritório;(NR. Ver Provimento n. 172/2016)

h) o horário de atendimento ao público;

i) os idiomas falados ou escritos.

Art. 3º São meios lícitos de publicidade da advocacia:

a) a utilização de cartões de visita e de apresentação do escritório, contendo, exclusivamente, informações objetivas;

b) a placa identificativa do escritório, afixada no local onde se encontra instalado;

c) o anúncio do escritório em listas de telefone e análogas;

d) a comunicação de mudança de endereço e de alteração de outros dados de identificação do escritório nos diversos meios de comunicação escrita, assim como por meio de mala-direta aos colegas e aos clientes cadastrados;

e) a menção da condição de advogado e, se for o caso, do ramo de atuação, em anuários profissionais, nacionais ou estrangeiros;

f) a divulgação das informações objetivas, relativas ao advogado ou à sociedade de advogados, com modicidade, nos meios de comunicação escrita e eletrônica.

§ 1º A publicidade deve ser realizada com discrição e moderação, observado o disposto nos *arts. 28, 30 e 31 do Código de Ética e Disciplina.*

§ 2º As malas-diretas e os cartões de apresentação só podem ser fornecidos a colegas, clientes ou a pessoas que os solicitem ou os autorizem previamente.

§ 3º Os anúncios de publicidade de serviços de advocacia devem sempre indicar o nome ou o nome social do advogado ou da sociedade de advogados com o respectivo número de inscrição ou de registro; devem, também, ser redigidos em português ou, se em outro idioma, fazer-se acompanhar da respectiva tradução. (NR. Ver Provimento n. 172/2016)

Art. 4º Não são permitidos ao advogado em qualquer publicidade relativa à advocacia:

a) menção a clientes ou a assuntos profissionais e a demandas sob seu patrocínio;

b) referência, direta ou indireta, a qualquer cargo, função pública ou relação de emprego e patrocínio que tenha exercido;

c) emprego de orações ou expressões persuasivas, de auto-engrandecimento ou de comparação;

d) divulgação de valores dos serviços, sua gratuidade ou forma de pagamento;

e) oferta de serviços em relação a casos concretos e qualquer convocação para postulação de interesses nas vias judiciais ou administrativas;

f) veiculação do exercício da advocacia em conjunto com outra atividade;

g) informações sobre as dimensões, qualidades ou estrutura do escritório;

h) informações errôneas ou enganosas;

i) promessa de resultados ou indução do resultado com dispensa de pagamento de honorários;

j) menção a título acadêmico não reconhecido;

k) emprego de fotografias e ilustrações, marcas ou símbolos incompatíveis com a sobriedade da advocacia;

l) utilização de meios promocionais típicos de atividade mercantil."

Fica claro portanto a preocupação em preservar o caráter não mercantil da advocacia, para que assim os profissionais da área possam exercer da maneira mais plena possível a sua função social designada pela constituição Federal de 1988.

O combate a esse tipo de prática pela OAB, se estende aos tribunais, no intuito de coibi-las, e estes tem entendido no mesmo sentido. Vejamos este julgado do TRF2:

"0009018-91.2016.4.02.0000 (TRF2 2016.00.00.009018-8)

RELATOR: Desembargador Federal ALUISIO GONÇALVES DE CASTRO MENDES

AGRAVANTE: PROTESTEA ASSOCIAÇÃO BRASILEIRA DE DEFESA DO CONSUMIDOR

ADVOGADO: WILLIAN TAKACHI NOGUCHI DO VALE

AGRAVADO: ORDEM DOS ADVOGADOS DO BRASIL - SEÇÃO DO ESTADO DO RIO DE JANEIRO

ADVOGADO: THIAGO GOMES MORANI

ORIGEM: 4ª VARA FEDERAL DO RIO DE JANEIRO (00924892820164025101)

Ementa: ADMINISTRATIVO. AGRAVO DE INSTRUMENTO. PUBLICIDADE E CAPTAÇÃO DE CLIENTELA. ESTATUTO DA OAB. VEDAÇÃO. ANTECIPAÇÃO DOS EFEITOS DA TUTELA. DEFERIMENTO. INEXISTÊNCIA DE ILEGALIDADE OU ABUSO DE PODER. AGRAVO DE INSTRUMENTO DESPROVIDO. I - Em sede de cognição sumária, própria das tutelas de urgência, deve-se fazer um juízo provisório, a fim de se verificar a probabilidade do direito invocado, de modo que somente nos casos de afronta a comandos constitucionais e/ou legais, bem como a consolidado entendimento jurisprudencial das Cortes Superiores ou deste Tribunal Regional Federal, é que se justifica a reforma da decisão recorrida. II - O artigo 273 do Código de Processo Civil/1973 impõe, como requisitos para a concessão da tutela antecipada, a existência de prova inequívoca da alegação, cumulado com o fundado receio de dano irreparável ou de difícil reparação, ou ainda abuso de direito de defesa pelo Réu e, ademais, como pressuposto negativo, o perigo de irreversibilidade da medida. **III - No caso em tela, verifica-se escorreita a decisão atacada, que deferiu a liminar pleiteada pela OAB/RJ, uma vez que, pela análise dos anúncios veiculados no site da ora agravante, conforme documentação constante nos autos principais, constata-se a divulgação de serviços advocatícios, inclusive de consultoria jurídica, em caráter individualizado, não obstante a ausência de registro na OAB/RJ na condição de sociedade, de forma mercantilista, realizando a captação de clientela, inclusive com estipulação de valores de indenização em anúncios, em total afronta às disposições contidas no artigo 34, inciso IV, da Lei nº 8.906/94, artigos 5º e 7º do Código de Ética e Disciplina, e artigos 1º, 3º, 4º e 6º, do Provimento nº 94/2000, do Conselho Federal da OAB, in verbis: IV - Agravo de instrumento desprovido.**

Órgão julgador: 5ª TURMA ESPECIALIZADA

Data de decisão

30/11/2016

Data de disponibilização

02/12/2016

Relator

JULIO EMILIO ABRANCHES MANSUR"

A clientela do advogado portanto deverá ser constituída através de trabalho árduo, fortalecendo o nome do "escritório de advocacia", "sociedade advogados", e "advogado particular", baseando-se em estudos e na qualificação profissional principalmente.

3 LEI 13.105/15 (Novo Código de Processo Civil)

O Novo Código de Processo Civil, por ter sido elaborado em momento totalmente distinto do anterior (de 1973), onde efetivamente há um Estado Democrático de Direito, com uma Constituição Federal de 29 (vinte nove) anos, e portanto um cenário mais tranquilo para trazer idéias necessárias ao melhoramento do sistema judicial da atual. Ciente que deve fortalecer o advogado para que a prestação jurisdicional do Estado seja mais eficiente, dispõe de maneira mais clara sobre os honorários advocatícios.

Como bem explica o Claudio Pacheco Prates Lamachia (Presidente da OAB/RS):

> "A valorização da advocacia é fundamental para o fortalecimento da sociedade. Essa valorização passa, certamente, por uma remuneração justa e equânime, que seja condizente com a relevância social dos serviços prestados. A luta por remuneração justa, nada mais é que a luta por respeito ao trabalho do advogado.
>
> O advento do novo Código de Processo Civil (CPC), Lei n. 13,105, de 16 de março de 2015, representa um divisor de águas na processualística brasileira. O primeiro código de processo gestado e aprovado sob um regime democrático no país traz inovações e modernizações que buscam reduzir a litigiosidade, ampliar a celeridade processual, desburocratizar os procedimentos, a fim de que o cidadão possa ter seus conflitos solucionados e seus direitos garantidos de modo eficaz, efetivo e, sobremaneira, justo.
>
> (...)
>
> Com o propósito de conferir especial atenção ao tema da dignidade dos honorários e da proibição de seu aviltamento, abordaremos duas relevantes conquistas da advocacia garantidas pelo novo CPC: o fim da compensação dos honorários sucumbências, bem como o fim da fixação dos honorários quando for sucumbente a Fazenda Pública, com base em critérios de ampla discricionariedade pelo juiz.
>
> O Estado democrático de direito, o devido processo legal e o acesso à justiça somente são possíveis com a atuação e o trabalho do advogado. È ele quem detém o *jus postulandi,* isto é, a prerrogativa de postular junto às instancias judiciais, seja para apresentar uma pretensão resistida à Justiça, solicitando a sua intervenção, seja para defender um cidadão de um pedido ou acusação que contra ele se faz."[1]

O Presidente da OAB/Conselho Federal traz à baila a valorização financeira dos advogados, que obviamente influencia este serviço. Isso porque os honorários representam a remuneração do advogado, e, portanto se houver o aviltamento da advocacia, através da mercantilização, uma peça fundamental do mecanismo da justiça ficará defasada, prejudicando toda a prestação Jurisdicional do Estado.

---

1 LAMACHIA, Claudio Pacheco Prates, Novo Código de Processo Civil Anotado/OAB. Porto Alegre. OAB/RS. 2015. P;109

Neste sentido continua Claudio Pacheco Prates Lamachia (Presidente da OAB/RS):

> "Destarte, condição primordial para o exercício da advocacia é o respeito e a valorização dos honorários. Os honorários advocatícios são dotados de natureza alimentar, isto é, o novo CPC conferiu a eles a mesma proteção dada ao salário e às pensões alimentícias, por exemplo, por compreender que ele é parte dos rendimentos dos quais o advogado necessita para seu sustento e de sua família, devendo ser tutelados com especial proteção.
>
> Os honorários do advogado representam a justa remuneração de seu serviço, sendo condição essencial para a dignidade e valorização da profissão. Nesse sentido andou bem o novo CPC ao prever expressamente, que os honorários sucumbenciais pertencem ao advogado e não à parte que venceu o processo, como entendiam alguns juízes, mesmo em desacordo com o art. 23 do EAOAB, que já trazia essa previsão desde 1994.
>
> O novo diploma processual civil avança na tutela da dignidade dos honorários e no sentido de proibir o seu aviltamento. Afinal, valorizar a advocacia representa, em ultima instancia, proteger os direitos dos próprios cidadãos e garantir que a Justiça e os processos judiciais tramitem de maneira escorreita, observando o devido processo legal, a ampla defesa e o contraditório e proporcionem um acesso à justiça não apenas formal, representado pelo acesso ao Poder Judiciário, mas um acesso à Justiça material, consubstanciado na solução dos conflitos no seio social e na efetivação dos direitos dos cidadãos.
>
> Um dos grandes avanços implementados pelo novo Código de Processo Civil foi, certamente, a vedação da compensação de honorários, representando não apenas a remuneração justa ao serviço prestado pelo advogado, mas reforçando o que o Estatuto da Advocacia e da Ordem dos Advogados do Brasil já previra, desde 1994, no sentido de que os honorários sucumbenciais pertencem aos advogados e não as partes."[2]

A lei 13.105/15 dispõe em seus artigos 82 a 97 "Das Despesas dos Honorários Advocatícios e das Multas", e como bem explicado anteriormente, traz as devidas modificações, dando a devida importância aos honorários advocatícios, de maneira expressa determina a natureza alimentar deste (art. 85 §14 do NCPC).

O que corrobora com este entendimento que a advocacia deve ser valorizada, para que as práticas ilegais e anti éticas de mercantilização na advocacia sejam desarmadas e caiam em desuso.

---

2 LAMACHIA, Claudio Pacheco Prates, Novo Código de Processo Civil Anotado/OAB. Porto Alegre. OAB/RS. 2015. P.110.

4 CONCLUSÃO

As recentes inovações tecnológicas, e a facilidade de acesso a mídia de todas as maneiras: internet, smartphones, aplicativos, televisão digital, entre outras, impulsionaram muito a publicidade dos negócios de maneira geral. A internet, principalmente, permite e fornece informações e conteúdos para que cada um possa fazer a sua publicação de "próprio punho".

Essa facilidade de conteúdo provocou mudanças em diversas áreas profissionais, desde relações de trabalho entre patrão e empregado, até nas prestações de serviços, no marketing, entre outros.

Os profissionais de cada área estão tendo que lidar da melhor maneira possível com essas mudanças. Alguns conseguem se valer dessas ferramentas para diminuir custos e aumentar sua área de atuação, e outros tem que se reinventar.

Por óbvio, a advocacia não ficaria de fora, e uma das suas áreas afetadas foi a de publicidade. Até que ponto os profissionais da área podem utilizar dessas ferramentas, sem ferir o código de ética e o Estatuto da Ordem dos Advogados.

Preocupado com essas mudanças o novo CPC trabalha com o aspecto financeiro da advocacia, dando aos honorários, de forma expressa, o caráter alimentício, vendando a compensação de honorários. Práticas estas que anteriormente existiam no cotidiano destes profissionais, e que não evitam o aviltamento da advocacia. Essas mudanças desestimulam os profissionais praticarem a mercantilização do serviço.

Tal preocupação com esse aspecto, vem do entendimento de que o Advogado é uma engrenagem fundamental para o sistema judicial funcionar da melhor maneira possível, e o conseqüente aviltamento do seu serviço, em decorrência de práticas mercantis impedem o bom funcionamento do sistema.

Essas mudanças que o novo CPC trouxe, valorizam o advogado, e afasta o aviltamento dos honorários, e são de extrema importância para garantir o respeito e dignidade ao trabalho do advogado, assim como a independência e autonomia que são de suma importância ao seu trabalho, que acabam por refletir em pró da sociedade.

52

DOS HONORÁRIOS PROFISSIONAIS NO NOVO CÓDIGO DE PROCESSO CIVIL BRASILEIRO E NO NOVO CÓDIGO DE ÉTICA E DISCIPLINA DA OAB

Rafael Vinícius Normandia Cruz
Advogado

Pretende-se discutir no presente artigo, de maneira objetiva, as conquistas obtidas pela advocacia tanto no Novo Código de Processo Civil, vigente no ordenamento jurídico brasileiro desde 18 de março de 2016, quanto no Novo Código de Ética da OAB, que se encontra vigorando desde 1º de setembro de 2016.

As referidas conquistas dizem respeito principalmente à maior valorização do papel do advogado no Brasil e, consequentemente, da sua remuneração, elevada à categoria de natureza alimentar.

1 O CARÁTER ALIMENTAR DOS HONORÁRIOS ADVOCATÍCIOS

O advogado é indispensável à administração da justiça, sendo inviolável por seus atos e manifestações no exercício da profissão, nos limites da lei.

Esta é a disposição literal do artigo 133 da Constituição da República Federativa do Brasil de 1988.

Com efeito, o advogado é também elemento fundamental para a consolidação do Estado Democrático de Direito e para o fortalecimento das instituições republicanas brasileiras.

Portanto, faz-se necessária a justa remuneração do profissional, condizente com a relevância social dos serviços que presta para a sociedade, pois a luta por uma remuneração digna nada mais é que a luta pelo respeito ao papel que o advogado exerce.

Em 2015, por meio de iniciativa do Conselho Federal dos Advogados do Brasil (OAB), a advocacia brasileira obteve uma importante vitória com a edição da Súmula Vinculante nº 47 pelo Supremo Tribunal Federal (STF), que veio a pacificar o entendimento sobre o caráter alimentar dos honorários advocatícios.

Referida súmula do STF ficou assim ementada:

> "Os honorários advocatícios incluídos na condenação ou destacados do montante principal devido ao credor consubstanciam verba de natureza alimentar cuja satisfação ocorrerá com a expedição de precatório ou requisição de pequeno valor, observada ordem especial restrita aos créditos dessa natureza".

De sorte que tal entendimento já vinha sendo também acatado por reiteradas decisões do Superior Tribunal de Justiça (STJ), a exemplo *"o tratamento dispensado aos honorários advocatícios - no que se refere à sujeição aos efeitos da recuperação judicial - deve ser o mesmo conferido aos créditos de origem trabalhista, em virtude de ambos ostentarem natureza alimentar"* (STJ, REsp 1.377.764/MS, rel. Min. Nancy Andrighti, 3ª, 20/08/2013).

Portanto, já está pacificado o entendimento que honorários possuem natureza alimentar, tantos os contratuais, quantos as sucumbenciais, sendo que ambos terão privilégios em ações como declaração de falência.

Assim, os atuais Código de Processo Civil Brasileiro e Código de Ética e Disciplina da OAB fazem coro a tais entendimentos, seguindo a mesma inteligência e dispondo com clareza solar sobre os parâmetros da natureza alimentar dos honorários advocatícios, propondo que estes tenham o mesmo *status* dos créditos oriundos da legislação trabalhista.

2 OS HONORÁRIOS ADVOCATÍCIOS NO NOVO CÓDIGO DE PROCESSO CIVIL

O novo CPC trouxe grandes reformas ao tratar dos honorários advocatícios, trazendo valores mínimos de fixação de honorários sucumbenciais e principalmente como deve ser analisado a porcentagem desses honorários, os quais têm natureza alimentar.

O tema "honorários advocatícios" é esmiuçado no artigo 85 do CPC/2015 e substitui com inúmeras novidades o artigo 20 do CPC/1973.

Assim, o atual Código de Processo Civil traz uma série de conquistas e inovações sobre os honorários profissionais, objeto de luta durante anos por parte da advocacia, a saber:

a) Instituiu os honorários de sucumbência recursal (art. 85, §11);
b) Positivou a natureza alimentar dos honorários, assegurando ao seu credor os mesmos privilégios dos créditos oriundos da legislação do trabalho (art. 85, §14), criando parâmetros objetivos para sua fixação, retirando do ordenamento jurídico os critérios postos pelo parágrafo 4º do artigo 20 do atual CPC;
c) Vedou expressamente a compensação de honorários em caso de sucumbência parcial (art. 85, §14);
d) Positivou na lei federal o direito dos advogados públicos perceberem honorários de sucumbência (art. 85, § 19);
e) Estabeleceu que a fixação de honorários independe de pedido expresso (art. 322, 1º);
f) Previu o cabimento de honorários no cumprimento provisório de sentença (art. 85, §1º e art. 520, §2º);
g) Permitiu expressamente que honorários advocatícios sejam levantados pela sociedade de advogados, minimizando, com isso, a carga tributária, já que, no cômputo geral, os impostos devidos pela pessoa física são maiores do que os devidos pela pessoa jurídica (art. 85, §15);
h) Deixou claro que, no caso de omissão judicial na fixação de honorários, com sentença transitada em julgado, será cabível ação própria para a definição do percentual devido, sendo, pois, dispensável o ajuizamento de ação rescisória como definido no enunciado n.º 453 da súmula da jurisprudência dominante do STJ (art. 85, §18).

O §2º do mencionado artigo 85 do atual CPC prevê que os honorários serão fixados entre o mínimo de dez por cento e o máximo de vinte por cento sobre o valor da condenação, do proveito econômico obtido ou, não sendo possível mensurá-lo, sobre o valor atualizado da causa, observando-se os requisitos dos incisos que vão de I a IV.

Ou seja, estabelecido o parâmetro de fixação dos honorários cabe ao Juiz fixar o percentual - entre dez e vinte por cento - que se adéqua ao grau de zelo do profissional, o lugar de prestação do serviço, a natureza e a importância da causa e o trabalho realizado pelo advogado e o tempo exigido para o seu serviço.

De tal modo que os percentuais entre o mínimo de dez e o máximo de vinte por cento que já eram previstos no §3º do artigo 20 do CPC/1973, são mantidos no §2º do atual artigo 85, porém com duas novidades importantes, que ora são trazidas com base no escólio do Professor DANIEL AMORIM ASSUMPÇÃO NEVES:

> "A primeira novidade fica por conta do proveito econômico como parâmetro para fixação dos honorários dentro dos percentuais previstos em lei quando não houver condenação no caso concreto. Pode se imaginar nesse caso tanto as decisões meramente declaratórias como as constitutivas que tenham gerado vantagem econômica para o vencedor, bem como a sentença de improcedência em ações condenatórias, quando o proveito econômico será ter evitado a condenação no valor pretendido pelo autor.
>
> A segunda novidade é a regulamentação da fixação dos honorários quando não há condenação ou proveito econômico obtido, hipótese em que a fixação tomará por base o valor da causa."

Também sobre este aspecto, vejamos o ensinamento do Mestre HUMBERTO THEODORO JÚNIOR:

> *"De forma contrária ao posicionamento adotado pelo Código revogado, que admitia com largueza o arbitramento por equidade, a legislação atual determinou a aplicação, em regra, dos critérios objetivos previstos nos §§ 2º e 3º 'independentemente de qual seja o conteúdo da decisão, inclusive aos casos de improcedência ou extinção do processo sem resolução do mérito' (art. 85, §6º). Assim, ainda quando a ação não resultar em condenação ou nas ações constitutivas e declaratórias, o juiz deverá observar aqueles critérios. Até mesmo nas sentenças contrárias à Fazenda Pública, a lei nova evitou o emprego do arbitramento de honorários por critério de equidade".* (THEODORO, 2015, p.419)

Obviamente, tais inovações são uma grande vitória para os advogados que terão seus trabalhos valorizados e dignamente remunerados.

Outro caso em que o Código antigo cogitava de arbitramento por equidade era o relativo à verba advocatícia nas execuções em geral (art. 20, § 4º, CPC/1973). Anteriormente, o Juiz poderia fixar os honorários de advogado a serem pagos pelo executado a seu bel prazer.

Também esse critério foi abolido pelo atual Código, que prevê seu importe de forma fixa, qual seja, dez por cento do débito (arts. 523, § 1º, e 827), admitida redução ou majoração na execução de título extrajudicial, conforme haja pagamento imediato ou oposição de embargos (art. 827, §§ 1º e 2º).

Nota-se que a remuneração digna do advogado foi novamente privilegiada pois, onde antes da reforma raramente arbitrava-se honorários, hoje deverão ser fixados, pois assim manda o dispositivo literal da lei, o que muitas vezes contribuirá para a realização de composições e maior abertura para formas mais rápidas para resolução dos conflitos judiciais.

Ainda, outra grande novidade trazida pelo artigo 85 do atual CPC, no que diz respeito aos honorários advocatícios, trata-se da Fazenda Pública que obteve tratamento especial e critérios próprios para as situações em que for parte entes públicos, seja no pólo ativo ou passivo.

No CPC/1973, o critério de fixação quando a Fazenda Pública fosse vencida era a fixação 'equitativa do juiz'. Assim, poderia ser 10% (dez por cento) do valor da condenação, um percentual do valor da causa ou uma quantia fixa. Isso gerava distinções, pois em alguns casos, 10% (dez por cento) sobre a condenação era muito elevado e em outros (diga-se, na maioria das vezes), a condenação em valor fixo era muito reduzida.

A legislação atual alterou esse regime de duas maneiras: **(a)** adotou um critério único de cálculo para todas as "causas em que a Fazenda Pública for parte", aplicável indistintamente a ela e à parte contrária e; **(b)** abandonou o critério da equidade, adotando percentuais sobre o valor da condenação ou do proveito econômico obtido pela parte vencedora (artigo 85, § 3º).

O atual sistema determina que sejam considerados os critérios objetivos do § 2º, do art. 85, estabelecendo, ainda, limites mínimos e máximos para o arbitramento, submetendo-os, entretanto, a regras próprias. Quanto maior o valor da condenação ou do proveito econômico obtido pela parte vencedora (seja a Fazenda, seja a outra parte), menor será o percentual da verba honorária a ser fixada pelo juiz.

A nova regra, ao menos, traz critérios objetivos, evitando que ocorra a condenação em honorários em valor fixo irrisórios, como não raro se via quando a Fazenda era vencida, valendo trazer à baila o art. 85, §3º do CPC/2015, que traz:

§ 3º Nas causas em que a Fazenda Pública for parte, a fixação dos honorários observará os critérios estabelecidos nos incisos I a IV do § 2º e os seguintes percentuais:

I - Mínimo de dez e máximo de vinte por cento sobre o valor da condenação ou do proveito econômico obtido até 200 (duzentos) salários-mínimos;

II - Mínimo de oito e máximo de dez por cento sobre o valor da condenação ou do proveito econômico obtido acima de 200 (duzentos) salários-mínimos até 2.000 (dois mil) salários-mínimos;

III - mínimo de cinco e máximo de oito por cento sobre o valor da condenação ou do proveito econômico obtido acima de 2.000 (dois mil) salários-mínimos até 20.000 (vinte mil) salários-mínimos;

IV - Mínimo de três e máximo de cinco por cento sobre o valor da condenação ou do proveito econômico obtido acima de 20.000 (vinte mil) salários-mínimos até 100.000 (cem mil) salários-mínimos;

V - mínimo de um e máximo de três por cento sobre o valor da condenação ou do proveito econômico obtido acima de 100.000 (cem mil) salários-mínimos.

Como se percebe, a tratativa do assunto "honorários advocatícios" no atual Código de Processo Civil obteve especial e salutar tratamento, o que é fruto da luta histórica de toda a classe por maior valorização da verba honorária, igualmente reconhecida no Novo Código de Ética da OAB, conforme se verá adiante.

3 OS HONORÁRIOS ADVOCATÍCIOS NO NOVO CÓDIGO DE ÉTICA DA OAB

Não diferente do atual Código de Processo Civil, o Novo Código de Ética e Disciplina da OAB, vigente desde 1º de setembro de 2016, preocupou-se em manter atualizadas as normatizações com as demandas crescentes da classe, tratando deste relevante assunto de acordo com os anseios atuais dos advogados, no intuito de combater o seu aviltamento, atentando para a manutenção da dignidade da classe.

De igual modo, o Código de Ética preocupou-se com a boa educação no exercício da atividade profissional.

É fato público e notório que há advogados que se excedem na linguagem e na postura diante dos demais colegas, das autoridades e dos clientes.

Não são poucas as notícias que se têm de petições que não se limitam ao objeto da demanda, mas se dedicam a insultar o ex-adverso e seus procuradores (quando não os servidores públicos que atuam nos autos). Por isso que o artigo 28 estatui que são "imperativos de uma correta atuação profissional o emprego de linguagem escorreita e polida, bem como a observância da boa técnica jurídica."

Aventuras e devaneios verbais, uso inadequado do idioma e linguagem imprópria são graves violações ao Código.

Entre as inovações trazidas pelo novo Código está a advocacia *pro bono*, que possibilita a advocacia gratuita aos necessitados economicamente, vedada no código antigo, que vigorou por vinte anos.

Outra inovação é a permissão de publicidade dos serviços dos advogados por meios eletrônicos, como redes sociais, "com caráter meramente informativo, e deve primar pela discrição e sobriedade", sem tentativa de captação de clientela.

Ainda de acordo com o novo Código, passa a ser princípio ético do advogado o estímulo aos meios extrajudiciais de resolução de litígios, como mediação e conciliação, prevenindo a instauração de processos judiciais.

O artigo 36 versa a propósito de tema de especial relevo, qual seja o sigilo profissional – qualificando-o como dever "de ordem pública". Isto é, não necessita de pedido do cliente nem está disponível ao advogado.

O sigilo deriva imediatamente do Código de Ética. Por isso, são supérfluas eventuais cláusulas contratuais que imponham tal dever: este nasce com o termo de compromisso firmado pelo bacharel em Direito, quando do ingresso nos quadros da OAB. O que pode ser previsto contratualmente é a consequência monetária, inter partes, do descumprimento a este dever fundamental do advogado.

Quanto à publicidade profissional e seus estreitos limites, o Código foi minucioso em seu artigo 44, que não só limitou o que pode ser divulgado *("apenas os títulos acadêmicos do advogado e as distinções honoríficas relacionadas à vida profissional, bem como as instituições jurídicas de que faça parte, e as especialidades a que se dedicar, o endereço, e-mail, site, página eletrônica, QR code, logotipo e a fotografia do escritório, o horário de atendimento e os idiomas em que o cliente poderá ser atendido", § 1º)*, mas também foi além e estabeleceu proibições *("É vedada a inclusão de fotografias pessoais ou de terceiros nos cartões de visitas do advogado, bem como menção a qualquer emprego, cargo ou função ocupado, atual ou pretérito, em qualquer órgão ou instituição, salvo o de professor universitário.", § 2º).*

Por fim, também merece destaque o regramento às cobranças dos honorários advocatícios: sejam eles do advogado, sejam da sociedade, está proibido "o saque de duplicatas ou qualquer outro título de crédito de natureza mercantil, podendo, apenas, ser emitida fatura, quando o cliente assim pretender, com fundamento no contrato de prestação de serviços, a qual, porém, não poderá ser levada a protesto" (art. 52). Apenas poderá ser protestado o título dado em pagamento, emitido pelo cliente em favor do advogado (art. 52, par. ún.). Em contrapartida, está autorizada a utilização do sistema de cartão de crédito para o recebimento dos honorários (art. 53).

"O produto final é um texto que reflete ampla participação da advocacia brasileira. É extremamente importante que todos e todas tenhamos conhecimento do texto para que ajam dentro dos limites éticos e disciplinares que a sociedade espera de nós", destacou o presidente nacional da OAB, Cláudio Pacheco Prates Lamachia, em relação ao Novo Código de Ética e Disciplina da OAB.

4 A SUCUMBÊNCIA RECURSAL

A sucumbência recursal também foi uma das grandes vitórias da advocacia concebida pelo atual Código de Processo Civil, pois no CPC/1973 a interposição de recursos não fazia surgir o direito à nova verba honorária.

Ao prolatar a sentença, deveria o juiz estabelece-la integralmente. Na seara recursal, exercia-se o controle sobre aquela fixação, mediante impugnação específica do recorrente, ou em caso de omissão, como visto, através da fixação em primeiro momento pelo tribunal.

O atual Código de Processo Civil cria uma situação inovadora porque diz que a interposição da apelação ensejará nova verba honorária.

Dessa forma, tem-se os honorários advocatícios tais como concebidos originariamente e, a partir do novo CPC, uma nova condenação honorária que tem como causa o surgimento da instância recursal.

Como mencionado acima, o novo CPC prevê expressamente que "são devidos honorários advocatícios nos recursos interpostos" (art. 85, § 1º). Além disso, estipula que o "tribunal, ao julgar recurso, majorará os honorários fixados" (art. 85, § 11)

Significa dizer que, no recurso interposto contra a decisão final (como regra, a sentença - que estabelece a responsabilidade pelo pagamento dos honorários) serão devidos e fixados novos honorários advocatícios.

Criou-se, assim, um direito de o advogado receber honorários exclusivamente em razão da interposição dos recursos. Isto é, interposto o recurso contra a decisão que fixa honorários, nova e diferente verba honorária deverá ser obrigatoriamente fixada. Isso acontecerá, portanto, a cada recurso que for interposto e não exclusivamente com o recurso de apelação.

É extremamente importante a modificação introduzida, já que o processo não tem o seu término com a prolação da sentença. A fase de conhecimento se prolonga com a interposição de recursos, que fazem surgir novos procedimentos em instâncias distintas.

O novo CPC ainda colocou por terra toda a discussão jurídicas a respeito da possibilidade de fixação de honorários na fase de cumprimento de sentença, pois também no artigo 85, § 1º fica estabelecida tal previsão, reafirmada no artigo 523, §1º do CPC, onde dispõe que *"não ocorrendo pagamento voluntário no prazo do caput, o débito será acrescido de multa de dez por cento e, também, de honorários de advogado de dez por cento"*.

Assim, se os honorários possuem a função de remunerar serviços, nada mais adequado do que aumentar a remuneração para as hipóteses em que, em razão do recurso, o processo tem o seu curso dilatado e não chega imediatamente ao seu fim.

5 DA IMPORTÂNCIA DA FORMALIZAÇÃO POR ESCRITO DO CONTRATO DE HONORÁRIOS

Muito embora o atual Código de Ética e Disciplina da OAB preveja a possibilidade de contratação verbal dos honorários, ao contrário da disposição anterior que este fosse realizado exclusivamente por escrito, não é demais ressaltar a importância da celebração por escrito do instrumento de contrato de honorários advocatícios entre o advogado e o cliente, em especial na questão da responsabilidade profissional.

Muitas vezes a verba honorária do causídico é ajustada de forma verbal, restando, por fim, ao advogado, quando não é remunerado pelo cliente, lançar mão de ação de cobrança de honorários para recebimento de seu crédito.

Por este motivo, importante a confecção do instrumento particular de prestação de serviços advocatícios que, além de constituir-se em título executivo extrajudicial, permite ao advogado a inclusão de cláusulas que visam resguardar o seu exercício profissional.

O § 1º do artigo 48 do Novo Código de Ética e Disciplina da OAB, preconiza que o contrato de prestação de serviços de advocacia não exige forma especial, devendo estabelecer, porém, com clareza e precisão, o seu objeto, os honorários ajustados, a forma de pagamento, a extensão do patrocínio, esclarecendo se este abrangerá todos os atos do processo ou limitar-se-á a determinado grau de jurisdição, além de dispor sobre a hipótese de a causa encerrar-se mediante transação ou acordo.

Assim, fundamental que o contrato de honorários contenha cláusula que estabeleça ao contratante (cliente) o dever de manter sempre atualizados seus dados cadastrais. Necessária também cláusula dispondo expressamente que a advocacia é atividade-meio, pela qual o contratado compromete-se a executar o serviço de maneira o mais diligente possível, mas sem a garantia de qualquer resultado para o cliente.

Em alguns casos, a contratação dos serviços poderá ser efetuada por fases no processo (fase de conhecimento, fase recursal, fase de execução) fazendo constar no contrato cláusula prevendo os limites dos poderes conferidos ao advogado para atuar na lide.

Finalmente, o contrato de honorários advocatícios deve conter cláusula que preveja as responsabilidades dos contratados no cumprimento do objeto avençado.

Também entendo de relevante importância a previsão de cláusula em que fique claro que a sucumbência, sempre que houver, pertencerá ao advogado e/ou escritório que atuou na causa.

Muito embora tal questão já se encontre sedimentado no nosso ordenamento, não é raro o cliente entender que a verba honorária sucumbencial arbitrada deve ser decotada dos honorários contratuais pactuados.

O próprio *caput* do artigo 85 do CPC prevê que a sentença condenará o vencido a pagar honorários ao advogado do vencedor, no que deve ser elogiado por reafirmar ser o advogado o credor do valor estabelecido em honorários sucumbenciais.

O artigo 20 do CPC/1973 previa erroneamente a condenação do vencido a pagar tais honorários ao vencedor, o que dava margens para deduzir que esta verba seria devida ao cliente que ganhou a ação, e não ao seu procurador.

Com efeito, a previsão contratual que fale expressamente que a sucumbência pertence ao advogado previne um desnecessário mal-estar ao final da prestação dos serviços, deixando claro desde então que os honorários contratuais são uns e a verba sucumbencial é outra totalmente distinta daqueles.

Assim, o advogado deve responder pela prestação dos serviços advocatícios de forma subjetiva, desde que comprovado dolo ou culpa em sua atuação.

Já o contratante responderá pelo não cumprimento das obrigações avençadas, como a omissão no fornecimento de todos os documentos e informações necessários para a atuação do contratado, bem como por qualquer prejuízo decorrente de sua omissão ou desídia.

Responderá também pelo não pagamento dos honorários, resultando na possibilidade de execução do contrato pelo inadimplemento.

Indispensável, ainda, que a pactuação estabelecida entre advogado e cliente esteja refletida no instrumento de mandato, naquilo que for pertinente e exigido, como os limites dos poderes de atuação do profissional (até determinada fase processual, por exemplo).

Dessa forma, o advogado previne-se de eventuais complicações que possam surgir durante a prestação dos serviços advocatícios e preserva a solidez e reciprocidade da relação de confiança entre o profissional e o cliente, que lhe é inerente.

Com efeito, observa-se que a celebração do contrato formal (escrito) de prestação de serviços advocatícios é atividade necessária e indispensável a todo profissional da advocacia, sobretudo com o advento da nova legislação que modificou o Processo Civil brasileiro.

Portanto, o contrato de honorários é ferramenta de trabalho e instrumento de proteção do advogado, devendo ser bem elaborado e sempre adotado pelo causídico; afinal, é nele em que se fará constar os mecanismos legais e processuais dos quais o advogado lançará mão para a realização de sua atividade, bem como se definirá o alcance das responsabilidades ético-profissionais do patrono em relação à causa do cliente.

6 CONSIDERAÇÕES FINAIS

Nota-se que a luta pelo respeito ao advogado e por uma remuneração digna condizente com os relevantes serviços prestados à sociedade foi traduzida de forma significativa pelo Novo Código de Processo Civil Brasileiro e pelo Novo Código de Ética e Disciplina da OAB.

As novas disposições trazidas em tais Códigos relativas aos honorários advocatícios vêm de encontro ao reconhecimento do papel do advogado como função de indispensabilidade constitucionalmente prevista, assim como no combate ao seu aviltamento.

Atuando na defesa da liberdade e do patrimônio dos jurisdicionados, nada mais justo que a reivindicação por honorários dignos, para que este profissional possa, com autonomia e independência, agir efetivamente e sem amarras em prol da Justiça.

As inovações, portanto, se revelam um triunfo à toda a sociedade, na medida que valorizar o advogado também significa valorizar o cidadão. Igualmente, fortalece a consolidação do Estado Democrático de Direito e as instituições republicanas brasileiras.

Assim, como bem delineado pelo presidente nacional da OAB, Cláudio Pacheco Prates Lamachia, em artigo de sua autoria, *"a valorização e a liberdade do exercício profissional do advogado são condições essenciais de sobrevivência de uma democracia. Quem atenta contra a independência e liberdade do advogado atenta contra o próprio Estado Democrático de Direito. A maturidade de uma democracia se explica pelo respeito das autoridades às normas constitucionais e neste contexto se insere o art. 133 da CF atribuindo ao advogado a condição de indispensável à administração da justiça"*.

07 REFERÊNCIAS BIBLIOGRÁFICAS

Theodoro Júnior, Humberto. Curso de Direito Processual Civil - Teoria geral do direito processual civil, processo de conhecimento e procedimento comum - vol. I. 56. ed. rev., atual. e ampl. - Rio de Janeiro: Forense, 2015.

Neves, Daniel Amorim Assumpção. Novo Código de Processo Civil Comentado Artigo por Artigo. Salvador: Ed. JusPodivm, 2016.

53

SUSTENTAÇÃO ORAL NO NOVO CÓDIGO DE PROCESSO CIVIL. CONSIDERAÇÕES SOBRE PONTOS RELEVANTES

Luiz Fernando Valladão Nogueira
Advogado

1 CONSIDERAÇÕES INICIAIS

O tema proposto para este momento – sustentação oral – é extremamente interessante. A despeito disso, é pouco estudado, até porque muitos o consideram de índole extremamente prática, o que dispensaria um estudo metódico a seu respeito.

Todavia, é preciso romper com esta visão pragmática sobre o instituto da sustentação oral. Isto porque, embora a experiência profissional seja, de fato, importante na construção de uma boa sustentação oral, é indispensável situá-la, também, no campo legal e doutrinário.

Este é o objetivo deste capítulo derradeiro, ou seja, estudar a sustentação oral em todas as suas nuances.

2 AS HIPÓTESES DE CABIMENTO DE SUSTENTAÇÃO ORAL. NORMATIZAÇÃO DO TEMA

O assunto em comento está regulado no art. 937 do novo código:

> Na sessão de julgamento, depois da exposição da causa pelo relator, o presidente dará a palavra, sucessivamente, ao recorrente, ao recorrido

e, nos casos de sua intervenção, ao membro do Ministério Público, pelo prazo improrrogável de 15 (quinze) minutos para cada um, a fim de sustentarem suas razões, nas seguintes hipóteses, nos termos da parte final do caput do art. 1.021:

I - no recurso de apelação;

II - no recurso ordinário;

III - no recurso especial;

IV - no recurso extraordinário;

V - nos embargos de divergência;

VI - na ação rescisória, no mandado de segurança e na reclamação;

VII - (VETADO);

VIII - no agravo de instrumento interposto contra decisões interlocutórias que versem sobre tutelas provisórias de urgência ou da evidência;

IX - em outras hipóteses previstas em lei ou no regimento interno do tribunal.

§ 1º A sustentação oral no incidente de resolução de demandas repetitivas observará o disposto no art. 984, no que couber.

§ 2º O procurador que desejar proferir sustentação oral poderá requerer, até o início da sessão, que o processo seja julgado em primeiro lugar, sem prejuízo das preferências legais.

§ 3º Nos processos de competência originária previstos no inciso VI, caberá sustentação oral no agravo interno interposto contra decisão de relator que o extinga.

§ 4º É permitido ao advogado com domicílio profissional em cidade diversa daquela onde está sediado o tribunal realizar sustentação oral por meio de videoconferência ou outro recurso tecnológico de transmissão de sons e imagens em tempo real, desde que o requeira até o dia anterior ao da sessão.

Portanto, dessa feita, o legislador limitou, por norma posterior ao próprio Estatuto da Advocacia e da OAB (Lei 8906/94), as hipóteses de cabimento da sustentação oral. Agora sim é inegável ter valia jurídica tal delimitação, ante a premissa de que lei posterior revoga a anterior que trata do mesmo assunto[1].

Apenas cabem quatro ponderações:

a) Os regimentos internos devem, à luz da experiência e da relevância de situações específicas, autorizados pelo *inciso* IX do dispositivo transcrito acima, ampliar as hipóteses de sustentação oral, como é o caso de agravos de instrumento que pretendam levar à própria extinção do processo.

b) Com mais razão, é importante que os regimentos internos corrijam a omissão do legislador no art. 937 VIII NCPC, no tocante à previsão expressa de sustentação oral em agravo de instrumento contra decisão que resolva antecipada e parcialmente a lide (arts. 354 par. único e 355 NCPC). É óbvio que o relevante enfrentamento do mérito, independentemente da fase processual em que ocorrer e da modalidade de recurso que for cabível, justifica a derradeira intervenção oral junto aos tribunais. É de dizer, contudo, que a eventual omissão dos regimentos internos dos tribunais não afastará o cabimento de sustentação oral para as situações de agravo contra decisão parcial de mérito, ao menos quando houver aplicação da técnica de julgamento do art. 942 NCPC. Isso porque o § 3º *inc.* II do mencionado art. 942 impõe o chamado *julgamento estendido* também para a hipótese de reforma de decisão parcial de mérito, sendo que a tal técnica traz como pressuposto essencial a permissão à sustentação oral, ao destacar o *caput* do dispositivo legal que é *"assegurado às partes e a eventuais terceiros o direito de sustentar oralmente suas razões perante os novos julgadores"*.

c) O *inciso* VIII, ao referir-se à permissão de sustentação oral em agravo de instrumento contra decisões interlocutórias que versem sobre tutelas provisórias de urgência ou de evidência, há que ser interpretado de forma conceitual. É que há decisões de tal natureza assim não nominadas expressamente pelo legislador, como é o caso de liminares em mandado de segurança ou ação civil pública, ou mesmo em ações possessórias. Porém, conceitualmente, cuidam de tutelas provisórias, as quais, conforme o regramento e a situação específica, serão de urgência ou de evidência. E, consequentemente, comportarão os agravos aí interpostos a sustentação oral pelos advogados.

---

1 Art. 2º § 1º LINDB - A lei posterior revoga a anterior quando expressamente o declare, quando seja com ela incompatível ou quando regule inteiramente a matéria de que tratava a lei anterior.

d) De forma geral, em havendo incidência da técnica de julgamento do art. 942 NCPC, é essencial que o Presidente da Câmara ou Turma permita aos advogados das partes assumirem a tribuna, ainda que por uma segunda vez. Com efeito, a técnica de julgamento em discussão veio - como é notório - substituir o recurso de embargos infringentes (art. 530 CPC/73), o qual oportunizava aos patronos das partes sustentarem da tribuna suas teses ao redor dos pontos divergentes contidos do acórdão anterior e que foi atacado pelo referido recurso. Ou seja, os advogados podiam sustentar quando do julgamento da apelação e, depois, no caso de interposição de embargos infringentes, era facultado o retorno à tribuna. Agora, pela técnica do art. 942 NCPC, dispensa-se as etapas burocráticas de novos recursos e contrarrazões (embargos infringentes), mas assegura-se às partes, no espírito que norteou a alteração legal, *"o direito de sustentar oralmente suas razões perante os novos julgadores"* (parte final do *caput* do art. 942). Em assim sendo, incorre em ilegalidade o órgão de tribunal que não abre oportunidade ao retorno dos advogados à tribuna. E – destaque-se – tal retorno há de acontecer depois de proferidos os votos divergentes, ocasião em que os advogados cientificar-se-ão dos termos da divergência e, nos limites desta, poderão fazer nova abordagem para convencimento, em especial, dos novos julgadores.

3 O CONTEÚDO DA SUSTENTAÇÃO ORAL

É interessante que o estatuto da OAB, na mesma linha do que estava previsto no Código de Processo Civil revogado, permite ao advogado sustentar as "razões do recurso". Esta previsão poderia levar à irracional conclusão de que o advogado deverá ocupar a tribuna para repetir os mesmos argumentos do arrazoado que já produziu em peça escrita.

Agora, de forma mais técnica, o legislador, no transcrito alhures art. 937 CPC, estabelece que será dada a palavra para que as partes sustentem ***"suas razões"***.

A alteração, ao eliminar a referência às razões *"do recurso"*, veio contribuir à utilização da melhor técnica.

É que, se é verdade que o princípio dispositivo veda ao juiz e ao tribunal examinar questões não argüidas pelas partes, não menos certo é que, observados os limites da lide, pode e deve o magistrado aplicar os dispositivos legais que entender pertinentes, assim como considerar as circunstâncias e os fatos que julgar apropriados, até mesmo porque pode ser provocado pelas partes.

Lembre-se que *"o juiz não se exime de decidir sob a alegação de lacuna ou obscuridade no ordenamento jurídico"* (art. 140 NCPC). E mais: *"O juiz apreciará a prova constante dos autos, independentemente do sujeito que a tiver promovido, e indicará na decisão as razões de seu convencimento"* (art. 371 NCPC).

Portanto, o tribunal, no julgamento de determinado recurso ou processo, pode se fundar em circunstâncias dos autos e fundamentos jurídicos, até então não alegados pelas partes. Para tanto, consoante art. 10 do novo código, provocará as partes para que se manifestem. E, se assim ocorre, com mais razão poderá o advogado, quando de sua sustentação oral, desde que observados os limites da lide, inovar em arguição quanto a fatos já constantes dos autos e fundamentos jurídicos que sirvam para justificar sua tese.

Deve-se refletir, também, sobre a viabilidade de o advogado, quando da sustentação oral, argüir questões que poderiam, até mesmo, ser conhecidas de ofício.

O que acontece é que, a rigor, as partes estão presas ao fenômeno da preclusão (art. 507 NCPC), bem como aos limites da lide e ao princípio dispositivo (arts. 2º e 141 NCPC). Então, se determinada questão não está devolvida ao tribunal, por inércia mesmo da parte recorrente, não poderá ser ela argüida da tribuna, no momento da sustentação oral.

Isto é verdade, mas comporta mitigação!

Com efeito, há matérias e questões conhecíveis de ofício, como é o caso da ausência de pressupostos de constituição e desenvolvimento válido do processo, da perempção, litispendência e coisa julgada, e da carência de ação (art. 485 § 3º NCPC). De igual forma, assim ocorre com as chamadas nulidades absolutas (art. 278 par. único NCPC). Outro exemplo, dentre vários, pode ser lembrado na figura dos pressupostos de admissibilidade dos recursos, que devem ser examinados, de ofício, pelos tribunais.

Ora, este conhecimento de ofício pelo tribunal, como é fácil de deduzir, autoriza o advogado a sustentar tais questões e matérias, ainda que pela primeira vez, em sua sustentação oral. Uma vez que é dado ao julgador conhecê-las de ofício, com mais razão pode o advogado provocar o conhecimento, quando de sua manifestação derradeira.

A novidade está em que o pleno contraditório ganhou novos ares. De fato, o par. único do art. 932 NCPC, como aqui já estudado, impõe que, antes de dar pela inadmissão do recurso, seja ouvido o recorrente e oportunizada a correção do vício. De igual forma e mais amplamente, prevê o art. 933 NCPC que as partes devem ser intimadas para se manifestar, ainda que o fato superveniente ou a questão conhecível de ofício surja já na sessão de julgamento (conferir o § 1º do art. 933).

Ora, se o advogado invoca a questão nova da tribuna, de duas uma: ou o tribunal a rejeitará, e aí não haverá necessidade de ouvir a parte contrária por falta de prejuízo (art. 282 § 1º NCPC); ou, se inexistir convicção pela rejeição de plano, terá que suspender o julgamento e ouvir a parte contrária.

O que pode acontecer é, quando da intimação sobre o julgamento do recurso ou processo, já constar a advertência às partes no sentido de que, se invocada matéria nova, a manifestação dar-se-á em plenário e oralmente. Nada obsta isso, eis que o § 1º do art. 933 NCPC diz sobre oportunizar às partes o debate, mas não fixa o prazo, tratando-se de prazo judicial a ser estabelecido discricionariamente (art. 218 § 1º NCPC).

Situação curiosa poderá se dar, se, por acaso, o tribunal não examinar a matéria argüida da tribuna, e que não constava da peça recursal.

Ora, haverá aí uma omissão do tribunal, pois a sustentação oral não é um capricho ou bondade do magistrado, que a permitiu ao advogado. A sustentação oral está prevista em normas infraconstitucionais, como decorrência de caros princípios constitucionais. Logo, o que for argüido nela, por mais improcedente que seja, deve ser objeto de resposta do julgador!

Mas, se a omissão persistir, o caminho será o advogado reiterar a sua argüição, por meio de embargos declaratórios. Vale lembrar que tal recurso é adequado, para as situações em que houver **omissão**, obscuridade, erro material ou contradição.

Há precedentes no STJ que, a partir inclusive de análise do Regimento Interno da Corte, acolhem Embargos Declaratórios para suprir omissões em acórdãos anteriores. E – registre-se – omissões decorrentes do não enfrentamento de arguições feitas da tribuna. Vale conferir:

> EMBARGOS DE DECLARAÇÃO. HABEAS CORPUS. ALEGADA OMISSÃO DO ACÓRDÃO. ARESTO QUE TERIA DEIXADO DE CONSIGNAR TESE SUSTENTADA ORALMENTE PELA DEFESA NA SESSÃO DE JULGAMENTO DO WRIT. POSTERIOR JUNTADA DAS NOTAS TAQUIGRÁFICAS. DEFEITO SANADO. ACLARATÓRIOS ACOLHIDOS, SEM EFEITOS MODIFICATIVOS.
>
> 1. Da leitura do acórdão impugnado, observa-se que, de fato, não há qualquer menção à apontada eiva na dosimetria da reprimenda imposta ao

> paciente, e que foi sustentada apenas no julgamento do presente habeas corpus, quando o impetrante fez uso da palavra em sustentação oral.
>
> 2. De acordo com o caput do artigo 100 do Regimento Interno do Superior Tribunal de Justiça, as notas taquigráficas integram o acórdão proferido pelas Turmas, Seções ou Corte Especial.
>
> 3. Por sua vez, o artigo 103 do mesmo Estatuto preconiza que as notas taquigráficas – que registrarão o relatório, a discussão, os votos fundamentados, bem como as perguntas feitas aos advogados e suas respostas –,depois de revistas e rubricadas, devem ser juntadas aos autos, com o acórdão, regra que vem sendo flexibilizada em nome do princípio da celeridade processual, e observada apenas quando há pedido formulado por Ministro ou pelas partes. Precedentes.
>
> 4. Anexadas aos presentes autos as notas taquigráficas referentes ao julgamento do mandamus em apreço, elas passam a integrar o respectivo acórdão, pelo que resta sanada a omissão apontada nos aclaratórios em exame, devendo ser providenciada a republicação do aresto embargado, e reaberto o prazo recursal.
>
> 5. Embargos de declaração acolhidos, sem alteração do julgado. (STJ. EDcl no HC 135142/MS. Relator Min. Jorge Mussi. 21/06/2011)

É importante destacar, por oportuno, que as matérias conhecíveis de ofício podem ser invocadas, mesmo depois do julgamento do recurso originário e pela primeira vez, em sede de Embargos Declaratórios, como estabelece literalmente o *inc.* II do art. 1022 NCPC.

Destarte, se a matéria conhecível de ofício pode ser argüida, pela primeira vez, em sede de embargos declaratórios, deve-se concluir que o mesmo é possível, e com mais razão, se a arguição ocorrer quando da sustentação oral do recurso anterior. A omissão do tribunal quanto ao exame de matéria argüida da tribuna, e que poderia ser conhecida até de ofício, autoriza o retorno da parte por meio dos embargos declaratórios.

O problema que pode haver residirá na comprovação, a ser feita pelo embargante, de que houve a argüição na sustentação oral. Neste caso, pode o advogado requerer ao presidente da Câmara ou Turma que lhe faça entregar as notas taquigráficas ou certidão que comprove a argüição no plenário. Tal procedimento se coaduna com a publicidade dos atos processuais (art. 189 NCPC e art. 93, *inc.* IX, CF) e com o direito da parte de ter certidão sobre qualquer ato ou termo do processo (art. 153 *inc.* V NCPC).

Em suma, havendo a arguição da tribuna, e estando ausente o seu enfrentamento pelo tribunal, deverá a parte obter comprovação sobre esta circunstância e aforar os competentes embargos declaratórios.

Enfim, ante a previsão constitucional de necessária fundamentação das decisões (art. 93 IX CF), não há como subsistir omissão do tribunal quanto à valida argüição feita da tribuna.

4 POSTURA E PROCEDIMENTO: O ADVOGADO E A SUSTENTAÇÃO ORAL

4.1 Princípios a serem observados

Como visto, a palavra será concedida pelo Presidente do colegiado ao advogado, ocasião em que este proferirá a sua sustentação oral. É o momento em que o advogado deverá se valer do poder de síntese, para tentar o convencimento final!

É importante destacar que, malgrado sejam poucos minutos reservados à sustentação oral, o advogado deve assumir a tribuna com o conhecimento pleno do processo. A sustentação oral deve revelar firmeza e profundidade do advogado, sendo que para tanto o profissional há de conhecer todos os detalhes do processo.

Já se afirmou, aqui, sobre a relevância das sustentações orais. Porém, para que não haja vulgarização dessa importante etapa, compete aos advogados, cada vez mais, proferirem sustentações orais que tenham conteúdo e abordagem prática.

Com efeito, diferentemente do Tribunal do Júri, a sustentação oral é dirigida a magistrados, dotados de formação técnica e, a princípio, já com pontos de vista sobre os processos que constam da pauta de julgamento. Isto exige dos advogados uma postura serena e sem os arroubos sentimentais que não se adaptam a esta etapa processual. A abordagem prática está relacionada, sobretudo, à estratégia de destacar, da tribuna, aspectos fáticos e jurídicos que sejam, de fato, relevantes.

4.2 Etapas e critérios

Pois bem, dada a palavra ao advogado, ele inicia a sua sustentação. São desnecessárias saudações entusiasmadas, pois várias ainda serão as sustentações dirigidas àquele colegiado, na mesma sessão. Demais disto, em se tratando de sustentação oral, o exagero nas formalidades não é interessante, pois o julgador que ali está deseja ouvir algo que, de fato, possa acrescentar ao voto que já tem em mente.

É interessante que o advogado, na parte inicial de sua sustentação, situe os julgadores sobre o que se trata aquele processo. Deve dizer, em rápidas palavras, as pretensões das partes, o conteúdo da decisão recorrida e o objetivo do(s) recurso(s). Nesta primeira fase, não se justifica uma defesa de seus pontos de vista, sendo suficiente a sintética e imparcial mesmo narrativa do que ocorreu no processo.

Superada esta primeira fase, deverá o advogado destacar os pontos nevrálgicos, de contornos fáticos e jurídicos, que sejam importantes. E um detalhe: o orador deve evitar fazer leituras de depoimentos e trechos dos autos, sob pena de se perder em sua sustentação e torná-la cansativa para aqueles que nela deveriam prestar atenção.

No campo fático é onde reside todo o cuidado do orador. De nada adianta o advogado, ainda que sob a empolgação própria do momento e movido pela sua natural parcialidade (art. 2º, § 2º, Lei 8906/94), alterar aspectos fáticos do processo. Ora, o julgador, caso tenha sua atenção chamada para aquele determinado aspecto, irá conferi-lo nos autos, podendo, inclusive, pedir vista do processo. Decorre daí que é preferível o advogado ganhar em credibilidade, evitando qualquer distorção fática, até porque a dialética ao redor dos fatos já foi exaustivamente trabalhada durante todo o trâmite do processo, por meio das peças escritas produzidas pelas partes.

Aliás, do advogado que pretende ser um freqüentador da tribuna se espera, exatamente, credibilidade. É em decorrência da percepção de que as suas argüições fáticas encontram eco nos autos do processo que o profissional da advocacia conseguirá êxito nesta procura pela credibilidade.

De outro lado, é no campo das teses jurídicas que o profissional poderá, com conteúdo e firmeza, trabalhar o subjetivismo do direito. Aí sim se encontra o terreno próprio à demonstração de que o direito acoberta a tese de seu constituinte.

Neste setor, duas ponderações são cabíveis: a) o advogado deve ir à tribuna, ciente do pensamento dos julgadores sobre aqueles temas específicos, caso seja possível apurar tal dado; b) o advogado deve evitar longas leituras de acórdãos, e só citar aquele precedente que for específico e adaptável ao caso concreto.

Com relação à primeira ponderação acima feita, há de lembrar-se que a coerência é uma das maiores virtudes de qualquer magistrado. E esta coerência será identificada, sempre que o julgador se mantiver alinhado com suas anteriores decisões.

Em assim sendo, deve o advogado, com sutileza e elegância, demonstrar que o colegiado precisa, no caso concreto, guardar coerência, o que será feito com a demonstração de que a tese ali defendida já foi decidida da forma desejada pelo orador, em outra situação.

Pode acontecer, todavia, de os precedentes encontrados serem contrários aos interesses do cliente do orador. Neste caso, compete-lhe ingressar em duas alternativas: a) mostrar que o caso concreto se diferencia, neste ou naquele ponto, dos precedentes do colegiado; b) ou, se isto não é possível, mostrar que chegou o momento do colegiado mudar o seu posicionamento, tendo em vista os argumentos valiosos que serão utilizados naquela sustentação oral.

Após o orador seguir esta sequência lógica, onde se entrelaçam argumentos fáticos e jurídicos, compete-lhe caminhar para a conclusão. Aqui, vez mais, dispensa-se homenagens ou súplicas românticas, devendo o orador, isto sim, dizer o que pretende, objetivamente (reforma, anulação ou manutenção da decisão, para esta ou aquela finalidade). E um detalhe, agora a envolver até mesmo a auto-estima do profissional: nada de agradecimentos por ter o colegiado ouvido a sustentação oral, pois esta oitiva consiste numa obrigação dos magistrados, e eles devem ser, por vocação e mesmo determinação legal, personagens de trato fino e profissionais parcimoniosos.

4.3 Erro material no voto proferido e sua imediata arguição pelo orador. arguição posterior por embargos declaratórios

Cabe um registro, de ordem legal, mas de pouca utilização no nosso cotidiano profissional: Art. 7º Lei 8906/94 – "São direitos dos advogados: ... usar da palavra, pela ordem, em qualquer juízo ou tribunal, mediante intervenção sumária, para esclarecer equívoco ou dúvida surgida em relação a fatos, documentos ou afirmações que influam no julgamento, bem como para replicar acusação ou censura que lhe forem feitas" (inc. X).

Sim, durante a votação pode o magistrado incorrer em erro fático, sendo uma faculdade legal do advogado pedir a palavra pela ordem, a fim de alertá-lo sobre tal circunstância. Enquanto não encerrado o julgamento colegiado, poderá qualquer um dos integrantes do órgão julgador retratar-se, acolhendo, inclusive, a argüição do advogado.

Trata-se, contudo, de faculdade que deve ser usada, em situações extremas, e que, mesmo assim, exigem uma avaliação rápida do advogado sobre a sua utilidade naquele caso concreto. É que, em algumas situações, é mais prática e segura a demonstração daquele erro, em sede de posteriores embargos declaratórios, remédio processual que, conforme expressa previsão legal, pode sim abarcar, também, o erro material.

5 CONCLUSÃO

A advocacia deve ser exercida, com plenitude. Por isto foi erigida, em sede constitucional, a indispensabilidade do advogado. Esta indispensabilidade, contudo, é uma moeda com duas faces: o advogado deve exigir a sua presença, em todas as etapas e tipos de processos; mas o advogado, de igual forma, deve se mostrar indispensável, sobretudo através de permanente qualificação e estudo, evidenciando, sempre que possível, o quanto ele é importante para a credibilidade do próprio Poder Judiciário.

A sustentação oral é parte integrante desta indispensabilidade. Demais disto, deve ser motivo de alento e tranqüilidade aos magistrados saber que estão sendo provocados por apaixonados advogados, a todo instante, o que diminui os riscos de erros que possam prejudicar os jurisdicionados.

Ao proferir uma sustentação oral, deve o advogado demonstrar segurança, agindo de forma prática e objetiva. Ao longo de sua experiência profissional, um dos vetores que deve o advogado seguir é o da credibilidade. Em se tratando de sustentação oral, isto é fundamental, tendo em vista, sobretudo, que o tempo reservado ao orador é curto, bem como que ele irá se dirigir a magistrados que, a rigor, já têm um ponto de vista sobre aquele processo. A habilidade que se espera do advogado, neste contexto, é algo mágico, a justificar, vez mais, o lado apaixonante e desafiador da advocacia!

54

PRINCÍPIO CONCILIATÓRIO DO NOVO CÓDIGO DE PROCESSO CIVIL E SEUS REFLEXOS NO DIREITO PREVIDENCIÁRIO JUDICIALIZADO

Rogério Vieira Santiago
Advogado

1. PRINCÍPIOS ADOTADOS NO CPC/2015:

1.1 Importância do estudo das bases principiológicas do CPC/2015:

O Código de Processo Civil, concebido a partir da promulgação da Lei Federal nº 13.105/2015 e, que entrou em vigor no dia ***18/03/2016***, por imposição de seu art. 1045, visivelmente veio ao mundo jurídico com objetivos claros, definidos e que vieram inclusive positivados de forma expressa entre seus arts. 1º a 12.

Por força de opção política do legislador ordinário federal, concebeu-se um novo Código de Processo Civil que inicia-se por uma base principiológica, composta pelo conjunto normativo de seus 12 (doze) primeiros artigos, que proporcionam sustentação a todo restante do conjunto normativo legislado.

Justamente devido a este fato - que no campo do direito processual civil positivado deve ser encarado como uma inovação do legislador ordinário federal -, é que este conjunto normativo destes 12 (doze) primeiros artigos deve merecer especial atenção de todos os operadores do direito.

No tópico seguinte deste trabalho técnico-jurídico, este articulista passa a discorrer sobre as principais bases principiológicas sobre as quais se assenta o conjunto normativo do CPC/2015, que adveio ao mundo jurídico a partir da promulgação da Lei Federal nº 13.105/2015 e teve sua vigência iniciada em ***<u>18/03/2016</u>*** em todo o território nacional:

1.2 Novo papel do estado-juiz e demais "atores" do processo no novo CPC/2015

Inicia o CPC/2015 reafirmando o princípio constitucional da hierarquia das normas, enfatizando logo em seu art. 1º que "*...o processo civil será ordenado, disciplinado e interpretado conforme os valores e as normas fundamentais estabelecidos na Constituição da República Federativa do Brasil...*"

No entanto, já em seu art. 2º, o legislador ordinário federal idealizador do novo CPC/2015 começou a trazer mudanças significativas que, se bem compreendidas e interpretadas, podem mudar toda uma "*cultura jurídica*" que se encontrava sedimentada acerca de direito processual civil, com "*olhos*" claramente voltados para proporcionar concretude ao princípio assecuratório da duração razoável do processo que tem suas raízes na norma inserta no art. 5º, LXXVIII, da CR/88 (com a redação que lhe foi proporcionada pela EC federal nº 45/2004).

Embora o legislador ordinário federal tenha adotado, no "*caput*" do art. 2º do CPC/2015, o princípio da inércia da jurisdição como regra de conduta de quem exerce esta importantíssima parcela de poder do Estado, na condição de agente político dele, guardando neste particular coerência com toda a Teoria Geral do Estado advinda do direito administrativo, logo adiante a esta base principiológica que veio positivada no novo *codex* de ritos, o mesmo legislador ordinário federal trouxe uma importante regra excepcionadora daquela genérica, quando em seu art. 3º, §2º, impôs ao Estado-juiz a função ativa de "*promover*" (este o verbo utilizado na "*letra*" da lei), "*sempre que possível, a solução consensual dos conflitos*" ("*letra*" da lei)

Vê-se, já aí, nesta previsão contida no art. 3º, §2º, do CPC/2015, que a participação do Estado na solução dos conflitos de interesses que sobrevêm judicializados não mais se atém ao cumprimento de sua missão constitucional de "*dizer o direito posto*", proporcionando concretude aos princípios constitucionais da tripartição harmônica dos poderes constituídos da república (art. 2º, da CR/88) e da indeclinabilidade da jurisdição (art. 5º, XXXV, da CR/88), tampouco se atém ao cumprimento de uma missão que a lei processual codificada anterior à atual lhe proporcionava, de mera "*incentivadora*" da conciliação (art. 125, IV, do CPC/1973), para transformar-se num verdadeiro "*agente da pacificação social*".

Definitivamente, evolui a legislação processual civil codificada para proporcionar ao Estado-juiz uma nova forma de pacificar um conflito de interesses, distinta daquela de meramente "*dizer o direito que lhe foi posto*", deixando a condição de Estado tripartido, dotado da atividade finalística de julgar os conflitos de interesses já judicializados e, retomando a condição de Estado-uno – ficção jurídica representativa do povo, sua razão de ser e existir -, via de consequência trespassando seus representantes à condição de "*agentes da paz*".

Do advento do CPC/2015 em diante, o Estado-juiz sai da inércia que historicamente sempre lhe foi própria não para exercer o poder jurisdicional sem que tenha sido provocado, mas sim para exercer um papel ativo de "*promotor*" (verbo utilizado na "*letra*" do art. 3º, §2º, do CPC/2015) da solução consensualizada dos conflitos.

Quanto a esta nova missão, agora positivada de forma expressa, que o legislador ordinário federal confiou ao Estado-juiz, vê-se que ela enxerga no exercício da atividade jurisdicional a alternativa última, quando encetadas todas as demais tentativas de solucionar o conflito de interesses já invocado ao crivo jurisdicional, de forma consensualizada, sem sucesso.

Novamente criando regra excepcionadora à genérica, que é a da inércia da jurisdição, o legislador federal não se ateve a meramente confiar ao Estado-juiz a atribuição de procurar, diante de uma pretensão acionada já posta a seu crivo, "*promover*" (este o verbo utilizado na "*letra*" da lei), "*sempre que possível, a solução consensual dos conflitos*" ("*letra*" do art. 3º, §2º, do CPC/2015), indo além, proporcionando ao mesmo toda a liberdade para criar mecanismos hábeis a tanto, sugerindo apenas a título meramente exemplificativo a "*conciliação*", a "*mediação*", no entanto deixando o representante do Estado-juiz livre para adotar "*...outros métodos de solução consensual de conflitos...*" (art. 3º, §3º, do CPC/2015).

Neste particular, vê-se que o legislador ordinário federal determinou que o Estado-juiz, prioritariamente, envide todos os esforços para que o conflito de interesses se resolva ainda em seu nascedouro, aí assumindo o papel ativo de "*agente da paz*", relegando a atividade jurisdicional para um plano secundário, onde o Estado "*resolve o processo, mas não resolve o problema*" das partes.

E, foi procurando delinear melhor a finalidade destas novas diretrizes processuais civis, que o legislador ordinário federal idealizador do CPC/2015 trouxe para o plano do direito positivo (art. 8º, do CPC/2015), o princípio inspirador de todos os direitos sociais constitucionalizados, que é o princípio protetor da dignidade da pessoa humana.

Também neste quadrante, o legislador ordinário federal proporcionou aos representantes do Estado-juiz uma função ativa de "*promover*" (verbo utilizado no art. 8º, do CPC/2015) "*...a dignidade da pessoa humana...*", proporcionando aos mesmos, para tanto, uma ampla liberdade para escolha de "*ferramentas*" já existentes, como "*conciliação*", "*mediação*", ou até uso de "*...outros métodos de solução consensual de conflitos...*" (art. 3º, §3º, do CPC/2015).

Inicia-se uma nova era no âmbito do direito processual civil, onde o princípio da estrita legalidade em matéria processual cede espaço para o princípio da efetividade da atividade jurisdicional, não mais delimitada a "*dizer o direito posto*", mas amplificada de molde a que os representantes do Estado-juiz procurem nos métodos já existentes de solução consensualizada dos conflitos, ou até na criação de outros novos e mais eficazes, valendo-se de suas próprias experiências profissionais, meios para atingimento da nova finalidade da atividade jurisdicional, que prioritariamente passa a ser a de "*resolver o problema que se encontra encartado no processo*", zelando por conseguinte em "*promover*" (verbo utilizado no art. 8º, do CPC/2015) "*...a dignidade da pessoa humana...*" invariavelmente abalada enquanto pendente o estado de litigiosidade.

Sem nenhuma sombra de dúvidas, o legislador ordinário federal concebeu todas estas normas alinhadas ao princípio constitucional protetor da segurança nas relações jurídicas, que serviu de inspiração à positivação da norma constitucional inserta no inciso XXXVI, do art. 5º, da CR/88, segundo a qual "*a lei não prejudicará o direito adquirido, o ato jurídico perfeito e a coisa julgada*".

Nesta nova visão finalística de processo adotada pelo legislador ordinário federal idealizador do novo CPC/2015, a sentença de mérito onde o Estado-juiz acolhe ou rejeita a pretensão deduzida pela parte ao crivo jurisdicional deixa de ser o veículo principal que adiante, quando tornado definitivo o que restou sentenciado por força dos efeitos das coisas julgadas formal e material, resgata a "*paz social*" um dia abalada.

Com esta nova função confiada pelo legislador ordinário federal idealizador do novo CPC/2015 ao Estado-juiz, de "*promotor*" ("*letra*" do verbo utilizado no art. 3º, §2º, do CPC/2015) da "*solução consensual dos conflitos*" ("*letra*" do mesmo dispositivo legal), inaugura-se uma nova era também na Teoria Geral do Estado, oriunda do direito administrativo, vez que humaniza e personifica na pessoa do juiz de direito o Estado-pacificador da sociedade, sem contudo dele retirar sua função de "*dizer o direito posto*" pelas partes em juízo.

Transparece seja óbvio que, para cumprir com eficiência este novo "*papel*" que o legislador ordinário federal impôs ao Estado de servir de "*agente da paz*", teria também o legislador de impor aos demais "*atores*" do processo idêntica atribuição.

O que transparece seja o óbvio, veio positivado de forma expressa no art. 6º, do CPC/2015, quando o legislador ordinário federal textualmente disse que "*todos os sujeitos do processo devem cooperar entre si para que se obtenha, em tempo razoável, decisão de mérito justa e efetiva.*" ("*letra*" da lei)

Enxerga-se, do conjunto das normas insertas nos arts. 3º, §2º e 6º, do CPC/2015, que o novo direito processual civil afasta-se do princípio do rigor formal para definitivamente abraçar aqueloutro, da instrumentalidade das formas, redefinindo o processo como mero veículo portador do direito subjetivo de ação e, chamando os "*atores*" dele a participar efetivamente em busca de uma solução que advenha "*em tempo razoável*" e que seja "*justa e efetiva*".

Tal como no art. 3º, §2º, também no art. 6º, do CPC/2015, o legislador ordinário federal impôs a todos quantos estejam participando, numa condição, ou noutra, do processo, uma postura pró ativa em busca da solução do conflito de interesses que nele, processo, se encontra encartado, nivelando a autoridade judiciária às partes, aos advogados e ao representante ministerial, quando oficiante, para que todos possam, juntos, munidos de um espírito de cooperação mútua, procurar uma solução para o problema já judicializado, numa fase antecedente à do próprio estabelecimento do efetivo contraditório.

Identifica-se deste conjunto normativo estabelecido entre os arts. 3º, §2º e 6º, do CPC/2015, a preocupação do legislador ordinário federal para com o jurisdicionado e seu direito de ver resolvido o problema por ele já trazido ao crivo jurisdição de uma forma que possa atender aos seus anseios em seu nascedouro, entendendo como a mais "*justa e efetiva*" das decisões de mérito, aquela que coloca termo ao processo de forma consensual.

Para não deixar nada sublinear, o legislador ordinário federal idealizador do CPC/2015 resolveu, de forma pioneira e corajosa, definir 2 (dois) termos jurídicos que se encontram entre aqueles que, até ali, se inseriam entre os classificados pelos doutrinadores como espécies do gênero "*termos jurídicos de conceito indeterminado*": "*decisão de mérito justa*" e "*decisão de mérito efetiva*" (art. 6º, CPC/2015)

Inovou o legislador idealizador do CPC/2015, quando definiu de forma clara e cristalina que aprioristicamente o Estado-juiz "*...promoverá, sempre que possível, a solução consensual dos conflitos...*", acreditando que muito melhor do que assegurar ao jurisdicionado a amplitude do acesso à jurisdição e a outorga da prestação jurisdicional mais célere quanto possível, era ir adiante, "*promovendo*" ("*letra*" do verbo utilizado no art. 3º, §2º, do CPC/2015) a solução do próprio conflito de interesses.

Vê-se, de forma bastante clara, que o legislador ordinário federal idealizador do CPC/2015, de forma pioneira e corajosa, retirou o Estado-juiz do estado de inércia que até ali lhe era própria, ampliando o raio de atuação deste, que no ordenamento jurídico-processual anterior era o de meramente de "*dizer o direito*" que lhe tivesse sido posto, em estrita e estreita observância ao que determinava a legislação pátria, ainda que o "*direito*" "*dito*" segundo a "*lei*", trouxesse um resultado útil que não despertasse nas partes a sensação de que ele equivaleria ao que seria "*justo*".

Entendeu o legislador ordinário federal idealizador do CPC/2015 que o Estado-juiz não poderia de forma alguma deixar de ter uma postura pró ativa, de molde a criar um ambiente propício a que todos os "*atores*" do processo pudessem enxergar que um direito não exercido "*oportuno tempore*", muitas das vezes perece até juntamente ao perecimento do bem maior de seu titular, que é a vida, transformando-se numa amarga herança para seus sucessores.

Inaugurou-se, portanto, uma nova era no direito processual civil positivado, onde a busca de soluções consensuais para o conflito passou a ser o objetivo primeiro a ser perseguido por todos que, nele, estão envolvido, numa ou noutra condição, enxergando que todos quantos provocam o Estado-juiz portando pretensões acionáveis, desejam muito mais que a "*lei*" seja "*dita*" de forma "*seca*' e "*fria*", mas que a "*lei dita*" lhes desperte uma sensação de que está diante de uma "*lei justa*", o que não se revela possível, se todos os "*atores*" do processo não se esforçarem em busca de soluções para os problemas que nele estão encartados.

Talvez o maior desafio deste novo ordenamento jurídico processual, seja disseminar uma nova "*cultura de processo*", que aproxima o conceito de "*legalidade*" ao de "*justiça*", quando convoca todos os "*atores*" processuais a envidarem esforços na busca de uma solução consensual que pacifique o conflito gerador da pretensão acionada, na certeza de que a decisão mais justa e efetiva sempre é aquela construída por todos, em harmonia.

Tanto é verdade que no novo modelo de processo, a decisão mais "*justa e efetiva*" é aquela construída por todos em harmonia, que no art. 3º, §3º, do CPC/2015, o legislador ordinário federal deixou assentado que "*a conciliação, a mediação e outros métodos de solução consensual de conflitos deverão ser estimulados por juízes, advogados, defensores públicos e membros do Ministério Público, inclusive no curso do processo judicial.*" (grifei)

Também neste particular, o CPC/2015 convocou todos os "*atores*" do processo a, mesmo após frustrada a primeira tentativa de solucionar os conflitos antes mesmo da instauração do estabelecimento do contraditório, numa fase aqui dita prévia à formação da lide, a continuar "*estimulando*" ("*letra*" do verbo utilizado pelo legislador no art. 3º, §3º, do CPC/2015) a adoção da "... *conciliação, a mediação e outros métodos de solução consensual de conflitos...*", mesmo durante o transcurso do feito, quando já estabelecido o contraditório e litigioso o objeto da pretensão autoral.

De inovador, este §3º, do art. 3º, do CPC/2015, traz consigo a convocação a todos os "*atores*" do processo a, durante todo o seu curso, "*estimularem*" ("*letra*" do verbo utilizado pelo legislador) que a lide já formada seja dizimada através de solução consensualizada, novamente trazendo todos estes "*atores*" a um mesmo nível, para exercício conjunto de uma missão maior que a própria de seus "*papéis*" processuais, que é a e transformarem-se todos em autênticos "*agentes pacificadores*".

O que, durante a vigência do CPC/1973, constituía atribuição permanentemente imposta apenas do representante do Estado-juiz prevista no art. 125, II e IV, do referido digesto processual civil, a de "*velar pela rápida solução do litígio*" (hipótese do inciso II) e "*tentar, a qualquer tempo, conciliar as partes*" (hipótese do inciso IV), transformou-se em atribuição que o CPC/2015 passou a distribuir entre todos os "*atores*" do processo, de forma muito mais amplificada, incisiva e democrática.

Não se divisa que todas estas bases principiológicas concebidas pelo legislador ordinário federal idealizador do CPC/2015, que colocam todos os "*atores*" do processo nivelados num só plano e em busca de um objetivo único que é solucionar o problema, seja na fase processual aqui dita prévia à formação da lide, ou mesmo durante o transcurso do feito, transformando todos eles em "*agentes da pacificação*" social, sejam bases principiológicas que procuram colocar o jurisdicionado e a efetiva satisfação de seus interesses em primeiro plano, exigirá profunda mudança de postura de todos estes "*agentes da pacificação*", porquanto enquanto no exercício desta atividade estiverem, necessariamente terão eles de atuar juntos, em comunhão de esforços, para alcance do objetivo finalístico que passou a lhes ser comum.

No entanto, existem fundadas dúvidas quanto a compatibilidade desta missão que o CPC/2015 confiou a todos os "*atores*" do processo indistintamente, relativamente às normas de conduta postas a cada um destes "*atores*", que se encontram positivadas em leis esparsas que continuam em vigor e, ao menos em tese, teriam de se sobrepor às determinações contidas no atual *codex* de ritos, naquilo que com ele colidissem, por força do princípio da especialidade.

Apesar de sobrarem dúvidas quanto a possibilidade de todos os "*atores*" do processo, permanentemente, poderem estar juntos e num mesmo plano em busca de uma solução que advenha "*em tempo razoável*", que seja "*justa*", "*efetiva*", "*consensual*" e advenha do resultado útil do esforço conjunto de todos os "*atores*" processuais, dado o aparente desalinhamento deste novo dever processual relativamente àqueles que já se encontravam postos a cumprimento a cada um destes, em diplomas legislativos próprios, *este trabalho técnico jurídico parte da premissa de que existe este dever processual e, que no cumprimento de tal dever, compete aos "atores" processuais promover a conciliação dele, com os todos os demais que lhes* são impostos em *diplomas legislativos próprios, procurando na medida do possível atender à "função social" que gravita sobre as bases principiológicas deste novo codex de ritos, de molde a evitar o esvaziamento delas*.

No próximo tópico deste trabalho técnico, o autor concentrará seus esforços em demonstrar que todas estas bases principiológicas sobre as quais se assenta o CPC/2015, há muito já inspiram o dia a dia do direito previdenciário judicializado, onde a cooperação de todos os "*atores*" do processo em busca de uma solução que advenha "*em tempo razoável*" e que seja "*justa e efetiva*", é o objetivo maior a ser perseguido, com "*olhos*" sempre voltados para resguardo dos direitos dos jurisdicionados.

2 APLICABILIDADE DA BASE PRINCIPIOLOGICA DO NOVO CPC/2015 AO DIREITO PREVIDENCIÁRIO JUDICIALIZADO

Muito se discute acerca da possibilidade jurídica da aplicação desta densa gama de princípios trazidos nos 12 (doze) primeiros artigos do CPC/2015, à Fazenda Pública, enquanto sujeito processual, bem como àqueles que a defendem em juízo ou fora dela, enquanto titulares da capacidade postulatória desta.

Questão tormentosa, sem sombra de dúvidas, é se identificar até "*que ponto*" o advogado público pode, fazendo uso da melhor técnica jurídico-processual, justapor esforços aos demais "*atores*" processuais "*para que se obtenha, em tempo razoável, decisão de mérito justa e efetiva*" (art. 6º, CPC/2015), em especial quando o legislador ordinário federal idealizador do atual *codex* de ritos define de forma pioneira que para atingimento destes objetivos, que "*o Estado promoverá, sempre que possível, a solução consensual dos conflitos...*" (art. 3º, §2º do CPC/2015), sem contudo explicitar se o destinatário desta última norma é apenas o Estado-juiz, ou transcende também ao Estado-uno, enquanto sujeito processual demandado em juízo.

Como sobreveio descrito nos itens anteriores deste trabalho técnico-jurídico, o legislador ordinário federal inovou ao retirar o Estado-juiz da inércia que sempre lhe foi própria, ao elevá-lo à condição primeira de "*promotor*" (verbo utilizado no art. 3º, §2º, do CPC/2015) da "*solução consensual dos conflitos*".

De igual sorte ao que foi dito acima, o legislador ordinário federal inovou ao relegar a atividade jurisdicional propriamente dita como a última das alternativas existentes, após superadas todas as tentativas do Estado-juiz "*promover*" (verbo utilizado no art. 3º, §2º, do CPC/2015) a "*solução consensual dos conflitos*", sem sucesso, missão secundária esta que, aí sim, é de titularidade exclusiva dos representantes do Estado-juiz, onde eles permanecerão com a missão única de "*resolver o processo, mas não o problema*" que nele permanece encartado, como antes determinava a sistemática do *codex* de ritos de 1973, hoje revogado.

Da mesma forma que sobreveio declinado alhures, não existe dúvida de que esta inversão de prioridades que doravante está a inspirar todas as atividades dos representantes do Estado-juiz, traz consigo uma nova visão de processo, que por sua vez demanda uma necessária "*mudança de cultura*" por parte de todos os "*atores*" processuais, em especial porque tal missão, muitas das vezes, pode conflitar com as normas de conduta já positivadas para nortear a atividade de cada um deles.

No que tange aos representantes do Estado-juiz, importante aqui é acentuar que os "*deveres*" legalmente impostos a estes se encontram positivados de forma expressa nos 8 (oito) incisos do art. 35, da Lei Complementar federal nº 35/1979 (conhecida como Lei Orgânica da Magistratura Federal – LOMAN)... Há, ainda, um rol de condutas "*vedadas*" aos representantes do Estado-juiz que se encontram positivadas nos 3 (três) incisos do art. 36 da Lei Complementar federal nº 35/1979 (conhecida como Lei Orgânica da Magistratura Federal - LOMAN)

Identifica-se, ainda do exame do "*conjunto normativo*" formado a partir dos 147 (cento e quarenta e sete) artigos que, juntos, integram a Lei Complementar federal nº 35/1979 (LOMAN), que eventual inobservância / transgressão dos representantes do Estado-juiz a qualquer destas 2 (duas) normas descritas no parágrafo anterior, ambas integrantes do mesmo "*conjunto normativo*", abre ensanchas à deflagração da ali denominada "*atividade censória*" (art. 40, da LOMAN), que nada mais constitui que autêntica ação disciplinar, ou correicional típica.

Relativamente a este rol de "*deveres*" constante dos 8 (oito) incisos do art. 35, da Lei Complementar federal nº 35/1979 (LOMAN) e ao rol de condutas "*vedadas*" constantes dos 3 (três) incisos do art. 36, do mesmo diploma legal, necessário é aqui se identificar que esta nova e prioritária missão confiada pelo legislador ordinário federal idealizador do CPC/2015 confiou aos representantes do Estado-juiz, de "*promover*" (verbo utilizado no art. 3º, §2º, do CPC/2015) a "*solução consensual dos conflitos*" não se encontra nem no rol dos "*deveres*", tampouco no rol das condutas "*vedadas*" aos representantes do Estado-juiz, que se encontram positivadas no vetusto diploma legal acima citado, que já vigora por praticamente 4 (quatro) décadas.

Era mesmo de se esperar que esta nova e prioritária missão confiada pelo legislador ordinário federal idealizador do CPC/2015 confiou aos representantes do Estado-juiz, de "*promover*" (verbo utilizado no art. 3º, §2º, do CPC/2015) a "*solução consensual dos conflitos*", não estivesse sequer ventilada no diploma legal que hoje ainda disciplina atividade dos representantes do Estado-juiz, até porque este sobreveio concebido em 1979, num momento histórico em que o país se encontrava gerido por governantes impostos pelas forças armadas na base da "*força*", dentro de um regime político-administrativo de feições ditatoriais, onde realmente não havia espaço para que os representantes do Estado-juiz transcendessem ao puro e simples exercício da restrita "*fatia de poder*" que lhes sobejou ali, que era mesmo o de "*dizer o direito que lhe fosse posto*", ainda assim com imensas limitações.

A visível atrofia da atividade jurisdicional tal como veio positivada na Lei Complementar federal nº 35/1979 (LOMAN) e, seu descompasso com as necessidades que o país passou a demandar após a retomada do regime político-administrativo democrático a partir do momento histórico conhecido pelos historiadores de escol como "*nova república*", fez com que nova ordem jurídico constitucional adviesse fruto do exercício do poder constituinte originário, em ***05/10/1988***, ali já antevendo a necessidade da criação do "*Estatuto da Magistratura*" (art. 93, "*caput*", da CR/88), exatamente para proporcionar aos representantes do Estado-juiz, regramentos apropriados a que eles pudessem participar ativamente do Estado Brasileiro único, recriado no plano constitucional com os nobres objetivos fundamentais de "*construir uma sociedade livre, justa e solidária*" (inciso I, do art. 3º, da CR/88), "*garantir o desenvolvimento nacional*" (inciso II, do art. 3º, da CR/88), "*erradicar a pobreza e a marginalização e reduzir as desigualdades sociais e regionais*" (inciso III, do art. 3º, da CR/88) e "*promover o bem de todos , sem preconceito de origem, raça, sexo, cor, idade e quaisquer outras formas de discriminação*" (inciso IV, do art. 3º, da CR/88), concebido a partir da premissa de que "*todos são iguais perante a lei, sem distinção de qualquer natureza, garantindo-se aos brasileiros e aos estrangeiros residentes no país a inviolabilidade do direito à vida, à liberdade, à igualdade, à segurança, à propriedade...*" (art. 5º, "*caput*", da CR/88).

Defronte a uma nova ordem jurídico constitucional que trouxe consigo o objetivo maior de reconstruir o Estado Brasileiro a partir da conscientização de que sua razão de ser e existir voltou a ser o povo que nele vive - a quem sobreveio devolvida a titularidade de todos os poderes constituídos do Estado (art. 1º, parágrafo único, da CR/88) -, realmente era necessário que todos os representantes deste novo Estado ali concebido também se conscientizassem de que trespassaram eles, de autoridades constituídas, em servidores "*lato sensu*" do povo.

Passados quase 29 (vinte e nove) anos do advento da atual ordem jurídico-constitucional, o "*Estatuto da Magistratura*" que o constituinte originário federal determinou fosse concebido por atividade legislativa infraconstitucional, na forma e moldes descritos nos incisos e "*caput*" do art. 93, da CR/88, infelizmente ainda não foi concebido, permanecendo as normas de conduta aplicáveis aos representantes do Estado-juiz, ao menos por enquanto, sendo aquelas previstas na vetusta Lei Complementar nº 35/1979 (LOMAN).

Como antes se disse e ora se reitera, inexiste no "*conjunto normativo*" da LOMAN – seja no rol dos "*deveres*", seja no rol das condutas "*vedadas*" lá positivadas -, qualquer norma que "*resvale*" sequer de "*raspão*" nesta nova missão que o legislador ordinário federal idealizador do CPC/2015 confiou aprioristicamente aos representantes do Estado-juiz, que é a de servir de "*promotor*" (do verbo promover utilizado no art. 3º, §2º, do CPC/2015) da "*solução consensual dos conflitos*".

Vê-se, portanto, que se tal missão não colide em nada com o "*conjunto normativo*" da LOMAN, ganharam os representantes do Estado-juiz "*novas armas*" que eles antes não dispunham para continuarem a exercer seu "*papel*" histórico de pacificar os conflitos de interesses...Digno de registro é que estas "*novas armas*" vêm a humanizar a atividade jurisdicional, de molde a colocar os representantes do Estado-juiz a serviço do jurisdicionado, na busca de soluções para seus problemas, porque a experiência já estava a demonstrar que meramente "*dizer o direito posto*" ainda era muito pouco para atingimento da "*função social*" de pacificar os conflitos...

Quem já "*encarnou*" esta missão de "*agente da pacificação social*", nos moldes apregoados pelo legislador ordinário federal idealizador do CPC/2015, fazendo dela sua missão primeira, são os magistrados federais que se encontram distribuídos em milhares de Juizados Especiais Federais (JEF) de todo o país, basicamente lidando com processos de natureza jurídico-previdenciária.

Digno de realce é que os magistrados federais que hoje se encontram lotados nos milhares de Juizados Especiais Federais (JEF) de todo o país, "*encarnaram*" esta missão de "*agentes da pacificação social*", muito antes do início da vigência do CPC/2015, sem que para tanto existisse qualquer lei federal dotada de maior rigidez e coerção que os impusesse a assunção desta postura.

Acredita-se que a "*encarnação*" desta missão de "*agentes da pacificação social*" pelos magistrados federais tenha sido deflagrada a partir do momento em que o excelso pretório, incidentalmente ao julgamento do Recurso Extraordinário nº ***631.240/MG*** (acórdão publicado no DJ-e de ***03/09/2014***), relatado pelo Min. Luis Roberto Barroso, fixou a tese representativa da controvérsia ali dirimida, para fins de produção dos efeitos próprios da "*repercussão geral*" da matéria, no tema nº ***350***, que determina o "*prévio requerimento administrativo como condição para o acesso ao Judiciário*" em matéria previdenciária, retirando do aparelho judiciário função que ordinariamente compete à unidade gestora do RGPS, "*in casu*" o INSS, que é a de deliberar acerca de raio de alcance dos direitos previdenciários / assistenciais concebidos naquele regime para destinatários certos e legalmente estipulados.

Vê-se que, a partir do julgamento deste "*leading case*" representativo da controvérsia para fins de "*repercussão geral*", o INSS retomou sua função histórica de servir de unidade gestora do RGPS e, o Poder Judiciário, retomou seu "*papel*" histórico que é a de exercer o controle jurisdicional de legalidade sobre os atos de gestão praticados pela unidade gestora do RGPS.

Como, deste marco histórico em diante, todos quantos pretendessem alçar as vias jurisdicionais portando pretensão acionada em matéria previdenciária, ganharam o dever processual de comprovar, "*ab initio*" do feito, que formularam idêntica pretensão à unidade gestora do RGPS, sem sucesso, o direito previdenciário judicializado ganhou novos contornos, pois concebido aprioristicamente portando o posicionamento explícito do INSS acerca da pretensão reavivada ao crivo jurisdicional.

Via de consequência, a partir deste marco histórico em diante, todas as pretensões acionadas em matéria previdenciária passaram a ser concebidas com a lide - enquanto pretensão resistida -, já instaurada antes mesmo do estabelecimento da relação processual e do próprio contraditório.

Nem precisaria ser dito, dada a obviedade, que diante deste contexto, o exercício por parte dos representantes do Estado-juiz, de "*dizerem o direito posto*" pelos jurisdicionados, ficou mais simplificado.

Não obstante, de nada adiantaria esta simplificação da atividade jurisdicional em matéria previdenciária advinda a partir do julgamento do Recurso Extraordinário nº ***631.240/MG*** (acórdão publicado no DJ-e de ***03/09/2014***), relatado pelo Min. Luis Roberto Barroso, para fins de produção de efeitos próprios da sistemática da "*repercussão geral*" antes reconhecida como existente, se os Juizados Especiais Federais de todo o país não se aparelhassem com "*equipes multidisciplinares*" que servissem de "*longa manus*" do juízo nas pretensões acionadas que tivessem como "*pano de fundo*" questões demandantes de dilação probatória.

Exemplo: de nada adiantaria exigir que o jurisdicionado, antes de exercer sua pretensão acionada, entreabrisse previamente as vias administrativas do INSS em busca de seu direito à aposentadoria por invalidez, se uma vez denegado este pleito pela referida entidade autárquica gestora do RGPS, a pretensão acionada que a partir dali fosse deflagrada estivesse fadada a um processamento tradicional, segundo suas fases "*postulatória*", "*instrutória*" e "*decisória*", ficando para o jurisdicionado a pesada missão de arcar com os ônus da produção probatória pericial.

Justamente para que a tutela jurisdicional em matéria previdenciária ganhasse efetividade, que expressiva parte dos Juizados Especiais Federais hoje passaram a possuir "*equipes multidisciplinares*" habilitados a servirem de "*longa manus*" do juízo.

Munido do mesmo objetivo de proporcionar maior efetividade à tutela jurisdicional em matéria previdenciária, a imensa maioria dos magistrados que se encontram lotados nos Juizados Especiais Federais de todo o país, optam por inverter muitas vezes até de ofício as fases "*postulatória*" e "*instrutória*", determinando a produção da prova técnica indispensável ao deslinde da controvérsia previamente ao estabelecimento da relação processual e ao próprio contraditório.

Voltando ao exemplo dado acima: numa pretensão acionada que tivesse como objetivo o controle jurisdicional de ato administrativo praticado por agente do INSS, denegatório do benefício de aposentadoria por invalidez, a grande maioria dos magistrados que se encontram lotados nos Juizados Especiais Federais determinariam, antes mesmo da citação do sujeito passivo, a realização da prova pericial médica, diferindo o momento do estabelecimento do contraditório para após a produção da prova técnica.

Também de nada adiantaria que os representantes do Estado-juiz envidassem tantos esforços no afã de proporcionar ao jurisdicionado uma tutela jurisdicional mais efetiva e célere, através do uso de mecanismos jurídico-processuais como os acima noticiados, se o INSS, quando citado para os termos da pretensão acionada, não pudesse reconhecer a procedência da postulação, quando fosse o caso.

Como era de se esperar, foram criadas condições a que o advogado público que representa o INSS em juízo, pudesse também cooperar com todo este esforço despendido pelo Estado-juiz para que a tutela jurisdicional que lhe foi demandada por candidato a beneficiário do RGPS, fosse alcançada de forma mais célere e efetiva.

Algumas destas condições sobrevieram criadas através da "*Recomendação Conjunta CNJ / AGU / MPTS nº 1, de 15/12/2015*", que sobreveio publicada no DOU de **08/01/2016** para atendimento do princípio constitucional da publicidade, esteio da atividade moderna que se encontra positivado no art. 37, "*caput*", da CR/88, a nortear toda a atividade administrativa moderna.

Eis aí o que dispõe a referida "*Recomendação Conjunta CNJ / AGU / MPTS nº 1, de 15/12/2015*", "*in verbis*":

> "...***Dispõe sobre a adoção de procedimentos uniformes nas ações judiciais que envolvam a concessão de benefícios previdenciários de aposentado-***

ria por invalidez, auxílio-doença e auxílio-acidente e dá outras providências.

O Presidente do Conselho Nacional de Justiça, o Advogado-Geral da União e o Ministro de Estado do Trabalho e Previdência Social, no uso de suas respectivas atribuições constitucionais e legais,

Considerando a necessidade de racionalizar, aperfeiçoar e uniformizar os procedimentos relativos às perícias médico-previdenciárias realizadas no âmbito do Poder Judiciário;

Considerando a conveniência de priorizar e agilizar a instrução e o julgamento das ações de natureza previdenciária;

Considerando a possibilidade real de incremento na conciliação em ações previdenciárias em decorrência da melhoria na qualidade e na maior uniformidade dos laudos periciais médicos produzidos em juízo;

Considerando a proposta de trabalho apresentada pela Procuradoria--Geral Federal ao Conselho Nacional de Justiça, analisada pela Comissão Permanente de Eficiência Operacional e Gestão de Pessoas, com o apoio de grupo de trabalho constituído no âmbito deste Conselho e integrado por magistrados com experiência na área, no intuito de conferir maior racionalidade no trato de processos previdenciários, em especial daqueles que envolvam benefícios previdenciários por incapacidade;

Considerando, por fim, a Estratégia Nacional de Não Judicialização (ENAJUD), pactuada, dentre outros, pelo Ministro de Estado da Justiça, pelo Ministro de Estado do Trabalho e Previdência Social e pelo Advogado-Geral da União;

Considerando a decisão plenária tomada no julgamento do Ato Normativo 0001607-53.2015.2.00.0000 na 223ª Sessão Ordinária, realizada em 15 de dezembro de 2015,

Resolvem:

Art. 1º Recomendar aos Juízes Federais e aos Juízes de Direito com competência previdenciária ou acidentária, nas ações judiciais que visem à concessão de benefícios de aposentadoria por invalidez, auxílio-doença e auxílio-acidente e dependam de prova pericial médica, que:

I - ao despacharem a inicial, considerem a possibilidade de, desde logo, determinarem a realização de prova pericial médica, com nomeação de

perito do Juízo e ciência à parte Autora dos quesitos a ele dirigidos, facultando-se às partes a apresentação de outros quesitos e indicação de assistentes técnicos, e, se possível, designando data, horário e local para o ato;

II - a citação do Instituto Nacional do Seguro Social (INSS) seja realizada acompanhada de laudo da perícia judicial, possibilitando a apresentação de proposta de acordo ou resposta pela Procuradoria-Geral Federal;

III - priorizem a concentração das perícias, viabilizando a participação da assistência técnica das partes;

IV - também ao despachar a inicial, intimem o INSS para, sempre que possível, fazer juntar aos autos cópia do processo administrativo (incluindo eventuais perícias administrativas) e/ou informes dos sistemas informatizados relacionados às perícias médicas realizadas.

Art. 2º Recomendar aos Juízes Federais, aos Juízes de Direito com competência previdenciária ou acidentária, ao INSS e aos Procuradores Federais que atuam na representação judicial do INSS, nas ações judiciais que visem à concessão de benefícios de aposentadoria por invalidez, auxílio-doença e auxílio-acidente e dependam de prova pericial médica, no quanto respectivamente couber, que:

I - incluam nas propostas de acordo e nas sentenças a Data da Cessação do Benefício (DCB) e a indicação de eventual tratamento médico, sempre que o laudo pericial apontar período para recuperação da capacidade laboral, sem prejuízo de eventual requerimento administrativo para prorrogação do benefício, de cuja análise dependerá a sua cessação, ou de novo requerimento administrativo para concessão de outro benefício;

II - a apresentação de proposta de acordo ou resposta se dê preferencialmente por ocasião da audiência;

III - adotem os quesitos unificados previstos no Anexo, sem prejuízo da indicação de quesitos pelas partes ou pelo juiz da causa.

Art. 3º O Conselho Nacional de Justiça e a Procuradoria Geral Federal manterão grupo de trabalho responsável por monitorar os resultados da presente Recomendação, inclusive no tocante à análise quantitativa e qualitativa das ações propostas.

Art. 4º Publique-se e encaminhe-se cópia desta Recomendação Conjunta aos Presidentes e Corregedores dos Tribunais Regionais Federais e Tribunais de Justiça dos Estados e do Distrito Federal e Territórios... ” (grifei)

Vê-se, portanto, que muito antes da entrada em vigor do CPC/2015, tanto o Estado-juiz, quanto o Estado-executivo já trabalhavam "*de mãos dadas*" em busca do cumprimento do que adiante veio a constituir a "*letra*" do art. 3º, §2º, do CPC/2015, "*in verbis*": "*O Estado promoverá, sempre que possível, a solução consensual dos conflitos*", ao menos no âmbito de expressiva fatia dos direitos previdenciários judicializados.

Relativamente aos demais direitos previdenciários judicializados que não se encontram abarcados dentro do raio de alcance da "*Recomendação Conjunta CNJ / AGU / MPTS nº 1, de 15/12/2015*", os representantes do INSS em juízo invariavelmente verificam, antes de meramente apresentar contestações de forma mecanizada, se aqueles direitos, objeto da postulação autoral, já foram objeto de instruções normativas do próprio INSS, ou mesmo de orientações normativas de Ministros de Estado, e que por força da pura e simples ineficiência da própria atividade administrativa dos postos de serviço da referida entidade autárquica federal, gestora do RGPS, deixaram de ser reconhecidos administrativamente.

Exemplo disto é a questão atinente à chamada aposentadoria especial a que alude o art. 57, da Lei Federal nº 8213/1991 (chamada popularmente de Lei de Benefícios), que após amplos e acirrados debates no âmbito do Poder Judiciário, culminou numa mudança de rotina administrativa por parte do INSS, gerada a partir do advento da Orientação Normativa nº 16, de 23 de dezembro de 2013 (atualmente parcialmente alterada por outras orientações normativas), editada pela Secretaria de Gestão **Pública** do Ministério do Planejamento, Orçamento e Gestão.

Ali, naquele ato administrativo de conteúdo normativo, foram fixadas as diretrizes a serem observadas por todos os postos de serviços do INSS do Brasil, quando defronte pedidos de aposentadoria especial estribadas na norma inserta no art. 57, da Lei Federal nº 8213/1991 (chamada popularmente de Lei de Benefícios).

Acaso um segurado do RGPS exerça pretensão acionada objetivando submeter a controle jurisdicional de legalidade ato administrativo praticado pelo INSS, denegatório de sua postulação de ver convertido o tempo laborado com submissão a agente externo agressivo à sua higidez física e/ou psíquica, para tempo laborado sem submissão a qualquer agente agressivo à saúde, através do multiplicador 1,40 – partindo da presunção legal de que o trabalho submetido a agente insalubre é 40% (quarenta por cento) mais penoso que o trabalho executado sem submissão a qualquer agente externo agressivo à saúde -, para fins de aposentadoria por tempo de contribuição, estando esta pretensão perfeitamente alinhada às diretrizes da Orientação Normativa nº 16, de 23 de dezembro de 2013 (atualmente parcialmente alterada por outras orientações normativas), editada pela Secretaria de Gestão **Pública** do Ministério do Planejamento, Orçamento e Gestão, não raras são as vezes que o advogado público que representa o INSS em juízo adentra no feito tão só para concordar com a pretensão autoral.

Vê-se, diante de tantos exemplos dados, que no âmbito do direito previdenciário judicializado está "*quebrado*" o velho paradigma que engessava a advocacia pública, antes impositiva do esgotamento, pela Administração, de todos os recursos existentes em prol da defesa de seus interesses e, entremostrado que a expressão "*interesse público*", embora constitua uma expressão que carregue consigo múltiplos significados, pode perfeitamente ser "*determinada*" através de ato administrativo praticado conjuntamente pelos Chefes dos Poderes Executivo e Judiciário, ou quem detenha delegação destes para tanto, para viabilizar que a Administração seja defendida secundada exatamente nestas premissas.

Quanto ao CPC/2015, vê-se que o legislador ordinário federal que o idealizou foi muito feliz quando, em meio ao art. 334, §4º, II, do referido *codex* de ritos, impôs como primeiro ato processual a ser realizado em todos os processos uma audiência de conciliação ou mediação, excepcionando desta regra genérica as pretensões acionadas onde "*não se admitir a autocomposição*" ("*letra*" do dispositivo legal)

Identifica-se que o legislador ordinário federal foi muito feliz ao excepcionar da regra genérica de que todos os processos devem se iniciar com a designação de uma audiência de conciliação ou mediação, aqueles onde "*não se admitir a autocomposição*" ("*letra*" do art. 334, §4º, II, do CPC/2015), porque quis o legislador ali excepcionar do raio de alcance da norma genérica não o chamado "*interesse público*", abstratamente considerado, mas apenas o direito que, na dicção do Professor José Eduardo Carreira Alvim, constituem "*direitos não transacionáveis*" (expressão utilizada pelo emérito processualista quando de palestra realizada na Faculdade Arnaldo Jansens, no dia 31/10/2016, às 19:00 horas, para melhor definir o que, para o CPC/2015, constitui o que antes se denominavam "*interesses públicos*" e "*direitos indisponíveis*") que não necessariamente são todos aqueles defendidos pelos advogados públicos em juízo.

Encerra-se aqui este trabalho técnico-jurídico entremostrando que toda a base principiológica sobre a qual se assenta o CPC/2015, composta pelo conjunto dos 12 (doze) primeiros artigos de seu "*conjunto normativo*", antes mesmo da entrada em vigor do novo digesto processual civil, já vinha há muito fazendo parte do dia a dia do direito previdenciário judicializado, com muito sucesso - fato que abre ensanchas a que noutros ramos do direito as mais altas autoridades constituídas dos Entes Federativos, em conjunção de esforços, possam também criar mecanismos hábeis à explicitação maior do que se compreende por "*interesse público*", de molde a que o advogado público possa ali se apoiar para também cooperar para que a prestação jurisdicional demandada seja outorgada de forma mais eficiente e célere, muitas das vezes até concordando com o pedido autoral se tal medida se adequar ao "*interesse público*" definido.

55
APONTAMENTOS SOBRE OS HONORÁRIOS ADVOCATÍCIOS E O NOVO CPC

Alexandre Figueiredo de Andrade Urbano
Advogado

INTRODUÇÃO

A Lei no. 13.105, sancionada em 16 de Março de 2015, e que entrou em vigor após decorrido 1 (um) ano da data de sua publicação oficial, introduziu no cenário jurídico pátrio o novo Código de Processo Civil, revogando a Lei no. 5.869, de 11 de janeiro de 1973 (antigo CPC).

O novel diploma trouxe diversas inovações e modificações substanciais em vários institutos do Direito Processual e, no que diz respeito especificamente ao presente artigo, disciplinou de forma muito mais minuciosa os honorários advocatícios, tomando-se em consideração os Códigos Processuais anteriores.

Em seu Livro III (Dos Sujeitos Do Processo), Título I (Das Partes E Dos Procuradores), Capítulo II (Dos Deveres Das Partes E De Seus Procuradores), Seção III (Das Despesas, Dos Honorários Advocatícios E Das Multas), mais precisamente em seu artigo 85, o novo Código de Processo Civil regulou detida e minudentemente as questões relativas aos honorários advocatícios em nada menos que 19 (dezenove) parágrafos. Também os artigos 83, 86, 87, 90 e 92 do novo CPC disciplinaram a matéria.

É induvidoso que as inovações e modificações positivadas no novo CPC trouxeram significativos avanços para os Advogados, não somente por reconhecer o caráter alimentar da verba honorária advocatícia e vedar sua compensação em caso de sucumbência parcial, mas também por possibilitar a cobrança de honorários através de ação autônoma na hipótese de a decisão judicial transitada em julgada ser omissa quanto ao direito a seu recebimento, além de outras disposições relevantes que tornaram mais viáveis o percebimento de tais verbas pelos Advogados, algumas consolidando o entendimento doutrinário e jurisprudencial sobre a matéria, outras tendendo a modificar o entendimento dos Tribunais que se posicionavam desfavoravelmente aos direitos dos Procuradores judiciais acerca desta remuneração, conforme será discorrido adiante.

HISTÓRICO

Inicialmente cumpre discorrer sobre a origem da palavra "honorários", remontando ao sentido jurídico que lhe foi concedido desde o Direito Romano.

Honorários deriva do termo latino *honorarius*, significando tudo "aquilo que serve para honrar alguém", ou seja, representa todo o esforço desenvolvido por uma pessoa em relação a uma atividade determinada, uma honraria, estima, consideração; mas de forma gratuita, sem qualquer benefício material.

E o caráter de gratuidade de honorários já se encontrava tão arraigado no Direito Romano que havia vedação legal de sua cobrança pelos Advogados em relação aos serviços prestados, conforme previsto na Lei Cincia (ano 205 a. C.).

Tempos depois, no período do reinado de Augusto, esta proibição ficou ainda mais acentuada, sendo possibilitada a aplicação de uma punição ao infrator, consistente no pagamento em quádruplo do valor recebido a título de honorários em benefício da pessoa que havia feito tal adimplemento.

Mais adiante, já no reinado de Cláudio, foi permitida a cobrança dos honorários pelos Advogados, relativamente aos serviços prestados, mas com a existência de limitações de valores (dez mil sestércios – antiga moeda romana) e a impossibilidade de cobrança de honorários decorrentes do êxito na causa ou *quota litis*.

No Século V (Constituição de Zenão, em 487), no Império Romano do Oriente, demonstrando a evolução e a importância da profissão dos Advogados, foi possibilitado aos Juízes condenar, na sentença, a parte vencida ao pagamento das despesas processuais, além de se permitir o aumento deste valor em até dez vezes caso houvesse um procedimento temerário da parte perdedora. Ademais, o aludido diploma normativo previa que parte desse acréscimo poderia ser destinado a benefício do vencedor, como forma de reparação pelos danos suportados, ou ser entregue ao fisco.

Por conseguinte, considera-se este diploma normativo, do Império Romano, como verdadeiro marco inspirador da cobrança de honorários advocatícios sucumbenciais, na forma utilizada atualmente.

Já no Brasil, somente no Império passou-se a admitir a possibilidade de os patronos receber honorários de seus clientes, ao que se depreende das disposições insertas no Decreto no. 5.737, de 02 de Setembro de 1874 (que tratava de custas judiciárias). Especificamente os artigos 71 e 202 do aludido Decreto dispunham o seguinte:

"Art. 71. Os honorários dos Advogados serão contados e exigidos conforme a importância das causas por este modo:"

"Art. 202.

§ 1º. O executivo que compete aos Advogados para cobrança dos seus honorários comprehende as taxas deste Regimento, ou a importância certa e líquida dos seus contractos.

§ 2º. Estes contractos, qualquer que seja o seu valor, podem ser feitos por escripto particular, assignado Advogado e pelo seu cliente.

§ 3º. Em falta de contracto escripto com a parte, entende-se que o Advogado se sujeitou às taxas do Regimento." (sic)

O Código de Processo Civil brasileiro de 1939 (Decreto-Lei no. 1.608, de 18 de Setembro de 1939), à míngua de anterior entendimento uniforme dos Tribunais nacionais sobre a condenação da parte vencida ao pagamento de honorários, em seu Título VII (Das Despesas Judiciais), Capítulo I (Das Custas e Multas), trouxe a lume o princípio da sucumbência, embora tratando tal verba como uma pena, porquanto condicionada a que a parte perdedora incorresse em culpa ou dolo, ao que emana das disposições constantes em seus artigos 63 e 64:

"Art. 63. Sem prejuizo do disposto no art. 3º, a parte vencida, que tiver alterado, intencionalmente, a verdade, ou se houver conduzido de modo temerário no curso da lide, provocando incidentes manifestamente infundados, será condenada a reembolsar À vencedora as custas do processo e os honorários do advogado.

§ 1º Quando, não obstante vencedora, a parte se tiver conduzido de modo temerário em qualquer incidente ou ato do processo, o juiz deverá condená-la a pagar à parte contrária as despesas a que houver dado causa.

§ 2º Quando a parte, vencedora ou vencida, tiver procedido com dolo, fraude, violência ou simulação, será condenada a pagar o décuplo das custas.

§ 3º Si a temeridade ou malícia for imputavel ao procurador o juiz levará o caso ao conhecimento do Conselho local da Ordem dos Advogados do Brasil, sem prejuizo do disposto no parágrafo anterior.

Art. 64. Quando a ação resultar de dolo ou culpa, contratual ou extra contratual, a sentença que a julgar procedente condenará o réu ao pagamento dos honorários do advogado da parte contrária." (sic)

O Código de Processo Civil brasileiro de 1973 (Lei no. 5.869, de 11 de Janeiro de 1973) retirou essa exigência, estabelecendo que a verba honorária sucumbencial independeria de qualquer conduta culposa ou dolosa da parte, mas somente que ela fosse perdedora, nos termos do artigo 20 do aludido CPC:

"Art. 20. A sentença condenará o vencido a pagar ao vencedor as despesas que antecipou e os honorários advocatícios."

Ou seja, ficou consagrado a partir daí o princípio da sucumbência recursal, que foi complementado posteriormente pelo princípio causalidade, conquanto ainda se entendesse que tal verba constituiria verdadeiro ressarcimento das despesas processuais pela parte vencedora.

Com o advento da Lei no. 8.906, de 04 de Julho de 1994 (Estatuto da OAB), passou-se a sedimentar o entendimento de que a verba honorária sucumbencial teria caráter remuneratório e constituiria direito autônomo do Advogado, conforme expressamente enunciado em seu artigo 23:

"Art. 23 - Os honorários incluídos na condenação, por arbitramento ou sucumbência, pertencem ao advogado, tendo este direito autônomo para executar a sentença nesta parte, podendo requerer que o precatório, quando necessário, seja expedido em seu favor."

Destarte, até o advento do novo Código de Processo Civil, estas foram as disposições e entendimentos que nortearam a criação e o desenvolvimento dos honorários advocatícios.

HONORÁRIOS SUCUMBENCIAIS (PRINCÍPIOS DA SUCUMBÊNCIA E CAUSALIDADE)

O novo Código de Processo Civil, em seu artigo 85 e parágrafo 1º., assim enuncia:

"Art. 85. A sentença condenará o vencido a pagar honorários ao advogado do vencedor.

§ 1º. São devidos honorários advocatícios na reconvenção, no cumprimento de sentença, provisório ou definitivo, na execução, resistida ou não, e nos recursos interpostos, cumulativamente."

A redação do *caput* do artigo 85, acima, não deixa margem a qualquer perquirição sobre o entendimento de que o legislador reafirmou incisivamente o princípio da sucumbência no direito pátrio, acolhendo entendimento doutrinário e jurisprudencial consolidados, uma vez que consignou a mera existência de uma litigiosidade (contenda), a ser solvida por uma sentença, e a existência de um vencido, para que haja a obrigação do pagamento dos honorários ao Advogado do vencedor.

Aliás, este novo dispositivo foi bastante elucidativo, porquanto estabeleceu que a sentença condenará o vencido a pagar honorários (diretamente) ao Advogado do vencedor. Na verdade, aperfeiçoou o comando inserido no artigo 20 do CPC/73, que estabelecia serem devidos os honorários ao vitorioso da demanda (não ao Advogado).

A teleologia deste dispositivo, então, além de frisar hialinamente o caráter sucumbencial da verba honorária pertencente ao Advogado, destacou o próprio caráter remuneratório de tal verba, erigindo-a a condição de alimentar (parágrafo 14 do art. 85, NCPC), pois destinada ao seu sustento, como previsto no Estatuto (Lei 8.906/94) e também já vinha sendo defendido pela doutrina e jurisprudência.

Ademais, a expressa extensão do cabimento dos honorários advocatícios na reconvenção, no cumprimento de sentença, na execução e nos recursos, prevista no parágrafo 1º. do artigo 85 do novo CPC, ratifica o intuito do legislador de enfatizar o cabimento e a importância dos honorários sucumbenciais, uma vez que o Código revogado não possuía disposições positivadas a esse respeito e rendia ensejo a várias interpretações não uniformes, inclusive algumas que preconizavam o seu não cabimento.

Todas estas controvérsias, agora, parecem solucionadas em virtude das disposições expressas e cristalinas do artigo 85 do novo CPC.

Demais disso, além de albergar o princípio da sucumbência, o novo Código de Processo Civil também não se afastou do princípio da causalidade, que consiste na condenação ao pagamento das verbas sucumbenciais, na hipótese de perda do objeto, a parte que der causa à instauração da demanda judicial, ainda que ela seja vencedora.

Esta é a dicção explícita do parágrafo 10 do artigo 85 do novo Código de Processo Civil:

"§ 10. Nos casos de perda do objeto, os honorários serão devidos por quem deu causa ao processo."

Este dispositivo, na verdade, consolidou o entendimento jurisprudencial pátrio majoritário sobre o tema, inclusive do STJ.

Assim, com fulcro no princípio da causalidade, haverá situações em que, mesmo vencedora, mas desde que ela tenha contribuído de forma decisiva para a desnecessária instauração da demanda judicial que venha a perder o objeto, a parte deverá ser condenada na verba honorária advocatícia sucumbencial.

O Superior Tribunal de Justiça (REsp 1.232.157/RS, Rel. Min. Paulo de Tarso Sanseverino), aliás, já teve oportunidade de se manifestar a esse respeito, v. g., entendendo que a parte autora, ao ajuizar ação de exibição de documentos sem comprovar que prévia e extrajudicialmente os havia solicitado à parte contrária, e esta os exiba em sede contestatória, terá seu pedido julgado procedente, mas deverá arcar com os honorários advocatícios sucumbenciais.

Por conseguinte, percebe-se que o novo Código de Processo Civil foi bastante claro e elucidativo ao estabelecer que os princípios da sucumbência e da causalidade deverão em diante reger o arbitramento dos honorários advocatícios de sucumbência.

FIXAÇÃO DOS HONORÁRIOS SUCUMBENCIAIS

Com respeito à fixação dos honorários sucumbenciais, matéria que restou bastante regulada pelo novo Código de Processo Civil, impende inicialmente transcrever as disposições insertas em seus parágrafos 2º. a 9º. do artigo 85:

"§ 2º Os honorários serão fixados entre o mínimo de dez e o máximo de vinte por cento sobre o valor da condenação, do proveito econômico obtido ou, não sendo possível mensurá-lo, sobre o valor atualizado da causa, atendidos:

I - o grau de zelo do profissional;

II - o lugar de prestação do serviço;

III - a natureza e a importância da causa;

IV - o trabalho realizado pelo advogado e o tempo exigido para o seu serviço.

§ 3º Nas causas em que a Fazenda Pública for parte, a fixação dos honorários observará os critérios estabelecidos nos incisos I a IV do § 2º e os seguintes percentuais:

I - mínimo de dez e máximo de vinte por cento sobre o valor da condenação ou do proveito econômico obtido até 200 (duzentos) salários-mínimos;

II - mínimo de oito e máximo de dez por cento sobre o valor da condenação ou do proveito econômico obtido acima de 200 (duzentos) salários-mínimos até 2.000 (dois mil) salários-mínimos;

III - mínimo de cinco e máximo de oito por cento sobre o valor da condenação ou do proveito econômico obtido acima de 2.000 (dois mil) salários-mínimos até 20.000 (vinte mil) salários-mínimos;

IV - mínimo de três e máximo de cinco por cento sobre o valor da condenação ou do proveito econômico obtido acima de 20.000 (vinte mil) salários-mínimos até 100.000 (cem mil) salários-mínimos;

V - mínimo de um e máximo de três por cento sobre o valor da condenação ou do proveito econômico obtido acima de 100.000 (cem mil) salários-mínimos.

§ 4º Em qualquer das hipóteses do § 3º:

I - os percentuais previstos nos incisos I a V devem ser aplicados desde logo, quando for líquida a sentença;

II - não sendo líquida a sentença, a definição do percentual, nos termos previstos nos incisos I a V, somente ocorrerá quando liquidado o julgado;

III - não havendo condenação principal ou não sendo possível mensurar o proveito econômico obtido, a condenação em honorários dar-se-á sobre o valor atualizado da causa;

IV - será considerado o salário-mínimo vigente quando prolatada sentença líquida ou o que estiver em vigor na data da decisão de liquidação.

§ 5º Quando, conforme o caso, a condenação contra a Fazenda Pública ou o benefício econômico obtido pelo vencedor ou o valor da causa for superior ao valor previsto no inciso I do § 3º, a fixação do percentual de honorários deve observar a faixa inicial e, naquilo que a exceder, a faixa subsequente, e assim sucessivamente.

§ 6º Os limites e critérios previstos nos §§ 2º e 3º aplicam-se independentemente de qual seja o conteúdo da decisão, inclusive aos casos de improcedência ou de sentença sem resolução de mérito.

§ 7º Não serão devidos honorários no cumprimento de sentença contra a Fazenda Pública que enseje expedição de precatório, desde que não tenha sido impugnada.

§ 8º Nas causas em que for inestimável ou irrisório o proveito econômico ou, ainda, quando o valor da causa for muito baixo, o juiz fixará o valor dos honorários por apreciação equitativa, observando o disposto nos incisos do § 2º.

§ 9º Na ação de indenização por ato ilícito contra pessoa, o percentual de honorários incidirá sobre a soma das prestações vencidas acrescida de 12 (doze) prestações vincendas."

A primeira questão que emana destes dispositivos concerne aos comandos doravante impostos ao Judiciário para fixar os honorários advocatícios sucumbenciais, reduzindo imensamente a apreciação equitativa, ou mesmo a discricionariedade, concedida ao Magistrado no ordenamento anterior (artigo 20 do CPC revogado), uma vez que, agora, os honorários serão estipulados entre o mínimo de 10% (dez por cento) e o máximo de 20% (vinte por cento) sobre o valor da condenação e também sobre o proveito econômico obtido ou, na impossibilidade de mensurá-lo, sobre o valor atualizado da causa, observados os requisitos previstos nos incisos I a IV do parágrafo 2º. do artigo 85 do novo CPC.

Assim, ainda que os pedidos formulados pela parte autora sejam julgados improcedentes (não haja condenação, circunstância que anteriormente conduzia o Juiz diretamente para a fixação dos honorários com base nos parâmetros dos incisos *a*, *b* e *c* do parágrafo 3º. do artigo 20 do CPC/73, o que, não raras vezes, pelo seu subjetivismo, importava em uma estipulação desproporcional e injusta, até mesmo aviltante), agora o Magistrado, na fixação da verba honorária, deverá levar em consideração os outros critérios previstos na legislação, quais sejam, (i) o proveito econômico obtido ou (ii) o valor atualizado da causa.

Tudo isto conduz ao entendimento que, de fato, houve um avanço do novo CPC sobre esta matéria, podendo os Advogados esperar menos discrepância na fixação dos honorários sucumbenciais.

De qualquer modo, não se pode olvidar que os incisos I a IV do parágrafo 2º. do artigo 85 do novo Código de Processo Civil ainda constituem importantes balizadores a serem observados pelos Juízes no momento da estipulação da verba honorária.

Demais disso, a apreciação equitativa (ou o poder excessivamente discricionário) atribuída ao Magistrado para fixar os honorários sucumbenciais nas causas que envolvem a Fazenda Pública foi agora extremamente mitigada, porquanto o parágrafo 3º. do artigo 85 do novo CPC criou uma tabela escalonada que deverá orientar obrigatoriamente a estipulação de tal verba, devendo ser observadas, ainda, as disposições dos parágrafos 4º., 5º. e 6º. do mesmo dispositivo, as quais, todavia, não perdem de vista a tabela do parágrafo anterior.

Entende-se, então, que nesta parte também houve significativo avanço da nova legislação, o que também deverá conduzir a uma menor divergência do Judiciário no momento da fixação da verba honorária sucumbencial nos feitos que envolvem a Fazenda Pública, situação que se afigurava comum durante a vigência do Código Processual de 73.

Nos feitos em que o valor for inestimável ou o proveito econômico for irrisório, ou mesmo quando o valor da causa for muito baixo, a apreciação equitativa do Magistrado deverá nortear a estipulação da verba sucumbencial, obedecidos os critérios do parágrafo 2º. do artigo 85, NCPC.

No concernente às ações de indenização por ato ilícito contra pessoa, o novo Código de Processo Civil adotou o critério já amplamente acolhido pela jurisprudência pátria, enunciando que a fixação do percentual dos honorários advocatícios incidirá sobre a soma das prestações vencidas acrescida de 12 (doze) prestações vincendas, conforme previsto no parágrafo 9º. do seu artigo 85.

HONORÁRIOS RECURSAIS

Uma das principais inovações trazidas pelo novo Código atine aos honorários advocatícios recursais (ou sucumbência recursal), instituto inexistente na codificação processual anterior e previsto nos parágrafos 11 e 12 do NCPC, que assim enunciam:

"§ 11. O tribunal, ao julgar recurso, majorará os honorários fixados anteriormente levando em conta o trabalho adicional realizado em grau recursal, observando, conforme o caso, o disposto nos §§ 2º a 6º, sendo vedado ao tribunal, no cômputo geral da fixação de honorários devidos ao advogado do vencedor, ultrapassar os respectivos limites estabelecidos nos §§ 2º e 3º para a fase de conhecimento.

§ 12. Os honorários referidos no § 11 são cumuláveis com multas e outras sanções processuais, inclusive as previstas no art. 77."

A sucumbência recursal apresenta dupla finalidade; uma de caráter punitivo, consistente em aumentar o valor dos honorários advocatícios contra a parte que utiliza os recursos com intuito meramente infundado ou protelatório, e outra de caráter remuneratório, pois implica o aumento gradativo da remuneração a ser concedida ao Advogado da parte vencedora.

E esta nova fixação deverá ser feita pelo Judiciário obedecendo às disposições inseridas nos parágrafos 2º. a 6º. do artigo 85 do NCPC, sendo certo que não poderá ultrapassar o limite máximo de 20% (vinte por cento) previsto para o julgamento em 1ª. instância judicial.

Lado outro, convém ressaltar que, mesmo na hipótese de reforma da sentença que houver fixado os honorários sucumbenciais, caberá a majoração desta verba pelo tribunal. Ou seja, *v.g.*, julgado procedente o pedido formulado pelo autor e caso o réu seja condenado ao pagamento de 15% (quinze por cento) de honorários advocatícios, a decisão (monocrática ou colegiada) do tribunal que reformar a sentença deverá proceder à majoração daquele percentual, concedendo este aumento ao Advogado da parte contrária (na hipótese, o patrono do réu, pelo trabalho adicional realizado em grau recursal).

Todavia, na hipótese desta decisão vir a ser reformada por tribunal superior (com o reconhecimento da procedência do pedido inicial), este deverá novamente majorar a verba honorária sucumbencial (não podendo ultrapassar o limite de 20%), a ser atribuída exclusivamente ao Advogado do autor (hipótese em que o patrono do réu, que havia sido beneficiado pelo seu trabalho recursal anteriormente, irá perder tal verba).

A sucumbência recursal, outrossim, deverá ser observada independentemente de requerimento expresso da parte em suas razões recursais, uma vez que o dispositivo do parágrafo 11 é imperativo ao determinar que o tribunal, ao julgar o recurso, "majorará" a verba honorária, valendo destacar ainda que tanto os Tribunais Estaduais e Regionais (Tribunais de Justiça, TRF's etc) quanto os Superiores (STF, STJ etc) deverão observar este comando.

Caso o tribunal deixe de estipular a sucumbência recursal, ao proferir o julgamento, a parte poderá apresentar os pertinentes embargos declaratórios visando a sanar tal omissão.

De qualquer modo, embora o intuito almejado por este instituto seja bastante salutar, é indene de dúvidas que a limitação máxima dos honorários recursais em 20% (vinte por cento) subtraiu a sua importância.

Ora, caso o Juiz de 1ª. Instância, ao proferir a sentença, estipule os honorários advocatícios sucumbenciais em 20% (vinte por cento), ou seja, no limite máximo, os demais tribunais não poderão utilizar o instituto, pois estariam ultrapassando o apontado teto legal.

Isto pode conduzir a que os Juízes de 1ª. Instância, ao julgar as demandas, tendam a não estipular os honorários advocatícios sucumbenciais neste limite máximo de 20% (vinte por cento), ainda que os demais e apontados critérios legais assim o recomendem, circunstância que poderá representar um desprestígio ao instituto e vir a causar prejuízo à remuneração dos Advogados.

Merece ainda ser destacado que a sucumbência recursal não se aplica ao julgamento dos recursos aviados contra decisões interlocutórias (a menos que elas impliquem na extinção final do processo) ou aos embargos de declaração.

Por fim, não se olvida que a condenação da parte em honorários recursais no limite máximo de 20% (vinte por cento) não impede que multas e outras sanções processuais lhe sejam cominadas, de forma cumulada, nos termos do parágrafo 12 do artigo 85 do NCPC.

NÃO COMPENSAÇÃO DOS HONORÁRIOS SUCUMBENCIAIS

Outra relevante inovação albergada pelo novo Código de Processo Civil, e que tem o condão de beneficiar os Advogados, diz respeito à impossibilidade de compensação dos honorários advocatícios na hipótese de sucumbência parcial, ao que se dessume da dicção do parágrafo 14 do artigo 85 do novo Código de Processo Civil:

"§ 14. Os honorários constituem direito do advogado e têm natureza alimentar, com os mesmos privilégios dos créditos oriundos da legislação do trabalho, sendo vedada a compensação em caso de sucumbência parcial."

Esta disposição legal, além de ressaltar o caráter alimentar dos honorários advocatícios, definiu ser vedada sua compensação em caso de sucumbência parcial, por constituir direito do Advogado, conduzindo à necessidade de modificação da jurisprudência do Superior Tribunal de Justiça, que tem se posicionando reiteradamente em sentido diverso, nos termos de sua Súmula no. 306.

Este entendimento do STJ, interpretando o artigo 21 do CPC/73 e na verdade desprezando as disposições do artigo 23 do Estatuto da Ordem dos Advogados (Lei no. 8.906/94) e dos artigos 368 a 380 do Código Civil (que tratam do instituto da compensação), é muito contestado doutrinariamente e, ademais, acarreta notórios prejuízos à classe dos Advogados.

Isto porque, considerando as disposições inseridas no artigo 21 do CPC/73, os honorários também pertenciam ao patrono, tanto que ele podia executá-los isoladamente. Ou seja, o Advogado se constituía no verdadeiro credor de tal verba, não se admitindo sua compensação.

Não obstante, na hipótese de sucumbência recíproca, em que os procuradores de ambas as partes eram os credores (diferentes) de honorários sucumbenciais estabelecidos nos julgados e conquanto a compensação prevista no Código Civil somente possa ser admitida se duas pessoas forem credoras uma da outra ao mesmo tempo, o Superior Tribunal de Justiça vinha ordenando a compensação destas verbas, de molde a anulá-las e causar manifestos prejuízos aos Advogados, que passavam anos litigando e tinham suas remunerações extintas judicialmente.

O legislador, verificando inclusive a injustiça de tal situação e tendo em vista o caráter remuneratório e alimentar desta verba, houve por bem disciplinar de forma expressa a questão, deixando positivado que a partir da entrada em vigor do novo Código os honorários advocatícios, em caso de sucumbência parcial, não mais poderão ser compensados.

Portanto, havendo sucumbência parcial, incumbe ao Magistrado fixar a verba honorária advocatícia tanto para o Advogado do autor quanto para o procurador do réu, sem a possibilidade de compensação; incumbindo aos patronos o exercício dos seus direitos visando ao recebimento destas verbas de cunho alimentar.

PAGAMENTO DOS HONORÁRIOS ÀS SOCIEDADES DE ADVOGADOS

Outra novidade advinda com o novo Código de Processo Civil atine à possibilidade de pagamento dos honorários advocatícios diretamente à sociedade da qual o Advogado faça parte.

Esta disposição se encontra inserida no parágrafo 15 do artigo 85 do NCPC:

"§ 15. O advogado pode requerer que o pagamento dos honorários que lhe caibam seja efetuado em favor da sociedade de advogados que integra na qualidade de sócio, aplicando-se à hipótese o disposto no § 14."

Em boa hora este preceito foi inserido no novo Código de Processo Civil, uma vez que as sociedades advocatícias têm apresentado número cada vez maior de Advogados e uma complexidade administrativa crescente, necessitando se organizar de modo mais sustentável e econômico para os seus participantes.

Assim, ainda que a condenação da verba honorária implique crédito para o procurador que tenha atuado no processo, nada agora impede que ele solicite o pagamento diretamente à sociedade que integre na qualidade de sócio, mediante a expedição de documento próprio.

Este procedimento poderá se constituir até mesmo como forma de planejamento pessoal e societário do Advogado.

Destarte, andou correto no legislador nesta questão, por trazer notórios benefícios aos Advogados e também às sociedades advocatícias.

OMISSÃO NA FIXAÇÃO DOS HONORÁRIOS SUCUMBENCIAIS

Outra novidade implementada pelo novo Código de Processo Civil concerne à possibilidade de o Advogado ajuizar ação autônoma colimando ao recebimento de honorários caso a decisão transitada em julgado seja omissa tanto em relação ao direito quanto ao seu valor.

A esse respeito, cumpre transcrever a disposição inserida no parágrafo 18 do artigo 85 do NCPC:

"§ 18. Caso a decisão transitada em julgado seja omissa quanto ao direito aos honorários ou ao seu valor, é cabível ação autônoma para sua definição e cobrança."

Este preceito normativo representa um avanço para a classe advocatícia, porquanto na vigência do Código Processual de 1973 (art. 20, *caput*), caso transitasse em julgado decisão judicial omissa quanto à estipulação de honorários (muito embora incumbisse ao Magistrado, independentemente de pedido da parte, fixá-los de ofício), havia entendimento jurisprudencial consolidado no sentido que o Advogado não poderia mais exigir esta verba na demanda, em sede de execução (cumprimento) do *decisum* ou mesmo em ação própria, nos termos da Súmula 453 do STJ.

Isto porque, segundo os Tribunais, deveria haver a oposição de embargos de declaração contra as decisões judiciais omissas em relação à fixação dos honorários sucumbenciais, representando verdadeira ofensa à coisa julgada a tentativa posterior de exigência desta verba.

Somente através de ação rescisória era possível ao Advogado tentar reverter este quadro.

Doravante, todavia, ainda que se reconheça como prevalecente o entendimento de que não são devidos os honorários sucumbenciais especificamente na demanda em que proferida decisão transitada em julgado sem a sua estipulação (decisão omissa), em virtude da nova disposição legal é facultado ao Advogado ajuizar ação autônoma para ter reconhecido seu direito e estipulado o valor desta verba, que representa sua justa remuneração, de cunho alimentar, como destacado alhures.

Resta, portanto, totalmente prejudicada a parte final do entendimento sumulado no verbete 453 do Superior Tribunal de Justiça, acima mencionado.

E nem se diga que esta nova disposição legal, autorizando o ajuizamento de ação autônoma para recebimento dos honorários advocatícios, por vias transversas representaria afronta à coisa julgada material, uma vez que, não tendo a matéria (honorários) sido expressamente decidida, impossível a ocorrência daquele instituto processual.

Portanto, ainda que o Judiciário deixe de fixar os honorários sucumbenciais, como lhe compete, independentemente de pedido da parte (pedido implícito), e a decisão venha a transitar livremente em julgado, ao Advogado é facultado ajuizar ação autônoma para ter reconhecido este direito e estipulada a verba que lhe é devida, de forma a exigi-la judicialmente.

CONCLUSÃO

De tudo quanto foi exposto, entendo que o novo Código de Processo Civil trouxe grandes avanços no que diz respeito aos honorários advocatícios sucumbenciais, sendo digno de aplausos.

As mais relevantes questões afetas à matéria em comento, como discorrido no transcurso do presente artigo, foram disciplinadas pelo NCPC de maneira abrangente e muito mais acurada que nas codificações processuais anteriores, facilitando a sua interpretação pela comunidade jurídica.

Entretanto, em virtude de modificações e principalmente inovações que foram positivadas no novel diploma processual, incumbe aos Advogados ficarem atentos para que esses avanços legislativos, concernentes às verbas sucumbenciais, sejam efetivamente implementados pelo Judiciário, devendo se postar de forma intransigente pela justa e adequada aplicação dos novos preceitos que regulam a espécie, insurgindo-se contra mitigações interpretativas.

De qualquer modo, a classe dos Advogados, que se empenhou no reconhecimento de seus lídimos direitos, encontra-se fortalecida com a nova legislação que regula os honorários advocatícios.

Impresso por:

META
SOLUTIONS
www.metasit.com.br